중국 시진핑시대 국가 편찬 대학교재의 역사교육

동북아역사재단
연구총서 147

중국 시진핑 시대 국가 편찬 대학교재의 역사교육

| 동북아역사재단 교과서연구센터 편 |

동북아역사재단
NORTHEAST ASIAN HISTORY FOUNDATION

책머리에

중국의 '국가 편찬 대학 역사교재' 분석은 왜 필요한가?

교육을 위해 사용하는 교재 가운데, 교과과정에 따라 주된 교재로 사용하고자 편찬한 교과용 도서를 교과서라고 한다. 국정이든 검정이든 교육 당국의 지침에 따라 공식적으로 출판된 교과서는 교육 현장에서 절대적인 위치를 차지하며, 국민 인식과 교양에 큰 영향을 미친다. 따라서 어느 나라든 교과서 편찬에 큰 노력을 들인다. 그중 역사교과서는 집단 정체성에 지대한 영향을 미치는 만큼, 더욱더 공을 기울이게 마련이다. 이러한 역사교과서의 내용과 서술은 해당 국가와 사회, 민족의 역사관, 세계관, 이데올로기를 비롯하여, 교과서가 만들어질 당시와 미래에 대한 국가 정책 및 전략을 분석하는 데 중요한 자료가 되기도 한다.

따라서 동북아역사재단은 "바른 역사 인식 정립 및 공유를 통한 동북아시아 지역의 평화·번영 기반 조성"을 목표로, 2006년 설립 초기부터 동아시아의 역사교육과 교과서에 보이는 역사 인식 및 서술 등에 주목했다. 매년 동아시아 국가들의 역사교육과 교과서를 주제로 국내외 학술회의와 세미나 등을 개최하였고, 다수의 연구서를 출판하였다.[1] 그 결과 동아시아의 역사교육과 교과서에 대한 이해 증진과 관련 연구 및 학술 교류에 이바지하였다.

그런데 최근 20세기 후반부터 글로벌화와 병행되어 지속되었던 탈민족주의, 탈국가주의, 탈이념주의 경향과는 역행하는 모습이 여러 나라의 역사교육 현장에서 확인되어 우려를 낳고 있다. 특히 중국은 사회주의 국가이며 56개의 다민족으로 구성된 국가라는 점에서, 민족·국가·이념 정책이 한국과는 큰 차이를 보인다. 이러한 차이는 서로에 대한 몰이해를 낳고, 한중의 미래 관계에 걸림돌이 될 가능성이 크다.

중국은 개혁개방으로 인한 탈사회주의화, 소수민족 갈등, 빈부 격차, 국제질서 변동에 따른 여러 문제를 해결하고 민족 통합과 정치체제를 유지하기 위해 시진핑(習近平) 집권 이후 중등 교육과정의 역사교과서를 국정화하였다.[2] 그런데 중국의 역사교과서 국정화에서 주목되는 점은 고등 교육과정 즉, 대학 교육과정에서도 국정화 움직임이 보인다는 것이다.[3]

---

[1] 중국의 역사교육과 교과서를 중점적으로 다룬 연구서로는 『중국의 역사교육과 교과서』(2006), 『중국 역사교과서의 한국고대사 서술 문제』(2006), 『중국 역사교과서의 민족·국가·영토』(2006), 『동아시아 역사교과서의 주변 인식』(2008), 『중국과 타이완·홍콩 역사교과서 비교』(2008), 『중국 대학 역사교재 속의 한국·한국사』(2008), 『중국 고등학교 역사교과서의 현황과 특징』(2010), 『중국 역사교과서의 통일적 다민족 국가론』(2011), 『한중 역사교과서의 대화』(2021), 『중국 시진핑시대 교과서 국정화와 역사담론』(2021) 등이 있다.

[2] 동북아역사재단 교과서연구센터 편, 2021, 『중국 시진핑시대 교과서 국정화와 역사담론』, 동북아역사재단, 5~23쪽 참조.

[3] 중국에서는 국가가 편찬한 국정교과서를 '통편교재(統編敎材)'라고 한다. 이 책에서는 대학교재를 중등 교육과정의 국정교과서와 구분하기 위해 '국가 편찬 교재'라고 부르기로 한다.

2012년 제18차 중국공산당 전국대표대회에서 시진핑 총서기는 '도덕과 정치, 어문(語文), 역사교재'와 관련한 연설을 하였다. 그는 도덕과 정치, 어문, 역사교재를 하나로 통일하고 편찬하는 것을 국가권력, 국가의 행위로 규정하였다. 이 연설 이후 중국에서는 역사교과서 국정화가 추진되었고, 2017년 시진핑 집권 제2기를 맞으며 본격화되었다. 중학교 역사교과서는 2019년까지 인민출판사 출판 교재로 단일화하였다. 고등학교 역사교과서는 2017년에 설립한 중국 교육부 산하 국가교재위원회에서 새 국정교과서를 만들었고, 2019년부터 『중외역사강요(中外歷史綱要)』 등을 잇달아 편찬하였다.

그런데 2019년 10월 국가교재위원회는 "전국 대학, 초·중·고교 교재 조사 통계 작업"이라는 통지를 통해 대학교재를 〈교재정보관리시스템〉에 등록하게 함으로써 대학교재 관리 및 제작을 위한 통계 작업에 들어갔다. 또한 국가 편찬 교재를 장려하고자 그해 12월 '전국 교재 개발 건설상'을 신설하고, 2021년 9월 첫 수상 대상을 선정하였다. '전국 우수 교재' 부문의 수상을 살펴보면, 중학교 국정 역사교과서인 『중국역사』와 『세계역사』를 비롯하여, 국가 편찬 대학 역사교재인 『중국근현대사강요(中國近現代史綱要)』, 『세계사』, 『중국사강요』, 『세계고대사』 등이 포함되었다. '전국 교재 개발 건설상'에는 교재 개발에 공로가 있는 교육기관, 연구소, 출판사 등에 수여하는 선진단체상과 개인상이 있는데, 전자에 99개 단체가 선정되었고, 후자에는 200명이 선정되었다. 2020년 1월에는 "국가 교재 건설 중점 연구기지 관리 방법", "최초 국가 교재 건설 중점 연구기지 승인 결과에 대한 통지" 등을 통해 인민교육출판사 및 베이징사범대학, 화둥사범대학, 난카이대학, 베이징대학, 칭화대학 등을 국가 교재 건설 중점 연구기지로 선정하였다. 이를 통해 중국이 교재 개발에 큰 공력을 기울이고 있고, 중등 과정 역사교과서 국정화의 연장선에서 대학교재의 국정화를 함께 추진하고 있음을 확인할 수 있다.

더불어 주목되는 것은 "쌍일류(雙一流)" 계획이라 불리는 "세계 일류 대학, 일류 학과 건설" 계획이다. 이 계획은 5년 주기의 대학 교육 정책으로, 제1차 계획이 2016~2020년에 시행되었다. 제1차 계획의 취지는 중국 특색의 인재 양성을 위한 세계 일류 수준의 대학과 학과를 육성하고, 중화민족의 위대한 부흥인 '중국몽(中國夢)' 실현에 기여하는 것이다. 제2차 계획은 2021~2025년까지다. 주요 내용을 보면, 2035년까지 교육 강국·인재 강국 건설, 중국 특색 신형 대학 싱크탱크 육성 기능 강화, 일류 학과 우수화 사업 실시, 중화 우수 전통문화 계승·선양 및 정치이념 분야의 전환에 대비, 선도적 대학 건설과 인재 양성 체계 완비 등을 내세우고 있다.

이와 함께 중국 교육부는 2022년 2월 "〈신시대 마르크스주의 이론 연구와 교육부 중점 교재 개발 사업 추진 방안〉 관련 통지"를 통해 '마르크스주의 이론 연구와 건설 공정(馬克思主義理論研究和建設工程) 중점 교재'[이하 '마공정(馬工程)' 교재] 개발을 대학 "쌍일류" 건설의 주요 부분으로 간주하고 대학 평가에 반영하겠다고 밝혔다. 또한 '마공정' 실시 이후 '중국 특색 사회주의'에 대한 자신감을 고취하였고, 향후 5년 동안 이데올로기적·문화 전승적 의미가 큰 200여 종의 교재를 개발하겠다고 하였다.

2021년 중국은 전국 "양회(兩會)" 기간 이후 학교 교육 외에 사회생활 영역을 포함하여 모든 부분에서의 사상정치교육을 강화하겠다고 하였다. 2022년 4월에 시진핑 총서기가 런민대학 사상정치학 강의 시찰에서 관련 교육을 강조한 후, "대사상정치 과목 건설 전면 추진을 위한 작업 방안"이 수립되었다. 그리고 각 대학에는 '시진핑 신시대 중국 특색 사회주의 사상개론' 과목 개설과 중앙선전부·교육부 편찬 단일 교재 사용(즉, 국가 편찬 교재), 4사(四史: 중국공산당사, 신중국사, 개혁개방사, 사회주의 발전사)와 중화 우수 전통문화 등을 교육하라는 지시가 내려졌다. 중국의 사상정치 과목에는 역사가 포함되어 있고, 대학의 역사교육은 바로 국가 편찬 교재인 '마공정' 교재를 중심으로 이뤄진다.

중국의 역사교과서는 곧 사상교과서이자 정치교과서이면서, 세계에서 가장 빠르게 정부 당국(즉, 중국공산당)의 의사를 반영하여 수정되고 있다. 현재 중국을 이해하고 미래 중국을 전망하기 위해, 그리고 갈수록 한중 역사 인식의 간극이 크게 벌어지고 있는 상황에 대비하기 위해서는 중국의 국가 편찬 대학 역사교재를 분석할 필요가 있다.

이 책은 동북아역사재단 교과서연구센터에서 중국 시진핑시대의 대학 교육 정책과 역사교육 및 국가 편찬 교재를 분석하기 위해 개최한 세 차례 학술회의(2021·2022·2023년 개최)의 연구 성과 가운데 총 13편을 선별하여 수록한 것이다. 목차는 총론 '중국 대학 역사교육의 현황과 전망', 제1부 '중화민족공동체와 마르크스주의의 적용', 제2부 '중외 역사에서 한국과 동아시아 서술의 함의', 제3부 '중국사의 재구성, 세계사를 다시 쓰다', 부록 '민족 정책과 언어교육' 등 다섯 부분으로 구성하였다.

총론 - 중국 대학 역사교육의 현황과 전망

총론을 맡은 우성민은 「시진핑 시기 중국 교과서의 국정화와 대학의 역사교육」에서 중국 교육부의 교육 목표와 정책 방향, 중국 대학 역사교육의 흐름과 전망, 중국 대학의 역사교육 필수화를 둘러싼 논의와 그 배경, 그리고 이러한 논의에 대한 중국 교육부의 공식 답변과 중국 학계의 연구 동향 등을 설명하였다. 중국은 원래 소련형 대학 교육 모델을 도입하여, 당 중앙에서 고등교육에 대한 통제와 관리를 강화하였다. 개혁개방 이후 이러한 시스템이 세계적인 대학으로의 성장에 걸림돌이 되자,

1998년 대학에 자주적인 운영권을 부여하는 고등교육법을 통과시켰다. 그리고 고등교육 대중화 정책과 중점 대학 및 세계 일류 대학 건설을 목적으로 한 '211공정', '985공정' 등의 프로젝트를 추진하였다. 그런데 그 과정에서 탈중국화, 서양의 종속화 등의 비난이 일자, 2010년대에는 학술과 지식체계에서의 중국 모델, 중국 스타일을 적극적으로 모색하였다. 그리고 2015년 고등교육법을 개정하여 다시 중국공산당의 대학 지휘권을 강화하였다.

이러한 흐름 속에서 필자가 주목한 것은 먼저 중국 교육부 교재국 소속 국가교재위원회 판공실에서 2019년 10월 31일 "전국 대학, 초·중·고교 교재 조사 통계 작업"에 관한 공문을 발표한 일이다. 이 기관은 시진핑 집권 제2기를 맞이하여 역사, 사상정치, 어문 교과서의 국정화를 추진하면서 설립된 곳으로, 해당 공문은 국정화의 대상이 전국 대학까지 확대되고 있음을 보여 준다고 하였다.

실제로 2016년 12월 시진핑이 전국 대학 정치공작회의 연설에서 "당사(黨史)를 강화하라"라고 요구한 뒤에, 2017년 3월 중국 난징사범대학 당위원회 서기 송융중(宋永忠) 위원이 "대학은 반드시 '대학 역사' 공공 필수과목을 개설해야 한다"라고 발언하는 등 비슷한 의견들이 뒤를 이었다. 결국 2020년 12월 중국공산당 중앙선전부와 교육부는 『신시대 학교 사상정치이론』을 배포하며, 중고등학교 역사교육과정과 대학 단계의 교양필수과정인 '중국근현대사강요'를 결합할 것을 요구하였다. 여기에는 2021년 가을에 입학하는 대학 신입생부터 '중국공산당사', '신중국사', '개혁개방사', '사회주의 발전사', 즉 이른바 '4사(四史)' 중 한 과목을 필수로 수강하도록 하는 내용이 포함되었다.

이는 "중국 특색 사회주의의 신시대"라고 불리는 시진핑 집권기부터 대학생 사상정치이론 과목에서 역사교육이 강화되고 있음을 시사한다.

문제는 중국 교육부가 "'시진핑 신시대 중국 특색 사회주의 사상'과 당의 19대 정신, 당의 교육 방침을 전면 관철하기 위해 사상정치이론 과목 교사는 마땅히 국가 편찬 교재인 '통편교재'를 잘 사용해야 한다"라고 강조한 것이다. 특히 "중국 학술을 번영시키고, 중국 이론을 발전시키며, 중국 사상을 전달할 것"을 주문하였다. 그 결과 '시진핑 신시대 중국 특색 사회주의 사상'을 반영한 '통편교재'는 마르크스주의의 중국화와 중화민족 스타일을 강조하게 되었다. 필자는 이러한 국가 편찬 교재로 역사교육이 이뤄진다면, 중국 초·중·고등학생과 대학생의 역사·문화 인식이 지나치게 편향될 가능성이 높아지고, 더불어 중국 중심의 팽창주의가 고조될 가능성이 있음을 우려하였다.

최근 중국 정부는 『중국 교육 현대화 2035』를 발표한 이래, 중국 교육은 중국공산당의 큰 계획이자 국가의 큰 계획이며, 고등교육을 잘 운영하는 것은 국가의 발전, 국가의 미래와 직결된다고 강조하고 있다. 필자는 향후 중국의 변화에 대비하기 위해서는 빠르게 변화하는 중국의 대학 역사교육을 지속적으로 분석해야 한다고 당부하였다.

제1부·중화민족공동체와 마르크스주의의 적용

중국 정치사상과 국가 정체성의 두 수레바퀴로 중화민족주의와 마르크스주의를 꼽을 수 있다. 제1부에서는 최근 중화민족주의에서 강조되는 중화민족공동체 이론의 내용과 대학 역사교재에서의 집필 경향과 의도, 마르크스주의의 중국화에 따른 중국고대사 서술의 특징, 그리고 두 사상이 역사 서술에서 어떻게 구체화되는지 중국계 이주민에 대한 서술을 사례로 살펴보았다.

조용준의 「중국 대학교 전근대사 교재의 집필 추세와 중화민족공동체 이론」에서는 먼저 '중화민족공동체' 이론의 기본 내용과 이 이론이 나오게 된 정치·사상·문화·경제적 배경 및 그 실천 방법을 살펴보고, 중화민족공동체 이론을 역사 서술에 적용할 때의 핵심 요소가 반영된 대학교 전근대사 역사교재의 시대별 집필 경향을 소개하였다.

중국 학계에서는 1963년 팡귀위(方國瑜)가 「중국 역사 발전의 총체성에 대하여」를 통해, '중국 역사 발전의 총체성'이라는 개념을 최초로 제시하였다. 여기서 '통일적 다민족 국가' 개념이 발전하였고, 중원과 변방(변경) 및 한족(漢族)과 소수민족도 하나의 총체이며, 따라서 중화민족의 역사와 문화는 하나라는 주장이 성립되었다. 시진핑은 이 "중화민족은 하나의 총체"라는 이념을 견지하며 여기서 더 발전시킨 '중화민족공동체' 이론으로 민족 단결을 강조하였다. 또한 '중국 역사 발전의 총체성'은 중화민족공동체와 내재적·본질적 관계에 있을 뿐만 아니라, 중화민족공동체의 형성과 발전의 기초가 되었으며, 그 과정에서 일찍부터 중화민족공동체 의식이 형성되었다고 주장한다.

이러한 중화민족공동체 이론의 주장은 중국 대학교 전근대사 역사교재의 서술에도 적극 반영되고 있다. 그 핵심 요소는 어떻게 중국이 통일국가를 형성했는지, 한족인 화(華)와 그 외 소수민족인 이(夷)가 일체를 이루고 있는지, 정통 관념이 중화민족공동체의 발전에 강력한 응집력으로 작용했는지, 고대로부터 중원문화가 주변 민족의 문화 요소를 융합하여 화해·공존하며 동질성을 이루고 하나의 총체성을 지녔는지이다. 필자는 이러한 핵심 요소가 선진시대~진한시대, 삼국시대~당송시대, 원명청시대의 서술에 어떻게 반영되었는지 분석하였다. 이를 통해 시진핑체제의 정권 안정 및 소수민족의 이탈과 분열을 방지하기 위해 중화민족공동체 이론을 제기한 중국 정부의 의도뿐만 아니라, 이에 부응하고 있는 중국 역사학계의 동향을 확인해 볼 수 있다고 하였다.

이유표의 「중국 고등교육 역사교재 『중국사강요』의 편찬과 개정: 노예사회, 봉건사회 서술을 중심으로」에서는 중국 대학에서 가장 널리 쓰이고 있는 『중국사강요』의 편찬과 개정 과정을 통해 마르크스주의 역사학의 제도화 과정에서 나타난 내재적 모순과 변화를 노예사회와 봉건사회에 대한 서술 변화를 중심으로 분석하였다. 필자는 먼저 '4사' 및 '마공정' 편찬 사업 등을 통해 국가급 교재가 편찬되는 열풍이 60여 년 전 중국 정부가 추진했던 대학교재사업을 떠올리게 한다고 지적하였다. 그 당시 편찬된 대표적인 대학 역사교재가 『중국사강요』이다. 이 책은 총 4권으로, 1963년부터 출판되기 시작했다. 그러나 주 편찬자인 젠보짠(翦伯贊)이 문화대혁명기 반동(反動)으로 몰려 편찬이 중단되는 등의 우여곡절을 겪으며 1979년에 최종 완간되었다.

중국고대사 초판은 원시사회-노예사회-봉건사회로 이어지는 마르크스주의적 사회발전단계론에 근거하여 기술되었다. 특징은 농민전쟁 혹은 농민기의에 대한 역사유물론적 관점을 견지하면서도, 폭동 이후 새로운 봉건 통치자는 봉건 질서 회복을 위해 농민에게 일정 양보하는 '양보정책'을 실시하였다고 본 것이다. 이 책은 1983년 상·하권으로 편집되어 재출간되었으며, 1994년 한 차례 수정을 거쳤는데, 초판의 오류와 정치색이 농후한 문장을 다듬는 정도였다.

반면 2006년에 개정된 증정본은 목차에서부터 큰 차이를 보인다. 초판과 수정본까지의 목차는 마르크스주의적 사회발전단계에 따라 집필되었으나, 증정본은 왕조를 기준으로 구성되었다. 또한 내용 면에서 기존의 유물사관을 기반으로 편집되었으나, 관련 용어는 제한적으로만 사용되고 있다. 필자는 이러한 변화가 유물사관의 쇠퇴가 아닌, 시대의 변화에 따라 변하고 있는 교육 현장의 요구에 발맞춘 것으로 보았다.

그런데 최근 중국은 중고등학교 역사교과서를 국정화하였고, 앞서 언급했듯 '4사'와 '마공정' 등의 명목으로 국가가 대학교 역사교재를 편찬하고 있다. 필자는 이것을 국가가 교육 현장의 변화를 통제하는 것이며, 기존의 변화와 비교해 봤을 때 상대적으로 부자연스러운 것이라고 평가하였다. 또한 이러한 추세에 맞춰 『중국사강요』의 중국고대사 서술이 또 한 번 바뀔 가능성이 있다고 보았다.

김종호의 「마공정 『중국근현대사강요』의 중국계 이주민 서술의 특징: 싱가포르 및 대만 역사교육과의 비교 분석」에서는 '마공정' 교재인 『중국근현대사강요』에서 보이는 중국근대사 서술의 구조와 특징, 마르크스주의 역사관에 입각한 중국의 반식민·반봉건 투쟁에서의 중국공산당의 역할, 중화민족의 구성원인 화교화인과 대만에 대한 서술의 특징, 국가 정체성 측면에서 화교 또는 중국을 어떻게 설정하고 있는지를 싱가포르 및 대만의 사례와 비교사적으로 분석한다.

필자는 먼저 '마공정' 교재 편찬 사업은 중국이 10대를 대상으로 한 의무교육뿐 아니라 대학 교육에서도 마르크스 사상으로 대표되는 국가 정체성을 심어 주려고 시도하는 사업이라고 보았다. 2022년 중국은 『의무교육 역사과정표준』을 편찬했다. 이에 따르면 중국근대사의 범위는 1840년 아편전쟁에서 1949년 중화인민공화국 성립까지로, 서구 열강의 침입과 아편전쟁, 신해혁명, 신문화운동과 5·4운동, 중국공산당 창당, 중화민족의 항일전쟁, 인민해방전쟁과 신중국 건설로 이어지는 흐름을 보인다. 이러한 역사적 사실을 통해 학습자들이 익혀야 할 자질은 유물사관과 중국식 시간 및 공간 관념이며, 동시에 역사를 해석하는 소양을 기르는 것이다.

이는 '마공정' 교재 중 근현대사 교재인 2018년판 『중국근현대사강요』에도 충실히 반영되어 있다. 이 교재는 그 목적과 의도가 뚜렷한 만큼, 화교화인 및 대만 관련 부분 역시 반봉건, 반제국주의를 각성하면서 일치단결하게 되는 중화민족이 위대한 승리를 쟁취하는 과정의 한 부분으로 기술되어 있다. 즉, 화교화인들이 청말 혁명과 항일전쟁 및 신중국 성립에 중화민족의 일원으로서 기여한 것을 강조하였다.

19세기 중반부터 20세기 중반까지 대만, 홍콩, 마카오, 싱가포르에는 중국계의 대규모 이주로 정치 공동체가 탄생하였다. 이들 지역은 소위 범중화권으로 불리기도 했다. 그런데 최근 중국이 '중화민족 대가정(大家庭)'의 범주에서 바라보는 지역 또는 인적 구성에서, 독립 주권국을 표방하는 대만과 싱가포르 입장에서는 환영할 수 없는 부분이 있다. 필자는 중국인 이주를 통해 형성된 두 국가, 싱가포르와 대만의 관련 역사교육 규정 및 교과서 서술 내용을 분석하면서 세 국가가 추구하고자 하는 국가관, 민족관, 역사관을 함께 비교하는 작업을 진행하였다. 이를 통해 필자는 20세기 후반기에 분화된 대표적 공동체인 중국, 대만, 싱가포르가 개별적인 국가 및 정치 공동체를 수립한 이후 수십 년에 걸쳐 자체적인 정체성을 확고히 해 나가고 있음을 발견할 수 있었다고 하였다.

제2부 - 중외 역사에서 한국과 동아시아 서술의 함의

중국은 세계사를 중국사의 연장선에서 인식하며, 중국사와 세계사를 합쳐 중외(中外) 역사라고 부른다. 제2부에서는 중국 대학 역사교재에 보이는 한국고대사 가운데 고조선(한4군)과 임나일본부에 대한 서술 변화, 동아시아 고대사 서술에서의 문화 교류와 전파에 대한 서술 특징, 조선시대 한중 관계와 문화에 대한 서술과 기본 인식, 그리고 중국 측에서 '항미원조전쟁'이라 부르는 한국전쟁 관련 서술을 통해 그 현재적 함의를 살펴보았다.

권은주의 「중국 대학 역사교재의 고조선(한4군)과 임나일본부에 대한

서술 변화: 식민사학의 영향과 중화주의가 결합한 한국고대사상(像)」에서는 중국 근대 역사학의 출발부터 지금까지 한국고대사를 바라보는 왜곡된 시각이 어디서 시작되었는지를 고조선(한4군)과 임나일본부 관련 서술을 중심으로 분석하였다. 중국에서는 청말부터 동북지역사에 대한 관심이 동북지역 지식인과 이 지역으로 유배되었던 관인 학자를 중심으로 고조되었고, 고조선과 고구려, 발해를 중국사로 이해하려는 흐름이 있었다. 이를 민국 시기 지식인들이 더욱 발전시켰는데, 여기에는 근대 일본의 역사학, 나아가 식민사학의 영향을 빼놓을 수 없다.

근대 일본은 조선의 식민지배를 정당화하기 위해 '식민사학'을 정립하면서 고대 한반도 남부를 지배했다는 '임나일본부설'을 주장했다. 그리고 한국사의 정체성과 타율성을 강조하기 위해 '임나일본부설'과 닮은 꼴로 '한4군' 특히 낙랑군에 관심을 보였다. 더불어 단군조선을 부정하고 기자조선과 위만조선을 중국 식민지나 문화 이식의 측면에서 바라보았다. 일본의 역사학이 중국 근대 역사학의 성립과 발전 및 역사교과서 편찬에 큰 영향을 미치며, '식민사학'의 왜곡된 한국고대사상(像)이 중국 학계에 뿌리 깊게 자리 잡았다. 더욱이 일본의 중국 침략과 만선사에 대항하여 중국 학계가 고조선(한4군), 고구려, 발해를 중국 동북의 역사로 바라보면서, 모순되게도 남선(南鮮)만을 한국고대사의 역사 공간으로 여겼던 만선사와 맥을 같이하게 되었다. 이러한 인식은 신중국 수립 이후 크게 부각되지 않다가 개혁개방 이후 주류가 되어 중국 대학 역사교재에도 반영되었다. 최근 중국이 역사교과서를 국정화하고 국가 주도로 대학 역사교재를 편찬하고 있어, 이러한 경향은 더욱 심화할 것으로 보인다.

현재 중국은 '통일적 다민족 국가론'에 입각하여 고조선사, 부여사, 고구려사, 발해사를 모두 중국 고대 동북변강사(지방 정권, 소수민족 정권)로, 중국 중원의 중앙 정권과 종속된 중앙-지방의 관계로 설명한다. 공통적인 근거는 첫째 조공책봉론, 둘째 중국 고대 동북 소수민족이 세운 정권이라는 것이다. 그리고 의식화된 민족의식이 고대로부터 있었다는 '중화민족공동체의식론'과 문명적으로 같은 문화 또는 중원문화의 세례를 받으며 다원일체인 중화문명의 일부분이 되었다는 '중화문명론'을 정신적, 물질적 증거로 내세우고 있다. 그런데 필자는 이러한 이론이 현 중국을 범위로 하는 역사에만 적용되는 것이 아니라, 언제든지 상황에 따라 변용, 확대될 수 있다는 점에서 위험성이 있다고 지적한다. 전근대 동아시아 국가들이 대부분 중국과 외교적으로 '조공책봉' 관계에 있었고, 중국의 한자, 유교문화를 함께 공유하며 지배층 일부가 삼황오제를 자신의 선조로 내세우는 현상이 있었다. 따라서 표면적으로 같은 내용과 형식을 가진 주변국의 역사는 중국의 팽창주의와 제국적 질서에 언제든지 중국사의 일부분으로 설명될 수 있다고 우려하였다.

이준성의 「중국 대학 역사교재의 동아시아 고대사 서술과 인식: '문화교류 및 전파'에 대한 분석을 중심으로」에서는 2018년에 출판된 '마공정' 교재인 주환(朱寰) 주편 『세계고대사』의 구성과 내용을 중심으로 중국 대학 역사교재에 보이는 동아시아 관련 서술의 특징과 변화를 살펴보았다. 필자는 먼저 '동북공정'을 비롯하여 오랜 기간에 걸쳐 중국 정부 주도의 여러 역사공정을 통해 민족 통합과 자국사 중심의 역사 재해석 논리가 확립되고, 그 결과물이 곧바로 교육과정 및 교과서에 적극 반영되는 현상을 주목하였다. 그러면서 역사상 한국을 비롯한 인접 국가와의 다양한 정치적·문화적 관계를 이전보다 일원적으로 파악함에 따라 결국 주변국 및 주변 민족을 피동적인 대상으로만 설명하는 흐름이 강화되었다고 지적한다. 한편, 중국이 중고등학교 역사교과서를 국정화한 이상 대학에서 사용되는 교재와 내용상 간극이 생길 수밖에 없기에 대학 역사교재를 통제하려는 것은 자연스러운 현상이라고 보았다.

최근 중국 학계는 전근대 중국과 주변의 관계를 설명하면서 비대칭성과 위계성을 더욱 강조하고 있다. 『세계고대사』에서도 이러한 양상이 반영되어 개별 국가들의 특성을 세심하게 살피려는 노력 대신, 그것을 중국사의 틀 안에 일방적으로 흡수해 버리는 방식을 택하고 있어 문제가 된다. 아울러 기존에 많이 사용되던 대학 역사교재들과 비교해 보았을 때, 문명의 교류와 전파, 충돌과 융합에 대한 서술이 강조되는 변화도 감지된다. 『세계고대사』는 기본적으로 마르크스주의의 유물사관에 따라 시대를 구분하고 지역별로 설명하는 방식을 취하고 있다. 「서론」을 보면 이 책은 이론적 관점에서 문명의 교류를 강조하고 있다. 필자는 "각 지역 문명 교류의 성과는 고대 세계 지역 교류의 네트워크 형성을 강력하게 촉진"했으며, 이를 통해 "근대 이후 진정한 '세계 역사' 형성의 토대를 마련할 수 있었다"라는 서술에서 알 수 있듯이, 시진핑 집권 이후 추진되고 있는 '일대일로' 정책과도 연결된다고 지적하였다. 또한 이러한 구상은 전근대사회 중국이 천자를 중심으로 하는 질서정연한 동심원의 세계를 꿈꾸던 모습과 닮아 있다고 하였다.

최근 중국 학계에서 '동아시아'라는 용어를 사용하는 빈도가 늘고 있음에도 여전히 동아시아 세계를 함께 만들었던 주변 민족의 자발성이나 선택에는 주목하지 못하고 있는 점에서도 강고한 중국 중심의 역사 인식을 엿볼 수 있다. 예를 들어 『세계고대사』 제9장 「동아시아 사회의 발전」은 제1절 중국, 제2절 조선반도(한반도), 제3절 일본, 제4절 유학과 불교로 구성되어 있다. '동아시아'라는 장 제목에도 불구하고 설명의 틀을 중국에 맞추었고, 제4절은 중화문명의 영향을 설명하고 있다. 필자는 이런 식의 중국 중심적 서술이 앞으로 더욱 강화될 것으로 예측하였다.

구도영의 「중국 대학 역사교재에 나타난 '조선의 문화와 명·청과의 외교 관계' 서술 경향과 인식」에서는 현재 중국 대학교에서 활용되는 대표적인 역사교재 3책을 선정하여, 조선시대 한중 관계와 문화 서술을 살펴보고 그 양상을 분석하여 소개하고 있다. 첫 번째 분석 대상 교재는 젠보짠 주편 『중국사강요』이다. 베이징대학을 비롯해 현재 중국 대학에서 가장 많이 활용하는 역사교재이다. 중국의 '국사' 교재로, 내용은 중국 국내사에 집중되어 있으며 조선에 관한 내용은 임진왜란뿐이다. 1960년대 편찬된 이후 개정되기는 했으나 젠보짠이 만든 마르크스주의적 시각이 관철되어 있어, 2000년대 이후 중국에서 벌어진 동북공정식 역사 인식은 보이지 않는다.

두 번째 분석 대상 교재는 베이징사범대학 등 여러 대학에서 세계사 교재로 활용하는 『세계중고사』이다. 이 책은 세계사 교재이지만, 내용은 유럽사에 가깝다. 아시아는 조선, 일본, 인도만 소개되고 있으며 분량도 매우 적어, 세계사를 유럽사 중심으로 인식할 가능성이 커 보인다. 조선시대 한중 관계는 임진왜란이 전부이고, 조선 문화에 대해서는 한글, 과학, 의학 기술을 높이 평가하고 있다. 아직까지는 최근 중국 학계에서 보이는 '중국 문화 기원론'과 같이 한국 문화를 중국 중심으로 해석하려는 모습은 보이지 않는다.

세 번째 분석 대상 교재는 중국 상하이의 사범대학인 화둥사범대학, 산둥대학 등 여러 지방대학이 연합해서 만든 『중국고대사』이다. 베이징이 아닌 상하이 인근 대학 연합 교재여서 앞서 분석한 역사교재와 내용면에서 차이가 있다. 『세계중고사』보다 외국과의 교류 내용이 더 많고, 문화 교류사를 별도의 목차로 구성하고 있다는 점도 특기할 만하다. 임진왜란 편에서 일본 천황 연호를 중국 황제와 병기하고, 일본 학계에서 부르는 전쟁 명을 별도로 언급한 것도 다른 교재들과 차별적이다. 조선과 청의 관계를 조공 관계가 아니라 '종번(宗藩) 관계'라고 정의한 것은 우려되는 부분이다.

분석 대상인 중국 대학교재는 2000년대 초중반 집필되어 최근 중국

학계의 '문화원조론'과 같은 내용은 없으며, 조선시대 한중 관계에 관한 내용은 임진왜란에 집중되어 있다. 그러나 필자는 최근 중국 학계에서 조선시대사와 문화사 연구가 급증하고 있으니, 향후 중국의 역사교재에서 한국 문화가 어떻게 서술될지 관심을 기울여야 한다고 지적하였다.

한상준의 「중국의 '항미원조전쟁'과 대학 역사교재 서술」에서는 중국의 한국전쟁에 대한 인식과 대학 역사교재의 관련 서술 내용을 분석하고, 중국이 강조하는 '항미원조전쟁'의 현재적 함의를 살펴보았다. 중국의 한국전쟁 개입은 동아시아 냉전 구조의 강화와 고착에 결정적인 작용을 하였기에 일찍부터 주요 분석 대상이 되었다. 이른바 '항미원조전쟁'이란 용어에서 알 수 있듯이, 중국은 본질적으로 한국전쟁을 단순한 남·북 간의 내전이 아닌 미·중 간의 전쟁이었다고 인식한다. 즉, 중국은 미국이 한국전쟁에 개입하면서 중국의 주권과 안보를 심각하게 위협했고, 따라서 중국의 참전은 방어적 성격의 정당함을 가지며, 결국 '정의로운 전쟁'을 통해 최대 군사 강국인 미국을 물리치며 '승리'를 거두었다고 주장한다.

그런데 필자는 한국전쟁의 개전 동의와 참전에 관한 중국의 입장과 태도를 살펴보며, 중국의 주장과 역사적 사실이 모순됨을 지적하였다. 당시 신중국 지도부는 한국전쟁 개전에 소극적이고 부정적인 입장이었고, 중국군 참전 결정 과정에서도 신중한 의견이 우세한 상황이었다. 최종 출병을 결정한 후에도 미국과의 직접적인 대결을 최대한 회피하려 했었다. 이러한 사실은 오늘날 중국이 '항미원조전쟁'을 '군사 강국 미국을 물리친 위대한 승리'로 선전하는 것과는 상당한 간극이 있음을 보여준다는 것이다.

다음으로 필자는 소위 '마공정(馬工程)' 역사교재인 『중국근현대사강요(中國近現代史綱要)』(2021년판, 2023년판), 『중화인민공화국사(中華人民共和國史)』(2021년), 『중국혁명사(中國革命史)』(2020년), 『당대중국외교(當代中國外交)』(2021년), 『세계현대사(世界現代史)』(제2판, 하책)(2020년) 등에 서술된 '항미원조전쟁'의 내용을 분석하여 특정 정치적 맥락에서 한국전쟁을 해석하는 경향성을 분석하였다. 그 결과 이들 교재가 한국전쟁에 관한 중국 정부의 공식적인 입장을 충실하게 따르고 있다는 사실을 확인하였다. 동시에 특정 목적에 부합하도록 재구성된 역사 기억이 '항미원조전쟁'에 대한 공인된 역사 서술을 통해, 중국의 애국주의 고양과 중화주의적 정체성 형성에 중요한 역할을 하고 있음을 발견할 수 있었다고 한다.

그런데 오늘날 중국의 '항미원조전쟁'에 관한 역사교육이 미치는 영향력은 단순히 교육 공간이나 학문적 고찰을 넘어 중국 사회 전반에 걸쳐 광범위한 영향을 미치고 있다. 특히 시진핑 정권의 '중국몽(中國夢)' 실현, 곧 '중화민족의 위대한 부흥'을 목표로 한 국가적 정책 속에서 '항미원조전쟁'의 기억은 과거의 '승리'를 되새기며 민족적 자부심을 고양하는 핵심적 역할을 담당한다. 실제로 중국은 미·중 패권 경쟁이 격화되는 국제 정세 속에서 '항미원조전쟁' 경험을 미국에 대한 외교·군사적 대응의 정당성을 확보하는 수단으로써 적극적으로 소환하고 있다. 또한 '미국을 물리친 경험이자 위대한 승리'라는 서사로 포장되어 중국 내부의 결속을 다지는 강력한 도구로 기능하고 있다. 필자는 바로 이것이 '항미원조전쟁'이 지니는 현재적 함의를 분석하고 이해하는 데 반드시 주목해야 할 부분이라고 강조한다.

제3부 - 중국사의 재구성, 세계사를 다시 쓰다

제3부에서는 중국이 세계사의 주요한 사건을 어떻게 중국사와 연결 짓고 있는지, 중국사의 재구성에서 세계사를 어떻게 다시 쓰고 있는지를 제2차 세계대전과 현대 세계 경제, 국가 발전 담론 등을 통해 살펴보았다.

김지훈의 「시진핑 신시대 중국 특색 사회주의 시기 중국 대학 역사교재의 변화: 고등교육출판사 대학교재의 제2차 세계대전 서술을 중심으로」에서는 고등교육출판사에서 2006년에 출판한 『세계사-현대사 편』과 2020년에 출판한 『세계현대사』의 제2차 세계대전에 대한 서술과 인식 변화를 분석하였다. 최근 중국은 세계사의 흐름 속에서 중국사가 중요한 공헌을 했다는 점을 강조하려는 경향을 보이고 있다. 20세기 세계현대사에서도 마찬가지다. 특히 제2차 세계대전 서술에서 중국이 세계 반파시즘전쟁에서 차지한 위치와 공헌을 부각시켜, 전쟁 이후 중국의 국제적 위상 강화를 설명하려는 경향을 보인다.

고등교육출판사의 2020년 세계사 교재는 제2차 세계대전에서 중국이 차지하는 위상을 과거보다 더 강조하고 있다. 이전의 세계사 교재들이 1931년 9·18사변과 1937년 7·7사변을 나누어 서술한 것과는 달리, 2020년 교재는 9·18사변과 7·7사변을 함께 서술하여 중일전쟁(항일전쟁)이 제2차 세계대전의 시작이었다는 점을 강조하고 있다. 이는 과거엔 1937년부터 1945년까지 '8년 항전'이라고 서술하였지만, 시진핑 정부에서는 1931년 9·18사변부터 1945년까지 '14년 항전'이라고 강조하는 것과 관련이 있다. 그러나 '14년 항전'은 대일 항전이라는 측면에서는 설득력이 있지만, 1927년부터 1937년까지 10년 동안 국민당과 공산당이 대립과 투쟁을 하고 있었기 때문에 일본이 중국을 침략하는 시기에 대일 항전보다는 국공 투쟁에 치중했다는 문제가 발생한다.

최근 중국은 중일전쟁(항일전쟁)이 전 세계 반파시즘전쟁의 일환이었고 중국이 '동방의 주전장'이었다는 점을 강조하고 있다. 이 전쟁에서 중국은 가장 긴 시간 동안 가장 많은 인구가 가장 넓은 전장에서 일본과 맞서 싸웠기 때문에 제2차 세계대전이라는 세계 반파시즘전쟁에서 중국 전장이 '동방의 주전장'이었다는 것이다. 2020년 교재는 카이로선언에서 일본이 1914년 제1차 세계대전 개시 이후에 약탈 또는 점령한 태평양의 도서 일체와 만주, 대만 및 펑후제도(澎湖諸島) 등 일본이 빼앗은 중국 영토를 중화민국에 반환한다는 내용을 인용하고 있다. 이에 덧붙여 현재 주변 국가들과 분쟁 중인 댜오위다오(釣魚島) 등의 도서도 반환되어야 할 영토에 포함된다고 서술하여 현재 분쟁 중인 해양 영토가 자국 소유라는 점을 강조하고 있다.

고등교육출판사의 2020년 세계사 교재는 시진핑 정부에서 강조하는 '14년 항전'과 '동방의 주전장'론, 중국의 댜오위다오 등 중국의 해양 영토 주권 문제 등을 반영하여 서술하고 있다. 이러한 서술은 중국의 초중고등학교 교과서의 서술과 같은 흐름을 보인다고 할 수 있다.

이승아의 「중국 '마공정' 역사교재에 담긴 세계 경제 발전의 재서술과 중국의 길: '시장체제'에서 '신시대'로의 역사 재구성」에서는 중국의 세계 역사 발전에 대한 인식과 중국 특색 사회주의 '신시대'에 대한 내용을 구체적으로 확인하기 위해, 기존의 대표적인 세계사 교재인 『세계사 현대사 편』(2011)과 '마공정' 교재 『세계현대사』 하권(2013), 그리고 그 개정판인 『세계현대사』 하권(2020)을 비교 분석하였다. 필자는 각 교재의 세계사 서술 변화를 분석한 결과, 당시 중국 정부의 지향과 세계사에 대한 인식, 평가 등에서 다음과 같은 특징이 확인된다고 하였다.

먼저 『세계사 현대사 편』(2011)에서는 당시 중국의 '사회주의 시장경제체제'에 대한 긍정적인 평가와 지향을 확인할 수 있으며, 세계를 서로 연결된 하나의 단일화된 세계로 전진하는 것으로 인식했다. 과거 분열되었던 세계는 냉전 종식과 함께 종결되었으며, 따라서 중국은 경제 세계화의 추세에 잘 적응하여 상호 존중과 협력 속에서 자립하고 평화롭게 발전해 나가는 것을 목표로 내세웠다. 그러나 중국 정부가 편찬한 마공정 『세계현대사』(2013)에서는 중국의 주체적 서술이 강화된 동시에, 당대 사회주의 국가라는 새로운 국가 진영이 세계 일원으로 부각된다. 중국이 사회주의 길을 통해 '소강사회(小康社會)'에 이르는 여정으로 상술하며, 세계가 다원화로 나아가는 것이 필연적인 추세라는 인식이 서술에 반영되었다. 따라서 세계는 자본주의가 주도하는 세계시장화에서 다원화된 진정한 세계시장으로 이행하며, 중국으로 대표되는 제삼세계는 서로 협력과 연대로 패권주의 국가에 맞서 세계시장과 국제질서를 지속해야 한다는 주장을 담고 있다. 반면, 2020년에 개정된 교재는 시진핑 정부의 '신시대' 이념에 따라 미국으로 대표되는 반세계화의 보수주의 세력과 중국으로 대표되는 세계화와 개방경제를 지지하는 세력이 대립하는 세계 구도를 그려내고 있다.

이상과 같이 중국 대학교재의 세계사 서술은 중국 정부의 정책과 현재 인식에 따라 변화해 갔다. 특히 필자는 마공정의 『세계현대사』 교재는 중국공산당의 사상과 정책이 직접 반영되고 있으며, 중국 정부의 목표와 그 정책을 세계사적 맥락과 세계 정세를 통해 뒷받침해 주고 있음을 확인할 수 있다고 하였다.

유용태의 「발전도상국, 사회주의 대국, 반(反)패권: '마공정'『세계사』(2020)의 현대사 인식과 중국 형상」에서는 중국 정부가 대학생의 정치사상교육을 강화하기 위한 교재로 편찬한 『세계현대사』(2020)의 인식 체계와 서사 구조를 검토하여, 세계 인식과 그 속에 담긴 중국 형상을 분석하였다.

중국 역사학계는 개혁개방 이래 "중국 특색의 세계 통사"를 모색해 왔는데, 『세계현대사』는 그 인식 체계와 서사 구조 면에서 두 가지 특징을 보였다. 3종의 국가군(주요 자본주의 국가, 사회주의 국가, 발전도상국)을 세계사의 주체로 보고 그 상호작용을 중시함으로써 유럽중심주의에서 벗어나는 동시에 중국을 사회주의 국가이자 발전도상국의 일원으로 포함시켜 자국사-세계사의 이분체제를 넘어서 통합적으로 파악한 것이다. 이를 발판으로 내용 서사에서 보인 주요 특징은 제삼세계 발전도상국의 단결과 반패권 정책, 소련·동유럽 붕괴 이후 사회주의의 새로운 모색 과정에서 중국 특색 사회주의가 성취한 세계사적 의미(발전도상국 현대화의 모델)를 강조한 것이다.

필자는 특히 "발전도상의 사회주의 대국"이라는 중국 형상을 더욱 부각하기 위해 현대 중국 주요 지도자의 세계관에 따른 개념어를 가지고 역사 사실을 인식하고 구성하는 프레임으로 만들어 사용한 것을 주목하였다. 이처럼 "중국의 담론권"을 강화하려는 시도는 개혁개방 이래 중국 역사학계가 주력해 온 '중국판 세계사'를 체계화하기 위한 작업이 상당 정도 구체화되고 있음을 보여 준다. 이처럼 3종 국가군을 안배하고 그중 두 국가군에 속하는 중국을 포함시킨 것은 자국사를 배제한 채 유럽 중심으로 구성된 '일본판 세계사'의 인식 체계를 벗어나려는 시도이기도 하였다.

그렇더라도 유럽 이외의 주체를 포함하는 것만으로는 '새로운 세계사'로 나아가기 어렵다. 근대성을 곧 유럽 근대성으로 간주하는 가치관 자체를 혁신하여, 근대성 실현의 원동력인 자본주의에 내면화된 성장지상주의의 발전사관을 넘어서야 '새로운 세계사'를 구성할 수 있다. 그러나 『세계현대사』는 소련 붕괴 이후 사회주의에 대한 반성을 통해 교훈을 얻었다면서도 세계 사회주의의 모델로 자처하는 "중국 특색 사회주의"의 사명은 역사상 최고의 생산력을 증명하는 것이라 하였을 뿐이다. 필자는 '중국판 세계사'는 역사상 전에 없이 다원화된 21세기를 배경으로 기존의 세계사를 비판하고 나선 만큼, 그에 걸맞게 중국이 담당한 역할을 실사구시적으로 자리매김하되 새로운 '(중국) 중심주의'를 어떻게 제어할 것인가는 비켜 갈 수 없는 질문을 안고 있다고 보았다. 또한 이 질문을 외면하는 '중국판 세계사'는 중국 국내용에 머물 수밖에 없을 터라고 하였다.

부록 - 민족 정책과 언어교육

　중국의 소수민족 대학 입시 우대 정책 시행과 폐지 및 역사교육 방법은 중국의 대학 교육 정책 및 언어교육과 상호 연동되고 있다. 최근 중국은 소수민족을 실제적으로 '중화민족'으로 통합하는 데 있어, 그들의 역사를 중국사로 서술하며 소수민족어가 아니라 공용어인 보통화, 즉 한어(漢語)로 교육을 시행하고 있다. 따라서 중국 대학 역사교육의 변화를 제대로 이해하려면 민족 정책과 언어교육의 변화를 함께 살펴볼 필요가 있다.

　구소영의「중화인민공화국의 소수민족 교육 정책 변천: 신장위구르자치구를 사례로」에서는 중화인민공화국 건립 이후부터 현재 시진핑 정권까지 중국의 소수민족 교육 정책이 어떻게 변화해 왔는가를 신장위구르자치구를 중심으로 살펴보았다. 필자는 신장의 소수민족 교육 정책이 초기 다원주의 단계(1949~1957), 급진적 민족 융합 단계(1958~1977), 그리고 다시 다원주의 단계(1978~1991)를 거쳐 현재 민족 동화의 단계(1992~현재)로 변화하고 있다고 보았다.

　초기 다원주의 단계에서는 민족구역 자치제도 아래 민족 언어의 우위가 보장되었다. 한어교육도 각 민족의 의사에 맡김에 따라 민족자치권이 강화되었다. 급진적 민족 융합 단계에서는 마오쩌둥의 급진적인 사회경제 발전 전략에 따라 계급투쟁을 토대로 한 강력한 동화주의적 정책이 채택되었다. "지방민족주의"에 대한 혹독한 비판 아래 언어와 민족의 융합이 제창되어 민족 학교가 한어 학교에 병합되고 한어교육이 강화되었다. 제2차 다원주의 단계에서는 개혁개방 방침의 채택으로 마오시대 계급투쟁론에 대한 성찰이 이루어지며, 이전 시기에 큰 타격을 받았던 민족 정책이 복원되고 민족자치권이 다시 강화되었다. 그런데 1992년 사회주의 시장경제체제가 구축됨에 따라 신장사회는 경제 자유화 흐름에 직격탄을 맞게 되었다. 문제는 이것이 다시 강화된 민족 교육 정책과 부조화를 낳게 되었다는 것이다. 중국은 이중 언어교육의 강화와 경제개발주의로 이를 극복하고자 하지만, 신장의 비한족과 한족 간 경제 격차 및 그에 따른 민족 갈등은 계속 악화하여 시진핑 정권에 이르렀다고 보았다.

필자는 신장의 소수민족 교육이 각 민족 간 차이를 인정하고 상호 존중을 중시하는 가운데 민족문화를 발전시킨다는 "민족 교육"과 민족 단결과 국가 통합의 "국민 교육"이라는, 어찌 보면 양립 불가능한 두 가지 목표를 동시에 추구해 왔다고 보았다. 민족자치권과 중앙집권 간 길항 관계 속에서 발전해 온 신장의 소수민족 교육은 시진핑 정권이 들어선 이후에 민족 교육의 중앙집권화가 강력하게 추진되고 있다. 유치원부터 대학 교육에 이르기까지 모든 교육은 한어로만 이루어져야 하고, 국가에 의해 정의된 "중화민족", "중화문화"에 대한 공감대를 형성하도록 하는 민족 동화 교육을 진행하고 있다. 필자는 신장 소수민족 구성원들의 민주적 의사결정 과정 없이 이루어지는 "민족 교육"을 통해 과연 그들의 마음속에 "중화민족공동체 의식"의 싹을 틔울 수 있을지 의문을 제기하였다.

홍영미의 「중국의 언어교육 정책과 대학어문(大學語文)」은 중국의 언어교육 정책 및 대학어문의 변천사와 특징을 통해 언어가 사상정치교육의 도구로 활용되는 양상을 두 부분으로 나누어 분석한 글이다. 먼저 필자는 중화인민공화국 수립 이후 보통화 보급을 중심으로 한 언어·문자의 통일 과정을 검토하였다. 표면적으로는 소수민족의 언어와 문자 사용을 보장하는 듯한 중국의 언어 정책이, 실제로는 소수민족이 경제·교육·정치적 이유로 고유 언어와 문자를 포기하도록 압력을 행사한다는 점을 지적하였다. 이와 더불어 이러한 언어 정책이 효율적인 소수민족의 사상 통일을 목적으로 한다는 점도 밝히고 있다.

다음으로 필자는 대학어문 과정이 국가 통용 언어·문자의 통일을 전제로 사상정치교육에 어떻게 활용되고 있는지를 추적하였다. 이 글은 대학어문이 단순히 언어와 문자의 응용 능력을 배양하는 과정에 그치지 않고, '중화 우수 전통문화'의 전승과 '문화적 자신감' 강화를 위한 도구로 기능하며, 애국주의 교육의 중요한 매개체로서 자리 잡고 있음을 분석하였다. 특히, 대학어문이 국가 통용 언어·문자의 권위적 지위를 수호하고, 고등교육기관에서 사상정치교육을 실시할 수 있는 전제 조건으로 기능한다고 평가하였다.

이상의 과정을 통해 필자는 중국의 언어교육 정책과 대학어문이 상호 작용하여 현대 중국 사회에서 경제적 균형 발전, 민족 단결, 정치적 이념 통합을 동시에 추구하는 과정을 구체적으로 분석하였다. 그 결과 언어와 권력의 관계를 재조명하며, 대학어문이 단순한 교육과정을 넘어 중국의 국가·사회적 통합을 실현하기 위한 정치적 도구로 활용되는 방식을 비판적으로 보여준다.

2035년, 중국 대학의 역사교육을 그려 보며

과거 중국의 역사와 문화, 그리고 중국인을 가장 잘 이해하는 이웃 나라가 한국이었다고 한다면, "지금은 어떤가. 또한 중국은 한국을 얼마나 이해하고 있을까" 하는 질문 자체가 별 의미가 없을 정도로, 양국 간의 몰이해가 커져 가고 있다. 중국의 공세적인 '중화민족주의' 관련 정책과 국제사회에서의 '인정(recognition)투쟁'에 대한 분석에 따르면, 이러한 현상은 비단 한중 관계만의 일은 아니다.

분명 전통시대의 중국은 동아시아 문명 표준의 대표로 여겨졌다. 그러나 근대 이후 새로운 문명 표준이 등장하였고, 그 속에서 지금까지 한국도 그렇지만 중국 역시 많은 질곡을 경험하였다. 21세기에 들어서 미국과 서구 중심의 자유주의 국제정치질서의 한계, 중국의 급성장과 기존 질서에 대한 도전 및 아태지역의 다극화 등으로, 여러 나라들은 군사력과 경제력을 중심으로 한 전통적인 국가 전략과 외교 정책을 대신하여, 사회 정치 제도와 문화적 측면의 포용성을 개선하고 확장하는 데 관심을 기울였다. 국가와 국가 간의 외교 정책 차원을 뛰어넘어 국가가 국제사회에서 적정한 수준의 '인정'을 받으면서, 이러한 평판도를 통해 국가의 위신과 영향력을 높이려는 '소프트파워' 개념이 더욱 발전하였다. 중국이 추구하는 '중국몽'과 '인류운명공동체' 등의 구호 역시 소프트파워를 중시하는 추세를 반영한 것이다.[4]

최근 논란이 되었던 '공자학원' 역시 이러한 측면에서 살펴볼 수 있다. 그런데 '공자학원'은 중국의 이념과 역사, 문화적 매력을 세계에 발산하는 것이 목적이지만, 내부적으로는 체제의 우월함을 강조하는 '프로파간다' 성격을 띠는 모순을 보여 준다는 지적이 있다. 시진핑 취임 이후 중국은 '중화민족의 위대한 부흥'인 '중국몽'을 앞세워 국가 목표 달성과 내부적 단결을 유도하며, 시진핑 지도부와 중국공산당에 대한 지지도와 정통성을 제고하기 위해 노력하고 있다. 특히 미·중의 전략적 경쟁 구도하에서 애국주의와 사상교육의 강화를 통해 중국과 세계와의 관계를 재해석하고, 국민 통합과 사상 동원에 필요한 새로운 국가 정체성을 재구성하기 위해 노력하고 있다. 이를 위해 중국은 중등교육과정에서 정치교육 및 국가 주도 이념교육의 강화를 통해 집단적 정체성을 중시하는 방향으로 선회하면서 교과서를 국정화하였다. 새로 출판된 국정 역사교과서 『중외

---

4 민병원, 2023, 「중화민족주의와 인정투쟁」, 『현대 중국을 바라보는 세계의 시선: 중화민족주의와 중국 이미지』(차재복 편), 동북아역사재단, 28쪽.

역사강요』는 문화제국론에 바탕을 둔 제국사적 서술과 비서방적 대국이라는 중국의 이미지를 부각시키며 자국의 역사를 재구축한 것으로 평가된다. 이러한 중국의 자국 역사 서술의 방향성은 한국을 포함한 주변 국가와의 역사 갈등을 새로운 차원으로 비화시킬 수 있다. 또한 중국 일각에서 중국 문화(일명 '중화문명')에 대한 과도한 자긍심으로 주변국과의 문화 교류 역사를 수직적 관계로 인식하며 일어난 문화 갈등, 즉 '문화 원조' 논쟁을 고조시킬 가능성이 높다.[5]

더욱 우려되는 것은 중국 대학의 역사교육에서 국가 편찬 교재 사용이 강화되고 있는 점이다. 2019년 교과서 국정화가 본격화된 그 시점에, 중국공산당 중앙과 국무원에서는 2035년까지 '교육 현대화' 비전과 전략을 공표했다. 중국은 그 일부로 시진핑 시기의 국정 교재 개발과 대학 현대화 정책의 완성 시점을 이때로 설정한 것으로 보인다. '마공정' 교재로 대표되는 국가 편찬 교재 개발 사업은 현재 진행형이다. 중국의 체제 특성상 장기적으로 일관되게 정책이 수행된다는 점에서, 국가 편찬 교재 개발과 대학 역사교육은 중국 당국의 의도대로 2035년까지 일정한 성과를 얻을 것으로 전망된다. 중국의 국정화를 통해 초·중·고등교육 전 과정에서 일체화된 교육을 받고 정체성을 형성한 중국의 미래 세대와 우리의 미래 세대 간에 과연 어떠한 미래를 그려 볼 수 있을지 걱정하지 않을 수 없다.

문득 중국인이 가장 사랑하는 시인 이백(李白)의 「달 아래 홀로 술을 마시며(月下獨酌)」라는 시가 생각난다. 그중 "꽃 사이 술동이 하나, 친한 이 없이 홀로 마시네(花間一壺酒, 獨酌無相親) … 달과 그림자와 벗하니, 즐겁기가 봄이 된 듯하네(暫伴月將影, 行樂須及春) … 깨어 있을 때는 함께 즐

---

5 김한권, 2023, 「시진핑 시기 중화민족주의와 한중관계」, 『현대 중국을 바라보는 세계의 시선: 중화민족주의와 중국 이미지』(차재복 편), 동북아역사재단, 74~75쪽.

거움을 누리지만, 취한 후에는 각자 흩어진다네(醒時同交歡, 醉後各分散)…"라는 내용이 있다. 이 시는 달과 그림자와 벗하여 술을 마시는 낭만적인 시이지만, 결국 외톨이로 홀로 술을 마실 수밖에 없는 외로움이 깃들어 있는 시라고 평가된다. 이백은 술을 함께 마실 친구가 없는 상황에서 그림자와 벗하는 정신 승리를 이루지만, 이 또한 완전히 취한 이후에는 흩어져 버리는 몽상의 관계인 것이다.

이백은 시선(詩仙)으로 불릴 정도로 중국 역사상 손꼽히는 문장가였지만, 홀로 고아하여 중앙 정계(政界)에서 배척되었다. 중국은 분명 많은 문화적 자산을 가지고 있고, 이미 G2의 대국으로 국제사회의 여러 분야에서 큰 영향력을 행사하고 있다. 그 결과 중국이 의도하지 않았다고 하더라도 역사를 활용하여 '중화민족'이라는 상상의 공동체를 실체화하려는 작업이, 더 이상 중국의 국민 통합과 체제 유지 차원의 '내정(內政) 문제'로만 머물 수 없음을 알아야 한다. 중국의 '역사공정'과 역사교육은 실제 주변국의 역사와 중첩되는 부분을 중국 중심으로 서술하고 교육하면서 '외교(外交) 문제'로 비화할 수 있는 악한 영향력으로 왜곡될 수 있다는 점을 말이다.

이백이 홀로 자신의 '이상'만을 좇아 배척되었듯, 중국이 '중국몽'만을 좇아 주변국의 우려를 도외시하여 고립되지 않길, 그리고 현재 국가 위상에 맞는 선한 영향력을 국제사회에 행사하길 바란다. 더불어 중국의 상황을 타산지석, 반면교사로 삼아 우리도 타자를 정당하게 평가하면서 균형 잡힌 시각의 올바른 역사 정립을 위해 더욱 노력해야겠다고 다짐해 본다. 이 책이 나오기까지 연구에 함께해 주신 집필진 모두에게 감사드리며, 재단 출판 관계자들에게도 감사의 말씀을 드린다.

2024년 9월
저자들을 대표하여 권은주 씀

차례

책머리에 | 5

총론 | 중국 대학 역사교육의 현황과 전망

시진핑 시기 중국 교과서의 국정화와 대학의 역사교육 • 우성민

I. 머리말 | 39
II. 중국 교육부의 교육 목표와 정책 방향 | 44
III. 중국 대학 역사교육의 흐름과 현황 | 52
IV. 중국 대학의 역사교육 필수화를 둘러싼 논의와 배경 | 60
V. 중국 교육부의 공식 답변과 중국 학계의 연구 동향 | 70
VI. 맺음말 | 78

제1부 | 중화민족공동체와 마르크스주의의 적용

중국 대학교 전근대사 교재의 집필 추세와 중화민족공동체 이론 • 조용준

I. 머리말 | 85
II. 중화민족공동체 이론의 내용 | 87
III. 대학교 전근대사 교재의 집필 추세와 사례 | 98
IV. 중국 정부의 의도와 역사학계의 동향 | 120
V. 맺음말 | 124

중국 고등교육 역사교재 『중국사강요』의 편찬과 개정
: 노예사회, 봉건사회 서술을 중심으로 • 이유표

    I. 머리말 | 133
    II. 『중국사강요』의 편찬 | 137
    III. '초판'의 중국고대사 부분 서술 특징 | 141
    IV. 수정본과 증정본의 개정 양상 | 153
    V. 맺음말 | 163

마공정 『중국근현대사강요』의 중국계 이주민 서술의 특징
: 싱가포르 및 대만 역사교육과의 비교 분석 • 김종호

    I. 머리말 | 171
    II. 마공정 『중국근현대사강요』의 중국근대사 서술 구조와 특징 | 175
    III. 『강요』 속 화교화인 및 대만 관련 서술의 특징 | 183
    IV. 싱가포르·대만 역사교육 속 국가 정체성과 중국과의 관계 설정 | 188
    V. 맺음말 | 207

 중외 역사에서 한국과 동아시아 서술의 함의

중국 대학 역사교재의 고조선(한4군)과 임나일본부에 대한 서술 변화
: 식민사학의 영향과 중화주의가 결합한 한국고대사상(像) • 권은주

    I. 머리말 | 215
    II. 식민사학과 중국의 한국고대사 인식 | 217
    III. 중국 대학 역사교재 속 고조선(한4군)과 임나일본부 관련 서술 | 233
    IV. 맺음말 | 242

중국 대학 역사교재의 동아시아 고대사 서술과 인식
: '문화 교류 및 전파'에 대한 분석을 중심으로 • 이준성

    I. 머리말 | 251
    II. 마공정 교재, 『세계고대사』의 구성과 특징 | 255
    III. 동아시아 문화 교류 및 전파 관련 서술 분석 | 263
    IV. 맺음말 | 282

중국 대학 역사교재에 나타난 '조선의 문화와 명·청과의 외교 관계'
서술 경향과 인식 • 구도영

    I. 머리말 | 289
    II. 『중국사강요』(2006): 베이징대학 등 대표적 중국사 교재 | 294
    III. 『세계중고사』(2006): 베이징사범대학의 세계사 교재 | 303
    IV. 『중국고대사』(2010): 상하이 인근 대학들의 중국사 교재 | 315
    V. 맺음말 | 327

중국의 '항미원조전쟁'과 대학 역사교재 서술
: 역사적 사실과 현재적 함의를 겸론(兼論)하여 • 한상준

    I. 머리말 | 335
    II. 중국의 한국전쟁 참전 시말(始末) | 336
    III. 중국 대학 역사교재 분석 | 342
    IV. 미중 패권 경쟁과 '항미원조전쟁'의 현재적 함의 | 359
    V. 맺음말 | 370

제3부 중국사의 재구성, 세계사를 다시 쓰다

시진핑 신시대 중국 특색 사회주의 시기 중국 대학 역사교재의 변화
: 고등교육출판사 대학교재의 제2차 세계대전 서술을 중심으로 • 김지훈

    I. 머리말 | 379
    II. 『세계현대사(제2판)』의 구성 | 382
    III. 제2차 세계대전 발발 원인 | 385
    IV. 세계 반파시즘전쟁과 중일전쟁(항일전쟁) | 390
    V. 제2차 세계대전 전개 과정 | 401
    VI. 제2차 세계대전 승리의 의의 | 411
    VII. 맺음말 | 415

중국 '마공정(馬工程)' 역사교재에 담긴 세계 경제 발전의 재서술과
중국의 길: '시장체제'에서 '신시대'로의 역사 재구성 • 이승아

    I. 머리말 | 421
    II. 마공정 교재 『세계현대사』의 특징과 세계사의 재구성 | 426
    III. 냉전기 세계 경제화의 추세와 중국 현대화 경험의 재서술 | 433
    IV. 『세계현대사』의 개정: '개혁개방'을 넘어 '신시대'의 선언 | 445
    V. 맺음말 | 459

발전도상국, 사회주의 대국, 반(反)패권
: '마공정' 『세계사』(2020)의 현대사 인식과 중국 형상 • 유용태

    I. 머리말 | 467
    II. 인식 체계의 골격: '3종 주체' 상호작용의 다원적 전체사 | 471
    III. 제3세계/발전도상국의 흥기와 세계사적 역할: 국제질서 개혁의 주체 | 479
    IV. 사회주의 국가의 개혁과 교훈: '중국 특색 사회주의'의 세계사적 의미 | 488
    V. 반(反)패권: 평등·공정의 국제질서를 향하여 | 496
    VI. 맺음말 | 503

부록 민족 정책과 언어교육

중화인민공화국의 소수민족 교육 정책 변천
: 신장위구르자치구를 사례로 • 구소영

    I. 머리말 | 515
    II. 개혁개방 이전의 신장 소수민족 교육 정책 | 518
    III. 개혁개방 이후의 신장 소수민족 교육 정책 | 530
    IV. 시진핑 정권의 신장 소수민족 교육 정책 | 549
    V. 맺음말 | 568

중국의 언어교육 정책과 대학어문(大學語文) • 홍영미

    I. 머리말 | 5753
    II. 언어교육 정책의 변천: 보통화 보급 과정 | 579
    III. 대학어문과정의 변천과 특징 | 594
    IV. 맺음말 | 603

총론
중국 대학 역사교육의 현황과 전망

시진핑 시기 중국 교과서의 국정화와 대학의 역사교육

우성민 | 동북아역사재단 연구위원

I. 머리말

중국 교육부는 2019년 10월 31일 '전국 대학, 초·중·고교 교재 조사 통계 작업'에 관한 공문을 발표하였다. 각 출판 기관을 대상으로 2006년 1월부터 2019년 10월까지 국내에서 정식 출판되어 현재 사용 중인 교재를 〈교재정보관리시스템〉에 등록하게 하는 내용이었다.[1]

공문 발송처는 중국 교육부 교재국 소속 국가교재위원회 판공실로, 시진핑 주석 집권 제2기를 맞이하여 역사, 사상정치, 어문 교과서의 국정화를 추진하면서 설립된 기관이다. 중국 전국 대학·초·중·고교 교재의 기본 상황을 전면적으로 파악하고, 교재 제작을 더 잘 지도하고 촉진하며, 교재 정책 결정을 과학적으로 지원하고, 더 좋은 교재를 만드는 기초 작업을 더 잘 수행하기 위해 교재 조사 통계 작업을 실시한다는 취지를 밝혔다.

---

1   중국 교육부, 2019.10.31, 「중국 대학교재 관련 교육부 문건 '국가 교재 판공실 2019 44호 전국 대학, 초·중·고교 교재 조사 통계 작업에 관한 공지(關於開展全國大中小學教材調査統計工作的通知)'」, 중국 교육부 사이트 http://www.moe.gov.cn/srcsite/A26/moe_714/201911/t20191115_408462.html 참조.

일반적으로 교과서의 국정화 범위는 초·중·고교 교재로 이해되는데, 상술한 '전국 대학, 초·중·고교 교재 조사 통계 작업'에 관한 공문에 따르면, 전국 대학교재도 실제 중국 당 중앙의 관리 대상이 되었음을 알 수 있다. 공문의 관련 세부 사항에서도 대학의 학부, 대학원 수업용 교재를 포함한다고 명시하고 있다.[2]

위의 공문 발표에 이어 2020년 1월 16일 중국 교육부 장관 명의로 중화인민공화국교육부령 46호 '신시대 대학 사상정치이론 과목 교사진 구축 규정'을 공시하였다.[3] 시진핑 신시대 중국 특색 사회주의 사상과 당의 19대 정신, 당의 교육 방침을 전면 관철하기 위함임을 부언하였다. 제6조에서 사상정치이론 과목 교사는 마땅히 국가 '통편교재(統編教材)'를 잘 사용해야 한다고 명시하였는데, 이른바 '통편교재'는 전국 학교에서 통용되는 교과서로, 국가에서 일률적으로 편찬하는 사실상의 국정교과서를 의미한다고 할 수 있다.[4]

신중국 성립 후 중국은 소련형 대학 교육 모델을 전반적으로 도입한 뒤 고등교육의 발전을 추진하였다가 개혁개방 이래 중국공산당 중앙위원회에서 대학 교육체제를 개혁하기로 결정하였다.[5] 당 중앙에서 고등교육

---

2 중국 교육부에서 발표한 '국가 교재 판공실 2019 44호 전국 대학, 초·중·고교 교재 조사 통계 작업에 관한 공지' 외에도 중국 교육부 2019 3호 공문인 「교육부 최초 국가 교재 편찬 중점 연구기지 승인 결과에 관한 공지(教育部關於首批國家教材建設重點研究基地認定結果的通知)」(2019.2.11) 등이 참고가 된다. 중화인민공화국 교육부 사이트 http://www.moe.gov.cn/srcsite/A26/s8001/201902/t20190225_371059.html 참조.

3 중국 교육부, 2020.1.16, 「중화인민공화국교육부령 46호 신시대 대학 사상정치이론 과목 교사진 구축 규정(中華人民共和國教育部令第46號, 新時代高等學校思想政治理論課教師隊伍建設規定)」, 중국 교육부 사이트(moe.gov.cn) 참조.

4 김유리, 2018, 「국정제로 회귀한 중국의 중학교 역사교과서 분석」, 『역사교육』 제148집, 75쪽.

5 채미하, 2017, 「중국에서의 소련형 대학 모델의 이식과 탈피」, 『아시아리뷰』 1, 178쪽.

에 대해 통제와 관리를 강화함으로써 대학이 자체의 활력을 찾지 못하고 있는 현상에 대해 운영 자주권을 확장해야 한다는 지적에 따른 조치였다. 법제에 의거하여 자주적으로 학교를 운영하고 민주적인 관리 제도를 실행하는 것은 현대 대학 제도의 중요한 특징임을 고려하여 1998년 제9기 전국인민대표대회 상무위원회에서는 「중화인민공화국 고등교육법」을 통과시켰다.[6] 대학교가 자주적으로 학교를 운영할 수 있는 법인 실체로 확정되면서 대학 교육개혁이 점차 심도 있게 추진된 것이다. 당시 중국의 고등교육은 "세계 일류대학 건설"을 위해 분투해야 한다는 목표와 함께 "211공정", "985공정"이라는 전대미문의 대학 개혁 정책의 창이 열리면서 정부의 대폭적인 행·재정 지원의 결과로 짧은 기간 내에 가시적인 변화와 성과를 거두었다.

그러나 상술한 바와 같이 시진핑 집권 2기부터 국정화의 대상이 의무교육 초·중 교과서를 위시로 고교에 이어 전국 대학교재까지 확대되는 실정이다. 중화인민공화국 교육부 사이트의 중국 교육 개황 통계에 따르면, 2020년 기준으로 중국에는 2,738개의 일반 대학(독립대학 241개 포함)이 있다. 이는 전년 대비 50개 증가한 수치로, 일반 학부대학이 전년 대비 5개 증가한 1,270개, 전문대학이 45개 증가한 1,468개이다. 성인 대학은 전년 대비 3개 감소한 265개, 전국의 총 대학원 육성 교육 기관은 827개이다.

전국 대학원생은 전년 대비 19만 명, 20.7% 증가한 110만 7,000명으로, 박사과정 11만 6,000명, 석사과정 99만 1,000명을 모집하였다. 특히 중국이 전문학위 대학원 교육을 적극 발전시키고 응용형 고급 인재 양성을 강화함에 따라 2020년에는 1만 3,719명의 전문학위 박사과정생을 모

---

6 채미하, 2017, 위의 책, 185쪽.

집하여 전년 대비 1.9% 증가한 11.8%를 차지하였다. 또한 60만 2,000명의 전문학위 석사과정생을 모집하여 전체 석사과정 학생 수의 60.8%를 차지하며 전년 대비 2.4% 증가하였다.[7] 이들은 향후 각 영역에서 중국을 이끄는 차세대 지도자들이 될 것이며 중국의 지식 지형을 형성하게 될 것이다.[8]

시진핑 신시대 중국 특색 사회주의 사상을 반영한 '통편교재'는 마르크스주의 중국화와 중화민족 스타일을 강조하기에, 중국 중심의 팽창주의가 고조될 가능성이 높다. 특히 '통편교재'를 사용하는 교과(사상정치, 어문, 역사)에 역사 교과가 포함된다는 점을 주목할 필요가 있다. 역사교과서는 국내외 학계에서 지적하는 바와 같이 차세대의 역사 인식 형성에 큰 영향을 주는 직접적인 매체가 될 뿐 아니라 사회적 주류의 이념을 반영하여 기술된다는 점에서 중요하기 때문이다.[9]

그간 국내 학계에서는 한중 수교 이래 중국의 일반 중고등학교 역사교과서에 대한 분석과 동향 파악을 지속적으로 진행해 왔다.[10] 많은 연구

---

7 중국 교육부, 2021.11.15, 「2020년 전국교육사업발전현황(2020年 全國敎育事業發展情況)」, 중국 교육부 사이트(moe.gov.cn) 참조.

8 우성민, 2021, 「중국 역사교과서의 개편과 자국사 및 세계사의 '현대' 서술: 중국 지식생산구조 속의 역사교과서의 역할과 함의」, 『중국 지식생산의 메커니즘』, 학고방.

9 김유리, 2006, 「중국 교과서제도의 현황과 특징: 역사교과서를 사례로」, 『중국의 역사교육과 교과서논집』 40, 동북아역사재단, 69~116쪽.

10 관련 연구로는 金志勳·鄭永順, 2004, 「최근 중국 중고등학교 역사교과서 속의 한국과 한국사」, 『중국근현대사연구』 23; 안병우, 2006, 「중국 역사교과서의 한국 전근대사 서술 추이」, 『白山學報』 75; 김지훈, 2007, 「한·중 역사갈등 줄이기: 동북공정과 중국의 역사교과서」, 『역사문제연구』 17 등이 있다. 권은주, 2020, 「『중외역사강요』의 한국고대사·동아시아사 서술 내용과 역사 인식 분석」, 『동북아역사논총』 70, 2쪽에서 재인용함. 이 외에 오병수, 2003, 「中·日 歷史敎科書 發行制度와 運用 實態」, 『역사교육』 91; 김지훈 외, 2010, 『중국 고등학교 역사교과서의 현황과 특징』, 동북아역사재단; 오병수, 2014, 「중국 근대 역사교과서의 자국사 구축과정과 '중화민족'」, 『역사교

자가 이른바 "동북공정"이 추진된 이후 중국의 역사교육에서 한국사가 어떻게 다루어지고 있는지 관심을 두고 분석하였다.[11] 아울러 중고등학교 역사교과서만으로는 중국의 역사교육에서 한국사가 어떤 인식 체계 속에서 파악되고 교육되는지를 체계적으로 깊이 있게 확인하기 어렵다는 판단에 따라 분석 대상을 대학교재로 넓힌 시도도 있었다.

이러한 맥락에서 중국 대학교재의 분석 현황을 소개하고, 그중 중국사와 세계사 교재 속의 한국사 서술 내용을 다룬 연구 성과도 출간되었다.[12] 중국 대학의 역사학과 교과목을 중심으로 역사학과의 교과과정을 정리하면서 중국 교육부의 역사교육 방침과 특징도 제시하였다. 다만 2010년 이후 최근 몇 년간의 중국 대학 교과목 중 역사 교과목 개설 현황, 역사교육 방침 등에 대해서는 전면적으로 다룬 연구가 없었다.[13]

이에 이 글에서는 2017년 시진핑 집권 제2기 이래 중국 중등 역사교과서의 국정화를 본격화한 이후의 중국 대학 역사교육 현황을 살펴보고

육』 132; 오병수, 2016, 「국내 학계의 중국 역사교과서 연구 경향과 과제」, 『동북아역사논총』 53; 김유리, 2018, 「국정제로 회귀한 중국의 중학교 역사교과서 분석」, 『역사교육』 제148집; 김지훈, 2019, 「국가의지(國家意志)와 역사교과서의 정치화: 2018년 중국 중학교 역사교과서의 현대사 서술」, 『역사교육연구』 제33; 오병수, 2020, 「시진핑시대 중국의 역사정책과 자국사의 재구성:『歷史: 中外歷史綱要』 과목의 개설 배경과 이데올로기」, 『역사교육연구』 156; 우성민, 2022, 「한중 수교 30주년 시점에서 살펴본 중국 중고등학교 역사교육의 현황과 시사점」, 『중국고중세사연구』 65 등 참조.

11 동북아역사재단 편, 2006, 『중국 역사교과서의 한국고대사 서술문제』, 동북아역사재단; 김지훈, 2007, 「한·중 역사갈등 줄이기: 동북공정과 중국의 역사교과서」, 『역사문제연구』 17 등.

12 신주백 등, 2008, 『중국 대학 역사교재 속의 한국·한국사』, 동북아역사재단.

13 2010년 이후 최근 중국 중학교 및 고등학교 역사교과서 관련 연구로는 2011~2018년 한중 역사교육가 세미나의 연구 결과를 수록한 오병수, 2021, 『한중 역사교과서 대화: 근대의 서사와 이데올로기』, 동북아역사재단; 동북아역사재단 교과서연구센터 편, 2021, 『중국 시진핑시대 교과서 국정화와 역사담론』, 동북아역사재단 등 참조.

자 한다. 이는 시진핑 주석 집권 이후 초·중·고교 역사교과서의 국정 전환 이래 중국 대학 역사교육의 변화를 보여 주는 또 하나의 사례가 될 것으로 기대한다.

II. 중국 교육부의 교육 목표와 정책 방향

중국 교육부의 주요 업무보고에 따르면 2021년은 중국공산당 창당 100주년을 맞이하는 해이자 '14차 5개년 계획'을 시작하는 해로, 전면적인 사회주의 현대화 국가 건설의 새 여정을 알리는 중요한 해였다. 첫 번째 주요 업무 제목은 '당의 사상이론으로 두뇌 무장을 강화'라고 요약하고 있는데, 매우 노골적으로 당에 대한 충성을 주문하고 있음을 알 수 있다.

구체적인 내용으로는 당의 19기 5중전회 정신을 중국 교육부의 각급 각종 간부 교육훈련과 대학 사상정치 과목의 핵심 교사, 철학·사회과학 연구 교학 과제의 핵심 연수 과정, 대학 사상정치 과목 업무의 핵심 시범 훈련 필수과정에 포함시킬 것을 요구했다. 이는 대학의 사상정치이론 과목 필수과정에 당의 이론을 강화할 것을 의미한다. 중국 교육부에서는 상술한 '전국 대학, 초·중·고교 교재 조사 통계 작업'에 관한 공문에 이어서 2020년 1월 19일 '국가 교재 건설 중점 연구기지 관리 방안'에 관한 공문을 발표하였음에 주목해야 한다.[14]

---

14 중국 교육부, 2020.1.19, 「교재 1호, 교육부의 '국가 교재 건설 중점 연구기지 관리 방안' 인쇄 및 배포에 대한 통지(教育部關於印發 '國家教材建設重点研究基地管理办法' 的通知)」, 중국 교육부 사이트(moe.gov.cn) 참조.

공문에서는 당 중앙, 국무원은 각 성, 자치구, 직할시교육청(교육위), 각 유관 부처 교육국, 각 중앙정부 소속 대학교, 각 중앙정부 내 유관 부처, 직속 기관, 각 중점 연구기지 소재 기관 등을 대상으로 교재 건설에 관한 요구를 강화하기 위함이라고 설명한다. 궁극적으로는 시진핑 신시대 중국 특색 사회주의 사상을 지도하여 당의 교육 방침을 관철하고 사상적 방어선을 견고히 하는 중요한 역할을 해야 함을 강조하였다. 특히 공문에서 당 조직이 연구 사업 및 연구 인력의 정치 성향을 엄밀히 점검해야 함을 역설하고 있는바, 학문적·사상적 통제 강화로 나타날 가능성도 지적되고 있다.

좀 더 구체적으로 살펴보면 국가 교재 건설 중점 연구기지는 2019년 1월 교육부의 「최초 국가 교재 건설 중점 연구기지 승인 결과에 관한 공지」에 근거하였다고 명시하였다.[15] 전문기관의 조직 자격 심사, 전공 심사, 공시 등의 절차 후 '베이징사범대학의 대학·초·중·고교 덕육(德育) 일체화 교재 연구기지' 등을 최초의 국가 교재 건설 중점 연구기지로 승인하였다고 밝혔다. 국가 교재 건설 중점 연구기지 명단에는 인민교육출판사를 비롯하여 베이징사범대학·윈난대학·화둥사범대학·화중사범대학·난카이대학·베이징대학·칭화대학·중국런민대학·푸단대학 등 9개 대학이 포함되어 있었다.

당 중앙은 이러한 국가 교재 건설 중점 연구기지에 전문 역량을 결집하여 교재 건설 규칙을 탐색하고, 교재 데이터 센터를 건설하며, 연구 성과 교류 및 전파, 자문 및 지도 실시 등의 분야에서 5개년 사업계획 수립

15　중국 교육부, 2019.2.11, 「교재함 3호, 교육부 최초 국가 교재 편찬 중점 연구기지 승인 결과에 관한 공지(教育部關於首批國家教材建設重點研究基地認定結果的通知)」, 중국 교육부 사이트(moe.gov.cn) 참조.

을 검토하는 교재 연구의 전문 싱크탱크 역할을 하도록 촉구하였다.

여기서 교재 연구기지는 대학, 초·중·고교의 도덕교육, 민족 교육, 직업교육, 초·중·고교의 도덕과 법치·어문·역사, 대학의 사상정치이론 과정, 마르크스주의 기본원리 개론 등 여러 학과 전공 분야를 포괄한다고 명시하였음을 주목할 필요가 있다. 비록 국가 교재 건설 중점 연구기지의 연구 범위에 대학교재의 역사 과목은 명시되지 않았지만, 전국 여러 대학의 교재 관련 공지에 따르면 철학·사회과학 관련 분야에서 역사 과목이 포함된 '마르크스주의 이론 연구와 건설 공정 중점 교재'(이하 '마공정'교재)의 통일 사용을 강조하고 있기 때문이다. 이는 중국 교육부 및 중공 중앙선전부가 중국 대학의 철학·사회과학 관련 분야에 대한 요구임을 밝히고 더욱 철저히 관철해야 함을 강조한 현실과 맞닿아 있다.

부연하자면 전국 대학 내 통일 사용이 요구되는 '마공정' 교재에는 중공 중앙선전부 편사부에서 편찬한 중화문명사, 중국고대사, 중국민족사, 세계고대사, 중국근현대사, 세계현대사 등의 과목이 포함되고 있음을 주목해야 한다. 이 같은 교재와 관련하여 국내 학계에서 한국사 관련 오류와 잘못된 역사 인식을 지적한 사례가 있는바,[16] 근년에 새롭게 출간된 마공정 교재에도 동일한 내용이 답습되었을 가능성을 배제하기 어렵기 때문이다.

또한 국가 교재 건설 중점 연구기지 관련 2019년 1월 교육부 공지에 의하면 화중사범대 역사학과 마민(馬敏) 교수가 참여하고 있다. 그는 중고교 역사교재 집필을 주도한 국가교재위원회 역사분과 전문위원 주임이었다. 이는 중고교 역사교재와 대학 역사교육과의 연동성 및 연속성을 시사한다.

---

16 유용태, 2004, 「中國 대학 역사교재의 韓國史 인식과 中華史觀: 고중세사를 중심으로」, 고구려연구재단.

예를 들면 2016년과 2017년에 중국 교육부 검정을 통과한 『의무교육교과서 중국역사』 7·8학년 상·하책(上·下冊)의 총주편(總主編) 치스룽(齊世榮)[17]은 우한대학 우위친(吳於廑)과 공동으로 6권의 『세계사』를 집필했는데, 이는 전국 대학에서 통용되는 "전국 통편교재"로 영향력이 매우 크다. 또한 그는 일반 대학 교육 '11차 5개년 계획' 국가급 계획 교재인 6권의 『세계사』 총주편을 담당하기도 하였다. 즉, 중학교 의무교육 역사교과서 『중국역사』와 대학 "통편교재" 『세계사』의 일부 집필진이 동일하다는 것을 알 수 있다.

중국 일반 고등학교 역사 필수에 해당하는 『중외역사강요(상)』의 경우도 총주편은 장하이펑(張海鵬)과 쉬란(徐藍)이지만 실제는 국가교재위원회 교재 편사(編寫) 위원들이 공동으로 집필한 것이며, 편사 위원 가운데 중국 일반 대학 교육 '9차 5개년 계획' 교육부 중점 교재로 선정된 교재의 저자도 포함되어 있다.

중국 초중고 역사교과서와 일반 대학 역사교재가 일부 동일한 집필진에 의해 편찬되었다는 점에서 사실상 같은 역사 인식을 공유하고 있다는 해석도 가능할 것이다. 국가 교재 건설 중점 연구기지 명단에 현재 중국의 초·중·고교 국정교과서를 출판하는 인민교육출판사가 중심에 있다는 사실도 같은 맥락에서 이해할 수 있다.

그렇다면 국내 학계에서 지적한 바와 같이 새로 개편된 중국 국정 역사교과서의 특징으로 영토주의 역사관, 통일적 다민족 국가론, 일대일로 정책 등 중국공산당 지도부의 가이드라인이 강하게 반영된 점을 상기할

---

17 教育部組織編纂 齊世榮 總主編, 2016, 『義務教育教科書 中國歷史 七學年』(上), 北京: 人民教育出版社; 教育部組織編纂 齊世榮 總主編, 2017, 『義務教育教科書 中國歷史 八學年』(上), 北京: 人民教育出版社.

필요가 있다. 중화민족의 우수한 전통문화, 혁명문화, 사회주의의 선진문화를 이해하고 동의하며, 중화문명의 역사적인 가치와 현실적인 의의를 인식하게 하도록 지도하고 있다는 점이다. 또한 궁극적으로는 사회주의 핵심 가치관에 동의하고, 중국 특색 사회주의의 노선이 필연적이라는 것에 동의하도록 하는 목표를 설정하였다는 점이다. 이는 중국 정부가 중화민족의 위대한 부흥인 '중국몽'을 실현하는 것과 중국의 초·중·고교를 포함한 대학의 역사교육이 밀접한 연관성을 가지며, 사회주의 핵심 가치 구현을 위해 국가의 의지를 강화하여 당의 교육 정책을 이행하는 과정으로 수단화하고 있는 현실을 반영하고 있다.

중국 초중고 역사교과서의 『역사교육과정표준』 지침의 기본 지도 사상과 중국 대학 역사교육의 연결성도 또 다른 사례로 살펴볼 수 있다. 상술한 중국 교육부령 46호 '신시대 대학 사상정치이론 과목 교사진 구축 규정' 제5조에서 교사진의 직책은 사상정치이론 과목 강의를 잘하는 것이라고 설명한 뒤, 사상정치이론 과목의 '지도 사상'에 해당하는 내용에 대해 다음과 같이 열거하고 있다.

"마르크스주의에 대한 신앙을 확고히 하고, 사회주의와 공산주의에 대한 신념을 견고히 하며, 중국 특색 사회주의에 대한 자신감, 이론적 자신감, 제도적 자신감, 문화적 자신감을 강화"시킬 것을 요구하였다. 애국주의를 심어 주고, 국가에 대한 애정, 강대국에 대한 의지, 국가에 충성하는 행동을 자각하게 하여 중국 특색 사회주의 사업 발전과 사회주의 현대화 강국 건설, 중화민족의 위대한 부흥을 실현하는 데 분투하도록 해야 하며, <u>사회주의 건설자와 후계자를 배양하는 데 적극 공헌해야 한다.</u>

흥미로운 사실은 『일반 고등학교 역사교육과정표준(2017년판)』의 서문에 언급된 개정 작업 지도 사상의 핵심 내용인 "사회주의 건설자와 후계자 양성"과도 중첩되고 있다는 점이다.[18]

또한 『일반 고등학교 역사교육과정표준(2017년판)』의 기본원칙에서 강조하는 "마르크스주의의 지도적 지위와 기본적 입장을 충분히 나타내며, 시진핑의 신시대 중국 특색 사회주의 사상을 충분히 반영한다", "학생들이 중국 특유의 사회주의 노선의 자신감, 이론적 자신감, 제도적 자신감, 문화적 자신감을 확고히 하도록 한다"라는 내용과도 일치한다. 조국과 민족에 대한 애국심을 지닐 수 있도록 교육하는 교수 지침도 같은 지도 사상을 반영한 것이라 할 수 있다.

이상의 사례는 최근 중국 학계가 현재 중국의 역사교육에서 중고등학교와 대학 사이의 지식 체계와 교수 체계가 심각한 단절과 착오를 가지고 있다고 지적한 것과도 연동되어 있다.[19] 역사교육을 인류 문명과 지식을 취하는 통로로 삼든, 국가 정체성과 시민 정체성을 향상시키는 수단으로 삼든, 중고교와 대학의 역사교육은 일관되고 연속적이어야 한다고 강조하면서 양자의 연결은 교육체제, 사회 문화, 학술 연구와 교수 방법 등 여러 방면에 걸쳐 고려되어야 한다는 의견을 제시한 것이다.

'중국근현대사강요(中國近現代史綱要)'라고 하는 대학교 역사 과목의 경우, 대학 단계의 사상정치이론 과정 중 중요한 구성 요소라 하면서 대학과 고등학교 역사 과목의 중국근현대사 수업에 관한 정확한 부합의 중

18　李卿 編輯, 2018, 『普通高中歷史課程標準(2017)』, 北京: 人民敎育出版社.

19　대학 선택과목 개설의 배경인 신시대 중국의 교육개혁 추세는 수준 높은 창의적 인재 육성에 있다고 하면서 고교 교육과 대학 교육 사이의 단절 현상이 심각함을 지적한 논문도 발표되었다. 고교의 우수한 학생들은 역사 수업이 학습 수요를 충족시키지 못한다고 느끼고 있으며 대학생들도 고교가 양질의 학생을 공급하지 못하고 있다고 본다는 내용을 소개하였다. 趙培海, 2019, 「대학의 우선이수과목으로서 중국통사 수업 개설에 대한 견해(關於开設大學先修課中國通史的敎學思考)」, 『中學史地: 敎學指導』 10.

요성을 강조한 연구도 발표되었다. 중고등학교와 대학교의 역사교육을 어떻게 하면 효과적으로 연결할 수 것인가 하는 문제는 최근 중국 학계의 공통된 관심 과제였음을 알 수 있다. 그러면서 고교 단계에서 향후 대학 선택과목을 개설하는 것이 큰 역할을 할 것이라는 제언이 있었다. 우수 고교생의 잠재력을 발굴할 수 있는 한편, 대학들의 수시 모집에서 평가의 근거를 제공할 수 있다고 간주하고 대학의 선택 필수과정 개설이 시급하다는 견해를 제시하기도 하였다.

이는 상술한 『일반 고등학교 역사교육과정표준(2017년판)』에서 설명하고 있는 교육과정 구조의 내용을 다시 상기시킨다. 그 교육과정 구조의 설계 근거에서 고등학교 역사교육과정의 설계는 초·중·대학교의 전공과 연결 지어 고려하여야 한다고 밝히고 있기 때문이다.

역사 필수 교육과정인 공통 기초과목을 전체 고등학생 필수 수업으로 1학년에 배정하고[20] 역사 선택 필수과정을 고등학교 2학년부터 학생들의 개인적 흥미와 진학 요구를 근거로 하여 선택하도록 한 뒤[21], 위의 필수와 선택성 필수 국가 교육과정의 기초 위에서 좀 더 확장된 종합적인 교육과정으로서 『사학 입문』과 『사료 연구』의 두 모듈을 역사 선택과목으로 설계하였다고 설명하였다.[22]

중국 일반 고등학교 역사 필수, 선택성 필수, 선택의 세 교육과정이 단

20　2019년 9월 신학기부터 일부 지역에서 사용하기 시작한 고등학교 새 국정 역사교과서인 필수 『중외역사강요(中外歷史綱要)』(上·下)이다.
21　선택성 필수는 『국가 제도와 사회 통치(國家與社會治理)』 1·『경제와 사회생활(經濟與社會生活)』 2·『문화 교류와 전파(文化交流與傳播)』 3을 가리킨다.
22　의무교육 단계의 역사교육과정에서 고등학교 역사교육과정은 구조의 설계와 내용 면에서 의무교육 역사교육과정과의 관련성 및 연결성에 주의하여 학생들이 의무교육의 기초 위에서 진일보하여 역사적 시야를 넓히고, 역사적 사유를 강화할 것을 강조하고 있다.

계성, 점진성을 갖고 있어야 함을 강조하며, 역사 선택과목은 향후 대학 진학을 전제로 전공 이론과 전공 기능의 학습을 통하여 학생들에게 역사학 전공 기초를 강화하도록 해야 한다고 강조한 것이다.

표 1. 역사교육과정 간의 관련성, 단계성, 점진성 도표[23]

전공 및 기타 방면 발전

『사학 입문』　　　『사료 연구』　　　기타 교본 교육과정
　　　　　　　　　　확장
　　　　　　　　　　↑
『국가 제도와 사회 통치』　『경제와 사회생활』　『문화 교류와 전파』
　　　　　　　　　순차적 진보 확장
　　　　　　　　　　↑
　　　　　　　　『중외역사강요』
　　　　　　　　　　기초

이상 최근 중국 학계의 연구 성과와 『일반 고등학교 역사교육과정표준(2017년판)』의 내용은 상호 유기적으로 연결되어 있음을 볼 수 있었다. 그렇다면 중국 교육부에서 발표한 국가 교재 건설 중점 연구기지 설립 등 대학 교육에 대한 당 중앙의 통제 강화와 관리 규정이 상대적으로 빠르게 진행되는 배경이 될 수도 있다. 이 같은 맥락에서 중국 교육부가 주요 업무보고에서 밝힌 바와 같이 "당의 사상이론으로 두뇌 무장 강화"를 요청받으며 앞으로 "국가의 의지가 교육 분야에서 직접 구현되는 것"을 교육목표로 초등학교부터 중고등학교에 이어 대학에서까지 교육받게 된다는

23　李卿 編輯, 2018, 『普通高中歷史課程標準(2017)』, 北京: 人民敎育出版社.

전제하에 중국 대학의 역사교육 현황에 대한 이해가 매우 필요한 시점이라 할 수 있다.

III. 중국 대학 역사교육의 흐름과 현황

중국의 대학 교육은 일반적으로 고등교육(高等教育)이라고 불리는데, 크게 보통고등학교와 성인고등학교의 두 종류로 나뉜다. 일반 대학을 의미하는 보통고등학교는 직업대학 또는 직업기술학교를 포함한 4년제 대학, 중국에서 학원(學院)이라고 지칭하는 단과대학, 사립적 성격을 띠는 독립학원(獨立學院), 고등전문대학으로 구분된다. 성인고등학교는 국가가 정한 검정고시와 같은 시험을 통과하거나 실업고등학교 이상의 학력을 가진 재직 종사자들을 대상으로 하는 대학으로 우리의 개방대학[24], 방송대학, 직업대학 등을 포함한다.

따라서 중국의 대학이라고 하면 '고등교육'을 받을 수 있는 학교라 할 수 있다. 2021년 3월 1일 중국 교육부가 발표한 '2020년 전국 교육사업 통계'에 따르면 학부대학 1,270개(직업학교 21개 포함), 고위직 전문대학 1,468개교로 총 4,183만 명 규모에 이른다. 신중국 성립 당시 중국 대학의 숫자로 알려진 205개에 비하면 70년 만에 15배 증가한 셈이다.

중국은 신중국 성립 시기 이전부터 대학 개혁을 신속하게 추진하였다. 1921년부터 1949년까지 중국 고등교육은 일본, 독일, 미국, 소련 등 선진국들의 경험을 배우고 그 과정에서 자체 발전 경로를 탐색해 왔다. 발

---

[24] 개방대학은 우리의 산업기술대학과 같이 직장인·시민 등을 대상으로 교육하는 곳이다.

전 모델로는 미국과 유럽 각국의 특징을 융합하는 과정에서 미국 모델을 기본으로 하여 여러 가지 개선 부분을 적용하였다.

그러다가 중화인민공화국 성립 후 중국의 고등교육제도에 큰 변화가 생겼다. 중국공산당이 집권한 사회주의 제도를 실시하는 상황에서 소련형 대학을 모델로 하여 전면적으로 소련을 학습하였다. 이에 1949년 10월 1일 중화인민공화국이 선포된 후 한 달 만에 교육부가 설립된 이래로 대학이 새로운 지식과 지식인을 배출하는 지식 생산 구조로 전환되어야 한다는 중국 지도자들의 의지에 따라 소련의 고등교육 모델을 전반적으로 도입하였다. 또 전국적으로 학과를 조정하며 이른바 '원계조정(院係調整)'을 통해 종합대학교, 다양한 공업대학, 전문대학의 분포로 발전시켰다.

그러나 초기 진행된 교육개혁과 대학의 '원계조정'을 통해 국가가 교육과 지식을 장악해 가는 과정을 거치면서 대학이 국가의 직업·기술훈련소처럼 변모하게 되었다. 가장 큰 문제는 인문 사회과학 전공이 유명무실할 정도로 약화되었고, 인문교육이 회복되기 어려울 정도의 타격을 입게 되었다. 심지어 '문과 무용론'까지 대두되었고, 그 결과 학생들의 사회 적응 능력과 종합적 자질은 오히려 후퇴하였다.

1956년 중국공산당 제8차 전국대표대회에서 소련형 대학 모델에 대한 반성을 촉구하고 중국 자체의 고등교육 발전 경로를 모색하는 변화의 서막을 열었다.[25] 당시 마오쩌둥의 전략방침이 제기되면서 중공 중앙과 국무원이 공동으로 반포한 「교육사업에 관한 지시」에 따라 1958~1960년의 '교육대혁명'이 추진되었다. 대학의 운영체제에서 일부 대학과 중등전문학교를 중앙에서 직접 관리하는 것 외에 모두 각 성, 시, 자치구에서 관

---

25 채미하, 2017, 「중국에서의 소련형 대학 모델의 이식과 탈피」, 『아시아리뷰』 7, 175~196쪽.

리하도록 권한을 이양하였다. 다만 교육이 생산노동과 결합되어야 한다는 교육 이념의 지도 아래 대학 운영의 실천성을 고집했기에 교육 수준은 크게 저하되었다. 이어 1966년부터 1976년까지 문화대혁명의 영향으로 중국의 고등교육은 참혹하게 파괴당한 재난의 시기를 겪었다.

1978년 개혁개방 이래 서양의 발달한 교육개혁 경험을 받아들이고 세계 대학의 주요 모델이었던 미국 대학의 체제를 수용하면서 1980년 중국의 대학 수는 675개, 1989년 1,075개 등으로 급속히 증가하였다.[26] 그러나 1989년 톈안먼(天安門) 사태 이후 중국 정부는 세계에서 유래 없는 대학 합병을 주도하였고, 이에 따라 1992년에서 2002년까지 10여 년 사이에 733개 대학이 288개로 합병되기도 하였다. 그러다가 2002년부터 다시 증가해서 2009년에는 성인대학을 포함하여 전국의 대학이 2,689개, 2015년 2,852개로 증가하였다.[27] 이렇게 다시 증가한 이유는 1998년 5월 장쩌민(江澤民) 주석이 중국의 고등교육은 반드시 "세계 일류 대학 건설"을 위해 분투해야 한다고 주장한 목표와 연동된다고 할 수 있다. 그 배경에는 중국공산당과 정부가 문화대혁명 후 대학 개혁을 추동하면서 경제 발전의 중요 수단으로 대학의 역할을 강조한 점이 작용했다. 소수의 우수 대학을 선정, 집중 육성하여 우수한 인재를 양성함으로써 경제 성장을 견인하겠다는 방향으로 초점을 맞추었는데, 소수의 우수 대학을 "중점 대학"이라 하고 한정된 자원을 선택과 집중의 원리에 따라 대학에 배분하는 정책을 견지하였다.

1999년 국무원에서 '고등교육 대중화'라는 전략적 목표를 제정하

---

[26] 최은진, 2017, 「1990년대 이래 중국의 대학 개혁과 서구대학모델 수용의 함의」, 『中國近現代史硏究』 75, 265쪽.

[27] 위와 같음.

고 2010년에 대학 진학률이 15%에 도달하게 하겠다는 슬로건 또한 중국 대학의 양적 발전에 영향을 주었다. 그 대표적인 사례가 중국 정부가 1990년대에 추진한 "211공정"과 "985공정"이다. "211공정"에서 "21"은 21세기를 향한다는 뜻이고 "1"은 100개의 대학교를 뜻한다. 21세기를 대비해 100개의 중점 대학을 육성하여 세계적인 일류 대학을 건설하자는 취지의 프로젝트다. "211공정"은 한국 정부가 추진했던 "BK21('Brain Korea 21세기'의 약자)" 사업의 근본 취지 및 형식과 유사하다. "985공정"은 장쩌민 주석의 발언 시점이 1998년 5월임을 염두에 두고 세계 일류 대학 건설 계획을 "985공정"이라 칭한 것이다.[28]

"211공정"과 "985공정"은 1949년 신중국 건국 이후 국가가 공식적으로 고등교육 분야에서 진행한 가장 큰 규모의 국가 역점 프로젝트였으며, 고등교육을 개혁하기 위한 교육 사업이라고 볼 수 있다.[29] "211공정", "985공정"이라는 전대미문의 대학 개혁 정책의 창이 열리면서 정부의 선정 대학에 대한 대폭적인 행정·재정 지원이 이루어졌다. 그 결과로 짧은 기간 내에 연구 경쟁력, 세계 대학 순위, 인재 확보 등의 측면에서 구체적이고 가시적인 변화와 성과가 있었다.

문제는 이러한 흐름 가운데 2002년에 교육 강대국 건설을 위한 프로젝트가 진행되다가 대학 내에 문제점이 발생한 것이다. 특히 세계적인 일류 대학이 되기 위한 과정에서 베이징대학의 경우 하버드대학을 따라가고자 하였는데, 중국 학계에서 대학이 서양 대학의 종속물이 되는 것을 우려하는 목소리가 나오기 시작한 것이다.[30] 사상, 학술, 문화, 교육 등의

28　리이리쉬, 2005, 『중국 대학 교육의 형성 변화 개혁』, 한국학술정보, 377~382쪽.
29　吳松·沈紫金·熊思远·龐海芍, 2002, 『中國高等教育發展』, 北京理工大學出版社.
30　甘陽, 2003, 「華人大學理念與北大改革」, 『博雅』, 107~117쪽; 최은진, 2017, 「1990년

차원에서 중국인의 독립성과 자주성을 강화할 것을 주장하였다.

급기야 2010년에는 '세계 일류 대학 건설의 중국 모델'이라는 주제로 회의를 열어 중국 학술의 주체성을 모색하였다. 오랫동안 서구를 모방했던 중국 대학이 세계 지식체계의 중심이 되기 위해서는 서구가 설립한 규범과 제한에서 독립하여 중국 민족문화의 특징을 지닌 대학을 만들어 나가야 한다고 주창하였다.[31] 2012년 당시 중국 학계에서는 대학 운영과 관련된 문제로 학계와 정치계 간에 긴장이 조성되기도 하였다. 학계는 세계화에 부응하여 중국의 대학이 세계의 보편적 기준에 부합하려면 국제적으로 통용되는 학술 자유, 대학 자치 등을 따라야 한다고 지속적으로 주장했던 것이다.

그러나 시진핑 주석 집권 이후 중국 정부는 2015년 중화인민공화국 고등교육법을 개정하여 고등교육기관에 대한 중국공산당의 지휘권을 강화하였다. 신중국 성립 이후의 오늘날까지 중국 대학의 개혁과 발전의 흐름 가운데 양적인 성장은 부인할 수 없지만, 국가 주도하에 대학 개혁이 추진됨에 따라 대학 정신, 학술 권위 등의 문제가 지속적으로 제기되었음에도 대학에 대한 관리는 더욱 강화되었다.

여기서 상술한 중국 대학이 서양 대학의 종속물이 되는 것을 우려하는 중국 학계의 목소리와 관련하여 이른바 '통식교육(通識敎育)'에 주목할 필요가 있다.[32] 특히 이는 중국 대학의 역사교육 현황과 변화의 배경을 파악하기 위해 검토해야 할 대상이다. 중국의 대학 개혁이 겉으로는 중국화

대 이래 중국의 대학 개혁과 서구대학모델 수용의 함의」, 『中國近現代史硏究』 75, 272쪽에서 재인용.
31 최은진, 2017, 앞의 책.
32 최은진, 2017, 앞의 책, 260쪽.

를 외치면서도 대부분 미국 모델의 수용을 거치는 과정에서 전통적 가치와의 충돌로 인한 혼란을 겪는 대표적인 사례가 되기 때문이다.

중국의 '통식교육'은 'general education'을 번역한 개념으로, 중국은 통식교육을 모색할 때 미국의 'general education' 또는 'liberal education'을 모델로 참조했다. 그러나 2000년대 이후 경제가 급성장하고 글로벌 영향력이 크게 확대되자, 해외의 교육 모델을 따라가는 단계에서 벗어나 적극적으로 자체 교육 모델을 확립하고자 하였고, 중국식 사회주의 이념 교육을 강화했다. 이 과정에서 통식교육은 국민 통합과 중국식 사회주의 정체성 확립의 주요 수단으로 위상이 격상된 것이다.[33]

구체적으로 문명 전통을 교양교육의 핵심 주제로 삼아 국가 정체성을 재구축하고 국가 공동체의 결속을 강화하는 것이 얼마나 효과적인지를 사실상 미국의 사례에서 확인하였다. 중국은 '자유 사회의 교양교육'으로 대표되는 미국의 교양교육이 수평적으로 급격히 분화되고 이질성이 커지는 사회의 통합뿐만 아니라 수직적으로 단절이 심해지는 세대 간 통합까지 해결하려고 시도하는 경로라고 보았다. 다만 미국이 모든 학생에게 전수해야 할 공통의 자원으로 간주한 서구 문명 전통의 자리를 중국 문명의 제도적, 사상적, 문화적 자원으로 대체했을 뿐이었다.

'통식교육'과 아울러 2004년 10월 중국공산당 중앙위원회와 국무원이 공동으로 발표한 '대학생의 사상정치교육'에 대한 의견을 더욱 강화하고 개선하자는 내용에 주목할 필요가 있다. 왜냐하면 역사교육을 대학의 사정 업무에 융합시키는 것은 대학의 사상을 향상시키는 것이라고 밝혔기 때문이다. 대학생을 대상으로 당의 기본 이론, 기본 노선을 심도 있게

---

[33] 김진공, 2021, 「중국 통식교육의 역사와 정치적 딜레마」, 『중국어문논역총간』 49, 184쪽.

교육하고 무장시키기 위해 중국공산당의 영도하에 중국 특색 사회주의 노선을 확립하는 데 역사교육이 필요하다고 강조한 것이다. 궁극적으로 대학의 역사교육 강화는 대학생들의 인문학적 소양을 높이는 것이라면서 역사교육의 실효성에 대한 필연적인 요구 사항을 역설하였다.

이상의 중국 대학 교육의 흐름과 변화에 대한 이해의 배경을 토대로 중국 대학 역사교육의 필수화에 대한 중국 학계의 논의 과정과 내용을 검토하고자 한다. 다만 논지 전개상 신중국 성립 이후 중국 대학의 역사교육 현황과 변화 관련 내용을 먼저 간략하게 소개하고자 한다.

중국 학계의 신중국 성립 전후 마르크스-레닌학원에서의 역사교육 현황을 살펴보면, 중국공산당은 전국적으로 집권을 준비하기 시작했고, 마르크스주의 이론에 소양을 갖춘 간부들을 필요로 했다고 소개하면서 마르크스-레닌학원은 중국공산당이 역사교육을 중시하는 우수한 전통을 이어받았다고 강조하였다. 신중국 성립 전부터 혁명전쟁이 진행됨에 따라 당원 간부에 대한 역사교육과 당사(黨史)교육의 중요성에 주목하였다는 것이다. "당의 역사를 분명히 하지 않으면 당을 역사에 남길 수 없다"라고 강조하면서 중국공산당 당사를 공부하고 연구하는 중대한 의의를 천명하였다.

1952년까지 배양 목표의 요구에 따라 마르크스-레닌학원의 커리큘럼에서 중국공산당 당사와 중국 역사(고대사와 근대사 포함), 세계사(고대사와 근대사 포함)를 증설하였고, 그 외에 '국가 문제', '세계혁명운동사', '중국현대혁명사', '당의 건설' 등 대학의 사상정치 과목에서 실제 역사교육을 시행하였다. 이어 1959년까지 대학 정치이론 4과목, 즉 '사회주의', '정치 경제학', '철학', '중국공산당사' 중 '중국공산당사'는 대학 역사교육의 주요 내용이 되었다. 1961년 중국 교육부는 전국 대학생을 대상으로 모든 단과대학에 '마르크스-레닌주의 개론'과 '중국공산당사'를 교육하도록 지시하였다. '중국공산당사'가 모든 단과대학에 개설된 사상정치 과정이 되도록 제정하여 학생들이 '중국공산당사' 학습을 통해 초보적으로 파악하게 하였다. 이어 1978년부터 1984년까지는 '사상정치이론 개강', '변증법적 유물주의와 역사적 유물주의', '정치적 경제'를 설정하였고, '중국공산당사', '국제공산주의운동사' 등을 증설하였다.

그러다가 1985년 국가교육위원회는 사상정치(이하 '사정')이론을 교육할 것을 발표하였고, 역사교육 내용은 '중국혁명사'를 다루면서 '중국공산당사'는 더 이상 개설하지 않았다. 개혁개방 이후 당사교육은 1985년부터 1997년까지 '중국혁명사'와 '중국 사회주의 건설 마르크스주의 원리', '세계 정치 경제와 국제관계'와 함께 나란히 사정 과목의 하나가 된 것이다.

그 이후 1998년 교육부에서 고등교육 사정 과목을 추가 개편하면서 마르크스-레닌학원은 마르크스주의 철학원으로 바뀌었고, '마오쩌둥 사상 개론', '덩샤오핑 이론', '마오쩌둥 사상 개념사'를 개설하였다. 2005년에 교육부가 사정 과정을 조정하면서 '마오쩌둥 사상', '덩샤오핑 이론', '3개 대표 중요 사상 개론'은 후에 '마오쩌둥 사상과 중국 특색 사회'로 개칭되었다. 특히 두드러진 변화는 역사교육 내용이 단독으로 하나의 과목이 된 것으로, '중국근현대사강요'가 사정 교과가 된 것이다. 이를 계기로 대학의 역사교육이 더욱 명확해지고 체계화되었다고 하는 중국 학계의 지적을 주목할 필요가 있다.[34] 그렇다면 앞서 언급한 중국 학계에서 대학이 서양 대학의 종속물이 되는 것을 우려하는 목소리가 나오기 시작한 시점과 중국 대학의 역사교육 강화 시점은 맞닿아 있다고 할 수 있다.

---

34 李志友·徐占春, 2010, 「大學歷史教育與『中國近現代史綱要』的教學實效性」, 『호남공정학원학보』 2, 102~105쪽.

Ⅳ. 중국 대학의 역사교육 필수화를 둘러싼 논의와 배경

이상의 중국 대학 역사교육의 변화 가운데 시진핑 주석 집권기를 의미하는 이른바 '중국 특색 사회주의 신시대'부터 대학생 사정 과목에서 역사교육이 강화되었다고 할 수 있다. 특히 시진핑 주석 집권 2기 이후 대학 역사교육의 중요성을 여러 차례 강조한 언론 보도를 통해서도 확인할 수 있다. 예를 들면 2016년 12월 시진핑 주석은 전국 대학 정치공작회의 연설에서 "당사(黨史)를 강화하라"라고 요구하였고, 2018년 5월 베이징대학 시찰 때는 "중국을 이해하려면 중국의 역사, 문화, 사람을 알아야 한다"라고 역설하였다. 이어 2018년 9월 전국 교육대회 연설에서 중국근현대사, 중국혁명사, 중국공산당사, 중화인민공화국사, 중국 개혁개방사 등 역사교육 강화를 명시하였다. 2019년 3월 18일 사상정치이론 수업을 생각하는 교사 간담회에서도 사정 수업을 해야 한다고 역설하였다.

중국공산당 중앙위원회와 국무원은 이러한 시진핑 주석의 사상정치교육 의지를 관철하기 위해 시진핑 주석의 일련의 연설 정신을 공포하였다. 구체적인 실례로 2019년 8월 중국공산당 중앙판공청은 『신시대 학교 사상정치 심화에 관하여』를 배포하였다. 그 안에 이론 수업 개혁 혁신에 관한 몇몇 의견이 있는데, 사정 과목의 커리큘럼을 혁신하라는 내용이 포함되었다. 즉, (중국공산)당사·(중)국사·개혁개방사·사회주의 발전사 개설을 선택 필수과정으로 제시한 것이다. 이어서 2020년 9월 문화위생교육체육 분야 전문가 대표 간담회에서도 시진핑 주석이 당사·신중국사·개혁개방사·사회주의 발전사 교육을 요구한 이후, 2020년 12월 중국공산당 중앙선전부와 교육부는 『신시대 학교 사상정치이론』을 배포하였다.[35]

---

35 중국 중앙선전부·교육부, 2020.12.18, 「교재 6호, 중국공산당 중앙선전부·교육부의

그 가운데 중고등학교 역사교육과정과 대학 단계의 교양필수과정인 '중국근현대사강요'를 결합하여야 한다고 주장하였다. 실제 2021년 가을에 입학하는 대학 신입생부터 '중국공산당사', '신중국사', '개혁개방사', '사회주의 발전사'[이하 '4사(四史)'] 중 1개 과목을 수강하도록 실시한다는 내용이 포함된 것이다.

이와 관련하여 최근 중국 언론에서 대학의 '대학 역사' 공공 과목을 개설하자는 제안이 꾸준히 추진되고 있다고 보도한 기사를 주목할 필요가 있다. 2017년 3월 중국 난징사범대학 당위원회 서기 송융중(宋永忠) 위원은 "대학은 반드시 '대학 역사' 공공 필수과목을 개설해야 한다"라는 의견을 전국인민대표대회와 전국인민정치협상회의에 올렸고, 이는 중국공산당 중앙위원회의 기관지인 『광명일보(光明日報, 광밍르바오)』에 게재되었다.[36] 『광명일보』 보도에 따르면, 중국 정부는 사회주의 정신문명 건설을 강화하고, 중국몽과 사회주의 핵심 가치관으로 공감대를 결집해 역량을 모으겠다는 구상을 밝혔는데, 역사학은 사상정치교육, 특히 청년들의 '네 가지 자신감'[37]을 다지는 데 큰 역할을 한다는 것이다.

특히 오늘날 중국의 입시교육 환경에서 중학생의 역사 공부는 대부분 암기 위주여서 필요한 역사의식 함양과 역사 소양의 영향이 부족하다고

'신시대 학교 사상정치이론과 개혁 혁신 실시 방안' 인쇄 및 배포에 관한 통지(中共中央宣傳部敎育部關於印發 '新時代學校思想政治理論和改革創新實施方案' 的通知), 중국 교육부 사이트(moe.gov.cn) 참조.

36 『광명일보』, 2017.3.7, 「중국 난징사범대학 당위원회 서기 송융중(宋永忠) 위원: '대학은 반드시 "대학 역사" 공공 필수과목을 개설해야 한다'(宋永忠委員: 高校應開設 "大學歷史"公共必修課)」, https://news.gmw.cn/2017-03/07/content_23904453.htm 참조.

37 '네 가지 자신감'이라 함은 2016년 7월 1일 시진핑 주석이 중국공산당 창립 95주년 경축대회에서 '초심을 잊지 말고 계속 전진하자'라며 '중국 특색 사회주의 노선의 자신감', '이론의 자신감', '제도의 자신감', '문화의 자신감'을 제시한 것을 지칭한다.

지적하였다. 대학 단계에서 '중국근현대사강요'라는 필수과목을 개설했지만, 국사를 전반적으로 이해하려는 대학생들의 욕구를 충족시키지 못했다고 설명하였다. 따라서 역사를 대학 '통식교육'의 중요한 구성 요소로 삼아 '대학 역사'라는 공공 필수과목을 개설하고 역사학 전공 교수진 구성과 교과과정 교재 자원 개발 등을 보장해 준다면 오늘날 대학생들의 역사 소양과 애국정신을 더욱 높이고 사상정치교육 사업의 실효성을 높일 수 있다고 건의한 것이다.

흥미로운 사실은 중국의 '통식교육'은 타이완의 용어를 사용한 것으로 우리의 '교양교육'을 의미하는데, 세계화에 따라 세계의 대학들이 제도적 개혁과 함께 중국 문화 소양 개혁에 주목하면서 확산되었다. 엄밀히 말하면 미국의 교양교육을 수용한 타이완과 홍콩, 마카오 등과 교류하면서 영향을 받은 것이다.[38]

중국 학계는 미국 대학의 통식교육은 줄곧 인문 과학 지식을 비교적 중시해 왔는데, 그 가운데 역사학은 핵심적인 위치에 있다고 평가하였다. 상술한 바와 같이 미국의 역사교육이 다음 세대를 키워 조국에 기여하기 위해서라고 본 관점과 역사학의 주요 사명이 학생으로 하여금 세계의 역사적 뿌리와 문화적 차원에 대한 총체적 이해를 제공한다는 점에 주목하였다. 중국 학계도 역사교육을 통해 국가와 민족의 운명에 관심을 갖는 의식을 기르게 하고 민족적 자신감과 문화적 자신감을 얻을 수 있도록 해야 한다는 것이다. 궁극적으로는 학생들이 중화민족의 위대한 부흥과 사회주의 건설에 전념하도록 배양할 것을 강조하였다.

송융중 위원이 건의한 "대학은 반드시 '대학 역사' 공공 필수과목을 개설해야 한다"라는 의견에 이어서 중국 학계에서는 지속적으로 관련 연

---

38 김진공, 2021, 앞의 책.

구 논문을 발표하였다. 그중 「대학의 '대학 역사' 공공 수업 개설에 관한 검토 의견」이라는 쭈지캉(朱季康)의 논문이 비교적 상세하다.[39] 논문 내용 중에 우리의 서울대학교 역사 수업 내용까지 벤치마킹한 사례를 포함하고 있고, '대학 역사'의 건의 배경을 시진핑 주석의 담화를 근거로 다음과 같이 제시하고 있다.

> 2016년 5월 17일 시진핑 총서기는 철학사회과학사업 좌담회에서 우리나라의 향후 철학사회과학사업에 대한 요구와 비전을 제시하였다. 그는 "철학사회과학은 사람들이 세계를 인식하고 개조하는 중요한 도구이자 역사 발전과 사회 진보를 추진하는 중요한 힘"이라며 "그 발전 수준은 한 민족의 사고력, 정신적 품격, 문명적 자질을 반영하여 한 국가의 종합적인 국력과 국제경쟁력을 구현했다"라고 지적했다. 그는 철학사회과학을 중요한 위치에 놓고 고려하고자 하였다. "한 나라의 발전 수준은 자연과학의 발전 수준에 달려 있을 뿐만 아니라 철학사회과학의 발전 수준에 달려 있다"라고 하여 중국 역사 발전 과정 중 철학사회과학의 중요한 가치를 충분히 인정하였다. …… (중략) ……
> 중국 철학사회과학의 발전 성과를 충분히 인정하면서 시진핑 총서기도 새로운 정세의 요구에 직면해 우리 철학사회과학 분야의 당면 과제가 있다면서 우리의 현재 철학사회과학 훈련 육성 교육시스템이 부실하다고 지적했다.
> 비록 이 문제는 주로 철학사회과학 전공에 대한 것이지만 또한 상대

---

39 쭈지캉(朱季康), 2018, 「대학의 "대학 역사" 공공 수업 개설에 관한 검토 의견(關於高校"大學歷史"公共課開設的一些思考)」, 『양저우교육학원학보(揚州教育學院學報)』 1, 58~61쪽.

적으로 보편적인 의의를 가지고 있다. 대학생의 철학사회과학 소양을 배양하는 고등교육으로서 대학생의 인문학적 소양의 보편적인 향상을 위해 철학사회과학의 기본과정과 훈련을 제공할 의무가 있다.

현재 중국 대학에서는 '중국근현대사강요'라는 역사 교과목의 성격을 지닌 공공 이론 교과과정이 개설되어 있지만, 결코 세계사, 고대사 등의 내용을 포함하고 있지 않으며 학생들에게 완전한 역사 프레임과 지식 교육을 제공하고 대학생의 역사 소양을 만드는 데에는 아직 부족한 점이 있다. 따라서 고등교육학교에 공공 과목 성격의 '대학 역사' 과목을 개설할 필요가 있는지, 철학사회과학의 기초학과를 고등교육학교 대학생의 필수과목으로 채택하는 방안을 검토할 필요가 있다.

쭈지캉은 2016년 5월 17일 철학사회과학사업 좌담회에서 시진핑 주석이 건의한 대학 필수과목으로서의 '대학 역사' 개설을 근거로 다음의 두 가지 방면에서 필요성을 부연하였다. 마르크스주의 유물사관의 지도에 따라 대학의 통사성 역사 과목인 '대학 역사'의 학습을 통해 집단적인 역사 공감대를 강화하고 대학생들을 양성한다면 애국주의, 올바른 민족문화 관념 및 조국과 민족 진보를 위해 노력하는 분투 정신을 굳건히 할 수 있다고 강조하였다. 국민의 역사 문화 수준을 향상시키고 인문 도덕 수양을 위해 모두 큰 의의를 가지고 있으며, 중화민족의 위대한 부흥 실현이라는 이 역사의 흐름에 거대한 구심력과 응집력을 불러일으킬 수 있다고 주장하였다. 그러한 가운데 청대 중후기의 사상가이자 문학가인 공자진(龔自珍)의 문집 『정암속집(定庵續集)』 권2 「고사구침 2(古史鉤沉 二)」에 나오는 다음 구절을 인용하고 있다.

다른 나라를 멸망시키려면 반드시 먼저 그 나라의 역사를 없애야 한다. 다른 나라의 정권을 전복시키려면 반드시 먼저 그 나라의 역사를 없애야 한다. 다른 나라의 인재를 단절시키고 교육을 막으려면 반드시 먼저 그 나라의 역사를 없애야 한다(滅人之國, 必先去其史; 隳人之枋, 必先去其史; 絶人之材, 湮塞人之教, 必先去其史).

주목할 점은 "다른 나라를 멸망시키려면 반드시 먼저 그 나라의 역사를 없애야 한다"라는 구절은 시진핑 주석이 2013년 1월 5일 신진중앙위원회 위원, 후보 위원들이 당의 18대 정신 관철을 학습하는 토론반 개소식에서 발표한 중요 담화에서도 인용했던 내용이라는 점이다. 당시 시진핑 주석은 국내외 '적대세력'이 중국혁명사, 신중국사를 문제 삼아 공격하고 희화하며 모독하는 경우가 많은데, 그 근본 목적은 중국공산당의 지도자와 중국 사회주의 제도를 무너뜨리려고 선동하는 것이라고 밝혔다. 이어서 이 구절(滅人之國, 必先去其史)의 출처가 청대 공자진의 『정암속집』이라고 하면서, 하나의 국가와 민족을 멸망시키는 일차적인 방법은 그들의 역사를 소멸하는 것이라고 강조하였다.[40] 시진핑 주석이 집권 시작부터 어떠한 역사 인식을 드러내고 있었는지 확인할 수 있는 중요한 사례라고 할 수 있다.

이어서 쭈지캉은 현재 중국 대학생들이 인문계 전공자 외에는 중국의 역사 문화에 대해 잘 알지 못하고, 세계 역사 문화에 대해 매우 생소한 상황이 보편적이라고 지적하면서 비록 대학에 다양한 인문학 공공 선택과정이 개설되어 있지만 이들 교과목은 체계적이지 못하다고 설명하였다. 많은 나라가 대학 단계에서 역사 관련 공공 과목의 개설을 중시하고 있

---

40 『中廣網』, 2019.5.12, 「매일 시진핑 한마디, "다른 나라를 멸망시키려면 반드시 먼저 그 나라의 역사를 없애야 한다(每日一習話 | 滅人之國, 必先去其史)"」 https://baijiahao.baidu.com/s?id=1633281882731262077&wfr=spider&for=pc 참조.

는데, 예를 들어 여러 미국 대학에서는 역사 과목, 적어도 자국의 역사 과목을 대학의 필수 공공 과정으로 설정해 놓고 있다고 강조하였다. 아시아 일부 국가의 사례로 한국의 서울대학교에서 역사를 대학과정의 핵심 과목으로 채택하였다고 소개하면서 중국 대학에 '대학 역사'라는 공공 과목을 개설할 필요성을 역설하였다.[41]

이공계 전공 학생의 경우는 대학에 입학한 후 바로 통사류의 역사 과목 학습과 절연한다고 하면서 중국 대학의 역사교육 한계를 명시하였다. 인문사회 계열 학과에서도 역사 계열 강좌를 개설하는 경우는 드물고, 심지어 철학과 문학을 전공한 학생들도 중국사를 배우지 않으며, 국제무역과 국제법을 전공한 학생들이 세계사를 배우지 않는 것 또한 흔히 볼 수 있는 상황임을 지적한 점은 매우 시사적이다. 몇십 년 동안 대학 문·이과의 대학 통사교육이 부족한 실정을 거치면서, 이미 한 세대 국민들 사이에 기본적인 역사적 소양이 단절되었다는 것이다. 이렇게 되면 대학생들은 졸업 후 사회에서 각종 '역사 허무주의'에 직면해 분별력과 판단력을 갖기 힘들 뿐만 아니라 자기 나라, 민족 역사에 대한 진정한 공감과 애착을 갖기 어렵다는 논리를 전개하였다.

이 같은 배경을 근거로 '대학 역사'라는 교양필수과목을 개설하기 위한 구체적인 방안으로 '대학 역사'와 중고등학교 역사과정의 연계가 필요하고, 현재 대학의 교양필수과목인 '중국근현대사강요'와 상호 보완되어야 하며, '대학 역사' 과목의 콘텐츠를 고민해야 한다고 제안하였다.

중고등학교의 역사 교과와 연계될 수 있는 가능성과 공간을 제공할 것을 주문하면서 역사유물주의의 기본 입장을 지도 이론으로 삼을 것을

---

41 쭈지캉(朱季康), 2018, 「대학의 "대학 역사" 공공 수업 개설에 관한 검토 의견(關於高校 "大學歷史"公共課開設的一些思考)」, 『양저우교육학원학보(揚州教育學院學報)』 1.

강조하였다. 앞으로 '대학 역사'의 콘텐츠가 어떻게 구성될지 짐작하게 하는 부분이기도 하다. 끝으로 다음과 같은 시진핑 주석의 주요 담화를 인용하면서 마무리하고 있다.

> '대학 역사' 과정은 지도 사상에서 대학 교양필수 이론 과목의 지도 사상과 일치해야 하며, 마르크스주의 이론으로 교과과정의 설계와 교학 단계를 통솔하고, 유물사관을 방법론으로 하며, 중국 스타일과 중국 기풍의 사학 패러다임을 경로로 하여 대학생의 과학 역사 소양에 대한 배양을 실현해야 한다. 또한 유용한 인재를 길러내려면 좋은 교재가 있어야 한다.

여기서 "중국 스타일과 중국 기풍의 사학 패러다임"이라는 표현을 주목할 필요가 있다. 지난 2019년 시진핑 주석이 중국 사회과학원 설립 40주년을 맞이하면서 보낸 축하 서신에서 "중국 학술을 번영시키고, 중국 이론을 발전시키며, 중국 사상을 전달할 것"을 주문하였는데, 이 세 가지가 신시대 철학사회과학 분야의 대표적 학술지인 『중국사회과학』[42]의 주요 사명이자 간행 방향임을 밝혔기 때문이다. 이는 상술한 "중국 스타일과 중국 기풍의 사학 패러다임"에 담긴 '중국'을 앞세우는 기조와 일치하고 있다.

근년 중국 언론에 반복적으로 등장한 "중국 특색의, 중국 스타일의, 중국 기풍의"라는 표현과 같은 맥락에서 파악할 수 있으며, 이는 곧 신시대

---

42 중국 특색의 철학사회과학의 연구 성과를 발표하는 『중국사회과학』은 공인된 중국 최고 수준의 전문 학술지로, 중국 철학사회과학의 번영 발전을 위해 중요한 공헌을 하는 공간으로 평가된다. 중국사회과학잡지사(中國社會科學雜誌社) 홈페이지(http://sscp.cssn.cn) 참조.

중국 사학 연구의 전제 조건이라 할 수 있다. 앞으로 설계될 중국 대학의 '대학 역사' 교양필수과목도 '중국 스타일과 중국 기풍의 사학 패러다임' 이 반영되어 중국 중심의 역사 인식을 탈피하기 어려울 것으로 예상된다.

2018년 쭈지캉의 논문이 발표된 이래 지속적으로 대학 내 교양필수 '역사 과목' 개설 관련 언론 보도와 논문이 이어졌다. 중국 온라인 매체 『펑파이(澎湃)신문』은 2020년 5월 26일 "전국정협 위원 허윈페이(賀雲飛)의 건의: 대학 학부의 모든 전공에 국사 교양과목 개설"이라는 논제로 다음과 같이 보도하였다.[43]

> "국민의 올바른 역사 지식, 역사의식, 역사적 소양을 함양하는 것은 애국주의 교육에 없어서는 안 될 수업이다." 역사 문화 분야 전문가인 허윈페이 전국인민정치협상회의(정협) 위원 겸 난징대 문화·자연유산 연구소 소장은 올해 전국양회에서 대학 학부의 모든 전공에 국사 교양과목을 개설하자는 제안을 하였다.

이는 상술한 중국 난징사범대학 당위원회 서기 송융중 위원이 건의한 '대학 역사'보다 '대학 학부의 모든 전공에 국사 교양과목 개설'이라고 하여 중국 대학의 역사 교양필수과목 개설 논의가 상당히 진전된 단계임을 보여 준다.

허윈페이는 역사를 중시하고 연구하며 참고해야 나라의 과거와 미래를 알 수 있다고 하면서 교육부 등 8개 부처가 연합하여 「대학의 사상정

---

43 『펑파이(澎湃)신문』, 2020.5.26, 「전국정협 위원 허윈페이(賀雲飛)의 건의: 대학 학부의 모든 전공에 국사 교양과목 개설(全國政協委員賀雲翱建議: 高校本科所有專業開設國史通識課)」 https://m.thepaper.cn/baijiahao_7562870 참조.

치 작업시스템 구축을 가속화하자」라는 보고서를 냈다고 밝혔다. 이 보고서에서는 "당사, 신중국사, 개혁개방사, 사회주의 발전사" 교육을 강조한다고 지적하였다.

허윈페이는 일선에서 교육을 담당하면서 현재 중국의 역사교육이 각 학습 단계에서 모두 어려운 상황에 놓여 있다는 것을 실감했다고 밝혔다. 예를 들어 중학교에서는 학생들이 고등학교 진학 시험을 준비하느라 바쁘고, 역사 과목은 점수 비중 때문에 각 학교에서 제대로 중시를 받지 못하며, 고등학교에서는 역사가 '소과목'으로 간주되고, 문과와 이과로 분리된 후 이과에서는 역사를 다시 공부하지 않으며, 문과 수업 시간 역시 단축된다는 것이다. 대학 단계에서는 난징의 경우 역사와 고고학 관련 전공을 제외한 나머지 전공은 역사 과목을 개설하지 않아서 비역사 전공자의 국사에 대한 인식이 상대적으로 부족하다고 하였다. "조국의 유구한 역사와 깊은 문화에 대한 이해와 수용은 국민의 애국심을 키우고 발전시키는 중요한 조건임"을 강조하며, 이를 위해 교육부에 전국 대학의 모든 전공에 중국 고대·근대·신중국사를 포함한 교양필수과목인 '국사 교양과목' 개설을 건의했다는 것이다. 그는 또한 '국사 교양과목'을 위한 공용 교재를 편찬하는 데 전문 역량을 집중할 것을 건의하고, 각 대학에서는 품성이 고상하고 역사를 깊이 연구한 교수를 통해 교육할 것을 요구하였다.

송융중 위원이 앞서 건의한 '대학 역사' 교양필수과목 개설에 비해 내용이 구체화되었으며, 중국 대학 내에 '국사 교양과목'을 개설할 수밖에 없다는 배경 설명을 통해 중국 중고등학교와 대학의 역사교육 실황을 보다 명확하게 파악할 수 있다.

요컨대 시진핑 주석 집권 이전부터 대학생을 대상으로 한 사상정치교육에 대한 필요성은 이미 제기되고 있었고 역사교육도 강조하고 있었지만, 시진핑 주석 집권 이후 대학생의 사상정치 교육의 일환으로 '대학 역사', '국사 교양과목' 등의 신설 요구가 구체화되며 강조되었다. 여기서 상술한 두 차례의 '중국 대학의 역사 교양필수과목 개설 관련 언론 보도'에 대한 중국 교육부의 최근 공식 답변을 주목할 필요가 있다.

V. 중국 교육부의 공식 답변과 중국 학계의 연구 동향

중국 교육부는 최근 각 대학에서 '당사', '신중국사', '개혁개방사', '사회주의 발전사'를 의미하는 '4사(四史)'의 선택 필수과목 개설을 이미 추진하고 있고, 전국 대학들이 사상정치이론 필수과목인 '중국근현대사강요'를 학부생에게 전면 개설하였다고 밝혔다. 이른바 마르크스주의자 양성 공정의 약칭인 '마공정' 중점 교재 3종(『중국근대사』, 『중화인민공화국사』, 『중국근현대사강요』)을 통일적으로 사용하고 있으며, 현재 해당 교재를 수정 중이라고 설명하였다. 또한 중국 교육부의 「대학 본과 단계 모든 전공의 국사 교양필수과목 개설 제안에 관하여」라는 답변 보고서에서는 최근 몇 년 동안 일련의 조치를 채택하여 끊임없이 대학에서 '4사(四史)'의 교육을 강화하였음을 강조하였다.[44]

중국 교육부는 사상정치이론 과목 강화 관련 교육 교학 방안에 따라 각 지역의 대학들이 전력을 다해 사상정치이론 과목을 개설하고 핵심 과목으로 '4사(四史)' 선택 필수과목을 운영할 것을 지도하였다고 부연하였다.

---

44 중국 교육부, 2020.9.21, 「교육교학제안 77호, 제13기 전국위원회 제3차 회의 제3217호(교육류 303호) 제안 답변에 관한 서한(關於政協十三屆全國委員會第三次會議第3217號(教育類303號)提案答覆的函)」, 중국 교육부 사이트(moe.gov.cn) 참조.

구체적으로 '쌍만계획(雙萬計劃)', 즉 '쌍일류전공'[45] 계획은 교육부가 미래지향적인 수요에 부응하여 1만 개의 국가급 일류 학부 전공학과와 1만 개의 성급 일류 학부 전공학과를 건설하는 것이다. 이 계획에 따라 현재 베이징대학, 칭화대학, 저장대학, 우한대학, 수도사범대학 등은 일류 교수진의 '중국고대사', '중국근현대사강요' 명품 강의 온라인 과정을 개설하여 사회를 향해 개방할 것을 추진 중이라고 하였다. 또한 '쌍만계획'에 따라 푸단대학, 난징대학, 우한대학 등의 역사학과와 런민대, 샹탄(湘潭)대, 옌안대 등의 중국공산당사 전공이 국가급과 성급 일류 학과로 지정되면서 관련 학과 건설 수준이 전반적으로 향상됐다고 소개하였다. 현재 교육부가 책임지고 있는 '마공정' 중점 교재 『중국고대사』는 이미 수정을 완료하였다고 밝혔다.

쭈지캉에 이어 2020년에 대학의 역사 과목 개설 필요성과 시급성을 논한 연구가 발표되었다. 이 연구에서는 국가 민족이 발전하려면 대학생들이 역사 지식을 정확하고 체계적이며 능숙하게 습득할 수 있어야 하며, 중국 역사의 발전이 상황을 변화시켜 다원일체의 중화민족 정체 사관을 배양하기 위해 역사 과목 개설이 필요하다고 강조하였다. 특히 대학 역사 관련 공공과정의 수업은 전공별로 교재를 편성하고 교과과정을 설치해야 한다고 설명하였는데, 한의약대의 공공 역사 과목은 동아시아 역사 문화와 융합해야 한다고 건의한 내용을 주목할 만하다. 또한 대학 역사 과목 개설의 시급성과 필요성을 설명하면서 현재 중국이 당면한 문제점에 대

---

45 '쌍일류'는 세계 일류 대학과 세계 일류 학과를 만들고자 하는 중국 당과 국무원의 국가 정책을 의미한다. 중국 교육부, 2019.10.24, 「교수급고급인력 8호, 교육부의 일류 학부 과정 건설에 관한 실시 의견(教高[2019] 8號 教育部關於一流本科課程建設的實施意見)」, 중화인민공화국 중앙인민정보 사이트 http://big5.www.gov.cn/gate/big5/www.gov.cn/gongbao/content/2020/content_5480494.htm 참조.

해 다음과 같은 시사적인 내용을 지적하였다.

> 냉전 종식 이후 민족문제와 분열과 통일문제가 영향을 미치기 시작했는데, 21세기 들어 신장·티베트 분리 세력이 창궐하여 일련의 공포 사건을 일으켰으며, 대만 지역의 민진당이 들어서면서 '탈중국화' 과목 개정의 일환으로 국사를 '동아시아사'로 규정하였다. 대만사는 '자국사'로 규정해 역사관적으로 국가를 분열시키려 한다. 최근 몇 년 사이 홍콩에서는 법치와 중앙 권위에 도전하는 폭력 행사가 잇따랐고, 심지어는 분열을 꾀하는 일국양제(一國兩制)를 강타했다. 이런 현실적 문제에는 역사적 이유가 있는 것이다. 병을 고치고 싶다면, 병의 원인을 정확히 알아야 한다. 그렇다면 그 역사적 배경을 깊이 있게 학습하고 문제의 본질을 깊이 이해해야 국가가 상응하는 조치를 취해야 할 필요성과 정확성을 더 잘 이해할 수 있다. … (중략) …
> 사회에는 영화와 텔레비전 문예 작품이 뒤섞여 있는데, 각종 '드라마' 등은 마구잡이로 역사를 조작하는 문예 상품들이 각종 문화 플랫폼을 가득 채우고 있다. 일부 세력들은 '역사적 허무주의'로 당대 청년, 특히 당대 대학생들을 선동하여 역사관에 큰 충격을 주었다. 변방 민족 지역의 극소수 사람들은 분열 세력의 왜곡된 역사관에 영향을 받았다. 원나라 역사같이 역외 국가와 그 사관에 대한 해석 때문에 원나라 역사는 우리 역사이며 분리할 수 없는 일부분임에도 중화민족의 다원일체, 중화문명 등 5천 년 동안 중단되지 않은 역사 인식에 교란을 일으킨다.

이상으로 중국 대학의 '대학 역사' 혹은 '국사' 교양필수과목 개설 관련 논의와 추진은 시진핑 주석 집권 이후 2016년 5월 17일 철학사회과학 사업 좌담회의 주요 담화를 기점으로 2018년과 2020년 두 차례의 양회 건의를 거친 이래 지속해서 진행되고 있음을 확인할 수 있다. 공교롭게도 최근 중국 학계의 연구 논문을 검토해 본 결과, 위의 중국 대학의 역사교육에 대한 논의 현황과 부합하고 있음을 알 수 있다.

〈표 2〉는 중국의 국가 지식 인프라 CNKI에서 주로 대학 역사교육을 키워드로 검색한 논문, 주제, 주요 내용 등을 정리해 본 것이다.

표 2. 최근 중국 대학의 역사교육 관련 연구 논저와 주요 내용

연번	저자 및 논문 제목	출처	출간 연도	주요 내용
1	於海兵, 「국비사범대생과 "중국근대사"의 통사교학: 대학과 중고등학교의 역사 교학의 연속성 문제를 겸하여」[46]	『歷史教學 (上半月刊)』 3	2021	현재의 역사교육에서 중고등학교와 대학 사이의 지식 체계와 교수 체계는 심각한 단절과 착오가 있다. 역사교육을 인류 문명과 지식을 섭취하는 통로로 삼든, 국가 정체성과 시민 정체성을 키우는 수단으로 삼든, 중고교와 대학의 역사교육은 일관되고 연속되어야 한다.
2	肖嫻, 「대학 중국근현대사강요 수업과 고등학교 역사 과목의 정확한 결합에 대하여」[47]	『中學政治教學參考』 33	2020	중국근현대사강요는 대학 단계 사상정치이론 과정 시스템의 중요한 구성 부분이다. 대학과 고등학교 역사 과목의 중국근현대사 수업에 관한 정확한 결합은 주로 이론 지식 방면, 역사 지식 방면, 사상 방면, 정치적 정체성 방면에서의 승화를 의미한다.

---

46 於海兵, 2021, 「국비사범대생과 "중국근대사"의 통사교학: 대학과 중고등학교의 역사 교학의 연속성 문제를 겸하여(公費師範生與"中國近代史"的通史教學: 兼論大學與中學的歷史教學連續性問題)」, 『歷史教學(上半月刊)』 3.

47 肖嫻, 2020, 「대학 중국근현대사강요 수업과 고등학교 역사 과목의 정확한 결합에 대하여(論大學中國近現代史綱要課教學與高中歷史課的精準對接)」, 『中學政治教學參考』 33.

3	趙培海, 「대학의 우선이수과목(先修課)으로서 중국 통사 수업 개설에 대한 견해」[48]	『中學政史地: 敎學指導』10	2019	대학의 우선이수과목 개설 배경인 신시대 중국의 교육개혁 추세는 수준 높고 창의적인 인재를 양성하는 것이다. 고교 교육과 대학 교육 사이에 심각한 단절 현상이 있다. 역사학과의 경우 고교의 우수 학생은 고교의 역사 수업에 만족하지 못한다. 대학들은 고등학교가 양질의 학생을 공급하지 않는다고 한다. 어떻게 하면 중고등학교와 대학 교육의 효과적인 연결을 촉진할 수 있을까. 이는 중등, 고등교육의 공통 관심사이다.
4	陳榮光, 「대학 역사 수업 중 사회주의 핵심 가치관의 실천: 중국 근현대사를 사례로」[49]	『敎育現代化』19	2019	대학 시절은 대학생들의 세계관, 인생관, 가치관이 형성되는 중요한 시기이다. 대학생들이 올바른 삶의 가치관을 더욱 잘 이끌어 갈 수 있도록 대학의 역사 교사들은 사회주의 핵심 가치관을 대학 역사 교과과정에 융합시켜 대학생들의 애국주의 정신과 민족적 자긍심을 길러 줄 수 있어야 한다. 중국근현대사를 예로 들면, 대학 역사 수업 중 사회주의 핵심 가치관을 실천하고, 대학생들이 우리나라의 역사를 더 잘 이해하도록 하며, 사회주의 핵심 가치관을 실천하도록 유도한다.
5	翁賀凱·李瓔珞, 「항일전쟁사 교습의 역사 과학성 강화: 칭화대학의 "중국근현대사강요" 온라인 공개 수업을 사례로」[50]	『思想敎育研究』6	2018	시진핑이 「제22차 국제 역사과학대회에 보내는 축하 편지」에서 제시한 "역사 연구는 모든 사회과학의 기초"는 마르크스주의 학설의 정수를 깊이 파악한 핵심적인 논단이다. 항일전쟁은 중국근현대사의 대사로서, 그 역사의 쓰기와 교학은 청년 세대의 유물사관 형성, 애국주의 정신 조성과 관련된다.

---

[48] 중국 대학의 선수과목은 학습 능력이 있는 고등학생에게 다양한 교과과정을 제공하며 중고등학교 교사들에게 진수하고 교류할 수 있는 플랫폼을 제공하여 수준 높은 대학 인재 선발에 과학적 근거를 제공하는 근거가 된다. 趙培海, 2019, 「대학의 우선이수과목(先修課)으로서 중국통사 수업 개설에 대한 견해(關於開設大學先修課中國通史的敎學思考)」, 『中學政史地: 敎學指導』10, 95~96쪽.

[49] 陳榮光, 2019, 「대학 역사 수업 중 사회주의 핵심 가치관의 실천: 중국근현대사를 사례로(在大學歷史敎學中踐行社會主義核心價値觀: 以中國近現代史爲例)」, 『敎育現代化』19, 225~233쪽.

[50] 翁賀凱·李瓔珞, 2018, 「항일전쟁사 교습의 역사 과학성 강화: 칭화대학의 "중국근현

				이를 위해서는 반드시 사상정치의 큰 방향을 확고히 파악하는 가운데 항일전쟁사 수업의 역사 과학성을 증진하여 고교 사상정치교육의 유효성과 설득력을 높여야 한다. 칭화대학의 '중국근현대사강요'는 이 방면에서 유익한 시도를 하여 역사 과학성과 사상정치적인 통일을 실현하였다.
6	李崇新, 「대학 교양과정의 교과 자원과 방법의 통합 운용에 관한 분석: '중국 역사 변천: 강역, 민족과 문화' 교양수업의 핵심 과정을 중심으로」[51]	『工業和信息化教育』 10	2017	난징 이공대학 교양교육 핵심 과정인 '중국 역사 변천: 강역, 민족과 문화'의 강의 실천과 개혁을 사례로, 이공계 대학 교양 과정 수업 중 어떻게 하면 관련 교과목 자원 건설을 더욱 강화할 수 있을지 살핀다. 현재 이공계에서 교과목 수업이 공통으로 직면하고 있는 어려움과 문제를 토의하고, 초보적인 사고와 해결책을 제시하였다.
7	曹波, 「대학 역사 강의실 수업 효과 향상 탐구: '중국근현대사강요'를 사례로」	『湖南省社會主義學院學報』	2017	대학 역사과정 중 특히 '중국근현대사강요' 강의는 수업 수단이 고지식하다는 문제점이 있다. 교육 효과를 높이는 주요 경로는 교육 수단 개선, 교재에 대한 깊은 파악, 과학기술 설비의 적정 사용 등이다.
8	李益順, 「중국공산당 혁명정신교육의 강화와 역사적 허무주의의 침식에 대한 저항: 샹탄대학교 사상정치이론과 교수 개혁 실천을 사례로」[52]	『新西部(下旬刊)·理論』 1	2017	현재 사회적으로 유행하고 있는 역사적 허무주의 사조는 실질적으로 중국공산당의 지도와 사회주의 제도를 부정하는 것이다. 이러한 잘못된 사조가 당대 대학생에게 미치는 부정적인 영향을 막기 위하여 샹탄대학 마르크스주의학원은 대학 사상정치이론과 교육 수업 중 장기적으로 중국공산당 혁명 정신교육을 진행하였다. 그뿐만 아니라

대사강요" 온라인 공개 수업을 사례로(增强抗日戰爭史教學的歷史科學性: 以清華大學"中國近現代史綱要"慕課爲例)」, 『思想教育研究』 6, 80~84쪽.

51 李崇新, 2017, 「대학 교양과정의 교과 자원과 방법의 통합 운용에 관한 분석: '중국 역사 변천: 강역, 민족과 문화' 교양수업의 핵심 과정을 중심으로(大學通識課程教學資源與方法的整合運用淺析: 以'中國歷史變遷:疆域, 民族與文化'通識教育核心課程爲例)」, 『工業和信息化教育』 10, 49~51쪽, 57쪽.

52 李益順, 2017, 「중국공산당 혁명정신교육의 강화와 역사적 허무주의 침식에 대한 저

9	展龍,「대학의 역사 전공 교수진 건설의 탐구 및 실천: 허난대학교 중국고대사 전공 교수진 건설 사례」[53]	『河南敎育: 高敎版』2	2010	다양한 성공적인 교학 방법을 모색하여 교학 효과를 확실히 높였으며, 지방 본과대학의 인재 양성 패턴을 풍부하게 하였다. 교수진을 구성하는 것은 대학의 창조적인 교학 조직의 형식상 하나의 실천이며, 학부 교학의 개혁을 촉진하고 교육의 질을 높이는 중요한 조치이기도 하다. 최근 몇 년 동안 교육부, 재정부는 대학 학부 교육의 질과 교육개혁 프로젝트를 전면 실시하여 일련의 중요한 문건을 내놓았으며, 학부의 교수진 조직 강화에 대한 요구를 명확하게 제기하였다. 어떻게 교수진 구성을 강화하고 효과적인 팀 협력 메커니즘을 세우는가는 현재 대학 교육 연구의 중요한 과제가 되고 있다.
10	譚志鬆,『통일적 다민족 국가 대학의 사명: 중국 대학의 기능과 실현 연구』[54]	民族出版社	2008	중국 국정과 중국 대학을 기본으로 하여 통일적 다민족 국가 대학의 사명을 연구하고 현대 대학의 사회적 기능 확대와 실현을 모색한다. 현대 대학의 사회적 영향과 역할을 전면적으로 인식하고 파악함으로써 국가와 정부가 대학에 확실한 기대와 임무를 부여하는 데 도움이 되고, 대학 스스로의 사회적 정체성을 더욱 정확하게 수행하는 데 도움이 된다.

항: 샹탄대학교 사상정치이론과 교수 개혁 실천을 사례로(加強中國共産黨革命精神教育, 抵制歷史虛無主義侵蝕: 以湘潭大學思想政治理論課敎學改革實踐爲例)」,『新西部(下旬刊)·理論』1.

[53] 展龍, 2010,「대학의 역사 전공 교수진 건설의 탐구 및 실천: 허난대학교 중국고대사 전공 교수진 건설 사례(高校歷史專業敎學團隊建設的探索與實踐: 以河南大學中國古代史專業敎學團隊建設爲例)」,『河南敎育: 高敎版』2, 30~31쪽.

[54] 譚志鬆, 2008,『통일적 다민족 국가 대학의 사명: 중국 대학의 기능과 실현 연구(多民族國家大學的使命: 中國大學的功能及其)』, 民族出版社.

〈표 2〉의 논문들은 최근 몇 년 동안 중국의 교육제도가 부단한 개혁과 혁신을 거듭함에 따라 대학 역사 수업의 방법과 패턴도 효과적인 혁신을 진행하고 있다고 밝히고 있다. 상술한 시진핑 주석의 철학사회과학 좌담회에서의 주요 담화 이후 2017년부터 중고등학교와 대학의 역사교육과정 연결을 강조하는 논조가 강하게 드러나고 있음을 알 수 있다. 이는 2017년 중국공산당 제19차 전국대표대회 이후 "당이 모든 것을 영도한다"라는 당장(黨章)이 학계, 교육계 등 사회 전반에 걸쳐 강한 영향력을 발휘하고 있는 실상을 반영한다.[55]

이상의 최근 중국 대학의 역사교육 현황과 변화에 대한 이해를 기반으로 실제 대학에서 이수하는 공통과목, 필수과목, 선택과목 등의 사례를 다룬 연구는 지면 관계상 추후 별고에서 다루고자 한다. 특히 상술한 국가 교재 건설 중점 연구기지 중 하나이자 중국 역사교재 개발에 참여하는 연구진을 대거 배출한 대학들의 사례를 중심으로 살펴보고, 종래의 '마르크스주의 이론 연구와 건설 공정'에서 사용한 교재와 시진핑 집권 이후 사용하고 있는 교재를 비교 검토한다면 시진핑 집권 2기 이후 중국 대학 역사교육의 변화와 특징을 파악할 수 있을 것으로 기대한다.

---

[55] 2017년 중국공산당 제19차 전국대표대회에서 통과된 『중국공산당당장(中國共産黨黨章)』에서는 "당과 정부와 군과 민간과 학교에서 동서남북, 중앙에서 당이 모든 것을 영도한다(黨政軍民學 東西南北中 黨是領導一切的)"라고 발표하였다. 2018.1.25, 「"당이 모든 것을 영도한다"라는 것이 당장(黨章)에 기입된 것에 대해 어떻게 이해해야 하는가?(怎樣認識"黨是領導一切的"寫入黨章？)」, 薛萬博『人民網』, 『中國共産黨新聞網』 기사 참조.

Ⅵ. 맺음말

지금까지 중국 교육부에서 지난 2019년에 발표한「국가 교재 건설 중점 연구기지 관리 방안」공지와 2020년에 발표한 중화인민공화국교육부령 46호「신시대 대학 사상정치이론 과목 교사진 구축 규정」공시를 통해 시진핑 집권 2기부터 의무교육 초·중 교과서를 위시로 고교에 이어 전국 대학교재까지 국정화의 대상이 확대되고 있는 현황을 살펴보았다.

실제 2016년 12월 시진핑 주석은 전국 대학 정치공작회의 연설에서 "당사(黨史)를 강화하라"라고 요구하였고, 2017년 3월 중국 난징사범대학 당위원회 서기 송융중 위원은 "대학은 반드시 '대학 역사' 공공 필수과목을 개설해야 한다"라는 의견을 피력했다.

이어 2018년 9월에 시진핑 주석은 전국 교육대회 연설에서 중국근현대사, 중국혁명사, 중국공산당사, 중화인민공화국사, 중국개혁개방사 등 역사교육 강화를 명시하였고, 2019년 8월 중국공산당 중앙판공청은 '(공산)당사'·'(중)국사'·'개혁개방사'·'사회주의 발전사' 개설을 선택 필수과정으로 제시하였다.

송융중 위원에 이어 2020년 5월 전국정협 위원 허원페이도 대학 학부의 모든 전공에 국사 교양과목을 개설할 것을 건의하였다.

결국 2020년 12월 중국공산당 중앙선전부와 교육부는 『신시대 학교 사상정치이론』을 배포하여 중고등학교 역사교육과정과 대학 단계의 교양필수과정 '중국근현대사강요'를 결합할 것을 요구하였다. 여기에는 대학생이 '4사(四史)' 중 1개 과목을 수강하는 것을 2021년 가을에 입학하는 신입생부터 실시한다는 내용이 포함되었다. 이는 시진핑 주석 집권기를 의미하는 이른바 '중국 특색 사회주의 신시대'부터 대학생 사상정치이론 과목에서 역사교육이 강화되고 있음을 시사한다.

문제는 중국 교육부가 사상정치이론 과목에서 역사교육이 강화되는 이유는 시진핑 신시대 중국 특색 사회주의 사상과 당의 19대 정신, 당의 교육 방침을 전면 관철하기 위함이라고 밝히면서 사상정치이론 과목 교사는 마땅히 국가 '통편교재'를 잘 사용해야 한다고 명시한 점이다.

상술한 바와 같이 "중국 학술을 번영시키고, 중국 이론을 발전시키며, 중국 사상을 전달할 것"을 주문하며 시진핑 신시대 중국 특색 사회주의 사상을 반영한 '통편교재'는 마르크스주의 중국화와 중화민족 스타일을 강조하고 있기에, 중국의 초·중·고등학교에 이어 대학에서까지 중국 중심의 팽창주의가 고조될 가능성이 높다.

같은 맥락에서 중국 교육부는 교재 편찬을 국가의 직권으로 설명하며, 전국 대학 내 통일 사용이 요구되는 '마르크스주의 이론 연구와 건설 공정 중점 교재'에 중국의 입장과 중국의 가치를 나타내도록 설계하고 있어, 중국 중심의 역사 인식이 더욱 강화될 전망이다. 특히 '마공정'에는 중공 중앙선전부 편사부에서 편찬한 『중화문명사』, 『중국고대사』, 『중국민족사』, 『세계고대사』, 『중국근현대사』, 『세계현대사』 등의 과목이 포함되어 있는데, 일부 한국사 관련 서술도 포함하고 있어 주목할 필요가 있다.

최근 중국 정부가 『중국 교육 현대화 2035』를 발표한 이래 중국 교육은 당의 큰 계획이자 국가의 큰 계획이며, 고등교육을 잘 운영하는 것은 국가의 발전, 국가의 미래와 직결된다고 강조하고 있는 시점에서 중국 대학 역사교육의 특징과 변화를 지속적으로 파악하고 분석해야 할 것이다.

마지막으로 2016년 5월 17일 철학사회과학사업 좌담회에서 시진핑 주석이 대학 필수과목으로서의 '대학 역사' 개설을 건의하면서 인용한 공자진의 "다른 나라를 멸망시키려면 반드시 먼저 그 나라의 역사를 없애야 한다. 다른 나라의 정권을 전복시키려면 반드시 먼저 그 나라의 역사를 없애야 한다"라는 구절을 타산지석으로 삼을 필요가 있다.

참고문헌

- 교재

敎育部組織編纂 齊世榮 總主編, 2017, 『義務教育教科書 中國歷史 七學年』(上), 北京: 人民教育出版社.
敎育部組織編纂 齊世榮 總主編, 2018, 『義務教育教科書 中國歷史 七學年』(下), 北京: 人民教育出版社.
敎育部組織編纂 齊世榮 總主編, 2018, 『義務教育教科書 中國歷史 八學年』(上), 北京: 人民教育出版社.
敎育部組織編纂 齊世榮 總主編, 2018, 『義務教育教科書 中國歷史 八學年』(下), 北京: 人民教育出版社.
李卿 編輯, 2018, 『普通高中歷史課程標準)(2017)』, 北京: 人民敎育出版社.
王斯德 主編, 2006, 『世界現代史』, 北京: 高等教育出版社.
吳於廑·齊世榮 主編, 2005, 『世界史: 古代史編』 下卷, 北京: 高等教育出版社.
吳於廑·齊世榮 主編, 2006, 『世界史: 現代史編』 上卷, 北京: 高等教育出版社.
齊世榮 主編, 2006, 『世界史: 古代史編』 下卷, 北京: 高等教育出版社.
齊世榮 主編, 2006, 『世界史: 當代編』 下卷, 北京: 高等教育出版社.

- 단행본

신주백 등, 2008, 『중국 대학 역사교재 속의 한국·한국사』, 동북아역사재단.
譚志鬆, 2008, 『多民族國家大學的使命: 中國大學的功能及其』, 民族出版社.

- 논문

권은주, 2020, 「『중외역사강요』의 한국고대사·동아시아사 서술 내용과 역사 인식 분석」, 『동북아역사논총』 70.
김유리, 2006, 「중국 교과서제도의 현황과 특징: 역사교과서를 사례로」, 『중국의 역사교육과 교과서논집』 40, 동북아역사재단.
김지훈, 2019, 「국가의지(國家意志)와 역사교과서의 정치화: 2018년 중국 중학교 역사교과서의 현대사 서술」, 『역사교육연구』 제33.

김진공, 2021, 「중국 통식교육의 역사와 정치적 딜레마」, 『중국어문논역총간』 49.
리이리쉬, 2005, 『중국 대학 교육의 형성 변화 개혁』, 한국학술정보.
오병수, 2020, 「시진핑시대 중국의 역사정책과 자국사의 재구성: 『歷史: 中外歷史綱要』 과목의 개설 배경과 이데올로기」, 『역사교육연구』 156.
우성민 등, 2021, 「중국 역사교과서의 개편과 자국사 및 세계사의 '현대' 서술: 중국 지식생산구조 속의 역사교과서의 역할과 함의」, 『중국 지식생산의 메커니즘』, 학고방.
유용태, 2004, 「中國 대학 역사교재의 韓國史 인식과 中華史觀: 고중세사를 중심으로」, 고구려연구재단.
채미하, 2017, 「중국에서의 소련형 대학 모델의 이식과 탈피」, 『아시아리뷰』 7.
최은진, 2017, 「1990년대 이래 중국의 대학 개혁과 서구대학모델 수용의 함의」, 『中國近現代史硏究』 75.

- 공문서, 신문 등 자료

『광명일보』, 2017.3.7, 「중국 난징사범대학 당위원회 서기 송융중(宋永忠) 위원: '대학은 반드시 "대학 역사" 공공 필수과목을 개설해야 한다'(宋永忠委員: 高校應開設 "大學歷史" 公共必修課)」, https://news.gmw.cn/2017-03/07/content_23904453.htm
중국 교육부, 2019.10.31, 「중국 대학교재 관련 교육부 문건 '국가 교재 판공실 2019 44호 전국 대학, 초·중·고교 교재 조사 통계 작업에 관한 공지(關於開展全國大中小學教材調查統計工作的通知)'」, 중국 교육부 사이트 http://www.moe.gov.cn/srcsite/A26/moe_714/201911/t20191115_408462.html
중국 교육부, 2020.8.31, 「2019년 전국교육사업발전현황(2019年 全國教育事業發展情況)」, 중국 교육부 사이트(moe.gov.cn)
『中廣網』, 2019.5.12, 「매일 시진핑 한마디, "다른 나라를 멸망시키려면 반드시 먼저 그 나라의 역사를 없애야 한다(每日一習話 | 滅人之國，必先去其史)"」 https://baijiahao.baidu.com/s?id=1633281882731262077&wfr=spider&for=pc
『펑파이(澎湃)신문』, 2020.5.26, 「전국정협 위원 허윈페이(賀雲飛)의 건의: 대학 학부의 모든 전공에 국사 교양과목 개설(全國政協委員賀雲翺建議: 高校本科所有專業開設國史通識課)」 https://m.thepaper.cn/baijiahao_7562870

제1부

중화민족공동체와 마르크스주의의 적용

중국 대학교 전근대사 교재의 집필 추세와 중화민족공동체 이론

조용준 | 전 중국인민대학교 조교수

I. 머리말

1963년 4월 20일 팡궈위(方國瑜) 교수는 「중국 역사 발전의 총체성에 대하여」라는 논문을 통해 중국의 역사 발전에서 통일적 다민족 국가를 건설한 경험을 요약하고, '중국 역사 발전의 총체성'이라는 개념을 최초로 제시하였다. 이를 통해 통일적 다민족 국가의 형성, 발전 및 공고화 과정을 고찰하였다. 팡 교수는 중국의 역사 발전은 하나의 총체이고, 역사와 현실도 하나의 총체이며, 중원과 변방도 하나의 총체이고, 한족과 소수민족도 하나의 총체이며, 따라서 중화민족은 곧 하나의 총체라 언급하고 있다. 다시 말해, 중국의 사회구조가 경제와 문화에서 지니고 있는 총체성, 정치적인 분열의 우연성과 통합의 필연성, 사회 발전의 차이성과 일관성 등에 대한 고찰을 통해, 중국의 통일적 다민족 국가 형성과 발전의 근본적 원인을 살펴보고 있다.[1]

이는 최근 중국의 시진핑 주석이 '중화민족은 하나의 총체'라는 이념

---

1 方國瑜, 1963, 「論中國歷史發展的整體性」, 『學術研究』 9.

을 견지하며 중화민족공동체 이론으로 민족 단결을 강조하는 일련의 견해에 이론적 근간이 되고 있다. 즉, 광활한 중국의 강역은 모든 민족이 공동으로 개척하였고, 중국의 유구한 역사는 모든 민족이 공동으로 써내려 왔으며, 중국의 찬란한 문화는 모든 민족이 공동으로 창조하였고, 위대한 중화민족의 정신은 모든 민족이 공동으로 배양하였으므로, 중국의 역사는 중화민족과 분리할 수 없는 총체적인 하나의 역사로서 모든 민족이 상호 의존과 상호 교류를 통해 창조, 발전, 통일을 시킨 것이라 역설하고 있다. 요컨대, '중국 역사 발전의 총체성'은 중화민족공동체와 내재적이고 본질적인 관계에 있을 뿐만 아니라, 중화민족공동체의 형성 및 발전에 기초가 되었으며, 이러한 과정에서 중화민족공동체 의식이 형성되었다고 강조하고 있다.[2]

시진핑 주석을 위시한 중국 중앙정부의 이러한 중화민족공동체 이론은 최근 중국 대학교 전근대사 역사교재 집필에도 적극 반영되고 있을 뿐만 아니라, 국가적으로 중시되고 있는 전반적인 역사 연구의 추세라고 할 수 있다.

이에 이 글에서는 먼저 중화민족공동체 이론의 기본 내용과 중화민족공동체 이론이 대두된 정치적 배경과 실천 방법, 사상적 배경과 실천 방법, 문화적 배경과 실천 방법, 경제적 배경과 실천 방법 등을 간략히 살펴보고자 한다. 그다음에 중화민족공동체 이론을 통일국가의 형성, '화이일체(華夷一體)'의 관념, 정통론(正統論), 문화적 동질성 등의 네 가지 내용을 중심으로 살펴보며 중국 대학교 전근대사 역사교재 집필의 이론적 근간

---

[2] 林超民, 「中國歷史整體性與中華民族共同體」, 中國歷史研究院, https://mp.weixin.qq.com/s/MSgK1zlSuzRnKS4dExp78Q, 2022.1.24.

을 소개하고자 한다.³ 또한 중국 대학교 전근대사 역사교재의 집필 추세 및 현행 대학교재에 보이는 실제 사례를 선진시대(先秦時代)~진한시대(秦漢時代), 삼국시대(三國時代)~당송시대(唐宋時代), 원명청시대(元明淸時代)로 구분하여 고찰해 보고자 한다. 이를 통해 중화민족공동체 이론을 제기한 중국 정부의 의도와 이에 부응하는 중국 역사학계의 동향도 어느 정도 짚어 볼 수 있을 것이다.

II. 중화민족공동체 이론의 내용

이 장에서는 중화민족공동체 이론의 기본 내용 및 중화민족공동체 이론을 뒷받침하는 정치적 배경과 실천 방법, 사상적 배경과 실천 방법, 문화적 배경과 실천 방법, 경제적 배경과 실천 방법 등을 간략히 소개하고자 한다.

1. 중화민족공동체 이론의 기본 내용

먼저 중국의 포털 사이트인 바이두(百度)의 〈바이두백과(百度百科)〉에 보이는 '중화민족공동체'의 기본 개념을 소개하고, 중화민족공동체 이론의 구체적인 제기와 체계화되는 과정을 바라보는 중국 학자의 견해를 간단히 소개하고자 한다.⁴

---

3 林超民, 「中國歷史整體性與中華民族共同體」, 中國歷史研究院, https://mp.weixin. qq.com/s/MSgK1zlSuzRnKS4dExp78Q, 2022.1.24.

4 中華民族共同體, 百度百科 사이트: https://baike.baidu.com/item/%E4%B8%AD%E5 %8D%8E%E6%B0%91%E6%97%8F%E5%85%B1%E5%90%8C%E4%BD%93 /23258043?fr=aladdin; 김인희, 「"고대부터 중국은 하나" 소수민족 우대책 없앨 듯」,

중화민족공동체는 중국을 주요 지역으로 중화민족의 역사 문화와 연계되고 안정된 경제활동의 특징과 심리적인 바탕을 지닌 민족 종합체를 의미하며, 주로 정치, 경제, 문화, 생활방식 등의 방면을 포괄하는 개념이다.

중화민족공동체 이론은 시진핑 총서기가 2014년 5월 28~29일 베이징에서 개최된 중국공산당 중앙의 제2차 위구르 업무 좌담회에서 "중화민족공동체 의식을 견고하게 구축하자"라고 제안하면서 처음 제기되었다. 시진핑 총서기는 2014년 9월 28~29일 베이징에서 개최된 중앙민족업무 회의에서도 "중화민족공동체 의식을 적극적으로 배양하자"라고 주문하였으며, 2017년 10월 18~24일 베이징에서 개최된 중국공산당 제19기 전국대표대회에서도 "중화민족공동체 의식을 견고히 하자"라고 강조하였다. 또한 2019년 중국공산당 제19기 중앙위원회 제4차 전체회의에서는 모든 민족의 절대적인 평등을 견지하고 중화민족공동체 의식을 견고히 함으로써 공동으로 단결 분투하여 공동으로 번영 발전을 실현하자고 주문하였다.[5] 아울러 2022년 중국공산당 제20기 전국대표대회 업무보고에서는 중화민족공동체 의식의 확고한 견지를 통해 모든 민족이 단결 분투하여 제2의 100년 목표인 2035년까지 중국식 현대화 국가 건설과 중화민족의 위대한 부흥인 중국몽(中國夢)을 실현하자고 강조하였다.[6]

시진핑 총서기의 제안으로 구체화된 중화민족공동체 이론은 내용적

『중앙일보』, https://www.joongang.co.kr/article/25088231, 2022.7.20.

5 尤權, 「做好新時代黨的民族工作的科學指引」, 『求是網』, https://baijiahao.baidu.com/s?id=1715211882535666539&wfr=spider&for=pc, 2021.11.1.

6 刀波, 「牢牢把握鑄牢中華民族共同體意識這條主線」, 『人民日報』, http://paper.people.com.cn/rmrb/html/2022-11/14/nw.D110000renmrb_20221114_2-13.htm, 2022.11.14.

으로 살펴보면 다음과 같이 정리된다. 중국의 모든 민족이 장구한 역사 발전에서 형성한 정치적인 단결 통일, 문화적인 포용 함축, 경제적인 상호 의존, 정감적인 상호 친근 등을 포괄하고 있고, 너 사이에 내가 있고 나 사이에 네가 있어서 누구도 민족공동체의 범위에서 벗어나지 못한다고 한다. 또 중국의 모든 민족은 공통된 역사 조건, 공통된 가치 추구, 공통된 물질 기반, 공통된 신분 인정, 공통된 정신 고향의 기초 위에 구축된 운명공동체 즉, 중화민족공동체라 강조하고 있다.

중화민족공동체 이론이 체계화되는 학술적 배경을 살펴보면, 대표적으로 후안강(胡鞍鋼)과 후롄허(胡聯合), 마룽(馬戎) 등의 관련 논문을 예로 들 수 있다. 후안강과 후롄허는 시진핑 집권 이전인 2011년에 「제2대 민족 정책: 민족의 교류 일체화와 번영의 일체화 촉진」이라는 논문을 발표하면서 이른바 '국족(國族)' 개념의 '중화민족일체화론'을 제기하였다.[7] 이들은 2014년에 시진핑이 '중화민족공동체 의식'을 제창하자 「민족의 왕래, 교류, 융합은 전국의 모든 민족이 더 광대한 발전을 창조하기 위한 공간과 기회」라는 논문을 발표하였다.[8]

마룽은 일찍부터 '중화민족'이라는 키워드를 연구하면서 「민족 관계를 이해하는 새로운 사고: 소수민족 문제의 '탈정치화'」,[9] 「'중화민족'의 응집 핵심과 공동의 역사를 정확히 인식하자」,[10] 「어떻게 '민족'과 '중화

---

7   胡鞍鋼·胡聯合, 2011, 「第二代民族政策: 促進民族交融一體和繁榮一體」, 『新疆師範大學學報(哲學社會科學版)』 5; 김인희, 「"고대부터 중국은 하나" 소수민족 우대책 없앨 듯」, 『중앙일보』, https://www.joongang.co.kr/article/25088231, 2022.7.20.

8   胡鞍鋼·胡聯合, 2014, 「民族交往交流交融可為全國各族人民創造更廣闊的發展空間和机會」, 『民族論壇』 6.

9   馬戎, 2004, 「理解民族關係的新思路: 少數族群問題的"去政治化"」, 『北京大學學報(哲學社會科學版)』 6.

10 馬戎, 「正確認識"中華民族"的凝聚核心與共同歷史」, 『中國民族報』, http://www.mzzjw.

민족'을 인식할까: 1939년 '중화민족은 하나'에 관한 토론을 회고하며」,[11] 「'중화민족공동체'라는 이 개념을 어떻게 이해할 것인가?」[12] 등을 집필하였다. 마룽은 56개 민족은 족군(ethnic)으로, 중화민족은 민족(nation)으로 부르자고 주장하면서 공민 평등으로 민족 평등을 대신하자고 말하였다. 이 같은 중화민족공동체의 구성 방안은 '대용광로' 모델로 국가주의 민족정책의 성격을 띤다고 할 수 있다.[13]

이 세 학자는 지금도 학계와 언론에서 활발히 활동하고 있다. 이들의 2000년대부터 2010년대 초반까지의 성과를 통해 시진핑 총서기의 이른바 '중화민족공동체 의식'이라는 것이 어떠한 과정을 거치며 형성된 것인지 대략적으로 엿볼 수 있다.

2. 정치적 배경과 실천 방법

중화민족공동체 이론의 정치적 배경과 실천 방법에 대해서는 「중화민족공동체 의식의 실천적 방법을 견고히 하자」,[14] 「중화민족공동체 의식을

---

cn/zgmzb/html/2009-02/06/content_58727.htm, 2009.4.7.

11 馬戎, 2012, 「如何認識"民族"和"中華民族": 回顧1939年關於"中華民族是一個"的討論」, 『中南民族大學學報(人文社會科學版)』 5.

12 馬戎, 「如何理解"中華民族共同體"這一概念」, 『環球時報』, https://opinion.huanqiu.com/article/4FCOan22BmE, 2023.11.3.

13 김인희 편, 2021, 「중화민족공동체론과 신시대 고고학」, 『중국 애국주의와 고대사 만들기』, 동북아역사재단, 257~259쪽; 김인희, 「"고대부터 중국은 하나" 소수민족 우대책 없앨 듯」, 중앙일보, https://www.joongang.co.kr/article/25088231, 2022.7.20.

14 李紀岩・趙肯雲, 「鑄牢中華民族共同體意識的實踐路徑」, 中國社會科學網-『中國社會科學報』, http://www.cssn.cn/gd/gd_rwhn/gd_ktsb/zlzhmzgttys2/202202/t20220210_5392519.shtml, 2022.2.10; 吳麗萍・孫鎮, 「鑄牢中華民族共同體意識的實踐路徑」, 『長沙晚報』, http://k.sina.com.cn/article_1912964267_720584ab02001j081.html, 2022.6.16.

견고히 하는 과정에서 홍색문화가 갖는 시대적 가치」,[15] 「중화민족공동체 의식의 관리 의미를 명심하자」[16] 등을 참고할 수 있다.

정치적인 배경을 보면, 중화민족공동체 의식의 견고화는 민족업무의 체계적인 관리와 총체적이고 원활한 국가관리의 기틀을 개척하기 위한 중국공산당의 혁신적이고 필연적인 요구 사항이다. 모든 민족의 근본적인 이익 수호, 중화민족의 위대한 부흥 실현, 평화적이고 화해 공생의 사회주의 민족 관계 구축 등의 목표를 추구하고 있다. 또한 중화민족공동체 의식의 견고화는 신시대 중국공산당의 선명한 민족관리의 기본 노선이 되었다. 신시대 중국공산당의 민족업무에 관한 내용과 사명을 강조함으로써, 조국 통일과 변강의 안정화, 민족 단결과 사회 안정, 국가관리의 장기적인 안정화 및 중화민족의 위대한 부흥 실현을 꾀하는 중요한 의의를 지니고 있다.[17]

실천 방법으로는 중국공산당의 전면적인 지도를 견지하는 동시에, 중화민족공동체 의식의 정치적 기초를 견고하게 다져 나갈 것을 제시하고 있다. 시종일관 중국공산당의 지도를 견지함으로써 신시대 민족업무의 정확한 방향을 걸어 나가야 하며, 그렇기에 중국공산당은 정책 결정, 집행, 감독 등에서 중화민족공동체 의식의 견고화 업무에 필요한 모든 정책적 과정을 전면적으로 관철해야 한다고 말한다.[18]

---

15 連雪杏, 「紅色文化在鑄牢中華民族共同體意識中的時代價値」, 中國社會科學網-『中國社會科學報』, http://www.cssn.cn/gd/gd_rwxn/gd_ktsb_1696/cchswhsxddjzs/202202/t20220210_5392503.shtml, 2022.2.10.

16 朱軍, 「鑄牢中華民族共同體意識的治理意蘊」, 中國社會科學網-『中國社會科學報』, https://theory.gmw.cn/2022-02/16/content_35521785.htm, 2022.2.16.

17 張鑫, 「鑄牢中華民族共同體意識的實踐路徑」, 『中國民族報』, https://baijiahao.baidu.com/s?id=1733321010972398556&wfr=spider&for=pc, 2022.5.20.

18 吳麗萍·孫鎭, 「鑄牢中華民族共同體意識的實踐路徑」, 『長沙晚報』, http://k.sina.com.

다시 말해서, 정확한 정치 방향을 견지하여 사상을 통일시키고, 중국 공산당의 통일된 지도, 정부의 법치 관리, 민족업무 부서의 직무 이행과 책임 완수, 각 부문의 단결 협력, 모든 사회 구성원의 공통된 참여 및 신시대 중국공산당의 민족업무와 일치를 이루어야 한다고 강조한다.[19]

3. 사상적 배경과 실천 방법

중화민족공동체 이론의 사상적 배경과 실천 방법에 대해서는 「중화민족공동체 의식이 갖는 시대적 가치를 발굴하자」,[20] 「중화민족공동체 의식의 풍부한 내용을 파악하자」,[21] 「공동체 의식의 견고화와 교과과정 일체화 건설의 심화된 융합」,[22] 「『중화민족공동체 연구』가 정식으로 창간하다」,[23] 「중화민족공동체 의식을 견고히 하자」,[24] 「중화민족공동체 의식

---

cn/article_1912964267_720584ab02001j081.html, 2022.6.16.

19　張鑫, 「鑄牢中華民族共同體意識的實踐路徑」, 『中國民族報』, https://baijiahao.baidu.com/s?id=1733321010972398556&wfr=spider&for=pc, 2022.5.20.

20　王凱旋·陳超, 「挖掘中華民族共同體意識的時代價値」, 中國社會科學網-『中國社會科學報』, http://www.cssn.cn/gd/gd_rwhn/gd_ktsb/zlzhmzgttys2/202202/t20220210_5392520.shtml, 2022.2.10.

21　寧波·丁然, 「把握中華民族共同體意識的豐富內涵」, 中國社會科學網-『中國社會科學報』, http://www.cssn.cn/gd/gd_rwhn/gd_ktsb/zlzhmzgttys2/202202/t20220210_5392518.shtml, 2022.2.10.

22　曾鵬·邢夢昆, 「鑄牢共同體意識與課程一體化建設深度融合」, 中國社會科學網-『中國社會科學報』, http://www.cssn.cn/gd/gd_rwxn/gd_ktsb_1696/cchswhsxddjzs/202202/t20220210_5392504.shtml, 2022.2.10.

23　彭景暉, 「『中華民族共同體研究』正式創刊」, 光明網-『光明日報』, https://news.gmw.cn/2022-03/16/content_35588968.htm, 2022.3.16.

24　王耀宇, 「鑄牢中華民族共同體意識」, 『人民日報』, https://theory.gmw.cn/2022-03/17/content_35593350.htm, 2022.3.17.

을 견고히 하기 위해서는 반드시 '4대 관계'를 정확히 파악해야 한다」,[25] 「중화민족공동체 의식의 실천적 방법을 견고히 하자」,[26] 「[공유가족] 민족대학교의 중화민족공동체 의식교육이 지닌 가치 방향과 실천 진로」[27] 등을 참고할 수 있다.

사상적인 배경을 보면, 중국공산당 제18기 전국대표대회 이래로 시진핑 총서기를 대표로 하는 중국공산당은 중화민족 대가족, 중화민족공동체 의식의 견고화 등을 계속해서 강조해 오고 있다. 중화민족공동체 의식의 견고화는 새로 개정된 당의 헌장에 수록되었을 뿐만 아니라, 중국공산당의 지도와 모든 민족의 일치단결을 통해 중화민족의 위대한 부흥을 실현하기 위한 공동의 의지와 기본적 준수사항이 되었다. 그런 이유에서 시진핑 총서기는 중앙의 민족업무 회의에서 중화민족공동체 의식의 견고화를 반드시 민족업무의 주요 노선으로 삼아야 한다고 지속적으로 강조하고 있다.[28]

실천 방법으로 중국공산당은 주도성을 견지하여 중화민족공동체 의식의 견고화를 사상적 기초로 삼아야 한다고 말한다. 의식 형태의 통일성,

---

25 郎維偉·黎雪·劉琳, 「鑄牢中華民族共同體意識必須正確把握"四對關係"」, 中國社會科學網, http://ethn.cssn.cn/mzx/llzc/202203/t20220327_5400740.shtml, 2022.3.27.

26 李紀岩·趙肖雲, 「鑄牢中華民族共同體意識的實踐路徑」, 中國社會科學網-『中國社會科學報』, http://www.cssn.cn/gd/gd_rwhn/gd_ktsb/zlzhmzgttys2/202202/t20220210_5392519.shtml, 2022.2.10; 吳麗萍·孫鎭, 「鑄牢中華民族共同體意識的實踐路徑」, 『長沙晚報』, http://k.sina.com.cn/article_1912964267_720584ab02001j081.html, 2022.6.16.

27 徐紹文·於海波, 「[共有家園]民族高校中華民族共同體意識教育的價值向度與實踐進路」, 民族學與人類學, https://mp.weixin.qq.com/s/JimdLGiD6Xuw4l6NrW6eqw, 2022.11.28.

28 張鑫, 「鑄牢中華民族共同體意識的實踐路徑」, 『中國民族報』, https://baijiahao.baidu.com/s?id=1733321010972398556&wfr=spider&for=pc, 2022.5.20.

주도성의 강화 확립, 사회주의 의식 형태를 사회적인 공통 의식으로 격상하고, 정책 집행의 기반 확립을 위한 법률적인 보장제도의 구축 등을 깊이 이해해야만 중화민족의 공통된 단결 분투와 공통된 번영 발전의 사상적 기초를 구축할 수 있다고 본다. 또한 사상은 행동을 선도하므로 상시적인 선전교육 관리체계를 구축하기 위해서는 중화민족공동체 의식의 견고화를 간부 교육, 당원 교육, 국민 교육, 초중등학교와 대학교 교육의 사상정치 교육체계에 정식으로 포함시켜야 한다고 강조한다. 이렇게 광범위한 선전과 교육을 통해 중화민족공동체 의식이 모든 국민의 의식 형태에 깊이 뿌리내리도록 해야 함을 강조하고 있다.[29] 특히 시진핑 총서기는 중앙 민족업무 회의에서 소수민족 지역에서는 중국공산당의 지도, 산업진흥, 선전교육 등의 세 가지 방법을 '용광로'로 삼아 중화민족공동체 의식을 견고하게 다질 것을 주문하고 있다.[30]

다시 말해서, 중화민족공동체 의식을 주요 노선으로 삼아 교육을 통해 모든 민족이 위대한 조국, 중화민족, 중화문화, 중국공산당, 중국 특색 사회주의에 대한 공감을 체득하도록 하였다. 그렇게 해야 모든 민족이 정확한 조국관, 민족관, 문화관, 역사관을 수립할 수 있으며, 모두가 공유하는 정신적인 고향을 구축할 수 있다고 강조한다.[31]

---

29 張鑫,「鑄牢中華民族共同體意識的實踐路徑」,『中國民族報』, https://baijiahao.baidu.com/s?id=1733321010972398556&wfr=spider&for=pc, 2022.5.20; 徐紹文·於海波,「[共有家園]民族高校中華民族共同體意識教育的價値向度與實踐進路」, 民族學與人類學, https://mp.weixin.qq.com/s/JimdLGiD6Xuw4l6NrW6eqw, 2022.11.28.

30 漾濞彝族自治縣人民政府,「"三大熔爐"鑄牢中華民族共同體意識」, 漾濞統戰, http://www.yangbi.gov.cn/ybyz/c106100/202109/0e10b302038241d5bb83b922ad0fba64.shtml, 2021.9.30.

31 王耀宇,「鑄牢中華民族共同體意識」,『人民日報』, https://theory.gmw.cn/2022-03/17/content_35593350.htm, 2022.3.17; 吳麗萍·孫鎮,「鑄牢中華民族共同體意識的實踐路徑」,『長沙晚報』, http://k.sina.com.cn/article_1912964267_720584ab0200

4. 문화적 배경과 실천 방법

중화민족공동체 이론의 문화적 배경과 실천 방법에 대해서는 「중화민족공동체 의식이 갖는 시대적 가치를 발굴하자」,[32] 「중화민족공동체 의식의 풍부한 내용을 파악하자」,[33] 「공동체 의식의 견고화와 교과과정 일체화 건설의 심화된 융합」,[34] 「중화민족공동체 의식을 견고히 하자」,[35] 「중화민족공동체 의식을 견고히 하기 위해서는 반드시 '4대 관계'를 정확히 파악해야 한다」,[36] 「중화민족공동체 의식의 실천적 방법을 견고히 하자」[37] 등을 참고할 수 있다.

문화적인 배경을 보면, 문화적 동질감은 민족 단결의 근본적인 맥락이라고 여긴다. 5천 년의 찬란한 중화문화는 모든 민족이 공동으로 창조했

1j081.html, 2022.6.16.

[32] 王凱旋·陳超, 「挖掘中華民族共同體意識的時代價值」, 中國社會科學網-『中國社會科學報』, http://www.cssn.cn/gd/gd_rwhn/gd_ktsb/zlzhmzgttys2/202202/t20220210_5392520.shtml, 2022.2.10.

[33] 寧波·丁然, 「把握中華民族共同體意識的豐富內涵」, 中國社會科學網-『中國社會科學報』, http://www.cssn.cn/gd/gd_rwhn/gd_ktsb/zlzhmzgttys2/202202/t20220210_5392518.shtml, 2022.2.10.

[34] 曾鵬·邢夢昆, 「鑄牢共同體意識與課程一體化建設深度融合」, 中國社會科學網-『中國社會科學報』, http://www.cssn.cn/gd/gd_rwxn/gd_ktsb_1696/cchswhsxddjzs/202202/t20220210_5392504.shtml, 2022.2.10.

[35] 王耀宇, 「鑄牢中華民族共同體意識」, 『人民日報』, https://theory.gmw.cn/2022-03/17/content_35593350.htm, 2022.3.17.

[36] 郎維偉·黎雪·劉琳, 「鑄牢中華民族共同體意識必須正確把握"四對關係"」, 中國社會科學網, http://ethn.cssn.cn/mzx/llzc/202203/t20220327_5400740.shtml, 2022.3.27.

[37] 李紀岩·趙肯雲, 「鑄牢中華民族共同體意識的實踐路徑」, 中國社會科學網-『中國社會科學報』, http://www.cssn.cn/gd/gd_rwhn/gd_ktsb/zlzhmzgttys2/202202/t20220210_5392519.shtml, 2022.2.10; 吳麗萍·孫鎮, 「鑄牢中華民族共同體意識的實踐路徑」, 『長沙晩報』, http://k.sina.com.cn/article_1912964267_720584ab02001j081.html, 2022.6.16.

을 뿐만 아니라, 모든 민족이 소유한 우수한 전통문화는 중화문화의 중요한 구성 부분이 된다고 본다. 이런 이유에서 중화문화와 민족문화의 관계를 정확히 파악하여 중화민족이 공유하고 있는 정신적인 고향 건설을 전면적으로 추진해야 한다고 주장한다. 이를 위해 모든 민족이 소유하고 있는 우수한 전통문화를 계승, 보호, 혁신시킴으로써 중화문화의 동질성 강화를 위한 기반을 구축해야 한다고 하였다. 또한 '네 가지의 공통된 교육'을 더욱 강화하여, 모든 민족이 '다원성'과 '일체성' 및 '중화문화'와 '모든 민족문화'와의 관계성을 정확히 파악할 수 있도록 해야 한다고 주문한다.[38]

실천 방법으로는 각 지역의 실제적 상황에서 출발하여 모든 민족이 중화민족사, 중화문화와 중국공산당의 민족 이론 정책 등의 방면에서 광범위한 선전교육을 해야 한다고 주장한다. 이를 통해 중화민족의 역사 문화에 대한 모든 민족의 이해도를 심화시킬 수 있을 뿐만 아니라, 중화민족공동체 의식의 사상적인 기초도 지속적으로 견실하게 다질 수 있다고 여긴다. 또한 국가 통용의 언어 문자를 전국적으로 보급해야 하지만, 모든 민족의 언어 문자를 보호하고 소수민족의 언어 문자 학습과 사용도 보장해 주어야 한다고 강조한다.[39]

---

38 郞維偉·黎雪·劉琳,「鑄牢中華民族共同體意識必須正確把握"四對關係"」, 中國社會科學網, http://ethn.cssn.cn/mzx/llzc/202203/t20220327_5400740.shtml, 2022.3.27.

39 張鑫,「鑄牢中華民族共同體意識的實踐路徑」,『中國民族報』, https://baijiahao.baidu.com/s?id=1733321010972398556&wfr=spider&for=pc, 2022.5.20; 李紀岩·趙肖雲,「鑄牢中華民族共同體意識的實踐路徑」, 中國社會科學網-『中國社會科學報』, http://www.cssn.cn/gd/gd_rwhn/gd_ktsb/zlzhmzgttys2/202202/t20220210_5392519.shtml, 2022.2.10.

5. 경제적 배경과 실천 방법

중화민족공동체 이론의 경제적 배경과 실천 방법에 대해서는 「중화민족공동체 의식이 갖는 시대적 가치를 발굴하자」,[40] 「중화민족공동체 의식의 풍부한 내용을 파악하자」,[41] 「중화민족공동체 의식을 견고히 하기 위해서는 반드시 '4대 관계'를 정확히 파악해야 한다」,[42] 「중화민족공동체 의식의 실천적 방법을 견고히 하자」[43] 등을 참고할 수 있다.

경제적인 배경을 보면, 중국공산당은 역대로 소수민족 지역의 경제사회 발전 촉진을 매우 중요시해 왔다. 그래서 중화민족공동체 의식의 견고화를 위해서는 모든 민족 지역의 물질적 기초가 선결 조건으로 견실하게 다져져야 한다고 주장한다. 민족 지역의 빈곤 탈출 정책이 성공적으로 실현될 수 있도록 향촌 진흥 정책과 유기적인 연계를 맺어야 한다고 강조하고 있다. 그와 더불어 시범 지역의 건설 프로젝트를 견인하여 민족 지역의 자체 발전 능력과 지속적인 발전 능력을 강화해야 하고, 민족 지역의 현대화 건설도 신속하게 추진해야 한다고 주장한다.[44]

---

[40] 王凱旋·陳超,「挖掘中華民族共同體意識的時代價值」, 中國社會科學網-『中國社會科學報』, http://www.cssn.cn/gd/gd_rwhn/gd_ktsb/zlzhmzgttys2/202202/t20220210_5392520.shtml, 2022.2.10.

[41] 寧波·丁然,「把握中華民族共同體意識的豐富內涵」, 中國社會科學網-『中國社會科學報』, http://www.cssn.cn/gd/gd_rwhn/gd_ktsb/zlzhmzgttys2/202202/t20220210_5392518.shtml, 2022.2.10.

[42] 郎維偉·黎雪·劉琳,「鑄牢中華民族共同體意識必須正確把握"四對關係"」, 中國社會科學網, http://ethn.cssn.cn/mzx/llzc/202203/t20220327_5400740.shtml, 2022.3.27.

[43] 李紀岩·趙肯雲,「鑄牢中華民族共同體意識的實踐路徑」, 中國社會科學網-『中國社會科學報』, http://www.cssn.cn/gd/gd_rwhn/gd_ktsb/zlzhmzgttys2/202202/t20220210_5392519.shtml, 2022.2.10; 吳麗萍·孫鎮,「鑄牢中華民族共同體意識的實踐路徑」,『長沙晚報』, http://k.sina.com.cn/article_1912964267_720584ab02001j081.html, 2022.6.16.

[44] 張鑫,「鑄牢中華民族共同體意識的實踐路徑」,『中國民族報』, https://baijiahao.baidu.

실천 방법으로는 도시 지역과 민족 지역의 공동 부유를 견지하여 중화민족공동체 의식의 견고화를 위한 물질적인 기초를 견실하게 다져 나가야 한다고 말한다. 그것은 모든 민족이 사회주의 현대화로 발전해 나가야만 신시대 중국공산당의 민족업무가 물질적인 기초를 다질 수 있다고 보기 때문이다. 그래서 새로운 발전 단계를 수립하고 새로운 발전 이념을 관철하여 모든 민족이 공동 부유에서 뚜렷하고 실질적인 발전을 이뤄야 한다고 강조한다. 또한 그에 대한 발전 성과가 중화민족공동체 의식의 견고화를 위한 견실한 물질적 기초가 되도록 해야 한다고 주장한다.[45]

이와 동시에 정신적인 공동 부유도 함께 추구해야 함을 강조한다. 반드시 이 두 가지 역량의 조화를 통한 중화민족공동체 의식의 견고화를 추진해야만 민족 지역에서 발생할 수 있는 위험성과 잠재적인 재난을 미연에 방지할 수 있다고 여기며, 더불어 민족업무에서 고도의 발전도 성공적으로 추진해 나갈 수 있다고 주장하고 있다.[46]

III. 대학교 전근대사 교재의 집필 추세와 사례

최근 중국 교육부와 국가민족사무위원회 등은 「신시대에 학교의 민족단결을 심화시켜 교육을 발전시키는 지도 요강」이라는 배포 자료를 통해

---

com/s?id=1733321010972398556&wfr=spider&for=pc, 2022.5.20.

[45] 李汶娟, 「鑄牢中華民族共同體意識的實踐路徑」, 光明網-學術頻道, https://m.gmw.cn/baijia/2021-12/30/35416571.html, 2021.12.30.

[46] 郎維偉·黎雪·劉琳, 「鑄牢中華民族共同體意識必須正確把握"四對關係"」, 中國社會科學網, http://ethn.cssn.cn/mzx/llzc/202203/t20220327_5400740.shtml, 2022.3.27.

초중등학교 및 대학교 사상정치교육의 일체화를 강조하고 있다.[47] 또한 국가 통용의 교재 편찬은 국가의 의지를 구현하고 있을 뿐만 아니라, 중화민족공동체 의식의 견고화를 위한 기초적인 바탕이 된다고 주장한다. 국가 통용의 교재는 국가의 통일적인 편찬·심의·권장을 통해 사용되는 초중등학교 및 대학교의 사상정치교육(도덕과 법치교육), 어문(語文), 역사 등의 3가지 교재를 일컫는다.

특히 대학교에서는 사상정치이론 과목과 역사 과목에서 국가의 주관으로 편찬된 규정 교재를 최대한 활용할 것을 주문하고 있다. 그렇게 함으로써 교재를 통한 가치관 형성과 사상 견인의 기능을 발휘하여 모든 민족의 학생들이 중화민족공동체 의식을 갖도록 견인할 수 있다고 강조한다.[48]

중국은 대학교 전근대사 교재 집필에 있어서 중화민족공동체 의식의 견고화를 위한 몇 가지 방법론적 견해를 제기하고 있다. 이 장에서는 먼저 중화민족공동체 이론의 근간인 통일국가의 형성, '화이일체(華夷一體)'의 관념, 정통론, 문화적 동질성 등의 네 가지 요소를 소개한다.[49] 이를 중심으로 현행 대학교재의 집필 사례를 선진시대~진한시대, 삼국시대~당송시대, 원명청시대로 구분하여 살펴본다.

---

47 楊須愛, 「教育引導青少年牢固樹立正確的中華民族歷史觀」, 『中國民族報』, https://mp.weixin.qq.com/s/BfzYLl-FWmviiBd85b4Hyw?scene=25#wechat_redirect, 2022.6.13.

48 王強·羅昆, 「把鑄牢中華民族共同體意識貫穿高校教育全過程」, 『山西日報』, http://www.sxdygbjy.gov.cn/bgz/zgwz/art/2022/art_701d27986cbf41c5989859048cc482a9.html, 2022.7.25; 后慧宏, 「深化鑄牢中華民族共同體意識宣傳教育實踐」, 『中國民族報』, https://m.thepaper.cn/baijiahao_19776341, 2022.9.5.

49 林超民, 「中國歷史整體性與中華民族共同體」, 中國歷史研究院, https://mp.weixin.qq.com/s/MSgK1zlSuzRnKS4dExp78Q, 2022.1.24; 楊須愛, 「教育引導青少年牢固樹立正確的中華民族歷史觀」, 『中國民族報』, https://mp.weixin.qq.com/s/BfzYLl-FWmviiBd85b4Hyw?scene=25#wechat_redirect, 2022.6.13.

1. 이론적 근간

중국의 대학교 전근대사 교재 집필에 권장되고 있는 중화민족공동체 이론의 대표적인 이론적 근간은 린차오민(林超民)의 「중국 역사의 정체성과 중화민족공동체」,[50] 창밍(蒼銘)·장훙차오(張宏超)의 「역사관에서 중화민족공동체 의식을 견고히 하자」,[51] 쩌우궈리(鄒國力)·리위제(李禹階)의 「중화민족공동체 의식의 기원 탐색: 서한(西漢) 무제(武帝) 시기의 민족 통합을 연구 대상으로」[52] 등에서 언급한 통일국가의 형성, '화이일체'의 관념, 정통론, 문화적 동질성 등 네 가지이다.[53]

1) 통일국가의 형성

천하통일(天下統一) 및 화이(華夷)가 서로 의지하는 민족의식의 연계는 천하통일의 요구에서 출발하여 만이융적(蠻夷戎狄)은 천하통일에서 결코 분리할 수 없는 구성 부분이라고 강조한다. 그래서 화이는 비록 서로 차이가 있지만, 천하통일에서 화이는 커다란 일체이고 서로 의존하는 관계가 된다고 본다. 또한 화이가 서로 의존하여 일체가 되어야만 비로소 진정한 의미의 천하통일을 실현할 수 있다고 여긴다.[54]

---

50 林超民,「中國歷史整體性與中華民族共同體」, 中國歷史研究院, https://mp.weixin.qq.com/s/MSgK1zlSuzRnKS4dExp78Q, 2022.1.24.

51 蒼銘·張宏超, 2021,「從歷史觀上鑄牢中華民族共同體意識」,『廣西民族研究』1.

52 鄒國力·李禹階, 2022,「中華民族共同體意識探源: 以西漢武帝時期族群整合為研究對象」,『中華文化論壇』5.

53 여기에 언급한 몇 편의 논문은 중국 역사연구원의 인터넷 사이트(http://cah.cass.cn/)에 권장 학술논문으로 장기간 추천되었다. 필자는 2019년에 설립된 중국 최고의 학술기구인 역사연구원의 학술적인 위치를 감안하여 이 논문들을 중국 역사학계의 동향을 파악할 수 있는 중요한 근거로 삼고 본문에서 대표적인 논문으로 소개하였다.

54 林超民,「中國歷史整體性與中華民族共同體」, 中國歷史研究院, https://mp.weixin.qq.com/s/MSgK1zlSuzRnKS4dExp78Q, 2022.1.24.

그리고 중국 역사에서 통일과 발전은 중화민족공동체 의식을 형성하는 기본 조건이 되었으며, 모든 민족의 자발적인 자각 기반 위에서 중화민족공동체 의식이 형성되었다고 본다. 따라서 '대통일' 사상은 중화민족공동체 의식의 구체적인 표출이자 중화민족공동체 의식의 형성을 위하여 사상적인 기초를 제공하였다고 여긴다. 또한 다민족 국가의 통일에도 중요한 역할을 하였다고 강조하고 있다.[55]

2) '화이일체'의 관념

화이일체의 관념에서 '회유(懷柔)'와 '견제(牽制)'의 정책이 기원하였다고 보고 있다. 이 정책은 통일적 다민족 국가를 유지하고 발전시키는 데 있어 중요한 역할을 하였고, 역대 왕조의 개편을 거치며 대통일의 원칙은 '화이의 차별', '존왕양이(尊王攘夷)'에서 점차 '화이일가(華夷一家)', '화이일체'로 변천되어 갔다고 본다. 또한 화이의 차별도 점차 지역과 본적(本籍)의 차이성 강조로 변화되어 갔다고 말한다.[56]

이러한 '화이관념'의 변천은 모든 민족의 교류·내왕과 문화적 융합을 촉진했을 뿐만 아니라, 중화민족공동체 의식의 형성과 발전에도 적극적인 역할을 하였다고 강조하고 있다. 따라서 변강과 중원의 관계를 더욱 긴밀히 함으로써 통일적 다민족 국가의 안정과 발전도 촉진하였다고 본다. 또한 화이관념의 변천을 통해 모든 민족의 문화가 융합되고 교환되

---

55 蒼銘·張宏超, 2021, 「從歷史觀上鑄牢中華民族共同體意識」, 『廣西民族研究』1; 鄒國力·李禹階, 2022, 「中華民族共同體意識探源: 以西漢武帝時期族群整合為研究對象」, 『中華文化論壇』5. 그러나 중국이 주장하는 이러한 '대통일 사상'과 통일적 다민족 국가의 범위에 한국고대사의 국가들이 대부분 포함됨에 따라 앞으로 고대사 부분에서 한국과의 충돌이 불가피해 보인다.

56 林超民, 「中國歷史整體性與中華民族共同體」, 中國歷史研究院, https://mp.weixin.qq.com/s/MSgK1zlSuzRnKS4dExp78Q, 2022.1.24.

면서 중화문화의 내용도 더욱 풍부해졌다고 강조한다.[57]

3) 정통론

기존의 역사학자는 정통관념에 근거하여 비정통의 제왕과 그 정권의 역사를 '위서(僞書)' 혹은 '패사(霸史)'라고 칭하면서 이른바 정통의 사서인 정사(正史)와 구별하였다. 그러나 정통론의 요지는 언제부터 그 정권이 통치권을 행사하였는지, 또 어느 정권이 '정(正)'에 부합하는지에 대한 역사적인 사실뿐만 아니라, 천하통일의 관념을 견지하여 역사를 바라보고 중국 역사의 발전을 하나의 유기적인 총체로 인식하는 일이 더욱 중요하다고 강조하고 있다.[58]

그리고 정통관념은 중화민족공동체의 발전에서 강력한 응집력을 갖추고 있기에 중화민족공동체의 건설과 의식의 배양에도 객관적으로 유리하다고 보았다. 다시 말해, 중국 고대에는 중앙 왕조가 건립되고 공고화되는 과정에서 정권의 정통 지위를 획득하기 위해 정치, 경제, 문화 등 각 방면에서 다른 모든 민족과 정치적인 내왕, 경제 문화적인 교류, 민족 융합 등을 강화해 왔다고 강조하고 있다. 또한 이러한 역사과정은 중화민족공동체 건설과 중화민족공동체 의식의 형성 및 발전에도 유리하다고 여긴다.[59]

---

57 段超・高元武, 2020, 「從"夷夏之辨"到"華夷"一體: 中華民族共同體意識形成的思想史考察」, 『中南民族大學學報(人文社會科學版)』 5; 鄒國力・李禹階, 2022, 「中華民族共同體意識探源: 以西漢武帝時期族群整合為研究對象」, 『中華文化論壇』 5. 그러나 '화하(華夏)'와 '이적(夷狄)'은 고대부터 모두 중화민족이었으며 변방에 거주한 민족의 역사와 문화도 모두 중화민족의 역사와 문화라고 주장하는 중국의 이러한 '화이관념'의 변천은 역사, 문화 등의 방면에서 앞으로 한국과의 충돌이 불가피해 보인다.

58 林超民, 「中國歷史整體性與中華民族共同體」, 中國歷史研究院, https://mp.weixin.qq.com/s/MSgK1zlSuzRnKS4dExp78Q, 2022.1.24.

59 王文光・文衛霞, 2021, 「中國古代大一統思想中正統觀念與中華民族共同體意識研究」, 『思想戰線』 3.

4) 문화적 동질성

중국 고대의 중원문화는 주변에 존재하던 모든 민족의 문화 요소를 적극적으로 흡수, 포용, 융합하여 자체적으로 끊임없이 풍부해지고 발전과 번영을 이루어 왔다고 보고 있다. 그래서 중화문화는 어느 하나의 지역이나 어느 한 민족의 특허가 아니라 중국 대지에 있던 모든 지역과 모든 민족이 상호적인 영향과 수용을 통해 공동으로 축적하고 형성해 온 하나의 총체라고 강조한다. 중국 고대의 민족관은 천하통일, 존왕양이, 화이일체, 정통관념 등에서 중화문화와 긴밀한 관계를 맺고 있다고 본다. 따라서 중화문화의 유지, 계승, 선양, 혁신이야말로 중화민족이 끊임없이 강성한 발전을 이룬 근본적 원인이라고 여긴다.

특히 중화문화에 보이는 '중화(中和)에 이르다'라는 이념은 개인과 사회, 국가, 천하, 우주를 동일한 시공간에서 화해 공존하는 하나의 총체성으로 파악하고 있다. 그래서 하나의 총체성 중에서 '조화를 이루지만 동일하지 않다'라는 개념은 일방적인 '동화(同化)'가 아니라, 타인과 이족(異族)에 대한 존중을 통해 쌍방의 상호 포용, 상호 존중, 상호 수용, 상호 간의 장점 취득 등의 의미를 지니고 있다고 강조한다. 이러한 전통적인 중화문화의 이념은 중국 고대의 민족관에서 혈맥과 정수가 되었다고 여긴다. 또한 민족을 초월하여 중국 대지에서 서로 다른 민족들이 웅거하면서 통일적인 중화민족공동체를 건설하고 발전을 이루어 왔다고 강조한다.[60]

---

60 林超民, 「中國歷史整體性與中華民族共同體」, 中國歷史研究院, https://mp.weixin.qq.com/s/MSgK1zlSuzRnKS4dExp78Q, 2022.1.24. 그러나 '화하(華夏)'와 '이적(夷狄)'의 고대 문화를 모두 중화민족이 형성한 중화문화라고 주장하는 중국의 이러한 '문화적 동질성' 주장은 앞으로 한국의 고대 문화에 대한 입장과 충돌할 수밖에 없을 것이다.

2. 대학교 전근대사 교재의 집필 사례

페이샤오퉁(費孝通)은 "'중화민족'이라는 개념은 하나의 자각적인 민족실체(民族實體)로, 근대 100여 년 동안 중국이 서구 열강과 대항하면서 출현하게 되었지만, 하나의 자유로운 민족실체로서 몇천 년의 역사과정을 통해 형성된 것이다"라고 언급하였다. 페이샤오퉁은 중국의 고대 역사를 회고하며 '중화민족'은 수천 년의 역사 발전 과정에서 생성되었을 뿐만 아니라, '다원일체(多元一體)의 구조'를 지닌 '자유로운' 공동체라고 주장하였다.[61]

중국의 광활한 산천지리(山川地理) 구조와 5천 년의 장구한 역사는 역대로 중화민족공동체 형성의 객관적인 필연성을 증명하고 있다. 구체적으로는 선사시대(先史時代) 여러 민족 사이에 이루어진 빈번한 교류 내왕 및 문화·풍습의 교류 융합, 상주시대(商周時代)의 화이(華夷) 민족공동체, 진한시대(秦漢時代)와 수당시대(隋唐時代)의 정치적인 대통일 제도, 원명청시대(元明淸時代)의 통일된 강대국 건설 및 모든 민족이 추구한 통일 추구와 분열 반대의 대통일 사상 등을 그 예로 들 수 있다.

현재 중국은 대학교에서 사상정치 과목의 교육을 강화하면서 중화민족공동체 의식교육을 사상정치 과목의 체계에 융합시키고 있다. 민족 단결과 중화민족공동체 의식이 고대 역사에서 남겼던 선명한 자취와 당시에 지녔던 가치 등을 설명함으로써, 대학생들이 정확한 국가관과 민족관을 수립하도록 노력하고 있다. 또한 이를 통해 대학생들이 주도적으로 중화민족의 위대한 부흥 실현이라는 시대적인 대임을 짊어지고, 동시에 국가 부강과 민족 발전을 위해 청춘과 지혜를 공헌하도록 장려하고 있다.[62]

61　費孝通, 1989, 『中華民族多元一體格局』, 中央民族大學出版社, 1쪽.
62　努麗亞·卡迪爾, 「發揮『中國近現代史綱要』課程主渠道作用, 鑄牢大學生中華民族共

특히 최근에 중국의 교육부와 국가민족사무위원회 등이 배포한 「신시대에 학교의 민족 단결을 심화시켜 교육을 발전시키는 지도 요강」이라는 자료는 초중등학교 및 대학교 사상정치교육의 일체화를 강조하고 있다. 또한 국가 통용의 교재 편찬은 국가의 의지를 구현하고 있을 뿐만 아니라, 중화민족공동체 의식의 견고화를 위한 기초적인 바탕도 된다고 주장하고 있다.[63]

다음으로 앞서 소개한 중화민족공동체 이론의 네 가지 이론적 근간이 중국 대학교 교재에 어떻게 적용되고 있는지 살펴본다. 2017년에 제정되고 2020년에 교정을 거친 중국 교육부에서 규정한 고등학교 대상 『역사과정표준』[64]의 기본적인 내용과 현재 중국 대학교에서 역사교재로 널리 활용되고 있는 『중국사강요』,[65] 『중국고대사』,[66] 『세계고대사』[67] 등 3권의 교재를 서로 비교하면서 시기별로 구분하여 분석하였다. 또한 중국 대학교재의 집필 추세를 서구 학계의 중국사에 대한 기본 입장과 대조하고자 『케임브리지 중국사(The Cambridge History of China)』를 함께 살펴보았다.[68]

同體意識」, 新疆師範大學馬克思主義學院, https://maxxy.xjnu.edu.cn/2021/0206/c5702a112691/page.psp, 2021.2.6.

63 楊須愛, 「教育引導青少年牢固樹立正確的中華民族歷史觀」, 中國民族報, https://mp.weixin.qq.com/s/BfzYL1-FWmviiBd85b4Hyw?scene=25#wechat_redirect, 2022.6.13.

64 中華人民共和國教育部制定, 2020, 『普通高中歷史課程標準(2017年版, 2020年修訂)』, 人民教育出版社, 12~15쪽.

65 翦伯贊主編, 2006, 『中國史綱要(上·下册)』(增訂本), 北京大學出版社.

66 朱紹侯·齊濤·王育濟編, 2010, 『中國古代史(上·下册)』, 福建人民出版社.

67 世界古代史編寫組編, 2018, 『世界古代史(上·下册)』(第2版), 高等教育出版社.

68 『케임브리지 중국사』는 미국 하버드대학교의 존 K. 페어뱅크(John K. Fairbank) 교수와 미국 프린스턴대학교 명예교수인 데니스 트위체트(Denis Twitchett) 교수가 1960년 말에 저술을 계획하였고, 중국사 전반을 기원전 3세기 진제국(秦帝國)부터 현대 중국 마

1) 선진시대~진한시대

선사시대에 대한 집필을 살펴보면, 고고학의 발견과 신화, 전설을 통하여 알 수 있듯이, 중화문명의 기원 시기에는 각 지역의 문화가 상호 접촉, 상호 교류, 상호 융합에서 점차 통일의 추세로 나아갔다고 주장하고 있다. 특히 신석기시대의 고고학 발견은 페이샤오퉁이 언급한 '다원일체의 구조'적인 특징을 보이며 중국 문명의 기원이 다원적(多元的)이었음을 강조하고 있다.[69]

그 밖에 중국 현행 대학교 교재에 보이는 실제 사례는 〈표 1〉과 같다.

표 1. 선사시대에 관한 대학교 교재의 실제 사례

교재 시대	『중국사강요』 (2006년 출판)	『중국고대사』 (2010년 출판)	『세계고대사』 (2018년 출판)	『역사과정표준』 (2020년 출판)	『케임브리지 중국사』 (선진사)[70]
선사 시대	전국 각지에서 번성하였던 신석기 문화는 서로 고립된 것이 아니라, 상호적인 충격과 융합을 이루면서 각기 중화문명 형성에 공헌하였다.[71]	특징적인 서술이 없음.	황하(黃河) 유역 문명과 장강(長江) 유역 및 주변 지역의 문명을 포괄하는 중국의 고대문명은 상호 영향과 교류의 결과로 다원적인 중화문명을 탄생시켰고, 한족(漢族)이 주체가 되어 모든 민족이 공동으로 중화문명을 창조하였다.[72]	신석기시대에 중국 경내에서 발견된 대표적인 문화 유적지가 중화문명의 기원 및 국가 출현과 어떠한 관계에 있었는지 파악할 것을 강조하고 있다.[73]	선사시대와 전설적(傳說的) 시기인 삼황오제(三皇五帝)에 관한 내용은 거의 다루어지지 않았다.

　　오쩌둥(毛澤東) 사망까지의 시기를 각각의 단대사(斷代史)로 구분하여 시리즈물로 집필한 책이다. 총 15권으로 1986년에 진한사(秦漢史) 편의 출판을 시작으로 현재까지 모두 13권이 출판되었다.

69　林超民, 「中國歷史整體性與中華民族共同體」, 中國歷史研究院, https://mp.weixin. qq.com/s/MSgK1zlSuzRnKS4dExp78Q, 2022.1.24.

교재 분석	『중국사강요』, 『세계고대사』, 『역사과정표준』은 선사시대에 관한 기술에서 교류와 융합을 통해 다원적인 중화문명이 기원했음을 강조하고 있고, 모든 민족이 공동으로 중화문명을 창조하였음을 언급하고 있다.

하상(夏商)과 서주시대(西周時代)에 대한 집필을 살펴보면, 4천 년 전에 건립된 하(夏)나라는 국가 형성의 상징이자 중국 문명사의 본격적인 시작 단계였을 뿐만 아니라, 중화민족공동체가 싹을 틔우던 시기에 속한다고 주장한다. 상(商)나라는 전쟁을 치르면서 주변 민족들과 상호 겸병 및 융합을 이루며 화이(華夷) 민족공동체를 형성하기 시작했다고 보고 있다.

서주(西周)는 상나라를 멸망시킨 이후에 주변의 이민족을 융합하면서 점차 강성해졌다고 본다. 그리고 생활, 경제, 정치, 문화 등 모든 방면에서 더한층 통일의 추세로 발전되었을 뿐만 아니라, 비교적 안정된 화하(華夏)공동체를 형성하였다고 주장하고 있다. 이 화하공동체는 당시 천하에 존재했던 모든 민족의 주체이자 핵심으로 성장하게 되었으며, 중화민족공동체 형성에 있어 견실한 기초를 다지게 되었다고 여긴다. 더욱이 주나

---

70 Michael Loewe and Edward Shaughnessy, 1999, 『The Cambridge History of Ancient China: From the Origins of Civilization to 221 B.C.』, UK: Cambridge University Press. 참고로 『케임브리지 중국 선진사(先秦史): 문명의 기원에서 기원전 221년까지(The Cambridge History of Ancient China: From the Origins of Civilization to 221 B.C.)』는 영국 케임브리지대학교의 마이클 로이(Michael Loewe) 교수와 미국 시카고대학교의 에드워드 쇼너시(Edward Shaughnessy) 교수가 공동 기획하였다. 기원전 1500년경부터 기원전 221년까지의 시기를 중심으로 모두 14명의 학자가 집필에 참여하여 1999년에 정식 출판되어 나왔다.

71 翦伯贊主編, 『中國史綱要(上冊)』(增訂本), 6쪽.

72 世界古代史編寫組編, 『世界古代史(上冊)』(第2版), 162쪽.

73 中華人民共和國教育部制定, 2020, 『普通高中歷史課程標準(2017年版, 2020年修訂)』, 人民教育出版社, 13쪽.

라의 '천하통일' 사상은 중화민족공동체 의식을 확립하는 데 커다란 영향을 끼쳤다고 강조하고 있다.[74]

그 밖에 중국의 현행 대학교 교재에 보이는 실제 사례를 소개하면 〈표 2〉와 같다.

표 2. 하상과 서주시대에 관한 대학교 교재의 실제 사례

교재 시대	『중국사강요』 (2006년 출판)	『중국고대사』 (2010년 출판)	『세계고대사』 (2018년 출판)	『역사과정표준』 (2020년 출판)	『케임브리지 중국사』 (선진사)
하나라	하나라가 존재하였다.[75]	하나라는 중국의 첫 번째 역대 왕조였다.[76]	중국이 정식적인 왕조시대로 진입하였다.[77]	갑골문(甲骨文), 청동기 명문(銘文) 및 기타 문헌 기록을 통하여 사유제와 계급사회 및 초기국가의 특징을 파악할 것을 강조하고 있다.[78]	중국의 국내 학계에서 일반적으로 중국의 첫 번째 왕조로 여겨지는 하나라에 대해서는 간략히 몇 가지 문제를 제기하는 데 그치고 있다.
상나라	특징적인 서술이 없음.	특징적인 서술이 없음.	특징적인 서술이 없음.		갑골문 등의 고고학적 유물이 출토되어 정식적인 '역사(歷史)' 시기로 진입한 상나라 시기(기원전 1570년~기원전 1045년)를 시작으로 중국 선진사(先秦史)를 기술하였다.
서주	특징적인 서술이 없음.	특징적인 서술이 없음.	특징적인 서술이 없음.		서주시대는 대형화된 제사 형태로의 변화가 일어난 '의례혁명(Ritual Revolution)'의 시기였다.
교재 분석	『중국고대사』와 『세계고대사』에서는 하상과 서주시대를 문화적으로 연속성과 통일성을 지닌 시대로 언급하고 있다.				

---

74 蒼銘·張宏超, 2021, 「從歷史觀上鑄牢中華民族共同體意識」, 『廣西民族研究』 1.

춘추전국시대(春秋戰國時代)에 대한 집필을 살펴보면, 춘추시대는 중국 역사에서 첫 번째로 민족의 대규모 융합을 이룬 시기로 평가된다. 전국시대에 들어와서는 화이통일(華夷統一)의 학설이 기본적으로 형성되었다고 본다. 그래서 동이(東夷), 서융(西戎), 남만(南蠻), 북적(北狄) 및 화하족의 '오방지민(五方之民)'이 사해(四海)의 안에서 함께 살게 되었고 공동으로 천하통일을 도모하였다고 주장하고 있다. 이렇게 오방지민이 천하를 함께 한 관념은 전국시대의 화하공동체 의식으로 정립되었다고 주장한다.[79]

그 밖에 중국의 현행 대학교 교재의 실제 사례는 〈표 3〉에 제시되어 있다.

표 3. 춘추시대와 전국시대에 관한 대학교 교재의 실제 사례

교재 시대	『중국사강요』 (2006년 출판)	『중국고대사』 (2010년 출판)	『세계고대사』 (2018년 출판)	『역사과정표준』 (2020년 출판)	『케임브리지 중국사』(선진사)
춘추 시대	군사적인 정벌로 인해 주변의 사이(四夷)가 화하문화(華夏文化)를 수용하게 되었고, 화이(華夷)의 차별도 점차 사라졌다.[80]	정벌전쟁으로 중국의 통일과 민족 융합이 가속화되었다.[81]	화이(華夷)의 차별이 점차 사라지면서 민족 융합이 가속화되었다.[82]	춘추전국시대의 경제 발전과 정치 변동을 통하여 전국시대 변법운동(變法運動)의 필연성을 이해하고 공자, 노자, 맹자, 순자, 장자 등을 통하여 '백가쟁명(百家爭鳴)'의 상황과 의의도 파악할 것을 강조하고 있다.[83]	서주 후기의 '의례개혁(Ritual Reform)' 이후로 상류층 문화의 동질성과 문화적 가치의 공유가 강화되었다.

---

75 翦伯贊主編, 『中國史綱要(上冊)』(增訂本), 9쪽.
76 朱紹侯·齊濤·王育濟編, 『中國古代史(上冊)』, 30쪽.
77 世界古代史編寫組編, 『世界古代史(上冊)』(第2版), 163쪽.
78 中華人民共和國教育部制定, 2020, 『普通高中歷史課程標準(2017年版, 2020年修訂)』, 人民教育出版社, 13쪽.
79 蒼銘·張宏超, 2021, 「從歷史觀上鑄牢中華民族共同體意識」, 『廣西民族研究』1.

전국 시대	군현제(郡縣制)와 중앙집권의 강화로 통일국가의 기초를 마련하였다.[84]	중앙집권의 제도 출현 및 민족 융합으로 인한 민족공동체의 형성이 통일국가 출현을 촉진하였다.[85]			새로운 개혁 주체인 '사(士)' 계층의 '저술'을 통한 '권위'가 형성되었다.
교재 분석	『중국사강요』, 『중국고대사』, 『세계고대사』는 춘추시대와 전국시대에 관한 기술에서 화이(華夷)의 차별이 점차 사라지면서 민족 융합이 형성되었다고 언급하고 있다.				

    진한시대(秦漢時代)에 대한 집필을 살펴보면, 하상주(夏商周) 삼대에서 진(秦)나라의 천하통일까지는 무수한 정벌전쟁을 통해 침략과 겸병이 이루어졌다고 보고 있다. 그렇지만 이것은 근본적으로 중화문화의 융합과 응축이 가져온 필연적인 결과라 주장하고 있다.

    진한시대의 '통일관념'은 중앙집권을 위한 중심 사상이 되었고, 전국에 실시한 군현체제(郡縣體制)를 통해 '법령의 통일'도 이루었다고 보고 있다. '통일'의 사상은 '동심(同心)'이고 '동심'은 바로 공통된 의식이었다고 여긴다. 이것이 진한시대에 천하통일의 핵심 역할을 함에 따라 중화민족공동체 의식의 기초도 견실하게 다져졌다고 주장한다. 또한 진한 왕조

---

80 翦伯贊主編, 『中國史綱要(上冊)』(增訂本), 42쪽.
81 朱紹侯·齊濤·王育濟編, 『中國古代史(上冊)』, 99쪽.
82 世界古代史編寫組編, 『世界古代史(上冊)』(第2版), 171쪽.
83 中華人民共和國教育部制定, 2020, 『普通高中歷史課程標準(2017年版, 2020年修訂)』, 人民教育出版社, 13쪽.
84 翦伯贊主編, 『中國史綱要(上冊)』(增訂本), 58쪽.
85 朱紹侯·齊濤·王育濟編, 『中國古代史(上冊)』, 133쪽.

의 '화이일체'의 공동체 의식은 고도의 새로운 발전을 이루게 되었다고 강조하고 있다.[86] 특히 '화이공조(華夷共祖)'의 민족의식은 현재의 중화민족공동체 의식을 견고화하는 사상적인 원천이라고 보았다.[87] 그래서 진한시대에는 중원지역의 화하족이 주변 민족과 융합을 이룬 기초 위에 새로운 화이(華夷) 민족공동체를 형성하게 되었다고 주장하고 있다.[88]

그 밖에 중국의 현행 대학교 교재에 보이는 실제 사례를 소개하면 〈표 4〉와 같다.

표 4. 진한시대에 관한 대학교 교재의 실제 사례

교재 시대	『중국사강요』 (2006년 출판)	『중국고대사』 (2010년 출판)	『세계고대사』 (2018년 출판)	『역사과정표준』 (2020년 출판)	『케임브리지 중국사』 (진한사)[89]
진나라	특징적인 서술이 없음.	민족의 대융합으로 통일적 다민족 국가를 건립하였다.[90]	화하 문화(華夏文化)로 문화공동체를 형성하였고, 천하일가(天下一家)의 사상이 출현하였다.[91]	진나라의 통일 대업과 한나라의 영토 확장, 유가 존중 등의 정책을 통하여 통일적 다민족 봉건 국가의 건립과 공고화를 이해하고, 진한 시기의 사회 모순과 농민 의거 등을 통해 두 왕조의 쇠망 원인도 파악할 것을 강조하고 있다.[92]	진나라의 통일은 중국의 봉건제(封建制)가 폐지되고 중앙집권이 시작된 시기였다.

---

86 林超民,「中國歷史整體性與中華民族共同體」, 中國歷史研究院, https://mp.weixin.qq.com/s/MSgK1zlSuzRnKS4dExp78Q, 2022.1.24.

87 鄒國力·李禹階, 2022,「中華民族共同體意識探源: 以西漢武帝時期族群整合為研究對象」,『中華文化論壇』5.

88 蒼銘·張宏超, 2021,「從歷史觀上鑄牢中華民族共同體意識」,『廣西民族研究』; 鄒國力·李禹階, 2022,「中華民族共同體意識探源: 以西漢武帝時期族群整合為研究對象」,『中華文化論壇』5.

한나라	특징적인 서술이 없음.	무제(武帝) 때 대통일 사상의 출현으로 중앙집권적인 통일제국을 형성하였다.[93]				진나라와 구별되는 한나라의 사상적인 변화는 정권의 합법성을 수립할 수 있었다.
교재 분석	『중국사강요』, 『중국고대사』, 『세계고대사』는 진한시대에 관한 기술에서 통일제국의 출현으로 통일적 다민족 국가를 형성하였다고 언급하고 있다.					

2) 삼국시대~당송시대

삼국시대(三國時代)와 위진남북조시대(魏晉南北朝時代)에 대한 집필을 살펴보면, 민족 대이동의 혼란으로 중국 역사에서 미증유의 민족 대융합을 이루게 된 시기였다고 보고 있다. 위로는 진한시대를 계승하고, 아래로는 수당시대를 여는 과정에서 오랑캐와 한족(漢族)의 충돌과 융합은 중화문화를 새로운 수준으로 격상시키는 역할을 하였다고 주장한다. 그래서 한족 문화의 광범위한 보급이 이루어지면서 문화 교류와 민족 융합이 대규모로 추진되었고, 중화민족의 총체성도 더한층 공고해졌다고 강조하고 있다.[94]

---

89 Denis Twitchett and Michael Loewe, 1986, 『The Cambridge History of China(Vol. 1: The Ch'in and Han Empires, 221 BC~AD 220)』, UK: Cambridge University Press.

90 朱紹侯·齊濤·王育濟編, 『中國古代史(上冊)』, 179쪽.

91 世界古代史編寫組編, 『世界古代史(上冊)』(第2版), 177쪽.

92 中華人民共和國教育部制定, 2020, 『普通高中歷史課程標準(2017年版, 2020年修訂)』, 人民教育出版社, 13쪽.

93 朱紹侯·齊濤·王育濟編, 『中國古代史(上冊)』, 208쪽.

94 林超民, 「中國歷史整體性與中華民族共同體」, 中國歷史研究院, https://mp.weixin.qq.com/s/MSgK1zlSuzRnKS4dExp78Q, 2022.1.24.

그 밖에 중국의 현행 대학교 교재에 보이는 실제 사례를 소개하면 〈표 5〉와 같다.

표 5. 삼국시대와 위진남북조시대에 관한 대학교 교재의 실제 사례

교재 시대	『중국사강요』 (2006년 출판)	『중국고대사』 (2010년 출판)	『세계고대사』 (2018년 출판)	『역사과정표준』 (2020년 출판)	『케임브리지 중국사』 (육조사)[95]
삼국 시대	특징적인 서술이 없음.	특징적인 서술이 없음.	민족 교류와 민족의 대융합이 강화되었다.[96]	삼국시대와 위진남북조시대에 일어난 정권 교체의 역사적인 맥락을 통하여 수당시대로 이어지는 제도 변화와 혁신, 민족의 교류 융합, 지역 개발, 사상 문화 등에서 이룬 새로운 성과를 파악할 것을 강조하고 있다.[97]	위진남북조시대의 민족 대융합은 새로운 한족(漢族)의 형성을 촉진하였다.
위진 남북조 시대	특징적인 서술이 없음.	새로운 민족 대융합의 발전을 이루었다.[98]			
교재 분석	『중국고대사』, 『세계고대사』는 삼국시대와 위진남북조시대 관련 기술에서 대외 문화와의 교류로 중국 문화의 내면을 심화시켰다고 언급하고 있다.				

수당시대(隋唐時代)에 대한 집필을 살펴보면, 수나라의 문제(文帝)는 천하를 통일한 이후에 '화이일체'를 민족 관계를 처리하는 기본 원칙으로 삼았다고 보고 있다. 그리고 당나라의 고조(高祖)는 '회유(懷柔)'와 '견

---

95 Albert Dien and Keith Knapp, 2019, 『The Cambridge History of China(Vol. 2: The Six Dynasties, 220~589)』, UK: Cambridge University Press.
96 世界古代史編寫組編, 『世界古代史(上冊)』(第2版), 179쪽.
97 中華人民共和國教育部制定, 2020, 『普通高中歷史課程標準(2017年版, 2020年修訂)』, 人民教育出版社, 13쪽.
98 朱紹侯·齊濤·王育濟編, 『中國古代史(上冊)』, 365쪽.

제(牽制)'의 정책을 시행하면서 통일적 다민족 국가를 유지하고 발전시켜 나갔다고 주장한다. 또한 소수민족의 중앙으로의 이주와 거주를 용인하는 정책을 펴면서 민족 사이의 교류, 내왕, 융합이 더욱 촉진되었다고 강조하고 있다.[99]

그 밖에 중국의 현행 대학교 교재에 보이는 실제 사례를 소개하면 〈표 6〉과 같다.

표 6. 수당시대에 관한 대학교 교재의 실제 사례

교재\시대	『중국사강요』(2006년 출판)	『중국고대사』(2010년 출판)	『세계고대사』(2018년 출판)	『역사과정표준』(2020년 출판)	『케임브리지 중국사』(수당사)[100]
수나라	특징적인 서술이 없음.	전 시대의 분열에서 다시 통일제국을 수립하였고, 민족의 융합을 이루었다.[101]	특징적인 서술이 없음.	전 시대의 혼란을 극복하고 중국을 다시 통일한 수당시대가 봉건 사회에서 고도의 발전과 번영을 이루게 된 점을 강조하고 있다.[102]	관롱(關隴) 세력의 지지로 수나라와 당나라가 중국을 통일할 수 있었으며, 귀족정치에서 관료정치로의 변화는 당나라의 강성을 견인하였지만, 번진제(藩鎭制)는 중국을 다시 오대십국(五代十國)의 혼란으로 이끌었다.
당나라	특징적인 서술이 없음.	통일적 다민족 국가의 번영 및 민족 융합으로 중화민족 대가정을 이루었다.[103]			
교재 분석	『중국고대사』, 『세계고대사』는 수당시대에 관한 기술에서 대통일의 다원 문화 체계 구축 및 세계 문명의 발전에 공헌하였다고 언급하고 있다.				

99　林超民,「中國歷史整體性與中華民族共同體」, 中國歷史研究院, https://mp.weixin.qq.com/s/MSgK1zlSuzRnKS4dExp78Q, 2022.1.24.
100　Denis Twitchett, 1979, 『The Cambridge History of China(Vol. 3: Sui and T'ang China,

오대십국시대(五代十國時代)와 요송금하시대(遼宋金夏時代)에 대한 집필을 살펴보면, 중국 역사에서 또 한 차례의 대규모 분열 시기에 해당한다고 보고 있다. 이러한 민족 대이동으로 말미암아 대규모의 새로운 민족 융합을 다시 촉진함으로써, 다음 시기의 대규모 통일과 중화민족공동체 건설을 위한 기초를 견실하게 다지게 되었다고 주장한다.[104]

그 밖에 중국의 현행 대학교 교재에 보이는 실제 사례를 소개하면 〈표 7〉과 같다.

표 7. 오대십국시대와 요송금하시대에 관한 대학교 교재의 실제 사례

교재 시대	『중국사강요』 (2006년 출판)	『중국고대사』 (2010년 출판)	『세계고대사』 (2018년 출판)	『역사과정표준』 (2020년 출판)	『케임브리지 중국사』 (오대십국과 송나라)[105]
오대 십국	특징적인 서술이 없음.	특징적인 서술이 없음.	특징적인 서술이 없음.	송나라의 정치와 군사 상황을 통해 이 시기의 정치, 경제, 문화 및 사회 방면의 새로운 변화를 이해해야 하고, 요금하(遼金夏) 정권의 건립, 발전 및 관련 제도의 구축을 통해 북방 소수민족 정권이 통일적 다민족 국가의 발전에 끼친 중요한 역할도 파악할 것을 강조하고 있다.[106]	숭문억무(崇文抑武)를 국가 정책으로 채택한 송나라는 군사적인 쇠약을 면치 못하였다.
요송 금하 시대	특징적인 서술이 없음.	특징적인 서술이 없음.			

589~906, Part 1)』, UK: Cambridge University Press.

101 朱紹侯·齊濤·王育濟編, 『中國古代史(上冊)』, 398쪽.
102 中華人民共和國教育部制定, 2020, 『普通高中歷史課程標準(2017年版, 2020年修訂)』, 人民教育出版社, 13쪽.
103 朱紹侯·齊濤·王育濟編, 『中國古代史(上冊)』, 427·484쪽.
104 蒼銘·張宏超, 2021, 「從歷史觀上鑄牢中華民族共同體意識」, 『廣西民族研究』 1.

| 교재 분석 | 특징적인 서술이 없다. |

3) 원명청시대

원명시대(元明時代)에 대한 집필을 살펴보면, 원나라에 진입하면서부터 중국은 장기적으로 통일국가를 유지하게 되었을 뿐만 아니라, 변강과 중원의 행정적인 일체화를 실현하게 되었다고 주장하고 있다. 그리고 명나라는 중화민족관을 계승하여 '화이일가(華夷一家)' 사상을 표방하였다고 보고 있다. 이것은 천하통일의 구도 아래에서 화하족과 주변 민족의 관계가 한 가정과 같다는 의미로, 중화민족공동체 의식이 새로운 단계로 발전하였음을 상징한다고 주장한다. 그와 더불어 근현대 민족 분포의 구조와 형성에서도 확고한 기초를 다지게 되었다고 강조하고 있다.[107]

그 밖에 중국의 현행 대학교 교재에 보이는 실제 사례를 소개하면 〈표 8〉과 같다.

---

[105] Denis Twitchett and Paul Jakov Smith, 2009, 『The Cambridge History of China(Vol. 5: The 5 Dynasties and Sung China And Its Precursors, 907~1279)』, UK: Cambridge University Press.

[106] 中華人民共和國教育部制定, 2020, 『普通高中歷史課程標準(2017年版, 2020年修訂)』, 人民教育出版社, 13쪽.

[107] 蒼銘·張宏超, 2021, 「從歷史觀上鑄牢中華民族共同體意識」, 『廣西民族研究』 1.

표 8. 원명시대에 관한 대학교 교재의 실제 사례

교재 시대	『중국사강요』 (2006년 출판)	『중국고대사』 (2010년 출판)	『세계고대사』 (2018년 출판)	『역사과정표준』 (2020년 출판)	『케임브리지 중국사』 (이민족 통치 및 명나라)[108]
원나라	특징적인 서술이 없음.	불평등한 민족 정책을 실시하였다.[109]	통일적 다민족 국가를 공고히 하였다.[110]	원나라가 통일적 다민족 국가의 발전에 끼친 중요한 역할을 이해해야 하고, 명나라의 전국 통일과 남해군도(南海群島), 대만, 조어도(釣魚島)의 중국 영토화 등의 변강 경략을 통해 통일적 다민족 국가의 영토를 확정 지은 중요한 의의도 파악할 것을 강조하고 있다.[111]	다원화 정책으로 경제의 개방성은 제고되었지만, 무(武)를 중시하고 문(文)을 경시한 까닭에 멸망에 이르게 되었다.
명나라	특징적인 서술이 없음.	특징적인 서술이 없음.			호유용안(胡惟庸案)의 처리로 명나라는 미증유의 강력한 황권을 휘둘렀지만, 창위제도(廠衛制度)는 명나라의 관리 질서를 파괴하였으며, 재정체계의 불균형으로 명나라는 결국 쇠망하게 되었다.
교재 분석	『중국고대사』는 원명시대에 관한 기술에서 활발한 대외 관계로 중국 문화와 서구 문화의 충돌과 교류가 빈번하였다고 언급하고 있다.				

---

108 Herbert Franke and Denis Twitchett, 1994, 『The Cambridge History of China(Vol. 6: Alien Regimes and Border States, 907~1368)』, UK: Cambridge University Press; Frederick Mote and Denis Twitchett, 1988, 『The Cambridge History of China(Vol. 7: The Ming Dynasty, 1368~1644, Part 1)』, UK: Cambridge University Press; Denis Twitchett and Frederick Mote, 1998, 『The Cambridge History of China(Vol. 8: The Ming Dynasty, 1368~1644, Part 2)』, UK: Cambridge University Press.

109 朱紹侯·齊濤·王育濟編, 『中國古代史(下册)』, 136쪽.

110 世界古代史編寫組編, 『世界古代史(下册)』(第2版), 148쪽.

111 中華人民共和國教育部制定, 2020, 『普通高中歷史課程標準(2017年版, 2020年修訂)』,

청대(淸代)에 대한 집필을 살펴보면, 만주족은 청나라를 건립한 이후에 공자를 존숭하고 유가를 중시하면서 자발적으로 한족 문화를 수용하고 적극적으로 선양하였다고 보고 있다. 따라서 청나라의 통치자는 도덕고하(道德高下)를 인재 등용의 원칙으로 삼아 '화이의 차별'을 철폐하였다고 주장하고 있다. 이것은 중화민족의 대통일 관념에서 중대한 진전일 뿐만 아니라, 중화민족공동체 의식의 변혁에 있어서도 중요한 한 차례의 새로운 진척이라고 강조한다.[112]

또한 청나라 때는 중국의 민족국가 강역과 민족 분포의 구조가 정형화된 시기였다고 보고 있다. 그래서 중국 봉건사회 최후의 찬란함을 창조하였을 뿐만 아니라, 중화민족공동체의 최종 형성을 위해 중요한 공헌을 하였다고 강조하고 있다.[113]

그 밖에 중국의 현행 대학교 교재에 보이는 실제 사례를 소개하면 〈표 9〉와 같다.

人民教育出版社, 13~14쪽.

[112] 林超民,「中國歷史整體性與中華民族共同體」, 中國歷史研究院, https://mp.weixin.qq.com/s/MSgK1zlSuzRnKS4dExp78Q, 2022.1.24.

[113] 蒼銘·張宏超, 2021,「從歷史觀上鑄牢中華民族共同體意識」,『廣西民族研究』.

표 9. 청나라에 관한 대학교 교재의 실제 사례

교재 시대	『중국사강요』 (2006년 출판)	『중국고대사』 (2010년 출판)	『세계고대사』 (2018년 출판)	『역사과정표준』 (2020년 출판)	『케임브리지 중국사』 (청나라)[114]
청나라	특징적인 서술이 없음	통일적 다민족 국가의 진일보한 발전을 이루었고, 일체적인 민족 정책의 강화를 추진하였다.[115]	특징적인 서술이 없음.	청나라의 사회경제와 사상 문화의 중요한 변화, 봉건제도의 발전, 세계 변화의 중국 영향 등을 통해 중국 사회가 당면했던 당시 상황을 이해해야 하고, 열강 침탈로 인한 중국 사회의 위기, 중국인의 외세 침략에 대한 항거, 자체적인 위기 극복 노력과 한계성 등도 파악할 것을 강조하고 있다.[116]	중원 왕조의 통치 제도를 수용하면서 공고한 정권을 수립하였지만, 태평천국(太平天國)의 난으로 청나라의 정통성(正統性) 위기는 더욱 격화되었고, 백일유신(百日維新)의 실패로 중국 최후의 왕조는 결국 실패하게 되었다.
교재 분석	『중국고대사』는 청나라에 관한 기술에서 만족(滿族)의 문화가 점차 한화(漢化)되었다고 언급하고 있다.				

---

114 Willard Peterson, 2002, 『The Cambridge History of China(Vol. 9: The Ch'ing Dynasty, To 1800, Part 1)』, UK: Cambridge University Press; Willard Peterson, 2016, 『The Cambridge History of China(Vol. 9: The Ch'ing Dynasty, To 1800, Part 2)』, UK: Cambridge University Press; John Fairbank, 1978, 『The Cambridge History of China(Vol. 10: Late Ch'ing 1800~1911, Part 1)』, UK: Cambridge University Press; John Fairbank and Kwang-Ching Liu, 1980, 『The Cambridge History of China(Vol. 11: Late Ch'ing, 1800~1911, Part 2)』, UK: Cambridge University Press.

115 朱紹侯·齊濤·王育濟編, 『中國古代史(下冊)』, 289·306쪽.

116 中華人民共和國敎育部制定, 2020, 『普通高中歷史課程標準(2017年版, 2020年修訂)』, 人民敎育出版社, 13~14쪽.

〈표 1〉~〈표 9〉에서 살펴본 것처럼, 중국 대학교 전근대사 역사교재 집필에 권장되고 있는 중화민족공동체 이론의 중심 내용은 통일국가의 형성, '화이일체'의 관념, 정통론, 문화적 동질성 등의 네 가지이다. 그런데 이 네 가지의 이론적 근간은 비교적 초기 출판물인 『중국사강요』(2006년 출판)에서는 그다지 부각되지 않았다. 반면 『중국고대사』(2010년 출판)와 『세계고대사』(2018년 출판)에서는 비교적 방향 설정이 뚜렷해진 것을 알 수 있다. 최근에 배포된 『역사과정표준』(2020년 출판)은 중국 대학교 전근대사 역사교재의 집필 추세와 대체로 동일한 방향을 설정하고 있음을 보여 준다.

IV. 중국 정부의 의도와 역사학계의 동향

최근 중국의 역사학계에서는 중국 고대에는 각 민족이 교류, 왕래, 융합을 통해 중화민족의 자유로운 공동체를 형성하였다고 보고 있다. 그리고 중국 고대의 '대통일' 국가 관념은 중화민족공동체 의식의 형성을 위하여 사상적인 기초를 제공하였을 뿐만 아니라, 통일적 다민족 국가의 출현을 위해서도 중요한 역할을 하였다고 강조하고 있다.[117]

앞서 언급한 것처럼, 최근 중국의 교육부와 국가민족사무위원회 등은 「신시대에 학교의 민족 단결을 심화시켜 교육을 발전시키는 지도 요강」이라는 배포 자료를 통해 초중등학교 및 대학교 사상정치교육의 일체화를 강조하고 있다. 그리고 국가 통용의 교재 편찬은 국가의 의지를 구현하고 있을 뿐만 아니라, 중화민족공동체 의식의 견고화를 위한 기초적

---

117 蒼銘·張宏超, 2021, 「從歷史觀上鑄牢中華民族共同體意識」, 『廣西民族研究』.

인 바탕도 되고 있다고 주장한다.[118] 특히 대학교에서는 사상정치이론 과목과 역사 과목에서 국가 주관으로 편찬된 규정 교재를 최대한 활용함으로써, 교재를 통한 가치관 형성과 사상 견인의 기능을 발휘하여 모든 민족의 학생들이 중화민족공동체 의식을 견고히 할 수 있도록 주문하고 있다.[119]

또한 전국의 대학교 고등교육에서는 전반적인 중화문화뿐만 아니라 소수민족의 자체적인 민족문화의 계승, 보호 및 혁신 추진도 중시하고 있다. 그래서 중화민족공동체 의식의 견고화는 중화민족공동체에 대한 지속적인 연구와 교육을 통해 정확한 국가관, 역사관, 민족관, 문화관, 종교관을 수립함으로써 중화민족공동체 의식을 모든 국민의 마음속에 깊이 심어 주려 하고 있다. 그에 따라 중앙정부에서는 정치적인 위상을 제고하여 중화민족공동체 의식을 주요 노선으로 삼고 있고, 역사적인 자신감을 견지하여 민족 단결과 전진 발전을 지향하고 있다. 또한 소수민족 대학교에서도 중화민족공동체를 연구하도록 장려하여 중화민족공동체 의식의 견고화를 위한 선전교육에 기여하도록 독려하고 있다.[120]

이에 더해, 중앙정부의 전폭적인 지지를 통해 최근『중화민족공동체

---

118 楊須愛,「教育引導青少年牢固樹立正確的中華民族歷史觀」,『中國民族報』, https://mp.weixin.qq.com/s/BfzYLl-FWmviiBd85b4Hyw?scene=25#wechat_redirect, 2022.6.13.

119 王強·羅昆,「把鑄牢中華民族共同體意識貫穿高校教育全過程」,『山西日報』, http://www.sxdygbjy.gov.cn/bgz/zgwz/art/2022/art_701d27986cbf41c5989859048cc482a9.html, 2022.7.25.; 后慧宏,「深化鑄牢中華民族共同體意識宣传教育實踐」,『中國民族報』, https://m.thepaper.cn/baijiahao_19776341, 2022.9.5.

120 张京泽,「不斷深化中華民族共同體研究」, 人民網 –『人民日報』, http://news.cctv.com/2022/07/13/ARTIE0vybrLlzSYvfru4HTCl220713.shtml, 2022.7.13.; 徐紹文·於海波,「[共有家園]民族高校中華民族共同體意識教育的價值向度與實踐進路」, 民族學與人类學, https://mp.weixin.qq.com/s/JimdLGiD6Xuw4l6NrW6eqw, 2022.11.28.

연구』라는 학술잡지가 정식으로 창간되었으며, 『중화민족공동체 개론』 이라는 학술서적도 출간되었다.[121] 그리고 중앙민족대학교에서는 중화민족공동체 의식의 견고화를 추진하기 위한 '중화민족공동체 의식의 견고화 연구센터'를 설립하여 동영상 선전 자료 등을 제작하고 있다.[122] 또한 빌리빌리(bilibili)라는 인터넷 사이트에서도 '중화민족공동체'라는 영상 자료를 방영하고 있다.[123] 그 밖에 현재 각 지역의 대표 대학교에는 모두 '중화민족공동체 의식의 견고화 연구센터'가 설립되어 있다.[124] 또한 이 글에서 인용한 학자들의 논문 외에도 많은 학자들이 중화민족공동체 의식의 견고화와 관련된 연구를 지속적으로 추진하고 있다.[125]

현재 중국 정부는 중화민족공동체 의식의 견고화를 추진하는 구체적인 목적에 대해서, ① 신시대 중국 특색 사회주의의 새로운 민족 관계 구축 및 모든 민족의 왕래, 교류, 융합의 촉진 등을 통한 모든 민족의 번영 발전 실현을 위한 정신적인 기반 조성, ② 중화민족의 위대한 부흥 실현을 위한 강력한 동력원 및 국내외의 위험과 도전에 대처하기 위한 전략적

---

[121] 彭景暉, 「『中華民族共同體研究』正式創刊」, 光明網-『光明日報』, https://news.gmw.cn/2022-03/16/content_35588968.htm, 2022.3.16.; 『中華民族共同體概論』編寫組, 2023, 『中華民族共同體概論』, 高等教育出版社, 民族出版社.

[122] 中央民族大學, 「"鑄牢中華民族共同體意識"通識教育係列課程」, https://news.muc.edu.cn/ztbd1/tskc.htm.

[123] bilibili, '中華民族共同體' 영상 자료, https://www.bilibili.com/video/BV1cb4y1h7hj/?spm_id_from=333.788.recommend_more_video.11; https://www.bilibili.com/video/BV1rT4y1B7gz/.

[124] 김인희, 「"고대부터 중국은 하나" 소수민족 우대책 없앨 듯」, 『중앙일보』, https://www.joongang.co.kr/article/25088231, 2022.7.20.

[125] 馬志芹, 2021, 「用『綱要』課鑄牢大學生中華民族共同體意識硏究: 以新疆大學生爲例」, 『南方論刊』 1; 黃雅丽, 「用教材鑄牢中華民族共同體意識」, 『中國教育報』, https://baijiahao.baidu.com/s?id=1720630200476986142&wfr=spider&for=pc, 2021.12.31.

인 능력 등을 통한 중화민족의 위대한 부흥 실현을 위해 반드시 거쳐야 하는 길, ③ 인류운명공동체에 대한 심층적인 이해, 인류운명 공동체 구축을 위한 선도적인 실천, 인류운명 공동체 구축을 위한 중국의 지혜와 경험 제공 등을 통한 인류운명 공동체 구축을 위한 강력한 역량 추진 등을 표방하고 있다.[126]

그러나 중국 정부가 중화민족공동체 의식의 견고화를 강조하는 본질적인 의도는 2012년부터 정권을 계속 이어 오고 있는 시진핑체제가 정권의 안정과 공고화 및 중국 소수민족의 분열을 막기 위한 정치적이고 대내적인 목적에서 기인했을 것이다. 중국 정부가 가장 두려워하는 것은 중국 소수민족들과 대만의 독립이다. 중국은 1991년 15개 주권 국가로 해체된 구소련처럼 분열될 수 있다는 위기감을 항상 지니고 있다. 더욱이 2000년대 후반부터 소수민족의 시위가 빈번하게 일어나자, 중국 정부는 상당한 위기감을 느꼈을 것이다. 특히 2009년 7월 신장 우루무치에서 발생한 한족과 위구르족 간 대립은 중국 정부를 더욱 긴장하게 만들었다.

그 외에도 대외적으로는 국제질서의 변화와 미·중 양국의 패권 경쟁 격화가 중국 정부로 하여금 민족 정책을 바꾸게 하는 요인으로 작용했을 것이다. 중국은 서방 국가들이 티베트족이나 위구르족을 분열시키기 위해 인권 문제를 제기하고 있다고 생각한다. 그리고 1949년 신중국이 성립된 이후에 중국의 민족 정책은 민족자결을 강조하는 스탈린의 민족 이론을 따랐는데, 결국 공동체 의식이 약화하여 민족이 와해될 위기에 처할 뻔했다고 중국은 판단하고 있다. 21세기의 중국에 닥친 가장 큰 위협은 국가 분열이고, 그래서 중화민족공동체 의식의 견고화를 강조하면서 소

---

[126] 楊金洲·馮占元, 「[思政讲理]新時代鑄牢中華民族共同體意識的重要意義」, 中國社會科學網, http://www.cssn.cn/zx/bwyc/202209/t20220920_5535372.shtml, 2022.9.20.

수민족의 이탈을 적극적으로 방지하고 있다. 따라서 중국 정부는 겉으로는 중화민족공동체의 일체성을 강조하지만, 속으로는 한족으로 동화시켜서 소수민족의 분열을 적극적으로 막으려는 정책을 펴고 있다.[127]

그리고 중국 정부의 이러한 본질적인 의도에 발맞춰 중국의 역사학계에 종사하는 수많은 학자도 역사교육과 역사교재 집필에서 중화민족공동체 의식의 견고화를 강조하고 있음을 앞서 언급한 학자들의 주장과 실제 사례를 통해 확인할 수 있었다.

V. 맺음말

이 글에서는 먼저 중화민족공동체 이론의 기본 내용 및 중화민족공동체 이론이 대두된 정치적 배경과 실천 방법, 사상적 배경과 실천 방법, 문화적 배경과 실천 방법, 경제적 배경과 실천 방법을 간략히 살펴보았다. 그다음으로 중화민족공동체 이론을 통일국가의 형성, '화이일체'의 관념, 정통론, 문화적 동질성 등의 네 가지 내용을 중심으로 중국 대학교 전근대사 역사교재의 이론적 근간을 소개하였다. 또한 중국 대학교 전근대사 역사교재의 집필 추세와 실제 사례도 간략하게 고찰해 보았다.

현재까지 중국 정부 차원의 공식적이고 명확한 지침이 아직 내려오지 않은 상황에서 몇몇 학자들이 중국 대학교 전근대사 역사교재 집필에 있어서 중화민족공동체 의식의 견고화를 위한 몇 가지 방법론적인 견해를

---

127 김인희, 「"고대부터 중국은 하나" 소수민족 우대책 없앨 듯」, 『중앙일보』, https://www.joongang.co.kr/article/25088231, 2022.7.20; 김인희 편, 2021, 「중화민족공동체론과 신시대 고고학」, 『중국 애국주의와 고대사 만들기』, 동북아역사재단, 257~259쪽.

제기하고 있다. 따라서 이 글에서는 이러한 몇몇 학자들의 견해를 주로 소개하면서 중국 대학교 전근대사 역사교재 집필의 전반적인 추세를 분석하였다.

『중국사강요』, 『중국고대사』, 『세계고대사』 등 3권의 주요 교재를 중국 교육부에서 규정한 고등학교 대상의 『역사과정표준』과 비교하였다. 더불어 현행 대학교 교재에 보이는 실제 사례를 선진시대~진한시대, 삼국시대~당송시대, 원명청시대로 구분하여 간략하게 고찰해 보았다.

앞서 살펴본 교재 분석 결과에서도 알 수 있듯이, 이를 통해서 시진핑 체제의 정권 안정 및 소수민족의 이탈과 분열을 방지하고자 중화민족공동체 이론을 제기한 중국 정부의 의도뿐만 아니라, 이에 부응하는 중국 역사학계의 동향도 어느 정도 짚어 볼 수 있었다.

그러나 중화민족공동체 이론 관련 자료를 수집하는 데 한계가 있어 좀 더 체계적인 정리와 더 깊이 있는 분석을 하지 못한 점은 큰 아쉬움으로 남는다. 그렇지만 이 글에서 언급한 중국 대학교 전근대사 역사교재의 집필 추세 및 실제 사례, 중국 정부의 의도와 이에 부응하는 중국 역사학계의 동향 등은 나름의 참고 가치가 있을 것으로 여긴다.

* [추기] 최근 『중화민족공동체 개론』이라는 학술서적이 고등교육출판사와 민족출판사에서 정식으로 출간되어 나왔다.[128] 이 책은 역사학과 역사학 이론의 결합을 통해 정확한 중화민족의 역사관을 선전하기 위해 만들어졌다. 이 책은 총 16단원으로 나누어져 있고, 전통 왕조의 단대사(斷代史) 순서에 따라 민족 간의 교류 내왕을 구분하며 서술하

---

128 『中華民族共同體概論』編寫組, 2023, 『中華民族共同體概論』, 高等敎育出版社, 民族出版社.

고 있다. 또한 중화민족의 전반적인 발전 맥락에서 출발하여 모든 민족이 다원일체적(多元一體的)인 중화민족을 형성하는 역사과정을 비교적 상세하게 서술하고 있다.

참고문헌

- 단행본

김인희 편, 2021, 『중국 애국주의와 고대사 만들기』, 동북아역사재단.
동북아역사재단 한국고중세사연구소 편, 2021, 『구미학계의 중국사 인식과 한국사 서술 연구』, 동북아역사재단.

- 논문

費孝通, 1989, 『中華民族多元一體格局』, 中央民族大學出版社.
『中華民族共同體概論』編寫組, 2023, 『中華民族共同體概論』, 高等教育出版社, 民族出版社.
世界古代史編寫組編, 2018, 『世界古代史(上·下冊)』(第2版), 高等教育出版社.
翦伯贊主編, 2006, 『中國史綱要(上·下冊)』(增訂本), 北京大學出版社.
朱紹侯·齊濤·王育濟編, 2010, 『中國古代史(上·下冊)』, 福建人民出版社.
虎有泽·尹伟先編, 2019, 『鑄牢中華民族共同體意識研究』, 中國社會科學出版社.
許倬云, 2015, 『说中國:一個不斷变化的复杂共同體』, 廣西師範大學出版社.
蒼銘·張宏超, 2021, 「從歷史觀上鑄牢中華民族共同體意識」, 『廣西民族研究』 1.
陈梦熊, 2021, 「現代考古學視野下中國古代"天下觀"的内涵及当代價值: 以先秦儒家為中心」, 『武陵學刊』 1.
陈振波, 2019, 「先秦時期的"大一統"思想論析」, 『廣西社會主義學院學報』 6.
段超·高元武, 2020, 「從"夷夏之辨"到"華夷"一體: 中華民族共同體意識形成的思想史考察」, 『中南民族大學學報(人文社會科學版)』 5.
方國瑜, 1963, 「論中國歷史發展的整體性」, 『學術研究』 9.
國家民委主管·中央民族大學主辦, 2022, 『中華民族共同體研究』.
胡鞍鋼·胡聯合, 2011, 「第二代民族政策: 促進民族交融一體和繁榮一體」, 『新疆師範大學學報(哲學社會科學版)』 5.
胡鞍鋼·胡聯合, 2014, 「民族交往交流交融可為全國各族人民創造更廣闊的發展空間和机會」, 『民族論壇』 6.
刘振伟·崔明德, 2021, 「先秦游牧,农耕文明互動與中華民族共同體形成」, 『中南民族大學學報(人文社會科學版)』11.

馬戎, 2012,「如何認識"民族"和"中華民族": 回顧1939年關於"中華民族是一個"的討論」, 『中南民族大學學報(人文社會科學版)』5.

馬戎, 2004,「理解民族關係的新思路: 少數族群問題的"去政治化"」, 『北京大學學報(哲學社會科學版)』6.

馬志芹, 2021,「用『綱要』課鑄牢大學生中華民族共同體意識研究: 以新疆大學生為例」, 『南方論刊』1.

王柯, 2013,「文明論的華夷觀: 中國民族思想的起源」, 『原道』21.

吳天鈞, 2006,「先秦時期夏夷觀念之探析」, 『贵州民族研究』4.

熊坤新·平維彬, 2017,「中國的族體和國體: "多元一體"與"一體多元"」, 『江苏大學學報(社會科學版)』6.

中華人民共和國教育部制定, 2020, 『普通高中歷史課程標準(2017年版, 2020年修訂)』, 人民教育出版社.

周庆智, 1992,「試析先秦"大一統"民族觀」, 『云南社會科學』5.

鄒國力·李禹階, 2022,「中華民族共同體意識探源: 以西漢武帝時期族群整合為研究對象」, 『中華文化論壇』5.

左鵬, 2021,「從"華夷之辨"到中華民族共同體意識」, 『思想理論教育導刊』11.

王文光·文衛霞, 2021,「中國古代大一統思想中正統觀念與中華民族共同體意識研究」, 『思想戰線』3.

Michael Loewe and Edward Shaughnessy, 1999, 『The Cambridge History of Ancient China: From the Origins of Civilization to 221 B.C.』, UK: Cambridge University Press.

Denis Twitchett and Michael Loewe, 1986, 『The Cambridge History of China(Vol. 1: The Ch'in and Han Empires, 221 BC~AD 220)』, UK: Cambridge University Press.

Albert Dien and Keith Knapp, 2019, 『The Cambridge History of China(Vol. 2: The Six Dynasties, 220~589)』, UK: Cambridge University Press.

Denis Twitchett, 1979, 『The Cambridge History of China(Vol. 3: Sui and T'ang China, 589~906, Part 1)』, UK: Cambridge University Press.

Denis Twitchett and Paul Jakov Smith, 2009, 『The Cambridge History of China(Vol. 5: The 5 Dynasties and Sung China And Its Precursors, 907~1279)』, UK: Cambridge University Press.

John Chaffee and Denis Twitchett, 2015, 『The Cambridge History of China(Vol. 5: Sung China, 960~1279, Part 2)』, UK: Cambridge University Press.

Herbert Franke and Denis Twitchett, 1994, 『The Cambridge History of China(Vol. 6: Alien Regimes and Border States, 907~1368)』, UK: Cambridge University Press.

Frederick Mote and Denis Twitchett, 1988, 『The Cambridge History of China(Vol. 7: The Ming Dynasty, 1368~1644, Part 1)』, UK: Cambridge University Press.

Denis Twitchett and Frederick Mote, 1998, 『The Cambridge History of China(Vol. 8: The Ming Dynasty, 1368~1644, Part 2)』, UK: Cambridge University Press.

Willard Peterson, 2002, 『The Cambridge History of China(Vol. 9: The Ch'ing Dynasty, To 1800, Part 1)』, UK: Cambridge University Press.

Willard Peterson, 2016, 『The Cambridge History of China(Vol. 9: The Ch'ing Dynasty, To 1800, Part 2)』, UK: Cambridge University Press.

John Fairbank, 1978, 『The Cambridge History of China(Vol. 10: Late Ch'ing 1800~1911, Part 1)』, UK: Cambridge University Press.

John Fairbank and Kwang-Ching Liu, 1980, 『The Cambridge History of China(Vol. 11: Late Ch'ing, 1800~1911, Part 2)』, UK: Cambridge University Press.

- 인터넷 자료

김인희, 「"고대부터 중국은 하나" 소수민족 우대책 없앨 듯」, 『중앙일보』, https://www.joongang.co.kr/article/25088231, 2022.7.20.

bilibili, '中華民族共同體' 영상 자료, https://www.bilibili.com/video/BV1cb4y1h7hj/?spm_id_from=333.788.recommend_more_video.11; https://www.bilibili.com/video/BV1rT4y1B7gz/.

刀波, 「牢牢把握鑄牢中華民族共同體意識這條主線」, 『人民日報』, http://paper.people.com.cn/rmrb/html/2022-11/14/nw.D110000renmrb_20221114_2-13.htm, 2022.11.14.

后慧宏, 「深化鑄牢中華民族共同體意識宣传教育實踐」, 『中國民族報』, https://m.thepaper.cn/baijiahao_19776341, 2022.9.5.

黃雅丽, 「用教材鑄牢中華民族共同體意識」, 『中國教育報』, https://baijiahao.baidu.com/s?id=1720630200476986142&wfr=spider&for=pc, 2021.12.31.

郎維偉·黎雪·劉琳, 「鑄牢中華民族共同體意識必須正確把握"四對關係"」, 中國社會科學網, http://ethn.cssn.cn/mzx/llzc/202203/t20220327_5400740.shtml, 2022.3.27.

李紀岩·趙肖雲, 「鑄牢中華民族共同體意識的實踐路徑」, 中國社會科學網-『中國社會科學報』, http://www.cssn.cn/gd/gd_rwhn/gd_ktsb/zlzhmzgttys2/202202/t20220210_5392519.shtml, 2022.2.10.

李汶娟, 「鑄牢中華民族共同體意識的實踐路徑」, 光明網-『學術频道』, https://m.gmw.cn/

baijia/2021-12/30/35416571.html, 2021.12.30.

連雪杏,「紅色文化在鑄牢中華民族共同體意識中的時代價值」,中國社會科學網-『中國社會科學報』, http://www.cssn.cn/gd/gd_rwxn/gd_ktsb_1696/cchswhsxddjzs/202202/t20220210_5392503.shtml, 2022.2.10.

林超民,「中國歷史整體性與中華民族共同體」,中國歷史研究院, https://mp.weixin.qq.com/s/MSgK1zlSuzRnKS4dExp78Q, 2022.1.24.

馬戎,「正確認識"中華民族"的凝聚核心與共同歷史」,『中國民族報』, http://www.mzzjw.cn/zgmzb/html/2009-02/06/content_58727.htm, 2009.4.7.

馬戎,「如何理解"中華民族共同體"這一概念」,『環球時報』, https://opinion.huanqiu.com/article/4FCOan22BmE, 2023.11.3.

寧波·丁然,「把握中華民族共同體意識的豐富内涵」,中國社會科學網-『中國社會科學報』, http://www.cssn.cn/gd/gd_rwhn/gd_ktsb/zlzhmzgttys2/202202/t20220210_5392518.shtml, 2022.2.10.

努麗亞·卡迪爾,「發揮《中國近現代史綱要》課程主渠道作用,鑄牢大學生中華民族共同體意識」,新疆師範大學馬克思主義學院, https://maxxy.xjnu.edu.cn/2021/0206/c5702a112691/page.psp, 2021.2.6.

彭景暉,「『中華民族共同體研究』正式創刊」,光明網-『光明日報』, https://news.gmw.cn/2022-03/16/content_35588968.htm, 2022.3.16.

王凱旋·陳超,「挖掘中華民族共同體意識的時代價值」,中國社會科學網-『中國社會科學報』, http://www.cssn.cn/gd/gd_rwhn/gd_ktsb/zlzhmzgttys2/202202/t20220210_5392520.shtml, 2022.2.10.

王王強·羅昆,「把鑄牢中華民族共同體意識貫穿高校教育全過程」,『山西日報』, http://www.sxdygbjy.gov.cn/bgz/zgwz/art/2022/art_701d27986cbf41c5989859048cc482a9.html, 2022.7.25.

王耀宇,「鑄牢中華民族共同體意識」,『人民日報』, https://theory.gmw.cn/2022-03/17/content_35593350.htm, 2022.3.17.

吳麗萍·孫鎮,「鑄牢中華民族共同體意識的實踐路徑」,『長沙晚報』, http://k.sina.com.cn/article_1912964267_720584ab02001j081.html, 2022.6.16.

徐紹文·於海波,「[共有家園]民族高校中華民族共同體意識教育的價值向度與實踐進路」,民族學與人類學, https://mp.weixin.qq.com/s/JimdLGiD6Xuw4l6NrW6eqw, 2022.11.28.

漾濞彝族自治縣人民政府,「"三大熔爐"鑄牢中華民族共同體意識」,『漾濞統戰』, http://www.yangbi.gov.cn/ybyz/c106100/202109/0e10b302038241d5bb83b922ad0fba64.shtml, 2021.9.30.

楊金洲·馮占元,「[思政讲理]新時代鑄牢中華民族共同體意識的重要意義」, 中國社會科學網, http://www.cssn.cn/zx/bwyc/202209/t20220920_5535372.shtml, 2022.9.20.

楊須愛,「教育引導青少年牢固樹立正確的中華民族歷史觀」,『中國民族報』, https://mp.weixin.qq.com/s/BfzYLl-FWmviiBd85b4Hyw?scene=25#wechat_redirect, 2022.6.13.

尤權,「做好新時代黨的民族工作的科學指引」,『求是網』, https://baijiahao.baidu.com/s?id=1715211882535666539&wfr=spider&for=pc, 2021.11.01.

曾鵬·邢夢昆,「鑄牢共同體意識與課程一體化建設深度融合」, 中國社會科學網-『中國社會科學報』, http://www.cssn.cn/gd/gd_rwxn/gd_ktsb_1696/cchswhsxddjzs/202202/t20220210_5392504.shtml, 2022.2.10.

张京泽,「不斷深化中華民族共同體研究」, 人民網-『人民日報』, http://news.cctv.com/2022/07/13/ARTIE0vybrLlzSYvfru4HTCl220713.shtml, 2022.7.13.

張鑫,「鑄牢中華民族共同體意識的實踐路徑」,『中國民族報』, https://baijiahao.baidu.com/s?id=1733321010972398556&wfr=spider&for=pc, 2022.5.20.

中華民族共同體, 百度百科 사이트: https://baike.baidu.com/item/%E4%B8%AD%E5%8D%8E%E6%B0%91%E6%97%8F%E5%85%B1%E5%90%8C%E4%BD%93/23258043?fr=aladdin.

中央民族大學,「"鑄牢中華民族共同體意識"通識教育係列課程」, https://news.muc.edu.cn/ztbd1/tskc.htm.

朱軍,「鑄牢中華民族共同體意識的治理意蘊」, 中國社會科學網-『中國社會科學報』, https://theory.gmw.cn/2022-02/16/content_35521785.htm, 2022.2.16.

중국 고등교육 역사교재 『중국사강요』의 편찬과 개정
: 노예사회, 봉건사회 서술을 중심으로

이유표 | 동북아역사재단 연구위원

I. 머리말

최근 중국은 시진핑 집권기부터 중고등학교 역사교과서 국정화를 추진하여, 2기 출범을 전후로 중학교 역사교과서와 고등학교 역사교과서를 차례로 국정화하였다. 현재 중학교 국정 역사교과서는 이미 전국적으로 사용되고 있고, 고등학교 국정 역사교과서 또한 전국으로 확대 적용되고 있다.[1] 이는 시진핑 정부가 줄곧 강조하는 "정확한 역사관 수립"이 어떠한

---

1 중국 중고등학교 역사교과서 국정화에 대해서는 다음 논고 참고. 윤세병, 2017, 「중국의 역사과 교육과정의 현황: 2011·2017 과정표준을 중심으로」, 『역사교육논집』 65호; 조복현, 2017, 「중국의 현행 역사과 과정표준 연구」, 『중국사연구』 110호; 김유리, 2018, 「국정제로 회귀한 중국의 중학교 역사교과서 분석」, 『역사교육』 148호; 김지훈, 2019, 「국가의지와 역사교과서의 정치화: 2018년 중국 중학교 역사교과서의 현대사 서술」, 『역사교육연구』 33호; 정동준, 2019, 「중국『역사』교과서의 고대사 서술 분석」, 『중국고중세사연구』 52호; 권소연, 2019, 「중국 의무교육교과서『중국역사』 근대사 서술분석: 국정화 교과서의 역사 인식의 특징과 교과서 구성을 중심으로」, 『역사교육연구』 33호; 권은주, 2020, 「『중외역사강요』의 한국고대사·동아시아사 서술 내용과 역사 인식 분석」, 『동북아역사논총』 70호; 우성민, 2020, 「『중외역사강요』 속의 중국식 글로벌 가치관 '인류운명공동체'의 서술과 시사점」, 『동북아역사논총』 70호; 이성원, 2021, 「2019 검정 교과서『중학교 역사 ①』의 분석: 중국고대사를 중심으로」,

모습인지 짐작하게 한다. 이러한 시진핑 정부의 '역사' 사랑은 고등교육기관의 역사교재에까지 손을 뻗고 있다.

일례로 2017년 3월 양회(兩會)에서, 난징사범대학의 송융중(宋永忠)은 고등교육기관에 반드시 '대학 역사'라는 교양필수과목을 개설해야 한다고 발언한 바 있고,² 2020년에는 전국정협위원(全國政協委員)인 난징대학의 허윈가오(賀雲翱)가 대학 학부 모든 전공에 '국사통식과(國史通識課)'를 개설해야 한다고 발언하기도 하였다.³ 또 현재 중국은 일명 '4사(四史)' 편찬 공정을 통해 '당사(黨史)', '신중국사(新中國史)', '개혁개방사(改革開放史)', '사회주의 발전사(社會主義發展史)'를 편찬하고 있고,⁴ 2004년부터 시작된 '마공정(馬工程)'⁵이라 일컫는 교재 편찬 사업을 통해 이미 『중국근대사』, 『세계현대사』, 『중화인민공화국사』, 『고고학개론』, 『중국사상사』, 『세계고대사』 등의 교재를 출간하였다. 이는 역사학과를 포함하

『역사와 담론』 97호; 임상훈, 2022, 「中國 國定 歷史敎科書 中外歷史綱要의 導入과 그 性格」, 『역사문화연구』 82호; 우성민, 2023, 「최근 中國 歷史敎科書의 國定化와 大學의 歷史 敎育」, 『중국사연구』 146호 등.

2 宋永忠, 2017, 「南京師範大學黨委書記宋永忠委員:高敎應開設'大學歷史'公共必須課」, 『人民網』 2017.3.7., http://edu.people.com.cn/n1/2017/0307/c1053-29127878.html (2021.9.26. 검색).

3 徐紅艷, 2020, 「全國政協委員賀雲翱建議:高敎本科所有專業開設國史通識課」, 『現代快報』 2020.5.26., http://www.xdkb.net/p1/88776.html (2021.9.26. 검색).

4 2022년 시진핑은 당대회 보고에서 여기에 '중화민족발전사(中華民族發展史)'를 추가로 언급하였다. 習近平, 2022, 「習近平: 高擧中國特色社會主義偉大旗幟爲全面建設社會主義現代化國家而團結奮鬪 ─ 在中國共産黨第二十次戰國代表大會上的報告」 (2022.10.16), 『中華人民共和國中央人民政府官網』 2022.10.25., https://www.gov.cn/xinwen/2022-10/25/content_5721685.htm (2024.2.5. 검색).

5 '마공정'은 '마르크스주의 이론 연구와 건설 공정(馬克思主義理論研究和建設工程)'의 약칭이다. 2004년부터 중국 고등교육 현장에서 사용할 교재를 편찬하는 프로젝트로, 지금까지 계속되고 있다(天鳴, 2004, 「加强理論創新 實施馬克思主義研究和建設工程」, 『中國社會科學報』 2004.2.3., 제1판).

여 모든 학과의 교재를 국가가 통일적으로 통제하고자 하는 의도를 드러낸 것이라 할 수 있다.

이러한 중국의 교재 편찬 열풍은 60여 년 전 중국 정부가 추진했던 대학교재 개발 사업을 떠올리게 한다. 1961년 4월 12일, 베이징에서 '전국 고등교육기관 문과 교재 편선 계획 회의(全國高等學校文科教材編選計劃會議)'가 열렸다. 당시 중앙선전부 부부장(副部長)이었던 저우양(周揚)은 회의를 주재하면서, 베이징대학의 젠보짠(翦伯贊)을 역사교재 편찬 심사조 조장으로 선출하여, 대학에서 사용할 역사교재를 편찬하게 하였다. 이때 편찬이 결정되어 집필된 교재가 바로 『중국사강요(中國史綱要)』이다.

『중국사강요』는 1960년대 베이징대학에서 사용되기 시작하여, 현재 중국 대학에서 가장 많이 쓰이는 역사교재로, 선사 시기부터 중국 근대까지 다루고 있다. 1963년 『중국사강요』의 오대송요금(五代宋遼金) 부분과 원명청(元明淸) 부분의 출간을 시작으로, 1979년까지 총 4권 분량의 초판이 완간되었고, 1994년과 2006년에 각각 수정과 보완을 거쳤다.[6] 이 책은 처음 출간된 지 대략 60년이 흘렀지만, 아직도 많은 대학에서 교재로 채택되고 있을 만큼 중국 대학의 역사교육 부분에서 중요한 지위를 점하고 있다.[7]

그러나 『중국사강요』에 대한 연구는 그리 많지 않은 실정이다. 연구의 대부분은 본서의 주편인 젠보짠과 『중국사강요』 편찬 과정의 우여곡절을 다룬 회고성 연구로, 당시 급변하는 사회 분위기 속에서 젠보짠이 교재를 편찬하고자 한 노력과 고뇌를 알려 주고 있다. 이 중에서도 장촨시(張

---

6 翦伯贊 主編, 2006, 『中國史綱要(增訂本)』 上, 北京大學出版社.

7 劉後濱, 2010, 「『中國史綱要』在課堂教學中的運用」, 『探索的脚步: "十一五"北京高等教育教材建設論文集』, 電子工業出版社, 39~44쪽.

傳璽)의 「젠보짠『중국사강요』소개(翦伯贊『中國史綱要』簡介)」와 왕쟈촨(王嘉川)의 「젠보짠과『중국사강요』편찬 전말 고술(翦伯贊與『中國史綱要』編纂始末考述)」, 저우이핑(周一平)이 편찬한 『20세기 후반기 중국사학사(20世紀後半期中國史學史)』는 본서의 편찬 과정과 비화, 내용적 특징을 잘 담고 있어『중국사강요』를 이해하는 데 큰 도움이 된다.[8]

국내에는『중국사강요』를 전문적으로 연구한 성과는 보이지 않으나, 문화대혁명을 전후한 시기의 학술사를 논한 글에서『중국사강요』의 주편인 젠보짠의 역사 인식과 본서 편찬 과정에서의 우여곡절을 다룬 연구가 있다.[9] 특히 최은진과 류현정은 젠보짠의 역사주의를 통해 중국 마르크스주의 역사학의 제도화 과정에서 나타난 내재적 모순이나 딜레마 및 다양화의 가능성을 논하였다. 2016년에는 『중국사강요』 '증정본(增訂本)'이 국내에서 번역 출간되어 독자들에 소개되기도 하였다.[10]

이 글은 이러한 선행 연구의 기초 위에서『중국사강요』가 지금까지 크게 두 번 수정·보완되었다는 사실에 착안하여, 이 책의 수정·보완 양상을 살펴보고자 한다. 전술했듯이 1963년 오대(五代)에서 원명청(元明淸) 부분이 처음 출간된 지 60여 년이 흘렀으나, 본서는 지금까지도 광범위하게 사용되고 있다. 물론 이를 대체할 만한 교재 개발이 지지부진한

---

8 이밖에 다음 논고도 참고할 만하다. 鄧廣銘·陳慶華·張寄謙·張傳璽, 1978, 「翦伯贊同志和『中國史綱要』」, 『北京大學學報』 1978-3, 35~40쪽; 田珏, 1985, 「翦伯贊與『中國史綱要』」, 『歷史教學問題』 1985-2, 2~5쪽; 陳可靑, 1980, 「『中國史綱要』述評」, 『史學史資料』 1980-6, 47~48쪽.

9 이개석, 2006, 「역사학과 문화대혁명」, 『동양사학연구』 97호; 최은진·류현정, 2014, 「젠보짠(翦伯贊)의 역사주의를 통해 본 중국 마르크스주의 역사학 형성의 내적구조」, 『중국사연구』 88호 등.

10 젠보짠 주편, 심규호 역, 2016, 『중국사강요』 상, 중앙북스.

탓도 있었겠지만,[11] 이 책의 개정이 지금까지 생명력을 유지한 원동력이었을 것으로 생각한다. 이러한 의미에서 이 책의 수정·보완 양상을 살펴보는 것은 중국 대학의 역사교육이 어떻게 흘러왔는지 살펴볼 수 있는 하나의 바로미터가 아닐까 싶다.

이 글에서는 1963년부터 1979년에 걸쳐 완간된 『중국사강요』를 '초판'으로, 1994년에 수정·보완된 판본을 '수정본'으로, 2006년에 대폭 보완된 판본을 '증정본'으로 약칭하여 구분한다. 흥미로운 점은 '초판' 가운데 가장 늦게 편찬된 부분(1979년)이 바로 '중국고대사' 부분이라는 것이다. 후술하겠지만, 이는 중국사에서 노예제와 봉건제의 분기에 대한 인식 때문인데, 교재가 편찬되고 두 차례 개정을 겪으면서 가장 크게 변화한 부분이기도 하다. 이러한 맥락에서 이 글은 '중국고대사' 부분[12]을 중심으로 본 교재의 변화를 살펴볼 것이다. 이에 대해 많은 전문가의 질정을 구하는 바이다.

II. 『중국사강요』의 편찬

전술한 대로, 『중국사강요』는 1960년대 초반 중국 정부의 대학교재 개발 사업에 따라 편찬되기 시작하였다. 그런데 당시 중국에서는 궈모뤄(郭沫若)를 중심으로 『중국사고(中國史稿)』의 편찬이 결정된 상황이었다. 따라서 궈모뤄와 젠보짠이 각각 편찬할 교재에 대한 교통정리가 필요

---

11 劉後濱, 2010, 앞의 글, 39~44쪽. 일명 '마공정'에서 이를 대체할 만한 교재로 『중국고대사』가 기획되었으나, 20년이 지났음에도 아직 출간되지 않았다.
12 곧, 선진(先秦), 진한(秦漢) 시기이다.

했다. 이에 궈모뤄의 『중국사고』는 중국 역사학 전공 학생들을 대상으로 한 통용 교재로, 젠보짠의 『중국통사강요(中國通史綱要)』[13]는 비전공 학생들을 대상으로 한 통용 교재로 결정되었다.[14]

한편 당시 젠보짠이 몸담고 있던 베이징대학 역사과에는 1959년에 학생들이 편찬한 교재가 있었는데, 젠보짠은 가능한 한 이 성과를 그대로 반영하고, 수정과 보완이 필요한 부분은 다시 집필한다는 원칙을 세웠다. 그리고 베이징대학 중국고대사교연실(中國古代史教硏室)의 일부 교수들과 더불어 「『중국통사강요』 편찬 체례(編寫體例)」와 「『중국통사강요』 목록(目錄)」(초안)을 세워 본격적인 집필에 들어갔다.[15]

당시 집필진을 보면, 선진(先秦) 부분의 우룽쩡(吳榮曾), 진한위진남북조(秦漢魏晉南北朝) 부분의 톈위칭(田餘慶), 수당(隋唐) 부분의 왕젠(汪籛), 오대십국(五代十國)과 송요금(宋遼金) 부분의 덩광밍(鄧廣銘), 원명청(元明淸) 부분의 쉬다링(許大齡), 근대사 부분의 샤오쉰정(邵循正) 등이다. 이후 우쭝궈(吳宗國)와 첸칭화(陳慶華)가 각각 수당 부분과 근대사 부분의 집필진으로 합류하였다.

이듬해 1월 15일 젠보짠은 집필진을 이끌고 저장성(浙江省) 쑤저우(蘇州)로 떠났다. 이 자리에는 젠보짠을 비롯하여 당시 집필에 참여한 여러 교수가 함께했는데, 장장 3개월여에 걸친 검토회의를 통해 당시까지 집필된 모든 원고를 축자 검토하였다.[16] 그 결과 당시 회의에서 통과된 오대

---

13 『중국사강요』의 원래 계획된 명칭이었다.
14 王嘉川, 2012, 「翦伯贊與『中國史綱要』編纂始末考述」, 姜東錫 主編, 『漆俠與歷史學 紀念漆俠先生逝世十週年文集』, 保定, 河北大學出版社, 298쪽.
15 王嘉川, 2012, 앞의 글, 姜東錫 主編, 앞의 책, 299쪽.
16 이 회의에 대해 젠보짠은 "살아오면서 이처럼 진지했던 적은 없었다"라 하였고, 또 이 책이 "완성되면 마르크스에게 가서 보고할 것"이라고 하였다(田珏, 1998, 「翦老活在我

송요금 부분과 원명청 부분은 『중국사강요』 '중책(中冊)'[17]이라는 이름으로 1963년 1월에 인민출판사(人民出版社)를 통해 출간되었다.

그러나 중책(곧 제3책), 4책, 2책이 차례로 출판되었는데도, 1책의 출간은 계속 감감무소식이었다. 그 까닭으로 먼저, 1962년 쑤저우에서 원고를 검토할 때, 원래의 '전국봉건설'을 '서주봉건설'로 집필 기조를 변경하면서 대대적인 수술이 필요했던 것을 거론할 수 있다(후술). 그리고 1963년부터 출간된 『중국사강요』에 대한 좋지 않은 여론 또한 하나의 원인으로 지적할 수 있다. '중책'이 출간된 후, 관펑(關鋒)과 린뤼시(林聿時)는 젠보짠을 "마르크스주의의 계급관점에서 벗어났다"라고 비난하였다.[18] 그리고 4책과 2책이 출간된 이후 치번위(戚本禹)는 1965년 12월, 그가 '초계급', '순수하게 객관'적인 자산계급의 관점을 취하였다고 비난하였다.[19] 비록 젠보짠의 이름은 언급하지 않았으나 정황상 충분히 누구를 저격한 것인지 알 수 있었다. 또 1966년에 이르러서 치번위 등은 『홍기(紅旗)』와 『인민일보(人民日報)』에 젠보짠을 공식적으로 비판하는 글을 연달아 게재하였다. 6월 1일 쓰마홍타오(司馬洪濤)는 『인민일보』에 「젠보짠의 『중국사강요』 비평(評翦伯贊的『中國史綱要』)」을 기고하여 『중국사강요』가 농민 혁명을 모욕하고 계급 조화를 선양했고, 지주계급을 미화하고 제왕장상(帝王將相)을 구가(謳歌)했으며, 수탈 계급의 '양보정책(讓步政策)'을 옹호하여 살아있는 노비 근성의 철학을 선양했다고 원색적으로 비

心中」,『翦伯贊紀念文集』, 北京: 人民敎育出版社, 130쪽).

17 이후 제3책으로 개편됨.

18 關鋒·林聿時, 1963, 「在歷史研究中運用階級觀點和歷史主義的問題」, 『歷史研究』 1963-6, 1~18쪽.

19 戚本禹, 1965, 「爲革命而研究歷史」, 『歷史研究』 1965-6, 31~38쪽.

난하였다.[20] 이후 젠보짠은 절필하고 두문불출하였으나, 그에 대한 비난이 지속되자[21] 결국 1968년 자택에서 아내와 함께 자결하였다.[22]

젠보짠이 서거한 지 10년이 지난 후인 1978년 9월 1일, 베이징대학교 당위원회는 전교대회(全校大會)를 개최하여, 젠보짠에게 씌워진 '반동(反動)' 모자를 벗겨 주었고, 『중국사강요』의 재출간을 결의하였다. 원래 궈모뤄의 '전국봉건론' 입장에서 초고를 집필했던 우룽쩡은 젠보짠의 결정대로 '서주봉건론' 관점에서 제1책 '선진' 부분 집필을 마무리했다.[23] 그리고 이듬해인 1979년 1월, 제2~4책이 재출간되었고, 같은 해 3월에 제1책이 정식 출간되면서 『중국사강요』는 완전체를 이루게 되었다.[24]

이후 독자들의 요구에 따라, 1983년 상·하 두 책으로 재편되어 인민출판사를 통해 출간되었고, 1994년에는 '수정본'이 마찬가지로 인민출판사를 통해 간행되었다. 수정본의 '수정재판설명'에 따르면, 일부 내용을 증보하는 동시에 새로운 연구 성과를 흡수하고, 아울러 전체적으로 면밀한 검토를 통해 잘못된 부분을 바로잡았다고 한다.[25]

그리고 12년이 지난 2006년 『중국사강요』에 대한 제2차 수정본, 곧 '증정본'이 출간되었다. 기존 판본이 모두 인민출판사를 통해 출간된 것과 달리, 이번에는 베이징대학출판사를 통해 출간되었다. '증정본' 서문에 따르면, 기존 『중국사강요』의 기초 위에 새로운 연구 성과를 흡수하

---

20 司馬洪濤, 1966, 「評翦伯贊的 『中國史綱要』」, 『人民日報』 1966.6.1., 제3판.
21 '양보정책'에 대한 비판론의 전개는 다음 논고를 참고. 이유표, 2023, 「중국 '개혁개방' 이전, 고대 농민전쟁에 대한 인식: 양보정책론을 중심으로」, 『역사교육』 165호.
22 결국 젠보짠은 『중국사강요』의 완간을 보지 못했다.
23 翦伯贊 主編, 1979, 『中國史綱要』 1, 北京: 人民出版社, 1쪽.
24 周一平 主編, 2017, 『20世紀後半期中國史學史』 下, 上海書店出版社, 622쪽.
25 翦伯贊 主編, 1994, 『中國史綱要(修訂本)』 上, 北京: 人民出版社, 1쪽.

여 현재 학술 수준과 현장의 요구에 부합되도록 노력했다고 한다.[26] 집필진을 보면 알 수 있듯이, 증정본에는 우룽쩡, 톈위칭, 우쭝궈 등 기존의 집필진에 더해 허진(何晉), 뤄신(羅新), 류푸장(劉浦江), 장판(張帆) 등 당시 30~40대의 신진 학자들이 대거 참여하였다. 이를 통해 기존과는 다른 내용상의 일신을 기대케 했다.

표 1. 『중국사강요』 각 판본 집필진

시대	초판(1963~1979)	수정본(1994)	증정본(2006)
선진	젠보짠, 우룽쩡	우룽쩡	우룽쩡, 허진
진한	톈위칭	톈위칭	톈위칭, 천쑤전(陳蘇鎭)
위진남북조	톈위칭	톈위칭	톈위칭, 뤄신
수당	왕젠, 우쭝궈	우쭝궈	우쭝궈
오대십국송요금	덩광밍	덩광밍	덩샤오난(鄧小南), 류푸장, 장판
원명청	쉬다링	쉬다링	왕톈유(王天有)
근대	샤오쉰정, 첸칭화	린화궈(林華國)	왕샤오츄(王曉秋)

III. '초판'의 중국고대사 부분 서술 특징

『중국사강요』의 주편인 젠보짠은 중국 통사를 서술할 때 왕조사를 중심으로 서술하는 것에 부정적인 견해를 지니고 있었다. 이는 그가 1959년 3월에 발표한 「왕조체계 타파 문제에 관하여(關於打破王朝體係問

26　翦伯贊 主編, 2006, 『中國史綱要(增訂本)』 上, 北京大學出版社, 1쪽.

題)」²⁷에 잘 드러나 있다.

우리는 현재 중국 통사를 쓰면서 당연히 인민 군중을 역사의 주인으로 삼고, 인민 군중의 역사를 많이 이야기해야 한다. 그러나 인민 군중이 주인이 되는 역사가 개별 인물의 역사적 작용을 배제하는 것은 아니다. … (중략) … 중요한 것은 중국 역사상 각 시기의 생산력 발전 및 이로 인해 발생한 생산 관계의 변화를 연구하고, 역사상 각 시기의 계급 관계, 민족 관계를 연구하며, 이 밖에 또 역사상 각 시기의 정치, 법률, 문화, 사상, 예술 내지는 종교 등등을 연구하는 것이다. 이러한 중점과 다방면의 연구를 통해서야 중국 역사상 각 시기의 사회적 성격을 밝혀낼 수 있고, 중국 역사상의 시대 구분 문제를 해결할 수 있으며, 왕조에 따른 단대(斷代)가 아닌 사회 성격에 따라 시기를 구분한 중국 통사를 쓸 수 있다.

그리고 젠보짠은 「현재 역사 교학 중의 몇 가지 문제(目前史學研究中存在的幾個問題)」에서 "통사의 목적은 학생들로 하여금 고금을 관통하는 기본 역사 개념을 이해하게 하는 것이다. 그것은 모든 역사 단계 스스로의 발전 과정 및 그 특유의 역사적 특징을 밝혀내야 할 뿐만 아니라 한 역사 단계에서 다른 역사 단계로 넘어가는 과도기적 변혁 과정도 밝혀내야 한다"²⁸라고 하였다.

따라서 그는 『중국사강요』를 편찬하면서 왕조가 중심이 된 역사 서술이 아닌, 마르크스주의적 사회발전단계를 중심으로 삼았다. 초판의 중국

---

27 翦伯贊, 1959a, 「關於打破王朝體系問題」, 『新建設』, 1959-3, 17~20쪽.
28 翦伯贊, 1959b, 「目前史學研究中存在的幾個問題」, 『北京大學學報』, 1959-2, 43~52쪽.

고대사 부분 대목차를 보면 다음과 같다.

제1장. 원시사회(原始社會)
제2장. 노예사회(奴隸社會)
제3장. 중국 봉건사회의 시작(中國封建社會的開端)
제4장. 진한(秦漢) 봉건지주 경제발전과 봉건 통일국가 형성, 확립 시기
(封建地主經濟發展和封建統一國家形性·確立時期)

목차에 분명하게 드러나 있듯이, 중국고대사의 발전 과정을 왕조사가 아닌 '원시사회 → 노예사회 → 봉건사회'의 발전 과정이라는 맥락에서 파악하고 있음을 알 수 있다. 이것이 바로 젠보짠이 강조했던 "인민 군중"을 중심으로 한 역사 서술이 반영된 것이고, "고금을 관통하는 기본 역사 개념"이었기 때문에, 어떻게 보면 이 책의 가장 중심이 되는 틀이라 할 수 있다.

그렇다고 젠보짠이 이론만 강조한 것은 아니었다. 그는 이론을 관철시키려면 사료도 필요하다고 인식했다.[29] 또한 그는 「현재 역사 교학 중의 몇 가지 문제」에서 다음과 같이 자신의 의견을 피력한 바 있다.

사료를 중시하지 않거나 혹은 사료를 통하지 않은 분석으로 역사를 설명하려고 하는 것은 잘못된 것이다. 역사를 연구할 때는 반드시 실재적이고 구체적인 사실로부터 출발해야지 공담[空話]에서 출발해서는 안 된다. … (중략) … 마르크스주의는 사료를 반대한 적이 없고, 오히려 사료를 충분히 중시하고 있다. 마르크스는 줄곧 우리에게, 연구

---

29 翦伯贊, 1961, 「對處理若干歷史問題的初步意見」, 『人民教育』, 1961-9, 6~7쪽.

할 때는 반드시 자료를 풍부하게 수집해야 하는데, 자료를 수집하지 않고 자료를 분석하면 현실의 운동에 대해 적당한 설명을 할 수 없게 된다고 하였다.[30]

이러한 입장에서 젠보짠은 『중국사강요』를 편찬하면서 유물주의를 견지하는 원칙 아래 '관점과 사료의 통일'을 추구하였다. 물론 이론과 사료의 경중을 놓고 봤을 때, 젠보짠은 이론을 보다 중요시하였으나, 공허하고 추상적인 의론은 삼가면서, 또 공식주의(公式主義)와 교조주의(敎條主義)에 빠지지 않고, 오직 마르크스주의적 관점에서 사료를 분석하고 문제를 설명하는 데 힘썼다.[31]

다음으로, 노예사회와 봉건사회의 분기 설정에서도 당시로서는 파격적인 선택을 하였다. 이 부분은 1930년대부터 꾸준히 전개되어 온 '중국사회사논전(中國社會史論戰)'과 밀접한 관련을 갖는다. 이 논전은 유물사관이 중국에 전래된 후, 중국 역사를 마르크스주의적 사회발전단계에 따라 구분하는 과정에서 많은 논의가 펼쳐졌다. 노예사회와 봉건사회의 분기 설정 또한 중요하게 토론된 주제 중 하나였다. 여기에는 크게 세 가지 관점이 정립하였는데, 젠보짠과 판원란(范文瀾), 뤼전위(呂振羽)를 중심으로 한 '서주봉건론', 궈모뤄를 중심으로 한 '전국봉건론', 그리고 상웨(尙鉞)와 왕중뤄(王仲犖), 허즈취안(何玆全)을 대표로 한 '위진봉건론'이다.[32] 그러다 1956년 고등교육부에서 심의하여 결정한 『중국사교학대강(中國

---

30 翦伯贊, 1959b, 앞의 글, 51쪽.
31 張傳璽, 1989, 「翦伯贊『中國史綱要』簡介」, 朱紹侯 主編, 『中國古代史硏究入門』, 鄭州: 河南人民出版社, 758쪽.
32 張傳璽, 1989, 위의 글, 745쪽.

史敎學大綱)』에서 궈모뤄의 '전국봉건론'을 채택하면서[33] '전국봉건론'이 중국 교육의 주류 관점이 되었다.

그렇기에 젠보짠은 학생들을 가르치는 데 통일된 기준이 필요하다고 판단하여, 당초 자신의 '서주봉건론'을 제쳐 두고 궈모뤄의 '전국봉건론'을 채용했다. 선진 부분의 집필을 담당했던 우룽쩡 또한 '전국봉건론' 입장에서 초고를 집필했다.[34] 그러나 쑤저우에서 검토를 거친 후, 젠보짠은 이 문제를 계속 고민하면서 중앙선전부 부장 루딩이(陸定一)와 부부장 저우양 등을 만나 자신의 '서주봉건론'을 넌지시 타진했다. 그 자리에서 루딩이와 저우양 모두 젠보짠의 제안을 반대하지 않았다. 특히 저우양은 "궈모뤄가 편찬하는 책은 궈모뤄의 관점을 채용하고, 판원란이 편찬하는 책은 판원란의 관점을, 젠보짠이 편찬하는 책은 젠보짠의 관점을 채용해야 '백가쟁명(百家爭鳴)'에 유리하지 않겠는가"라고 할 정도였다. 이에 젠보짠은 '서주봉건론' 입장에서 선진 부분을 다시 집필하기로 결정하였다. 당시 네이멍구대학(內蒙古大學)에 가 있던 초고 집필자인 우룽쩡을 다시 베이징대학으로 불러들여 선사시대와 '노예사회'의 집필을 맡겼고, 서주에서 전국에 이르는 '봉건사회'는 자신이 직접 집필하기로 하였다.[35] 그러나 전술한 대로 문화대혁명 시기에 젠보짠이 극단적 선택을 하면서 편찬이 중단되었다가 1978년 젠보짠이 복권되고 『중국사강요』의 재편찬이 결정된 후, 우룽쩡이 다시 집필하게 되었다. 우룽쩡은 원래 자신이 집필했던 '전국봉건론'이 아닌, 젠보짠의 '서주봉건론' 입장에서 집필하였고, 마

---

33 課程敎材硏究所 編, 2001, 『20世紀中國中小學課程標準・敎學大綱彙編(歷史卷)』, 人民敎育出版社, 137・198쪽.
34 翦伯贊 主編, 1979, 『中國史綱要』1, 北京: 人民出版社, 1쪽.
35 周一平 主編, 2017, 앞의 책, 619~620쪽.

침내 1979년 3월에 이르러서야 정식으로 출간되었다.

이러한 '서주봉건론'은 제2장과 제3장의 구성을 통해 확인해 볼 수 있다.

제2장. 노예사회
 제1절. 하(夏) 노예제 국가의 형성(奴隸制國家的形成)
 제2절. 상(商) 노예사회의 발전 및 붕괴(奴隸社會的發展及其崩壞)
제3장. 중국 봉건사회의 시작(中國封建社會的開端)
 제1절. 서주(西周) 중국 봉건영주제 사회(中國封建領主制社會)
 제2절. 춘추(春秋) 봉건영주제 경제의 발전과 지주 경제의 맹아(封建領主制經濟的發展和地主經濟的萌芽)
 제3절. 전국(戰國) 봉건영주제에서 지주제로의 과도 시기(從封建領主制向地主制過渡的時期)

이는 동시대에 궈모뤄가 편찬하던 『중국사고』의 목차와 비교해 볼 수 있다.

제2편. 노예사회
 제1장. 중국 노예제 국가의 탄생(中國奴隸制國家的誕生) - 하대(夏代)
 제2장. 중국 노예사회의 발전(中國奴隸社會的發展) - 상대(商代)
 제3장. 강성한 노예제 국가(强盛的奴隸制國家) - 서주(西周)
 제4장. 점차 와해되는 중국 노예사회와 봉건제의 출현(中國奴隸社會的逐漸瓦解和封建制的出現) - 춘추(春秋)

바로 서주 시기를 『중국사고』에서는 '강성한 노예제 국가' 시기로,

『중국사강요』에서는 '중국 봉건영주제 사회'로 인식했음을 알 수 있다. 한편 장촨시는 본 교재의 서술에서 왜 서주 시기에 봉건사회로 진입했는지에 대한 자세한 서술이 생략되어 있고, 오히려 서주 시기에 노예제의 잔재가 남아 있다고 서술한 점을 지적했다.[36] 바로 '전국봉건론'에서 '서주봉건론'으로의 관점 전환이 본문에 제대로 드러나지 않은 점을 지적한 것이다.

> 봉건영주제 사회라고 해서 노예제의 잔여가 없는 것은 아니었다. 청동기 명문(銘文)에 '인력(人鬲)', '신첩(臣妾)'을 상으로 하사하는 기록이 있고, 또 마필(馬匹)과 속사(束絲)로 노예를 속량하는 기록도 있다. 이러한 명문에서 말하는 '인력'과 '신첩'은 모두 노예였다. 단 '신(臣)'을 '가(家)'로 계산하고, 게다가 어떤 경우에는 토지와 함께 사여하고 있다. 이는 서주의 노예는 농노(農奴)와 비교적 가깝다는 것을 설명해 준다.[37]

이 단락은 당시 노예로 인식되었던 '인력', '신첩' 등이 서주 시기 기록에 보이는 것에 대한 해명으로, 이들의 사회적 성격이 비교적 '농노'에 가깝다는 표현에 방점이 찍혀 있기는 하지만, '서주봉건론'이라는 이론적 틀과는 다소 모순적으로 느껴지기도 한다.

다음으로 토지 소유제 관련 서술을 보도록 하자. 초판은 '서주봉건론' 입장에서 서주의 토지 소유제를 '봉건영주 소유제'인데, 바로 '정전제(井田制)'로 체현되었다고 보았다. 그러나 농노는 영주의 토지에 고정되

36　張傳璽, 1989, 앞의 글, 746~747쪽.
37　翦伯贊 主編, 1979, 앞의 책, 38쪽.

어 '죽거나 이사를 가더라도 마을을 벗어나지 못한다[死徒無出鄕]'라는 엄격한 금령이 있었다는 서술, 따라서 '정전제'는 사실상 노역지조제(勞役地租制)로, 이러한 노역지조의 수탈은 매우 잔혹한 것이었다는 서술[38] 또한 '서주봉건론'과 서로 모순되게 느껴진다. 따라서 장찬시의 지적은 어느 정도 타당하다고 할 수 있다.

이어서 춘추 시기에는 서주 시기부터 이어져 내려온 정전제가 점차 와해되면서, 춘추 말년에 이르러서는 이미 토지 매매 관계가 나타났다고 보았다.[39] 전국 시기에 이르러서는 정전제가 붕괴되고 토지 매매가 성행하여 지주 경제가 크게 발전하였지만, 영주제 경제는 여전히 지속되고 있었고, 노예제의 잔여 또한 아직 남아 있었다고 여겼다. 예컨대 한초(漢初) 공훈(功勳)인 장량(張良)의 집에는 원래 가동(家僮) 300명이 있었다는 것과 여불위(呂不韋)는 가동 1만 명을 소유하고 있었다는 것, 그리고 당시 노예를 '신첩', '장획(臧獲)', '서미(胥靡)'라고 부른 것 또한 이를 증명한다는 것이다.[40] 진(秦)이 중국을 통일한 이후 전국에 토지 사유제가 확립되었다고 여겼다. 이는 이른바 '온 하늘 아래에 왕토가 아닌 곳이 없네[溥天之下, 莫非王土]'라는 왕토사상보다 진보한 것이지만, 지주계급이 합법적으로 대토지를 점유했을 뿐만 아니라 각종 수단을 이용하여 농민의 토지를 수탈하여 농민의 생활이 더욱 비참해졌다고 여겼다.[41]

다음으로, 이른바 '농민기의(農民起義)'와 '양보정책'론을 살펴보자. 초판은 '농민기의'를 긍정적으로 파악하면서 사회 진보에서 '농민기의'의

38　翦伯贊 主編, 1979, 앞의 책, 39쪽.
39　翦伯贊 主編, 1979, 위의 책, 71쪽.
40　翦伯贊 主編, 1979, 위의 책, 71~72쪽.
41　翦伯贊 主編, 1979, 위의 책, 98~99쪽; 周一平 主編, 2017, 앞의 책, 628~629쪽.

작용을 강조했다. 예컨대, 진말 농민전쟁에 대해 "진말 농민전쟁은 지주계급에 타격을 주어 날로 탐욕스럽고 잔포(殘暴)해지는 진의 통치 집단을 전복시켜 사회경제가 발전의 가능성을 얻게 하였다"[42]라고 하였다. 또 우리가 '황건적의 난'으로 알고 있는 사건에 대해서도, "경천동지(驚天動地)할 황건기의는 동한(東漢) 왕조를 와해시키는 위대한 성과를 거두었다. 극단적으로 혼암부패(昏闇腐敗)한 환관, 외척 집단은 동한 왕조라는 근거를 잃고, 얼마 지나지 않아 점차 역사 속에서 사라져 갔다"[43]라고 서술하였다.

그러나 초판이 '농민기의'를 완전히 긍정적으로 본 것은 아니었다. 오히려 때때로 농민투쟁의 낙후성, 맹목성에 대해서도 언급한 바 있다.[44] 예컨대, 진승(陳勝)과 오광(吳廣)이 실패한 것에 대해 "진승은 경험이 부족했고, 결정력도 부족하여 분열 국면의 형성을 눈 뜨고 볼 수밖에 없었다. 진승 주위에도 또한 단결치 못하는 현상이 나타났다"[45]라고 평가한 것이 대표적이다. 이는 젠보짠의 다음과 같은 관점에서 기인한 것이다. 젠보짠은 "농민이 봉건 압박과 수탈에 반대하였지만, 봉건을 하나의 제도로서 의식하여 반대한 것은 아니고, 또 할 수도 없었을 것"이라고 평가하였고, 또 "농민이 봉건지주에 반대했으나, 지주를 하나의 계급으로 의식하여 반대한 것은 아니고, 또 할 수도 없었을 것"이라 평가하였으며, "농민은 봉건 황제에 반대했지만, 황권을 하나의 주의(主義)로 의식하여 반대한 것

---

42 翦伯贊 主編, 1979, 앞의 책 120쪽.
43 翦伯贊 主編, 1979, 위의 책, 194쪽.
44 張傳璽, 1989, 앞의 글, 752쪽.
45 翦伯贊 主編, 1979, 위의 책, 100쪽.

은 아니고, 또 할 수도 없었을 것이다"[46]라고 하였다. 이는 이른바 '농민기의'가 자발적인 것이었냐는 근본적인 물음에 대한 대답이었다. 따라서 녹림군(綠林軍)이 기의했을 때, 종실인 유현(劉玄)을 옹립한 것에 대해 "종실인 유현을 옹립한 것은 농민이 지주계급 사상의 영향을 받은 것을 나타내 준다"[47]라고 평가하였고, 적미군(赤眉軍)이 유분자(劉盆子)를 황제로 세운 것에 대해서도 "적미군의 영수는 지주와 무사의 꼬임에 넘어가 군중에서 몰락한 서한 종실을 찾아, 열다섯 살의 우리(牛吏) 유분자를 황제로 삼았다"[48]라 하였다. 이는 장촨시의 평가대로 역사유물주의의 관점을 견지하면서도 실사구시적인 태도로, '농민기의'의 역사적인 작용을 긍정하면서도 그 한계 또한 지적한 것이라 할 수 있다.[49]

다음으로 살펴볼 것은 '양보정책론'이다. 천보다(陳伯達)는 1939년 「항전 중 새로운 인생관의 창조, 국민정신 총동원에 필요한 인식(抗戰中新人生觀的創造 國民精神總動員應有的認識)」에서 '농민기의'가 매번 성공하는 것은 아니지만, 실패하더라도 항상 봉건 통치자에게 큰 타격을 주어 그들로부터 어느 정도 양보를 얻어 내어 농민 및 기타 생산지가 잠시나마 '휴양생식(休養生息)'하면서 사회생산력을 더욱 발전시킬 수 있는 출발점이 되었다고 하였다.[50] 이는 이후 젠보짠과 쑨쭤민(孫祚民), 치샤(漆俠) 등을 거치면서 마치 하나의 공식처럼 되었다.[51] 『중국사강요』 또한 이러한 '양

---

46 翦伯贊, 1961, 「對處理若干歷史問題的初步意見」, 『人民教育』, 1961-9, 1쪽.
47 翦伯贊 主編, 1979, 앞의 책, 157쪽.
48 翦伯贊 主編, 1979, 위의 책, 159쪽.
49 張傳璽, 1989, 앞의 글, 753쪽.
50 陳伯達, 1939, 『抗戰中新人生觀的創造 國民精神總動員應有的認識』, 晨光書店, 21쪽.
51 이유표, 2023, 「중국 '개혁개방' 이전, 고대 농민전쟁에 대한 인식: 양보정책론을 중심으로」, 『역사교육』 165호, 145~155쪽.

보정책'의 영향을 받았다. 예컨대, 서한 초기 '휴양생식'에 대해, "이러한 조치는 농민전쟁 후 지주계급이 계급 관계의 변화에 적응하기 위해 취할 수 있는 유일한 계급 정책이었다"[52]라고 평가하였다. 또 동한 초기 노비 해방에 대해서 "광무제(光武帝)는 국내 통일전쟁에서 농민전쟁을 이용하여 유리한 형세를 조성하였다. 이에 건무(建武) 2년에서 14년(26~38년)에 노비를 해방하는 조령을 6차례 반포하였다. … 이는 농민들의 처지를 개선하고 봉건 경제를 발전시키는 데 모두 유리한 것이었다"[53]라고 평가하였다.

이러한 양보정책론은 중국 역사상 대규모의 농민전쟁이 치러졌으나 그 결과는 왕조의 교체일 뿐이었고, 봉건 통치가 왜 그토록 오래 지속되었는가에 대한 어느 정도의 답변과 같은 것이었다. 젠보짠은 「중국 고대의 농민전쟁을 논하다(論中國古代農民戰爭)」라는 글에서 "매번 대폭동이 일어난 후에 새로운 봉건 통치자는 봉건 질서를 회복하기 위해 반드시 농민에 대하여 어느 정도 양보를 해야 했다"[54]라고 하였다. 그러나 이는 계급투쟁에 입각하여 농민전쟁의 역할을 강조하는 관점에서는 그리 달가운 것은 아니었다. 만약 중국 사회의 변화 발전이 지배층의 '양보'에 의한 것이 되면, 중국 사회의 변화를 이끌어 냈던 결정적 주체는 농민이 아닐 수 있게 되기 때문이다.[55] 따라서 젠보짠은 '양보'라는 말을 신중하게 사용하면서, '양보정책'을 마치 공식처럼 남용하는 것에 우려를 표하기도 하

52　翦伯贊 主編, 1979, 앞의 책, 104쪽.

53　翦伯贊 主編, 1979, 위의 책, 161쪽.

54　翦伯贊, 1951, 「論中國古代的農民戰爭」, 西北大學歷史係 選編, 1973, 『「讓步政策」批判集』, 西北大學歷史係, 275쪽.

55　최은진·류현정, 2014, 「젠보짠(翦伯贊)의 역사주의를 통해 본 중국 마르크스주의 역사학 형성의 내적구조」, 『중국사연구』 88호, 159~161쪽.

였다.[56] 그러나 치번위 등은 젠보짠의 양보정책론과 역사주의 등을 공개 비판하면서 그를 자본주의적 역사관에 물든 학자로 몰고 갔고, 젠보짠은 결국 절필하게 되었다.

이상으로 초판의 중국고대사 부분의 내용적 특징을 간단히 살펴보았다. 초판은 마르크스주의적 사회발전단계론이 책 전체를 일이관지(一以貫之)하는 특징을 보인다. 이것이 바로 젠보짠의 이른바 "인민 군중"을 중심으로 한 역사 서술이 반영된 것이고, 또 "고금을 관통하는 기본 역사 개념"이었기 때문이다. 그리고 '서주봉건론'을 채택하였고, 이를 바탕으로 서주 시기의 토지 소유제를 '봉건영주 소유제'로 파악하고, 이것이 '정전제'로 체현되었다고 보았다. 이후 춘추 시기에 이르러 정전제가 점차 와해되면서 토지 매매가 나타나 전국 시기에 이르러 붕괴되고, 진의 통일 이후에는 토지 사유제가 확립되었다고 하였다.

그러나 지주계급이 각종 수단을 이용하여 농민의 토지를 수탈하면서 농민의 생활이 더욱 비참해졌고, 결국 농민전쟁이 나타나게 된다고 여겼다. 그리고 농민전쟁 혹은 이른바 '농민기의'에 대해서도 역사유물주의 관점을 견지하면서도 실사구시적인 태도로 그 역사적 작용을 긍정하는 동시에 그 한계도 지적하고 있다. 그리고 매번 폭동이 일어난 후 새로운 봉건 통치자는 봉건 질서를 회복하기 위해 반드시 농민에 대하여 어느 정도 양보를 했다고 하는 '양보정책론'이 반영되기도 하였다. 그렇다면 이는 이후 출간된 '수정본'과 '증정본'에서는 어떻게 개정되었을까?

---

56 張傳璽, 1989, 앞의 글, 753~755쪽.

IV. 수정본과 증정본의 개정 양상

1. 초판에서 수정본으로

수정본에서 중국고대사를 서술한 제1장에서 제4장까지의 목차를 비교해 보면 거의 동일하다. 다만 제3장 제3절 4소절의 표제 '각소수족(各少數族)'[57]을 수정본에서는 '각소수민족(各少數民族)'으로 수정했을 뿐이다.[58] 이는 수정본 또한 마르크스주의적 사회발전단계를 기준으로 수정과 보완이 이뤄졌음을 보여 준다.

내용도 그리 큰 차이를 보이지 않으나, 일부 수정되거나 보완된 부분이 보인다. 이는 내용의 오류를 수정한 것과 정치색이 농후한 문장을 다듬은 것으로 나누어 볼 수 있다. 먼저, 내용의 오류를 수정한 부분이다. 예컨대 초판 21쪽 7번째 줄에 기록된 사모무방정(司母戊方鼎)의 무게를 '875근'(斤, 500g)으로 잘못 기록한 것을 '875공근'(公斤, kg)으로 바로잡았고,[59] 초판 45쪽 밑에서 6번째 줄의 《혜갑반(兮甲盤)》을 수정본에서 《사원궤(師袁師)》로 바로잡았으며,[60] 초판 80쪽 4번째 줄의 진혜문왕(秦惠文王)이 칭왕(稱王)한 연대를 기원전 '325년'으로 표기한 것을 수정본에서 기원전 '324년'으로 개정하였다.[61]

다음으로, 초판에 보이는 몇몇 정치적 색채가 농후한 원색적 문장을 비교적 평이하게 가다듬었다. 예컨대 다음의 두 가지 사례를 들 수 있다.

---

57 翦伯贊 主編, 1979, 앞의 책, 80쪽.
58 翦伯贊 主編, 1994, 『中國史綱要(修訂本)』上, 北京: 人民出版社, 80쪽.
59 翦伯贊 主編, 1994, 위의 책, 20쪽.
60 翦伯贊 主編, 1994, 위의 책, 43쪽.
61 翦伯贊 主編, 1994, 위의 책, 76쪽.

첫째, 초판 3쪽 밑에서 두 번째 단락에서, 산정동인(山頂洞人)의 체질(體質)에 대해 설명하면서, "제국주의 및 그 추종자인 현대수정주의는 산정동인이 유럽에서 기원했다고 말했는데, 완전히 근거가 없는 헛소리[胡說]일 뿐이다"라고 서술한 것을, 수정본에서는 "구미(歐美)의 어떤 사람은 산정동인이 유럽에서 기원했다고 말하는데, 완전히 근거가 없는 관점이다"라고 수정하였다.[62]

둘째, 초판 6쪽에는 '앙소문화(仰韶文化)'의 '서방기원설'을 반박한 단락이 있는데, 그 도입 부분에서 "과거 제국주의는 일찍이 중국 앙소문화가 서방에서 왔다는 그릇된 논리가 있었고, 현재 현대수정주의 또한 옛 논조를 재탕하고 있는데, 앙소문화가 유럽과 중앙아시아에서 중국으로 전래되었다는 것이다"라고 표현하였다. 이를 수정본에서는 "과거 어떤 사람은 앙소문화가 유럽과 중앙아시아에서 중국으로 전래된 것으로 여겼다"라고 수정하였다.[63]

이는 수정본의 가장 큰 변화라 할 수 있는데, 기본적으로 마르크스주의적 사회발전단계는 유지하되, '제국주의', '현대수정주의' 같은 정치색이 짙은 용어를 자제하는 모습을 보여 준다. 또 이를 통해 개혁개방이 지속되면서 이데올로기 주입식의 교육을 자제하고, 보다 학술적으로 변화된 중국의 교육 현장을 엿볼 수 있다.

2. 초판·수정본에서 증정본으로

증정본은 목차에서부터 기존 판본과 차이를 보인다.

---

62 翦伯贊 主編, 1994, 앞의 책, 3쪽.
63 翦伯贊 主編, 1994, 위의 책, 6쪽.

표 2. 『중국사강요』 각 판본의 중국고대사 부분 목차 비교

초판	수정본	증정본
제1장. 원시사회 　제1절. 원시 집단에서 씨족제의 출현까지 　　(從原始群到氏族制的出現) 　제2절. 씨족공사 시기(氏族公社時期) 　제3절. 고문헌에 기록된 중국 원시사회 　　(古文獻記載中的中國原始社會)	좌동	제1장. 선사시대[史前時代] 　제1절. 구석기시대(舊石器時代) 　제2절. 신석기시대(新石器時代) 　제3절. 문헌과 전설 속의 고사 　　(文獻與傳說中的古史)
제2장. 노예사회 　제1절. 하 노예제 국가의 형성 　제2절. 상 노예사회의 발전 및 붕괴	좌동	제2장. 하와 상(夏與商) 　제1절. 하 　제2절. 상
제3장. 중국 봉건사회의 시작 　제1절. 서주 중국 봉건영주제 사회 　제2절. 춘추 봉건영주제 경제의 발전과 지주 경제의 맹아 　제3절. 전국 봉건영주제에서 지주제로의 과도 시기	좌동	제3장. 서주·춘추와 전국(西周·春秋與戰國) 　제1절. 서주 　제2절. 춘추 　제3절. 전국

〈표 2〉를 통해 한눈에 알 수 있듯이, 초판과 수정본은 마르크스주의적 사회발전단계에 따라 목차가 편성된 데 비해, 증정본은 왕조를 기준으로 목차가 구성된 것을 볼 수 있다. 전술했듯이 본서의 주편인 젠보짠은 왕조사적인 중국 통사 서술에 부정적인 입장을 밝힌 바 있다. 그리고 사회발전단계에 따른 서술이야말로 "인민 군중"을 중심으로 한 역사 서술이고, "고금을 관통하는 기본 역사 개념"이었다. 따라서 증정본의 이러한 개편은 실로 파격적이라 할 수 있다.

증정본의 변화는 첫 문장에서부터 나타난다. 기존 판본의 첫 문장은 다음과 같았다.

우리 중화민족 또한 세계상 다른 민족과 마찬가지로, 계급사회가 출

현하기 전에 일찍이 수만 년의 무계급적 원시사회를 거쳤다.[64]

첫 문장부터 '계급사회', '원시사회' 등 마르크스주의적 사회발전단계에 입각한 용어가 나타난다. 그러나 증정본은 이를 다음과 같이 수정하였다.

우리 중화민족은 세계 다른 민족과 마찬가지로 문명사회가 출현하기 전에 이미 긴 시기의 선사 역사를 거쳤다.[65]

기존의 '계급사회'는 '문명사회'로, '무계급적 원시사회'는 '선사 역사[史前歷史]'로 수정되었다. 이는 증정본이 유물사관에 입각한 용어를 배제한다는 것을 첫 문장에서부터 잘 드러내 주는 것이다. 앞서 언급한 대로, 초판은 마르크스주의적 사회발전단계론이 책 전체를 '일이관지(一以貫之)'하면서 '서주봉건론'을 채택하였고, 토지 소유제는 '봉건영주 소유제'에서 '토지 사유제'로 점차 변해간 것으로, '농민기의'에 대해서는 역사적 작용을 긍정하면서 그 한계 또한 지적하였으며, '농민기의'를 통해 봉건 통치자의 '양보'를 얻어 냈다는 '양보정책론'도 반영되었다.
그러나 목차와 본문의 첫 문장에서 볼 수 있듯이, 증정본은 유물사관을 표면적으로 배제함에 따라 초판의 '서주봉건론'을 채택했다는 특징 또한 사실상 의미가 흐릿해졌다. 그렇다면 증정본은 토지 소유제를 어떻게 서술하고 있을까?

---

64 翦伯贊 主編, 1979, 앞의 책, 1쪽.
65 翦伯贊 主編, 2006, 『中國史綱要(增訂本)』上, 北京大學出版社, 1쪽.

먼저, 서주의 토지 소유제와 관련된 몇 가지 서술을 비교해 보자.

표 3. 토지 소유제 관련 증정본의 서술 변화

구분	기존 판본	증정본
토지 소유제	서주의 토지 소유제는 봉건영주 소유제다. 서주의 가장 높은 봉건영주는 주천자다. 주천자는 전국 토지와 인민의 최고 소유자였다.(36)	주천자는 봉건의 최고봉에 자리하였는데, 명의상 전국 토지와 인민의 최고 소유자였다.(26)
정전제	정전제의 주요 내용은 토지를 사각으로 구분한 것으로, 정전에는 공전이 있고, 사전도 있었다.(39)	좌동(28)
	사전을 나눠 받은 농노 혹은 야인(野人)은 무상으로 공전을 경작하면서 토지 소유자를 먹여 살렸다.(39)	없음(28)
	여기서 이른바 공전은 영주에 속하는 토지를 가리키고, 사전은 영주가 농노에게 나눠 준 토지를 가리킨다.(39)	공전의 수입은 공실에 귀속되거나 공공 지출하는 데 쓰였고, 사전의 수입은 농민 자신에게 돌아갔다.(28)

기존 판본과 증정본을 비교해 보면, 내용에서 차이가 확연히 드러난다. 초판의 '봉건영주 소유제', '봉건영주', '농노', '영주' 같은 용어는 증정본에 보이지 않는다. '농노'는 '농민'으로 수정되었다. 물론 증정본의 '주천자는 봉건의 최고봉'에서 '봉건'이라는 말이 나타나지만, 이는 유물사관에 입각한 '봉건'이 아니라 중층적 '분봉(分封)'을 표현한 용어에 불과하다.

다음으로 춘추전국 시기의 관련 서술을 비교해 보자.

표 4. 춘추전국 시기 토지 관련 증정본의 서술 변화

구분	기존 판본	증정본
춘추 토지 개혁 영향	이는 영주 경제를 붕괴로 몰고 갔고, 지주 경제의 흥기에 도로를 개척하게 하였다.(62)	과거 농민은 공전을 경작하는 것 외에 국가와 관계를 맺는 일이 극히 적었다. 현재 국과 야가 점차 사라지게 되면서, 국가는 농민에 대해 무(畝)에 따라 징세하는 것 외에 또 농민은 병역을 부담하게 되었다.(43)
계급과 계급 관계	정전제가 붕괴됨과 동시에 토지는 자유롭게 매매할 수 있게 되었다.(71)	없음
	빈번한 토지 매매는 신흥 지주의 형성과 발전을 촉진시켰다.(71)	없음
	춘추전국 시기, 영주의 봉읍은 대체로 국군(國君)에 의해 거두어졌다. 봉읍의 농노들은 지주의 전농이 되거나, 나머지는 국군의 전농이 되었는데, 이러한 농민들은 당시 비교적 많은 편이었다.(72)	없음

여기서도 마찬가지로, 기존 판본에는 '영주 경제', '지주 경제', '농노', '전농', '신흥 지주' 등의 유물사관에 입각한 용어가 보이지만, 증정본에는 보이지 않는다. 또 기존 판본의 제3장 제3절에 편성되었던 '계급과 계급 관계(階級和階級關係)'라는 소절은 증정본에서 완전히 삭제되었다. 이는 증정본을 편찬하면서 유물사관적 용어를 최대한 회피하였음을 보여 준다.

다음으로 이른바 소위 '농민기의'와 '양보정책'에 대한 서술을 살펴보자. 기존 판본과 마찬가지로 증정본 또한 '농민기의'를 긍정하면서 그 한계도 지적하였고, '농민기의'에 따른 통치자의 '양보'도 긍정하고 있다. 그러나 그 서술에 있어서는 과도한 투쟁적 용어를 지양하고 보다 평이한 어조로 서술하고 있다. 다음 몇 가지 사례를 보도록 하자.

표 5. '농민기의' 관련 증정본의 서술 변화

구분	기존 판본	증정본
진말 농민 기의	진승은 경험이 부족했고, 결정력도 부족하여 분열 국면의 형성을 눈 뜨고 볼 수밖에 없었다. 진승 주위에도 또한 단결치 못하는 현상이 나타났다.(100)	좌동(71)
	진말 농민전쟁은 지주계급에 타격을 주어 날로 탐욕스럽고 잔포해지는 진의 통치 집단을 무너뜨림으로써 사회경제가 발전의 가능성을 얻게 하였다.(102)	없음
황건 기의	경천동지할 황건기의는 동한 왕조를 와해시키는 위대한 성과를 거두었다. 극단적으로 혼암부패한 환관, 외척 집단은 동한 왕조라는 근거를 잃고, 얼마 지나지 않아 점차 역사 속에서 사라져 갔다.(194)	이 농민전쟁은 동한 왕조를 와해시켰다. 극단적으로 혼암부패한 환관, 외척 집단은 동한 왕조라는 근거를 잃고, 잠시 부침을 반복하다가 점차 역사 속에서 사라져 갔다.(138)

진말(秦末)의 소위 '농민기의'에 대해, 기존 판본은 '지주계급'을 탐욕스럽고 잔포하다고 표현하였으나, 증정본은 이러한 수식어를 삭제하였다. 그리고 '황건기의' 부분에서 동한 말기 환관과 외척 집단에 대해, 증정본 또한 기존 판본과 마찬가지로 '혼암부패(昏闇腐敗)'하다고 표현하였으나, 기존의 '황건기의'라는 표현을 증정본에서는 '농민전쟁'이라고만 표현하고, '위대한 성과'라는 수식어를 삭제하였다. 물론 기존 판본과 마찬가지로 '농민기의', '황건기의'라는 표현이 나오기도 하지만, 빈도수에서 확실히 줄어들었고 '농민기의'의 성과에 대해 비교적 평이하게 표현했다.

'양보정책' 관련 구절을 비교해 보면 〈표 6〉과 같다.

표 6. '양보정책' 관련 증정본의 서술 변화

구분	기존 판본	증정본
휴양 생식	이러한 조치는 농민전쟁 후 지주계급이 계급 관계의 변화에 적응하기 위해 취할 수 있는 유일한 계급 정책이었다.(104)	이러한 조치는 농민전쟁 후 서한 왕조가 사회의 변화에 적응하기 위해 취할 수 있는 유일한 정책이었다.(73)
노비 해방	광무제는 국내 통일전쟁에서 농민전쟁을 이용하여 유리한 형세를 조성하였다. 이에 건무 2년에서 14년(26~38년)에 노비를 해방하는 조령을 6차례 반포하였다. … 이는 농민들의 처지를 개선하고 봉건 경제를 발전시키는 데 모두 유리한 것이었다.(161)	광무제는 국내 통일전쟁에서 농민전쟁을 이용하여 유리한 형세를 조성하였다. 이에 건무 2년에서 14년(26~38년)에 노비를 해방하는 조령을 6차례 반포하였다. … 이는 농민들의 처지를 개선하고 사회 경제를 발전시키는 데 모두 유리한 것이었다.(114~115)

'양보정책' 관련 서술은 대체로 일치하지만, '지주계급' 혹은 '계급'은 '사회'로, '봉건 경제'는 '사회 경제'로 수정되었다. 이 또한 앞서 살펴본 것과 마찬가지로 유물사관과 관련된 용어가 배제된 것으로 파악할 수 있다.

이상으로 기존 판본과 증정본의 내용상 차이를 몇 가지 사례를 들어 살펴보았다. 먼저, 증정본은 목차에서 마르크스주의적 사회발전단계가 사라지고 왕조사적인 관점이 드러나 있다. 젠보짠에 의하면, 사회발전단계에 따른 서술이야말로 "인민 군중"을 중심으로 한 역사 서술이고, "고금을 관통하는 기본 역사 개념"이었다. 그러나 증정본에서 이를 버리고 왕조사적인 입장을 취한 것은 무엇 때문일까?

이는 당시 중국 교육 환경의 전반적인 분위기 속에서 파악해 볼 수 있다. 1993년에 출간된 저우이량(周一良) 주편의 『신편중국통사(新編中國通史)』 등 많은 대학교재가 이미 왕조를 중심으로 구성된 통사로 편찬되고 있었다.[66] 이러한 대학교재의 변화는 2003년에 개편된 중고등학교 역

---

66 周一良 主編, 1993, 『新編中國通史』 1, 福建人民出版社.

사교과서에도 영향을 끼쳐 왕조를 표제로 편찬되기 시작했다.[67] 이는 당시 광범위한 교육 현장에서 이미 마르크스주의적 사회발전단계가 아닌 왕조를 기준으로 교재를 편찬하고, 또 교육하고 있었다는 것을 보여 준다. 이는 개혁개방 이후 정치·경제·사회·문화적 변화와 학자들의 자율적인 연구에서 기인한 것으로,『중국사강요』증정본의 개정 또한 이러한 맥락에서 이해할 수 있다.

여기서 비교해 볼 수 있는 것이 주샤오허우(朱紹侯)가 편찬한『중국고대사』이다. 주샤오허우는 1978년부터 산둥대학, 시베이대학 등 10개 학교[68]가 연합하여 편찬한『중국고대사』의 주편을 담당하였다.『중국고대사』는 1981년 '고등학교문과교재(高等學校文科敎材)' 명의로 푸젠인민출판사(福建人民出版社)에서 정식 출판된 이래, 지금까지 수차례 개정되고 있지만 마르크스주의적 사회발전단계에 입각한 구성을 계속 유지해 왔다. 게다가 2004년 개정판에서는 '하상주단대공정(夏商周斷代工程)'의 성과를 적극 반영하기도 하였다.[69] 그러나 이러한 기조는 2010년 기존 『중국고대사』의 전면 개정판이라 할 수 있는『중국고대사교정(中國古代史敎程)』에 이르러 사회발전단계가 아닌 왕조를 중심으로 재편되었다.[70]

바로 교육 현장의 변화에 따라, 또 수요자인 학생들의 의식 변화에 따

---

67 中華人民共和國敎育部, 2003,『普通高中歷史課程標準(實驗)』, 北京: 人民敎育出版社.

68 여기에 참여한 대학은 산둥대학(山東大學)과 시베이대학(西北大學) 외에 항저우대학[杭州大學, 현 저장대학(浙江大學)으로 편입], 광시사범학원[廣西師範學院, 현 광시사범대학(廣西師範大學)], 산시대학(山西大學), 안후이사범대학(安徽師範大學), 샨시사범대학(陝西師範大學), 난충사범학원[南充師範學院, 현 시화사범대학(西華師範大學)], 푸젠사범대학(福建師範大學), 카이펑사범학원[開封師範學院, 현 허난대학(河南大學)]으로, 주편을 맡았던 주샤오허우는 카이펑사범학원에 재직 중이었다.

69 朱紹侯 主編, 2004,『中國古代史(新版)』上, 福建人民出版社.

70 朱紹侯 主編, 2010,『中國古代史敎程』, 河南大學出版社.

라 『중국사강요』의 상징적 인물인 젠보짠의 기조를 과감히 버리고 왕조를 기준으로 교재를 편찬한 것이다. 이뿐만 아니라 '토지 소유제', '농민전쟁'과 '양보정책' 등과 관련된 서술에서도 정치색이 농후한 용어를 버리고 당시 학계에서 널리 쓰인 용어를 반영하였다. 이러한 까닭으로 '원시', '노예', '봉건', '지주', '계급' 등의 용어 사용 또한 극도로 제한된 것이다.

그렇다면 증정본은 마르크스주의적 유물사관에서 완전히 벗어난 것인가? 학자들은 내용적으로 유물사관이 아직 관철되어 있다고 평가한다. 그 대표적인 학자가 류허우빈(劉後濱)인데, 그는 다음과 같은 근거를 들었다.

첫째, 경제형태, 사회구조와 계급 관계의 변화는 국가구조와 정치형태 변화의 기초인데, 본서에 보이는 상대(商代)의 귀족과 평민, 서주(西周)의 귀족·국인(國人)과 야인(野人), 춘추의 귀족과 서인, 서한의 지주와 농민 등의 사회구조와 계급 관계에 대한 서술을 연결하면, 바로 이러한 유물사관이 선명하게 드러난다.

둘째, 역사는 부단히 앞으로 발전해 나가는 것이지 정체되어 있는 것은 아니다. 역사의 발전은 직선적으로 발전해 가는 이론이든, 곡선적으로 발전해 가는 이론이든 중국 역사의 흐름을 서술[描述]해야 한다. 이는 중국 황제시대의 국가구조와 정치체제의 서술에서 나타나는데, 전국시대 각국의 변법은 군주 집권제도의 형성을 이끌었고, 진시황 시기에는 통일 전제국가가 형성되었고, 서한시대에는 통일적 전제국가가 확립되었고, 동한시대에는 전제체제가 완비되는 과정으로 서술하고 있는 점에서도 이러한 발전적 이론이 드러난다는 것이다.

따라서 류허우빈은 증정본이 역사유물주의와 변증유물주의의 이론으로 중국 역사의 발전 궤적을 관철하고 있다고 지적한 것이다.[71]

---

71 劉後濱, 2007, 「經典教材的生命力-評翦伯贊主編『中國史綱要』(增訂本)」, 『北京大學學

이러한 점을 종합해서 보면, 이론과 사료라는 측면에서 젠보짠은 이론을 보다 강조하였다. 이는 수정본까지 그대로 이어졌다. 그러나 증정본에 이르러서는 상대적으로 사료가 이론보다 강조된다. 물론 류허우빈의 지적대로 유물사관의 핵심 내용이 본서를 관철하는 측면도 있지만, 이를 목차에 전면적으로 드러내는 것이 아니라 이면에 담고 있는 것처럼, 『신편중국통사』 같은 대학교재를 비롯하여 중고등학교 교과서 또한 이러한 체제로 교재를 편찬하였다. 이는 당시의 관련 역사 연구 경향과 학생의 수요 같은 교육 현장의 분위기에 따른 것으로 평가할 수 있다.

V. 맺음말

이상으로 중국 대학 역사교재로 널리 쓰이고 있는 『중국사강요』의 출간부터 1994년 수정본과 2006년 증정본의 내용 변화를 살펴보았다. 본서의 주편인 젠보짠은 이론적으로 마르크스의 유물사관, 내용적으로 실사구시적인 역사 고증을 강조한 학자이다. 그가 직접 참여한 초판은 '이론'적 측면에 바탕을 두고 있으나, 단순히 '역사적 사실'을 '이론'에 꿰맞춘 것이 아닌, '이론'과 '역사적 사실'을 어떻게 조화롭게 서술하느냐의 고민이 반영되어 있다고 평가받는다.[72] 그러나 시간이 흐르면서 중국의 정치·경제·사회·문화의 전반적인 변화에 따라 교육 현장도 변화를 거듭

報』2007-3, 151~153쪽.

72 張傳璽, 1989, 「翦伯贊『中國史綱要』簡介」, 朱紹侯 主編, 『中國古代史研究入門』, 鄭州: 河南人民出版社, 758쪽; 周一平 主編, 2017, 『20世紀後半期中國史學史』下, 上海書店出版社, 625쪽; 劉後濱, 2007, 「經典敎材的生命力-評翦伯贊主編『中國史綱要』(增訂本)」, 『北京大學學報』2007-3, 151~153쪽 등.

하면서 교사와 학생들의 인식도 변하였다. 따라서 초판은 시대와 현장의 요구에 맞춰 1994년 수정본으로 개정되었고, 2006년 증정본으로 재탄생하였다. 특히 증정본에 이르러서는 기존의 마르크스주의적 사회발전 단계가 아니라 왕조를 기준으로 목차를 구성하였고, 내용적인 면에서도 '원시', '노예', '봉건', '지주', '계급' 등 유물사관적 용어를 극히 제한적으로 사용하였다. 이는 '이론'과 '역사적 사실'이라는 측면에서 봤을 때, '역사적 사실'을 보다 강조한 것으로 평가할 수 있다. 이러한 변화는 당시의 관련 연구 경향과 학생의 수요 등 교육 현장의 분위기에 따른 자연스러운 변화라 할 수 있다.

그러나 현재 교육 현장은 또 달라지고 있다. 먼저 중학교 역사교과서가 국정화되어 전국적으로 사용되고 있고, 고등학교 역사교과서 또한 국정화되었다. 교과서 내용도 변하고 있다. 특히 고등학교 국정교과서인 『중외역사강요(中外歷史綱要)』(상) 같은 경우, 목차에서부터 '봉건'이라는 용어는 물론, '통일적 다민족 국가'라는 중화민족주의적 용어도 나타나고 있다.[73] 그 근거가 되는 『보통고중역사과정표준(普通高中歷史課程標準)』 '2017년판(2020년 수정)'[74]에는 과거 '2003년판'[75]에서 3차례밖에 보이지 않았던 '유물(唯物)'이라는 용어가 51차례나 보이고, '사유제', '사회모순', '계급', '농민기의' 등 유물사관의 핵심 용어가 표면적으로 드러났다.[76] 이는 교육 환경의 자연스러운 변화에 국가가 개입하여, 오히려 시대에 역행

---

73 敎育部組織編寫, 2019, 『中外歷史綱要』上, 北京: 人民敎育出版社.
74 中華人民共和國敎育部, 2020, 『普通高中歷史課程標準(2017年版2020年修訂)』, 北京: 人民敎育出版社.
75 中華人民共和國敎育部, 2003, 『普通高中歷史課程標準(實驗)』, 北京: 人民敎育出版社.
76 이유표, 2020, 「중국 고등학교 국정교과서 『중외역사강요』의 고대문명사 서술 특징」, 『동북아역사논총』 70호, 55쪽.

하게 하는 것이라 할 수 있다.

이러한 중고등학교 역사 교학 내용의 변화는 대학의 역사교육에도 영향을 끼칠 수 있다. 실제로 현재 중국은 공공연하게 '대학 역사' 필수과목 개설을 논의하고 있고, '4사' 편찬 공정, 또 일명 '마공정'이라고 부르는 교재 편찬 사업을 통해 국가가 대학교재 편찬에 적극 개입하고 있다. 따라서 대학교재 또한 중고등학교 교재처럼 오히려 시대에 역행하는 교재가 편찬될 수 있고, 또 교육 환경에서 사용될 가능성이 있다. 이러한 상황에서 시대의 흐름에 따라 교육 환경의 변화에 발맞춰 걸어온 『중국사강요』가 더욱 가치를 지닐 수 있다. 단, 부자연스러운 작금의 변화에 편승하지 않는다면 말이다.

참고문헌

-단행본

教育部組織編寫, 2019, 『中外歷史綱要』上, 北京: 人民教育出版社.
翦伯贊 主編, 1979, 『中國史綱要』1, 北京: 人民出版社.
翦伯贊 主編, 1994, 『中國史綱要(修訂本)』上, 北京: 人民出版社.
翦伯贊 主編, 2006, 『中國史綱要(增訂本)』上, 北京大學出版社.
젠보짠 주편, 심규호 역, 2016, 『중국사강요』상, 중앙북스.
朱紹侯 主編, 2004, 『中國古代史(新版)』上, 福建人民出版社.
朱紹侯 主編, 2010, 『中國古代史教程』, 河南大學出版社.
周一良 主編, 1993, 『新編中國通史』1, 福建人民出版社.
中華人民共和國教育部, 2003, 『普通高中歷史課程標準(實驗)』, 北京: 人民教育出版社.
中華人民共和國教育部, 2020, 『普通高中歷史課程標準(2017年版2020年修訂)』, 北京: 人民教育出版社.

-논문

권소연, 2019, 「중국 의무교육교과서『중국역사』근대사 서술분석: 국정화 교과서의 역사 인식의 특징과 교과서 구성을 중심으로」, 『역사교육연구』33호.
권은주, 2020, 「『중외역사강요』의 한국고대사·동아시아사 서술 내용과 역사 인식 분석」, 『동북아역사논총』70호.
김유리, 2018, 「국정제로 회귀한 중국의 중학교 역사교과서 분석」, 『역사교육』148호.
김지훈, 2019, 「국가의지와 역사교과서의 정치화: 2018년 중국 중학교 역사교과서의 현대사 서술」, 『역사교육연구』33호.
양갑용, 2021, 「시진핑 시기 정치 변화와 역사교과서: 제8학년 역사교과서(下冊) 내용의 정치적 해석을 중심으로」, 『문화와 융합』43-3.
오병수, 2020, 「시진핑시대 중국의 역사정책과 자국사의 재구성: 『역사:중외역사강요』과목의 개설 배경과 이데올로기」, 『역사교육』156호.
우성민, 2020, 「『중외역사강요』속의 중국식 글로벌 가치관 '인류운명공동체'의 서술과 시사점」, 『동북아역사논총』70호.

우성민, 2023, 「최근 中國 歷史敎科書의 國定化와 大學의 歷史敎育」, 『중국사연구』 146호.
윤세병, 2017, 「중국의 역사과 교육과정의 현황: 2011·2017 과정표준을 중심으로」, 『역사교육논집』 65호.
윤세병, 2019, 「중국의 역사교과서 논쟁과 국정화」, 『역사교육연구』 33호.
이개석, 2006, 「역사학과 문화대혁명」, 『동양사학연구』 97호, 191~235쪽.
이성원, 2021, 「2019 검정 교과서 『중학교 역사 ①』의 분석: 중국고대사를 중심으로」, 『역사와 담론』 97호, 103~141쪽.
이유표, 2020, 「중국 고등학교 국정교과서 『중외역사강요』의 고대문명사 서술 특징」, 『동북아역사논총』 70호, 47~90쪽.
이유표, 2023, 「중국 '개혁개방' 이전, 고대 농민전쟁에 대한 인식: 양보정책론을 중심으로」, 『역사교육』 165호.
임상훈, 2022, 「中國 國定 歷史敎科書 中外歷史綱要의 導入과 그 性格」, 『역사문화연구』 82호.
정동준, 2019, 「중국 『역사』 교과서의 고대사 서술 분석」, 『중국고중세사연구』 52호.
조복현, 2017, 「중국의 현행 역사과 과정표준 연구」, 『중국사연구』 110호.
최은진·류현정, 2014, 「젠보짠(翦伯贊)의 역사주의를 통해 본 중국 마르크스주의 역사학 형성의 내적구조」, 『중국사연구』 88호, 139~171쪽.

課程教材研究所 編, 2001, 『20世紀中國中小學課程標準·教學大綱彙編(歷史卷)』, 人民教育出版社.
關鋒·林聿時, 1963, 「在歷史研究中運用階級觀點和歷史主義的問題」, 『歷史研究』 1963-6.
鄧廣銘·陳慶華·張寄謙·張傳璽, 1978, 「翦伯贊同志和 『中國史綱要』」, 『北京大學學報』 1978-3.
司馬洪濤, 1966, 「評翦伯贊的 『中國史綱要』」, 『人民日報』 1966-6-1, 제3판.
王嘉川, 2012, 「翦伯贊與 『中國史綱要』編纂始末考述」, 姜東錫 主編, 『漆俠與歷史學 紀念漆俠先生逝世十週年文集』, 保定, 河北大學出版社.
劉後濱, 2007, 「經典教材的生命力 - 評翦伯贊主編 『中國史綱要』(增訂本)」, 『北京大學學報』 2007-3.
劉後濱, 2010, 「『中國史綱要』在課堂教學中的運用」, 『探索的脚步: "十一五"北京高等教育教材建設論文集』, 電子工業出版社.
張傳璽, 1989, 「翦伯贊 『中國史綱要』簡介」, 朱紹侯 主編, 『中國古代史研究入門』, 鄭州: 河南人民出版社.
田珏, 1985, 「翦伯贊與 『中國史綱要』」, 『歷史教學問題』 1985-2.

田珏, 1998,「翦老活在我心中」,『翦伯贊紀念文集』, 北京: 人民教育出版社.
翦伯贊, 1951,「論中國古代的農民戰爭」, 西北大學歷史係 選編, 1973,『'讓步政策'批判集』, 西北大學歷史係.
翦伯贊, 1959a,「關於打破王朝體係問題」,『新建設』, 1959-3.
翦伯贊, 1959b,「目前史學研究中存在的幾個問題」,『北京大學學報』, 1959-2.
翦伯贊, 1961,「對處理若干歷史問題的初步意見」,『人民教育』, 1961-9.
周一平 主編, 2017,『20世紀後半期中國史學史』下, 上海書店出版社.
陳可青, 1980,「『中國史綱要』述評」,『史學史資料』1980-6.
陳伯達, 1939,『抗戰中新人生觀的創造 國民精神總動員應有的認識』, 晨光書店.
戚本禹, 1965,「爲革命而研究歷史」,『歷史研究』1965-6.
天鳴, 2004,「加强理論創新 實施馬克思主義研究和建設工程」,『中國社會科學報』2004.2.3.

- 인터넷 자료

樊未晨, 2020, "教育部:普通高中三科通編教材2022年前將實現所有省份'全覆蓋'",『中國青年報』2020.12.24., https://baijiahao.baidu.com/s?id=16869268669 51858164&wfr=spider&for=pc (2021.9.26. 검색).
徐紅艷, 2020, "全國政協委員賀雲翱建議:高敎本科所有專業開設國史通識課",『現代快報』2020.5.26., http://www.xdkb.net/p1/88776.html (2021.9.26. 검색).
宋永忠, 2017, "南京師範大學黨委書記宋永忠委員:高敎應開設'大學歷史'公共必須課",『人民網』2017.3.7., http://edu.people.com.cn/n1/2017/0307/c1053-29127878.html (2021.9.26. 검색).
習近平, 2022,「習近平: 高擧中國特色社會主義偉大旗幟爲全面建設社會主義現代化國家而團結奮鬪—在中國共産黨第二十次戰國代表大會上的報告」(2022.10.16),『中華人民共和國中央人民政府官網』2022.10.25., https://www.gov.cn/xinwen/2022-10/25/content_5721685.htm (2024.2.5. 검색).

마공정 『중국근현대사강요』의 중국계 이주민 서술의 특징
: 싱가포르 및 대만 역사교육과의 비교 분석

김종호 | 서강대학교 부교수

I. 머리말

현대 사회에서 교육은 국가 공동체의 구성원에게 삶을 영위하고 공동체의 규범을 지키면서 더불어 사는 데 필요한 모든 행위를 가르침으로써 그들을 미숙한 상태에서 성숙한 상태로 탈바꿈시키는 것을 의미한다. 그런 이유로 현대의 교육에는 그 주체인 국가의 의도가 다분히 녹아들어 있다. 이를 가장 잘 보여 주는 예가 바로 역사교육이다. 국가는 역사교육을 통해 아직 성숙하지 못한 구성원들에게 공통의 과거를 교육하고, 이를 통해 현 정치체제의 정당성, 중요시하는 가치, 국가 성립 과정 등을 이해시킴으로써 국가 정체성과 소속감을 심어 주고자 한다.[1]

---

[1] Claudia Schneider, 2005, "Looking at our story with different eyes: History textbooks on both sides of the Taiwan Strait", *Internationale Schulbuchforschung*, Vol. 27, No. 1; Meihui Liu, Li-Ching Hung, 2002, "Identity issues in Taiwan's history curriculum", *International Journal of Educational Research* 37; Pei-Fen Sung, 2020, "Historical consciousness matters: national identity, historical thinking and the struggle for a democratic education in Taiwan", *Journal of Curriculum Studies* 52(5); Stolojan, Vladimir., 2017, "Curriculum Reform and the Teaching of History in High Schools

그런 이유로 역사교육은 국가 정체성과 깊은 연계성을 가질 수밖에 없다. 역사교육을 역사적 사실에 근거하여 진행한다고 해도 커리큘럼, 관점, 개념, 범위 등을 보면 해당 국가가 추구하는 정체성과 학습자에게 심어 주고 싶은 가치, 역사관을 발견할 수 있다. 특히 의무교육에 해당하는 중등교육까지는 국가에서 지정한 규정에 따라 국정화라는 이름으로 역사교과서 서술이 이루어지고, 교육 역시 그러한 차원에서 진행된다. 대학 이후에는 좀 더 자유로운 방향의 역사교육이 개별 교수자의 관점에 따라 다양하게 이루어진다. 이 경우 별다른 교과서도 없는 경우가 대부분이다. 동아시아에서는 한국뿐 아니라 대만, 싱가포르 모두 이와 비슷한 형식을 취한다.

다만, 최근 중국이 10대를 대상으로 한 의무교육뿐 아니라 대학 교육에서도 마르크스 사상으로 대표되는 국가 정체성을 심어 주는, 혹은 강조하는 방향의 역사교육을 추진하는 모습을 보여 관련 연구자들의 관심을 불러일으켰다.[2] 이 글에서는 소위 "마공정(馬工程)"이라 불리는 "마르크

---

during the Ma Ying-jeou Presidency", *Journal of Current Chinese Affairs,* 46(1); Hsuan-Yi Huang and Hsiao-Lan Chen, 2019, "Constructing collective memory for (de)colonisation: Taiwanese images in history textbooks, 1950–1987", *Pedagogica Historica* 55(1); Suhaimi Afandi and Ivy Maria Lim, 2022, "History Education in Singapore: Development and Transformation", *Education in Singapore,* vol.66; Yeow Tong Chia, 2012, "History Education for Nation building and state formation: The case of Singapore", *Citizenship Teaching & Learning* Vol.7, No.2.

2 이유표, 2021, 「중국 고등교육 역사교재『중국사강요』의 편찬과 개정: 노예사회, 봉건사회 서술을 중심으로」,『문화와 융합』43(11); 윤세병, 2019, 「중국의 역사교과서 논쟁과 국정화」,『역사교육연구』33; 오병수, 2020, 「시진핑시대 중국의 역사정책과 자국사의 재구성-歷史: 中外歷史綱要과목의 개설 배경과 이데올로기-」,『歷史教育』156; 권은주, 2021, 「중국 대학 역사교재의 고조선(한4군)과 임나일본부에 대한 서술 변화: 식민사학의 영향과 중화주의가 결합한 한국고대사상(像)」,『동북아역사논총』74호.

스주의 이론 연구와 건설 공정(馬克思主義理論硏究和建設工程)"의 교재 편찬 사업을 통해 출간된 2018년판 『중국근현대사강요(中國近現代史綱要)』와 그 보조 교재로 출간된 『중국근현대사강요-학습독본(中國近現代史綱要-學習讀本)』을 중심으로 현재 중국 대학 교육에서의 근대사 서술 구조를 파악하고, 그 가운데 근대 시기 중국인 이주민의 역사와 깊은 연계를 지닌 화교화인(華僑華人) 및 대만 관련 서술을 분석하고자 한다.[3] 그리고 이 시기 중국인 이주를 통해 형성된 두 국가인 싱가포르와 대만의 관련 역사교육 규정을 분석함으로써 중국, 대만, 싱가포르 등 세 중화권 국가의 근대사 인식을 비교하여 각 국가가 추구하는 국가 정체성의 일면을 엿보고자 한다.[4]

맥퀸(McKeown)의 연구에 따르면, 1840년부터 1940년까지 중국의 동남부 지역인 푸젠(福建), 광둥(廣東), 하이난(海南) 지역에서 당시 난양(南洋)이라 부르던 동남아시아로 이주한 중국계 이주민의 숫자는 2천만 명에 달한다.[5] 이 시기 진행된 중국인의 대량 이주와 활동은 제국주의 식민시대와 두 번의 세계대전, 중일전쟁, 아시아태평양전쟁을 거치면서 싱

---

3 이 연구에서 주로 살펴보는 주 교재인 『중국근현대사강요』(高等敎育出版社, 2018)의 경우 베이징전영학원(北京電影學院)의 마르크스주의 학부에 해당하는 사정부(思政部)가 홈페이지를 통해 공개한 전자판임을 밝혀 둔다. 보조 교재는 張玉瑜·高福進 主編, 2018, 『中國近現代史綱要-學習讀本』, 上海人民出版社이다.

4 싱가포르와 대만의 역사교육에서 국가가 개입하는 과정은 중국과는 달리 의무교육인 중등교육과정까지이기 때문에 세 국가의 대학 교육을 단순 비교할 수는 없다. 싱가포르와 대만의 경우 대학 역사교재라 할 만한 사례 역시 발견하기 힘들다. 이 연구의 목적은 세 국가의 대학교재를 직접 비교하는 것이 아니라 중국의 국정화 대학교재를 중심으로 그 속에 기술된 화교화인 관련 내용을 싱가포르 및 대만 중등교육의 역사교육 커리큘럼과 비교함으로써 세 중화권 국가가 보여 주는 화교화인사 인식의 차이를 밝혀내고자 한다는 점을 미리 밝혀 둔다.

5 Adam McKeown, 2010, "Chinese Emigration in Global Context, 1850-1940", *Journal of Global History* 5(1), p.98.

가포르와 대만이라는 대표적 중화권 국가를 탄생시켰다. 이 역사를 세 국가는 어떻게 해석하고 있을까.

역사 서술의 가장 중요한 세 축은 역사적 사실, 관점, 그리고 해석이다. 관점이 달라지면 같은 사실이라도 해석이 달라지고, 해석이 달라지면 역사 서술이 달라진다. 관점에 따라 중국계 이주민이나 그 후예들이 대부분인 대만 거주민들의 역사가 중국사의 일부가 되기도 하고, 아니면 중국사와 관계없는 독립적인 대만사가 되기도 한다. 혹은 중국계 이주민의 활동이 싱가포르 국가 형성에 중요한 역할을 했다는 사실이 과도하게 축소되어 교육되기도 한다. 즉, 19세기에서 20세기까지 100여 년간 진행된 중국계 이주민들의 활동이 2차 세계대전 이후 성립된 세 국가가 추구하는 국가 정체성을 만나 역사교육을 명분으로 다르게 해석되는 모습을 보인다.

무엇보다 중국근대사에서 중국계 이민자인 화교화인의 존재와 싱가포르의 탄생 및 발전이 결코 무관하지 않다는 점, 원주민을 제외한 근대시기 대만 거주민의 구성이 대부분 중국계 이주민이었다는 점은 같은 시기 폭발적으로 증가한 중국인 이주 현상을 둘러싼 세 국가의 역사교육에서 비교할 만한 지점이라고 생각된다. 이 부분을 어떻게 연결 짓는지에 따라 범중화권으로 분류되는 세 국가의 정체성, '국민'들에게 보여 주고 싶은 민족관 및 역사관이 뚜렷이 드러날 것이기 때문이다.[6]

---

6 기존 관련 연구에서는 중국, 싱가포르, 대만 세 국가의 역사교육을 개별적으로 살펴보는 경향이 강했고, 상호 비교해 보는 연구는 드물었다는 점에서 본 연구의 의의를 찾을 수 있을 것이다.

II. 마공정 『중국근현대사강요』의 중국근대사 서술 구조와 특징

2013년 시진핑 정권 성립 이후 중·고등학교에서의 역사교육과 교과서의 국정화가 활발히 진행되고 있다는 사실은 잘 알려져 있다.[7] 더 나아가 최근 연구자들의 관심을 끌고 있는 부분은 역사교육과 교과서 편찬의 국정화가 의무교육을 넘어 대학을 중심으로 한 고등교육기관에까지 이어지고 있다는 점이다. 특히 '4사(四史)' 편찬 공정을 통해 당사(黨史), 신중국사(新中國史), 개혁개방사(改革開放史), 사회주의 발전사(社會主義發展史)[8]를 '마공정'이라 부르는 교재 편찬 사업을 통해 『중국근현대사』, 『세계현대사』, 『중화인민공화국사』, 『고고학개론』, 『중국사상사』, 『세계고대사』 등의 교재로 출간하여 대학 교육에서의 국정화 작업을 진행 중이라는 연구와 뉴스가 이어지고 있다. 이는 역으로 대학교재에서의 역사 서술을 통해 현재 중국 정부가 드러내고 있는 국가 정체성, 세계관, 역사적 사실에 대한 해석과 관점을 더욱 선명하게 볼 수 있다는 점에서 주목할 만하다.[9]

---

7   이유표, 2021, 앞의 글; 윤세병, 2019, 앞의 글; 오병수, 2020, 앞의 글.

8   中華人民共和國敎育部, 2020.10.20., 「敎育部啓動編寫 "四史" 大學生讀本」 (2022.11.10. 검색); 馮俊, 2021/3, 「學習和硏究 "四史" 的理論指引: 深入學習習近平總書記關於 "四史" 的重要論述」, 『紅旗文稿』.

9   물론 그 이전에도 국가에서 주도하여 편찬한 대학교재용 역사서가 없었던 것은 아니다. 대표적인 사례가 바로 1963년부터 2006년까지 초판과 수정, 보완을 거친 『중국사강요(中國史綱要)』이다. 『중국사강요』는 지난 수십 년 동안 중국 대학에서 가장 많이 쓰인 교재로, 선사 시기부터 중국 근대까지를 대략적으로 다룬 교재라고 할 수 있다. 해당 교재는 이미 국내에서 번역 출간되기도 했고, 교재 자체에 대한 연구, 저자인 젠보짠(翦伯贊)의 역사관에 대한 연구 등이 다양하게 진행된 바 있다. 젠보짠 저, 심규호 옮김, 2015, 『중국사강요』 1 & 2, 중앙북스. 다만 이 글에서는 중국 정부의 국가관, 정체성이 보다 노골적으로 드러난 마공정 편찬 중국근대사 관련 교재를 중심으로 살펴보고자 한다.

중국 정부의 대학교재 국정화 작업 방향은 이를 주관하는 국가교재위원회(國家教材委員會)의 성격을 통해서도 짐작할 수 있다. 해당 위원회는 초·중·고·대학의 교과서 관리를 목표로 하고 있고, 여기에는 대학의 마르크스주의 중점 교과서 역시 포함되어 있다. 역사분과의 전문위원인 마민(馬敏)에 따르면, 현재 중국 정부는 유례가 없을 정도로 교재 공정을 중시하고 있는데, 그 이유는 "교재는 국가 의지의 체현으로 어떠한 교재와 교재 시스템을 만드는지가 국가의 인재 배양에 심각하게 영향을 주는 것으로 이는 국가의 직권"이기 때문이다.[10] 그리고 여기에서 말하는 "국가 의지의 체현"은 마르크스 사상이론과 이를 통한 역사관을 전체 국가 구성원에게 심어 주는 것이다. 그 일환으로 교과서 국정화 과정에서의 중요한 특징은 마르크스주의와 유물사관을 적용한 역사교육을 강조한다는 점이다. 이러한 흐름은 2011년 『역사과정표준(歷史課程標準)』과 2017년 『보통고중역사과정표준(普通高中歷史課程標準)』에 분명히 드러나 있고, 최근 편찬해 낸 2022년판 『의무교육역사과정표준(義務教育歷史課程標準)』에는 더욱 뚜렷하게 드러나 있다.[11]

『의무교육역사과정표준』(이하 『표준』)에 따르면, 중국근대사의 범위는 1840년 아편전쟁에서 1949년 중화인민공화국의 성립까지이며, 교육 내용은 열강의 중국 침략 과정과 중국이 반식민·반봉건사회로부터 벗어나는 과정을 중점적으로 서술한다. 이 시기는 '중화민족'이 대외적으로는 열강의 침략에 저항하고, 내부적으로는 봉건 전제정치에 반대하여 최

---

10 "國家教材委員會馬敏: 教材是國家意志的體現", 中國經濟網, 2017.7.24. (2022.11.15. 검색)

11 中華人民共和國教育部制定, 2022, 「義務教育歷史課程標準(2022年版)」, 北京師範大學出版社.

종적으로 중국공산당이 전국 각지의 종족, 인민들을 일치단결시킴으로써 민족 독립, 인민 해방을 실현하는 과정이다. 해당 『표준』에 따른 중국근대사 교육의 핵심 사건과 의의는 다음과 같다.

『의무교육역사과정표준』 속 중국근대사 서술 구조

가. 서구 열강의 침입과 아편전쟁
19세기 중반부터 시작된 열강의 침략에 대해 인민들은 태평천국운동(太平天國運動)으로 청 왕조의 통치와 외세에 저항해 온 한편, 자강(自强)을 제창한 양무운동(洋務運動)을 통해 중국 자본주의의 발생과 발전이 격화되었다. 자산계급의 유신파는 민족의 위기를 구하기 위해 유신변법운동(維新變法運動)을 진행하였다. 의화단(義和團)운동의 경우 중국 인민들이 수년 동안 서구 열강의 침략에 저항하고, 중국을 분열시키려는 그들의 의도에 용감하게 저항한 중요한 사건이다.

나. 신해혁명(辛亥革命)
신해혁명을 통해 중화민국을 세움으로써 수천 년 동안 지속된 군주전제제도를 타파하였고, 완전한 의미의 근대 민족민주주의 혁명의 서막을 열었다. 그러나 신해혁명을 통해서도 중국 인민의 반식민, 반봉건 상태를 벗어나게 할 수는 없었다.

다. 신문화운동과 5·4운동, 중국공산당 창당
신문화운동은 옛 사상과 도덕, 문화에 충격을 주어 사상 해방의 장을 연 사건으로, 중국이 고난의 와중에도 경제, 정치, 사상, 문화적 변혁을 멈추지 않았다는 것을 잘 보여 준다. 특히 5·4운동을 계기로 구(舊)민주주의 혁명이 끝나고 신(新)민주주의 혁명이 시작되었음을 보여 주었는데, 마르크스 사상의 전파로 1921년 중국공산당이 창당하여 중국혁명의 면모가 이로부터 일신하였다. 1차 국공합작(國共合作)의 결렬 이후 중국공산당은 국민당(國民黨)의 반동 통치에 저항하여 공농(工農) 무장혁명을 진행함과 동시에 농촌에 근거지를 마련하여 중국혁명의 새로운 길을 탐색하였다.

라. 항일전쟁

1931년 일본 제국주의가 일으킨 9·18사변으로 중화민족은 엄중한 민족의 위기를 겪게 되었고, 전국의 항일운동이 고조되었다. 1937년 일본의 7·7사변으로 2차 국공합작이 성사되었고, 중국이 대(對)파시스트전쟁의 동방 주전장이 되면서 중국 인민들이 분투하였으며, 근대 이래 외적의 침입에 대해 처음으로 완전히 승리할 수 있었다.

마. 해방전쟁과 신중국 건설

항일전쟁 승리 후, 중국은 화평민주(和平民主)를 추구했으나 국민당은 독재 통치를 원했으므로 내전이 발발할 수밖에 없었다. 중국공산당의 3년간의 해방전쟁을 통해 국민당의 대륙 통치를 뒤집고, 신민주주의 혁명의 위대한 승리를 취득하였다. 혁명의 와중에 마오쩌둥(毛澤東) 동지를 대표로 하는 중국공산당은 마르크스-레닌주의 기본 원리를 중국의 구체적 실제와 결합하여 마오쩌둥 사상을 창시하였는데, 이는 마르크스주의 중국화의 첫 번째 역사적 도약이다.

상기 서술 구조의 핵심은 청말의 내우외환과 국가와 민족의 생존, 신해혁명과 중화민국의 건립, 근대 사회와 생활의 변화(공업화, 과거제 폐지 등), 중국공산당 성립과 신민주주의 혁명의 흥기, 중화민족의 항일전쟁, 인민해방전쟁으로 이어지는 흐름이다. 이러한 역사적 사실을 통해 학습자가 익혀야 하는 자질은 유물사관과 중국식 시간 및 공간 관념이며, 동시에 역사를 해석하는 소양을 기르는 것이다.

『표준』의 규정은 의무교육 중 역사교육을 기준으로 작성된 것이지만, 마공정 중점 교재 가운데 근현대사 관련 대학교재인『중국근현대사강요』(이하『강요』) 역시도 이를 충실히 반영하고 있음을 발견할 수 있다.『강요』에서 중국근대사에 해당하는 시대 범위의 목차는 다음과 같다.

■ 『중국근현대사강요』 목차 (근대사 부분만 발췌)

상편: 아편전쟁에서 오사운동 직전, 1840~1919
종술 풍운변환의 80년

1. 아편전쟁 전의 중국과 세계
2. 외국 자본주의 침입과 근대 사회의 반식민지 반봉건적 특징
3. 근대 중국의 주요 모순과 역사 임무
    제1장. 외국 침략 반대 투쟁
        제1절. 자본-제국주의의 중국 침략
        제2절. 외국 무장 침략을 억제하고 민족 독립을 쟁취하기
            위한 투쟁
        제3절. 반침략전쟁의 실패와 민족의식의 각성
    제2장. 국가 출로에 대한 초기 탐색
        제1절. 농민군중투쟁 폭풍의 흥망
        제2절. 양무운동의 흥쇠
        제3절. 유신운동의 흥기와 요절

제3장. 신해혁명과 군주전제제도의 종결
　　제1절. 근대 민족민주혁명의 기치
　　제2절. 신해혁명과 중화민국 건립
　　제3절. 신해혁명의 실패(봉건군벌 전제통치의 형성)

중편: 오사운동에서 신중국 성립까지, 1919~1949
종술 변천복지의 30년

1. 중국이 처한 시대와 국제 환경
2. 삼좌대산의 중압
3. 중국의 두 가지 명운
　제4장. 천지개벽의 대사변
　　제1절. 신문화운동과 오사운동
　　제2절. 마르크스주의의 전파와 중국공산당 탄생
　　제3절. 중국혁명의 신국면
　제5장. 중국혁명의 새로운 길
　　제1절. 혁명의 새로운 길에 대한 고난의 탐색
　　제2절. 중국혁명 탐색의 우여곡절 속 전진
　제6장. 중화민족의 항일전쟁
　　제1절. 중국 멸망을 위한 일본의 침략전쟁
　　제2절. 중국 인민의 일본 침략자에 대한 반격
　　제3절. 국민당과 항일의 전면 전장
제4절. 항일전쟁의 중류지주(中流砥柱)가 된 중국공산당
　　제5절. 항일전쟁의 승리와 그 원인 및 의의
제7장. 신중국을 위한 분투
　　제1절. 화평민주의 쟁취에서 자위전쟁의 진행으로
　　제2절. 전체 민족의 포위를 당한 국민당 정부
　　제3절. 중국공산당과 민주당파의 합작

> 제4절. 인민 민주 집권의 신중국 창건
>
> 하편: 신중국 성립에서 사회주의 현대화 건설의 신시대,
> 　　　1949~2018

　『강요』의 도론(導論)에서는 "대학생은 조국의 미래와 각종 전선의 활력소이면서 중국 특색 사회주의 사업의 건설자이자 후계자이다. 조국 건설의 책임을 지기 위해서는 반드시 중국의 정세를 알아야 하고, 중국의 오늘뿐 아니라 응당 어제와 지난날을 알아야 한다. 어떠한 전공을 하든 『중국근현대사강요』 과목을 학습하는 것이 반드시 필수적"이라고 말한다. 이와 더불어 해당 교재를 통해 근현대 중국 사회 발전과 혁명, 건설, 개혁의 역사적 과정, 내재된 규율성을 인식하고, 국사, 국정을 이해하여 역사와 인민이 어떻게 마르크스주의, 중국공산당, 사회주의 노선, 개혁개방을 선택했는지를 깨닫게 하는 것이 목적임을 분명히 밝히고 있다.

　『표준』과 『강요』 모두 중국 근대는 아편전쟁부터 시작한다. 서구의 침입은 외부 열강의 침략이므로 민족이 일치단결하는 계기이기도 하고, 내부에 축적되어 온 봉건적 요소와 사회 모순이 드러남으로써 인민들로 하여금 이를 각성하게 만든 계기이기도 하기 때문이다. 2000년대 초반만 해도 이러한 아편전쟁과 유럽 열강의 침입에 대해 학급별로 토론하고 생각할 수 있는 자유를 둘러싼 논쟁이 있었던 시기도 있었지만, 시진핑 집권 이후, 특히 2020년을 전후한 시기부터는 교육에 있어서만큼은 확실한 노선을 정한 것으로 보인다.[12] 결과적으로 마르크스주의의 영향을 받아

12　윤세병, 2019, 앞의 글.

탄생한 중국공산당이 이끄는 사회주의 노선을 '선택할 수밖에 없는' 인민들의 역사적 노정을 중심으로 교육하고자 하는 목적성이 뚜렷하다.

『표준』의 중국근대사 서술 기준과 『강요』의 근대사 서술을 통해 본 마공정 중심 역사교육 및 교과서 서술의 몇 가지 특징을 정리해 보면, 첫 번째로, 강한 운명론적 서술 방식이 눈에 띈다. 서구의 침략과 농공민(農工民)의 각성, 신문화운동으로 대표되는 새로운 문화의 영향으로 성립된 중국공산당, 두 차례의 국공내전으로 자산계급 중심의 국민당과 대립하면서도 끝까지 버틴 끝에 성립된 신중국으로 이어지는 서술 과정을 보면, 근대사의 핵심은 결국 중국공산당이 자본주의 자산계급과 서구 제국주의, 봉건 전제주의를 몰아내고 신중국을 건설할 수밖에 없는 운명이었다는 점을 강하게 드러내고 있다는 인상을 받게 된다. 결과적으로 사회주의체제가 승리할 수밖에 없었다는 운명론, 체제의 승리라는 결과를 바탕으로 과거의 역사적 사실을 끼워 맞추는 목적론적 해석이다.

두 번째는 그 과정에서 각종 역경을 이겨내고 결국에는 승리를 쟁취해 낸 중국공산당, 특히 마오쩌둥과 그 동지들의 영웅적인 행적을 강조한다는 점이다.

세 번째는 운명적으로 승리할 수밖에 없는 영웅적 행적의 중국공산당을 적대하는 세력으로 서구 제국주의, 봉건 전제주의, 자본주의 자산계급, 일본 제국주의를 상정함으로써 강한 선악 구조를 노골적으로 드러낸다는 점이다. 사실 운명론, 영웅, 선악 구조는 실증을 중심으로 하는 역사 서술보다는 신화에 가까운 용어라는 점에서 현재 중국 정권이 중국근대사 교육과 교과서의 국정화 작업을 통해 드러내고자 하는 가치가 무엇인지, 학습자에게 이식하고자 하는 정권의 정체성은 무엇인지가 분명히 드러난다고 판단된다.

III. 『강요』 속 화교화인 및 대만 관련 서술의 특징

『강요』는 그 목적과 의도가 뚜렷한 교재인 만큼, 그 속에서 언급되는 화교화인, 대만 관련 부분 역시 반봉건, 반제국주의를 각성하면서 일치단결하게 되는 중화민족이 위대한 승리를 쟁취하는 과정의 한 부분으로 기술되고 있다. 우선 화교화인 관련 서술을 살펴보자.

표 1. 『강요』와 『강요-학습독본』 속 화교화인 관련 서술

『강요』	『강요-학습독본』
42쪽: 난징(南京)임시정부가 제정한 각 정책 조치는 중화민족 자산계급의 바람과 이익을 집중적으로 대표하면서 반영하고 있어 상당 정도로 광대한 중국 인민의 이익에도 부합하였다. 예를 들어, 각종 봉건 폐단을 일소하여 인권 보호, 자본주의 상공업 발전을 독려하기 위한 공장, 광산, 은행, 개간사업 등의 창설 제창, 고문 금지, 화교 보호를 위한 화공(華工, 중국계 노동자) 판매 금지, 인신매매 금지 등의 선포, 노비제 폐지, 아편 재배 및 흡연 금지 등의 조치가 있었다.	44쪽: 1890년대 쑨중산(孫中山)은 미국 각지에서 혁명을 선전하였다. 최종적으로 1894년 미국 호놀룰루(檀香山)에서 화교들의 지지하에 중국의 첫 번째 민주혁명 단체인 흥중회(興中會)가 창건되었고, 그 자리에서 그가 작성한 〈흥중회 장정〉이 통과되었다.
92쪽: 해외 화교는 계속해서 조국과 호흡하면서 운명을 함께했다. 그들은 각종 방식으로 조국의 항전을 지원하였다. 예를 들어, 아시아에서는 싱가포르에서 천지아경(陳嘉庚)을 주석으로 하는 화교주진조국난민총회(華僑籌賑祖國難民總會)가 설립되어 그 지부가 동남아시아 각국에 분포되었다. 전 민족 항전의 첫 3년 동안에만 해외 교포들이 헌납한 비행기가 217기, 탱크가 23대, 구호 차량은 1천여 대, 물자 총수는 3천여 건 이상이었다. 다수의 해외 화교들이 귀국하여 항전에 투신하였고, 참전한 광둥 출신 귀국 화교 군인 수만 4만여 명이었다.	87쪽: 1894년 미국과 청 정부는 〈제한래미화공조약〉을 맺었다. 1904년 조약의 기한이 다가오자 중국 인민, 특히 미국으로 건너간 화교들은 이 불평등조약이 폐기되기를 희망하였는데, 미국은 거절하였을 뿐만 아니라 이 조약을 계속 이어 가기를 희망했다. 소식이 전해진 이후 군중들은 격분하였고 … 이러한 움직임이 계속해서 각 통상 항구 및 성급의 도시로 퍼졌고, 해외 화인의 적극적인 참여를 얻기도 했다.

105쪽: (항일전쟁 승리의 원인과 의의 중) 세 번째, 전 민족 항전은 중국 인민 항일전쟁 승리의 중요한 보배였다. 침략에의 반격과 국가 생존의 도모가 중국 각 당파, 민족, 계급, 계층, 단체, 및 해외 화교화인의 공동 의지가 되었다.	213쪽: 이러한 항전 사적과 활동은 노동자, 농민, 애국지사로 확대되거나 혹은 자식을 보내 참가시키기도 하였고, 물자를 보내거나 혹은 국공 양당 합작을 선전하는 등의 활동을 포괄하였고, 쑹칭링(宋慶齡)은 1938년 홍콩에서 '보위중국동맹(保衛中國同盟)'을 성립하였다. 또한 홍콩, 마카오, 대만 동포 및 해외 화교들이 각종 방식으로 항전하였다.
120쪽: (중국혁명 승리의 원인과 기본 경험 중) 각 민주당파와 무당파 인사, 각 소수민족, 애국적 지식분자 및 화교 등은 모두 이 투쟁에서 적극적인 역할을 하였다. … 애국 화교 지도자 천지아겅, 쓰투메이탕(司徒美堂) 등 또한 모두 차례로 공산당의 친밀한 친구가 되었다.	235쪽: -신중국 분투의 학습 요점 각 민주당파와 무당파 민주인사, 각 소수민족, 애국지식분자 및 화교를 포괄하는 인민대중의 지지 확대는 중국혁명이 승리를 취득한 결정적 요소였다.
	243쪽: 중국치공당(中國致公黨)은 미국의 화교 단체가 1925년 10월 샌프란시스코(金山)에서 설립하였는데, 그 목표는 화교의 정당한 권익 보호에 있었고, 중화민족의 독립과 조국 부강에 집중하였다.
	250쪽: 이 외에 각 민주당파와 무당파 민주인사, 각 소수민족, 애국지식분자 및 화교들은 모두 이 투쟁 중에 적극적인 작용을 하였고, 혁명의 형세가 변화함에 따라 그들은 시종 혁명의 입장을 취하여 결국 공산당과 함께하였다. 광대한 인민과 각계 인사의 광범한 참여와 적극적인 지지가 없었다면, 중국혁명의 승리는 불가능했을 것이다.
	252쪽: (필독 문헌에 대한 설명 중) 『중국인민정치협상회의공동강령』(1949년 9월 29일) 1949년 9월 21일에서 29일까지 중국인민정치협상회의 제1기 전체회의가 북평에서 거행되었다. 회의에 참가한 인원은 중국공산당과 각 민주당파, 인민 단체, 인민해방군, 각 지역, 민족, 해외 화교, 기타 애국민주 분자의 대표들로 모두 662인이었다.

『강요-학습독본』은 『강요』의 보조 교재로, 교수자와 학습자의 『강요』 교과과정 수행을 위한 해설서에 가까운 교재다. 보조 교재에는 주 교재에 언급된 화교화인에 대한 기술 외에 부족한 부분을 보충하는 형식으로 작성되어 있다. 어쨌든 두 교재 모두 공통으로 강조하는 부분은 화교화인이 청말 혁명과 항일전쟁 기간에 반제, 반봉건운동을 위해 조국에 각종 도움을 주었다는 것이고, 이를 연결 고리로 하여 화교화인들의 신중국 성립에의 기여를 강조하면서 그들을 중화민족의 우산 아래 위치 지으려 한다는 점이다. '중화민족'에 대한 중국 정부의 적극적 해석은 기존 연구에서도 다양하게 다루어져 왔지만, 상기 교재의 화교화인 관련 서술을 통해서도 비교적 선명하게 파악할 수 있다.[13] 심지어 『강요』와 『강요-학습독본』에는 이들이 왜 해외로 건너갔는지, 건너가서 어떤 공동체를 형성했는지에 대한 이민사 관련 기술은 거의 없고, 주로 '조국'에 물질적으로 도움을 주는 해외 자산계급으로만 묘사되고 있다.

　　다음으로 대만 관련 서술을 살펴보자.

13　박장배, 2003, 「근현대 중국의 역사교육과 中華民族 정체성 2: 중화인민공화국 시대의 민족 통합문제를 중심으로」, 『중국근현대사연구』 20집; 김종학, 2021, 「중국의 국사 교육과 '중화민족'의 의미: 고중(高中) 통편교재(統編敎材) 『歷史: 中外歷史綱要(上)』의 사례」, 『주요국제문제분석』 26; 최승현, 2018, 「중국공산당의 "중화민족"에 대한 인식 연구」, 『한국동북아논총』 23(1); 오병수, 2014, 「중국 근대 역사교과서의 자국사 구축과정과 '중화민족'」, 『歷史敎育』 132집; 서정경, 2013, 「아시아의 민족주의와 민족문제: 중국의 중화민족 만들기와 대내외적 갈등」, 『민족연구』 55권.

표 2. 『강요』 속 대만 관련 서술

88쪽	92쪽
1895년 〈마관조약(馬關條約)〉 체결 직후, 일본은 곧 50년에 달하는 대만에서의 식민통치를 시작하였다. 일본은 대만에 총독부를 설치하였다. … 그들은 일련의 경찰제도와 보갑(保甲)제도를 건립하여 대만 인민의 생사여탈권을 장악하였다. 일본은 또한 대만에서 광폭한 경제 침탈을 진행하여 대만의 자원과 재부를 수탈하였다. 그들은 "농업대만, 공업일본"의 식민지 경제 모델을 추진하여 대만을 일본의 쌀 공급지로 만들었다.	중국 공산당의 영도와 영향하에 각 소수민족과 한족들이 함께 각종 방식으로 항일투쟁에 투입되었다. … 수많은 대만 동포들이 다시 조국인 대륙으로 건너와 각종 항일 단체와 항일 무장을 조직하였다. 섬내의 고산족 등 대만동포들은 곧 끊임없이 항일 폭동을 일으켰고, 항일의용군을 조직하였다 (대만동포들의 장장 반세기에 달하는 항일투쟁 가운데 모두 65만 명에 달하는 이가 장렬히 희생하였다).
103쪽	105쪽
1945년 10월 25일, 중국 정부는 대만에서 투항의식을 거행했다. 포츠담 회담의 발표에 근거하여 일본에 의해 50여 년간 점령당했던 대만과 팽호 열도가 중국으로 돌아오게 되었다. 이는 항일전쟁에서 완전한 승리를 거두었다는 중요한 지표가 되었다.	(항일전쟁 승리의 원인과 의의 중) 중국 인민은 항일전쟁의 승리로 일본 군국주의가 중국을 식민화하여 노예로 부리려는 의도를 철저히 분쇄하였다. 중국인민은 자신들의 맹렬한 분투와 거대한 희생으로 갑오전쟁(청일전쟁) 이후 일본이 중국으로부터 탈취한 동북, 대만, 팽호 열도 등의 신성한 영토를 돌려받아 국가 영토와 주권을 온전히 지킴으로써 근대 이래 외래의 침략으로 연전연패한 민족의 치욕을 씻을 수 있었다.
113쪽:	114쪽:
1947년 2월 28일, 대만성 타이베이시의 인민들은 국민당 당국의 폭정에 항거하고, 군경이 시민들을 학살한 것에 항의하여 대규모 시위를 일으켰다. 2월 말과 3월 초, 대만 각지의 한족, 고산족 인민들이 이에 응하여 흥기하였고, 무기를 탈취하여 봉기하였다. 아울러 타이중, 지아이 등의 도시를 공격하여 점령하였다. … 2·28 기의는 비록 실패했지만, 전국 인민민주운동의 일부가 되어 유력하게 대만 인민의 혁명정신을 보여 줌으로써 전국의 인민을 고무시켰다.	(중국공산당과 민주당파의 합작 중) 대만민주자치동맹(臺灣民主自治同盟, 약칭 '대맹'). 2·28 기의 실패 후, 대만 각계의 인사들이 단결하여 투쟁을 견지하기 위해 1947년 8월 셰쉐훙(謝雪紅) 등이 홍콩에서 양성하여 설립한 정치 조직. 11월, 대만민주자치동맹이 정식으로 성립하였다.

118쪽:	119쪽:
국민당 장제스 집단은 인민들에 의해 중국 대륙에서 쫓겨나 중국 대만성으로 도망하였다.	1949년 9월 7일, 저우언라이(周恩來)는 정협(政協) 대표들을 향해 진행한 보고에서 이렇게 지적하였다. "오늘날 제국주의는 우리의 시짱(西藏), 대만, 심지어 신장을 분열하고자 하였다." "이러한 정황 아래 우리 국가의 명칭은 중화인민공화국이라 불러야 하지, 연방으로 불러서는 안 된다." "우리는 비록 연방은 아니지만, 도리어 민족 구역의 자치와 민족자치 권력의 행사를 주장한다."

『강요』에 서술된 대만 관련 내용에서는 중국 정부의 의도가 더욱 강하게 드러난다. 한족 이주민과 원주민으로 이루어진 대만인들을 모두 동포 혹은 동지로 설정하고, 이들의 일본에 대한 저항을 반제국주의 활동의 일환으로 보아 중국근대사와의 연결을 시도하고 있다. '항일전쟁' 이후에는 대만인과 국민당 정권의 대립, 갈등 관계를 만들어 2·28사건과 같은 역사적 사건을 중국근대사의 일부로서 자산계급과 독재에 저항한 인민의 혁명 과정으로 보는 관점을 노골적으로 드러낸다. 그리고 이미 1949년 중화인민공화국 성립 과정에서 대만을 영토 내에 위치 짓는 것을 요지로 하는 회의 내용을 통해 대만 영유권에 대한 명분도 분명히 하였다.

『강요』에서 강조하는 중국근대사와 신중국 성립의 중요한 분기점은 '항일전쟁'과 '국공내전'이다. 이 두 전쟁은 중국공산당이 세력을 키워 종국에는 중화인민공화국을 성립하는 직접적인 계기가 되는 사건들이다. 『강요』에서는 이 두 전쟁 속에서 화교화인과 대만인들이 적극적으로 기여했다고 평가하고 있다. 이러한 서술은 화교화인과 대만인들의 역사적 활동들을 모두 소위 '신중국' 성립을 위한 노력으로 치환함으로써, 그리고 '신중국' 성립의 영광을 함께 누리도록 강제함으로써 이들을 거대한 중화민족의 범주에 두는 논리로 이어질 수 있다. 이는 중국이 추구하는 '중화민족 대가정' 관념의 일면을 보여 주는 장면이기도 하다. 그렇다면 중국의 이러한 의도에 대해 이민자들이 세운 도시 국가인 싱가포르와 대륙으로부터 건너온 한족 이주민들의 후예가 인구의 대다수를 차지하는 대만의 역사교육은 어떻게 이루어지고 있을까.

IV. 싱가포르 · 대만 역사교육 속 국가 정체성과 중국과의 관계 설정

1. 싱가포르

싱가포르의 교육과정은 초등교육 6년과 중등교육 4~6년이 전 국민에게 주어지는 의무교육과정이고, 중등교육 이후부터는 각자 진로 및 학업 성과에 따라 대학 입학 준비 과정, 직업학교, 전문학교 등으로 진로가 나뉜다. 그러므로 전 국민이 의무교육과정에서 받는 국정 역사교육은 중등학교 저학년과 고학년이 마지막이라고 할 수 있다. 즉, 13세에서 17세까지 이루어지는 교육이다. 싱가포르 교육부에서 배포한 교과과정 계획을 보면, 저학년에서는 편년 서술 기반 싱가포르사를 가르치고, 고학년에서는 세계사적 변화에 따른 동남아시아 전체 지역의 역사적 변화 과정을 근현대사를 중심으로 교육하는 방식으로 나뉜다.[14]

싱가포르 역사교육의 가치는 학생들이 과거 발전의 성격과 충격이 어떻게 현재 세계를 설명하는지 이해함으로써 과거와 현재를 연계하도록 한다는 것으로, 중국의 운명론적, 목적론적 역사교과서 기술과는 다르다.

14　History Syllabus, 2017, Upper Secondary(Express course/ Normal course), MOE; History Syllabus, 2021, Lower Secondary(Express course/ Normal course), MOE.

싱가포르 교육과정에서 역사교육은 학습자들이 균형감, 통찰력, 관용, 호기심, 지식, 체계성을 갖춘 개인이 되도록 돕고, 이를 바탕으로 논리정연한 주장과 결정을 할 수 있도록 하는 데 그 목적이 있다.[15] 그럼에도 싱가포르의 역사교육은 개인, 국가, 국제 레벨에서의 역사 이해를 통해 학생들의 정체성을 발전시키는 데 중요한 역할을 할 수 있도록 하는 것에 목적이 있다는 점도 분명히 하고 있다. 2021년 기준 싱가포르 중등교육과정에서 싱가포르사 서술은 크게 다음의 네 단계로 나뉜다.[16]

> 1단계(1299~1800s): 영국의 식민지가 되기 전, 싱가포르가 인도, 중국, 동남아시아, 유럽 국가들과의 관계에서 어떻게 글로벌 무역 네트워크의 일원이 되었는지에 주목한다.[17]
>
> 2단계(1819~1942): 1819년 이후 영국 통치 아래 항구도시로서 싱가포르의 경제적, 정치적, 사회적 변화를 추적하고, 1942년 일본에 점령되기까지 다른 그룹들의 경험을 서술한다.
>
> 3단계(1942~1965): 1940년대부터 1960년대까지 싱가포르가 영국의 식민지에서 독립국가로 전환하는 과정을 살펴보고, 전후 국제 정세와 현지인들 사이의 상호 작용이 어떻게 싱가포르의 독

---

15 History Syllabus, 2021.

16 History Syllabus, 2021.

17 싱가포르는 21세기, 특히 2010년대를 전후하여 국가의 역사를 1819년 싱가포르가 영국 동인도회사에 의해 발견되기 이전의 원주민 및 중국계 이주민의 역사로 재서술하려는 움직임을 보이고 있다. 특히 각종 문헌 자료 및 고고 발굴 자료를 통해 국가적으로 이러한 프로젝트를 실행 중인데, 상기 교육과정에서는 이러한 현실이 반영된 것으로 보인다. 해당 내용에 대해서는 김종호, 2019, 「50년의 역사, 200년의 역사, 700년의 역사: '이민국가' 싱가포르의 건국사, 식민사, 21세기 고대사」, 『동서인문』 제12호 참조.

립에 영향을 주었는지 고찰한다.

4단계(1965~1970s): 독립 국민국가로서 싱가포르의 새로운 지위와 싱가포르인들의 소속감, 현실, 희망이 어떻게 형성되었는지 살펴본다.

이 중에서 중국의 근대와 겹치는 부분은 2단계이다. 2단계의 학업 내용은 크게 두 가지로 나뉘는데, 항구도시로서 싱가포르의 발전 그리고 2차 세계대전 발발과 3년간의 일본 점령(1942~1945)이다. 특히 전자의 경우 크게 다음의 세 가지 문항으로 나뉜다.

1) 싱가포르의 발전에 영국 지배가 끼친 영향: 영국 동인도회사 지배에서 왕실 지배로 넘어가는 과정 / 법과 제도 / 경제적, 사회적 정책(자유항, 교육, 공중보건 등)
2) 싱가포르의 발전과 (종족) 공동체들의 역할: 이민자들이 싱가포르로 모이는 이유 / 싱가포르의 발전에 다른 공동체들이 끼치는 사회적, 경제적 영향
3) 싱가포르 무역과 산업 발전: 무역과 산업의 성장에 영향을 끼친 주요 사건과 발전(수에즈 운하 개설, 고무 및 주석 산업 발전, 대공황)

사실 싱가포르의 역사교육에서 가장 중요한 부분은 바로 2단계의 일본 점령 경험과 3단계 국가의 탄생 과정이다. 이 두 사건은 기존 학계에서도 싱가포르사, 특히 '싱가포리언(Singaporean)' 내셔널리즘 및 국가 공동체 형성의 중요한 분수령이라 평가받는 시기다. 이 시기 동안 기존에는 없었던 싱가포르인들의 정체성이 만들어지면서 새로운 국가가 탄생하게 된다. 중국의 근대사 서술과 비교하면, 중국공산당이 국공내전을 거쳐 중

화인민공화국을 성립하는 과정과 같다. 새로운 국가가 성립되면서 구성원들이 국가의 정체성과 민족주의를 만들어 가는 과정인 것이다.

흥미로운 점은 교육부에서 배포한 2021년 중등교육 고학년/저학년용 역사교육 계획서에 'Chinese'라는 단어가 전혀 등장하지 않는다는 점이다. "China"라는 단어가 등장하지만, 모두 싱가포르와는 전혀 관계없는, 냉전 시기 공산권 국가 가운데 하나로 기술되고 있을 뿐이다. 중국인 이주민에 관한 기술은 전체 "이민자들"로 뭉뚱그려 서술되고 있다. 2단계의 역사과정에서 싱가포르 정부가 이민자들의 유입에 어떻게 대처했는지를 중점적으로 다루고 있어 이미 독립된 주체로서 '싱가포르 공동체'의 존재를 상정한 다음, 남중국해를 건너온 이민자들을 대하는 듯한 뉘앙스를 보여 준다. 이는 실제 이민자들이 인구의 거의 대부분이었던 역사적 사실을 싱가포르 정부가 현재 어떻게 해석하고 있는지 살펴볼 수 있는 부분이다.

영국 식민 시기 싱가포르 인구 구조에서 중국계 인구의 비율을 보면, 1870년대부터 1930년대까지 줄곧 70~80%를 차지하고 있다.[18] 심지어 중국계 인구 대부분은 노동자, 농민, 상인 할 것 없이 당시 중국 동남부 지역인 푸젠, 광둥, 하이난에서 건너온 이민자들이었다. 혹은 일부 2~3세대 화교화인의 후예들도 있었다. 그런 이유로 식민 시기, 그리고 국가 성립 기간에 싱가포르의 중국계 이주민들은 '교향(僑鄕)'이라고 부르던 대륙 중국의 고향과 혈연, 지연을 바탕으로 긴밀히 연계되어 있었고, 냉전기에는 국민당과 공산당의 이데올로기 대리전 양상이 펼쳐지면서 역시나 강하게 연계되어 있었다.[19] 싱가포르 교육부에서 편찬한 역사 교과과정에

---

18 Yeoh, Brenda S.A., 2003, *Contesting Space in Colonial Singapore -Power Relations* and *the Urban Built Environment, Singapore*: NUS Press.
19 관련 내용에 대해서는 김종호, 2020, 「친공(親共)과 애국 사이: CIA 문서를 통해 본 냉

대한 설명에는 이러한 역사적 사실에 대해서는 아무런 언급이 없다.

또한, 중국과 최대의 인적 교류가 이루어졌던 시기를 다루는 2단계 역사교육과정의 주요 참고문헌 역시 싱가포르 전체 역사에 대한 개설서 3권, 1819년 영국 식민지 이전의 역사 1권, 영국 식민 정책에 대한 개설서 1권, 1942년 일본에 의한 점령 관련 연구서 3권으로, 싱가포르 형성에 가장 결정적인 역할을 한 중국인 이민에 대한 저서는 하나도 없다는 점이 눈에 띈다.[20] 특히 1942년에서 1945년까지의 단 3년에 불과한 일본 점령 관련 참고문헌이 3권이라는 점에서 싱가포르 공동체, 더 나아가 싱가포르인 민족주의의 탄생과도 같은 일본 점령 경험을 얼마나 강조하고 있는지를 짐작할 수 있다.[21] 실제 싱가포르 교육계와 학계에서는 3년의 일본 점령 기간에 겪은 인적, 물적 수탈과 '숙칭(肅淸, Sook Ching)'이라 부르는

전 초 동남아 화교화인의 대중(對中)인식」, 『중국근현대사연구』 85집; 김종호, 2017, 「'중화성' 모색을 위한 시도들: 서구권 및 동남아시아 지역 화교화인 디아스포라 연구 경향 분석」, 『중국근현대사연구』 73 등 참조.

20 Chew, C. T. E., & Lee, E., 1991, *A History of Singapore, Singapore*: Oxford University Press; Farrell, B. P., 2005, *The Defence and Fall of Singapore,* Gloucestershire: Tempus Publishing Group; Frost, M. R., & Balasingamchow, Y., 2009, *Singapore: A Biography,* Singapore: Editions Didier Millet Pte Ltd.; Hack, K., & Blackburn, K., 2009, *Did Singapore Have to Fall: Churchill and the Impregnable Fortress*, Abingdon, Oxon: Routledge; Kwa, C. K., Heng, D., Borschberg, P., & Tan T. Y., 2019, *Seven Hundred Years: A History of Singapore,* Singapore: Marshall Cavendish Editions; Lee, E., 1991, *The British as Rulers: Governing Multiracial Singapore, 1867~1914*, Singapore: Singapore University Press; National Archives of Singapore, 2011, *Battle for Singapore: Fall of the Impregnable Fortress*, Singapore: National Archives of Singapore; Turnbull, C.M., 2009, *A History of Modern Singapore, 1819~2005*, Singapore: National University of Singapore Press.

21 싱가포르뿐 아니라 동남아시아 역사 서술에서 아시아태평양전쟁과 동남아시아에 대한 일본의 3년 점령은 각 지역 민족주의 발생의 중요한 계기로 여겨진다. 기존 서구 식민 세력이 물러가고 현지인들이 일본에 저항 혹은 협력하면서 각 공동체의 운명을 스스로 결정지은 첫 경험이기 때문이다.

학살을 싱가포르 민족주의 탄생의 분수령으로 평가하고 있다. 영국 식민 기간에 자유무역항이었던 싱가포르로 다양한 이주민이 모여들면서 중국계, 인도계, 말레이계, 각종 혼혈 집단으로 이루어진 다문화·다종족의 싱가포르 사회가 하나의 정체성으로 묶이게 되는 중요한 사건이자, 국가 형성의 시작으로 보고 있기 때문이다.

이 같은 교과 계획에 따라 편찬된 싱가포르 중등교육에서의 역사교과서는 어떻게 서술되어 있을까. 2021년에 편찬된 싱가포르 국정 역사교과서 『Singapore: A Journey Through Time, 1299~1970s』에는 싱가포르 역사가 15개 장으로 구성되어 있다.[22]

Secondary One

Introduction: 역사란 무엇인가

Unit 1 개관: 테마섹에서 싱가포르로(1299~1800s 초반)

Chapter 1: 초기 싱가포르의 역사를 어떻게 지역사 및 세계사와 연결할 것인가

Chapter 2: 싱가포르는 어떻게 영국의 무역항이 되었나

Unit 2 개관: 영국 통치하 항구도시 싱가포르의 발전(1819~1942)

Chapter 3: 1819년부터 1942년까지 항구도시 싱가포르의 성장에 영국의 통치와 외부 발전은 어떠한 영향을 주었는가

Chapter 4: 1819년부터 1942년까지 항구도시로서의 발전에 싱가포르의 거주민들은 어떠한 역할을 하였는가

---

22 Curriculum Planning & Development Division of Singapore Ministry of Education, 2021, Singapore: *A Journey Through Time, 1299~1970s(Secondary One & Two)*, Star Publishing Pte. Ltd.

> Chapter 5: 싱가포르는 2차 대전기 일본에 점령당해야만 했는가
>
> Secondary Two
> Unit 3 개관: 싱가포르의 독립을 위한 분투(1942~1965)
> Chapter 6: 일본 점령기 싱가포르인들은 어떤 경험을 하였는가
> Chapter 7: 2차 대전 이후 싱가포르인들은 영국의 통치에 어떻게 대응하였는가
> Chapter 8: 싱가포르는 어떻게 독립국가가 되었는가
> Unit 4 개관: 독립 국민국가로 살아남기(1965~1970s 후반)
> Chapter 9: 1965년 이후 싱가포르는 독립을 어떻게 유지하였는가
> Chapter 10: 독립 이후 대중들의 삶은 어느 정도로 변화하였는가
> Conclusion: 지금까지 배운 내용들

　상기 내용 가운데 이 글에서 주로 다루는 중국의 근대사 구분에 해당하는 부분은 3장과 4장이다. 3장은 토머스 스탬퍼드 래플스(Thomas Stamford Raffles)에 의해 싱가포르가 발견되어 항구도시로 개발되는 과정을 전체적으로 서술하고, 4장에서는 그 과정에서 싱가포르로 이주해 온 이주민들의 역할과 기여는 어떠했는지를 다룬다. 상술했듯이 싱가포르의 근대적 발전에 있어 중국계 이주민의 역할은 절대적이었기 때문에 이들에 대한 서술을 생략하는 것은 불가능하다. 해당 교과서 역시 중국계 이주민들의 역할을 서술하고 있는데, 흥미로운 부분은 그 경제적 기여도나 거대 자본가의 존재는 축소되고, 이들이 철저히 영국 식민 정부의 법과 질서 속에서 통제받는 존재였다는 점을 강조하는 방향으로 서술되었다는 사실이다. 이 시기에 대한 전체적인 서술 방향은 영국령으로서 그 시스템 아래에서 성장했다는 점을 강조하는 것이다. 3장의 전체 내용을 포괄

하는 질문이 "영국은 어떻게 싱가포르를 항구도시로 발전시켰는가"이고, 이를 6개의 핵심 분야, 즉 자유항 지위, 행정적 변화, 법과 질서, 교육, 보건, 인프라로 나누어 설명하고 있다.

싱가포르의 중국계 이주민 그룹은 무관세 원칙을 설정한 자유항이라는 지위를 충분히 활용하여 치부한 자산가들을 가장 많이 배출한 그룹인데, 이 부분에 관한 서술에서 중국계 자본가 관련 서술은 전혀 나오지 않고 있다. 모든 서술이 중개무역항으로서 싱가포르가 가진 지리적 이점, 수출입 무역 규모의 급증 등을 중심으로 이루어지고 있다. 다른 한편으로, 싱가포르 인구의 다수를 차지하던 중국계 이주 노동자들은 3장에서 철저히 영국 식민지의 법과 질서가 얼마나 효과적으로 그리고 효율적으로 이루어지고 있었는지를 드러내는 데 활용되고 있다. 영국 법과 질서 분야에서 초기의 중국계 이주민 노동자들은 싱가포르의 가혹한 노동환경 속에서 고통받는 존재, 그들끼리 이권 다툼을 위해 비밀결사 조직(Secret Society)을 만들어 사회질서를 어지럽힌 존재, 도박·아편·성매매를 거리에 유행시킨 존재로 그려진다.

교과서는 이러한 초기 중국계 이주민들에 의해 벌어진 싱가포르의 혼란한 상황을 영국 식민 정부가 어떻게 안정화하였는지를 서술하고 있다. 특히 1877년 설립된 화민호정사(華民護政司, Chinese Protectorate)의 역할을 강조하고 있다. 화민호정사는 19세기 초중반 싱가포르 건설을 위해 유입을 장려한 중국계 이주민들 사이에서 내부 갈등이나 사회적 문제가 드러나기 시작하자 이를 조정하기 위해 설치된 해협식민지(Straits Settlements)의 관청이다. 주요 업무는 점증하는 중국인 이주민들의 행정 업무를 담당한 관료들에게 중국어를 교육하는 것, '쿨리(coolie)'라고 불리던 새 이민자들을 관리하는 것, 사회적 문제를 일으키는 비밀결사 조직을 통제하는 것, 매춘부를 보호하고 질병을 관리하는 것 등으로, 중국계 이주민 사회의 어두운 부분을 주로 담당하였다.[23] 교과서는 초대 호정사인 윌리엄 피커링(William Pickering)의 활동을 중심으로 영국의 식민 시스템 아래 중국계 이주민들이 어떻게 제도 속으로 편입되었는지를 서술하고 있다.

중국계 이주민들의 역할에 대해 본격적으로 서술하고 있는 부분은 4장이다. 이 부분 역시 중국계뿐 아니라 유럽계, 말레이계, 인도계, 기타 종족에 이르기까지 기계적으로 균형을 맞추어 서술하려는 의도가 노골적으로 드러나 있다. 4장은 싱가포르의 근대적 발전에 이바지한 일반 대중들을 기업가, 노동자, 기술자로 구분하여 다루고 있다. 기업가 부분에서는 무역업자로서 유럽인, 중국인, 말레이인, 인도인, 해상 민족인 부기족(Bugis족)까지 다양한 종족을 균형 있게 다루고 있는데, 사실 압도적으로 유럽계와 중국계가 우위에 있었다는 점을 고려해 본다면 이 역시 의도적 균형 맞추기임을 짐작할 수 있다.[24] 3장과 4장의 전체 서술에서 중국계 자산가들은 주로 교육, 보건, 법질서를 세우는 데 특별한 역할을 한 존재 정도로 언급되고 있고, 대자본가로서 경제적 역할을 한 부분에 대해서는 거의 서술하지 않고 있다.[25] 기술자에 관한 서술에서도 도시 사회에서 활발하게 활동한 중국계 기술자들에 대한 언급은 없고, 오로지 부기족이나 말레이인들이 주로 담당하였던 전통 선박 건조 기술자들에 대해서만 다루고 있다.

노동자의 경우 중국계와 인도계가 거의 비슷한 비중으로 다루어지고

---

23 Ng, S. Y., 1961, "The Chinese Protectorate in Singapore, 1877~1900", *Journal of Southeast Asian History* 2(1).
24 실제 식민 시기 싱가포르 식민 정부 세입의 70~80% 이상은 중국계 자본가들에 의한 세금 수입이었다. 많은 기록과 연구들이 당시 싱가포르는 중국계 자본가 및 노동자들의 기여가 없었다면 재정적으로 유지될 수 없었다는 점을 지적하고 있다.
25 해당 교과서에는 교육에 기여한 간 응 셍(Gan Eng Seng), 최대의 민간병원을 세운 탄 톡 셍(Tan Tock Seng), 싱가포르 화교화인들의 삶과 교육, 제도 등에 기여한 림 분 컹(Lim Boon Keng) 등에 대해서만 서술하고 있다.

있는데, 독특한 점은 삼수이(Samsui) 여성 노동자들에 대해 따로 서술하고 있다는 것이다. 삼수이 여성은 광둥성 광저우 인근 삼수(三水) 지역에서 오랜 시간에 걸쳐 꾸준하게 집단 이주한 여성들을 가리킨다. 이들이 중국인 이민사에서도 매우 드문 케이스인 이유는 남성들을 따라왔다거나 팔려 온 것이 아니라, 스스로 의식을 가지고 남성 중심의 사회에서 벗어나 독립적인 삶을 살기 위해 이주한 여성들이기 때문이다. 특히 이들은 결혼을 '노예가 되는 길'로 여겼고, 결혼하게 되면 '죽을 때까지 일하게 될 것'이라는 의식을 가지고 있었을 뿐 아니라, 그러한 의식의 표현으로 남성들의 전유물로 여겨지던 육체노동도 불사하였다. 대표적으로 삼수이 여성들은 1920~1940년대 싱가포르의 건설업에 뛰어들어 각지에서 지어지고 있던 근대적 건축물들의 완공에 지대한 기여를 하였다. 통계에 따라 1934~1938년에만 20만 명의 삼수이 여성들이 싱가포르로 건너왔다고 하고, 1980년대에는 이러한 여성들을 주제로 한 TV 드라마도 제작되어 싱가포르 현지에서 방영되기도 했다. 대부분 집단을 이루어 서로 모여 살았고, 특유의 붉은색 사각형 두건이 상징으로 기억되기도 한다. 이들에 대한 서술에서는 중국계라는 점을 강조하기보다는 남성 중심의 이주사에서 여성의 역할을 잘 보여 준 존재로 부각하고 있다.

이러한 현상들은 싱가포르가 자국 역사를 서술하고 교육하는 데 있어 중국인 이민이라고 하는 결정적인 현상을 의식적으로 축소하고, 그리 중요하게 평가하지 않으려는 노력을 보여 준다. 실제 싱가포르 정부는 역사 교육에서 중국계 이민자들의 역할을 과도하게 강조한다면 -그게 설령 역사적 사실에 부합한다고 하더라도[26]- 1965년 건국한 신생 싱가포르 공

26　실제로 학계에서는 대부분 근대 식민 시기 싱가포르를 비롯한 동남아시아 도시 사회의 주요 구성원이자 상업의 주체, 인프라 건설자, 서비스 산업 제공자였던 중국계

화국의 국가 정체성과 구성원들의 민족주의 형성에 적절하지 않다고 판단하고 있다.[27] 역사교육 교과과정 규정을 통해 궁극적으로는 학습자 개인의 성장과 시민교육을 지향한다고 강조하고 있지만, 실질적으로 싱가포르 역사교육의 가장 중요한 목적은 명료하고 간단하다. 바로 국가 건설 과정을 강조하면서 '국민'들에게 국가 정체성을 심어 주는 것이다. 서로 다른 종족적 배경을 지닌 거주민들이 싱가포르라는 단일한 국가 정체성을 가지도록 하는 것이 역사교육의 핵심 목적이다. 이는 1965년 독립 이후부터 꾸준히 이어진 것으로, 이 절대 명제는 변하지 않는다.

만일 중국계 이주민의 활동과 역할, 기여도를 명확히 기술할 경우, 조화로운 다종족 중심의 국민국가 형성을 목표로 하는 싱가포르의 교육 가치와 어긋날 가능성이 높다.[28] 사실 싱가포르의 근대사에서 경제와 정치 분야에서 역사적으로 주목할 만한 인물은 거의 중국계인데, 그들에 대한 활동을 강조할 경우 다른 종족의 학습자들로 하여금 위화감과 반감을 불러일으킬 수 있기 때문이다. 이것이 궁극적으로 사회질서와 조화를 해칠 수 있다는 우려하에 중국계 중심의 교육은 명백히 지양하는 방향의 역사교육이 이루어지고 있다. 전체적으로 역사를 포함한 싱가포르 인문·사회 분야의 교육은 궁극적으로 그리고 공통으로 다종족의 학습자들에게 공통의 민족 정체성을 심어 주기 위한 목적이 가장 핵심이라 할 수 있다. 이러

이주민들의 역할이 가장 중요했다는 점을 인정하고 있다. Soon Keong Ong, 2013, ""Chinese, but not quite": Huaqiao and the Marginalization of the Overseas Chinese", *Journal of Chinese Overseas* 9.

27　Suhaimi Afandi and Ivy Maria Lim, 2022, "History Education in Singapore: Development and Transformation", *Education in Singapore*, vol.66.

28　Michael D. Barr, 2006, "Racialised Education in Singapore", *Educational Research for Policy and Practice* 5.

한 부분에 대해서는 많은 학자들 역시 지적하고 있다.[29]

역설적으로 이러한 싱가포르의 교육과정은 본질적으로 중국의 근대사 교육과 맞닿아 있다. 싱가포르 역시 식민지로부터 그 역사가 출발한다는 관점을 탈피하고자 식민사는 축소하고 그 이전의 역사를 강조하면서 국가 형성 과정에 초점을 맞추는 형식의 역사교육을 진행하고 있다. 그 과정에서 실제 역사에서 중요한 역할을 한 중국계 이민자들의 존재 역시 축소되고, 자연히 중국의 중국근대사 서술에서는 강조된 싱가포르를 중심으로 한 그들의 중국에 대한 애국 활동 역시 주목하지 않는다. 이러한 서술 및 교육 방향은 궁극적으로 싱가포르라는 국가 정체성을 강조하고, 이를 학생들에게 심어 주기 위해 역사교육이 이루어진다는 방증이다. 이는 중국공산당의 영웅적인 활동과 신중국 성립이라는 역사적 사건을 통해 국가 정체성을 심어 주려는 목적의 중국근대사 교과서 서술 방향과 결이 근본적으로 같다고 할 수 있다. 즉, 중국계 이민으로 인한 역사적 현상에 대해서는 상반된 서술을 보여 주는 두 국가의 역사교육이 국가 정체성과 민족주의 함양이라는 측면에서는 같은 결을 보여 준다는 점이 흥미롭다.

2. 대만

대만의 고등학교 역사 수업 요강과 대만사에 대한 관점은 정권에 따

---

29 Suhaimi Afandi and Ivy Maria Lim, 2022, "History Education in Singapore: Development and Transformation", *Education in Singapore*, vol.66; Yeow Tong Chia, 2012, "History Education for Nation building and state formation: The case of Singapore", *Citizenship Teaching & Learning* Vol.7, No.2; Wong Ting-Hong and Michael Apple, 2002, "Rethinking the Education/ State Formation Connection: Pedagogic Reform in Singapore, 1945~1965", *Comparative Education Review*, Vol.46, No.2; 김한종, 2018, 「정체성을 기르는 싱가포르 역사교육의 시민교육 성격」, 『역사교육논집』 제67집.

라 계속해서 변화하는 특징이 있다는 점은 이미 수차례 연구를 통해 지적되어 온 사항이다.[30] 다만, 최근에는 중화민국 108년, 즉 2019년에 발표된 최신의 개정 역사교과서가 각급 학교에 배포되면서 새로운 단계로 접어들었고, 관련하여 다양한 연구가 진행되고 있다.[31] 이 글에서는 그 변화상을 살펴보기보다는 최근의 교육과정 개정으로 새로운 역사교육 커리큘럼이 적용된 규정을 중심으로 대만사 교육과정의 특징을 살펴보고자 한다.

대만의 교육과정은 한국의 초등학교에 해당하는 6년제 국민소학, 중학교에 해당하는 3년제 국민중학, 고등학교에 해당하는 3년제 고급중학으로 나뉜다. 전체 12년의 의무교육으로, 한국의 교육체제와 유사하다. 대만의 역사교육과 교과서는 1997년 『인식대만(認識臺灣)』이 출간된 이후 중국 대륙과는 동떨어진 대만의 주체적 역사관을 강조하는 방향으로 이어져 왔다.[32] 비록 정권의 성격에 따라 조금씩의 변화는 있었지만, 대체적인 흐름은 유사했다. 특히 최근의 교육과정 개정 내용은 국가교육연구원(國家教育研究院)에서 편찬하여 소위 '108과강(課綱)'이라 불리는

---

[30] Hsuan-Yi Huang and Hsiao-Lan Chen, 2019, "Constructing collective memory for (de)colonisation: Taiwanese images in history textbooks, 1950~1987", *Pedagogica Historica* 55(1); Chen Jyh-jia, 2003, *State Formation, Pedagogic Reform, and Textbook (De)regulation in Taiwan, 1945~2000*, PhD.diss., University of Wisconsin-Madison; 김유리, 2009, 「대만사, 중국사, 세계사: 2004~2008년 대만의 고등학교 역사과정 개혁 분석」, 『역사교육』 109집; 김유리, 2015, 「대만의 정권교체와 고등학교 역사과정 개혁」, 『역사교육』 134집; 彭明輝, 2004, 「臺灣的歷史教育與歷史教科書(1945~2000)」, 『Historiography East & West』 2:2.

[31] 김택경, 2020, 「臺灣의 역사교과서 개정과 근현대사 서술 구조: 「十二年國民基本教育課程綱要」를 중심으로」, 『역사와 교육』 30; 고석현·박민수, 2020, 「'중국 사관'에서 '대만 사관'으로: 108과강 고등학교 〈歷史〉 교과서의 '鄭氏 政權' 서술변화」, 『중국학보』 제94집; 김유리, 2019, 「대만, 중국과 동아, 세계: 2018년 대만의 중등학교 역사과정 개혁 분석」, 『역사교육』 151집.

[32] 김택경, 2020, 앞의 글, 308쪽.

「12년국민기본교육과정강요-보통형고급중등학교-: 사회영역(十二年國民基本教育課程綱要-普通型高級中等學校-: 社會領域)」(이하 「108과강」)에 자세히 설명되어 있다.[33]

국민중학과 고급중학 교과과정을 모두 포괄하는 「108과강」 속 한국의 고등학교에 해당하는 3년제 고급중학의 사회영역 역사 분야 교과과정 개요에 따르면, 역사 교과과정은 〈족군, 성별과 국가의 역사〉, 〈과학기술, 환경과 예술의 역사〉, 〈탐구와 실습: 역사학 탐구〉로 나뉜다. 이러한 구분은 역사교육을 현대 사회, 즉 현재의 대만 사회가 맞이한 중요한 과제들과 연계시킨 것으로, 실용적인 역사학을 추구하는 대만의 역사교육적 특징을 잘 보여 준다. 이는 역사교육의 방향이 공간적으로는 학습자의 주변에서 원거리로 넓어져야 하고[由近及遠], 고대(古代)는 간략하게 교육하되, 근현대는 상세하게 교육한다[略古詳今]는 대만 역사교육의 대원칙에 따른 것으로도 이해할 수 있다. 이는 그 역사의 특성상 역사 서술에 대한 실용적 태도와 더불어 고대사를 상세히 기술할 경우 명청 시기 이전 중국사와의 연계가 불가피하기 때문인 것으로도 풀이된다.

주제 중심이 아닌, 연대별, 시기별 역사교육은 그 이전 과정인 3년제 국민중학(한국의 중학교에 해당)의 역사교육에서 이루어진다. 해당 교육과정에서도 상기의 대원칙은 그대로 지켜진다. 대만 섬을 중심으로 대만 원주민의 역사, 대항해 시기의 대만, 청 제국 시기의 대만, 일본 제국 시기의 대만, 당대 대만을 차례로 기술함으로써 역사교육은 철저히 대만인의 역사, 대만인의 정체성을 함양하는 방향의 역사교육이 이루어지고 있음을 잘 알 수 있다.[34] 이러한 역사 서술에서 중국의 유물론적 계급투쟁 관점이나 일

---

33 「十二年國民基本教育課程綱要-普通型高級中等學校-: 社會領域」, 2019, 國家教育研究院.

34 「十二年國民基本教育課程綱要-普通型高級中等學校-: 社會領域」, 2019, 國家教育研究院.

본 제국주의에 저항하는 대만인들의 역사는 서술하지 않거나 최소화되고, 당시 대만의 사회적, 정치·경제적 변화상을 중심으로 서술함으로써 일제 식민 시기 역시 전체 대만 역사의 일부로 기술되고 있음을 발견할 수 있다. 중국의 『중국근현대사강요』에서는 자산계급 중심의 독재적 국민당 정권에 의한 중국 동포들의 희생과 저항, 혁명의식 각성의 과정으로 서술되었던 2·28사건 역시 중화민국 통치체제가 이입되는 과정에서 발생한, 중화민국사에서 대만사로 연결되는 과정의 일부분으로 교육하고 있다.

고급중학과정의 역사교육이 보여 주는 가장 중요한 특징은 다문화, 젠더, 환경, 과학기술 등 당대 대만이 가장 중요하게 여긴 동시에 중국 대륙의 정권과도 구별되는 특징이라고 인식하는 주제들을 역사와 연결 짓는다는 점이다.

표 3. 「108과강」 속 고급중학 역사교육과정 내용

주제	항목	세부 주제
족군, 성별과 국가의 역사		
원주민, 이민과 식민	원주민족	1. 원주민족의 전통 사회, 전통 영역과 지식체계 2. 원주민과 외래인의 상호 작용 3. 식민통치하의 원주민, 원주민족 4. 원주민족의 권리회복운동과 현대 국가의 역할
	이민과 식민	1. 인간 이동의 배경과 형태 2. 이민 사회의 형성과 정체성 문제 3. 식민과 반식민운동 4. 식민의 영향과 식민 경험에 대한 반성
성별과 역사	여성과 정치	1. 역사 속 여성 지도자 2. 국족주의(國族主義)하의 여성 3. 여성 권리의 신장
	성별과 사회	1. 전통 사회 속 성별 역할 2. 혼인과 가정의 변천 3. 역사상의 종교와 성별 4. 성별평등운동의 발전

현대 전쟁과 국가 폭력	전쟁과 역사 상처	1. 전쟁의 살육과 그 영향 2. 전쟁 선전의 조작 3. 전쟁의 창상(創傷)과 집단 기억
	국가 폭력과 전환기 정의	1. 현대의 국가 폭력 2. 전환기 정의의 추구와 반성
과학기술, 환경과 예술의 역사		
의료와 과학기술	질병과 의료	1. 다원적 의료 전통 2. 질병 전파의 과거와 현재
	과학기술과 사회[35]	1. 교통 운수의 발전과 국가 통치 2. 에너지 이용과 생활방식의 개변 3. 미디어의 발전과 사회 변천
환경과 역사	동물과 문명	1. 대항해시대의 동물 교류와 영향 2. 육종 기술과 인류 사회
	문명과 환경	1. 환경 변천과 소실된 문명 2. 석화(石化) 산업의 발전과 충격 3. 영속 발전의 반성
예술과 문화	예술과 인문	1. 서방 고대 전통에서 현대 예술로 2. 중국의 서화 예술
	문화와 생활	1. 종교신앙과 명절의 의의 2. 희극, 문학과 대중 생활 3. 과학기술, 환경과 예술 창작

원주민족과 이주민에 대한 교육은 대만이라는 사회를 다원적 족군사회(多元族群社會)로 인식하는 현대의 관점이 녹아든 것으로 해석된다.[36] 원주민의 존재와 한족의 이주를 이해하고, 대만의 인구 구성이 다양할 수

---

[35] 의료기술 및 과학기술을 강조하는 이러한 역사 서술은 중국의 역사교육에서 보여 주는 유물론적, 계급투쟁적, 반제국주의적 방향과는 반대되는 것으로 볼 수 있다. 또한 일본 제국 시기 경제 성장과 사회경제의 변천, 근대 문명의 이식을 실용적으로 보려는 시도인 것이라는 점에서 중국의 역사관과는 배치되는 교육이라 할 수 있다.

[36] '족군'이라는 용어는 종족과 같은 의미로 'ethnic group'을 가리키지만, 대만의 교육과정 관련 용어에서는 주로 '족군'이라는 용어가 쓰이므로 본문에서는 구분하여 서술하였다.

있다는 것을 인식함으로써 학습자들에게 현시대 대만의 다종족, 다문화적 특징을 자연스럽게 교육하기 위한 과정이다. 이는 이민사를 최소화한 싱가포르의 역사교육 내용과 상반되는 지점이기도 하다. 이러한 차이는 싱가포르가 동남아시아라는 다양한 국가가 공존하는 지역의 일원이라는 점과 대략 30%에 달하는 다른 종족과 공존해야 한다는 점에서 한족이 절대다수를 차지하는 대만의 경우(97~98%)와는 다른 것으로 풀이된다.[37]

국족주의는 내셔널리즘(Nationalism)을 가리킨다. 국족은 네이션(Nation)을 의미한다. 한국에서는 일반적으로 민족주의, 민족으로 번역되는 이러한 개념들은 역사적으로 쑨원에 의해 민족주의의 대체어로 활용된 바 있다. 상기 교육과정 속 국족주의라는 용어는 원주민과 이주민을 중심으로 새롭게 국가를 형성한 대만의 특징을 반영한 것으로, 고산지대의 원주민족과 이주민인 한족을 포괄하는 새로운 대만이라는 국가의 종족이라는 의미로 이해할 수 있다.

전환기 정의(Transitional Justice)는 민주 정부가 과거 독재정권 시절에 행해진 위법 행위나 정의롭지 못한 행위에 대해 각종 조치를 취하는 행위를 통칭한다. 여기에는 사법적, 역사적, 인권적인 모든 조치가 포함되며, 독재정권 이후 민주 정부가 인권 침해에 대응하는 과정에서 일반적으로 벌어지는 현상을 의미한다. ⟨표 3⟩의 역사교육과정에서 국가 폭력과 전환기 정의는 2·28사건과 백색공포가 상징하는 국민당 정권의 독재정권이 남긴 상흔을 어떻게 대할 것인가의 문제를 역사교육적 관점에서 바라보는 것이라 할 수 있다. 이는 또한 앞서 '마공정' 기반 중국의 역사교과서

---

37 싱가포르의 경우 인구 구성에서 무슬림 말레이계의 비중은 15% 내외로 소수지만, 양옆에 말레이시아와 인도네시아라는 무슬림 대국과 마주하고 있다는 점도 중요한 배경 가운데 하나다.

인 『중국근현대사강요』에서 2·28사건을 묘사하고 바라본 관점과는 상반된 해석이다. 즉, 이 사건 역시 현재의 민주 정부가 운영하는 대만이라는 국가가 과거 독재정권 시절에 받은 상처로 인식함으로써 중국 대륙 정권과는 거리를 두는 대만 중심 역사 서술의 특징을 잘 보여 준다.

그리고 의료기술 및 과학기술로 통칭되는 근대 물질문명을 강조하는 역사교육은 중국의 역사교육에서 보여 주는 유물론적, 계급투쟁적, 반제국주의적 방향과는 이질적인 것으로 볼 수 있다. 또한 일본 제국주의 식민 시기 경제 성장과 사회경제의 변천, 근대 문명의 이식을 실용적으로 접근하려는 시도라는 점에서 중국의 역사관과는 배치되는 교육이다.[38] 이 모든 주제와 세부 항목들은 앞서 언급한 중국의 마공정 기반 역사교육 및 교과서의 내용과는 배치되는 형식의 교육이고, 그렇기에 오히려 다양한 부분에서 중국을 강력히 의식하고 있다는 점 역시 알 수 있다. 이러한 고급중학과정 역사교육의 중요한 특징은 다문화·다종족 사회의 형성, 근대 문명 이식의 역사 강조, 서방과 동방 문화의 혼재, 국가와 개인의 관계 등으로 분류할 수 있다.

이 가운데 가장 흥미로운 지점은 대만 섬의 고산지대에 퍼져 있는 원주민에 대한 대만과 중국의 해석이다. 대만의 역사교육에서는 자연스럽게 같은 대만인으로 분류하는 모습을 보여 줌으로써 한족 중심의 대만 인구 구성에 다양성을 심어 주는 방향으로 중국과의 차별성을 구하고

---

38 일본 제국주의 식민지배에 대한 대만의 이러한 관점과 해석은 최근 국내에서 번역 출간된 궈팅위 외 저, 신효정 옮김, 2021, 『도해 타이완사』(글항아리, 원전의 출판은 2016년)에 잘 드러나 있다. "타이완은 식민지 경제에서 착취만 당했을까", "일본 시대의 교육은 계몽인가, 우민화인가" 등의 장절 제목은 현시대 대만 사회가 일본 식민 경험을 바라보는 관점이 반제국주의적 이분법에 기반하지 않은, 좀 더 복합적이라는 점을 잘 보여 준다.

있다.³⁹ 이는 2016년 8월 1일 차이잉원 총통이 지난 400년간 이어진 원주민에 대한 '대만 정권'의 무력 정벌, 토지 약탈 등의 권리 침해에 대해 공식 사과한 것과도 일맥상통한다. 이는 한편으로는 원주민에 대한 인권 및 권리를 신장한다는 측면과 더불어 대만의 역사를 지난 400년 동안 이어진 대만의 여러 정치권력(명, 네덜란드 동인도회사, 정씨 세력, 청, 일본, 중화민국)의 역사와 연속되는 것으로 만들면서 중국 역사의 일부로부터 독립시킨다는 선언으로도 읽힌다. 이는 「108과강」 의무교육과정에서의 역사교육에서 정청궁(鄭成功) 세력에 대한 적극적 해석과도 연결되는 지점이다.⁴⁰

다른 한편으로 대만 섬의 원주민에 대해 중국의 『중국근현대사강요』에서도 이들을 동포의 일원으로 인식하는 서술들이 보인다. 앞서 인용한 것처럼 한족뿐 아니라 원주민인 고산족 역시도 일본 제국주의 식민 세력에 저항하는 이들로 계급투쟁, 반봉건·반제국주의 투쟁의 동지로 보아 중화민족의 일원으로 파악하고 있다. 이는 중화민족의 개념을 폭넓게, 그리고 적극적으로 해석하는 최근 중국의 역사교육 흐름과 함께하는 것으로, 대만 섬 주민들 가운데 2%에 불과한 원주민을 둘러싼 대만과 중국의 역사관이 충돌하는 지점으로 볼 수 있다.

---

39 물론 대만에서도 한족을 그냥 하나의 집단으로 보는 것이 아니라 객가, 푸젠, 광둥 등과 같은 다양한 방언 집단으로 분류하고, 그들의 방언 교육을 장려하는 모습도 보인다. 현 총통인 차이잉원 역시 객가 출신의 여성 지도자이다. 이 역시 다종족·다문화 집단을 국가 정체성의 핵심으로 여기는 대만 사회의 방침이 반영되어 있다.
40 고석현·박민수, 2020, 「'중국 사관'에서 '대만 사관'으로: 108과강 고등학교 〈歷史〉 교과서의 '鄭氏 政權' 서술변화」, 『중국학보』 제94집.

V. 맺음말

　19세기 중반에서 20세기 중반까지 이루어진 대량의 중국계 이주는 대만, 홍콩, 마카오, 싱가포르와 같이 중국 대륙 바깥에 중국계 이주민들이 주도한 정치 공동체 탄생을 유도하였다. 소위 범중화권으로 불리기도 하고, 최근 중국 정권은 '중화민족 대가정'으로 칭하는 이러한 범주화는 사실 본격적으로 중국에 편입된 홍콩과 마카오를 제외한 독립된 주권을 가진 주권국임을 표방하는 대만과 싱가포르의 입장에서는 그리 환영할 만한 것은 아니다. 그리고 이러한 중국공산당 정권과 대만, 싱가포르 사이의 입장 차이는 해당 정권의 국가관, 민족관, 역사관에도 그대로 녹아들어 있다. 이를 잘 보여 주는 사례가 바로 해당 국가들에서 이루어지는 역사 교육과정 및 교재다.

　이 글은 이러한 인식에 근거하여 소위 '마공정'이라 불리는 중국의 대학교재 국정화 작업 아래서 출간되어 실질적으로 활용되고 있는 『중국근현대사강요』와 싱가포르 및 대만의 역사교육과정과 역사관을 비교해 보았다. 중국의 역사교재 및 교육과정에서 '근대'로 시대구분하고 있는 아편전쟁부터 중화인민공화국 시기에 이르는 기간에 대규모로 이루어진 중국계 이주와 싱가포르 및 대만 공동체의 경우, 중국의 '마공정' 관점에서는 '중화민족'이 반제국주의, 반봉건의 투쟁을 이어 간 것으로 판단한다. 반면, 싱가포르와 대만에서는 각각 영국과 일본의 근대적 과학기술, 법과 제도 기반 통치 과정을 정당화하면서까지 이러한 인식을 거부하고 있다. 세 국가가 역사교재 서술 및 교육과정 구성에서 보여 주는 이러한 차이는 단순히 역사교육에서 그치는 것이 아니라, 해당 국가들이 가지고 있는 국가 정체성, 정권 수립의 역사적 정당성과도 연계되어 있어 매우 흥미로운 현상이다. 또한, 향후 이러한 추세는 계속 이어질 것으로 보이지만, 이 역시 각국의 정치권력 성격에 따라, 혹은 시대적 흐름에 따라 변화할 수 있는 가변적인 것이라는 점에서 계속해서 지켜볼 필요가 있다.

참고문헌

- 교재

『中國近現代史綱要』, 2018, 高等教育出版社.

張玉瑜·高福進 主編, 2018, 『中國近現代史綱要-學習讀本』, 上海人民出版社.

中華人民共和國教育部, 2020.10.20., 「教育部啓動編寫"四史"大學生讀本」(2022.11.10. 검색).

中華人民共和國教育部制定, 2022, 「義務教育歷史課程標準(2022年版)」, 北京師範大學出版社.

「十二年國民基本教育課程綱要-普通型高級中等學校-: 社會領域」, 2019, 國家教育研究院.

Curriculum Planning & Development Division of Singapore Ministry of Education, 2021, Singapore: A Journey Through Time, 1299~1970s(Secondary One), Star Publishing Pte. Ltd.

Curriculum Planning & Development Division of Singapore Ministry of Education, 2022, Singapore: A Journey Through Time, 1299~1970s(Secondary Two), Star Publishing Pte. Ltd.

History Syllabus, 2017, Upper Secondary(Express course/ Normal course), MOE.

History Syllabus, 2021, Lower Secondary(Express course/ Normal course), MOE.

- 단행본

궈팅위 외 저, 신효정 옮김, 2021, 『도해 타이완사』, 글항아리.

젠보짠 저, 심규호 옮김, 2015, 『중국사강요』 1 & 2, 중앙북스.

Chew, C. T. E., & Lee, E., 1991, A History of Singapore, Singapore: Oxford University Press.

Farrell, B. P., 2005, The Defence and Fall of Singapore, Gloucestershire: Tempus Publishing Group.

Frost, M. R., & Balasingamchow, Y., 2009, Singapore: A Biography, Singapore: Editions

Didier Millet Pte Ltd.
Hack, K., & Blackburn, K., 2009, Did Singapore Have to Fall: Churchill and the Impregnable Fortress, Abingdon, Oxon: Routledge.
Kwa, C. K., Heng, D., Borschberg, P., & Tan T. Y., 2019, Seven Hundred Years: A History of Singapore, Singapore: Marshall Cavendish Editions.
Lee, E., 1991, The British as Rulers: Governing Multiracial Singapore, 1867~1914, Singapore: Singapore University Press.
National Archives of Singapore, 2011, Battle for Singapore: Fall of the Impregnable Fortress, Singapore: National Archives of Singapore.
Turnbull, C.M., 2009, A History of Modern Singapore, 1819~2005, Singapore: National University of Singapore Press.
Yeoh, Brenda S.A., 2003, Contesting Space in Colonial Singapore: Power Relations and the Urban Built Environment, Singapore: NUS Press.

- 논문

고석현·박민수, 2020, 「'중국 사관'에서 '대만 사관'으로: 108과강 고등학교 〈歷史〉 교과서의 '鄭氏 政權' 서술변화」, 『중국학보』 제94집.
권은주, 2021, 「중국 대학 역사교재의 고조선(한4군)과 임나일본부에 대한 서술 변화: 식민사학의 영향과 중화주의가 결합한 한국고대사상(像)」, 『동북아역사논총』 74호.
김유리, 2009, 「대만사, 중국사, 세계사: 2004~2008년 대만의 고등학교 역사과정 개혁 분석」, 『역사교육』 109집.
김유리, 2015, 「대만의 정권교체와 고등학교 역사과정 개혁」, 『역사교육』 134집.
김유리, 2019, 「대만, 중국과 동아, 세계: 2018년 대만의 중등학교 역사과정 개혁 분석」, 『역사교육』 151집.
김종학, 2021, 「중국의 국사 교육과 '중화민족'의 의미: 고중(高中) 통편교재(統編敎材) 「歷史: 中外歷史綱要(上)」의 사례」, 『주요국제문제분석』 26.
김종호, 2017, 「'중화성' 모색을 위한 시도들: 서구권 및 동남아시아 지역 화교화인 디아스포라 연구 경향 분석」, 『중국근현대사연구』 73.
김종호, 2019, 「50년의 역사, 200년의 역사, 700년의 역사: '이민국가' 싱가포르의 건국사, 식민사, 21세기 고대사」, 『동서인문』 제12호.
김종호, 2020, 「친공(親共)과 애국 사이: CIA 문서를 통해 본 냉전 초 동남아 화교화인의 대중(對中)인식」, 『중국근현대사연구』 85집.
김택경, 2020, 「臺灣의 역사교과서 개정과 근현대사 서술 구조: 「十二年國民基本教育課程綱要」를 중심으로」, 『역사와 교육』 30.

김한종, 2018, 「정체성을 기르는 싱가포르 역사교육의 시민교육 성격」, 『역사교육논집』 제67집.

박장배, 2003, 「근현대 중국의 역사교육과 中華民族 정체성 2: 중화인민공화국 시대의 민족 통합문제를 중심으로」, 『중국근현대사연구』 20집.

서정경, 2013, 「아시아의 민족주의와 민족문제: 중국의 중화민족 만들기와 대내외적 갈등」, 『민족연구』 55권.

오병수, 2014, 「중국 근대 역사교과서의 자국사 구축과정과 '중화민족'」, 『歷史敎育』 132집.

오병수, 2020, 「시진핑시대 중국의 역사정책과 자국사의 재구성 -歷史: 中外歷史綱要과목의 개설 배경과 이데올로기-」, 『歷史敎育』 156.

윤세병, 2019, 「중국의 역사교과서 논쟁과 국정화」, 『역사교육연구』 33.

이유표, 2021, 「중국 고등교육 역사교재 『중국사강요』의 편찬과 개정: 노예사회, 봉건사회 서술을 중심으로」, 『문화와 융합』 43(11).

최승현, 2018, 「중국공산당의 "중화민족"에 대한 인식 연구」, 『한국동북아논총』 23(1).

馮俊, 2021/3, 「學習和研究"四史"的理論指引: 深入學習習近平總書記關於"四史"的重要論述」, 『紅旗文稿』.

彭明輝, 2004, 「臺灣的歷史教育與歷史教科書(1945~2000)」, 『Historiography East & West』 2:2.

Afandi, Suhaimi. and Ivy Maria Lim, 2022, "History Education in Singapore: Development and Transformation", Education in Singapore, vol.66.

Barr, Michael D., 2006, "Racialised Education in Singapore", Educational Research for Policy and Practice 5.

Chen Jyh-jia, 2003, State Formation, Pedagogic Reform, and Textbook (De)regulation in Taiwan, 1945~2000, PhD.diss., University of Wisconsin-Madison.

Chia Yeow Tong, 2012, "History Education for Nation building and state formation: The case of Singapore", Citizenship Teaching & Learning Vol.7, No.2.

Huang Hsuan-Yi and Hsiao-Lan Chen, 2019, "Constructing collective memory for (de)colonisation: Taiwanese images in history textbooks, 1950~1987", Pedagogica Historica 55(1).

Liu, Meihui and Hung, Li-chang, 2002, "Identity issues in Taiwan's history curriculum", International Journal of Educational Research 37.

McKeown, Adam., 2010, "Chinese Emigration in Global Context, 1850~1940." Journal of Global History 5(1).

Ng, S. Y., 1961, "The Chinese Protectorate in Singapore, 1877~1900", Journal of Southeast Asian History 2(1), 1961.

Ong Soon Keong, 2013, ""Chinese, but not quite": Huaqiao and the Marginalization of the Overseas Chinese", Journal of Chinese Overseas 9.

Schneider, Claudia., 2005, "Looking at our story with different eyes: History textbooks on both sides of the Taiwan Strait", Internationale Schulbuchforschung, Vol.27, No.1.

Stolojan, Vladimir, 2017, Curriculum Reform and the Teaching of History in High Schools during the Ma Ying-jeou Presidency, Journal of Current Chinese Affairs, 46(1).

Sung Pei-Fen, 2020, "Historical consciousness matters: national identity, historical thinking and the struggle for a democratic education in Taiwan", Journal of Curriculum Studies 52(5).

Wong Ting-Hong and Michael Apple, 2002, "Rethinking the Eudcation/ State Formation Connection: Pedagogic Reform in Singapore, 1945~1965", Comparative Education Review, vol.46, no.2.

-인터넷자료

"國家教材委員會馬敏: 教材是國家意志的體現", 中國經濟網, 2017.7.24.(2022.11.15. 검색).

제2부

중외 역사에서
한국과 동아시아 서술의 함의

중국 대학 역사교재의 고조선(한4군)과 임나일본부에 대한 서술 변화
: 식민사학의 영향과 중화주의가 결합한 한국고대사상(像)

권은주 | 동북아역사재단 연구위원

I. 머리말

한중 두 나라는 그 자체의 오랜 역사만큼 교류 역시 오래되었는데, 어떤 관계든 항시적인 우호 관계가 불가능한 것처럼 역사상 많은 갈등을 빚어 왔다. 전근대의 갈등은 무력 충돌이나 외교에서의 의례 및 위계에 관한 것이 대부분이었다면, 현대에는 역사 해석과 이해를 둘러싼 갈등이 두드러진다.

대개 한중 간의 역사 갈등 하면 '동북공정'을 떠올린다. 최근에는 일명 '문화공정' 논란까지 일어나며 역사 갈등이 진화하고 있다. 그런데 '동북공정'이 한중 간의 역사 갈등을 촉발하기는 했지만, 그 자체가 담고 있는 서사가 갑자기 나온 것은 아니다. 특히 한국고대사에서 고조선부터 고구려, 발해까지 중국사로 보려는 시각은 근대 이후 중국 학계의 한편에 계속 있었다.

중국은 청대 최대 강역을 기본으로 하여 그 위에 존재했던 모든 역사를 중국사로 이해하고자 하였다. 청말부터 동북지역사에 대한 관심이 동북지역 지식인과 동북지역으로 유배되었던 관인 학자들을 중심으로 고조되었고, 고구려와 발해를 중국사로 이해하려는 흐름이 있었다. 거기서 한 걸음 더 나아가 한4군(漢四郡)을 포함하여 고조선까지 중국사로 보는 시각이 출현했다. 이를 민국 시기의 지식인들이 더욱 발전시켰다.

그런데 이러한 중국의 한국고대사 인식은 중국 자체의 역사 이해, 즉 천하관(天下觀), 사이관(四夷觀), 번국관(藩國觀) 등 전통적 중화주의와 근대의 대외 위기에 대한 대응으로서의 자국사(당시 영토를 기반) 인식이라는 맥락에서 살펴볼 수 있지만, 여기에 근대 일본의 역사학, 나아가 식민사학의 영향을 빼놓을 수 없다.

근대 한국(조선)은 일본에 의해 강제로 문호를 열었고, 1905년 일본의 보호국이 되었으며 1910년 일본의 식민지가 되었다. 일본은 식민지배를 정당화하고자 기존의 '정한론(征韓論)'을 발전시켜 '식민사학'을 정립하고, 고대 한반도 남부를 지배했다는 '임나일본부설(任那日本府說)'을 주장했다. 그리고 한국사의 정체성과 타율성을 강조하기 위해 '임나일본부설'과 닮은 꼴로 '한4군' 특히 낙랑군에 관심을 보였다. 더불어 단군조선을 부정하고 기자조선과 위만조선을 중국 식민지나 문화 이식의 측면에서 바라보았다.

그런데 현대 사회에 들어와서 일본에서조차 비주류가 된 식민사학의 '고조선(한4군)'과 '임나일본부설'에 대한 이해[1]가 중국 학계에 여전히 잔존하고 있고, 대학 역사교재에 반영되고 있는 것은 주목할 만한 현상이다. 그것은 중국 근대 역사학의 성립과 발전 및 역사교과서 편찬에 일본의 역

---

1   1945년 한국의 독립 이후 일본 학계에서 한동안 '식민사학'의 주장은 크게 대두되지 않았고, 주류 학계에서는 상당히 극복되었다. 그러나 일본 우익 사학계에는 여전히 이러한 인식이 그대로 남아 있었다. 2000년대 이후 일본의 우경화가 심각해지면서, 다시 우익 교과서에서 '임나일본부설'이 강조되었고, 정치적으로나 대중적으로 관심을 받고 있어 문제가 되고 있다.

사학이 큰 영향을 미치며 한국고대사에 대한 왜곡된 역사 인식이 뿌리 깊게 자리 잡았기 때문이다. 따라서 이러한 중국의 한국고대사상(像) 형성에 미친 식민사학의 영향은 일찍부터 주목받았다.

이 글에서는 중국의 고조선(한4군)과 임나일본부에 대한 인식을 통해 일본의 식민사학과 서로 다른 인식 주체지만 그 주장과 내용이 얼마나 유사한 뿌리를 지녔는지 살펴본다. 그리고 현재 중국 대학교재의 관련 서술에서 근대 중국의 한국고대사상이 어떻게 투영되고 있는지 살펴보고자 한다.[2] 이를 통해 중국의 한국고대사상, 특히 고조선(한4군)과 임나일본부에 대한 이해가 근대 일본의 식민사학과 중국의 중화주의가 결합한 결과임을 밝히고자 한다.

II. 식민사학과 중국의 한국고대사 인식

근대 시기 한국은 일제의 강제 병탄으로 중국과 공식적인 관계가 끊겼고, 이러한 상황에서 한중의 학술 교류는 거의 이뤄질 수 없었다.[3] 또한

---

[2] 중국 대학 역사교재 속 한국고대사 관련 서술을 분석한 글로는 유용태, 2005, 「중국 대학 역사교재의 한국사 인식과 중화사관: 고·중세사를 중심으로」, 『중국의 동북공정과 중화주의』, 고구려연구재단; 김현숙, 2006, 「중국 대학교재에 서술된 삼국 관련 내용 검토」, 『중국 역사교과서의 한국고대사 서술 문제』, 고구려연구재단; 김은국, 2006, 「중국 대학교재에 보이는 발해사 서술 내용 검토」, 『중국 역사교과서의 한국고대사 서술 문제』, 고구려연구재단; 채미하, 2008, 「고대사」, 『중국 대학 역사교재 속의 한국·한국사』, 동북아역사재단; 조이옥, 2008, 「발해사」, 『중국 대학 역사교재 속의 한국·한국사』, 동북아역사재단 등이 있다.

[3] 공적, 사적 원인으로 직접 조선을 견문하여 또는 재중 임시정부 관련 인물들과의 교류 또는 글을 통해 정보를 얻기도 했지만, 대부분 조선 망국과 항일에 대한 것이었고 고대사에 대한 학술 교류는 거의 이뤄지지 않았다. 근대 중국인의 한국 인식의 경로에 대해

광복과 동시에 냉전체제 아래에서 대한민국과 중국은 약 반세기 동안 적대적 관계에 놓이며 단절되었다. 중국의 개혁개방과 한중 국교 정상화 이후 현재까지 학술 교류가 활발히 진행되고 있지만, 역사 부분에서는 여전히 해결해야 할 문제가 많이 남아 있다. 특히 중국의 한국고대사 인식은 여전히 20세기 초 중국인의 시각에서 크게 벗어나지 못했고, 도리어 퇴보적인 모습을 보이기도 한다.

20세기 초 청말 민국 시기 중국 학자들은 메이지시기 일본의 역사학을 수용하여 한국과 한국사를 인식하기 시작하면서 중화주의와 식민주의의 두 시각이 결합된 한국사관을 형성하였다. 지금까지도 만선사관(滿鮮史觀)과 임나일본부설 같은 인식을 그대로 견지한 개설서와 역사교재가 많다.[4]

만선사의 선창자인 시라토리 구라키치(白鳥庫吉) 이후 만선사관의 가장 주도적인 보급자이자 대표적인 연구자로 이나바 이와키치(稲葉岩吉)가 꼽힌다. 이나바는 1908년부터 1914년까지 만선역사지리조사부(滿鮮歷史地理調查部: 정식 명칭은 남만주철도주식회사 역사조사실)에서 만선사를 담당하였다. 이후 1922년 조선총독부의 조선사 편찬 사업에 참여해서 조선사를 담당하며, 만주와 조선이 지리적으로 일체라고 주장(「滿鮮不可分의 史的考察」)하였다. 만선사관은 한반도의 역사는 만주의 역사보다 후

서는 王元周, 2005, 「근대 중국인의 한국 인식: 경로와 특징」, 『동방학지』 132 참조.

4   청나라는 1862년 경사동문관(京師同文館)을 설립해 서적을 배포하였는데, 이것이 신식 교과서의 출발이라 할 수 있다. 그리고 1902년 신식학당장정(新式學堂章程)을 공표해 근대적 학제를 시행하였고, 1908년 관찬 교과서를 사용하였다. 그사이 상무인서관(商務印書館) 등 민간 상업 출판사가 만든 교과서가 사용되기 시작하였고, 중국 전역에서 관찬 교과서보다 더 광범위하게 사용되었다. 그 내용은 일본 교과서를 번역 내지 번안하거나 일본 고문(顧問)과 공저하는 등 일본의 영향을 크게 받았다(白永瑞, 2005, 「20세기 전반기 동아시아 역사교과서의 아시아관」, 『대동문화연구』 49, 34~35쪽 참조). 이들 교과서에서 보이는 고조선(한4군), 임나일본부와 관련한 기술과 기본 인식은 현재까지 크게 바뀌지 않았다.

진적이고 열등하여 선진적인 만주사에 종속된 역사로 규정하였다. 이러한 시각은 한반도가 대륙에 붙어 있고 해양의 주변에 있기 때문에 역사의 주체적인 경영자가 될 수 없었다는 환경결정론, 즉 반도적 성격론 및 타율성론과 연결되었다. 또한 이바나는 『조선문화사연구(朝鮮文化史硏究)』(1925)에서 조선민족의 현 사회를 한마디로 정체라고 하였다.

한4군과 관련해서는 동양사 연구자인 나카 미치요(那珂通世)의 「조선낙랑현도대방고(朝鮮樂浪玄菟帶方考)」(1894), 시라토리 구라키치의 「한의 조선사군강역고(漢の朝鮮四郡疆域考)」(1912), 이나바 이와키치의 「진번군의 위치(眞番郡の位置)」(1914) 등이 대표적이다. 이들 연구는 역사 이전 시기 중국의 지배 사실을 확정하여 조선인의 열등성과 종속성을 '자연화'시켰다. 이러한 논리는 사회진화론이라는 서구 선진 학문의 위명을 빌린 것이다. 일본의 제국적 팽창이 본격화되는 시기에는 만주를 조선사와 결합하여 만선사관으로 확장하였다. 그리고 동아시아의 보편적 문명인 중국에 버금가는 독자적 문화를 가진 일본 민족의 출현과 위대함을 설명하기 위해, 나아가 만선지역 진출의 역사적 연고를 끌어내기 위해 한국고대사를 왜곡하며 한반도에 문명을 전수하고 정치적 영향력과 통치력을 행사했다는 등의 주장을 펼쳤다.[5]

당시 중국과의 직접 교류나 비등한 문명을 설명하기 위해서는 일본의 고대 조선·항해 기술 등을 고려할 때, 한반도에서의 문화 전수나 문

---

5   식민사학과 만선사관에 대한 연구는 많은데, 이 장에서는 최근 연구 가운데 박찬흥, 2007, 「만선사관에서의 한국고대사 인식 연구」, 『한국사학보』 29; 이정빈, 2012, 「식민주의 사학의 한국고대사 연구에 대한 최근의 비판적 검토」, 『역사와 현실』 83; 사쿠라자와 아이, 2009, 「이나바 이와키치의 '만선불가분론'」, 『일제시기 만주사·조선사 인식』, 동북아역사재단; 이준성, 2014, 「『만주역사지리』의 한사군 연구와 '만선사'의 성격」, 『인문과학』 54; 정준영, 2017, 「이마니시 류(今西龍)의 조선사, 혹은 식민지 고대사에서 종속성 발견하기」, 『사회와역사』 115 등을 참고하였다.

화적으로 고대 한인들의 기술이 일본인들보다 앞섰다는 사실을 극복해야 했다. 그런데 한4군 연구는 중국 본토와 직접 교류가 없었다고 해도 한인을 배제한 채 낙랑군과의 교섭을 통해 문화 교류를 언급할 수 있어 식민사학자들에게 매력적이었다. 낙랑군은 한반도 내 중국과의 관계로 설명이 가능했고, 낙랑군이 야만 지역에 설치된 이주식민지로 문화를 전파했다는 식의 설명은 임나일본부설을 비롯하여 근대 일본인이 조선인에 대해 우월한 위치에서 문화를 전달했다는 서사 구조에 설득력을 더할 수 있었다. 더불어 그 이전 단군조선은 신화로 부정하며[6] 따라서 한인 집단은 고대로부터 지금까지 중국과 일본에 의해 교화되어야 할 대상으로 전락할 수밖에 없다는 스토리를 완성했다.[7]

일제 식민사학자들의 한국고대사상은 특히 조선총독부가 1910년부터 주도한 조선사 편찬 과정에서 공식화되었고, 교과서나 관광서적(안내기, 엽서, 사진첩) 등 공식 또는 비공식 루트를 통해 재생산되어 사실(史實)로서 기억되어 갔다. 그리고 근대 동아시아 역사학의 선두에 섰던 일본의 역사학이 만들어 낸 한국사 인식은 다시 동아시아 주변국 지식인들에게

---

[6] 메이지유신 이후 일본에서는 한반도의 국가 출현에 대한 관심에서 고조선이 아닌 단군에 집중하였고, 단군조선은 신화 속 국가로 결론지었다. 그리고 낙랑군 지역 발굴을 통해 한반도에서 정치체 출현은 한4군 설치 이후에 형성되는 것으로 보았다. 이 시기 일본 학자들의 단군에 대한 인식을 보여 주는 저작들은 이양수, 2018, 「일본의 고조선 인식」, 『고조선사 연구동향-2000년 이후 국가별 쟁점과 전망』(동북아역사재단 한중관계연구소 편), 동북아역사재단, 196~197쪽, 〈표 1. 근대 일본 학자들의 단군에 대한 인식〉에 잘 정리되어 있다. 기자조선과 위만조선은 중국과 관련하여 설명하면서 문화적, 정치적 종속성을 강조하였다(관련 연구 동향에 대해서는 최재석, 2003, 「1892년의 하야씨 타이호(林泰輔)의 『朝鮮史』 비판 -고대 한일관계사를 중심으로 -」, 『先史와 古代』 18; 조법종, 2011, 「식민주의적 고조선사 인식의 비판과 과제」, 『한국고대사연구』 61; 박찬홍, 2007, 앞의 글; 송호정, 2000, 「고조선 중심지 및 사회성격 연구의 쟁점과 과제」, 『韓國古代史論叢』 10; 이양수, 2018, 앞의 글 참조).

[7] 정준영, 2017, 앞의 글, 180~181쪽.

까지 큰 영향을 끼쳤다. 이렇게 일제의 왜곡된 한국고대사상(象)이 중국 학자들과 일반 중국인들에게도 영향을 미치며 그 전통이 지금까지 이어지게 된 것이다.[8]

근대 초기에 중국 학자들이 일본의 한국고대사상을 무비판적으로 받아들였다면, 일본의 조선 식민지화에 이어 대륙 침략 야욕이 본격적으로 드러나는 1910~1920년대에는 일본의 역사 인식에 대한 경계가 고조되기 시작하였다. 민국 시기 중국에서 한국사에 대한 체계적인 서술로 가장 먼저 등장한 것은 황옌페이(黃炎培)의 『조선(朝鮮)』[9]이다. 황옌페이는 국민당 정권 시절 줄곧 유명한 재야인사였다. 1949년 중화인민공화국이 수립된 이후에는 부총리와 전국인민대표대회 부위원장을 역임하였다. 황옌페이의 『조선』은 분명 내용상에 문제가 많지만 그의 사회적 영향력에 힘입어 중국 지식인의 한국사 인식에 많은 영향을 주었다. 그리고 지금까지 20세기 초 중국의 대표적인 한국 연구로 꼽히고 있다.

황옌페이는 중화민국 17년(1928) 5월에 쓴 서문인 「개권어(開卷語)」에서 일본의 대륙 야심이 세 차례 있었는데, 신공황후 때, 도요토미 히데요시 때 그리고 메이지 초기로 정한론이 일어나 마지막에 큰 공을 들여 처음으로 성공했다고 하였다. 이러한 일본의 성공은 조선으로 그치지 않고 1914년 유럽의 전쟁(제1차 세계대전)을 기회로 독일이 점거하고 있는 칭다오(靑島) 자오지(膠濟)는 물론 발해(바다)와 만주, 몽골을 모두 빼앗을

---

8 동양사의 경우, 기본적으로 일본의 인식 틀을 받아들이되 중국을 주체로 한 서술로 바꿔치기되어 중화주의적 역사관과 일본에서 발신한 식민주의사관이 혼재되어 있었다 (白永瑞, 2005, 「20세기 전반기 동아시아 역사교과서의 아시아관」, 『대동문화연구』 49, 34~42쪽).

9 黃炎培, 1929, 『朝鮮』, 商務印書館(『韓國地理風俗誌叢書』 200, 2000, 경인문화사, 재판 1차).

의지를 가지고, 황하 유역을 아우르려 한다고 하였다. 그리고 산둥(山東)의 외연은 조선이 기점으로, 일본의 대륙침략사를 연구하려면 불가피하게 먼저 조선을 연구해야 한다고 하였다.[10] 바로 황옌페이가 『조선』을 저술한 동기는 일본에 대한 경각심 때문이었던 것이다. 그러나 모순되게도 이 책은 일본 식민사학의 영향을 받은 중국 학자의 대표적인 한국사 저술로도 꼽힌다.[11]

황옌페이는 『조선』을 저술하며 31종의 중국 자료, 14종의 한국 자료, 85종의 일본 자료를 활용하였다. 이 중 중국 자료는 정사(正史)류를 중심으로 하였고, 한국 자료는 개설서에 국한하였다. 반면 일본 자료는 대부분 1904~1927년에 출간된 일본인 저작과 조선총독부에서 간행한 『조선고적조사보고(朝鮮古蹟調査報告)』 등 각종 통계 자료를 활용했다.[12] 따라서 그의 저술은 일본 식민사학자들의 인식에서 크게 벗어나지 못한 채, 한국의 역사와 문화, 민족 특성에 대해 많은 오류와 편견을 보여 준다.[13]

---

10   黃炎培, 1929, 『朝鮮』, 商務印書館, 7쪽. 쪽 표시는 『韓國地理風俗誌叢書』 200에 수록된 쪽수를 기준으로 한다. 이하 동일하다.

11   황옌페이의 『조선』에 대한 분석은 黃炎培, 1929, 『朝鮮』, 商務印書館(小松運, 2000, 『韓國地理風俗誌叢書』 200, 경인문화사, 재판 1차); 권혁수, 2007, 「근대 이래 중한(中韓) 양국의 상호인식: 황염배(黃炎培)의 『조선(朝鮮)』과 이시영(李始榮)의 『감시만어(感時漫語)』를 중심으로」, 『사회과학논집』 38-1; 김정현, 2010, 「20세기 중국의 한국사 서술과 일본의 식민사학」, 『중국학보』 61; 오병수, 2013, 「근대주의와 내셔널리티: 黃炎培 『朝鮮』 저술의 사상 맥락」, 『중국근현대사연구』 60; 정욱재, 2001, 「李始榮의 感時漫語 研究」, 『한국고대사학보』 4 등 참조.

12   『조선』에서 활용한 자료 목록은 黃炎培, 1929, 위의 책, 358~367쪽; 정욱재, 2001, 위의 글, 75~76쪽, 주 24~26 참조.

13   오병수는 황옌페이가 일제 식민사학을 수용할 수밖에 없었던 사상적 계기나 맥락을 분석하여, 그의 저술 동기는 조선(민중) 또는 조선사가 아니라 일본의 식민 정책에 있다는 점을 유의할 필요가 있다고 하였다(오병수, 2013, 「근대주의와 내셔널리티: 黃炎培 『朝鮮』 저술의 사상 맥락」, 『중국근현대사연구』 60, 197쪽).

이러한 면모 때문에 그의 저술 의도와는 달리 동시기 한국의 독립지사들과 지식인들로부터 비판을 받았다. 대표적으로 이시영(李始榮)은 『감시만어(感時漫語): 황옌페이의 한사관을 효시함(駁黃炎培之韓史觀)』을 저술하여 황옌페이의 한국사관을 비판하고 논박하였다. 그는 서언에서 계유년(1933) 여름에 우연히 황옌페이의 『조선』을 읽었는데, 문체의 거친 말투나 허황된 표현으로 우리가 취사선택해야 할 것이 너무 많다고 하였다. 본래 중국인의 한국관은 탈락이 심하고 자세하지 못하며 어떤 것은 오류를 범하거나 편견으로 어긋난 것이 많아 참고할 것이 없는데, 황의 글은 꽤 정력을 기울인 것 같지만 어긋나고 그릇된 점이 많아 한국인이 볼 때 황 씨가 일본인을 대신하여 일본을 선양한 듯한 느낌이 들어 메스껍기 이를 데 없다고까지 하였다.[14]

황옌페이는 한국사의 흐름을 식민사학의 논리를 따라 단군 개국설을 배제하고 한족(漢族)개화시대, 삼국시대, 고려시대, 이(李)조선시대로 구분하였다. 한족개화시대는 (1) 기자의 수봉(受封), (2) 위만의 탈국(奪國), (3) 한4군 설치로 구성하였다. 내용을 보면 단군조선을 부정한다든지 기자와 위만, 한4군에 대한 기본 이해가 식민사학자들의 것과 매우 유사함을 알 수 있다. 그는 〈조선국호계통도(朝鮮國號系統圖)〉에서 임나를 '일본령(日本領)'으로, 고구려·백제·신라를 '일본속(日本屬)'으로 표시하였으며, 삼국시대는 삼국의 흥기 이후 '일본과 중국 세력의 병진(竝進)'이란 제목을 달고 이를 일본의 남선경략(南鮮經略)-임나일본부와 수당(隋唐)의 정동(征東)-백강구(白江口)의 수전(水戰)으로 나누어 기술하였다. 그는 삼

---

14 이시영, 1983, 『感時漫語: 駁黃炎培之韓史觀』, 성제이시영선생기념사업회 편, 일조각(국립중앙도서관 온라인 원문 보기). 황옌페이 비판 연구 중 『감시만어』의 정보를 알려주신 박장배 선생님께 감사드린다.

국의 역사 전개 과정을 그 자체의 운동력이 아닌 외부, 즉 일본과 중국의 정벌사로 본 것이다. 특히 일본이 백제를 도와 신라를 정벌하고 획득한 영토와 보호국을 총칭해서 임나라 불렀고, 임나일본부를 설치하여 통치하였는데 그 성격이 조선통감부(朝鮮統監府)와 거의 같다고 하였다.[15] 이러한 서사 구조를 식민사학자인 이나바 이와키치와 야노 진이치(矢野仁一)의 만선사 통사 『조선사·만주사』의 목차 구성, 내용과 비교해 보면, 얼마나 닮은 꼴인지 알 수 있다.[16] 차이점이라면 황옌페이는 발해를 포함한 북선(北鮮)의 역사를 한국사로 다룬 데 반해 이나바 등의 글은 북선의 역사를 분리하여 만주사의 연장으로 기술하고 있다는 점이다. 이것은 잘 알려져 있듯이 만주를 중국사에서 분리하여 일본의 만주 침략을 뒷받침하려는 의도에서였다.

그림 1. 황옌페이의 『조선』에 담긴 <조선국호계통도> 중 고대 부분

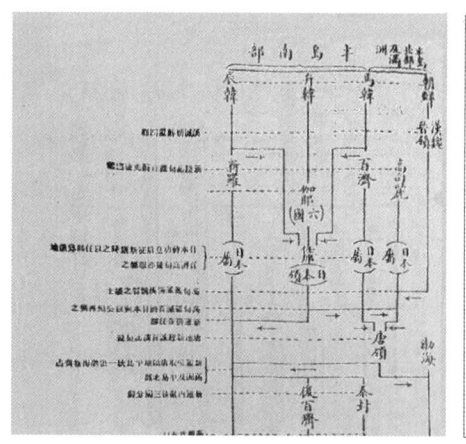
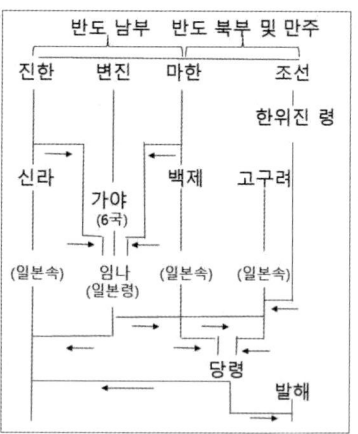

15　黃炎培, 1929, 『朝鮮』, 商務印書館, 100쪽.
16　稻葉岩吉·矢野仁一, 『朝鮮史 滿州史』, 東京: 平凡社, 昭和16[1941, 7판].

표 1. 『조선』과 『조선사 · 만주사』 목차 비교

『조선』	『조선사 · 만주사』
제3장 과거의 조선과 조선인 　제1절 선사시대 　제2절 전사개람(全史概覽) 　제3절 한족(漢族) 개화시대 　　(1) 기자의 수봉 　　(2) 위만의 탈국 　　(3) 한4군 설치 　제4절 삼국시대 　　(1) 삼국의 굴기 　　(2) 일본과 중국 세력의 병진 　　　A. 일본의 남선 경략 - 임나일본부 　　　B. 수당의 동정 - 백강구의 수전 　　(3) 삼국시대의 문화 　　(4) 신라의 통일과 멸망 　　　A. 신라통일 초기 　　　B. 발해의 굴기와 쇠락 　　　C. 신라의 분열과 멸망	「조선사」 제1장 　개국설화 제2장 　낙랑문화의 섭수(攝收) 제3장 　고구려의 발달 제4장 　일본의 남선 거유(據有) 제5장 　부용국가의 성장 「만주사」 제1편 고대의 만주 　만주의 여명 　기자의 이봉(移封) 　만주와 연(燕)의 관계 　만주와 진(秦)의 관계 제2편 만주 민족 흥기시대 　위씨조선 　만주의 6군(郡)과 그 변천 　제부족의 흥기 　선비족의 활약과 　고구려의 성쇠 … 제4편 발해시대

　식민사학과 만선사관은 일제의 조선 식민지배는 물론이고 만주 진출을 합리화하는 역사학이었다. 만선사는 러일전쟁 이후 일본의 만주 진출과 궤적을 같이하면서 정치적으로 중국과 만주의 대립적인 측면을 부각하고, 문화적·경제적으로 만주가 중국보다 북방지역과 더 긴밀했다고 강조하는 등 일본의 만주 침략을 역사적으로 뒷받침하고 만주를 중국으로부터 분리해 내는 것이었다.[17] 그러나 실제 남선(南鮮)만이 한국사로 남게 되었고, 그 결과 현재 중국이 고대 한반도 북부의 고대사를 중국 동북변강사의 일부로 이해하며 한반도 남부의 역사와 구분하는 것과 맥을 같이

17　김정현, 2010, 앞의 글, 351쪽.

하고 있다.[18] 이러한 중국의 동북변강사 인식의 기초는 바로 1930년대 이후 일본의 대륙 침략과 만선사관의 발전에 대응하면서 확립되었다. 황옌페이의 『조선』은 비록 일본의 식민사학에 많은 영향을 받았지만, 고조선, 고구려, 발해 등을 한국사로 인식하고 서술하였다. 그러나 중국 동북사 정립의 대표적 학자인 푸스녠(傅斯年)과 진위푸(金毓黻) 단계에 오면 한국 고대북방사를 한국사에서 분리하여 동북사로 정리한다.

푸스녠은 1932년 출판한 『동북사강(東北史綱)』의 머리말에서 "중국의 동북 문제가 발생한 지 수십 년이 경과하고 일본과 러시아가 중국을 유린하며, 일본의 침략이 노골화되었다. 일본이 근래 만몽(滿蒙)은 역사적으로 지나(중국)의 영토가 아니라는 망설을 세계에 떠벌리고 있고 동북을 침략하는 구실로 삼고 있어 변론"하기 위해 이 책을 썼다고 밝혔다. 그러면서 일본이 동삼성이 중국인지 아닌지 하는 것은 역사를 근거로 한 것이 아니라고 하였다. 국내·국제법적으로도, 민족자결주의 원칙에 의해서도 동북은 중국의 영토이며 일본인을 경계 밖으로 축출해야 한다고 하였다. 동북은 역사적으로 오래전부터 요동 일대가 중국의 군현이었고 백산과 흑수는 중국의 번봉(藩封)이며 만주는 신복 공납하던 속국이었다고 하

---

18 최근 만선사 내지 만선사관이라는 것이 학문적 체계로 정립된 것은 아니라는 비판 연구들이 이뤄지고 있다. 이준성은 만선사가 확립되어 나가는 단계에서 개념이 명확하게 정립되고 연구가 시작된 것은 아니며, 이나바의 글에서도 '만선'보다는 '만한'이라는 단어가 여러 차례 쓰였음을 지적하였다. 결국 '만주'와 '조선'을 역사권으로 설정한 하나의 체계로까지 발전시키지는 못했다는 것이다(이준성, 2014, 「『만주역사지리』의 한사군 연구와 '만선사'의 성격」, 『인문과학』 54, 29·37쪽). 관련 연구와 이나바 등의 연구를 살펴보면, 결국 한국고대사에서 북선(北鮮)은 만주사의 일부로 떨어져 나가고 남선(南鮮)만이 조선사의 공간으로 남는다. 이것은 중국에서 북선(北鮮)의 공간, 즉 고조선에서 고구려, 발해까지를 중국의 동북변강사로 보며 한국사의 역사 공간에서 배제시키는 것과 유사하다. 중국의 관련 연구에서 자신의 주장을 뒷받침하기 위해 여전히 일본 식민사학자들의 연구를 제시하고 있는 것은 이와 무관하지 않다.

였다. 2천~3천 년의 역사를 통해 동북이 중국에 속하여 변론할 필요조차 없는 것을 부득이 변론한다고도 하였다. 그리고 일본 및 서양인 서적 중 동삼성을 만주라고 하는 것이 있는데, 이는 명백한 오류라고 하였다. 『만주원류고(滿洲源流考)』에서 다루고 있듯이 만주는 원래 지명이 아니라 일본이 중국을 침략하기 위한 구실로 세력범위를 조정하기 위해 통용시킨 것으로 남만, 북만, 동몽 등의 용어는 날조된 것이라 하였다.[19] 또 숙신, 읍루, 여진, 고구려, 연진한과 동북, 양한 위진 시기 동북 군현, 속부 부여, 읍루 숙신, 고구려, 동옥저, 예, 삼한(신라까지 기술)의 역사를 기록하였다. 한편 임나일본부와 관련한 기술은 없지만, 위치 관련 기술에서 "남북조 시기의 이른바 임나는 대체로 변진의 옛 땅일 것이다"라고 한 것에서 푸스녠 역시 은연중에 임나일본부설을 받아들이고 있음을 알 수 있다.[20]

중국 동북사를 체계화한 것은 진위푸이다. 진위푸는 처음에 동북지역에서의 한족의 역할을 강조하지 않았고, 동북의 주요 민족 구성도 동호(몽골), 숙신, 부여예맥 3종으로 보았다. 그런데 일본이 만주 침략을 본격화하자 진위푸는 본토로 망명하여 일제의 만주 침략에 대항하기 위해 『동북통사(東北痛史)』를 지었는데, 그 내용을 보면 그의 역사 인식이 전과 달리 크게 변한 것을 알 수 있다.[21] 이 책은 만주 지역, 즉 압록강과 두만강 북녘의 땅을 중국사로 편입시키려 했던 최초의 저술이라는 점에서 주목받고 있다.[22]

---

19 부사년(傅斯年) 저, 정지호 역, 2017, 『동북사강』, 주류성, 19~31쪽.
20 부사년(傅斯年) 저, 정지호 역, 위의 책, 216쪽.
21 아래 『동북통사』의 내용은 김육불 저, 동북아역사재단 역, 2007, 『김육불의 동북통사 -상』(원저: 1941), 동북아역사재단을 참고·활용하였다.
22 한규철, 2007, 「해제」, 『김육불의 동북통사 -상』, 동북아역사재단, 4쪽.

그림 2. 진위푸의 중국 동북민족 계통과 세력 소장(消長) 인식[23]

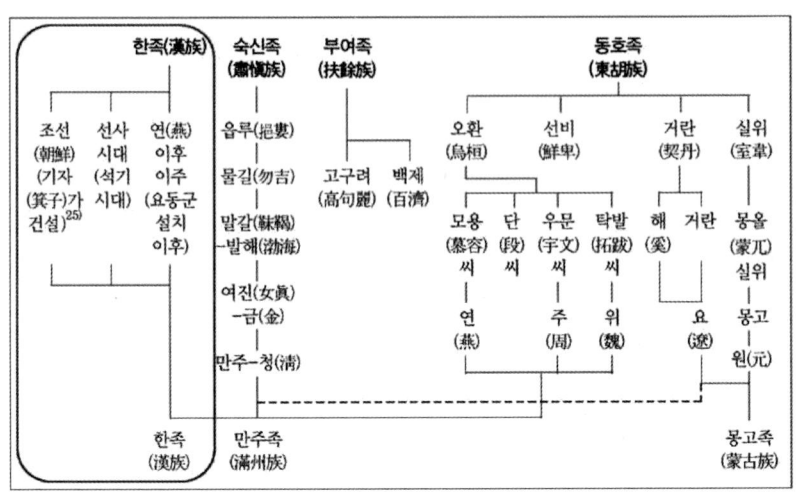

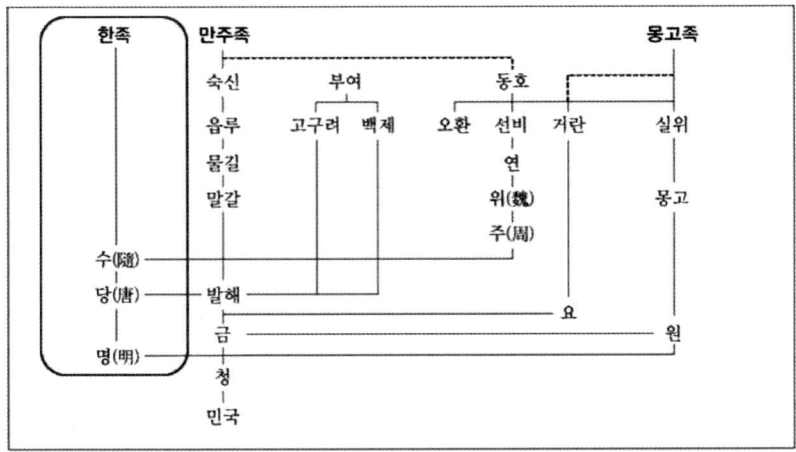

서언에서는 "세계 각국의 학자들이 무릇 동양사 동방 학술을 연구하려 하거나 더 나아가 우리나라 동북사를 연구하고자 한다면 반드시 일본의 저작을 가져다가 그 기본 재료를 삼을 것임은 단연코 의심할 바가

---

23 동북아역사재단 번역, 2007, 앞의 책, 89쪽 표 활용.

그림 3. 진위푸의 중국사와 동북사 체계 인식[25]

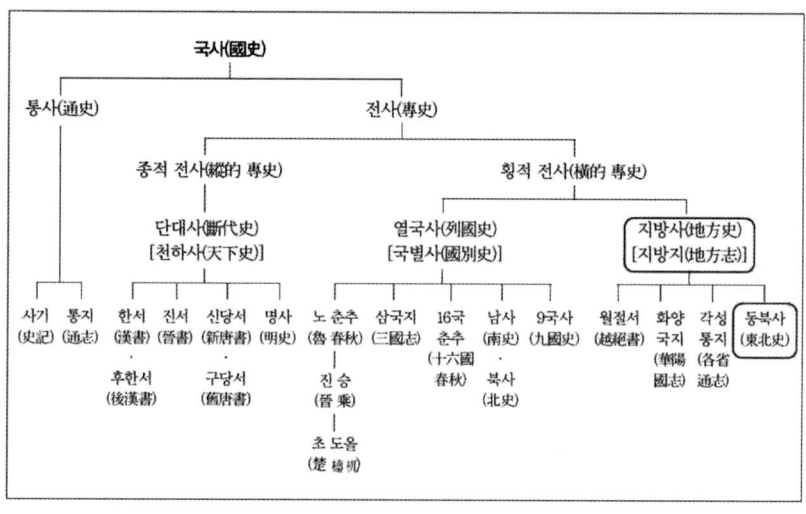

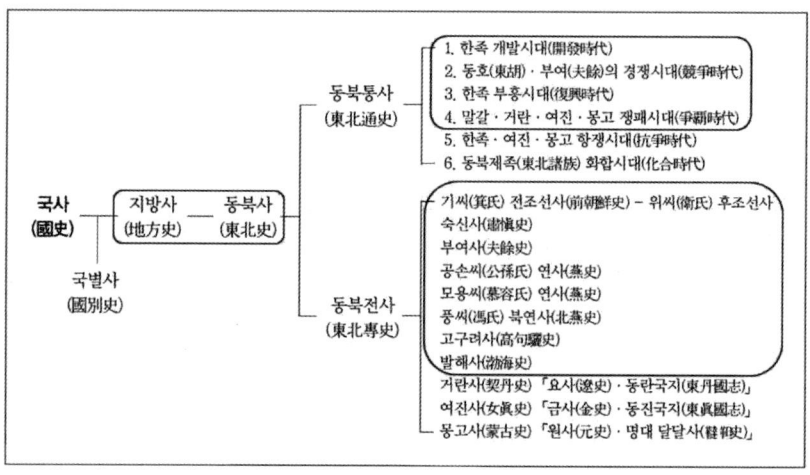

없다"라고 언급하였다. 푸스녠이 『동북사강』을 저술한 목적과 마찬가지로 일본의 만선사에 대응하고자 저술했음을 드러내고 있다.

---

24   동북아역사재단 번역, 2007, 앞의 책, 117쪽 표 활용.

권1 총론에서는 동북의 함축된 뜻과 그 이칭을 소개하고, 요령, 길림, 흑룡강, 열하(熱河) 4성이 중국의 동북부에 있으므로 중국 사람들이 동북지방이라 칭하며 이 지역은 중국의 일부분이라 하였다. 그리고 사례 제시를 통해 동북의 함축된 의미로 첫째 요동, 둘째 요해(遼海), 셋째 안동(安東), 성경(盛京), 동삼성이 있을 뿐, 이를 대체하여 만주라는 명칭이 지방 명칭이 된 것은 남만주 철로 개설에서 처음 시작되었다고 하였다. 만주란 추장의 호칭이었고 지방과는 관련이 없었으며, 만주, 만몽은 외부에서 들어온 것이라 하였다. 동북 민족의 계통에는 한족을 추가하여 4종을 주요 구성원으로 정리하였고, 한족의 문화와 한족의 역할을 강조하였다. 또한 국사 아래에 지방사를 배치하고 그 일부로 동북사를 설정하여 고조선부터 고구려, 발해를 중국 국사-지방사-동북사 체계에 포함시켰다.

이렇게 일본과 중국은 각기 목적은 달랐지만, 결과적으로 동일하게 북선의 역사를 한국사에서 분리하여 남선만 남는 굴절된 한국고대사상이 완성되었다. 그리고 중국 학자들이 크게 관심을 보이지 않았던 남선사는 일본 식민사학의 설명을 그대로 유지하여 임나일본부에 대한 이해는 변하지 않았다.

근대 중국과 일본은 각자의 목적과 현실적 필요에 따라 자국사와 동아시아사를 정립하는 과정에서 한반도와 관련된 가장 오래된 기록이나 역사를 자국 중심으로 설명하는 틀을 갖추어 나갔다. 그 과정에서 공통적으로 일본은 임나일본부를, 중국은 고조선(한4군)을 주목하였다. 더불어 한반도 지역이 자신들보다 후진적이고 자신들이 문명의 우위에 있었다는 점을 강조하기 위해 또 다른 대상을 함께 주목하였다. 그것이 일본은 고조선(한4군)이었고, 중국은 임나일본부였다. 이 닮은 꼴의 두 이야기를 결합하여 한반도와 한민족은 철저히 타자화되고 대상화되어 '우리'의 이야기는 사라지고 '그들의 이야기', '그들의 역사'만 남는 이상한 형국이 벌어졌다.

한편 중국에서는 중화인민공화국 성립 이후 한동안은 진위푸처럼 고조선, 고구려, 발해를 중국사로 보는 입장은 소수였고, 한국사로 보는 인식이 주류를 이뤘는데, 대표적으로 판원란(範文瀾)의 견해가 있다. 중화민국 설립 이후 한동안 푸스녠과 진위푸같은 한족(漢族) 중심의 중화민족주의 사학자들의 역사 인식은 비주류가 되었다. 중화민국이 공산당과의 대결에서 밀려나 안착했던 대만에서는 중화민족주의 사학자들의 학맥이 주류를 이루었지만, 중공에서는 민족주의보다 반봉건 계급투쟁을 좀 더 중시하며 마르크스 유물주의 사학이 중심을 이뤘기 때문으로 보인다. 이후 대륙에서도 애국주의, 민족주의가 강화되며 중국식 유물주의와 결합하여 '동북공정'식 역사 인식과 같은 중국 특색 사회주의 역사학, 신(新) 중화주의 역사 인식이 주류를 형성하였다. 그런데 개혁개방 이후 허무주의 역사학 극복과 애국주의 강조, 통일적 다민족 국가론 등 신시대 중화민족주의와 역사 정책의 변화로 비주류가 주류가 되었고, 역사교과서에는 민국 시기 식민사학에 영향을 받은 한국사고대사 인식이 다시 반영되었다.[25] 특히 최근 교과서 국정화로 이러한 경향은 더욱 두드러지고 있다.

중국의 새 중등 역사교과서를 보면, 고조선(한4군)에 대해서는 직접적으로 언급하고 있지는 않다. 그러나 중국사 부분에서 전국시대 연(燕)의 지도와 진(秦)나라 관련 지도에서 연진 장성을 한반도 서북부까지 그리고 있다. 또 서한(西漢)이나 삼국 위(魏)나 낙랑군이 존재했던 시기에는 한반도 북부를 중국 영토로 표시한 지도(〈그림 4〉)를 통해 영토주의 역사관을 보이고 있다. 세계사에서 한국사를 기술한 부분에서는 고조선부터 삼국까지는 아예 기술하지 않고, 7세기 말 신라의 통일부터 기술하여 민국 시기 남선만으로 공간을 크게 축소시킨 한국고대사에서 시간적으로도 크게 단

---

25 김정현, 2010, 앞의 글, 356~358쪽.

축된 한국고대사의 상을 그려 내고 있다.[26] 임나일본부설도 중국 중등 역사교과서에 직접 언급되어 있지는 않다. 그러나 일본사 서술에서 일본 고대에 야철과 논농사 기술 등이 일본에 전파되어 일본 사회를 발전시키는 데 주요한 역할을 했던 고대 한국인의 역할을 배제하고 "진한 무렵 중국 이민이 야철과 논농사 기술을 일본에 가져와 일본 사회의 발전을 추동시켰다"라고 서술한 점이 주목된다. 더불어 일본의 중앙집권화가 마치 신라보다 앞선 것으로 오해할 수 있는 기술 등을 보면, 고대 한일 관계에 대한 이해에서도 일본의 식민사학과 유사하다는 것을 알 수 있다.[27]

그림 4. 중국 역사교과서의 서한과 삼국시대 한반도 북부 영역 표시[28]

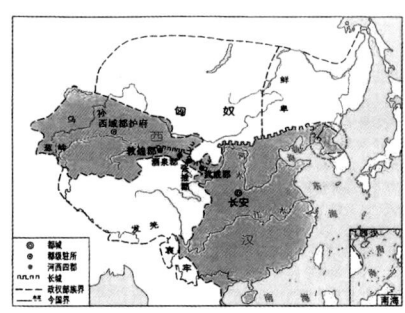
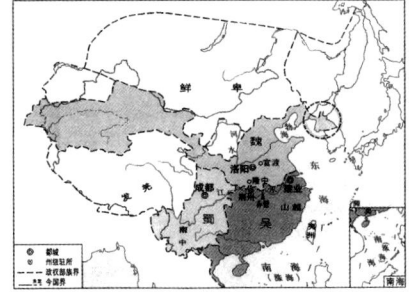

〈서한강역도〉　　　　　　　　〈삼국정립형세도(262년)〉

26　중국은 최근 고조선부터 고구려까지 한반도 북부지역의 역사를 중국사의 일부로 보기 때문에 아예 교과서의 한국사 서술에서 배제한 것으로 보인다. 7세기 말 신라 통일부터 시작한 것은 불리한 내용을 삭제하는 방식을 통해 고조선부터 고구려까지 이어지는 한중 역사 논쟁에서 벗어나려 한 것으로 생각된다(권은주, 2020, 「『중외역사강요』의 한국고대사·동아시아사 서술 내용과 역사 인식 분석」, 『동북아역사논총』 70, 21·52쪽).

27　권은주, 2020, 위의 글, 32~33쪽; 中國敎育部, 2020, 『中外歷史綱要(하)』, 25쪽.

28　中國敎育部, 2019, 『中外歷史綱要(상)』, 22·26쪽.

III. 중국 대학 역사교재 속 고조선(한4군)과 임나일본부 관련 서술

중등 역사교과서는 배우는 대상이 청소년이고, 교과서 지면의 특성상 한국사와 관련된 내용을 많이 담을 수 없다. 더욱이 중국사이든 세계사이든 중국 중심의 역사 서술을 강화하며 한국사와 동아시아사의 비중이 크게 줄어든 상황에서는 식민사학의 영향을 직접적으로 확인하기 힘들다.

그런데 중국 대학 역사교재는 상대적으로 중등 교재보다 더 자세한 서술이 가능하여 이러한 모습을 좀 더 쉽게 확인할 수 있다. 중국 대학에서 많이 사용되는 역사교재를 보면, 기자조선, 위만조선, 한4군에 이르기까지 중국사의 입장에서 서술된 모습과 '임나일본부'에 대한 일본 식민사학의 영향을 받았던 민국 시기의 한국사와 유사한 기술이 계속되고 있음이 확인된다. 가장 많이 사용되고 있는 인민출판사의『세계통사』를 저우이량(周一良)·우위친(吳於廑) 주편의 판본과 추이롄중(崔連仲) 주편의 판본으로 비교해 보았다.

〈표 2〉를 보면 1960년대부터 1990년대까지 많이 사용된 저우이량의 책은 기자조선과 위만조선이 중국 북방의 거민이나 중국인의 이주로 건국, 발전 또는 큰 영향을 받았다는 인식을 가지고 있지만, 고조선의 역사를 한국사의 범주로 이해하고 있다. 특히 한무제의 고조선 침략을 '침입(侵入)'이라 표현하고, 한4군이 설치되었다고 하였다. 4세기 초 고구려가 남쪽으로 발전하여 낙랑을 멸망시킨 것을 '수복(收復)'이라고 표현하였다. 백제가 대방군을 차지한 것도 '수복'이라고 하였다. 고조선과 고구려에 대한 설명에서 중국 지방정권 등과 같은 표현은 전혀 나오지 않는다.

표 2. 인민출판사 『세계통사』 '고대 조선' 관련 기술 비교

1962·1973년판(周一良·吳於廑 주편)	1997·2017(개정)·2020년판(崔連仲 주편)
제4편. 고대 노예사회의 위기와 몰락 베트남, 조선, 일본의 고대사회 (3세기~5세기) 제29장. 고대 조선 제1절. 조선의 원시사회와 고조선 -조선의 원시사회 조선은 아시아 동부의 반도에 위치, 북부는 압록강과 두만강을 사이에 두고 중국과 이웃. 자고이래 중조 두 나라의 역사 지리, 문화 등 각 방면에서 관계가 매우 밀접.(396쪽) 고조선. 매우 오래전부터 중국 북방의 거민들이 지속적으로 조선으로 이주. 기자의 이주, 아주 오래전부터 중조 양국의 인민이 이미 왕래함. 위만조선 동일.(397쪽) 한무제 조선 '침입(侵入)'. 한4군 설치. 4세기 초 고구려 남쪽으로 발전하여 낙랑을 '수복(收復)'. 대방군은 백제가 수복.(398쪽)	제10장. 고대 조선과 일본 제1절. 고대 조선 이 절은 지금 중조 경계인 압록강, 두만강 남쪽 조선반도의 고대 역사에 대해 기술한다. 가장 이른 국가정권은 중국 서주 때 분봉된 기씨조선, 서한 초에는 연나라 사람 위만이 대체 위씨조선 건립 후 남쪽에 진국(辰國)이 일어남. 한무제가 위씨조선을 멸망시키고 군현제 실시. 진국 쇠락 후 분열되어 신라, 백제, 금관(가야) 삼국 형성.(437쪽) 기자, 위만조선 기술. 한4군 위씨조선 서한 초년에는 요동 태수와 약조를 맺어 외신.(遼東太守卽約滿爲外臣) 세력 확대, 창해군 예속 등. 손자 우거왕 때 기원전 109년 사신 파견 회유, 반대로 요동 공격. 그래서 공격하여 멸망(攻滅). 한4군 설치. 낙랑군 왕검성의 조선현에 치소, 조선반도 행정 중심.(438~440쪽)
	-고구려의 남천과 한인 국가와의 각축 고구려는 한나라 현도군 관한 아래의 중국 소수민족이다. 줄곧 중원왕조에 예속되었던 중국 소수민족 지방정권이다.(442쪽)

그런데 개혁개방 이후인 1997년 처음 출판된 추이롄중의 책에서는 서술 내용이 확연하게 달라졌다. 저우이량의의 책과 같이 '고대 조선'이라는 제목을 달고 있지만, "이 절은 지금 중조 경계인 압록강, 두만강 남쪽 조선반도의 고대 역사에 대해 기술한다"라고 밝히고 있다. 여기서 '고대 조선'은 '한국사'나 '한민족사'와 철저히 구분되는 지리적 공간에 대한 기술일 뿐이다. 그리고 내용상으로 볼 때 기자조선·위만조선·한4군을 비롯하여 고구려의 역사를 중국 소수민족 지방정권으로 보고 있음을 알 수 있다. 만선사에서 지리적 공간으로 북선을 한국고대사에서 분리했듯이,

주체만 중국으로 바꿔 공간적으로 한반도 북부를 분리하여 실제로는 중국의 고대 소수민족 지방정권사로 서술한 것이다. 진위푸식의 역사 인식과 서술이 되살아난 것을 알 수 있다.

표 3. 인민출판사 『세계통사』 '임나일본부설' 관련 기술 비교

1962·1973년판(周一良·吳於廑 주편)	1997·2017(개정)·2020년판(崔連仲 주편)
上古部分 제29장. 고대 조선 제2절. 고구려, 백제, 신라 삼국의 사회 발전: 신라 "562년 신라는 반도 남단에서 침략 세력인 왜인을 쫓아냈다." 中古部分 제9장. 중고 초기의 조선과 일본 제1절. 신라 통일 시기의 조선 "554년 신라는 백제의 진공을 격퇴했고, 562년 일본의 반도 남단 거점인 임나를 소멸시켰다."	古代券 제10장. 고대 조선과 일본 제1절. 고대 조선: 한인 국가의 형성과 발전 "1세기 중엽 변한인이 금관국을 건립했다. … 호태왕비 명문에서는 '가라 임나'라고 불렀다. 그 땅은 약 지금의 경상남도 김해 일대이다. 전하는 말에 김수로가 42년에 건립했다고 한다. 금관국은 신라와 빈번히 전쟁했다. 4세기에 일본의 침략을 받았다(4世紀時遭到日本侵略). 532년 신라에 합병되었다."(442쪽)
上古部分 제30장. 고대 일본 제2절. 노예제도의 발전: 야마토(大和) 국가의 통일 "4세기 중엽부터 야마토 국가는 조선반도에 대한 공격을 개시했다. 먼저 반도 동남단의 임나를 점령하고 뒤에 다시 백제와 동맹을 맺어 신라를 공격했다. 4세기 말에서 5세기 초, 고구려 광개토왕 때 여러 차례 남하하여 백제와 전투를 벌이고 또 야마토 세력을 축출했다. 그러나 5세기 이후 야마토의 침략은 갈수록 심해졌다. 562년 야마토의 침략 세력은 어쩔 수 없이 완전히 조선반도에서 퇴출했다.(410쪽) 야마토가 조선을 침략한 목적은 두 가지이다. 하나는 조선에서 인구를 약탈하여 노예와 부민으로 삼는 것이다. 다른 하나는 점거하여 중국과 직접 교통하는 거점으로 삼기 위한 것이다. 야마토 국가의 대외 침략은 귀족 집단 세력을 확대시키고, 노예를 늘렸다. 지방의 씨족 귀족은 압제를 받는 동시에 인민에 대한 착취를 가중하여 내부 모순의 첨예화가 가속되었다."(411쪽)	제2절. 고대 일본: 부민제 "야마토 국가는 매우 이른 시기부터 이웃 나라인 조선을 침략하였다. 4세기 중엽 조선반도 남단에 변한 가야국의 수중에서 임나(지금의 부산, 김해 일대)를 탈취하여 북쪽으로 침략을 계속할 거점으로 삼았다. 신라의 역량이 강대해진 이후에 야마토 침략 세력을 조선반도에서 축출하였다. 이러한 상황은 야마토 국가의 사회 위기를 가속화하였다."(458~459쪽)

〈표 3〉은 임나일본부 관련 부분을 비교한 것이다. 한4군을 비롯한 고조선사에 대한 이해는 두 책이 큰 차이를 보이는데, 임나일본부와 관련한 설명은 큰 차이가 없음을 알 수 있다. 그런데 주목되는 것은 임나일본부설 관련 서술이 한국사가 아닌 일본사 관련 부분에 더 자세하게 나온다는 점이다. 근대 일본 학계는 식민사학을 비롯하여 일본사 연구에서 고대사회의 발전 원인의 하나로 한반도 남부 지배를 관련지어 설명하였다. 즉, 서구식 사회발전단계론에 따라 노예제 사회인 야마토국 흥망의 물적·인적 자원 배경을 한반도 남부의 지배와 퇴출로 설명하려 했다. 일본의 연구를 그대로 받아들인 중국 학계는 교과서 기술에서도 이러한 내용을 그대로 담은 것이다. 중국 대학교재에 반영된 임나일본부설은 중국 측에서 한국사를 왜곡하려는 의도와는 관련이 없다. 한국사에 대한 관심과 이해 부족으로 식민사학의 설명을 검증 없이 수용했던 근대 중국 역사학계의 굴절된 지식이 지금까지 이어진 것으로 볼 수 있다.[29]

중국 대학에서 사용되는 역사교재들은 위에서 살펴본 『세계통사』 두 판본의 역사 인식과 서술 및 서술의 변화 경향과 대체로 일치한다. 개혁개방 이후에 나온 대학 역사교재는 대개 고조선에서 고구려, 발해를 중국 동북사의 일환으로 보았고, 시공간적으로 축소된 한국고대사상을 드러낸다. 임나일본부에 대한 이해는 근대 이래로 바뀌지 않았다.

1981년 중국 교육부 주도로 제작되었던 『중국고대사(상책)』이

---

29 저우이량과 추이롄중의 판본에서 두드러지는 차이는 사회주의 유물사관에 입각한 사회발전단계로서 고대 노예제 사회에 대한 기술의 강조 유무이다. 개혁개방 이후 유물사관 강조가 상대적으로 약화되었던 시기에 나온 추이롄중의 판본은 저우이량의 판본에 비해 고대 노예제 사회 기술이 약화되었고 해당 부분의 분량이 축소되었다. 최근 중국은 중국 특색 사회주의를 강조하고 있어, 향후 수정본에서는 중국 국정 중등 역사교과서와 마찬가지로 관련 기술이 다시 강조될 것으로 보인다.

2000년에 신판으로 개정되었다. 주편 중 한 사람인 장하이펑(張海鵬)은 최근 중국 고등학교 국정 역사교과서의 주편을 담당한 인물이다.[30] 이 책의 「제7장. 서한 통일 민족 봉건국가의 발전 제3절. 서한과 주변 각 민족의 관계 5. 한과 동북 각 족의 관계」를 보면, 서한 시기 동북지구에 거주한 소수민족으로 주요하게 부여, 숙신, 읍루, 고구려, 오환, 선비, 옥저, 예맥 등이 있다고 하였다.[31] 「제6절. 서한 시기의 중외 관계 2. 한과 동아, 남아 각 국의 경제 문화 교류, 한과 조선의 관계」에서는 서한 초 연나라 사람인 위만이 조선 왕이 되어 요동 태수와 외신을 약속했는데 조선의 내부 분열 등으로 한무제가 한4군을 설치하게 되었고, 조선 인민은 한조의 통치에 저항하였으나 문화적으로 영향을 받았다고 기술하였다. 「제8장. 동한 중앙집권 국가의 통일에서 분열로 제3절. 동한 민족 관계와 대외 관계 2. 동북 각 족」에서는 오환, 선비, 부여, 읍루, 고구려, 예맥을 동북 민족으로 서술하였다.[32] 「제8장. 제3절 5. 대외 관계. 여(與)조선, 일본과의 왕래」에서는 삼한에 대해서만 기술하고 낙랑군에 예속되었다고 하였다.[33] 이처럼 부여, 고구려, 예맥, 옥저 등을 중국 동북 소수민족으로 보고, 고조선은 외신, 신속 관계로 보았다. 그런데 고조선을 한국사로 본 것인지는 명확하지 않다. 그렇지만 마지막 「동한의 대외 관계」에서 조선과의 왕래에 관해 삼한만 기술한 것은 남선만을 한국고대사로 본 인식을 보여 준다.

---

30 朱紹侯·張海鵬·齊濤 주편, 2004, 高等院敎文科教材 신판 『중국고대사(상책)』, 福建人民出版社(2005년 2차 인쇄), 1981년판 서문에서 중국 교육부 주도로 제작되었음을 밝히고 있는데, 2000년 신판을 내며 주샤오허우(朱紹侯)가 서문을 개정하였다.

31 朱紹侯, 張海鵬, 齊濤 주편, 2004, 위의 책, 225쪽.

32 朱紹侯, 張海鵬, 齊濤 주편, 2004, 위의 책, 274~276쪽

33 朱紹侯, 張海鵬, 齊濤 주편, 2004, 위의 책, 280쪽

잔즈칭(詹子慶)의 『중국고대사(상책)』[34]에서도 비슷한 구성과 서술이 확인된다. 보통고등교육 95 국가급 중점 교재인 자오이(趙毅)·자오티에펑(趙鐵峰) 주편의 『중국고대사』[35]도 그렇다.

류자허(劉家和)·왕둔수(王敦書) 주편 『세계사 고대사편(상권)』에서는 한국고대사를 통일신라 이후부터 기술하고 있다.[36] 이것은 중국 고등학교 국정 역사교과서인 『중외역사강요(中外歷史綱要)』 하권의 기술과 동일하다.[37] 이 『세계사』[38] 시리즈의 총 주편 중 한 사람인 치스룽(齊世榮)은 중국 중학교 국정 『세계역사』[39]의 총 주편이기도 하다. 이 책에서는 "6~7세기 무렵 중국이 다시 수당 양조에서 통일을 실현하였는데 당은 매우 강대한 중앙집권제 국가의 법제를 완비하고, 고도로 발달한 중국 봉건문화는 주변 국가와 동아 세계에 강렬한 영향을 주었다. 이러한 영향 아래 조선반도의 고구려, 백제, 신라 삼국의 정치체제 개혁과 집권화가 강화되었다. 신라는 나날이 강성해져 조선에 있는 일본 침략 세력을 축출하고, 일본의 맹국인 백제를 위협하였다. 동아 정치 형세의 변화는 일본에 거대한 압력을 주었는데, 특히 조선에서의 실패로 야마토국(大和國)은 대륙의 선진 문화 통로를 상실, 경제 방면에서의 위중한 손실, 정치 위신 하락, 사회 위기 심화 등 엄중한 국내외 형세의 압력으로 다이카 개신을 추진하였다. 성덕태자는 수문제가 고구려를 공격한 것을 기회로 조선에 출병하여 임나(조

---

34 詹子慶, 1996, 『中國古代史(상책)』, 高等敎育出版社(2002 2판 8차 인쇄).

35 趙毅, 趙鐵峰 주편, 2002, 『中國古代史』, 高等敎育出版社(2004 1판 3차 인쇄)

36 劉家和, 王敦書 주편, 1994, 『世界史 古代史編(상권)』, 高等敎育出版社(2005 1판 13차 인쇄), 34쪽.

37 中國敎育部, 2020, 『中外歷史綱要(下)』, 人民敎育出版社, 25쪽.

38 高等敎育出版社, 『世界史』 시리즈의 총 주편은 吳於廑, 齊世榮이다.

39 中國敎育部, 2018·2019, 『世界歷史』 9학년 상·하, 人民敎育出版社.

선반도 남단)에 대한 통치를 회복하려 하였다"라고 서술하였다.[40] 여기서 삼국은 한국고대사 체계의 삼국이 아니라, 지리적 공간인 조선반도(한반도)에서의 삼국이다. 임나일본부에 대한 이해는 여전하면서도 중국과의 관계를 강조하는 서술이 좀 더 두드러진다.

대개 중국 대학 역사교재는 개혁개방 이후 이상과 같은 서술 경향을 보이고 있다. 그런데 중국 동북지역에서는 '동북공정'식 역사 이해를 적극 수용한 교재들이 나오기 시작했다. 최근 중국은 전근대 동아시아 관계를 '종번관계(宗藩關係)'라는 개념으로 설명하며 이를 국정교과서에 반영하였다. 이는 전통시대 천하질서의 종주국으로서의 중국과 제번이라는 틀을 근대 이래의 종주국과 종속국에 대한 이해와 결합한 새로운 개념이다. 이러한 틀에서 중국과 조공책봉 관계를 맺었던 나라와 민족은 모두 중국사의 범주로 해석될 여지가 있다.

실제로 그러한 주장이 반영된 교재가 출현하여 귀추가 주목된다. 양쥔(楊君)·장나이허(張乃和) 주편의 『동아사-역사 이전부터 20세기 말까지-』[41]가 그 예이다. 이 책에서는 단군조선을 부정하고 한반도에서 삼국이 가장 오래된 국가라고 하였다. 한4군 설치 이후 조선반도 북부 대동강 유역은 줄곧 중국의 군현이 설립되어 통치한 지구이고, 남부 삼한 민족은 낙랑군에 예속되어서 국가 출현 전 조선반도는 완전히 중국에 예속되어 있었다고 하였다.[42] 위진남북조 시기 삼한 민족은 백제, 신라로 발전하여 중국과 조공 관계를 가졌다고 서술하였다. 고구려는 초기에 현도군의 고구려현 부족 수령이 중국 중앙 왕조의 관직을 임명받아 완전히 중국 지방정

---

40 劉家和, 王敦書 주편, 2005, 앞의 책, 43~44쪽.
41 楊君, 張乃和 주편, 2006, 『東亞史 -從史前至20世紀末-』, 長春出版社.
42 楊君, 張乃和 주편, 2006, 위의 책, 101~102쪽.

권으로 존재했고, 조선반도 북부로 통치 중심을 옮긴 뒤에는 중원 왕조와의 조공 관계가 강화되었다고 하였다. 그러면서 백제, 신라 역시 당 왕조의 통치하에 있는 지방정권이며 독립국가가 아니라고 하였다.[43] 이런 논리라면 고려, 조선 역시 중국의 지방정권이자 독립국가가 아니라고 주장할 수 있는데, 실제 그러한 논리가 함축된 개념이 '종번관계'라고 할 수 있다.

양췬·장나이허 주편의 책을 제외하고 개설서나 교재 등의 내용이 새로운 학술 성과를 빠르게 반영하기 힘들다는 점에서 중국 대학 역사교재에 보이는 이상의 기술이 한국사에 대한 이해가 부족할 때 만들어진 것이라고 가정할 수 있다. 벌써 한중이 수교(1992)한 지 30여 년이 지났다. 그동안 한중 간에는 많은 학술 교류가 있었으며 한국 연구 성과를 독해할 수 있는 중국 학자도 늘었다는 점에서 그렇다. 그런데 최근 나온 중국의 관련 논문을 보면 전혀 그렇지 않고, 대학 역사교재의 서술과 같은 경향을 보이고 있다.[44]

그 예로 판잉(潘颖)은 「다이카 개신 이전 일본과 조선반도와의 관계」[45]에서 5~7세기 중엽 한반도에서 삼국의 분쟁이 끊이지 않았고, 백제는 고구려, 신라와의 충돌에서 일본과 결맹하였는데, 일본은 한반도에서의 이익(즉, 임나가라)을 유지하기 위해 백제와 밀접하게 왕래하였다고 서술하였다. 그는 일본이 임나를 통해 한반도 남부를 간접 공제하였고, 임나의 멸망으로 반도에서의 세력을 잃었다고 보았다.

---

43 楊君, 張乃和 주편, 2006, 앞의 책, 130쪽.

44 중국 학계의 한4군 관련 연구는 1980년대 이전이나 2000년대 이후에 나온 연구가 크게 달라지지 않았다. 관련 내용은 奇修延, 2007, 「中國學界의 漢四郡 硏究 동향과 분석」, 『문화사학』 27 참조.

45 潘颖, 2012, 「論大化改新之前日本與朝鮮半島的關係」, 『雞西大學學報』 2012-6.

양쥔은 「임나고론」⁴⁶에서 전형적으로 식민사학의 영향을 받은 임나일본관을 보여 주고 있다. 이마니시 류(今西龍) 등 주로 일본 연구자들의 연구를 인용하고 있다. '국가사회과학기금중대항목(國家社會科學基金重大項目) 조선반도고대사연구(朝鮮半島古代史研究)'로 지원금을 받아 한 연구의 역사 인식이 식민사학의 영향을 받은 전형적인 내용을 담고 있어 주목된다. 그는 "3세기 말 낙랑 대방군이 해외(한반도)에서 군현 관할 밖에 대한 통치권을 상실하며, 삼한의 여러 부가 무질서하게 겸병을 시작했다. 백제와 신라가 통합하지 않은 삼한 소국을 가라 혹은 가야라고 하는데, 일본이 임나라고 통칭하고 공제했다"라고 하였다.

차이펑린(蔡鳳林)은 「4~7세기 조선반도와 고대 동아시아 국제정치에 관한 시론」⁴⁷에서 중국과 한반도의 정치적 관계가 중국인 위만의 조선에서 시작되었고, 기원전 108년 한무제의 한4군 설치로 이어졌다고 하였다. 특히 낙랑군은 400여 년간 존속되어, 3세기 전반 중국과 일본의 정치 관계가 밀접해지는 데 중요한 원인이 되었다고 보았다. 조위(曹魏)가 왜왕 비미호(卑彌呼)를 '친위왜왕(親魏倭王)'에 책봉한 것은 공손씨 세력이 한반도에서 영향력을 확대하고, 왜국과 연합하여 위나라를 위협하는 것을 방지하기 위해서라고 보았다. 한반도 정세는 중국의 정치상에서 일본을 중시하게 하는 원인이 되었고, 이를 통해 일본을 중국의 책봉체제에 들어오게 하였다고 보았다. 4세기 고구려(중국 동북 민족이라고 표현)의 남하는 동아 국제정치에 영향을 미쳐, 일본은 자신이 공제하는 임나가야 지구를 매개로 백제와 결맹하여 고구려와 한반도 쟁탈 전쟁을 개시했지만,

---

46 楊君, 2015, 「任那考論」, 『史學集刊』 2015-4.

47 蔡鳳林, 2019, 「試論4-7世紀的朝鮮半島與古代東亞國際政治」, 『中央民族大學學報』 (哲學社會科學版) 2.

점차 영향력이 약화되다가 562년 신라가 임나가라 지역을 병탄하자 한반도 공제의 교두보를 상실했다고 설명한다.

이렇듯 논조의 차이는 있으나 기본적으로 일본의 지배(또는 공제)를 받는 임나를 인정한 채, 중국과 일본이 주체가 된 한반도 역사를 그리고 있다. 또한 최근 중국 학계에서는 고대 한반도 남부에 대한 낙랑군·대방군의 영향을 강조하고, 일본의 임나 지배를 인정하되 일본에 대한 중원왕조의 영향력과 조공책봉 관계를 강조한 연구가 두드러지고 있다. 결국 이러한 연구 경향이 대학 역사교재에 반영된다면, 양쿤·장나이허의 책과 같이 남선의 역사마저 중국 고대의 지방사로 서술될 가능성을 우려하지 않을 수 없다.

Ⅳ. 맺음말

이상 중국의 '동북공정'식 한국고대사의 서사와 역사 인식이 근대부터 시작되었음을 살펴보았다. 근대 중국에서는 전통적으로 중국을 중심으로 동아시아를 바라봤던 중화주의 역사 인식에 기반하여, 근대 일본의 역사학(식민사학과 만선사관)에 큰 영향을 받아 양자가 결합된 왜곡된 한국고대사상(像)이 형성되었다. 황옌페이의 『조선』이 대표적인 사례이다. 그러나 황옌페이의 책은 많은 오류에도 불구하고 고조선·고구려·발해를 한국사의 범주로 이해하였다. 그런데 일본의 중국 침략이 본격화되는 시기에 중국은 일본의 만선사관에 대항하여 중국 동북사 체계를 확립해 나가며 고조선·고구려·발해를 중국 동북의 역사로 바라보았다. 그러면서 모순되게도 남선만 한국고대사의 역사 공간으로 여겼던 만선사관과 맥을 같이하였다. 이러한 인식은 중화인민공화국 수립 이후 비주류가 되었지만, 개혁개방 이후 다시 주류가 되어 역사교과서에 반영되었다. 개혁개방 이전에는 반봉건 계급투쟁을 중시한 마르크스 유물사관이 주류를 이루며, 북선의 역사를 한국사로 인정하였다. 남선의 역사는 적대적 관계에 있는 대한민국의 역사로, 상대적으로 관심이 부족하고 연구가 미진하여 근대의 인식이 거의 그대로 잔존하였다. 그러나 개혁개방 이후 다민족 국가의 통일과 공산당 영도체제를 유지하기 위해 애국주의가 강조되었고 '통일적 다민족 국가론'이 역사 서술의 불가침 이론이 되었다. 과거 진위푹식의 역사 이해가 주류가 되는 순간이 온 것이다.

잘 알려져 있다시피 '동북공정'과 관련된 핵심 이론은 '통일적 다민족 국가론'이다. 고조선, 부여, 고구려, 발해사 모두 중국 고대 동북변강사(지방정권, 소수민족 정권)이며, 중국 중원의 중앙 정권과 종속된 중앙-지방의 관계로 설명한다. 그 근거로 첫째, 이들 나라가 중국 중원 왕조와 조공책봉 관계를 맺었고, 둘째, 한민족과 관계없는 중국 고대 동북 소수민족이 세운 정권이라는 것이다. 그렇다면 한국고대사의 역사 공간은 한반도 남부만 남게 된다. 이것은 북선과 남선의 역사가 구분되며, 한민족의 계통이 삼한-신라-고려로 이어진다고 주장했던 일제 식민사학과 결과적으로 연결된다. 그리고 최근 중국은 의식화된 민족의식이 고대로부터 있었다는 '중화민족공동체 의식론'과 중국 소수민족이 문명적으로 같은 문화 또는 중원문화의 세례를 받으며 다원일체인 중화문명의 일부분이 되었다는 '중화문명론'을 주장하고 있다.

현대 중국은 56개의 소수민족이 통합되어 통일된 하나의 민족으로, 즉 하나의 '중화민족'으로 태어나 하나의 '민족 대가정'을 이룬다고 주장한다. 그리고 기존 유물사관과 충돌하는 중화주의 사관을 결합한 중국 특색 사회주의 사관의 담론을 만들어 가고 있다. 초기 공산주의는 각 국가의 공산주의가 최종 하나의 공산당 권력 아래 대통일을 이루며, 모든 민족 역시 궁극적으로 통일로 이어진다는 민족관을 가졌다. 중국은 바로 이러한 민족관을 재해석하여 중국의 다민족이 중화민족으로 대일통을 이룬다는 이상을 정당화한다. 특이점은 이렇게 하나의 민족으로 재탄생한 민족관에서 더 나아가 과거에 존재했던 모든 민족의 역사를 자동으로 중국의 과거 역사로 치환한다는 것이다.

이런 논리에서 중국사는 한족 중심의 왕조 국가를 계승하였고, 비한족이 중원지구에 들어와 세운 국가를 정복 국가로 보거나, 비한족이라고 해도 영역, 구성원, 문화적 내용 등을 고려해 중국사로 보는 일반적인 동아시아 시각과는 전혀 다른 역사 서술이 가능해진다. 중국 영토 내 각 민족과 국가, 정치세력 간에 있었던 전쟁은 그 성격 유무와 상관없이 통일전쟁으로 설명된다. 이러한 논리에서는 한나라의 고조선 침략이나 수당의 고구려 침략은 침략이 아닌 정벌이자, 통일을 유지하기 위한 어쩔 수 없는 선택이 된다.

또한 '중화민족공동체의식론'과 '중화문명론'은 현 중국을 범위로 하는 '통일적 다민족 국가'에만 적용되는 것이 아니라, 언제든지 상황에 따라 변용, 확대할 수 있다는 점에서 위험성을 가진다. 중국은 '역사적 중국'에 포함되는 변경지구의 역사가 고대부터 '조공책봉' 관계에 의해 중원 왕조와 정치적으로 예속되어 있었고, 하나의 '중화문명'을 이루며 삼황오제로 대변되는 중국 인문시조(人文始祖)를 공통의 조상으로 여긴 의식화된 공동체 의식인 '중화민족공동체의식'이 매우 일찍부터 형성되었다고 주장한다.[48]

---

48 이와 관련하여 중국에서 추진한 대표적인 국가 프로젝트가 '중화문명탐원공정'과 '하상주단대공정'이다. 이를 통해 중화문명의 물적 근거로 고고학 성과를 활용하여 염제·황제·요순 등을 역사화하고 인문시조로서 중화민족의 공통 조상 만들기를 하고 있다. 그 내용과 실상을 쉽게 설명한 책으로는 『중국 애국주의와 고대사 만들기』(김인희 편,

전근대 동아시아 국가들이 중국과 모두 외교적으로 '조공책봉' 관계에 있었고,[49] 중국의 한자, 유교문화를 함께 공유하며 지배층 일부가 삼황오제를 자신의 선조로 내세우는 현상은 보편적이었다. 같은 내용과 형식을 가진 주변국의 역사는 중국의 팽창주의와 제국적 질서에 언제든지 중국사의 일부분이 될 수 있다는 위기에 놓여 있다.

이러한 중국 학계의 시각은 최근 중국이 교과서 편찬을 국가권력이자 의지라고 표명하고 있는 국정 중등 역사교과서에 그대로 반영되고 있다. 이상에서 분석한 대학교재는 국정교과서는 아니지만, 중국은 대학교재 역시 국정화하려는 움직임을 보이고 있으며 초중고는 물론 대학, 대학원까지 상호유기적인 역사교육의 일원화 정책을 추진하고 있어 주목된다. 중국의 대학 역사교재까지 국정화된다면 한중 간 역사 인식의 차는 해소할 길이 정말로 요원해질 수밖에 없다. 실제로 양쿤·장나이허의 『동아사』와 같이 "국가(완성된 고대국가를 의미) 출현 전 한반도는 중국에 예속되었다", "백제, 신라 역시 당 왕조의 통치하에 있는 지방정권이며 독립국가가 아니다"라는 식의 선언적인 교재가 출현했다는 점에서 더욱 우려를 금할 수 없다.

  2021, 동북아역사재단)가 있다.

49 조공책봉질서는 유교에서 이상화된 서주시대 분권적 봉건제에서 시작했는데, 천자와 지방 소국의 제후 사이에 주종 의무관계가 형성되었다. 그러나 춘추시대에 의례적 관계로, 전국시대에는 완전히 해소되었다. 이후 중국 내지가 아닌 외국과의 조공책봉은 외형은 비슷하나 실제는 달라서, 국가 간의 외교상 의례로 기능했다고 보는 것이 일반적이다.

참고문헌

- 교재

劉家和·王敦書 주편, 1994, 『世界史 古代史編(상권)』, (高等敎育出版社(2005 1판 13차 인쇄).

楊君, 張乃和 주편, 2006, 『東亞史 -從史前至20世紀末-』, 長春出版社.

王桐齡, 『東洋史』 民國叢書 제5편 73, 上海書店.

趙毅, 趙鐵峰 주편, 2002, 『中國古代史』, 高等敎育出版社(2004 1판 3차 인쇄).

朱紹侯, 張海鵬, 齊濤 주편, 2004, 高等院敎文科敎材 『新版 中國古代史(上)』, 福建人民出版社(2005 2차 인쇄).

周一良·吳於厪 주편, 1962·1973, 『世界通史』, 人民出版社.

中國敎育部, 2019, 『中外歷史綱要(上)』, 人民敎育出版社.

中國敎育部, 2020, 『中外歷史綱要(下)』, 人民敎育出版社.

詹子慶, 1996, 『中國古代史(상책)』, 高等敎育出版社(2002 2판 8차 인쇄).

崔連仲 주편, 1997·2017(개정)·2020, 『世界通史』, 人民出版社.

- 단행본

金毓黻, 2007, 『김육불의 東北通史』, 동북아역사재단.

馬大正 등 지음, 조세현 번역, 2004, 『중국의 국경·영토 인식 - 20세기 중국의 변강사 연구』, 고구려재단.

馬大正 主編, 2003, 『中國東北邊疆硏究』, 中國社會科學出版社 : 이영옥 옮김, 2007, 『중국의 동북변강연구』, 동북아역사재단.

부사년, 『동북사강』, 1932 : 정지호 옮김, 2017, 『동북사강』, 주류성.

이시영, 『感時漫語:駁黃炎培之 韓史觀』 : 성제이시영선생기념사업회 편, 一潮閣, 1983(국립중앙도서관 온라인 원문보기).

田亮, 2005, 『抗戰時期史學硏究』, 人民出版社.

黃炎培, 1929, 『朝鮮』, 商務印書館(경인문화사 편집부, 2000, 『韓國地理風俗誌叢書』 200, 경인문화사, 재판 1차).

稻葉岩吉, 矢野仁一, 1935(昭和 10), 『朝鮮史 滿州史』, 東京: 平凡社(1941(昭和16) 7판).

- 논문

강성봉, 2009, 「1930~1940년대 중국 지식인의 '동북지역사' 인식 - 푸쓰녠과 진위푸를 중심으로」, 『일제시기 만주사·조선사 인식』, 동북아역사재단.

권은주, 2020, 「『중외역사강요』의 한국고대사·동아시아사 서술 내용과 역사 인식 분석」, 『동북아역사논총』 70.

권혁수, 2007, 「근대 이래 중한(中韓)양국의 상호인식 - 황염배(黃炎培)의 『조선(朝鮮)』과 이시영(李始榮)의 『감시만어(感時漫語)』를 중심으로」, 『사회과학논집』 38-1.

奇修延, 2007, 「中國學界의 漢四郡 硏究 동향과 분석」, 『문화사학』 27.

김은국, 2006, 「중국 대학교재에 보이는 발해사 서술 내용 검토」, 『중국 역사교과서의 한국고대사 서술 문제』, 고구려연구재단.

김정현, 2010, 「20세기 중국의 한국사 서술과 일본의 식민사학」, 『중국학보』 61.

김지훈·정영순, 2004, 「최근 중국 중고등학교 역사교과서 속의 한국과 한국사」, 『중국근현대사연구』 23.

김창규, 2007, 「傅斯年의 민족문제 이해와 '東北' 인식」, 『역사학보』 193.

김현숙, 2006, 「중국 대학교재에서 서술된 삼국관련 내용 검토」, 『중국역사교과서의 한국고대사 서술문제』, 동북아역사재단.

박종박, 2012, 「중화민족다원일체론의 등장과 동북공정의 논리적 모순」, 『사총』 77.

박찬흥, 2005, 「滿鮮史觀에서의 고구려사 인식연구」, 『북방사논총』 8.

박찬흥, 2007, 「滿鮮史觀에서의 한국고대사 인식 연구」, 『韓國史學報』 29.

白永瑞, 2005, 「20세기 전반기 동아시아 역사교과서의 아시아관」, 『대동문화연구』 49.

사쿠라자와 아이, 2009, 「이나바 이와키치의 '만선불가분론'」, 『일제시기 만주사·조선사 인식』, 동북아역사재단.

손승회, 2006, 「"금구(禁區)"에 대한 도전 - 중국현대사 연구의 새로운 지평」, 『역사학보』 191.

송호정, 2000, 「고조선 중심지 및 사회성격 연구의 쟁점과 과제」, 『韓國古代史論叢』 10.

안병우, 2004, 「중국의 고구려사 왜곡과 동북공정」, 『국제정치연구』 7-2.

여호규, 2004, 「중국의 동북공정과 고구려사 인식체계의 변화」, 『한국사연구』 126.

오병수, 2013, 「근대주의와 내셔널리티: 黃炎培 『朝鮮』 저술의 사상 맥락」, 『중국근현대사연구』 60.

王元周, 2005, 「근대 중국인의 한국 인식: 경로와 특징」, 『동방학지』 132.

유용태, 2005, 「중국 대학 역사교재의 한국사인식과 중화사관-고중세사를 중심으로-」, 『중국의 동북공정과 중화주의』, 고구려연구재단.

유용태, 2006a, 「중국인의 '南朝鮮 漢城': 20세기 중화주의」, 『환호속의 경종: 동아시아 역사 인식과 역사교육의 성찰』, 휴머니스트.

유용태, 2006b, 「중화민족론과 동북지정학: '東北工程'의 논리」, 『환호속의 경종: 동아시아 역사 인식과 역사교육의 성찰』, 휴머니스트.
윤휘탁, 2006, 「중국 중·고교 역사교과서에 반영된 '중화의식'」, 『중국사연구』 45.
이병호, 2008, 「동북공정 전사 - 傅斯年의 '東北史綱' 비판」, 『동북아역사논총』 20.
이성시 지음, 박경희 옮김, 2001, 『만들어진 고대 - 근대국민국가의 동아시아 이야기』, 삼인.
이양수, 2018, 「일본의 고조선 인식」, 동북아역사재단 한중관계연구소 편 『고조선사 연구 동향 - 2000년 이후 국가별 쟁점과 전망』, 동북아역사재단.
이정빈, 2012, 「식민주의 사학의 한국고대사 연구에 대한 최근의 비판적 검토」, 『역사와 현실』 83.
이준성, 2014, 「『만주역사지리』의 한사군 연구와 '만선사'의 성격」, 『인문과학』 54.
이찬원, 2004, 「근대중국 지식인의 대한국관(對韓國觀) - 황염배(黃炎培)의 조선을 중심으로 -」, 『중국근현대사연구』 24.
정상우, 2010, 「稻葉岩吉의 '滿鮮史' 그리고 '朝鮮'」, 『제53회 전국역사학대회 역사교육부 일제강점기 역사교육의 제 문제』, 역사교육연구회.
정욱재, 2001, 「李始榮의 感時漫語硏究」, 『한국고대사학보』 4.
정준영, 2017, 「이마니시 류(今西龍)의 조선사, 혹은 식민지 고대사에서 종속성 발견하기」, 『사회와역사』 115.
조법종, 2011, 「식민주의적 고조선사 인식의 비판과 과제」, 『한국고대사연구』 61.
조이옥, 2008, 「발해사」, 『중국 대학 역사교재 속의 한국·한국사』, 동북아역사재단.
주한귀, 2008, 「중국역사교과서의 변혁과 '동아시아 역사'인식」, 『동아시아역사교과서의 주변국 인식』, 동북아역사재단.
채미하, 2008, 「고대사」, 『중국 대학 역사교재 속의 한국·한국사』, 동북아역사재단.
최재석, 2003, 「1892년의 하야씨 타이호(林泰輔)의 『朝鮮史』 비판 - 고대 한일관계사를 중심으로 -」, 『先史와 古代』 18.
타키자와 노리오키, 2003, 「稻葉岩吉과 '만선사'」, 『한일관계사연구』 19.
한규철, 2007, 「해제」, 『金毓黻의 동북통사』 상, 동북아역사재단.

潘穎, 2012, 「論大化改新之前日本與朝鮮半島的關係」, 『雞西大學學報』 12-6.
楊軍, 2015, 「任那考論」, 『史學集刊』 2015-4.
蔡鳳林, 2019, 「試論4-7世紀的朝鮮半島與古代東亞國際政治」, 『中央民族大學學報(哲學社會科學版)』 2019-2.

중국 대학 역사교재의 동아시아 고대사 서술과 인식
: '문화 교류 및 전파'에 대한 분석을 중심으로

이준성 | 경북대학교 조교수

I. 머리말

    동아시아에 속한 국가들은 주변국의 역사교과서가 바뀔 때마다 그것을 '문제'로 여기는 상황을 마주하고 있다. 이는 해당 지역 내 국가들이 오랜 기간 겪어 온 역사의 굴곡에 기인하는 측면도 있지만, 현재 이 지역의 질서체제가 끊임없이 변동하며 재편되고 있기 때문이기도 하다.[1]

    지난 2017년 중국에서는 중·고등학교 역사교과서를 다시 국정화하겠다고 발표하였다. 1980년대 후반부터 오랜 기간 검정제도를 통해 교과서를 편찬해 오던 경험이 축적되어 있었기에 갑작스러운 국정화에 반대하는 내부의 목소리도 있었으나,[2] 국정화 추진이 민족 갈등과 사회주의 체제의 이완 등 현실적인 문제를 봉합하기 위한 대책이었기에 국가에 의

---

1 오병수, 2016, 「국내 학계의 중국 역사교과서 연구 경향과 과제」, 『동북아역사논총』 53, 동북아역사재단.

2 윤세병, 2019, 「중국의 역사교과서 논쟁과 국정화」, 『역사교육연구』 31.

한 통제가 강화되는 방향으로 결론이 날 수밖에 없었다.[3] 당시 발표한 『보통고중역사과정표준(普通高中歷史課程標準)』의 내용을 살펴보면, 필수교과인 『중외역사강요(中外歷史綱要)』를 비롯해 총 6종의 교과서를 국정화한다는 사안이 대강을 이룬다. 그중 『중외역사강요』는 총 2권으로 구성되었는데, 상권 자국사는 2019년 8월 발간되어 시범적으로 사용해 왔고, 하권 외국사는 2020년 2월 발간되어 일부 지역에서 사용되기 시작하였다. 지난 2022년부터는 전국에 배포되어 국정교과서를 통한 역사교육이 진행되고 있다.

중국의 역사교과서 국정화 소식이 알려지면서 국내에서는 이에 대한

---

[3] 중국의 역사교과서 국정화 시도 이전의 한국고대사 관련 인식에 대한 분석으로는 다음의 논고들이 참고된다. 먼저 대학교재와 관련하여서는 유용태, 2005, 「중국 대학 역사교재의 한국사 인식과 중화사관: 고·중세사를 중심으로」, 『중국의 동북공정과 중화주의』(연구총서 12), 고구려역사재단; 김현숙, 2006, 「중국 대학교재에 서술된 삼국 관련 내용 검토」, 『중국 역사교과서의 한국고대사 서술 문제』(기획연구 7), 동북아역사재단; 김은국, 2006, 「중국 대학교재에 보이는 발해사 서술 내용 검토」, 『중국 역사교과서의 한국고대사 서술 문제』(기획연구 7), 동북아역사재단; 채미하, 2008, 「고대사」, 『중국대학 역사교재 속의 한국·한국사』(기획연구 17), 동북아역사재단; 조이옥, 2008, 「발해사」, 『중국대학 역사교재 속의 한국·한국사』(기획연구 17), 동북아역사재단. 다음으로 중·고등학교 역사교과서에 대한 분석으로는 고광의, 2006, 「중국 역사교과서의 고대 문화사 서술 검토」, 『중국 역사교과서의 한국고대사 서술문제』(기획연구 7), 동북아역사재단; 금경숙, 2006, 「중국 중·고 역사교과서에 보이는 한국고대사 관련 내용 검토」, 『중국 역사교과서의 한국고대사 서술문제』(기획연구 7), 동북아역사재단; 김진순, 2006, 「중국 중·고등학교 역사교과서의 중국 문화관련 서술 검토」, 『중국 역사교과서의 한국고대사 서술문제』(기획연구 7), 동북아역사재단; 장석호, 2006, 「중국 역사교과서의 부여 서술 분석」, 『중국 역사교과서의 한국고대사 서술문제』(기획연구 7), 동북아역사재단; 임상선, 2006, 「중국 역사교과서의 발해사 내용 비판」, 『중국 역사교과서의 한국고대사 서술문제』(기획연구 7), 동북아역사재단; 구난희, 2006, 「중국 역사교육에서의 '민족문제'와 고구려·발해 서술 변화에 대한 고찰」, 『중국의 역사교육과 교과서』(연구총서 18), 고구려연구재단; 안병우, 2006, 「중국 역사교과서의 한국 전근대사 서술 추이」, 『白山學報』 75.

분석이 진행되었다.[4] 그 결과 시진핑(習近平) 집권 이후 역사 허무주의 극복과 애국주의 강화, 그리고 소위 '중국몽'에 기반한 '일대일로(一帶一路)' 추진 및 '인류운명공동체론' 제기 등이 국정화의 원인으로 지목되었다. 특히 '동북공정'을 비롯하여 오랜 기간에 걸쳐 진행된 정부 주도의 여러 역사공정을 통해 민족 통합과 자국사 중심의 역사 재해석 논리를 확립하였고, 그 결과물이 곧바로 교육과정 및 교과서에 적극 반영되는 현상이 확인되었다. 그것은 역사상 한국을 비롯한 인접 국가와의 다양한 정치적·문화적 관계를 오히려 이전보다 일원적으로 파악하고, 결국 주변국 및 주변 민족을 피동적인 대상으로만 설명하는 흐름을 강화하는 것이기도 하였다.

한편 이와 같은 움직임을 대학교재로 확대하려는 움직임도 간취된다.

---

[4] 우성민, 2018, 「신간 중국 중등 역사교과서 개편 동향과 한국사 관련 서술 검토」, 『중국학연구』 86; 윤세병, 2019, 「중국의 역사교과서 논쟁과 국정화」, 『역사교육연구』 31; 양승훈·박현숙, 2019, 「초급중학『중국역사』교과서(2016년판)의 한국고대사 서술내용과 특징」, 『선사와 고대』 59; 정동준, 2019, 「중국 역사교과서의 고대사 서술 분석: 2016년판 중학교 국정교과서의 특징과 문제점을 중심으로」, 『중국고중세사연구』 52; 권은주, 2020, 「『중외역사강요』의 한국고대사·동아시아사 서술 내용과 역사 인식 분석」, 『동북아역사논총』 70, 동북아역사재단; 오병수, 2020, 「시진핑시대 중국의 역사정책과 자국사의 재구성:『歷史 中外歷史綱要』과목의 개설 배경과 이데올로기」, 『역사교육』 156; 우성민, 2020, 「『중외역사강요』 속의 중국식 글로벌 가치관 '인류운명공동체'의 서술과 시사점」, 『동북아역사논총』 70; 이유표, 2020, 「중국 고등학교 국정교과서『중외역사강요』의 고대문명사 서술 특징」, 『동북아역사논총』 70; 우성민·허은진, 2021, 「2020년판 중국 역사교과서 속의 문화유산 서술 고찰」, 『문화와융합』 43-1; 손성욱, 2021, 「『중외역사강요』의 전근대 대외관계 인식: 두 차례 등장한 '종번관계'를 중심으로」, 『사림』 78, 수선사학회; 이정빈, 2021, 「중국 개정 중등 역사교과서(2016~2018)의 한국고대사상」, 『중국 시진핑시대 교과서 국정화와 역사담론』, 동북아역사재단; 김종학, 2021, 「중국의 국사교육과 '중화민족'의 의미: 고중 통편교재 중외역사강요의 사례」, 『주요국제문제분석』 26, 국립외교원 외교안보연구소; 임상훈, 2022, 「中國 國定 歷史教科書『中外歷史綱要』의 導入과 그 性格」, 『역사문화연구』 82, 한국외대 역사문화연구소 등.

중·고등학교 교과서를 국정화한 이상 대학에서 사용하는 교재와 내용상 간극이 생길 수밖에 없는 것이기에, 중국 내에서 대학교재에 대한 관심이 증가하고 통제하려는 현상은 오히려 자연스럽다. 실제 지난 2019년 10월 31일, 각 출판 기관에 「전국 대학, 초·중·고교 교재 조사 통계 작업에 관한 공지(국가 교재 판공실 2019-44호)」 공문을 발송했는데, 여기에는 중국 내에서 정식 출판되어 사용 중인 교재를 '교재정보관리시스템'에 등록하도록 하는 내용이 포함되어 있다. 이는 초·중·고교 교재뿐 아니라 대학교재에까지 국가의 통제를 확대하고자 하는 움직임으로, 그것이 기존 중·고등학교 교재의 국정화 시도와 같은 목적을 지닌 것임을 어렵지 않게 확인할 수 있다.

이러한 시도가 차후 어느 정도까지 확장되고 구체화될지는 여전히 예측하기 어렵지만, 이와 관련하여 중국 교육부에서 추진 중인 '마르크스주의 이론 연구와 건설 공정 중점 교재(馬克思主義理論研究和建設工程重点教材)'(이하 '마공정 교재') 사업이 주목된다. 마공정 교재 사업은 대학에서 사용 중인 각 학문 분야의 대표 교재를 지정하고 해당 교재에 대한 활용을 유도하는 것을 골자로 한다. 이러한 움직임이 더욱 강화된다면 사실상 대학교재에서도 국정화와 같은 효과를 볼 수 있는 것이기에 이에 대한 구체적이고 다각적인 검토가 필요한 시점이다.

이 글에서는 지난 2018년 마공정 교재로 출간된 주환(朱寰) 주편의 『세계고대사』 내용 구성을 살핀다(Ⅱ장). 또한 중국 정부의 역사 인식에서 뚜렷한 변화가 감지되는 '문화 교류 및 전파' 부분을 중심으로 이전 대학교재들과의 비교 분석을 진행한다(Ⅲ장).

II. 마공정 교재, 『세계고대사』의 구성과 특징

중국 교육부는 몇 해 전부터 소위 마공정 교재를 지정하여 배포하는 사업을 진행 중이다. 중국 교육부가 지난 2022년 2월 19일에 배포한 「신시대 마르크스주의 이론 연구와 건설 공정 교육부 중점 교재 건설 추진 방안(新時代馬克思主義理論硏究和建設工程敎育部重点敎材建設推進方案)」 문건을 보면, 이 사업이 「전국 대·중·소학교 교재 건설 계획(2019~2022)(全國大中小學敎材建設規劃)」에 의거하여 추진 중이며, 학군별·유형별로 관련 학과의 과목별 전문 교재를 지정하기 위한 것임이 확인된다. 5년에 걸쳐 200종의 우수 교재를 지정하여 마르크스주의를 지도하고 중국적 특성을 살린 역사, 철학 및 사회과학 교재 시리즈를 구성한다는 것이다. 이미 80종의 교재를 출판하여 대학에서 널리 사용하고 있다는 점도 언급되어 있다. 또한 우수한 결과물을 제작하기 위해 성(省)급의 지도 책임을 강화하고, 이행 상황을 작성하여 보고할 것을 요청하고 있다.

■ 주환 주편, 2018, 『세계고대사』 목차

[상권]
서론
제1장. 원시사회
제2장. 상고 서아시아(上古西亞) (기원전 5천 년~기원전 4세기)
제3장. 상고 이집트(上古埃及) (기원전 6천 년~기원전 1세기)
제4장. 상고 남아시아(上古南亞) (기원전 4천 년~5세기)
제5장. 상고 중국(上古中國) (기원전 3천 년~5세기)
제6장. 고대 그리스(古代希臘) (기원전 2천 년~기원전 2세기)
제7장. 고대 로마(古代罗馬) (기원전 1천 년~5세기)

> [하권]
>
> **제8장. 문명의 충돌과 융합(文明的冲撞與融合) (3~6세기)**
>
> **제9장. 동아시아 사회의 발전(東亞社會的發展) (6~13세기)**
>
> 제10장. 남아시아 사회의 변천(南亞社會的変迁) (6~13세기)
>
> 제11장. 아랍 제국(阿拉伯帝國) (7~13세기)
>
> 제12장. 비잔티움 제국(章拜占庭帝國) (4~15세기)
>
> 제13장. 중세 전기의 서구(中世紀前期的西欧) (5~14세기)
>
> 제14장. 동유럽, 북유럽 제국(東欧, 北欧諸國) (6~12세기)
>
> 제15장. 몽골제국(蒙古帝國) (13~14세기)
>
> 제16장. 아시아 사회의 진화(亞洲社會的演進) (14~16세기)
>
> 제17장. 러시아와 중앙유럽 봉건사회의 발전(俄罗斯和中欧封建社會的發展) (12~15세기)
>
> 제18장. 중세 후기의 서구(中世紀后期的西欧) (14~15세기)
>
> 제19장. 아프리카와 아메리카(非洲與美洲) (기원 전후~16세기)

　　이 사업의 추진 의의에 대해서는 "새로운 시대의 특성을 결합하고 새로운 시대의 인재 양성 요구 사항을 충족"시키기 위한 것임을 언급하였다. 여기서 말하는 "새로운 시대의 특성"이란, 시진핑시대에 강조하고 있는 '중국 특색 사회주의 자신감'을 의도하는 것으로 판단된다. 이러한 의의를 효율적으로 달성하고자 교재 편찬 과정에서 국가가 통합하여 검토 및 편집을 담당하고, 관련 출판 기관 등록 시스템을 구현하여 정기적으로 그 요건을 평가하도록 설계해 놓았다. 아울러, 지난 2017년 7월 설립된 '국가교재위원회(國家教材委员會)'[5]에 '국무원 교육행정 부서(國务院

5　'국가교재위원회'는 중화인민공화국 수립 이후 전국의 교과서 업무를 지도하고 관리하는 최초의 기구이다. 김지훈, 2021, 「국가의지와 역사교과서의 정치화」, 『중국 시진

教育行政部门)'에 대해 조정과 지도를 할 수 있는 권한을 부여하였다.

이미 출간된 마공정 교재 중 역사학 분야에는 『사학개론(제2판)』, 『박물관학개론』, 『중국사학사』, 『외국사학사』, 『세계고대사(제2판)』, 『세계현대사(제2판)』, 『중화문명사』, 『중국근대사(제2판)』, 『중화인민공화국사』, 『중국사상사(제2판)』 등 10종이 넘는 교재가 등록되어 있다. 그중 2018년 고등교육출판사에서 출간한 『세계고대사(제2판)』가 이 글의 주제와 관련하여 주목된다.[6]

먼저 『세계고대사』의 집필자를 살펴보면, 편찬 책임자인 주환은 동북사범대 교수로 재직하며 '세계문명사연구중심'을 설립한 세계사 연구자이다. 주로 봉건제도의 기원과 해체, 자본주의로의 전환 등에 대한 연구 성과를 발표했으며, 『세계통사』, 『세계사』, 『세계고대중세기사』 등의 주편을 맡은 바 있다.[7] 문명 교류 및 동아시아 역사를 서술한 8장과 9장은

 펑시대 교과서 국정화와 역사담론』, 동북아역사재단, 113쪽.

6 이 책의 1판은 2016년 6월, 2판은 2018년 8월에 출판되었다. '세계고대사', '세계고대사통론', '세계고대중세사', '세계상고사', '세계중고사개론' 등의 수업에서 활용될 수 있다고 제시해 놓았다.

7 주환(1926.1.12~2020.8.8)은 1946년 창춘대학 문학원 외문계에서 러시아어를 전공한 후 1948년 동북사범대에서 역사학을 공부하였다. 『세계고대사』의 도론을 집필하였다. 그는 중화인민공화국 건국 직후인 1950년대 초반 국가교육부에서 각 대학 역사학과에 세계사 과정을 개설하라는 지시가 있었던 당시부터 동북사범대의 세계사학과를 맡아 왔다. 왕진신과 주환의 대담(王晉新, 「朱寰教授访谈录」, 『史學史研究』 2008년 제2기)을 살펴보면, 동북사범대에 세계사학과가 만들어지던 당시에는 "소련 교재를 사용하는 토대 위에서 선진국의 최신 과학 성과와 조국의 과학 유산을 흡수해 중국 전역의 현실에 맞는 교재를 만들어야 한다"라는 것이 주된 목표로 제시되었다고 한다. 이러한 목표를 달성하기 위해 동북사범대 세계사교연구실에서는 1955년 『세계통사』 통신교재 1권(상고·중고·근대·현대 각 1권)을 간행하였고, 1958년에는 학부생을 대상으로 하는 교재인 『세계역사』를 완성했다고 한다. 같은 대담에서 "(현재 중국의) 중·청년 학자들에 대한 평가를 듣고 싶다"라는 왕진신의 질문에 주환은 "나는 세계사학과가 신흥 강대국에 특히 중요하다고 생각한다. 그것은 우리 국민들이 세계를 이해하고, 배우

주환과 함께 동북사범대에 재직 중이던 왕진신(王晉新)[8]과 저우송룬(周頌伦)[9]이 집필을 분담하였다. 왕진신은 동북사범대 세계상고중고사교연실 주임으로 근대 초기 영국사를 주 전공으로 하면서 문명의 다원성 등에도 관심을 두고 있는 연구자로, 제8장과 제9장의 제1절(중국), 제2절[조선반도(한반도)], 제4절(유교와 불교)을 담당하였다. 저우송룬 역시 같은 동북사범대에 재직 중인 일본 근대정치사 전공자로, 제9장 제3절(일본)을 담당하였다.

■ 주환 주편, 1986, 『세계상고중고사』 목차

[상권] 제1편. 세계상고사
　제1장. 원시사회(原始社會)
　제2장. 고대 이집트(古代埃及)

　　고, 소통하고, 세계에 통합되는 하나의 창구이며, 동시에 세계인들이 중국을 이해하는 중개자이기도 하다"라면서 "우리 세계사학과는 건국 이래 지난 60여 년 동안 큰 성과를 이루었지만, 여전히 당과 조국의 요구 및 시대가 위임한 사명과는 거리가 멀다"라고 평가하였다.

8　왕진신(1957.6. ~)은 1978년 동북사범대 역사학과에 입학하여 1991년 같은 대학에서 박사학위를 받았다. 영국 버밍엄 역사아카데미 방문학자, 영국 킹스칼리지 런던 역사학과 석좌교수, 런던대학 역사연구소 석좌연구원 등을 역임하였다. 그는 2000년대 중반 「多元性, 多樣性, 拓展化與開放性: 西方學術界"17世紀普遍危机"論爭及其启示」, 『安徽史學』 2006年 第1期; 「多元, 多维與多向: 重新审视1500年以来世界文明」, 『學海』 2007年 第3期; 「別一种的解说: 评 文明的冲突—戰爭與欧洲國家體制的形成」, 『新史學』 2007年 第3期 등의 논문을 집중적으로 발표하였다. 『세계고대사』 하권의 서언(引言) 및 제8장, 제9장 1, 2, 4절을 비롯하여 제10장, 제15장, 제16장의 1, 2, 4절 집필을 담당하였다.

9　저우송룬(1952.3.22.~2022.8.26)은 저장성 출신으로 일본 호세이대학(法政大學)에서 유학하며 정치학 박사학위를 취득하였고, 동북사범대학 역사문화학원에 재직하였다. 『세계고대사』 하권의 제9장 3절 및 제16장 3절을 집필하였다.

제3장. 고대 서아시아 제국(古代西亞諸國)
제4장. 고대 인도(古代印度)
제5장. 고대 그리스(古代希腊)
제6장. 고대 로마(古代罗馬)

[하권] 제2편. 세계중고사
제7장. 유라시아 민족 대이동과 유럽의 프랑크 국가
제8장. 서구 봉건 도시의 흥기와 십자군 동침
제9장. 서구 각국의 봉건제도의 발전
제10장. 중고기의 동유럽과 동남유럽 국가
제11장. 중고기의 서아시아 제국
제12장. 중고기의 남아시아와 동남아시아
제13장. 중고기의 조선과 일본
   제1절. 조선
   제2절. 일본
제14장. 중고기의 북아프리카와 중남미
제15장. 서구 봉건제도의 해체
제16장. 봉건 전제 시대의 영국과 프랑스
제17장. 유럽 르네상스
제18장. 종교개혁과 독일 농민전쟁
제19장. 중고 후기의 스페인과 네덜란드

■ 쑨샹민, 2006, 『세계중고사』 목차

전언
제1장. 서구 봉건제도의 발생
제2장. 서구 도시의 대두와 십자군 동침

> 제3장. 서구 봉건제도의 발전
> 제4장. 동유럽의 봉건국가
> 제5장. 서아시아의 봉건 제국
> **제6장. 중고의 조선, 일본, 남아시아 대륙**
> 제7장. 신항로의 개척과 서구 자본주의의 대두
> 제8장. 서유럽 문화와 르네상스
> 제9장. 종교개혁과 독일 농민전쟁
> 제10장. 봉건제도 해체 시기의 서구 제국

　목차 구성을 살펴보면, 『세계고대사』는 상권과 하권으로 나뉘어 있다. 「서론」에서는 목차 구성에 관한 설명을 확인할 수 있는데, 상권에서 서아시아, 이집트, 남아시아, 중국, 그리스, 로마로 지역을 분류한 후 '인류의 기원, 원시 씨족제 사회, 노예제 사회' 단계의 역사를 다루고, 하권에서 동아시아, 남아시아, 아랍, 비잔틴 제국 등으로 지역을 구분하여 '봉건사회 역사'를 다룬다고 밝혔다. 기본적으로 마르크스주의의 변증법적 유물사관을 따라 시대를 구분하고, 지역별로 설명하는 목차 배치임을 알 수 있다.

　또한 「서론」에서는 이 책이 이론적 관점에서 문명의 교류를 강조한다고 설명한다. "각 지역의 문명 교류 성과는 고대 세계 지역 교류의 네트워크 형성을 강력하게 촉진"했으며, 이를 통해 "근대 이후 진정한 '세계 역사' 형성의 토대를 마련"할 수 있었다는 서술은 그러한 의도를 잘 드러낸다. 이어서 문명의 교류를 현실적인 문제와도 연결하는데, "2013년 시진핑 중국 국가주석은 중앙아시아와 동남아시아를 방문해 실크로드 경제벨트와 21세기 해상 실크로드 건설을 제안"했다는 언급이 대표적이다. 소위 '일대일로' 건설이 현대 문명 교류와 상호 이해를 강화할 수 있다는 메시지를 이 책의 강조점과 연결 지은 것이다. 「서론」을 마무리하면서는 "세계사에서 중국의 중요한 위치를 정확하게 분석"하고, "새로운 시대에 청년들에게 부여된 역사적 사명을 감당"할 것을 독려하고 있다.

그림 3.
주환 주편, 2018, 『세계고대사』

그림 4. 주환 주편, 1986, 『세계상고중고사』(초판)

그림 5. 쑨샹민 주편, 2006, 『세계중고사』(초판 1994)

그런데 『세계고대사』의 구성은 주환이 주편으로 참여했던 『세계상고중고사』 등 이전 저서와 비교했을 때 차이를 보인다. 이 책의 출간 이전 대학교재로 널리 사용되던 쑨샹민(孫祥民) 주편의 『세계중고사』(베이징사범대학출판사)와도 차이가 있다.

먼저 눈에 띄는 변화는 장의 제목에서 '조선'과 '일본'이 나란히 빠지고, '동아시아'라는 표제어가 그 자리를 차지한 것이다. 1986년판 『세계상고중고사』에서는 '제13장. 중고기의 조선과 일본', 2006년판 『세계중고사』에서는 '제6장. 중고의 조선, 일본, 남아시아 대륙'을 배치하여 한국사와 일본사를 다룬 반면, 『세계고대사』에서는 '제9장. 동아시아 사회의 발전'에서 중국 당송시대의 사회, 경제, 사상, 문화를 개괄한 후 한국사와 일본사 관련 내용을 살피고 있다. 목차상으로 중국사의 맥락 속에서 한국과 일본의 역사를 설명하려는 의도를 엿볼 수 있으며, 후술하는 바와 같이 실제 서술에서도 그러한 의도가 반영되고 있음을 알 수 있다.

다른 하나는 『세계고대사』 하권의 앞부분에 '제8장. 문명의 충돌과 융합'을 배치하고 있다는 점이다. 서론에서부터 강조하던 문화 교류 및 전파 관련 내용을 적극 반영한 것이다. 8장의 내용을 간략하게 살펴보면, 인류 교류의 역사를 설명하기 위해 농경 문명과 유목 문명의 두 세계를 상정한 후 양자 사이의 '평화적 왕래와 폭력적 충돌(제1절)'을 대비시킨다. 이어 '유라시아 대륙의 민족 대이동(제2절)'을 통해 '아시아-유럽 대륙의 역사 구도의 변화(제3절)'가 진행되는 과정과 의의를 설명한다.

그런데 좀 더 구체적으로 서술의 맥락을 살펴보면, 기원을 전후한 시기 한나라와 흉노의 대립에서 한나라가 승리하고 흉노의 일부가 서쪽으로 이동하게 되면서 일련의 연쇄 반응이 일어났음을 강조한다. 이러한 움직임은 점차 지역, 민족, 국가를 초월하여 3세기 이후까지 지속되면서 결국 '고대사회'가 마무리되고 소위 '중고사회'가 시작되었다는 것으로 귀결된다.[10] 이를 통해 하권의 도입부에 '제8장. 문명의 충돌과 융합'을 배치한 이유는 중국 중심으로 역사 흐름을 설명하고 시대 구분의 기준으로 제시하고자 한 의도였다고 파악할 수 있다.

---

10 『세계고대사』와 『세계상고중고사』 사이에는 시기 구분과 관련하여 용어의 차이도 있다. 『세계고대사』 상권에서는 '상고'와 '고대'를 구분하여 '상고'에서는 서아시아, 이집트, 남아시아, 중국을 다루고, '고대'에서는 그리스와 로마를 다루고 있다. 이는 『세계상고중고사』에서 모든 장에 걸쳐 '고대'로 서술한 것과 다른 점이다. 다만, 『세계고대사』의 서론 및 이후 서술에서는 '상고'와 '고대' 양자를 혼용하고 있음이 확인되기에 시기 구분 문제에 대해서는 보다 면밀한 검토를 통해 그 차이를 확인할 필요가 있다.

III. 동아시아 문화 교류 및 전파 관련 서술 분석

1. 민족의 이동과 동아시아 역사 구도 변화

중국은 시진핑 집권 이후 소위 '중국몽'[11]을 표상하고 이를 실현하기 위해 '일대일로'[12]를 추진하는 한편, 거시적인 측면에서 '인류운명공동체론'[13]을 제기해 왔다.[14] 특히 문화적으로 '유일한 보편'임을 자부해 온 중국은 '문화자신(文化自信)'의 배양을 통한 중국 특색 사회주의 문화 건설을 목표로 내세우며 이를 '중화민족의 위대한 부흥'과 결합시키고 있다.

또한 중국은 점차 중국적인 목소리를 국제사회에 전파해야 한다는 명분을 만들며 그 중요성을 강조해 왔다. 대표적인 예로 지난 2019년 5월

---

[11] '중국몽'이라는 단어는 2013년 3월 '전국인민대표대회'와 '전국인민정치협상회의' 이후 다양한 주석과 해설이 이어지면서 '13억 4,000만 인민의 개인적 꿈의 결집체'로서 "모든 개인에게 기회가 공평하게 주어져 있으니, 개인이 노력하기만 하면 국가는 정책적 조건을 제공한다"라는 의미로 정리되었다.

[12] 2015년 3월 '전국인민대표대회' 제3차 회의 이후 새로운 어젠다로 '실크로드 경제벨트 및 21세기 해상 실크로드 공동 건설 계획(建設絲綢之路經濟帶和21世紀海上絲綢之路)', 이른바 '일대일로(一帶一路, One Belt, One Road)'가 제시되었다. 다만, 그 이전인 2013년 9월 중앙아시아와 동남아 여러 국가를 방문 중이던 시진핑이 이미 '실크로드 경제벨트 및 21세기 해상 실크로드 구축'을 제안한 바 있다.

[13] '인류운명공동체 구축'은 2017년에 개최된 제19기 전국인민대표대회에서 향후 14개 국가 발전 전략 목표 중 하나로 제시되었다.

[14] 이와 관련한 구체적인 내용은 김태만, 2013, 「시진핑의 '중국몽(中國夢)'과 문화강대국의 길」, 『동북아문화연구』 37, 동북아시아문화학회; 김태만, 2015, 「시진핑(習近平)의 문화정책과 '일대일로(一帶一路)'의 문화전략」, 『동북아문화연구』 44, 동북아시아문화학회; 김현주, 2017, 「문화소프트파워의 강화를 통한 신중화주의 질서의 세계화」, 『동북아역사논총』 57, 동북아역사재단; 김진호·배은한, 2018, 「시진핑시대의 중국 전통 정치사상과 정치문화 연구」, 『중국학논총』 57; 정보은, 2019, 「시진핑(習近平) 시대, 중국 문화정책과 그 의미에 대한 고찰」, 『한중사회과학연구』 51, 한중사회과학학회; 장윤미, 2020, 「'신시대' 중국의 문화담론과 문화전략 분석」, 『중소연구』 44, 한양대학교 아태지역연구센터 등 참조.

에 개최된 '아시아문명대화'에서 시진핑은 "오만과 편견을 버리고 자신의 문명과 다른 문명의 차이에 대한 이해를 강화해야 한다"라면서, "문명 교류로 문명 장벽을 초월하고, 문명 상호 참조로 문명 충돌을 극복하며, 문명 공존으로 문명 우월을 넘어서자"라고 강조하였다.[15]

이러한 움직임을 구체적으로 보여 주는 사례가 새로운 고등학교 국정 역사교과서의 선택과목 중 하나로 『문화 교류와 전파』를 포함한 것이다. 이 과목의 학습 내용을 살펴보면, 〈표 1〉에 보이는 바와 같이 '유구한 역사의 중화문화'로부터 '정보 혁명과 인류 문화 공유'에 이르기까지 총 7개의 주제를 학습하도록 편성하였다. 이를 통해 인류 문명의 발전과 세계 문화 교류의 관점에서 중화의 우수한 전통문화의 특징과 가치 및 중화문화의 세계적 의의를 이해하도록 하며, 결과적으로 문화 자신감을 가지도록 이끄는 것을 목적으로 한다고 밝혀 놓았다.

표 1. 『문화 교류와 전파』 주제 및 학습 내용

연번	주제	학습 내용
1	유구한 역사의 중화문화	중화의 우수한 전통문화의 내용을 이해한다. 인류 문명의 발전과 세계 문화 교류의 시각으로부터 중화의 우수한 전통문화의 특징과 가치를 이해하고, 중화문화의 세계적 의의를 이해한다.
2	다양한 발전의 세계 문화	세계 각지의 주요한 지역 문화의 이해를 통해 세계 문화의 다양성을 이해한다. 세계 각국, 각 지역, 각 민족의 인류 문화 발전에 대한 기여를 이해한다.
3	인구 이동과 문화 정체성	역사상 대륙, 국가, 지역을 뛰어넘는 서로 다른 규모의 인구 이동 및 이민자들이 직면한 기회와 도전의 이해를 통하여 현지 사회로의 이동과 융합의 과정 중 나타난 문화 정체성을 이해한다.

---

15 "习近平在亞洲文明對話大會开幕式上的主旨演讲", 「新華網」 2019.5.15. 장윤미, 2020, 「'신시대' 중국의 문화담론과 문화전략 분석」, 『중소연구』 44, 81쪽에서 재인용.

4	상로(商路) 무역과 문화 교류	다른 시대, 다른 종류의 상로 개척을 이해한다. 상품이 구현한 문화 특색의 이해를 통하여 무역 활동이 문화 교류 중 담당한 중요한 역할을 이해한다.
5	전쟁과 문화 충돌	역사상의 유명한 전쟁의 이해를 통하여 전쟁이 인류 문화에 대한 파괴 및 문화 단절을 조성했음을 이해한다. 전쟁이 객관적으로 서로 다른 문화의 충돌 계기를 제공한 것을 이해한다.
6	문화의 전승과 보호	역사상 학교 교육, 유학, 도서 출판, 번역 사업 및 도서관, 박물관의 문화 전승과 전파에 미친 영향을 이해한다. 만리장성, 고궁, 경극 등을 통하여 문화유산 보호가 민족문화 전승, 문화의 다양성과 창조성의 수호에 대하여 갖는 중요한 의의를 이해한다.
7	정보 혁명과 인류 문화 공유	현대 정보 기술이 문화 전파 방식, 내용, 규모, 효과 방면 등에 미친 거대한 영향을 이해한다. 현대 정보 기술이 인류 문화 공유에 일으킨 역사상 유래가 없는 영향과 인류 문화의 발전에 대하여 제기한 새로운 주제를 이해한다.

출처: 李卿 編輯, 2018, 『普通高中歷史課程標準(2017)』, 北京: 人民教育出版社, 30~31쪽 / 우성민·허은진, 2021, 「2020년판 중국 역사교과서 속의 문화유산 서술 고찰」, 『문화와융합』 43-1에서 재인용.

또한 『문화 교류와 전파』에서는 중국이 자신의 사상 문화를 소중히 여겨야 하며, 중국식의 사회주의 제도에 대한 자신감과 더불어 우수한 전통문화에 대한 국민적 자신감을 가질 것을 강조하고 있다.[16] 중국 고유의 전통을 반성하는 동시에 서구의 근대를 비판적으로 수용함으로써 전통문화와 서구 문화의 융합을 추구하고자 하는 의도가 엿보이지만, 실상은 해외에서 유입되는 여러 사조의 영향으로부터 중국 특색 사회주의 사상이 변질되는 것을 막기 위한 고민의 발로로 해석된다. 이는 역사 허무주의

---

16 우성민·허은진, 2021, 「2020년판 중국 역사교과서 속의 문화유산 서술 고찰」, 『문화와융합』 43-1, 871쪽.

극복과 애국주의 강화라는 슬로건을 통해서도 알 수 있으며, 최근 더욱 강조되고 있는 '통식교육(通識教育)'의 핵심 목표로 '중국 문화의 주체성' 수립이 강조되는 점을 통해서도 재차 확인할 수 있다.

■ 주환 주편, 2018, 『세계고대사』

제8장. 문명의 충돌과 융합(3~6세기)
    제1절. 농경, 유목, 고대 문명의 양대 세계
        1) 평화 왕래와 폭력의 충돌
        2) 문명의 확장
    제2절. 유라시아 민족 대이동
        1) 유목민족의 분포
        2) 제 유목민족의 남하
        3) 제 유목민족의 서천
    제3절. 아시아-유럽 대륙의 역사 구도 변화
        1) 중국 사회의 동요와 융합
        2) 인도 사회의 조정
        3) 지중해 핵분열과 서구 역사의 새로운 판도

문화 교류와 전파에 대한 강조는 대학교재에서도 엿볼 수 있다. 앞서 Ⅱ장에서 언급한 바와 같이 『세계고대사』 하권의 도입 부분에서 '제8장. 문명의 충돌과 융합'을 다룬다. 그런데 제8장의 시대적 범위는 16세기까지를 설명하는 하권 전체를 포함하는 것이 아니라 3~6세기에 한정된다. 그것은 이 장이 하권 전체의 도입이라는 측면보다는 바로 이어지는 '제9장. 동아시아 사회의 발전(6~13세기)'을 강조하기 위한 것이라는 의문이 들게 한다.

제8장. 문명의 충돌과 융합(3~6세기)

제3절. 아시아-유럽 대륙의 역사 구도 변화

1) 중국 사회의 동요와 융합

(2) 사회 변혁과 민족 융합

그러나 민족적 증오와 억압의 과정에서 여러 민족의 문화적 교류도 나날이 발전하였다. 낙후된 소수민족은 선진 한족 문화에 매료되어 점차 자신의 정권을 공고히 하려면 선진 한족 문화를 배워야 하며 한족 정권의 효과적인 통치 모델을 구현해야 함을 깨닫게 되었다. … (중략) … 다양한 소수민족의 중국화가 심화됨에 따라 민족 통합의 과정이 크게 가속화되었으며, 한족 문화를 주체로 하는 중국 문명이 더욱 발전했다. 6세기 말까지 수나라가 중국을 통일하면서 민족 대통합의 과정이 기본적으로 완성되었고, 다민족 통일국가를 기본 틀로 하는 응집적 문명의 통합이 정착되었다. 이것은 수·당 왕조를 중국 중세와 고대 전성시대로 이끈 중요한 역사적 전제 중 하나일 뿐만 아니라 이후 중화문명 발전의 매우 뚜렷한 기본 특징이 되었다.

위의 인용 부분에서는 낙후된 소수민족문화와 선진의 한족 문화를 대비시킨다. 이후 소수민족 정권이 자발적으로 한족의 문화와 통치 모델을 습득하기 위해 노력하면서 여러 민족의 문화적 교류가 활발해졌고, 그 결과 소수민족의 중국화로 인해 민족 통합이 가속화되었다고 설명한다. 이러한 서사는 고등학교 국정교과서인 『중외역사강요』에서 확인되는 것처럼 선진 시기부터 이미 '중화민족공동체' 의식이 존재했다거나, 혹은 다원적 '중화문화'가 형성되었다는 인식과 맥을 같이한다. 즉, 고대부터 민

족 '교융'에 따라 중화민족의 강역이 마련되었다는 것이다.[17]

위의 서술에 이어서는 4세기부터 5세기까지 유목 세계와 농업 세계의 교류를 설명한다. 이 시기 유라시아 대륙에서 유목 세계의 여러 민족이 농업 세계로 대규모 이주를 하게 되는데, 그러한 현상은 두 세계의 "장기적인 교류와 사회경제적 발전에 따른 필연적인 결과"로 파악한다. 마지막으로 8장의 '소결'에서는 "동아시아 문명이 격동, 조정을 겪으면서 유라시아 대륙의 서쪽 끝에 위치한 지중해를 중심으로 한 농경 문명 세계도 같은 역사적 격변"을 겪었음을 재차 부각한다. 즉, 유라시아 대륙 전체의 변화 원인을 중국을 중심으로 한 동아시아 문명의 격동으로부터 찾은 것이다. 그리고 이러한 설명의 도식은 9장에서 한국과 일본 등 동아시아 역사를 서술하는 과정에서도 적극 활용된다.

2. 한·일 고대사의 전개와 문화 전파

『세계고대사』의 '제9장. 동아시아 사회의 발전'에서는 '제1절 중국, 제2절 조선반도(한반도), 제3절 일본'의 순서로 배치하여 6~13세기의 역사를 다룬다. 그리고 제4절에서 이 지역의 유학과 불교를 중심으로 한 문화 전파에 대해 별도로 재차 서술한다.

■ 주환 주편, 2018, 『세계고대사』

제9장. 동아시아 사회의 발전(6~13세기)
　　　제1절. 중국

---

[17] 권은주, 2020, 「『중외역사강요』의 한국고대사·동아시아사 서술 내용과 역사 인식 분석」, 『동북아역사논총』 70, 동북아역사재단.

> 　　　　1) 당송시대
> 　　　　2) 사회 경제
> 　　　　3) 사상 문화
> 　　제2절. 조선반도(한반도)
> 　　　　1) 고대 조선
> 　　　　2) 신라 통일
> 　　　　3) 고려 왕조
> 　　제3절. 일본
> 　　　　1) 고대 일본
> 　　　　2) 율령제 국가
> 　　　　3) 공무 정치와 막부 통치
> 　　제4절. 유학과 불교
> 　　　　1) 유가학설의 발전과 전파
> 　　　　2) 불교의 중국화와 그 전파

　　이러한 목차 구성은 중국의 당송시대를 중심에 배치하여 대강을 설명한 후, 그 주변에 있던 국가들에 앞서 설명한 '중국적인 것'들이 어떻게 전파되고 수용되었는지를 설명하는 방식이다. 그런데 제2절과 제3절에 나오는 한국사와 일본사의 경우, 상권에서는 전혀 언급하지 않고 하권의 제9장에서 처음 등장한다. 이로 인해 한국과 일본의 선사시대부터의 내용을 기술할 수밖에 없었고, 결과적으로 제1절에서 다룬 6~13세기의 시간적 범위에서 많이 벗어나는 구성이 될 수밖에 없었다. '동아시아'라는 용어를 장 제목에 배치했음에도 실제 설명의 중심 틀을 중국에 맞추려는 과정에서 나온 문제라고 볼 수 있다. 이 역시 중국이라는 하나의 국가 단위와 동아시아라는 지역 단위 사이에서 균형을 맞추지 못하는 최근 중국 역

사 인식의 난맥이라 하겠다.[18]

중심과 주변의 구분, 전파와 수용의 논리가 중국의 역사 인식에서 강조되어 온 것은 오래전부터의 일이지만, 최근에는 이에 더하여 서구 중심의 세계사 서술을 대체하는 중국식 세계사를 수립하기 위해 용어와 개념의 재정립을 시도하고 있다는 점도 지적된다.[19] 중화문명을 내세운 중화주의적 인식을 동심원적으로 확대해 나가는 서술이 소위 '세계사'를 표제로 달고 있는 교재에서도 보인다는 것은 더 큰 문제로 지적할 수밖에 없다. 다음 인용문을 통해 그 구체적인 양상을 확인해 보고자 한다.

제9장. 동아시아 사회의 발전(6~13세기)

서론

단명한 진나라와 4세기 동안 통치했던 한나라는 수천 년 동안 지속된 중화문명의 기본적 요소를 확립하여 인류 역사상 가장 창조적이고 영향력 있는 문명 중 하나가 되었다. 그러나 동한 왕조가 명목상으로만 존재했던 2세기 말부터 6세기 수문제가 중국을 통일하기까지 4세기 동안 중국 사회는 정치적으로 혼란스럽고 분열되어 있었으며, 첨예하고 복잡한 민족적 긴장, 수많은 유목민 침략, 여러 지배체제 간의 전쟁으로 인해 진나라와 한나라 시대에 구축된 많은 선진적인 제도가 파

---

18 이정일, 2021, 「탈중심의 역사와 『중외역사강요(하)』의 중국중심주의」, 『중국 시진핑시대 교과서 국정화와 역사담론』, 동북아역사재단, 344~345쪽.

19 전인갑, 2018, 「비대칭적 국제질서: 천하질서, 그 변용과 현대적 재구성(Ⅰ)-'세력균형의 질서'에서 '제국의 질서'로-」, 『서강인문논총』 51; 이정일, 2021, 「탈중심의 역사와 『중외역사강요(하)』의 중국중심주의」, 『중국 시진핑시대 교과서 국정화와 역사담론』, 동북아역사재단, 340쪽.

괴되었다. 이러한 상황에 직면하여 중화문명은 일련의 조정과 변혁을 거쳤다. 주변의 많은 유목민족과 반유목민족이 중국 문명의 핵심을 향해 지속적으로 내부로 이동하면서 객관적으로 민족의 통합을 촉진하고 통일된 다민족 국가를 기본 골격으로 하는 응집력 있는 문명이 점차 구체화되었다. 동시에 각 지역과 민족은 국가 시스템, 정치 조직, 생산 기술, 문학과 예술, 종교적 신념 측면에서 다양한 지역과 민족의 선구적인 성격도 발전의 여지가 더 많아져 중국 문명의 발전에 깊은 영향을 미치고 더 큰 통일의 여건을 조성했다. 수나라가 통일된 후 중국 문명의 전체적인 지역적 일관성이 강화되었다. 당송시대의 중화문명은 사회 발전, 국력 강성, 민족 융합, 문화 발전으로 특징지어졌으며, 중국은 동아시아 및 세계 문명사에서 크게 빛을 발하는 개방시대를 열었다. 또한 중국 내뿐만 아니라 주변 지역과 국가에서도 문화적 통합을 향한 강한 경향을 보였다.

중국 학계에서는 2010년대 이후 차츰 '동아시아'를 시야에 넣는 연구들이 등장하고 있는데,[20] 제9장의 제목을 '동아시아 사회의 발전'으로 잡은 것도 이러한 흐름을 반영한다. 다만, 이때의 '동아시아 세계'는 일본 학계를 중심으로 논의되던 '동아시아 세계론'의 그것과는 많은 차이를 보인다. '동아시아 세계론'이 중국을 중심에 놓고 일본의 역사를 상대화하

---

20 존 페어뱅크(John King Fairbank)가 1968년 출간한 Chinese world order: traditional china's foreign relations는 2010년 중국에서 『中國的世界秩序: 中國傳統的對外關係』라는 제목으로 번역·출간되었다. 또한 니시지마 사다오(西嶋定生)의 '동아시아 세계론'과 관련되는 논의가 다양하게 인용되고 있다는 사실 등도 참고된다. 홍승현, 2012, 「중국학계의 동아시아사 인식과 국제관계사 서술」, 『중국의 동북공정과 한국고대사』, 주류성, 389쪽.

기 위한 것이라 한다면, 중국의 경우 '동아시아'라는 범주와 개념을 일부 받아들이면서도 동아시아 세계가 성립되고 발전하는 과정을 오직 한화(漢化)의 입장으로만 설명하는 중국 중심 사관을 강화하는 방향으로 활용하고 있는 것이다.[21]

실제로 상기 인용문으로 제시한 제9장의 서론에서는 처음부터 중국 중심의 서술이 등장한다. 진·한에 의해 구축된 중화문명의 요소들이 이후 중국이 분열되는 4세기 동안 무너졌지만, 6세기 수나라의 통일로 다시 회복되었다는 내용이 이야기의 큰 틀로 제시된다. 중국 통일 이전 시기는 "정치적 분열과 할거, 첨예하고 복잡한 민족 갈등"의 시기로 설정된 반면, 이 장의 시기적 범주에 해당하는 당송 시기는 "동아시아와 세계 문명사에서 중국이 크게 빛을 발하는 개방시대"로 그려진다. 특히 "민족 융합", "문화 발달"이라는 측면이 그 증거로 나열되었다. 또한 중국의 선진 문명은 한반도의 통일과 일본 열도의 정치 개혁을 이루는 역사 발전의 요인으로 설명된다. '동아시아'라는 지역적 범위는 다름 아닌 '중국을 핵심으로 하는 문명 지역'으로 파악하고 있는 것이다.

다음으로 제9장의 제2절과 제3절에서는 한국과 일본의 역사를 개략적으로 서술한다. 먼저 '제2절. 조선반도(한반도)'에서는 구석기시대부터 기술을 시작하여 삼국과 통일신라, 고려 왕조의 역사를 다룬다.

---

21 존 페어뱅크와 니시지마 사다오의 연구에 대해서 한국 및 일본 학계에서는 이미 중국 중심의 동심원적 세계를 구상한다는 비판 혹은 반대로 중국을 제외한 개별 국가의 독자성을 지나치게 강조한 점 등에 대한 비판이 있었다. 피터 윤, 2002, 「서구 학계 조공제도 이론의 중국 중심적 문화론 비판」, 『아세아연구』 45권 3호; 박대재, 2007, 「고대 '동아시아 세계론'과 고구려사」, 『고대 동아시아 세계론과 고구려의 정체성』, 동북아역사재단.

주환 주편, 2018, 『세계고대사』

제9장. 동아시아 세계의 발전(6~13세기)
제2절. 조선반도
1) 고대 조선
(1) 초기 국가

먼 옛날 구석기시대 이래로 한반도와 대륙은 밀접한 관계를 가지고 있다. 반도에 나타난 신석기시대의 거대한 바위문화는 기본적으로 중국 랴오둥, 산둥 및 기타 지역의 유사한 문화와 일치한다. 기원전 5세기 조선에 청동기가 등장했고, 이윽고 철기가 등장하면서 금석병용시대가 시작됐다. 원시사회가 점차 해체되면서 반도에는 몇 개의 비교적 큰 부족 연합이 생겨났다. 동쪽과 북동쪽에는 옥저과 예가, 남쪽에는 마한·변한·진한이, <u>북쪽에는 대륙 문명의 영향을 깊이 받은 최초의 국가로서 고조선이 출현했다.</u> … … (중략) … …
기원 전후에 삼한 부락 연맹을 기반으로 한반도 남부에는 각각 백제와 신라의 노예제 국가 정권이 수립되었다. 이와 함께 <u>중국 동북지방에 살던 소수민족인 고구려 부락 연합도 요동에서 압록강 양안으로 옮겨 지금의 지린(吉林) 지안(集安)을 도읍으로 삼아 고구려 정권을 수립했다.</u> … (후략)

위 인용문에서는 구석기 및 신석기시대부터 한반도와 대륙이 밀접한 관계를 맺었음을 설정한다. 한반도의 선사시대 문화가 중국 랴오둥, 산둥 지역과 일치한다는 것이다. 이어서 한반도의 고대국가 건설에 대해 서술하면서, "북쪽에는 대륙 문명의 영향을 깊이 받은 국가의 모태인 고조선이 최초로 출현했다"라거나 "중국 동북지방에 살던 소수민족인 고구려 부락 연합도 요동에서 압록강 양안으로 옮겨 지금의 지린 지안을 도읍으로 삼아 고구려 정권을 수립했다"라고 언급한다. 고조선·고구려의 건국에서부터 중국의 영향력을 강조하거나, 혹은 중국의 '소수민족'이 세운 지방정권으로서의 정체성을 의도하는 것이다.

이를 기존에 많이 활용되던 대학교재들과 비교해 보면 『세계고대사』에서 새롭게 강조하고 있는 점을 더 구체적으로 확인할 수 있다. 쑨샹민의 『세계중고사』에서는 한반도에서 최초의 노예제 국가로 고조선이 건국되었음을 언급한 후, 8조법금, 연인 위만에 의한 위만조선의 건국, 한무제의 위만조선 정벌, 한사군 설치 등을 다루었다. 이후 한 군현 관련 사안을 보다 상세하게 전하면서 "한사군 설치는 조선의 정치·경제와 문화 발전에 거대한 영향을 주었고, 낙랑군은 위씨 정권 통치의 중심 지대에 있었다"라고 서술하였다. 화둥사범대학교 출판사의 『세계통사』에서는 고조선의 건국에 대해 "조선 북부에는 비교적 일찍 국가가 형성되었는데 고조선으로 칭하는 지역은 크지 않고 구체적인 정황은 상세하지 않다"라고 했으며, 베이징대학교 출판부에서 출간한 『간명세계사』에서는 "연인 위만이 기씨조선을 뒤집고 스스로 왕이 되어 평양 일대를 통치하였다. 한무제가 한반도 북부에 한사군을 설치하고, 4세기 초 낙랑군이 고구려·백제에 의해 점령당하였다"라며, "낙랑 등 4군이 설치된 후, 한반도와 중국 내지의 광범위한 무역 왕래와 문화 교류가 진행되어, 한반도는 사회·경제적 발전과 국가 형성의 과정이 가속화되었다"라고 서술하였다.

기존 대학교재들과 비교할 때 『세계고대사』의 서술은 고대국가의 건국 과정에서부터 중국의 영향을 강조하고 있다는 점이 확인된다. 과거 교재에서는 "구체적인 정황이 상세하지 않다"라는 식으로 설명하던 것을 『세계고대사』에서는 기존 교재에 비해 오히려 서술 분량이 줄어들었음에도 '대륙문화의 영향'을 받거나 '소수민족'으로서 정권을 수립한 것으로 구체화한 것이다. 반면 한사군 관련 서술은 대폭 줄어들어 설치 사실에 대해서만 간략하게 언급하고 있을 뿐, 그 성격이나 의의에 대해서는 언급하지 않는 변화가 보인다.

주환 주편, 2018, 『세계고대사』

제9장. 동아시아 사회의 발전(6~13세기)
제2절. 조선반도
1) 고대 조선
(2) 삼국시대
삼국 중 신라는 빠르게 발전하여 국세가 강해져 반도 남단 왜인(일본)들이 오랫동안 점령하고 있던 임나 지역을 탈환하였고, 고구려·백제와의 전쟁에서도 많이 승리하였다. 고구려와 백제는 점차 동맹을 맺고 일본과 연합하여 신라를 견제하려 하였다. 신라는 강적에 맞서기 위해 중국 대륙의 정권과 동맹을 강화하였다. 6세기 말부터 중국의 수·당 왕조는 여러 차례 고구려를 침략했지만, 군사와 백성을 희생시키고 패전을 거듭하였다. 당고종(高宗) 때 중국 정권은 정세를 파악하고 신라와 동맹을 맺어 백제를 먼저 멸망시킨 다음 고구려를 공략하는 전략을 취하였다. 660년 당군은 신라군과 연합하여 백제를 일거에 멸망시켰다. 667년 연합군은 고구려의 내란을 틈타 남북에서 공격하여 이듬해 고구려를 멸망시켰다. 당 왕조는 한반도에 안동도호부를 설치하여 직접적인 봉건 통치를 하려고 하였으나 조선 군민[고구려 군민]의 단호한 저항을 받았다. 676년 당나라는 어쩔 수 없이 안동도호부를 옮겼다. 신라는 한반도 전체를 통일했다.

『세계고대사』의 삼국시대 관련 서술은 위에서 인용한 단 한 문단에 그친다. 이에 포함된 내용 요소는 신라의 임나 지역 탈환과 수·당의 고구려 침략, 나당 연합과 백제·고구려의 멸망, 신라의 한반도 통일이 전부다. 먼저 신라의 성장과 관련하여 "삼국 중 신라는 빠르게 발전하여 국세가 강해져 반도 남단 왜인(일본)이 오랫동안 점령하고 있던 임나 지역을 탈환"하였다고 기술한다. 임나일본부설을 긍정하면서 신라의 성장과 연계하여 기술한 것이다.[22]

다음으로 고구려와 백제의 성장 등에 대해서는 전혀 언급하지 않은 채 삼국의 각축과 신라의 삼국 통일에 대한 서술로 이어진다. 기존 교재들에 비해 서술 분량이 매우 적은 것은 한국사 관련 내용들을 점차 축소해 가는 기조를 반영한 것으로 보인다.[23] 기존 교재에 보이던, 수양제가 세 차례에 걸쳐 고구려를 공격하는 대규모의 전쟁을 일으킨 것이 "고구려가 여전히 낙랑, 현도군 지역이라고 생각"했기 때문이라거나, 당나라가 삼국의 분쟁에 개입하게 된 계기가 "고구려가 조공 입조를 가로막는다"라는 신라·백제의 호소 때문이라는 설명[24] 등 중국 중심으로 당시 국제 관계를 해석하던 요소들까지도 모두 제외되었다.[25] 앞서 초기 국가 관련 설명이

22　권은주, 2021, 「중국 대학 역사교재의 고조선(한4군)과 임나일본부에 대한 서술 변화: 식민사학의 영향과 중화주의가 결합한 한국고대사상(像)」, 『동북아역사논총』 74, 동북아역사재단.

23　이와 관련하여, "역사에서 '삭제'는 곧 역사의 '망각'을 의미한다."는 지적이 주목된다. 즉 "남만주 지역에서 활동한 우리 고대국가의 역사를 지역 박물관이나 교재에서 언급하지 않는다는 것은 '조선족'의 고대사가 사라지는 것으로 이어질 가능성이 높다."는 것이다(박선미, 2022, 「역사의 망각은 역사 갈등보다 무섭다!」, 『동북아역사재단뉴스』 Vol. 193).

24　張國剛·楊樹森 主編, 2005, 『中國歷史: 隋唐遼宋金卷』, 高等教育出版社, 141쪽.

25　한편, 삼국 통일 과정에 대해서는 서구 학계 서술과의 비교를 통해 차이점을 보다 면밀하게 분석할 필요가 있다. 예를 들어 『케임브리지 중국사』에서는 "[당과 고구려 사이의]

중국 중심의 역사 해석 강화 경향을 보이고 있다면, 삼국시대 관련 설명의 경우 내용을 제외하는 방식으로 변화한 것이다. 이로 인해 삼국의 역사를 설명하면서 당군과 신라군에 의한 동맹의 결과 백제와 고구려가 차례로 멸망하였다는 내용만 남게 되었다.

주환 주편, 2018, 『세계고대사』

제9장. 동아시아 사회의 발전(6~13세기)
제2절. 조선반도
2) 신라 통일
(1) 사회제도와 경제
… (전략) 6세기경 우경 및 철제 농기구의 보급으로 사회적 생산성이 크게 향상되었고 개인 소농 경제가 나날이 발전하여 아직 발전이 불충분한 노예제도가 해체되고 봉건사회로 이행되기 시작하였다. 통일 이후 신라 왕조는 중국 대륙의 선진적인 정치·문화·경제체제를 대대적으로 도입·흡수하여 조선에 봉건제도를 전면적으로 확립하였다.

중앙정부와 지방정부의 이러한 모순은 끊임없이 커져 마침내 수당과 고구려의 전쟁으로 표출되었다. 수당의 고구려 정벌은 중국 중앙정부가 독립을 시도하는 지방정권에 대한 토벌로써 국가의 통일을 유지하고 영토를 정비하려는 투쟁이지 나라와 나라 사이의 침략전쟁이 아니다"(제4장 동아시아 기타 국가의 형성, 제5절 각국과 중국의 관계)라고 하였다. 『하버드 중국사(당-열린 세계 제국)』에서도 "670년대에 새롭게 중국화된 신라는 한반도의 대부분을 통일하는 데 성공하였고, 당나라는 티베트로부터의 증가하는 위협에 집중하여 더 이상 한반도의 정복 사업을 지속할 수 없게 되었다. 한국은 여전히 명목상 중국의 국가체제를 모방한 당나라의 종속 국가로 남아 있게 되었다"(제6장 외부 세계, 제2절 동아시아의 등장)라고 서술하고 있다. 최근 서구 학계의 한국사 서술에 대한 분석은 동북아역사재단 한국고중세사연구소 편, 2021, 『구미학계의 중국사 인식과 한국사 서술 연구』, 동북아역사재단 참고.

<u>… (중략) … 이후 신라 통치자들은 중국 수·당 왕조의 중앙집권적 정치 모델을 모방하여 8세기 중엽에 상당한 관료적 통치체제를 구축하였다.</u>

통일신라에 대해서는 앞서 삼국시대에 대한 설명과 달리, 사회제도와 통치체제 등의 내용 요소가 포함되어 있다. 다만 상기 인용한 부분을 중심으로 실제 서술을 살펴보면, 사회제도 등의 설명을 포함한 이유가 중국 대륙의 선진적인 체제를 도입, 흡수, 모방하였기 때문이라는 점을 부각하기 위한 것이 아니었을까 추측해 볼 수 있다. 삼국 사이의 관계 등에 대해서는 관심을 두지 않았던 것에 반해, 중국 왕조와의 관계에서 문화 교류와 전파를 설명할 수 있는 시기에 대해서는 보다 적극적으로 기술하고 있는 것이다.

한편, 같은 시기 존재했던 발해에 대한 설명은 전혀 보이지 않는다. 발해의 경우 당나라의 여러 요소를 국가 운영에 활용하고 있었기에 왜 서술에서 빠지게 되었는지 의문이다. 아마도 한국사 관련 내용을 점차 축소해가는 기조를 반영한 것일 가능성이 높지만, 집필을 담당한 왕진신이 한국사 전공자가 아닌 것에서 기인한 결과로 볼 여지도 있다.[26]

---

26 기존 중국 중·고등학교 교과서 및 대학 역사교재의 발해사 서술에 대한 분석은 김은국, 2006, 「중국 대학교재에 보이는 발해사 서술 내용 검토」, 『중국 역사교과서의 한국고대사 서술 문제』(기획연구 7), 동북아역사재단; 임상선, 2006, 「중국 역사교과서의 발해사 내용 비판」, 『중국 역사교과서의 한국고대사 서술문제』(기획연구 7), 동북아역사재단; 조이옥, 2008, 「발해사」, 『중국대학 역사교재 속의 한국·한국사』(기획연구 17), 동북아역사재단; 구난희, 2006, 「중국 역사교육에서의 '민족문제'와 고구려·발해 서술 변화에 대한 고찰」, 『중국의 역사교육과 교과서』(연구총서 18), 고구려연구재단 등 참조.

주환 주편, 2018, 『세계고대사』

제9장. 동아시아 사회의 발전(6~13세기)
제3절. 일본
1) 고대 일본
(1) 야마토국
(전략) … 통일과 안정은 야마토국이 적극적으로 외교 활동을 할 수 있는 기반이 되었다. <u>4세기 중반 이후 한반도 고구려·신라·백제의 분쟁을 틈타 야마토국은 한반도에 발을 들여 백제와 동맹을 맺고 신라의 가야를 임나로 삼았다.</u> … (중략) … 5세기 중반 이후 고구려는 대대적으로 남하하여 백제의 수도 서울을 점령하고 백제군을 남하하게 하여 일본의 임나 지배를 위협하였다. 512년 백제의 요구로 야마토 조정은 임나 서쪽 4군을 백제에 할양하였다. 동시에 신라도 백제를 압박했다. 줄곧 백제와 동맹을 맺어 온 일본은 백제를 구하기 위해 527년에 백제를 돕고자 군대를 보냈고, 그 반대급부로 신라로부터 뇌물을 받은 쓰쿠시국(筑紫國)이 반란을 일으켜 이를 진압하는 데 2년이 걸렸다. <u>백제를 돕기 위한 군사 작전은 허사로 끝났고 결국 임나를 잃게 되었다. 562년 일본의 한반도 침략과 점령이 종식되었다.</u>

다음으로 '제3절. 일본'의 경우 '1항. 고대 일본'을 통해 선사시대, 야마토국(大和國家), 쇼토쿠 태자의 개혁(聖德太子改革), 다이카 개신(大化改新) 등을 설명하고 있으며, 이어서 '2항. 율령제 국가'에서 7세기 말 이후 율령제도에 대한 설명, 반전제(班田制) 동요와 이 시기의 사회문화적 특징 등을 서술한다. 서술 분량은 한반도의 역사를 설명하면서 구석기부터 후삼국 시기까지 약 2쪽을 할애한 것에 비해 일본 고대사 서술은 5쪽 이상을 차지하고 있다. 내용 요소에서도 주요 정치 사건뿐 아니라 경제제도 및 사회문화적 특징에 대한 설명이 포함된다. 좀 더 많은 분량으로 여러 내용 요소가 포함될 수 있었던 것은 집필자인 저우쑹룬이 비록 근대정치사 중심이지만 일본사를 전공하고 있는 연구자이기 때문이라고 추측된다.

일본 관련 서술에서 주목되는 또 하나의 요소는 앞서 언급한 '제2절. 조선반도(한반도)'에서 언급하지 않았던 삼국시대의 국제 관계 관련 내용이 오히려 많이 보인다는 것이다. 즉, 4세기 중반 야마토국이 한반도 지역에 들어왔고, 5세기 중반 고구려의 남하 이후 6세기 중반에 이르러 점차 한반도에서 세력을 잃어가는 과정, 소위 임나일본부설에 대한 서술 과정에서 부가적이고 주변적인 요소로 삼국의 동향이 설명되는 것이다. 중국 학계가 임나일본부를 긍정적으로 인식한 것은 20세기 초 청말 민국 시기부터였는데, 그러한 인식이 여전히 견지되고 있음을 재차 확인할 수 있다.[27]

한편, 일본사의 주요 흐름을 설명하는 과정에서도 한국사를 설명했던 것과 마찬가지로 중국 중심의 역사 전개 방식이 주를 이룬다. 3세기 이후 기존 조문 문화에 비해 훨씬 우수한 야요이 문화가 출현하게 되었음을 언급하면서, 그 이유와 관련해서는 "당시 중국은 이미 철기시대에 접어들었고 농경 문명이 이미 잘 확립되어 있었기 때문에, 야요이시대의 새로운 문화는 대륙문화의 직접적인 작용 결과로 발생하고 발전한 것으로 받아들여"진다는 점을 강조하였다. 또한 대륙의 선진 문화를 받아들이기 위해

---

27 권은주, 2021, 「중국 대학 역사교재의 고조선(한4군)과 임나일본부에 대한 서술 변화: 식민사학의 영향과 중화주의가 결합한 한국고대사상(像)」, 『동북아역사논총』 74, 동북아역사재단.

조정에서 도래인과 도래 문화 수용에 적극적이었고, 도래인의 수가 급격히 증가했음을 말한다. 7세기 이후 '율령제 국가'에 대해서도 율령제도가 당의 영향하에 도입된 사실뿐 아니라, 사회 전반적으로 당의 문화를 대량으로 받아들이면서 일본 문명에 큰 발전이 있었다고 설명한다.

이어서 '제4절. 유학과 불교'에서는 이 지역 내에 이들 종교와 문화가 어떻게 전파되었는지를 재차 설명하고 있다. 유학의 경우, 1세기 초부터 『시경』과 『춘추』 등이 한반도에서 전재되었다는 점과 함께 고구려와 백제에서의 유학 교육제도 확립, 6세기 이후 신라의 유학 열풍 등을 서술하였다. 일본으로의 유학 전파와 관련해서는 상류층 중심으로 기본적인 문화 규범으로 자리 잡는 과정을 기술하였다. 불교의 경우, 신라 승려 의상과 심상 등의 활동으로 중국의 불교 유파가 한반도에 큰 영향을 미치게 되었고, 일본으로도 건너가게 되었음을 언급한다. 특히 전반적인 서술 기조에서 유학과 불교의 전파가 한반도와 일본의 사상·문화·정치·사회생활 전반에 걸쳐 광범위하고 깊은 영향을 미쳤다는 점을 부각하고 있다.

마지막으로 제9장의 소결에서는 6~13세기에 걸쳐 이전보다 강대하고 통일된 봉건 왕조가 중국에 들어섰고, 유학과 불교를 위시한 "중화문명의 눈부신 성과가 동아시아 이웃 나라로 급속히 확산"될 수 있었다는 점을 재차 강조한다. 아울러 "조선과 일본 역대 왕조는 문명 발전의 모범인 중화문명을 끊임없이 모방"했으며, 결과적으로 "중국을 핵심으로 하는 유사한 내부 구조적 특성을 가진 문명 지역이 점차 형성"되면서 한반도는 "당송 왕조의 축소판처럼 되다시피 했고, 조선 문화도 사상 첫 번영을 누렸다"라고 결론 맺고 있다. 이러한 서술의 강화는 결국 중국 학계가 질서정연한 동심원의 세계를 꿈꾸며 중심과 주변을 끊임없이 구분하는 자기중심적 관념에서 벗어나지 못하고 있음을 다시 한번 확인케 한다.

Ⅳ. 맺음말

이상에서 지난 2018년 마공정 교재 중 하나로 출간된 주환 주편 『세계고대사』의 구성과 내용을 중심으로 중국 대학 역사교재에 보이는 동아시아 서술의 특징과 변화를 살펴보았다. 마공정 교재 출간은 시진핑 집권 이후 새로운 시대의 중국 특색을 보여 줌으로써 역사 허무주의에서 벗어나 자신감을 심어 주고 애국주의를 강화하려는 의도를 지닌 것이었다. 이와 함께 최근 중국 학계에서는 전근대 중국과 주변의 관계를 설명하면서 비대칭성과 위계성을 더욱 강조해야 한다는 주장이 힘을 얻고 있다고 한다.[28] 그러한 양상이 『세계고대사』의 서술에도 반영되고 있음이 확인되는데, 특히 개별 국가들의 특성을 세심하게 살피려는 노력 대신 그것을 중국사의 틀 안에 일방적으로 흡수해 버리는 방식을 택하고 있는 점에서 그렇다.[29] 아울러 기존 대학교재들과 비교해 보았을 때 문명의 교류와 전파, 충돌과 융합에 대한 서술이 강조되고 있다는 것도 변화된 점으로 지적할 수 있다.

시진핑 집권 이후 추진되고 있는 '일대일로' 구상은 다분히 중국 중심적이다. 그것은 전근대사회 중국이 황제를 중심에 둔 질서정연한 동심원의 세계를 꿈꾸던 모습과 닮아 있다. 최근 중국 학계에서 '동아시아'라는 용어를 사용하는 빈도가 늘고 있음에도 여전히 동아시아 세계를 함께 구

---

28 손성욱, 2021, 「『중외역사강요』의 전근대 대외관계 인식: 두 차례 등장한 '종번관계'를 중심으로」, 『사림』 78, 수선사학회.
29 이정일, 2021, 「탈중심의 역사와 『중외역사강요(하)』의 중국중심주의」, 『중국 시진핑시대 교과서 국정화와 역사담론』, 동북아역사재단, 354쪽. 다만 중국 학계의 방식은 일본 학계가 자국사의 특수성을 통해서 동아시아 이웃 국가들의 역사와 자국의 역사를 구별했던 방식과 정반대라고 할 수 있다.

성했던 주변 국가 및 민족의 자발성이나 이들의 선택에는 주목하지 못하는 점에서도 강고한 중국 중심의 역사 인식을 엿볼 수 있다.[30] 그리고 이러한 중국 중심적 서술이 앞으로 더욱 강화될 것으로 예측된다는 점에서 고민은 더 깊어질 수밖에 없다. 마공정 교재 목록에 포함되어 있는 『중국고대사』, 『중국민족사』 등에 대한 출간이 완료된다면 이에 대한 비교 분석을 통해 그 차이를 규명할 때 더 명확한 변화를 감지할 수 있으리라 생각한다. 이를 추후 과제로 남긴다.

---

30 이준성, 2017, 「동북공정 종료 후 중국학계의 고구려 '대외관계사' 연구 동향」, 『선사와 고대』 53, 한국고대학회.

참고문헌

- 교재

孫祥民 主編, 2006, 『世界中古史』, 北京師範大學出版社.
楊君·張乃和 主編, 2006, 『東亞史: 從史前至20世紀末』, 長春出版社.
李卿 編輯, 2018, 『普通高中歷史課程標準(2017)』, 人民教育出版社.
張國剛·楊樹森 主編, 2005, 『中國歷史: 隋唐遼宋金卷』, 高等教育出版社.
朱寰 主編, 1986, 『世界上古中古史』, 高等教育出版社.
朱寰 主編, 2018, 『世界古代史』(第2版), 高等教育出版社.
翦伯贊 主編, 2006, 『中國史綱要』增訂本, 北京大學出版社.

- 단행본

윤세병, 2018, 『중국 역사교과서의 서사구조와 이데올로기』, 경인문화사.

- 논문

고광의, 2006, 「중국 역사교과서의 고대 문화사 서술 검토」, 『중국 역사교과서의 한국고대사 서술문제』(기획연구 7), 동북아역사재단.
구난희, 2006, 「중국 역사교육에서의 '민족문제'와 고구려·발해 서술 변화에 대한 고찰」, 『중국의 역사교육과 교과서』(연구총서 18), 고구려연구재단.
권은주, 2020, 「『중외역사강요』의 한국고대사·동아시아사 서술 내용과 역사 인식 분석」, 『동북아역사논총』 70.
권은주, 2021, 「중국 대학 역사교재의 고조선(한4군)과 임나일본부에 대한 서술 변화: 식민사학의 영향과 중화주의가 결합한 한국고대사상(像)」, 『동북아역사재단』 74.
금경숙, 2006, 「중국 중·고 역사교과서에 보이는 한국고대사 관련 내용 검토」, 『중국 역사교과서의 한국고대사 서술문제』(기획연구 7), 동북아역사재단.
김은국, 2006, 「중국 대학교재에 보이는 발해사 서술 내용 검토」, 『중국 역사교과서의 한국고대사 서술 문제』(기획연구 7), 동북아역사재단.
김종학, 2021, 「중국의 국사교육과 '중화민족'의 의미: 고중 통편교재 중외역사강요의 사례」, 『주요국제문제분석』 26, 국립외교원 외교안보연구소.

김지훈, 2007, 「한·중 역사갈등 줄이기: 동북공정과 중국의 역사교과서」, 『역사문제연구』 17.
김지훈, 2021, 「국가의지와 역사교과서의 정치화」, 『중국 시진핑시대 교과서 국정화와 역사담론』, 동북아역사재단.
김진순, 2006, 「중국 중·고등학교 역사교과서의 중국 문화관련 서술 검토」, 『중국 역사교과서의 한국고대사 서술문제』(기획연구 7), 동북아역사재단.
김진호·배은한, 2018, 「시진핑시대의 중국 전통 정치사상과 정치문화 연구」, 『중국학논총』 57.
김태만, 2013, 「시진핑의 '중국몽(中國夢)'과 문화강대국의 길」, 『동북아문화연구』 37, 동북아시아문화학회.
김태만, 2015, 「시진핑(習近平)의 문화정책과 '일대일로(一帶一路)'의 문화전략」, 『동북아문화연구』 44, 동북아시아문화학회.
김현숙, 2006, 「중국 대학교재에 서술된 삼국 관련 내용 검토」, 『중국 역사교과서의 한국고대사 서술 문제』(기획연구 7), 동북아역사재단.
김현주, 2017, 「문화소프트파워의 강화를 통한 신중화주의 질서의 세계화」, 『동북아역사논총』 57, 동북아역사재단.
박대재, 2007, 「고대 '동아시아 세계론'과 고구려사」, 『고대 동아시아 세계론과 고구려의 정체성』, 동북아역사재단.
박선미, 2022, 「역사의 망각은 역사 갈등보다 무섭다!」, 『동북아역사재단뉴스』 Vol. 193.
손성욱, 2021, 「『중외역사강요』의 전근대 대외관계 인식: 두 차례 등장한 '종번관계'를 중심으로」, 『사림』 78, 수선사학회.
안병우, 2006, 「중국 역사교과서의 한국 전근대사 서술 추이」, 『白山學報』 75.
양승훈·박현숙, 2019, 「초급중학교 『중국역사』 교과서(2016년판)의 한국고대사 서술내용과 특징」, 『선사와 고대』 59.
오병수, 2014, 「중국 근대 역사교과서의 자국사 구축과정과 '중화민족'」, 『역사교육』 132.
오병수, 2016, 「국내학계의 중국 역사교과서 연구 경향과 과제」, 『동북아역사논총』 53.
오병수, 2020, 「시진핑시대 중국의 역사정책과 자국사의 재구성: 『歷史 中外歷史綱要』과목의 개설 배경과 이데올로기」, 『역사교육』 156.
우성민, 2018, 「신간 중국 중등 역사교과서 개편 동향과 한국사 관련 서술 검토」, 『중국학연구』 86.
우성민, 2020, 「『중외역사강요』 속의 중국식 글로벌 가치관 '인류운명공동체'의 서술과 시사점」, 『동북아역사논총』 70.
우성민·허은진, 2021, 「2020년판 중국 역사교과서 속의 문화유산 서술 고찰」, 『문화와융합』 43-1.

유용태, 2005, 「중국 대학 역사교재의 한국사 인식과 중화사관: 고·중세사를 중심으로」, 『중국의 동북공정과 중화주의』(연구총서 12), 고구려역사재단.

윤세병, 2019, 「중국의 역사교과서 논쟁과 국정화」, 『역사교육연구』 31.

윤휘탁, 2006, 「중국 중·고교 역사교과서에 반영된 '中華意識'」, 『중국사연구』 45.

이유표, 2020, 「중국 고등학교 국정교과서 『중외역사강요』의 고대문명사 서술 특징」, 『동북아역사논총』 70.

이정빈, 2021, 「중국 개정 중등 역사교과서(2016~2018)의 한국고대사상」, 『중국 시진핑시대 교과서 국정화와 역사담론』, 동북아역사재단.

이정일, 2021, 「탈중심의 역사와 『중외역사강요(하)』의 중국중심주의」, 『중국 시진핑시대 교과서 국정화와 역사담론』, 동북아역사재단.

이준성, 2017, 「동북공정 종료 후 중국학계의 고구려 '대외관계사' 연구 동향」, 『선사와고대』 53, 한국고대학회.

임상선, 2006, 「중국 역사교과서의 발해사 내용 비판」, 『중국 역사교과서의 한국고대사 서술문제』(기획연구 7), 동북아역사재단.

임상훈, 2022, 「中國 國定 歷史敎科書 『中外歷史綱要』의 導入과 그 性格」, 『역사문화연구』 82, 한국외대 역사문화연구소.

장석호, 2006, 「중국 역사교과서의 부여 서술 분석」, 『중국 역사교과서의 한국고대사 서술문제』(기획연구 7), 동북아역사재단.

장윤미, 2020, 「'신시대' 중국의 문화담론과 문화전략 분석」, 『중소연구』 44, 한양대 아태지역연구센터.

전인갑, 2018, 「비대칭적 국제질서: 천하질서, 그 변용과 현대적 재구성(Ⅰ)-'세력균형의 질서'에서 '제국의 질서'로-」, 『서강인문논총』 51.

정동준, 2019, 「중국 역사교과서의 고대사 서술 분석: 2016년판 중학교 국정교과서의 특징과 문제점을 중심으로」, 『중국고중세사연구』 52.

정보은, 2019, 「시진핑(習近平) 시대, 중국 문화정책과 그 의미에 대한 고찰」, 『한중사회과학연구』 51, 한중사회과학학회.

조이옥, 2008, 「발해사」, 『중국대학 역사교재 속의 한국·한국사』(기획연구 17), 동북아역사재단.

채미하, 2008, 「고대사」, 『중국대학 역사교재 속의 한국·한국사』(기획연구 17), 동북아역사재단.

피터 윤, 2002, 「서구 학계 조공제도 이론의 중국 중심적 문화론 비판」, 『아세아연구』 45권 3호.

홍승현, 2012, 「중국학계의 동아시아사 인식과 국제관계사 서술」, 『중국의 동북공정과 한국고대사』, 주류성.

황유진, 2017, 「중국 중등 역사교과서의 한국사 서술 양상과 문제점: 통일적 다민족 국가론을 중심으로」, 부산대학교 석사학위논문.

중국 대학 역사교재에 나타난 '조선의 문화와 명·청과의 외교 관계' 서술 경향과 인식

구도영 | 동북아역사재단 연구위원

I. 머리말

중국은 1949년 중화인민공화국을 수립한 이후 국정교과서 체제를 유지하였다. 이에 역사 국정교과서는 1950년에 설립된 '인민교육출판사'에서 약 40년 동안 독점 출판하였다. 국정교과서에서 검정교과서로 점차 전환하게 된 것은 1985년에 이르러서이다. 검정제로 전환한 이후 2002년 8월까지도 교과서 편집은 국가교육위원회가 지정한 일부 기관이 실시하였다. 중학교 교과서는 인민교육출판사, 베이징사범대학출판사, 화둥사범대학출판사 등 세 곳에서 출판되었다.[1] 이 출판사들이 중국 역사교과서 및 교재를 생산한 핵심 출판사이다.

시진핑 정부의 집권 2기가 시작된 2017년 이후, 중국 중고등학교의 역사교과서는 다시 국정교과서로 전환되고 있다. 국정제로 탄생한 역사교과서는 마르크스주의에 기반한 계급투쟁사를 강화하여 왕조 말기 농민

---

1 김지훈·정영순, 2004, 「최근 중국 중고등학교 역사교과서 속의 한국과 한국사」, 『중국근현대사연구』 23.

봉기와 그로 인해 탄생한 중화인민공화국 및 공산당을 미화하고 있다. 현대 중국에 대한 비판적 시각이 퇴조하였고 시진핑에 대한 노골적인 선전도 더해졌다.[2] 이러한 가운데 중국은 중고등학교에서 나아가 대학교에서 사용하는 역사교재도 국정화하려는 움직임을 보이고 있다. 대학교 교재를 국정화하기는 쉽지 않겠지만 그 가능성을 배제할 수는 없는 상황이다.

그간 국내 학계에서 중국의 역사교과서 관련 연구는 다대하게 이루어졌다. 중국의 교육과정과 교과서 체제 등을 분석하는 가운데,[3] 교과서 내용의 성격과 특징,[4] 교과서에 나타난 한국사 서술 파악 등 다방면으로 분석이 이루어졌다.[5] 중국 교과서에서 한국사를 어떻게 서술하는지가 가장

---

2 윤세병, 2019,「중국의 역사교과서 논쟁과 국정화」,『역사교육연구』33.

3 방영춘·백주현, 1992,「중국의 역사교육」,『歷史와 現實』8; 김유리, 2001,「중국 교육과정의 변천과 역사교육」,『근대중국연구』2; 오병수, 2002,「중국 중등학교 역사 교육과정의 추이와 최근 동향」,『歷史敎育』84; 오병수, 2004,「中·日 歷史敎科書 發行 制度와 運用 實態」,『역사교육』91; 오병수, 2016,「국내 학계의 중국 역사교과서 연구 경향과 과제」,『동북아역사논총』53.

4 김종건, 2004,「중국 역사교과서상의 명청사(明淸史) 내용과 변화 검토: 최근 초급중학 교과서를 중심으로」,『경북사학』27; 윤세병, 2010,「중국 교과서 속의 지도의 현황과 문제점: 인민교육출판사판 초중 [중국역사]를 중심으로」,『역사와 역사교육』20; 오병수, 2001,「중국 중등학교 역사교과서의 서술양식과 역사 인식」,『역사교육』80; 윤세병, 2013,「중국 역사교과서의 서사구조와 이데올로기」,『역사교육연구』18; 권소연, 2019,「중국 의무교육교과서『중국역사』근대사 서술분석: 국정화 교과서의 역사 인식의 특징과 교과서 구성을 중심으로」,『역사교육연구』33; 김지훈, 2019,「국가의지(國家意志)와 역사교과서의 정치화: 2018년 중국 중학교 역사교과서의 현대사 서술」,『역사교육연구』33; 이유표, 2021,「중국 고등교육 역사교재 중국사강요의 편찬과 개정」,『문화와 융합』87; 임상훈, 2022,「중국 국정 역사교과서 중외역사강요의 도입과 그 성격」,『역사문화연구』82.

5 오병수, 2001,「중국 중등학교 역사교과서의 서술양식과 역사 인식」,『역사교육』80; 박영철, 2002,「중국 역사교과서의 한국사 서술」,『歷史敎育』84; 유용태, 2002,「중국 역사교과서의 현대사 인식과 국가주의: 현대 한국사를 중심으로」,『歷史敎育』84; 송상헌, 2002,「세계사 교과서 서술에서 동아시아사 담론 문제: 중국 세계사 교과서의 경우」,『歷史敎育』84; 전인영, 2002,「중국근대사 교육의 관점과 한국사 인식」,『歷

큰 관심을 받았는데, 주로 중고등학교 역사교과서가 대상이었고, 대학의 역사교재에 대한 관심은 상대적으로 부족하였다.

대학 역사교재에 관한 연구 성과를 살펴보면, 중국 대학 역사교재를

史教育』 84; 송기호, 2003, 「중국의 한국고대사 빼앗기 공작」, 『역사비평』 65; 김종건, 2004, 「중국 역사교과서상의 명청사(明淸史) 내용과 변화 검토: 최근 초급중학 교과서를 중심으로」, 『경북사학』 27; 김지훈, 2004, 「최근 중국 중고등학교 역사교과서 속의 한국과 한국사」, 『중국근현대사연구』 23; 장세윤, 2004, 「근간 한·중 역사교과서의 양국 관련내용 검토」, 『백산학보』 68; 김한종, 2005, 「한·중·일 3국의 근대사 인식과 역사교육」, 고구려연구재단; 권소연 외, 2006, 『중국의 역사교육과 교과서』, 고구려연구재단; 윤휘탁, 2006, 『중국 역사교과서의 민족·국가·영토 문제』, 동북아역사재단; 최갑순·문형진, 2006, 「중국 역사교과서(1949~2003)의 한국 현대사 서술」, 『역사문화연구』 24; 김지훈, 2007, 「한·중 역사갈등 줄이기: 동북공정과 중국의 역사교과서」, 『역사문제연구』 17; 강택구·박재영, 2008, 「중국 조선족 역사교과서에 나타난 한국 관련 내용분석 I : 중국 조선족의 정체성과 중국의 역사 만들기」, 『백산학보』 81; 임상선 외, 2008, 『중국과 타이완·홍콩 역사교과서 비교』, 동북아역사재단; 장희홍, 2009, 「중국계 역사교과서의 조선시대 서술 분석: 중국, 대만, 홍콩 교과서를 중심으로」, 『동국사학』 47; 장희홍, 2009, 「한·중 역사교과서의 왜란 서술 내용 분석」, 『사학연구』 96; 조영헌, 2009, 「'문명굴기'와 제삼세계: 2000년 이후 중국 고등학교 세계사 인식」, 『역사교육』 112; 김종건, 2010, 「복사-中國 歷史教科書上의 韓國 關聯 敍述 內容 變化에 대한 검토-최근 초급중학 [중국역사] 교과서를 중심으로」, 『중국사연구』 69; 윤재운, 2010, 「중국 역사교과서에 보이는 소수민족정책과 내용」, 『역사교육논집』 44; 김종박, 2011, 『중국의 역사교과서와 통일적다민족 국가론』, 동북아역사재단; 우성민, 2011, 「韓 中間 '相互理解와 歷史和解'의 인식 제고를 위한 역사교과서의 과제」, 『중국사연구』 75; 임상선, 2015, 「중국 역사교과서의 북방민족영토관련 서술분석」, 『백산학보』 101; 김지훈, 2018, 「현대 중국의 한국전쟁 인식 변화: 역사교과서의 서술 변화를 중심으로」, 『사림』 64; 권소연, 2019, 「중국 의무교육교과서『중국역사』 근대사 서술분석: 국정화 교과서의 역사 인식의 특징과 교과서 구성을 중심으로」, 『역사교육연구』 33; 김지훈, 2019, 「국가의지(國家意志)와 역사교과서의 정치화: 2018년 중국 중학교 역사교과서의 현대사 서술」, 『역사교육연구』 33; 윤세병, 2019, 「중국의 역사교과서 논쟁과 국정화」, 『역사교육연구』 33; 정동준, 2019, 「중국『역사』 교과서의 고대사 서술 분석: 2016년판 중학교 국정교과서의 특징과 문제점을 중심으로」, 『중국고중세사연구』 52; 이성원, 2021, 「2019 검정교과서『중학교 역사 ①』의 분석: 중국고대사를 중심으로」, 『역사와담론』 97; 임상훈, 2022, 「중국 국정 역사교과서 중외역사강요의 도입과 그 성격」, 『역사문화연구』 82.

고대사부터 현대사까지 시기별로 나누어서 고찰하고,[6] 중국, 홍콩, 대만의 대학교재에 나타난 발해사에 대한 인식,[7] 식민사학의 영향으로 만들어진 한4군과 임나일본부 서사를 분석한 연구 정도가 있다.[8] 최근 중국 대학 역사교재의 국정화 가능성에 따라 국내 학계에서도 중국 대학 역사교재에 관심이 고조되고 있는 것에 반해 상대적으로 관련 연구가 희소하여 이에 대한 본격적인 연구가 필요한 상황이다. 대학은 교재보다 교수의 재량이 크기는 하지만, 해당 대학 활용 교재를 확인하는 일은 중국 역사교육의 전반을 파악한다는 점에서도 유의미한 일이다.

이에 이 글에서는 중국 역사교과서의 대표적 출판사인 인민교육출판사, 베이징사범대학출판사 등에서 출판되고, 베이징대학과 베이징사범대학, 화동사범대학교 등 중국 주요 대학에서 집필하고 활용하는 역사교재부터 분석하고자 한다.

그 첫 번째 역사교재는 『중국사강요(中國史綱要)』(인민출판사, 2006, 2차 개정판)이다.[9] 『중국사강요』의 주편인 젠보짠(翦伯贊)은 베이징대학 역사학과 교수였고, 중화인민공화국 성립 이후 마르크스주의 신사학을 대표하는 학자 중 한 사람이었다. 그는 1968년에 사망했지만, 그가 정리했던 역사 내용이 1979년에 출간된 이후, 개정을 거쳐 현재 베이징대학 등 중국 대학에서 가장 널리 활용되고 있는 역사교재라는 점에서 매우 중요한 분석 대상이라 할 수 있다.

---

6 이경룡 외, 2008, 『중국 대학 역사교재 속의 한국·한국사』, 동북아역사재단.

7 임상선 외, 2008, 『중국과 타이완·홍콩 역사교과서 비교』, 동북아역사재단.

8 권은주, 2021, 「중국 대학 역사교재의 고조선(한4군)과 임나일본부에 대한 서술 변화: 식민사학의 영향과 중화주의가 결합한 한국고대상(像)」, 『동북아역사논총』 74.

9 翦伯贊, 2006, 『中國史綱要』, 人民出版社; 젠보짠 주편, 심규호 역, 2015, 『중국사강요』 2(오대십국부터 근대까지), 중앙북스.

두 번째 역사교재는 『세계중고사(世界中古史)』(베이징사범대학출판사, 2006, 2차 개정판)이다. 한국은 중국에서 볼 때 외국이므로 중국의 세계사 교과서 내용도 검토하여 조선사 내용을 폭넓게 살펴볼 필요가 있다. 또한 이 책은 베이징사범대학에서 출판하고 활용하는 교재로, 중국의 중고등학생을 가르칠 선생님들이 공부하는 세계사 교재라는 점에서 주목해야 한다.

세 번째 역사교재는 『중국고대사(中國古代史) 상·하(上·下)』(푸젠인민출판사, 2010, 5차 개정판)이다. 중국 상하이의 저명한 사범대학인 화둥사범대학교와 산둥대학교, 저장대학교 등 10여 개 지방대학들이 연합하여 만든 중국사 교재이다.[10] 이 글의 분석 대상 교재 중 가장 최근에 발간되었으며, 베이징과 지역적으로 멀리 떨어진 상하이 이남 대학들의 역사 인식이 반영되어 있을 것이라는 점에서, 앞선 교재와의 차별성을 살펴볼 필요가 있겠다.

연구 대상은 조선시대 한중 관계와 조선 문화에 대한 중국의 역사 서술이다.[11] 최근 중국 역사학계에서 한국 문화에 대한 문화원조 논의가 광범위하게 확산되고 있고, 그 원조론을 촉발한 중심에 조선시대 문화가 있다. 유교문화에 기반한 한국 드라마 〈대장금〉이 중국과 동아시아에서 엄청난 인기를 얻게 되면서, 정작 유교문화의 발원지였던 중국은 '한국

10　朱紹侯 主編, 2010, 『中國古代史 上』, 第5版修訂說明, 福建人民出版社.

11　분석 시기는 좀 더 구체적으로 1392년 조선 건국부터 1876년 강화도조약 이전 시기까지를 다룬다. 청나라는 1912년에 멸망하지만, 현재 중국에서는 1840년의 아편전쟁을 중국 근대의 시작으로 보고 있어, 아편전쟁 이후는 서구 제국주의에 대항하는 내용으로 그 집필 방향이 변화한다. 한국 역사학계 역시 비슷한 맥락으로 1874년 강화도조약을 근대의 시작으로 보고 있다. 개항을 기점으로 그 전후 역사 서술의 맥락이 바뀌며 시기 구분도 바뀌므로 이 글의 분석 대상 시기도 조선 건국~1874년까지로 제한하고자 한다.

이 중국의 유교문화 주권을 빼앗아 간다'라는 위기감을 느꼈고, 과거 문화 수혜국이었던 한국에 중국의 민족문화를 빼앗기면 안 된다는 인식이 중국 내에서 부상했다.[12] 한국의 전통문화 관련 한류 열풍이 주로 조선시대를 배경으로 하고 있어, 중국 학계에서 조선시대 한중 관계와 중국의 문화 영향력에 대한 연구가 급격히 증가하고 있다. 이 같은 중국 학계의 변화 속에서 향후 교과서와 대학교재에도 변화가 발생할 가능성이 크므로 기존 대학교재 내용에 대한 점검이 선행되어야 할 것이다.

이에 이 글에서는 중국 주요 대학에서 활용하고 있는 역사교재에서 조선시대 한중 관계와 문화를 어떻게 기술하고 있는지 파악하고자 한다. 이 글이 향후 새롭게 개편될 중국 대학 역사교재와 비교할 수 있는 기초자료가 되고, 중국의 조선시대 역사교재 변화 추이를 인지할 단서가 되는 데 도움이 되기를 바란다.

II. 『중국사강요』(2006): 베이징대학 등 대표적 중국사 교재

『중국사강요』는 선사시대부터 근대까지 다루는 중국 통사로, 베이징대학을 비롯해 오늘날 중국 대학에서 가장 많이 채택하는 역사교재이다. 또한 2010년 '동아시아 인문 도서 100권'에 선정된 바 있다. 이 책의 주편인 젠보짠은 왕후장상의 삶을 시대의 주축으로 보는 봉건시대 사서의 단점을 보완하여, 마르크스주의 계급투쟁의 시각에서 중국 역사를 서술했다. 개정판이 나오면서 일부 내용은 수정되었지만, 전근대시대 백성의

---

12 박정수, 2013, 「세계화와 민족주의의 문화갈등: 한중 간 한류와 반한류의 사례 분석」, 『중화연구』 37·1.

고단한 삶과 농민 분투를 강조했고, 소수민족의 삶도 돌아보았다. 이 책은 1960년대 이후 중국 대학에서 가장 많이 채택한 교재라는 점에서 한국사 관련 내용을 주의 깊게 살펴볼 필요가 있다.[13]

1. 본 교재의 목차 구성

이 교재는 모두 11장으로 구성되어 있고, 그중 한국의 조선 시기에 해당하는 중국의 명·청 시대를 8장에서 다룬다. 8장의 목차는 다음과 같다.

8장. 명·청(아편전쟁 이전) 시대
1. 명 전기의 경제와 정치
2. 명 중기 정치·경제·사회의 변화
3. 명의 민족 관계
4. 명의 대외 관계
5. 명 후기 사회 모순 격화와 농민 기의(起義)
6. 청병 입관과 전국 통일
7. 청의 사회경제
8. 청의 정치 - 청 통치하의 사회 모순
9. 청의 대외 관계
10. 명·청의 문화

이와 같이 '8장. 명·청 시대'는 총 10절로 구성되어 있고, 그중 '4절.

---

13 젠보짠 주편, 심규호 역, 2015, 『중국사강요』 2(오대십국부터 근대까지), 중앙북스, 출판사 서평; 이유표, 2021, 「중국 고등교육 역사교재 중국사강요의 편찬과 개정」, 『문화와 융합』 87.

명의 대외 관계'에서 조선 관련 내용이 등장한다. 9절이 '청의 대외 관계'이지만, 조선 관련 내용이 없다. 러시아, 미얀마, 태국, 베트남, 구르카 등과의 관계가 기술되어 있고 그 내용은 통일전쟁이나 국경 분쟁 등이며, 서유럽 식민주의자들이 중국을 침략한 내용도 있다. 즉, 청대 대외 관계는 영토 분쟁이나 침략사 등 외국과의 갈등을 중심으로 서술되고 있어, 평화적인 관계를 유지했던 조선과의 관계는 설명되지 않은 것으로 보인다. 결국 이 교재에서 조선시대 한중 관계 내용은 '4절. 명의 대외 관계'로 제한된다.

명·청 시대 문화는 10절에서 설명되고 있지만, 중국과 외국의 문화 교류에 대한 내용은 없고, 중국 문화에 대해서만 언급하고 있다. 마르크스주의를 강조하는 저자의 특성상, 인민의 투쟁과 정치 경제사를 강조하고 있기에 문화사 영역은 간소하게 처리한 것으로 보인다.

이제 조선시대 한중 관계가 기술되어 있는 '4절. 명의 대외 관계' 부분을 검토해 보자. 그 구성은 다음과 같다.

> 4절. 명의 대외 관계
> 　1) 명과 남양 각지의 관계
> 　2) 동남 연해 왜구의 소란과 만력 연간 조선 원조전쟁(萬曆 年間 朝鮮 援助戰爭)
> 　3) 서방 식민주의자의 침입과 예수회 전도사

위와 같이 4절은 다시 세 가지 소절로 나뉜다. 목차 각각을 살펴보면, '1) 명과 남양 각지의 관계' 부분에서는 명 영락제(永樂帝) 시기 환관 정화의 원정을 다룬다. '2) 동남 연해 왜구의 소란과 만력 연간 조선 원조전쟁'에서는 16세기 중국과 무역하고자 약탈과 살인을 일삼은 일본 왜구의 난동과 중국의 대응, 이어서 16세기 말 만력 황제 시기 조선을 원조한 전쟁 (한국의 '임진왜란') 관련 내용이 나온다. 이는 조선에 대한 내용이므로 아래에서 좀 더 구체적으로 검토할 것이다. '3) 서방 식민주의자의 침입과 예수회 전도사'에서는 16~17세기 포르투갈, 네덜란드, 스페인 식민주의자들이 말라카 등지를 점령한 뒤 왜구 세력들과도 결탁하여 중국에 침략한 정황을 고찰했다. 또한 이들이 동방으로 오면서 마테오 리치와 같은 예수교 선교사 세력도 함께 중국으로 들어와 교류하는 내용도 담고 있다.

결국 이 교재에서 조선시대 한중 관계 관련 내용은 임진왜란 하나로 요약된다. 임진왜란은 명군(明軍)이 참전한 전쟁이었기에 기술된 것이지, 조선과의 관계를 염두에 둔 것은 아니라고 여겨진다. 중국사에서 조선과의 관계는 그다지 중요한 서사가 아닌 것이다.

2. 내용 검토: 만력 연간 조선 원조전쟁

임진왜란은 조선, 명, 일본이 모두 참여한 국제전쟁이었기에 한국사, 중국사, 일본사의 대외 관계 부분에서 빼놓을 수 없는 주제이다. 세 나라 모두 이 전쟁에 참여하여 싸웠지만 이를 부르는 이름은 나라마다 다르다. 이 중국사 교재에서는 임진왜란을 '만력 연간 조선 원조전쟁'이라 명명하였다. 주지하다시피 '명나라 만력 황제 시기에 일어난 조선을 도와준 전쟁'이라는 뜻으로, 중국에서 6·25전쟁을 '미국에 대항하여 조선을 도와준 전쟁, 즉 항미원조전쟁(抗美援朝戰爭)'이라 지칭하는 것과 비슷한 맥락이다. 다만 이 교재에서 임진왜란을 부르는 이름에 '일본에 대항하여'라는 뜻을 가진 '항왜(抗倭)'는 없다.[14] 조선을 도와주었다는 점만 강조했다

---

14 중국의 연구 논문에서는 임진왜란을 '항왜원조전쟁'이라고도 표현한다(柳樹人, 1987, 「壬辰抗倭戰爭」, 『延邊歷史研究』 第2輯; 劉子敏·苗威, 2006, 『明代抗倭援朝戰爭』, 香港亞

는 점에서 현대 중국인들이 한국에 대해 어떠한 시각을 형성할지 인지할 필요가 있다. 이제 임진왜란 내용을 구체적으로 살펴보자.

명조와 조선은 오랫동안 우호 관계를 유지하여 한 번도 전쟁이 일어난 적이 없었다. 양국 상인이 끊임없이 왕래하고 양국 정부 역시 매년 4~5차례 정식무역을 해 왔다. 조선은 중국의 농사에 필요한 경우(耕牛)와 모시(苧布), 종이, 약재 등을 수출했고, 중국의 사직업과 방직업 관련 기술과 도구가 조선에 널리 전파되기도 했다.

이는 임진왜란이 일어나기 전의 조·명 관계에 관한 내용이다. 양국 관계를 우호적으로 보고 있다. 그런데 한중 교류 관련 내용은 사실적인 측면에서 오류가 많다. 경우(耕牛)는 조선이 명에 상업적으로 수출한 대표적 품목이라 보기 어렵다. 조선 초 명 정부가 외교적으로 조선 정부에 요청하여 일시적으로 소를 거래한 적이 있을 뿐이다.[15] 조선의 상업적 수출품이라기보다 명 정부의 요구에 응했던 것으로 이해해야 한다. 또한 위의 인용문에서 조선 수출품을 모시, 종이, 약재라 하였는데, 이 역시 맞지 않다. 수출품을 3개로 한 것은 이를 대표적 상품으로 여긴 것인데, 조선이 명나라에 모시를 수출한 것은 맞지만, 조선의 두꺼운 종이는 조선 정부가 규정한 수출 금지 품목이었다. 『경국대전(經國大典)』에서는 후지(厚紙)를 외국에 몰래 파는 자는 장(杖) 1백, 도(徒) 3년에 처한다고 규정되어

洲出版社; 周一良, 2019, 『明代援朝抗倭戰爭』, 北京古籍出版社; 劉喜濤·宋明哲, 2021, 「明朝東亞地緣政治思想及其在抗倭援朝戰爭中的體現」, 『長春師範大學學報』; 孫衛國, 2020, 「明抗倭援朝水師統帥陳璘與露梁海戰」, 『南開學報』 4期).

15 『太宗實錄』 권7, 태종 4년 4월 18일 무자(戊子).

있다.[16] 임진왜란 이후 명 황실 조공품으로 조선이 종이를 보낸 바는 있으나, 조선 전기 경제적 의미를 갖는 수출품은 아니었던 것이다.[17] 이는 추정컨대 고려와 조선 종이의 품질이 송나라와 명나라 사대부 사이에서 널리 알려져 있었고, 『대명회전(大明會典)』에 조선의 조공 품목으로 종이가 오기(誤記)된 것을 학자들이 문제의식 없이 그대로 받아들였기 때문으로 보인다. 약재 또한 조선이 명에서 수입한 수량이 훨씬 많아 수출품이라 단정하기에는 곤란한 부분이 있다. 다만 조선 인삼이 16세기 중반 이후 명에 본격적으로 수출되었기에 이 약재가 인삼을 지칭하는 것이라면 개연성 있는 설명이라 할 수 있겠다. 한편 중국의 사직업과 방직업 기술과 도구가 조선에 전파되었다고 했는데, 이것이 정확히 무엇을 지칭하는지 알 수 없다. 면직물을 만드는 데 필요한 씨아와 물레 만드는 법을 지칭하는 것으로 짐작된다.

다음은 임진왜란에 대한 설명이다.

일본 도요토미 히데요시가 조선을 침략한 목적은 조선을 점령하여 통치하겠다는 의도 외에도 조선을 발판으로 중국을 침략하겠다는 것이었다. … (중략) … 당시 일본군 10만 명은 부산에 상륙한 후 신속하게 왕경을 공략하고 계속 쳐들어가 평양을 점령하면서 조선 팔도가 거의 적의 수중에 넘어갔다. 이런 긴급한 상황에서 조선 국왕 이연(李昖)이 명나라에 사신을 파견하여 긴급 원조를 요청했다. 명조는 조선과 입술과 이처럼 서로 의지하는 관계이기 때문에 좌시하지 않고 즉각 원

---

16 『經國大典』卷5, 刑典, 禁制條.

17 구도영, 2021, 「Items of Tributary Gifts (Pangmul 方物) Sent to the Ming Dynasty by Chosŏn and their Changing Trends」, 『International Journal of Korean History』 26·2.

군을 파견했다.

일본의 침략에 원통한 마음을 금할 수 없었던 조선 백성들은 각지에서 의병을 일으켜 완강하게 저항했다. 만력 20년(1592) 말 명조는 송응창을 경략, 이여송을 동정제독(東征提督)으로 임명하고 대군을 조선으로 파병했다. 명군은 조선 군민과 합심하여 만력 21년(1593) 2월 평양성을 포위하여 일본의 최정예 고니시 유키나가가 이끄는 군대를 격파하고 평양을 탈환했다. 이후 명군과 조선군은 개성을 되찾았으며, 일본군은 왕경을 포기하고 부산으로 물러났다. 평양성 전투는 조선의 전세를 뒤바꾸는 계기가 되었으며, 이로 인해 군사들의 사기가 크게 진작되었다.

도요토미 히데요시는 조선 침략에 실패했지만 야심마저 죽은 것은 아니었다. 그는 권토중래(捲土重來)를 위해 명나라와 거짓 강화를 추진하여 명군의 철수를 유도했다. 병부상서 석성을 위시한 명조 주화파 역시 일본과 타협할 것을 주장했다. 결국 명 정부는 도요토미 히데요시의 음모에 걸려 피동적일 수밖에 없었다.

위의 글은 크게 평양성 전투와 강화협상에 관한 내용이다. 평양성 전투에 대해서는 대체로 문제가 되는 서술은 없다. 다만 명군이 유일하게 대승을 거둔 평양성 전투를 과도하게 확대해석하고 있다. 평양성 전투가 전세를 바꾸는 계기가 된 전투는 분명하지만, 평양성을 탈환하였을 뿐 곧이어 중국 이여송 부대가 경기도 벽제에서 패배를 경험하였고, 이후 강화협상으로 돌입하게 된다. 따라서 평양성 전투 이후의 과정을 생략하고, 곧바로 일본군이 부산으로 물러난 것처럼 서술한 것은 임진왜란에서 중국군의 승리만을 편집해 보여 주는 것이라 할 수 있다.

강화협상 역시 도요토미 히데요시가 추진한 음모이자 계략이라 하였다. 그러나 명나라 관료들이 강화협상을 추진했고, 중국 측 협상자인 심유경과 일본 측 협상자인 고니시가 양국 정부에 거짓 협상안을 전하면서 4년이나 협상 기간이 길어졌다. 명 조정뿐만 아니라 도요토미 히데요시도 속았기 때문에 이를 도요토미 히데요시의 음모라고 볼 수 없으며, 명 심유경과 일본 고니시의 책임이 크다 할 수 있다. 이 교재는 임진왜란 발발 원인은 물론 전개 과정에서도 일본의 악행만을 강조하고, 명나라의 실책에 대해서는 언급하지 않고 있다.

> 만력 25년(1597) 2월 합의가 결렬되면서 일본이 또다시 대거 조선을 침입했다. 명 정부는 형개가 이끄는 원병을 보냈다. 명조 장수인 유정, 진린 등이 일본 군대를 크게 무찔렀다. 만력 26년(1598) 2월 도요토미 히데요시가 죽자 명군은 <u>수비에서 공수로 전환하여</u> 조선 남해안에서 일본군과 결전을 벌였다. 일본군이 거의 전멸할 정도로 치열했던 전투에서 조선의 걸출한 장군 이순신이 전사했고, 명조의 장수 등자룡도 전사했다. 이렇게 도요토미 히데요시가 일으킨 두 번째 전쟁도 실패로 끝나고 말았다.

위의 글은 정유재란에 대한 내용이다. 조·명 연합군이 일본군을 크게 무찌른 것으로 묘사되고 있고, 마지막 해전인 노량해전을 조금 길게 설명하고 있다. 이순신이 사망했고, 무엇보다 명나라 장수 등자룡이 노량해전에서 전사했기 때문으로 보인다. 등자룡은 임진왜란에 참전했다 사망한 장군이어서 이후 조선에서 영웅으로 추앙받게 된다. 노량해전에서 명나라 장수들은 일본 장수에게 뇌물을 받고 이들이 도망갈 길을 열어 주기도 했는데, 이러한 사실은 언급되지 않고 이 전쟁에서 전사한 등자룡만 강조 서술하고 있다.

이 교재는 일본이 일으킨 이 전쟁이 실패로 끝났다고 평가하고 있는데, 일본의 실패 요인을 다음과 같이 지적하였다.

> 일본이 조선 침략에 실패한 가장 큰 원인은 조선 인민의 굳건한 항쟁 때문이었다. 명군의 두 차례에 걸친 원조도 중요한 작용을 했다.

사회주의 계급투쟁의 시각에서 중국 역사를 서술했기에 임진왜란 승리의 원인으로도 조선 인민의 투쟁을 중시했다. 중국의 원조도 간과할 수 없지만, 이 교재에서 조선 의병과 이순신 등 조선인의 항쟁이 임진왜란 성공에 가장 큰 원인이었다고 강조했다. 중국 역사교과서를 보면 조선과 중국 군민의 공을 함께 언급하고 있어[18] 대학교재가 중고등 교과서에 비해 애국주의적 시각이 상대적으로 덜하다는 것을 알 수 있다.

요컨대, 이 책은 중국의 '국사(國史)' 교재로 중국 국내사에 내용이 집중되어 있다. 문화 교류 관련 내용도 일부 있으나 오류가 많다. 하지만 한국사학계에서도 조선과 명나라 간 교류사 연구가 생산된 지 얼마 되지 않았다는 점을 고려한다면, 당대 연구 기반하에 어쩔 수 없는 부분도 있었다는 점을 이해해야 한다고 본다. 그리고 외국과의 관계사에 관한 내용도 매우 적은데, 조선이 등장하는 사건은 임진왜란뿐이다. 임진왜란 시 일본군의 강성함에 대해서는 언급하지 않았지만, 지나치게 중국 중심적인 역사상은 보이지 않는다. 2006년 개정판이 나오기까지 1960년대 젠보짠이 주장했던 중국사의 이론적 틀이 수정되는 변화는 있었지만, 기존 사관

18　송요후, 2008, 「중화권 교과서의 조선시대 서술 분석」, 『중국과 타이완·홍콩 역사교과서 비교』, 동북아역사재단.

이 이 책을 관철하고 있어,[19] 2000년대 이후 중국에서 벌어진 동북공정식 역사 인식은 보이지 않는다.

III. 『세계중고사』(2006): 베이징사범대학의 세계사 교재

1. 본 교재의 특징과 목차 구성

현재 중국의 대표적 사범대학인 베이징사범대학 등 여러 대학에서 세계사 교재로 『세계중고사』(베이징사범대학출판사)를 활용한다. 이 교재는 1990년대 베이징사범대학교에서 편찬한 세계사 교재로, 사학과 대학생을 교육할 목적으로 집필되었다. 1950년대부터 1998년까지의 연구 성과를 기반으로 하였고,[20] 2006년 개정판의 참고문헌도 크게 바뀌지 않았다.

『세계중고사』의 목차를 보면, 세계사를 국가별·시기별로 나누어 장별 구성하고 있다. 총 10장 체제이며, 1장~3장은 서유럽 국가의 역사를, 4장은 동유럽 국가, 5장은 아랍제국의 역사를 다룬다. 6장에서 아시아 국가들 관련 내용이 등장한다. 그리고 다시 7장~10장은 대항해시대 이후 유럽 국가들의 약진에 대한 내용이다. 요컨대 10장 체제에서 5장과 6장을 제외하면 모두 유럽사이다. 세계사 책이라고 하지만 유럽사에 가깝다.

중국의 역사교육 체제를 한국의 역사교과서 체제와 비교할 필요가 있다. 한국의 역사교과서도 과거에는 '자국사(自國史)-세계사' 체제였으나, 2000년대 이후 '한국사(자국사)-동아시아사(지역사)-세계사' 구조로 재편되었다. 동아시아사가 새롭게 추가되면서 전근대 한국이 밀접하

---

19 이유표, 2021, 「중국 고등교육 역사교재 중국사강요의 편찬과 개정」, 『문화와 융합』 87.
20 孫祥民 主編, 2006, 『世界中古史』, 北京師範大學出版社.

게 교류했던 동아시아 지역과의 교류사를 지역사의 차원에서 별도로 학습하고 있는 것이다. 중국 역사교재를 한국의 동아시아사 교과서와 비교하면, 한국 동아시아사 교과서는 동아시아라고 하는 지역의 지리적 범위와 특성, 민족 등 동아시아의 개념과 범위부터 체계적으로 설명하고 있으며,[21] 중국, 일본, 몽골, 베트남에 이르는 아시아 지역과의 교류 내용이 상세하다는 것을 확인할 수 있다. 세계사 교과서 역시 '1. 인류의 출현과 문명, 2. 동아시아사, 3. 서아시아 및 인도지역사, 4. 유럽 및 아메리카사'로 목차를 구성하여 지역적 균형을 맞추고 있다.[22]

다시 중국의 『세계중고사』로 돌아오면, 이 교재에서 6장이 동남아시아 국가들을 다룬 내용인데, 동남아시아 국가도 조선, 일본, 남아시아 대륙의 역사(인도 지역 일대)가 전부이다. 즉, 중국의 세계사 체제에서 동남아시아는 한국과 일본, 인도 정도의 역사가 다루어지고 있을 뿐이다. 중국 베이징대학과 베이징사범대학에서 편찬하여 대학교재로 폭넓게 활용되고 있는 중국사-세계사 교재를 함께 살펴보면, 중국 학생들은 중국을 둘러싼 동아시아 역사를 정합적으로 이해하기 어려우며, 세계사를 유럽사 중심으로 인식할 가능성이 커 보인다. 즉, 중국인의 동아시아 인식 시각은 좁히고, 유럽 중심으로 세계를 바라보게 하고 있다.

이제 이 교재의 목차를 구체적으로 살펴보자. 6장 1절의 한국사 목차는 다음과 같다.

---

21 김태웅 외, 2020, 『고등학교 동아시아사』, 미래엔.
22 최준채 외, 2020, 『고등학교 세계사』, 미래엔.

> 6장. 중고(中古)의 조선, 일본과 남아시아 대륙
>   1. 조선(朝鮮)
>   1) 원시사회와 고대국가
>   2) 봉건제도의 형성
>   3) 농민 기의와 고려 왕조의 건립
>   4) 전시과제도와 고려의 강성
>   5) 인민 기의와 몽골 침략에 항거하는 투쟁
>   6) <u>이조(李朝) 전기 봉건사회의 발전</u>
>   7) <u>조선과 중국 인민이 일본 봉건주(封建主) 침략에 대항한 투쟁</u>
>   8) <u>조선 문화</u>

　이와 같이 한국의 역사는 6장 1절에서 고대부터 일제강점기까지 모두 소개되고 있다. 현재 한반도가 분단되어 있기에 '대한민국'과 '조선민주주의인민공화국'을 통칭할 수 있는 한반도 국가명이 필요한데, 이를 '조선(朝鮮)'이라 명명하고 있다.[23] 다만 한반도를 조선이라고 표현하면, 선사시대의 고조선과 15~19세기에 존재했던 조선의 국가 이름을 차별화해야 하는데, 이를 각각 '고조선(古朝鮮)'과 '이조(李朝)'라 칭하고 있다. 15~19세기 한반도 국가를 이조(李朝)라 부르고 있는데, 이는 주지하다시피 일제강점기 일본인들이 조선을 '이씨 왕조'라고 부른 데서 유래한다. 이씨 왕조라는 용어는 식민사학의 유산으로 현재 한국에서 사용하지 않지만, 중국 교재에서는 여전히 사용하고 있다.

　이제 목차 구성을 살펴보자. 한국사는 8소절 체제이고, 조선시대는 위에서 밑줄 친 바와 같이 6)~8) 소절까지이다. 6) 소절은 조선 건국 초기

23　물론 중국은 현재 조선민주주의인민공화국을 줄여서 조선이라 지칭하기도 한다.

체제 개혁 및 정립에 관한 내용이고, 7) 소절은 임진왜란, 8) 소절은 조선 문화를 다룬다. 6) 소절은 조선 전기 정치사, 7) 소절은 전쟁사, 8) 소절은 문화사로 구성된 것이다. 국내 학계에서 조선 후기의 정치사상사 연구가 전기보다 훨씬 많이 진척되어 있음에도 이 교재에서 조선 후기사 내용은 별도로 없고, 전쟁도 병자호란은 한 줄 정도로 간단히 언급하고 있다.

이제 한중 관계와 문화사를 서술한 7) 소절과 8) 소절을 각각 나누어 살펴보겠다.

2. 내용 검토: 7) 조선과 중국 인민이 일본 봉건주 침략에 대항한 투쟁

임진왜란은 한국과 중국이 연합군이 되어 일본과 싸웠다는 점에서 중국의 자국사든 세계사든 역사교재에서 빠지지 않고 등장한다. 특히 이 세계사 교재는 임진왜란에 상당한 분량을 할애했다. 다음은 7) 소절의 내용이다.

> 16세기 말 조선의 당쟁이 한창일 때 일본은 오히려 합병전쟁을 통해 장기 할거 국면을 끝내고 국가 통일을 이룩하였다. 도요토미 히데요시는 일본을 통일한 후 조선과 중국에 대한 침략전쟁을 적극적으로 준비하였다. 전쟁 전야에 그는 조선의 국왕 이연(李昖, 선조)에게 보낸 편지에서 … (중략) … 침략의 야심을 적나라하게 드러냈다.
> 1592년 4월(선조 25, 임진) 일본군은 20만 명 가까이 부산에 상륙하였고, 파죽지세로 쳐들어가서 삼경(한성, 개성, 평양)을 함락시키고, 군사를 나누어 동북부의 함경북도로 향하였다. 많은 지방 관리들이 싸우지 않고 도망쳤고, 조선 국왕은 황급히 북쪽 의주로 향하였다. 침략자의 "칼날의 피해로 천리가 숙연해지고 백성은 농사짓지 못하고 굶어 죽어 갔다." 이 위급한 고비에서 조선 인민들은 분연히 의병을 조직

하여 용감하게 저항하였다. 그들은 부산과 동래 일대에서 적에게 심한 타격을 주었다. 민족 영웅이자 전라도 좌수사 이순신(1545~1598)은 우국 우민으로 죽음으로써 나라에 보답하기로 결심하여, 소란한 분위기를 일소하여 국치를 설욕하고자 했다. 일본군이 한반도에서 횡행하고 있을 때, 그는 수군을 이끌고 남해 일대에서 잇달아 승리하여 적의 오만한 기세와 침략 계획을 좌절시켰다. 조선 인민이 창조한 거북선은 해전에서 중요한 역할을 하였다. 귀선의 길이는 11장(丈), 면적이 1장 남짓이며 … (중략) … 선체는 철제 껍데기를 겹쳐서 송곳칼을 달았으니 적이 접근할 수도 없고, 불태우기도 어렵다. 뱃머리에는 용두가 있어 연기를 내뿜어 적을 현혹시킬 수 있다. 선체 사방에 72개의 화구가 있어 여러 각도에서 사격할 수 있다. 선내에는 비교적 많은 식량과 식수를 적재할 수 있어 장시간 항해에 편리하다. 거북선은 철갑함의 전신(前身)으로 당시 매우 우수한 전함이었다.

5월 초 한성이 함락된 후, 이순신은 함대를 이끌고 경상도 연해로 출격하여 거제도 부근의 옥포(玉浦)와 거포(巨浦), 적진포(赤珍浦)에서 적함 40여 척을 격침하고, 조선군은 전혀 손실이 없어, 조선 군민의 사기와 항적의 결의를 크게 고무시켰다. 5월 말부터 7월 중순까지 이순신은 수군을 거느리고 당포, 당항포와 한산도 일대에서 적을 공격하였는데, 특히 한산도 전투에서 적함 59척을 격침시켜 적 수백을 죽이고, 해상의 주도권을 획득하였을 뿐만 아니라 적의 수륙 병진 계획을 좌절시켜 감히 평양으로 북상하지 못하게 하여 명나라의 지원군이 도착할 수 있는 시간을 벌었다. 9월에 이순신은 우군(友軍)과 부산을 습격하여 또 적함 백여 척을 파괴하여 크게 손상시켰다. 조선 정부는 이순신을 자헌대부와 전라·경상·충청 삼도 수군통제사(전라 좌수사 겸임)에 봉하고 한산도에 본거지를 두었다.

1592년 12월 조선 정부의 요청에 따라 명나라는 대장 이여송을 보내 4만의 군대를 이끌고 조선을 지원하여 조선 인민의 환영을 받았다. 이듬해 1월 조명 연합군은 격렬한 전투 끝에 평양을 수복하였고 4월 19일 한성을 수복하고 침략자들을 부산 연해 일대로 몰아갔다. 일본은 심각한 타격을 입은 후 평화회담을 제의하여 시간을 벌며 권토중래하였다. 일본 측이 무리한 요구를 견지했기 때문에 3년 동안 끌어온 평화회담은 결렬되었다.

1597년 2월 도요토미 히데요시는 14만 일군을 보내 다시 조선을 침략하였다. 수륙병진하되 해상에 중점을 두었다. 당시 당쟁으로 인해 이순신은 해직되어 수군을 통제한 이는 무능한 원균이었다. 7월 고성(固城) 해역에서 일전이 있었는데 원균은 실패하여 피살되었고, 대본거지인 한산도도 적수에 떨어졌다. 8월 조선 정부는 이순신을 다시 기용할 수밖에 없었으나, 조선 수군은 겨우 12척의 전선과 120명의 전사가 남아 있었다. 이순신과 수병 장병은 고도의 애국 열정과 헌신하는 마음으로 적을 사살할 것을 목숨 걸고 맹세하였다. 그들은 진도 동남쪽 명량해협의 유리한 지형을 충분히 활용하여, 두 줄의 철사를 암암리에 설치하여 적함이 드나들지 못하게 하여(썰물) 교묘하게 승리를 거두어, 마침내 12척의 전선과 120명의 병사로 적함 3백여 척을 격파하고, 4천여 명의 적을 사살하여, 해군전 역사상 적은 수로 거대하고 뛰어난 전공을 거둔 사례를 창조하였다.

1598년 7월 명나라 정부가 진순과 등자룡을 파견하여 수군을 이끌고 조선을 지원하게 하였고, 이순신 장군의 수군과 합류하게 하였다. 8월 도요토미 히데요시가 병사하자, 조선에서 출군할 것을 유언하였다. 이와 동시에 조중(朝中) 연합군은 육상에서 일본군의 남방 연해 중요 거점인 울산, 사주(泗州)와 순천으로 진격하였는데, 적군은 해상으로 도

주하는 것을 의도하지 않았다. 11월 18일 조중 연합함대는 노량(露梁) 해면(남해군 서북)으로 가서 적을 맞아 적함 3백여 척을 격침시키고, 만여 명의 적을 죽여 침략자에게 괴멸적인 타격을 주었다. 이번 해전에서 이순신은 일본군 대장을 격파하여 죽이고 명군의 통수권자인 진순이 적선에 포위된 것을 물리쳤다. 명군의 70세 노장 등자룡이 탄 배에 부주의로 불이 나자 이순신이 배를 몰고 와서 구하려다가 왼쪽 가슴에 총을 맞았다. 그는 군기(軍旗)를 조카에게 넘겨 대신 호령하게 하고 소문을 퍼뜨리지 말라고 당부했다. 조선과 중국의 명장 이순신과 등자룡은 모두 이번 해전에서 장렬히 전사하여 피로써 전투 우정의 송가(頌歌)를 썼다. 임진위국전쟁(壬辰衛國戰爭)은 마침내 조선 인민의 최후 승리로 끝이 났다.

일본의 침략전쟁은 조선 인민에게 무거운 재난을 가져왔다. 인구가 대량으로 감소했고, 전쟁 이후 전국의 농지 면적은 전쟁 이전 전라도 경지 면적과 비슷했고, 가장 피해가 컸던 경상도는 전쟁 전의 1/6에 불과했다. 17세기 초에 이르러서야 전쟁의 상처가 점차 회복되었으나, 또 여진 귀족의 침략을 받았다. 1627년과 1636년, 후금(청)이 두 차례 조선에 침입하였다. 1637년 1월 조선은 어쩔 수 없이 청나라에 항복하였다.

이와 같이 본 교재 7) 소절 임진왜란 분량은 매우 많으며, 그 특징을 크게 네 가지로 요약할 수 있다. 첫째, 임진왜란 승리의 공로를 조선군에게 돌리고 그들의 역할과 활약상을 자세하게 그리고 있다. 임진왜란에 명군이 참전하여 조명 연합군이 일본과 전투했으므로 중국인의 입장에서 명군의 활약을 크게 부각할 수도 있었을 것인데, 앞서 『중국사강요』처럼 조선 장군과 인민의 투쟁을 중시하고 있다. 중국 군대의 역할을 중시하는

중국 중고등학교 교과서와 다른 부분이라 할 수 있다.[24]

둘째, 이순신 장군과 거북선에 대한 내용이 절대적으로 큰 비중을 차지한다. 임진왜란 내용의 약 60~70%가 조선 이순신 장군, 거북선, 수군에 대한 것이다. 거북선에 대해서는 그 크기나 형태까지 설명하고 있으며, 한산도대첩에서 명량대첩까지 그 활약상을 자세하게 기록했다. 이렇게 이순신에 내용이 편중되어 있어, 전쟁 자체의 전개 과정은 풍성하지 않다.

셋째, 명군의 실패를 거의 언급하지 않는다. 이는 앞서『중국사강요』도 마찬가지다. 다만『중국사강요』는 임진왜란 분량이 적어 명군의 실패를 언급할 여유가 없었다고 볼 여지도 있으나, 이 교재는 조선 장군 원균의 무능함과 칠천량해전 패배, 노량해전의 모습까지 그렸다. 조선군의 패전에 대해서도 설명하고 있어, 명군의 첫 패전인 조승훈 장군의 평양성 전투나 이여송의 벽제관 전투 패배 등도 언급될 여지가 있었지만 그렇지 않았기에 명군의 부진한 모습을 의도적으로 기록하지 않았다고 볼 수 있다.

넷째, 이 전쟁의 모든 책임을 일본에 전가하며, 일본군의 강성함은 언급하지 않고 있다. 이도『중국사강요』와 비슷한데, 전쟁 발발부터 휴전 협상 제안과 결렬까지 모두 일본이 제안하고 악행을 저지른 것으로 단정하고 있다. 4년 간의 명·일 휴전 회담의 실패는 중국의 책임도 있으나 언급하지 않는다. 전쟁 전후의 입체적 조명은 탈각되고 흑백논리처럼 선악이 분명한 전쟁으로 묘사되고 있다. 또한 일본군이 조명 연합군에 맞서 싸운 것이기에 그 전력이 강성하다고 할 수 있는데, 조명 연합군의 승리 위주로 기술하고 있어, 일본군의 군사력과 활약상을 알기 어렵다.

7) 소절의 마지막에 정묘호란과 병자호란이 있었다는 사실이 짧게 언

---

24 송요후, 2008,「중화권 교과서의 조선시대 서술 분석」,『중국과 타이완·홍콩 역사교과서 비교』, 동북아역사재단.

급되고 있으며, 1637년 조선이 청나라에 항복하였다는 사실을 서술했다. 병자호란은 조선 역사에서 임진왜란에 견줄 만큼 크고 중요한 전쟁인데, 한 줄 정도로 짧게 언급한 수준으로 마무리하고 있다는 점도 주목된다.[25]

3. 내용 검토: 8) 조선 문화

8) 소절에서는 한국 문화 전반을 소개한다. 문화에 대해서는 한문, 유가, 불교, 역사서, 한글, 인쇄술, 천문학, 의학, 천문기구, 물시계, 측우기, 동의보감 등 다양하다. 그중 조선시대 문화에 대한 내용을 다음과 같이 A~D)로 구분하여 살펴보겠다.

A-1) 중조 양국과 양국 인민 사이에는 예부터 밀접한 우호 왕래가 있었다. <u>우리나라의 한자, 한문, 유가 사상이 일찍이 조선에 전래되었다. 4세기에 고구려가 태학을 설치하고</u> 한문과 유가 경전을 공부하였다. … (중략) … 조선의 역대 통치자들은 역사서 편찬을 중시했다. … (중략) … 1451년 이조(李朝)의 학자 정인지 등이 『고려제왕실록』에 근거하여 기전체인 『고려사』 139권을 편찬하였는데, 이는 고려의 역사를 연구하는 주요 사서이다. 1415년에 완성된 『고려사절요』(35권)와 1484년에 편찬된 『동국통감』(56권)도 고려 시기와 조선 역사에 관한 중요한 사적이다. 이조 제왕들은 전대(前代) 실록 편수를 중시하여 27대 국왕의 『이조실록(李朝實錄)』 1,893권을 연대순으로 편찬하였다. 조선민주주의인민공화국 과학원은 인력을 조직하여 『이조실

---

25 조선은 명과 청이라는 국가를 구분하였고, 한중관계사에서 매우 중요한 전쟁이었으나, 한족과 만주족 모두를 '중화민족'이라는 하나의 민족체제로 설명하려는 중국 정부의 논리로 설명하기 어렵기 때문에 간단하게 언급했을 것으로 짐작된다.

록』을 한문에서 조선어로 번역하였다.

A-2) 조선 자모(字母) - 훈민정음의 창제는 이조시대의 중요한 문화적 성취였다. 세종대(1418~1449) 조선 학자 정인지, 성삼문, 신숙주 등은 조선 어음(語音)에 근거하고 한자 음운(音韻)을 고려하여, 표음(表音) 자모 28자를 창제했으며, 이 중 모음 자모는 11자, 자음 자모는 17자였다. 새로운 자모로 구성된 조선 문자는 획이 단순하고 읽기가 민첩하여 지금까지 계속 사용되고 있다.

A-3) 조선의 인쇄술과 천문학, 의학의 성과는 현저하다. 고려 현종 때(1010~1031) 조판(造版)으로 한역인 대장경(大藏經)을 새기는 작업에 착수하여 60여 년 동안 6천여 권을 인쇄하였으나, 아쉽게도 얼마 지나지 않아 몽골군에 의해 소실되었다. 1236년 정부가 대장경을 다시 새기도록 명령하여, 16년에 걸쳐 8만 6천 장의 서판을 완성하였는데, 속칭 '팔만대장경'이라고 한다. 고려인들은 또한 동활자 인쇄술을 발명하였는데, 서양의 유사한 발명품보다 약 200년 앞선 것이었다.

A-4) 약 647년에 경주에 첨성대를 세웠고, 8세기에 천문관측의(天文觀測儀)와 물시계(누각기, 漏刻器)를 창건하였다. 이조 초년에 수력을 이용하여 자동으로 시간을 알려 주는 자격루를 발명하였다. 1441년에 세계 최초로 측우기를 발명하였으며, 아울러 정기적으로 강우량을 보고하는 제도를 만들었다. 1613년 태의(太醫) 허준은 중국과 조선 의서(醫書) 500여 권을 참고하여 『동의보감』 23권을 편성하였는데, 지금까지도 참고와 임상적 가치가 있어 중국과 일본의 의사들에게 중시되고 있다.

A-1)은 한국의 한자, 한문, 유학, 불교, 역사서 편찬에 관한 내용이다. 중국의 한자, 유가, 불교 사상이 일찍이 고구려에 전래되었으며, 고려, 조선 등 한국의 역대 통치자들이 역사서 편찬을 중시했다고 하였다. 조선이 기전체 역사서인 『고려사』를 편찬하였고, 『동국통감』, 『조선왕조실록』을 편찬했다는 사실도 설명했다. 이 역사교재는 고구려가 한국사라는 사실을 간접적으로 인정하고 있으며, 한국의 역사서 편찬 서술을 담박하게 언급하고 있다.

중국 역사교재의 이 같은 내용은 최근 중국 학계에서 중국 문화 기원론을 강조하는 연구 경향과 대비된다. 예컨대 난카이대 교수 쑨웨이궈(孫衛國)는 「돛 달아 바다에 배 띄우니, 긴 바람 만 리로 나아가네: 중국 고대 문화가 한반도에 미친 영향」이라는 논문에서 한국 문화를 기자(箕子) 전설의 역사 연원, 한자·유학 사상의 유대 관계, 중국 불교문화의 가교 등으로 분석하여, 한반도는 역사 발전 과정에서 중화문명의 깊은 영향을 받았으며, 한반도에 전해진 문화를 통해 중국 고대 문화의 특색을 돌이켜볼 수 있고 중국 문화의 우월한 전통을 더 잘 이해할 수 있다고 주장하였다.[26] 또한 「고대 조선의 기전체에 대한 인지와 실천」이라는 논문에서 중국 기전체 역사서체 방식이 조선에 미친 영향을 발표했다.[27]

우징(吳靜)과 진스주(金石柱)는 인류 문명의 진보에 중대한 공헌을 한 주자학이 중국을 넘어 한반도에 큰 영향을 미쳤으며, 조선에 주자학이 미친 영향을 정치, 경제, 문화, 교육의 측면으로 구분하여 분석을 시도하

---

26 孫衛國, 2021, 「挂席浮滄海 長風萬里通: 中國古代文化對朝鮮半島的影响」, 『歷史評論』.

27 孫衛國, 2022, 「古代朝鮮對紀传體的認知與實踐」, 『鄭州大學學報(哲學社會科學版)』.

였다.[28] 청쉐이룽(程水龍)도 성리학과 중국식 과거시험 제도를 지적하며 중국이 한반도 유학 문화에 영향을 주었다는 점을 강조했다.[29]

이처럼 최근 중국 학계는 기존의 한중 문화 교류사 내용을 재생산하는 수준의 논문에 조선 문화의 기원이 중국이라는 점을 핵심으로 둔 연구를 잇달아 내고 있다. 이『세계중고사』는 중국 학계의 문화원조론이 확장되기 이전 시기에 출판된 역사교재이므로 중국 문화 기원론이 보이지 않는다. 향후 출판될 중국 역사교재가 한국 문화를 어떠한 방식으로 서술할지 지켜볼 필요가 있다.

A-2)는 한글에 대한 설명이다. 훈민정음 창제를 조선시대의 중요한 문화적 성취로 보고 있으며, 중국에 영향을 받았다는 내용은 없다. 최근 중국이 한글까지도 중국의 영향력으로 이해하려는 경향과 대비된다.[30]

A-3), A-4)는 조선의 금속활자, 팔만대장경, 천문학, 자격루, 측우기, 의학 등의 성과를 논하고 있다. 조선의 금속활자는 서구보다 200년 앞섰으며, 측우기는 조선이 세계 최초라는 사실을 강조하였다. 자동으로 시간을 알려 주는 자격루를 발명하고, 정기적으로 강우량을 보고하는 제도에 대해서도 언급했다. 조선의 천문학과 의학의 성과가 현저하다고 치하하였다. 허준의『동의보감』이 중국과 조선의 의학서를 참고했다고 설명했으나, 타당한 수준의 내용으로 보인다.

정리하면,『세계중고사』에서 다루는 한중관계사는 임진왜란뿐이며,

---

28 吳靜·金石柱, 2020,「麗末鮮初朱子學對朝鮮半島的影響」,『文化創新比較研究』18期.

29 程水龍, 2021,「論朝鮮李朝將《近思錄》作爲策試的歷史文化意義」,『朱子學硏究』.

30 예컨대 쩌우아이팡(鄒愛芳)과 류춘핑(劉春平)은「조선 문자 '훈민정음'과 중국 철학사상의 상관성」이라는 논문에서 중국 철학사상이 훈민정음 창제에 끼친 영향을 연구했다(鄒愛芳·劉春平, 2020,「朝鮮文字"訓民正音"與中國哲學思想的相關性」,『長春大學學報』.

한국 문화 서술은 대부분 조선 전기사에 머무르고 있다. 훈민정음, 자격루와 측우기 발명 등 과학기술이 세종대에 집중되어 있다. 한국에서 조선시대 연구가 조선 후기에 집중되어 있는 것과 다르다. 조선 문화에 대해서는 한글, 과학, 의학 기술을 높이 평가하며, '중국 문화 기원론'과 같이 한국 문화를 중국 중심으로 해석하려는 모습은 보이지 않는다.

Ⅳ. 『중국고대사』(2010): 상하이 인근 대학들의 중국사 교재

1. 본 교재의 특징과 목차 구성

이 글에서 마지막으로 다룰 역사교재는 『중국고대사 상·하』이다. 『중국고대사』는 중국 상하이의 저명한 사범대학인 화둥사범대학교를 비롯해 산둥대학교, 시베이대학교, 저장대학교, 광시사범대학교, 산시대학교, 안후이사범대학교, 산시사범대학교, 푸젠사범대학교, 허난대학교 등 여러 지방대학이 연합하여 만든 중국사 교재다. 1980년대 주샤오허우(朱紹侯) 주편을 시작으로 2010년 제5판이 출판되었다. 제5판 개정을 위해 2009년 화둥사범대 등의 대학 학자들이 모여 이 교재의 기본 원칙을 합의했다. 기본 원칙은 유물사관을 중심으로 하여 역사법칙의 객관성과 과학성을 중시하고, 역사적 사실 서술과 사료 이용을 엄밀하게 하며, 근래 연구의 새로운 관점과 새 성과를 흡수한다는 것이다.[31]

새로운 관점 및 성과를 흡수한다고 하였으므로 앞선 교재들보다 중국 학계의 최신 연구 경향이 담겨 있으리라 판단된다. 또한 중국 지방의 여러 대학 학자들이 연합하여 만든 교재이므로 수도인 베이징대학과 베이

---

31 朱紹侯 主編, 2010, 『中國古代史 上』, 第5版修訂說明, 福建人民出版社.

징사범대학에서 만든 앞서 언급한 역사교재와도 차별성이 있으리라 여겨진다. 이 책의 구성과 내용을 비교하며 살펴볼 필요가 있겠다. 이 중국사 교재는 14장에서 명대를, 15장에서 청대를 서술하고 있다. 목차의 구체적인 내용은 다음과 같다.

14장. 명대 군주전제제도의 강화와 자본주의 맹아
    1. 명대 전기의 정치, 경제와 사회
    2. 명대 중후기의 정치, 경제와 사회
    3. 명대 변경지구 각 민족 사회경제의 발전
    4. 명 후기 사회 모순의 격화와 명말 농민전쟁
    5. 명대의 문화와 사회생활
    6. <u>명대 중외 관계와 중서 문화 교류</u>

15장. 청대 통일 다민족 국가의 진일보 발전
    1. 청군 남하와 각지 인민이 청에 항거한 투쟁
    2. 청대의 정치
    3. 통일 형세의 발전과 변경지구의 진일보 개발
    4. 청대 사회경제의 발전과 자본주의 맹아의 성장
    5. 청대 사회 모순의 격화
    6. 청대의 문화와 사회생활
    7. <u>청대 중외 관계와 중국 인민이 서방 식민주의자들에 저항한 투쟁</u>

『중국고대사』의 14장, 15장 목차는 위와 같으며, 이 중에서 조선 관련 내용은 14장의 '6절. 명대 중외 관계와 중서 문화 교류', 15장의 '7절. 청대 중외 관계와 중국 인민이 서방 식민주의자들에 저항한 투쟁'에 언급되어 있다.

이 역사교재가 '중국사'라는 점에서, 앞서 베이징대학에서 출판한 젠보짠의 『중국사강요』와 비교해 볼 필요가 있다. 『중국사강요』의 조선시대 한중 관계 내용은 임진왜란에 불과했다. 임진왜란도 관계사라기보다 명군이 참전했기 때문에 서술된 것으로 보인다. 반면 『중국고대사』는 명대와 청대 각각 대외 관계 목차가 별도로 있어, 『중국사강요』보다 외국과의 관계를 비중 있게 다루고 있다는 점을 확인할 수 있다. 또한 중국의 문화사와 문화 교류사를 분리하여 서술하고 있다는 점도 눈에 띈다. 앞서 베이징대학과 베이징사범대학에서 제작 출판한 두 역사교재에서는 교류사의 비중이 현저히 낮았다는 점과도 크게 비교된다.

이제 명대와 청대 조선과의 관계와 문화 교류 서술을 각각 살펴보자.

2. 내용 검토: 14장 6절. 명대 한중 관계

14장 6절 '명대 중외 관계와 중서 문화 교류'는 다시 다음과 같이 여섯 가지 소절로 나뉜다.

14장. 명대 군주전제제도의 강화와 자본주의 맹아

…

6절. 명대 중외 관계와 중서 문화 교류
  1) 정화가 서양으로 가다
  2) 화교의 남양(南洋) 지역 개발
  3) 중일(中·日) 우호 왕래와 동남 연해 인민의 항왜(抗倭) 투쟁
  4) 만력 시기 조선을 원조한 정벌(役)
  5) 서방 조기 식민주의자의 중국 연해 지역 침탈
  6) 명대 후기 서방 선교사의 동래(東來)와 중서(中·西) 문화의 충돌

명대 조선에 대한 언급은 4) 소절 '만력 시기 조선을 원조한 정벌(役)'에서만 등장한다. 근래 중국 학계는 한류를 통해 한국 문화의 위상이 강

화되고 조선시대를 다룬 사극이 전 세계적으로 주목받자, 조선과 교류했던 중국 왕조로서 명대(明代)의 문화를 강조하고 있다. 하지만 2010년 역사교재에서는 명대 조선과의 문화 교류가 중국사에서 그다지 중요한 주제가 아니었다는 점을 확인할 수 있다. 조선과 명나라의 관계에 대해서는 앞서 베이징대학 출판 『중국사강요』와 마찬가지로 임진왜란만을 언급하고 그 목차 안에서 조명 관계에 대한 내용을 일부 포함하고 있다.

> 명나라 시대 중국과 조선 양국은 줄곧 우호적으로 지내며 사신 왕래가 빈번하였다. 당시 명나라는 조선으로 견(絹), 포(布), 약재 등을 수출하고, 판매가 금지된 초황(硝黃), 화약(火藥)과 우각(牛角)도 구매할 수 있도록 특별히 허가하였다. 조선은 주로 중국에 경우(耕牛), 마필(馬匹), 종이와 모시 등의 물품을 수출했다. 명초 요동지구 둔전용 경우(耕牛)는 주로 조선 수입품에 의존했다. 예를 들어 영락 2년(1404)에 조선은 한 번에 명나라에 1만 마리나 되는 농우를 보냈다. 정치적 우호 관계와 경제적 상호 원조는 양국 간의 문화 교류를 촉진시켰다. 조선은 먼저 중국의 활자 인쇄술을 도입하여 개조를 거친 후 15세기 초에 처음으로 동활자 인쇄를 창안하였는데, 후에 이 신기술이 다시 중국으로 전해졌다.

위의 인용문은 4) 소절의 첫 내용이다. 임진왜란 전사(前史)로 15~16세기 조명 관계를 간단히 설명하고 있다. 조선과 명이 우호적으로 지냈다고 여기는 것은 중국의 모든 역사교재에서 동일하게 나타난다. 위의 내용에서 돋보이는 점은 이 글의 분석 대상 교재 중 조명 교류사를 가장 구체적으로 서술하고 있다는 점이다. 다만 내용에 오류는 있다. 명나라가 조선에 판매가 금지된 초황, 화약과 우각을 구매할 수 있도록 허가하였다는 것은 부분적으로만 맞다. 초황, 화약과 우각은 군수품이므로 명은 이 물품을 모두 수출 금지했다. 활의 재료였던 우각은 1480년(성종 11) 조선 조정이 주청하여 1년에 200대까지 수입할 수 있게 되었는데,[32] 염초는 임진왜란이라는 특수한 전시 상황을 겪은 이후 1606년 무역을 허가한 바 있다.[33] 위의 서술을 보면 마치 명이 임진왜란 이전부터 우각과 화약을 조선에 수출한 것으로 오해하게 한다.

한편 조선이 15세기에 동활자 인쇄를 창안했다는 것도 오류이다. 13세기 초반 고려에 이미 금속활자가 있었으며, 1277년 금속활자로 찍은 인쇄본 직지가 현존하고 있기 때문이다.[34] 중국 중고등 교과서에서도 조선이 금속활자를 15세기에 발명했다고 잘못 기술하고 있는데 이 교재도 마찬가지다.[35] 중국 역사교재에서 교류사 관련 내용은 특히 오류가 많아서, 향후 개정판에서 수정 보완이 절실하게 필요하다고 판단된다.

이제 임진왜란 서술을 살펴보자.

B-1) 16세기 80년대 일본의 "관백"(丞相) 도요토미 히데요시가 각지에서 할거하는 제후들을 누르고 일본을 통일하였다. 그는 본국의 봉건주(封建主)와 상인의 재물 욕구 충족을 위하여 대외 확장 정책을 펴

---

[32] 『明 憲宗實錄』卷212, 成化 17年 2月 丙寅; 구도영, 2017, 「16세기 조선 對明 使行貿易의 수입품과 그 전개양상」, 『국학연구』 34.

[33] 『宣祖實錄』 권199, 선조 39년 5월 6일 계유; 『宣祖實錄』 卷 201권, 선조 39년 7월 17일 갑신.

[34] 이희재, 2004, 「백운화상초록직지심체요절과 조선 초기 활자 인쇄 문화」, 『서지학연구』 28; 황정하, 2005, 「고려시대 금속활자의 발명과 「직지」활자 주조방법」, 『서지학연구』 32.

[35] 송요후, 2008, 「중화권 교과서의 조선시대 서술 분석」, 『중국과 타이완·홍콩 역사교과서 비교』, 동북아역사재단.

기 시작했는데, 목표는 먼저 조선을 취한 후에 요동으로 진격하는 것이었다. 만력 19년(일본 天正 19, 1591) 9월 도요토미 히데요시는 공식적으로 조선 침략전쟁을 발동하였다.

B-2) 일본은 고니시 유키나가와 가토 기요마사를 선봉으로 하여 10만 명의 군대를 거느리고 만력 20년 4월 조선 부산에 상륙하여 5월에 한양을 점령하였다. 6월에는 구로다 나가마사 등이 평양을 함락했다. 이에 조선은 광대한 토지를 상실하고, 전쟁이 전국을 뒤덮어 인민들이 참혹한 화를 입었다. 조선 국왕 이연(李昖)은 명에 위급함을 고하며 병사를 내어 지원해 줄 것을 요청하였다. 명나라도 "관백이 조선을 도모하고 뜻이 실로 중국에 있다"라는 것을 탐지하고 즉시 조선에 군대를 파병할 것을 결정했다. 12월 송응창을 경략, 이여송을 동정제독으로 삼아 병사 4만을 거느리고 압록강을 건너 크게 조선을 원조했다. 만력 21년 정월 중·조 군대가 협동하여 싸워 평양에서 일본군은 대패하였고, 일본군이 남쪽으로 도망가게 하여 조선의 전세를 근본적으로 역전시켰다. 오래지 않아 개성, 한성도 연이어 수복하였다. 2월 조선 군민은 행주 수성전에서 눈부신 전과를 올렸다. 결국 일본군은 부산으로 물러났고 조선 국토 기본(基本)이 광복되었다.

B-3) 도요토미 히데요시는 패배를 달가워하지 않고 거짓으로 명과 화해하여 철병을 유도하였다. 이후에 다시 조선을 점령하였다. 명조 내부에서는 병부상서 석성을 비롯한 주화파가 우위를 점하였다.

B-4) 만력 25년(일본 慶長 元年, 1597) 1월 일본은 조선을 다시 침략하였으니, 이를 경장지역(慶長之役)이라 한다. 명조는 또 병부상서 형개를 파견하여 군대를 이끌고 조선에 가게 하였고 중조 양국 군대는

긴밀히 협력하여 일본군을 연패시켰다. 26년 8월 도요토미 히데요시가 사망했다. 그해 겨울, 조선 남해에서 격렬한 결전 중에 일본군 대부분이 죽었다. 일본이 일으킨 조선 침략전쟁은 결국 참패하였으나, 이 전투 중에 조선 민족 영웅 이순신과 일흔이 넘은 명나라의 노장 등자룡이 함께 작전을 지휘하다가 불행하게도 장렬하게 전사하였다. 양국 우호 관계의 역사에 빛나는 장을 썼다.

위의 B-1)~B-4)는 본 교재의 임진왜란 서술 전체이다. B-1)은 임진왜란 발발 이전, B-2)는 임진왜란 발발과 전개 과정, B-3)은 강화협상 기간, B-4)는 정유재란 이후 종전(終戰)까지를 다루고 있다. 여기서 우선 주목되는 것은 '만력 19년(일본 天正 19, 1591)', '경장지역(慶長之役)'이라는 표현이다. 천정(天正, 덴쇼), 경장(慶長, 게이초)은 일본 천황의 연호이다. 일본 천황의 연호를 굳이 언급하고, 일본에서 부르는 전쟁명을 언급했다. 임진왜란은 조선, 명, 일본이 함께 싸운 전쟁으로, 현재 이 전쟁을 지칭할 때 중국은 명 황제 연호인 만력(萬曆)을, 한국은 당시의 간지인 임진(壬辰)을, 일본은 일본 천황 연호인 문록(文祿, 분로쿠), 경장(慶長)을 사용하고 있다. 중국의 중고등 역사교과서에서도 임진왜란을 '조선임진국가보위전쟁', '7년국가보위전쟁', '임진위국전쟁' 등으로 표기한다.[36] 그럼에도 이 교재는 특이하게도 일본 천황의 연호를 중국 황제와 동시에 열거했고, 일본에서 부르는 전쟁명도 언급했다. 다른 역사교재와 두드러지게 다른 점이다.[37]

---

36 송요후, 2008, 「중화권 교과서의 조선시대 서술 분석」, 『중국과 타이완·홍콩 역사교과서 비교』, 동북아역사재단.

37 역사교재 집필 교수들의 학적 기반과 연구 동향 등을 모두 검토해야 이 책에서 왜 일본 천황 연호를 굳이 사용했는지 추정할 수 있는데, 이 글에서는 그에 대한 분석까지 나아가지 못했다. 차후에 연구가 진행되기를 바란다.

B-2)의 전쟁 내용을 살펴보면 『중국사강요』, 『세계중고사』 교재들보다 표현도 깔끔하고 섬세하며 전쟁 전개 내용도 상대적으로 정확하다. 앞의 교재들은 평양성 전투의 승전으로 일본군이 바로 부산까지 밀려난 것처럼 서술했는데, 이 교재는 전세를 역전시킨 것으로 한정했다. 평양성 전투 이후 순차적으로 개성, 한성이 수복되었다고 하였으며, 조선 군민이 행주산성에서 치열하게 방어전을 치른 점도 소개했다. 『세계중고사』는 임진왜란 분량이 가장 많았음에도 이러한 전투들이 설명되지 않았기에 대비된다.

한편 B-4)를 보면, 이 교재도 역시 마무리는 조선 민족 영웅 이순신과 일흔이 넘은 명나라의 노장 등자룡이 함께 작전을 지휘하다 전사한 것을 언급하였다. 조선에서 사망한 명나라 장수 등자룡은 양국이 함께 싸운 전쟁의 우호 관계를 상징하는 역사 언어가 되어 있다.

3. 내용 검토: 15장 7절. 청대 한중 관계와 문화 교류

15장 7절에서 청대 한중 관계 서술이 등장한다. 7절은 다시 다음과 같이 두 개의 소절로 나뉜다.

> 15장 청대 통일 다민족 국가의 진일보 발전
> …
> 7절. 청대 중외 관계와 중국 인민이 서방 식민주의자들에 저항한 투쟁
>   1) <u>아시아 각국 간의 경제 문화 교류</u>
>   2) 중국과 서양 간 경제 문화 교류와 중국 인민이 서방 식민주의자들에 저항한 투쟁

7절 1) 소절에 아시아 국가들과의 교류 내용이 나온다. 앞서 살펴본 『세계중고사』는 세계사 교재임에도 아시아 교류 국가로 한국, 일본, 인도의 역사만 언급한 것에 비해 이 교재는 조선, 일본 외에 월남(베트남), 섬라(태국), 면전(버마) 등과의 관계도 추가로 다루고 있다.

7절 1) 소절에 담긴 조선과의 교류사를 살펴볼 것인데, 그 내용에 따라 C-1)~C-5)로 구분하였다. 우선 C-1)~C-2)부터 살펴보자.

C-1) 청대 중·조 간의 문화 교류는 정치 교왕에 수반하여 더욱 밀접해졌다. 청조는 명조와 조선 건립의 종번(宗藩) 관계를 계승하여 매년 정단, 동지, 성절(황제 생일) 등의 명절과 조선 국왕 책봉 시, 조선은 모두 대사신단을 중국에 반복해 파견해 모종의 예의를 이행했다.

C-2) 허다한 사신단 구성원은 도중에 보고 들은 바에 따라 일기를 썼고, 혹자는 귀국 후 다시 출사 기간의 경험을 추가하였으며, 이 자료를 연행록이라 부른다. 지금까지도 90여 종 못지않게 남아 있으며, 특히 사절단의 서장관은 그 직책 중 하나가 귀국 후 조선 국왕에게 상세한 서면 보고를 작성하는 것이었고, 이에 귀중한 중·조 관계의 문헌이 대량으로 생산되었다.

C-1)은 청대 조선 사행의 왕래를 언급하면서, 청과 조선의 관계를 조공 관계가 아니라 '종번관계'라고 표현하고 있다. 종번관계로는 청과 조선의 관계를 표현할 수 없다. 중국 학자 리다롱(李大龍)은 "종번은 황실 구성원이나 번왕(藩王)을 지칭하는 말로 쓰였을 뿐 주변 국가와의 관계에서 사용한 적은 없다"라고 하였다. 종번관계는 역사적 용어도 아니다. 19세기 중국이 서구 제국주의 국가들의 침입을 받고 친중 국가인 조선을 외부 세력으로부터 지키기 위해 조선에 정치 간섭을 하게 되는데, 종번관계는 19세기 말 십여 년의 특수한 상태를 표현하기 위해 사용된 바 있다. 종번관계는 서구 식민주의 관념이 투영되어 있는데다, 전근대 동아시아 외교 질서를 나타내는 용어로 부적합하다는 의견이 중국 학계 내에서도 지배

적이었다. 그러나 최근 중국 학계에서 청과 조선의 관계가 '형식적인 조공 관계'가 아니라, '실제 조선에 영향력을 행사했던 종번관계'로 이해하고자 조선시대까지 확장 사용하는 경향이 커지고 있다.38 현재도 중국 학계 내에서 완전히 합의되지 못한 '종번관계'를 20여 년 전 역사교재에서 이미 사용했다는 것은 특기할 만한 일이다. 앞서 본 베이징에서 출판한 교재들과 차별적인 측면이 적지 않다.

C-2)는 조선 사신의 연행록에 대한 설명이다. 중국 학계에서는 지금도 연행록에 관심이 크다. 연행록을 분석한 논저가 계속해서 출간되고 있다.39 연행록이 한중 관계를 담고 있기도 하지만, 조선인의 시선으로 중국 사회를 볼 수 있는 기록이기도 하기 때문이다. 중국 학계는 중국에 대한 미시 역사와 한중 관계를 보여 줄 수 있는 텍스트라는 점에서 연행록의 가치를 주목하였고, 역사교재에서도 이를 잊지 않고 설명하고 있다.

---

38 손성욱, 2019, 「종번(宗藩)과 중화(中華)로 청제국을 볼 수 있는가: 왕위안총 '조선 모델'의 가능성과 한계」, 『동북아역사논총』 66; 손성욱, 2022, 「종번(宗藩) 해석과 중국 대외관계 인식」, 『동북아역사리포트』 제9호.

39 중국의 최근 연행록 관련 연구만 소개해도 다음과 같다. 王小芳·姚曉娟, 2021, 「朝鮮文人李海應燕行詩歌中的中國元素」, 『河北科技師範學院學報(社會科學版)』 4期; 陳在教·張珊, 2021, 「燕行錄與知識及信息: 知識及信息的收集與記錄方式」, 『中國傳統文化研究』 2期; 楊柳青·温兆海, 2022, 「從抵牾走向認同: 清代朝鮮使臣燕行詩中的盛京書寫」, 『延邊大學學報(社會科學版)』 1期; 谷小溪, 2022, 「金昌業《老稼齋燕行日記》中的清代遼西走廊民俗」, 『遼寧工業大學學報(社會科學版)』 1期; 倪金艷, 2021, 「朝鮮李朝時期漢文典籍《燕行錄》中的孟姜女書寫」, 『中國語言文學研究』 2期; 賈艷, 2022, 「試論燕行使臣對中朝文化交流的貢獻」, 『哈爾濱學院學報』 7期; 金明實, 2022, 「《燕行錄》中的遼寧歷史文化資源開發與保護研究: 以遼陽地區爲中心」, 『文化創新比較研究』 6期; 金哲·張慧雯, 2022, 「明清時期"燕行錄"中孟姜女傳說變异考: 以"情節"和"人物"演變爲例」, 『東疆學刊』 3期; 王微笑, 2022, 「古文書學視域下的燕行錄研究獻議: 從奎章閣藏《啓下》談起」, 『檔案學通信』 4期; 李榮, 2022, 「中唐嶺南謫臣與越南獨立: 基於《熱河日記》文獻的中國嶺南歷史認識」, 『南海學刊』 4期.

C-3) 사절단은 보통 60일 정도 북경에 머물렀는데, 이 기간에는 청 황제가 하사한 대량의 서적을 받을 수도 있었고, 대부분 미리 준비한 단서에 따라 직접 서점에 가서 구입하였다. 예를 들어 강희 59년(1720) 조선 사절단은 한 번에 각종 유서(類書), 집부서(集部書), 지서(志書)류 50종을 구입하였고, 그 밖에 또한 얼마간의 비첩(碑帖)과 자화(字畵)도 있었다. 조선 사절의 한문 수준은 일반적으로 매우 높으며, 또한 오랫동안 유학의 영향을 받아 비교적 좋은 한문학적 소양을 갖추고 있다. 그들은 북경에 머무는 동안 청나라 관리들, 학자들과 우정을 쌓고, 시문에 답례하고, 서로 저작을 주고받으며, 중조 문화 교류를 촉진시켰다. 예컨대 가경 21년(1816) 조선 사신 조인영(趙寅永)이 북경에 왔을 때 조선 고비(古碑) 탁본 수십 종을 가져와 청나라 금석학자이자 산동 제성(諸城) 사람인 유희해(劉喜海, 字 燕庭)에게 보내 주었다. 후에 그는 이 탑본을 바탕으로 다른 조선 지인들의 기증도 받아 도광 11년(1831)에 『해동금석원(海東金石苑)』(8권)으로 편집하여 조선의 역사를 연구하는 데 중요한 문헌이 되었다.

C-4) 농업 생산기술 방면에서도 청나라가 조선에 영향을 미쳤다. 건륭 45년(이조 정종 4, 1780), 건륭제 70년 탄신을 축하하기 위해 조선에서는 박명원을 정사로, 정원시를 부사로 하는 60~70명의 사절단을 파견하여, 8월 초에 북경에 도착하였다가, 후에 열하 피서산장에 이르러 탄신을 축하하고, 후에 다시 북경을 거쳐 귀국하였다. 중국에서 한 달 반 정도를 머물렀다. 사행 파견에 동행한 박지원은 상세한 기록을 남겼고, 견문과 교왕, 간혹 평론 발표 등으로 저작 『열하일기』를 완성하였다. 그는 중국의 부유함을 극찬하며, 귀국 후 중국 농기구를 모방하고, 요동의 가는 논두둑 경작과 적분축비(積糞蓄肥) 방법을 모방하

고 채택하여 조선의 농업 생산을 개선할 것을 건의하였다.

C-5) 조선은 사신을 늘 보내 토물을 진헌하고 상사(賞賜)받은 조공무역 외에도 국경 지역인 의주, 회령, 경원 등에 정기무역 시장을 설립했다. 중국 상인은 비단, 가죽, 포필, 문구 등을 수출하고 종이, 모시, 인삼, 우마, 소금 등의 물품을 바꾸었다. 조선 개성의 송상과 의주의 만상은 모두 청나라 상인들과의 통상 과정에서 유명하였다. 이 때문에 양국 간 민간 교역량은 끊임없이 상승하였다.

C-3)은 조선 사행과의 학적 교류에 대한 내용이다. C-4)는 청나라가 조선의 농업 생산기술에 영향을 주었다는 내용으로, 박지원의 『열하일기』를 통해 이를 입증하고 있는데, 이는 논리적으로 전혀 맞지 않다. 박지원은 조선의 관리가 아니라 자제군관(子弟軍官)이다. 즉, 정사(正使)의 친인척(조카) 신분으로 사행에 참여한 학생일 뿐이다. 그러니 그의 『열하일기』 속 주장은 박지원 개인의 의견일 뿐 공문서도 아니고 조선 정부에 채택된 문건도 아니어서 조선 농업 생산기술에 영향을 미칠 수도 없었다. 이 교재는 한 조선 학생 개인의 견해를 지나치게 확대해석하고 있다.

C-5)는 한중 경제 교류, 무역에 대한 내용이다. 조선이 보내는 토산물과 명 황제가 보내는 상사(賞賜)를 조공무역이라 설명하고 있으며, 의주, 회령, 경원 등의 국경무역에 대해서도 언급하고 있다. 토산물과 상사는 선물 교환의 성격이 강한 한중 무역의 아주 일부에 불과한데, 이를 대표적으로 거론하고 있으며, 정작 중요한 공무역과 사무역에 대해서는 언급이 없다. 교역품도 잘못 소개되고 있다. 중국 상인이 비단, 가죽을 수출한 것은 맞지만, 문구는 조선의 대표적인 수출품이기 때문에 이를 수입품이라고 보기에는 곤란하다. 조선에서 만든 붓 황모필(黃毛筆)이 청나라와 일본

으로 수출되어 널리 알려졌다.[40] 중국의 역사교재에서 교류사에 관한 오류가 적지 않아, 이에 대한 개정이 필요해 보인다.

V. 맺음말

이 글에서는 현재 중국 대학교에서 활용하는 대표적인 역사교재 세 가지를 선정하여, 조선시대 한중 관계와 문화 서술을 살펴보고 그 양상을 확인하고자 하였다.

첫 번째 분석 대상 교재는 젠보짠 주편의 『중국사강요』(2006)이다. 이는 중국 통사(通史)로, 베이징대학을 비롯해 오늘날 중국 대학에서 가장 많이 채택하는 역사교재이다. 중국의 '국사' 교재로, 중국 국내사에 내용이 집중되어 있고, 대외 관계 비중이 매우 적어서 조선 관련 내용은 임진왜란뿐이다. 1960년대에 편찬된 이후 개정되기는 했으나 마르크스주의적 시각이 강하다. 이에 명군이 참전했던 임진왜란을 '만력원조전쟁'이라 부르면서도, 전쟁이 승리할 수 있었던 주요 원인을 조선 인민의 투쟁이라고 해석했다. 2000년대 이후 중국에서 벌어진 동북공정식 역사 인식은 보이지 않는다.

두 번째 분석 대상 교재는 중국의 대표적 사범대학인 베이징사범대학 등 여러 대학에서 세계사 교재로 활용하는 『세계중고사』이다. 이 책은 세계사 교재라고 하지만, 유럽사에 치중되어 있다. 아시아 국가로는 조선, 일본, 인도가 전부이며 분량도 매우 적다. 따라서 중국 대학생들은 이 교재로는 중국을 둘러싼 동아시아 역사를 정합적으로 이해하기 어렵고, 세

---

40 이승민, 2020, 「조선산 黃毛筆의 생산과 일본과의 교역」, 『한일관계사연구』 70.

계사를 유럽사 중심으로 인식할 가능성이 커 보인다. 조선시대 한중 관계에 관해서는 임진왜란이 전부이며, 그 안에서도 이순신과 거북선에 대한 내용이 절대적으로 많다. 한국 문화에 대해서는 한글, 과학, 의학 기술을 높이 평가하며, 최근 중국 학계에서 보이는 '중국 문화 기원론'과 같이 한국 문화를 중국 중심으로 해석하려는 모습은 보이지 않는다.

세 번째 분석 대상 교재는 중국 상하이의 사범대학인 화둥사범대학교, 산둥대학교 등 여러 지방대학이 연합해서 만든 『중국고대사』이다. 베이징이 아닌 상하이 이남의 대학들이 연합해서 만든 교재여서 앞서 분석한 역사교재, 또는 중국 중고등학교 역사교과서와도 내용 면에서 차이가 있다. 세계사 교재가 아니라 중국사 교재이지만, 『세계중고사』보다 더 많은 외국과의 교류 내용을 담고 있고, 문화 교류사를 별도의 목차로 구성하고 있다는 점도 특기할 만하다. 다만 교류사에 관한 내용에 오류가 많다는 점은 앞서의 다른 교재와 비슷하다. 임진왜란을 언급하며 일본 천황의 연호를 중국 황제와 병기하고, 일본 학계에서 부르는 전쟁명을 별도로 언급한 것도 다른 교재들과 차별적이다. 조선과 청과의 관계를 조공관계가 아니라 서구 식민주의 관념이 투영된 '종번관계'라고 정의한 것은 우려되는 부분이다.

이 글의 분석 대상인 세 가지 책을 종합적으로 살펴보면, 국내사 중심으로 역사 서술이 이루어지고 있어 대외 관계를 다룬 비중이 적으며, 세계사 교재는 유럽사 중심으로 이루어져 아시아 국가에 대한 관심이 적다고 이해된다. 조·명 교류, 조·청 교류에 관한 내용은 별도의 목차도 없고, 관련 내용도 매우 적다. 중고등학교의 역사교과서와 비교했을 때 한중 교류 관련 내용이 대거 줄어들어 문제가 될 만한 여지도 줄었다.

세 가지 역사교재에서 임진왜란은 빠지지 않고 모두 등장하는데, 중고등학교 역사교과서에서는 일본과 명나라의 비중이 크게 묘사된 반면,[41] 대학교재에서는 조선 인민의 분투가 전쟁 승리의 가장 큰 요인이라 인정하고 있다. 대학교재와 중고등학교 교과서의 조선 관련 내용을 비교하면, 대학교재가 상대적으로 중국 중심주의적인 시각이 덜하다.

한국 문화에 대해서도 최근 중국 학계의 '문화원조론'을 반영한 우려할 만한 연구 내용은 아직 없다. 이는 이 교재들이 편찬된 당시에는 중국에서 조선시대사와 관련한 첨예한 논쟁이 없어 관심이 적었기 때문으로 보인다. 다만 최근 중국 학계에서 조선시대사와 문화사에 대한 연구가 급증하고 있는 만큼, 향후 중국 대학의 역사교재에서 한국 문화 관련 내용이 어떻게 다루어질지 추적할 필요가 있다.

---

[41] 송요후, 2008, 「중화권 교과서의 조선시대 서술 분석」, 『중국과 타이완·홍콩 역사교과서 비교』, 동북아역사재단.

참고문헌

- 교재

翦伯贊 主編, 2006, 『中國史綱要』, 人民出版社.
孫祥民 主編, 2006, 『世界中古史』, 北京師範大學出版社.
朱紹侯 主編, 2010, 『中國古代史 上』, 第5版修訂說明, 福建人民出版社.

- 단행본

권소연 외, 2006, 『중국의 역사교육과 교과서』, 고구려연구재단.
김종박, 2011, 『중국의 역사교과서와 통일적다민족 국가론』, 동북아역사재단.
김태웅 외, 2020, 『고등학교 동아시아사』, 미래엔.
김한종, 2005, 『한·중·일 3국의 근대사 인식과 역사교육』, 고구려연구재단.
송요후 외, 2008, 『중국과 타이완·홍콩 역사교과서 비교』, 동북아역사재단.
윤휘탁, 2006, 『중국 역사교과서의 민족·국가·영토 문제』, 동북아역사재단.
이경룡 외, 2008, 『중국 대학 역사교재 속의 한국·한국사』, 동북아역사재단.
젠보짠 주편, 심규호 역, 2015, 『중국사강요』 2(오대십국부터 근대까지), 중앙북스.
최준채 외, 2020, 『고등학교 세계사』, 미래엔.

劉子敏·苗威, 2006, 『明代抗倭援朝戰爭』, 香港亞洲出版社.
周一良, 2019, 『明代援朝抗倭戰爭』, 北京古籍出版社.

- 논문

강택구·박재영, 2008, 「중국 조선족 역사교과서에 나타난 한국관련 내용분석 I : 중국 조선족의 정체성과 중국의 역사 만들기」, 『백산학보』 81.
구도영, 2017, 「16세기 조선 對明 使行貿易의 수입품과 그 전개양상」, 『국학연구』 34.
구도영, 2021, 「Items of Tributary Gifts (Pangmul 方物) Sent to the Ming Dynasty by Chosŏn and their Changing Trends」, 『International Journal of Korean History』 26·2.
권소연, 2019, 「중국 의무교육교과서 『중국역사』 근대사 서술분석: 국정화 교과서의 역사인식의 특징과 교과서 구성을 중심으로」, 『역사교육연구』 33.

권은주, 2021, 「중국 대학 역사교재의 고조선(한4군)과 임나일본부에 대한 서술 변화: 식민사학의 영향과 중화주의가 결합한 한국고대사상(像)」, 『동북아역사논총』 74.
김순자, 2000, 「麗末鮮初 對明馬貿易」, 『韓國史의 構造와 展開(河炫綱敎授定年紀念論叢)』, 혜안.
김유리, 2001, 「중국 교육과정의 변천과 역사교육」, 『근대중국연구』 2.
김종건, 2004, 「중국 역사교과서상의 명청사(明淸史) 내용과 변화 검토: 최근 초급중학 교과서를 중심으로」, 『경북사학』 27.
김종건, 2010, 「中國 歷史敎科書上의 韓國 關聯 敍述 內容 變化에 대한 검토: 최근 초급중학 [중국역사] 교과서를 중심으로」, 『중국사연구』 69.
김지훈, 2004, 「최근 중국 중고등학교 역사교과서 속의 한국과 한국사」, 『중국근현대사연구』 23.
김지훈, 2007, 「한·중 역사갈등 줄이기: 동북공정과 중국의 역사교과서」, 『역사문제연구』 17.
김지훈, 2018, 「현대 중국의 한국전쟁 인식 변화: 역사교과서의 서술 변화를 중심으로」, 『사림』 64.
김지훈·정영순, 2004, 「최근 중국 중고등학교 역사교과서 속의 한국과 한국사」, 『중국근현대사연구』 23.
박정수, 2013, 「세계화와 민족주의의 문화갈등: 한중 간 한류와 반한류의 사례 분석」 『중화연구』 37·1.
손성욱, 2019, 「종번(宗藩)과 중화(中華)로 청제국을 볼 수 있는가: 왕위안총 '조선 모델'의 가능성과 한계」, 『동북아역사논총』 66.
손성욱, 2022, 「종번(宗藩) 해석과 중국 대외관계 인식」, 『동북아역사리포트』 제9호.
오병수, 2001, 「중국 중등학교 역사교과서의 서술양식과 역사 인식」, 『역사교육』 80.
오병수, 2002, 「중국 중등학교 역사 교육과정의 추이와 최근 동향」, 『역사교육』 84.
오병수, 2004, 「中·日 歷史敎科書 發行制度와 運用 實態」, 『역사교육』 91.
오병수, 2016, 「국내 학계의 중국 역사교과서 연구 경향과 과제」, 『동북아역사논총』 53.
우성민, 2011, 「韓 中間 '相互理解와 歷史和解'의 인식 제고를 위한 역사교과서의 과제」, 『중국사연구』 75.
윤세병, 2010, 「중국 교과서 속의 지도의 현황과 문제점: 인민교육출판사판 초중 [중국역사]를 중심으로」, 『역사와 역사교육』 20.
윤세병, 2013, 「중국 역사교과서의 서사구조와 이데올로기」, 『역사교육연구』 18.
윤재운, 2010, 「중국 역사교과서에 보이는 소수민족정책과 내용」, 『역사교육논집』 44.
이성원, 2021, 「2019 검정교과서 『중학교 역사 ①』의 분석: 중국고대사를 중심으로」, 『역사와담론』 97.

이승민, 2020, 「조선산 黃毛筆의 생산과 일본과의 교역」, 『한일관계사연구』 70.
이유표, 2021, 「중국 고등교육 역사교재 중국사강요의 편찬과 개정」, 『문화와 융합』 87.
이희재, 2004, 「백운화상초록직지심체요절과 조선 초기 활자 인쇄 문화」, 『서지학연구』 28.
임상선, 2015, 「중국 역사교과서의 북방민족영토관련 서술분석」, 『백산학보』 101.
임상훈, 2022, 「중국 국정 역사교과서 중외역사강요의 도입과 그 성격」, 『역사문화연구』 82.
장세윤, 2004, 「근간 한·중 역사교과서의 양국 관련내용 검토」, 『백산학보』 68.
장희홍, 2009, 「한·중 역사교과서의 왜란 서술 내용 분석」, 『사학연구』 96.
장희홍, 2009, 「중국계 역사교과서의 조선시대 서술 분석: 중국, 대만, 홍콩 교과서를 중심으로」, 『동국사학』 47.
정동준, 2019, 「중국 『역사』 교과서의 고대사 서술 분석: 2016년판 중학교 국정교과서의 특징과 문제점을 중심으로」, 『중국고중세사연구』 52.
조영헌, 2009, 「'문명굴기'와 제삼세계: 2000년 이후 중국 고등학교 세계사 인식」, 『역사교육』 112.
최갑순·문형진, 2006, 「중국 역사교과서(1949~2003)의 한국 현대사 서술」, 『역사문화연구』 24.
황정하, 2005, 「고려시대 금속활자의 발명과 「직지」 활자 주조방법」, 『서지학연구』 32.

賈艷, 2022, 「試論燕行使臣對中朝文化交流的貢獻」, 『哈爾濱學院學報』 7期.
谷小溪, 2022, 「金昌業《老稼齋燕行日記》中的清代遼西走廊民俗」, 『遼寧工業大學學報(社會科學版)』 1期.
金明實, 2022, 「《燕行錄》中的遼寧歷史文化資源開發與保護研究: 以遼陽地區爲中心」, 『文化創新比較研究』 6期.
金哲·張慧雯, 2022, 「明淸時期"燕行錄"中孟姜女傳說變异考: 以"情節"和"人物"演變爲例」, 『東疆學刊』 3期.
柳樹人, 1987, 「壬辰抗倭戰爭」, 『延邊曆史研究』 第2輯.
劉喜濤·宋明哲, 2021, 「明朝東亞地緣政治思想及其在抗倭援朝戰爭中的體現」, 『長春師範大學學報』.
孫衛國, 2020, 「明抗倭援朝水師統帥陳璘與露梁海戰」, 『南開學報』 4期.
孫衛國, 2021, 「挂席浮沧海 長風萬里通—中國古代文化對朝鮮半島的影响」, 『歷史評論』.
孫衛國, 2022, 「古代朝鮮對紀傳體的認知與實踐」, 『鄭州大學學報(哲學社會科學版)』.
吳靜·金石柱, 2020, 「麗末鮮初朱子學對朝鮮半島的影響」, 『文化創新比較研究』 18期.
王小芳·姚曉娟, 2021, 「朝鮮文人李海應燕行詩歌中的中國元素」, 『河北科技師範學院學報

(社會科學版)』4期.

王微笑, 2022,「古文書學視域下的燕行錄研究獻議: 從奎章閣藏《啓下》談起」,『檔案學通信』4期.

李榮, 2022,「中唐岭南谪臣與越南獨立: 基於《熱河日記》文献的中國岭南歷史認識」,『南海學刊』4期.

程水龍, 2021,「論朝鮮李朝将《近思錄》作爲策試的歷史文化意義」,『朱子學研究』.

陳在教·張珊, 2021,「燕行錄與知識及信息: 知識及信息的收集與記錄方式」,『中國傳統文化研究』2期.

鄒愛芳·劉春平, 2020,「朝鮮文字"訓民正音"與中國哲學思想的相關性」,『長春大學學報』.

중국의 '항미원조전쟁'과 대학 역사교재 서술
: 역사적 사실과 현재적 함의를 겸론(兼論)하여

한상준 | 아주대학교 부교수

I. 머리말

중국의 한국전쟁 참전은 동아시아 냉전 구조의 강화와 고착에 결정적인 역할을 하였다. 중국은 미국과의 직접적인 군사적 충돌을 통해 소위 '항미원조(抗美援朝)전쟁'을 시작했고, 그로부터 1970년대 미·중 데탕트가 진행되기 전까지 이어진 미·중 간의 극단적 적대 관계는 동아시아 냉전 구조를 근본적으로 규정하였다. 한국전쟁 이후, 미·중 간 냉전적 대결 구도 속에서 결속과 밀착이 강화된 한·미 관계와 북·중 관계는 한반도를 둘러싼 동아시아 냉전 질서를 더욱 견고하게 만들었다. 북·중 관계는 '혈맹'으로 선전되고, 한·미도 정치, 군사, 경제적 측면에서 연대를 강화하면서 한·중 관계와 북·미 관계는 단절되었다.

중국은 한국전쟁을 '항미원조전쟁'으로 명명하고, 이를 미·중 간의 전쟁으로 인식한다. 이러한 인식은 중국 역사교재의 내용과 서술, 편찬에 그대로 반영되고 있다. 중국의 역사교재는 미국이 중국의 주권과 안보를 위협했고, 따라서 중국의 참전은 방어적 성격의 정당한 행동이며, 결과적으로 '정의로운 전쟁'을 통해 최강의 군사력을 보유한 미국을 물리치고 '승

리'했다는 기본적인 서사 구조를 취하고 있다.[1]

중국의 '항미원조전쟁' 인식과 이에 기반한 역사교재는 학교 교육 현장에서 널리 사용된다. 주목되는 점은 이 같은 역사 교육이 학교라는 교육 공간을 넘어서 영향력을 끼치고 있다는 사실이다. 중국은 미·중 패권 경쟁이 지속되는 현실 속에서 '항미원조전쟁'의 경험과 기억을 소환하여 미국에 대항하는 수단으로 활용하고 있다.

이 글은 먼저 중국의 한국전쟁 발발 동의와 참전 결정에 관한 역사적 사실을 개괄한 후, 한국전쟁에 대한 중국의 인식이 중국 대학 역사교재에 어떻게 반영·서술되었는지를 검토하고, 끝으로 중국이 의도하는 '항미원조전쟁'의 현재적 함의를 살펴보려 한다. 이를 통해 중국이 편찬한 역사교재의 서술 의도를 드러내고, 중국이 강조하는 '항미원조전쟁'의 현재적 함의에 관한 이해를 높이고자 한다.

II. 중국의 한국전쟁 참전 시말(始末)

1945년 8월 일본의 패망으로 중국은 항일전쟁에서 승리했지만, 1946년부터 시작된 국공내전은 중국 사회를 다시 혼란에 빠뜨렸다. 국공내전에서 결국 중국공산당이 승리하면서 대륙은 공산화되었고, 1949년 10월 1일 중화인민공화국이 수립되었다.

중국혁명의 성공은 동아시아 냉전 구도에 중대한 영향을 미쳤다. 대륙에 중공 정권이 세워지면서 중국국민당은 대만으로 이동해야 했고, 이로

---

[1] 김지훈, 2018, 「현대 중국의 한국전쟁 인식 변화: 역사교과서의 서술 변화를 중심으로」, 『사림』 제64호 참고.

써 형성된 양안체제는 한반도 분단체제와 함께 동아시아 냉전 구조를 규정하는 핵심 요인이 되었다. 중국혁명의 성공으로 주변 아시아 지역으로 공산주의 혁명을 확산시킬 수 있는 발판과 거점이 마련되었고, 지역 내 진영 간 적대적 대립 구도가 고착되었다. 특히, 중국혁명의 성공은 북한 정권의 한반도 무력 통일 열망을 더욱 자극했다. 이후 중국은 북한의 전쟁 계획에 동의하고, 1950년 10월 전쟁에 개입하였다.

그런데 과연 중국혁명의 성공을 통해 신정권을 수립했던 중국이 공산주의 혁명을 주변 지역으로 확산시키려는 적극적인 의지를 갖고 있었던 것일까? 기존 연구를 통해 밝혀진 바와 같이 신중국 수립 직후 중공 지도부는 북한의 전쟁 도발 계획에 관해 부정적 인식을 갖고 있었고, 북한 정권이 섣불리 전쟁을 일으킨 것에 원망과 불만을 품고 있었다. 또한 북한의 전쟁 계획에 부득이 동의한 측면이 강했으며, 중국군의 출병에 관해서도 주저하거나 소극적인 입장과 태도를 드러내는 등 중공 지도부 내부의 의견은 분열되어 있었다.[2]

중국혁명의 성공을 목전에 두고 있던 1949년 5월 김일성은 조선노동당 중앙위원 김일을 중국에 파견하였다. 마오쩌둥은 김일과의 회담에서 북한이 군사적 행동을 취하는 것에 관해 남한을 공격하지 말고 더욱 유리한 정세를 기다려야 한다고 권고하였다. 마오쩌둥은 북한이 남한을 공격하는 과정에서 미국이 일본군과 무기를 한반도로 신속히 이동시킬 수 있다는 점을 우려하였다. 그러면서 남쪽에 대한 북한의 공격은 지금보다

---

2 김동길, 2014, 「한국전쟁초기 중국군 조기파병을 둘러싼 스탈린, 모택동, 김일성의 동상이몽」, 『한국과 국제정치』 30권 2호; 김동길·박다정, 2015, 「중화인민공화국 건국 전후 및 한국전쟁 초기, 중국의 한국전쟁과 참전에 대한 태도 변화와 배경」, 『역사학보』 제225집; 김동길, 2016, 「중국의 한국전쟁 참전원인 연구: "국방선(國防線)"의 무혈확장」, 『韓國政治外交史論叢』 제37집 2호 등.

국제 정세가 더 유리해지는 1950년 초 이후 가능할 것이라는 의견을 제시하였다.[3] 당시는 국공내전이 아직 진행 중이던 시점이었기에 중국은 북한의 군사행동이 적절치 않다고 판단하였다. 또한 1950년 초가 군사행동을 실천하기에 적절한 시기라고 언급했던 마오쩌둥의 발언에서도 알 수 있듯이, 중국이 북한의 남한 공격에 원론적으로 반대했던 것은 아니었다. 하지만 1949년 5월 시점에 중국은 북한의 군사행동을 지지하지 않았다는 사실 또한 분명하다.

중국공산당이 국공내전에서 승리하면서 1949년 10월 1일 중화인민공화국이 수립되었다. 중국혁명의 성공은 중국공산당의 성격이 '혁명정당'에서 '집권정당'으로 변모했음을 의미하는 것이었다. 주목할 점은, 신생 중공 정권이 처리해야 할 최우선적인 국가적 과제는 장기간의 전란으로 피폐해진 인민 경제를 회복하고 신중국의 경제 건설을 신속하게 추진하는 것이었고, 또한 국내의 경제 건설을 성공적으로 완수하려면 주변 국제 환경의 안정이 절대적으로 필요했다는 사실이다. 그런 맥락에서 당시 중국은 북한이 전쟁을 일으키려는 것에 대해 소극적인 입장을 견지하였다.[4]

예를 들어, 1949년 10월 21일 마오쩌둥은 스탈린에게 보낸 전보에서, "현재 [북조선이] 남조선을 공격해서는 안 된다"라고 강조하였고,[5] 1949년 12월 16일 스탈린과의 회담에서도, "현재 [중국에] 가장 중요한 문제는 평

---

[3] 「科瓦廖夫關於毛澤東與金一會談的情況致斯大林電(1949年5月18日)」, 沈志華 主編, 2003, 『朝鮮戰爭: 俄國檔案館的解密文件』(上冊), 臺北: 中央研究院近代史研究所, 189~190쪽.

[4] 김동길, 2020, 「개혁개방 이전 냉전시기(1949~1980), 중국의 한반도 정책 연구」, 『歷史學報』 第245輯, 285~286쪽.

[5] 「斯大林致毛澤東電: 關於朝鮮問題的答復(1949.10.26)」, 沈志華 主編, 2015, 『俄羅斯解密檔案選編: 中蘇關係(1949.3.~1950.7)』 第2卷, 上海: 東方出版中心, 139쪽.

화를 보장하는 것이다. 중국은 경제를 전쟁 이전 수준으로 회복하고 국내 정세를 안정시키기 위하여 3~5년간의 평화 기간이 필요하다"라고 역설하였다.[6] 또한 한국전쟁 발발 직전인 1950년 3월 말, 북한대사 이주연(李周淵)을 접견했던 중공 지도부는, "만약 조선 통일의 구체적인 계획이 있다면, 회동은 반드시 비공개로 진행되어야 한다. 만약 조선 통일의 구체적인 계획이 없다면, 김일성과의 회담을 정식으로 진행할 수 있다"라고 하였다. 하지만 이때 저우언라이는 김일성과의 정식회담을 건의하였다.[7] 김일성과의 회담을 정식으로 진행하겠다는 중공의 의도는 북한의 무력 사용에 대하여 중공이 적극적인 입장을 갖고 있지 않았다는 사실을 반증한다. 심지어 한국전쟁이 정전된 이후인 1956년 9월 23일 마오쩌둥은 소련공산당 정치국원 미코얀을 만난 자리에서 한국전쟁 개전에 대한 중국의 동의는 사실상 '강요된 동의'였다고 불만을 토로하기도 하였다.[8]

1950년 6월 25일 북한이 남한을 침공하면서 한국전쟁이 발발하였다. 전쟁 초반 북한군은 우세를 점했지만, 9월 15일 유엔군의 인천상륙작전이 성공하면서 전세가 역전되었고, 결국 북한은 외부의 지원 없이는 전쟁을 수행할 수 없는 상황에 내몰렸다. 이러한 상황에서 북한은 소련에게

---

6 「斯大林與毛澤東會談記錄: 中蘇條約和臺灣問題(1949.12.16)」, 沈志華 主編, 2015, 『俄羅斯解密檔案選編: 中蘇關係(1949.3.~1950.7)』第2卷, 上海: 東方出版中心, 175쪽.

7 「伊格納季耶夫致維辛斯基電: 毛澤東會見李周淵的情況(1950.4.10)」, 沈志華 主編, 2015, 『俄羅斯解密檔案選編: 中蘇關係(1949.3.~1950.7)』第2卷, 上海: 東方出版中心, 381쪽;「什特科夫致維辛斯基電: 金日成會芳華計劃(1950.5.12)」, 沈志華 主編, 2015, 『俄羅斯解密檔案選編: 中蘇關係(1949.3.~1950.7)』第2卷, 上海: 東方出版中心, 407쪽.

8 中聯部編, 「毛澤東第二次接見蘇共中央代表團談話記錄(1956.9.23)」, 『毛澤東接見外賓談話記錄匯編』第一冊, 中共中央聯絡部(북경대 한반도연구센터 내부 자료).

급히 구원을 요청하였다.⁹ 사실 이 무렵 북한은 외부로부터의 직접적인 군사적 지원이 없다면 패망의 길로 몰락할 수밖에 없는 절체절명의 위기 상황 속에 빠져 있었다.

북한이 패망 위기에 직면했던 상황에서 중국군 출병에 관한 중공 지도부의 인식과 판단은 어떠했는가? 1950년 10월 1일 스탈린도 마오쩌둥에게 중공군 파병을 요구하였고,¹⁰ 북한과 소련으로부터 출병 요청을 받은 중국은 1950년 10월 1일 긴급회의를 소집하여 출병 문제를 논의하였다. 10월 1일 밤 중공은 중앙서기처 긴급회의를 소집하여 한국전쟁 출병 문제를 논의했지만 합의를 도출하지는 못했고, 10월 2일 군지휘관이 참석하는 중앙서기처 확대회의를 개최하여 안건을 다시 논의하기로 하였다. 그런데 10월 2일 속개된 회의에서는 출병에 신중해야 한다는 의견이 다수를 차지하였고, 10월 4일 개최된 정치국 확대회의에서도 다수가 출병에 반대하였다.¹¹

그럼에도 줄곧 참전의 입장을 견지했던 인물은 마오쩌둥이었다. 10월 5일 오전 마오쩌둥은 펑더화이를 설득하여 출병에 대한 지지를 확보하였다. 양상쿤(楊尙昆)의 회고에 따르면, 10월 5일 오후 회의에서 마오쩌둥은 북한, 소련, 중국을 마차를 끄는 3마리 말에 비유하면서 "2마리의 말(즉, 소련과 북한)이 앞으로 달리고자 하는데 나머지 1마리의 말(곧, 중국)이 무슨 수로 달리지 않을 수 있겠는가?"라며 출병의 부득이함을 강조하

---

9 「什特科夫致葛羅米柯電:轉呈金日省給斯大林的救援信(1950.9.30)」, 沈志華 主編, 2015, 『俄羅斯解密檔案選編:中蘇關係(第三卷, 1950.8.~1951.8)』, 上海: 東方出版中心, 69~71쪽.

10 「斯大林致羅申電:建議中國派部隊援助朝鮮(1950.10.1)」, 沈志華 主編, 2015, 『俄羅斯解密檔案選編:中蘇關係(第三卷, 1950.8.~1951.8)』, 上海: 東方出版中心, 72~73쪽.

11 沈志華, 『毛澤東, 斯大林與朝鮮戰爭』, 廣州: 廣東人民出版社, 2013, 282~283쪽.

였다.¹²

1950년 10월 8일 마오쩌둥은 스탈린에게 보낸 전보에서 중국의 참전 결정을 알리고 소련의 군사적 지원 문제를 논의하기 위해 저우언라이와 린뱌오를 소련으로 파견했다는 사실을 전달하였다. 하지만 10월 11일 진행된 스탈린과의 회담 결과는 중국을 당혹스럽게 만들었는데, 소련은 중국이 제기했던 요구, 즉 중국군과 소련 공군의 동시 출동 요구를 거부했던 것이다. 10월 12일 마오쩌둥은 회담 결과를 확인하고 이 결정에 일단 동의하였다.¹³

한편, 10월 13일 마오쩌둥은 중앙정치국 긴급회의를 소집하여 출병 문제를 최종적으로 토론하였다. 마오쩌둥은 소련 공군 지원이 불가함에도 스탈린이 중국에 대한 군사 장비 제공을 약속했다는 사실을 강조하면서 출병을 주장했고, 결국 중공은 소련의 공군 지원이 없더라도 출병을 단행한다는 최종적인 방침을 결정하였다. 마오쩌둥은 "우리가 상술한 적극적인 정책을 취하면, 이는 중국과 북한, 아시아와 전 세계 모두가 매우 유리하다. 그러나 우리가 출병하지 않고 적이 압록강변까지 압박해 오게 되면, 국내외 반동 세력의 기세가 높아져 모든 면에서 불리하다", "마땅히 참전해야 하고 반드시 참전해야 한다. 참전의 이익은 극히 크고 참전하지 않으면 그 손해는 매우 크다"라고 밝혔다.¹⁴ 이로써 중국군은 1950년

---

12 蘇維民, 2009, 「楊尙昆談抗美援朝戰爭」, 『百年潮』 4, 12쪽.

13 沈志華, 2013, 『毛澤東, 斯大林與朝鮮戰爭』, 廣州: 廣東人民出版社, 298~310쪽; 김동길, 2016, 「중국의 한국전쟁 참전원인 연구: "국방선(國防線)"의 무헐확장」, 『韓國政治外交史論叢』 제37집 2호, 28~32쪽.

14 「羅申致斯大林電: 毛澤東決定出兵及對蘇聯的要求(1950.10.13)」, 沈志華 主編, 2015, 『俄羅斯解密檔案選編: 中蘇關係(第三卷, 1950.8.~1951.8)』, 上海: 東方出版中心, 96~97쪽; 沈志華, 2013, 『毛澤東, 斯大林與朝鮮戰爭』, 廣州: 廣東人民出版社, 310~315쪽; 中共中央文獻硏究室編, 2013, 『毛澤東年譜(1949-1976)』第一卷, 北京:

10월 19일 압록강을 도하하여 한반도로 진입하였고, 10월 25일 첫 전투를 시작으로 '항미원조전쟁'의 막이 올랐다.

오늘날 중국은 참전을 통해 미국과 결전을 벌였고 북한을 구했다는 점만을 강조하지만, 사실 중국은 참전 초기 미국과의 전면전을 피하려고 하였다. 중국은 1개 군을 평양의 동북쪽 덕천(德川) 산악지대에 주둔시키고, 나머지 3개 군과 3개 포병사단을 덕천 이북 지역에 주둔시켜 미군과 한국군의 북진을 중지시키려고 했으며, 만약 미군과 한국군이 진격을 멈춘다면 중국군도 평양과 원산을 공격하지 않겠다는 방침을 수립하였다. 이렇게 한다면 '중국의 국가방위선을 압록강에서 덕천, 영원(寧遠) 또는 이남 지역으로 확대'할 수 있고, 이는 중국에 '매우 유리하다'라고 판단하였다.[15] 즉, 중국은 미군과 한국군에 대한 선제공격 계획이나 의도가 없었고, 중국이 출병하면 미군과 한국군이 진격을 중지하리라고 예측했던 것이다.

III. 중국 대학 역사교재 분석

중국이 한국전쟁을 '항미원조전쟁'이라고 명명하는 것은 이 전쟁이 '중국과 미국 간의 전쟁'이었다는 의미를 내포한다. 전쟁은 중국이 아닌 한반도에서 발발했고, 전쟁의 당사국도 남한과 북한이었음에도 중국은

中央文獻出版社, 211~212쪽.

15 「關于朝鮮情況和我軍入朝參戰意見給周恩來的電報(1950.10.14)」, 中共中央文獻研究室 編, 1998, 『建國以來毛澤東文稿』第一冊, 北京: 中央文獻出版社, 558~559쪽; 『中國人民志願軍入朝參戰的方針和部署(1950年10月14日)』, 中共中央文獻研究室編, 1999, 『毛澤東文集』第六卷, 北京: 人民出版社, 105~106쪽; 김동길, 2016, 「중국의 한국전쟁 참전원인 연구: "국방선(國防線)"의 무혈확장」, 『韓國政治外交史論叢』제37집 2호, 32~39쪽.

한국전쟁을 미·중 전쟁으로 규정한다. 중국이 참전하여 미국과 전쟁을 벌였기 때문에 '항미원조전쟁'이라 부를 수는 있지만, 이 명칭은 한국전쟁의 전반적인 실상을 온전하게 포괄하지 못한다. 중국군은 전쟁에 개입한 군대 중 하나였을 뿐이며, 전쟁의 직접적인 당사자는 아니었다. 다시 말해, 전쟁이 북한의 남침으로 시작된 남북한 간의 군사적 충돌이었다는 사실과 전쟁의 가장 큰 피해자가 남한과 북한이었다는 점 등을 '항미원조전쟁'이라는 용어는 담아내지 못한다.

국가는 역사교육을 통해 정체성, 소속감, 그리고 정권이 중시하는 가치를 학습자에게 전달하려 하는데,[16] 중국의 한국전쟁에 대한 교육도 예외는 아니다. 하지만 동일한 역사적 사건도 관점에 따라 해석이 달라진다. 중국의 한국전쟁에 대한 인식과 서술은 이 점을 잘 드러내고 있는데, 중국은 참전을 통해 북한을 지키고 중국을 방어했다는 점을 강조하며, 이는 전쟁의 상대방인 한국과 미국의 관점과 대조된다. 특히 국정화된 교과서를 통한 교육은 중국 정부의 '항미원조전쟁' 역사관을 학습자에게 획일적으로 전달하는 효과적인 수단으로 활용된다.

중국은 1949년 중화인민공화국 수립 이후 인민교육출판사에서 출판한 교과서만을 사용하다가 1990년대부터 다양한 종류의 교과서를 발행하여 사용했으나, 2017년에 입학한 신입생부터는 중국 교육부에서 편찬한 단일한 국정교과서만을 사용하기로 결정하였다.[17] 국내 학계는 이러

---

16 김종호, 2023, 「마공정(馬工程)『중국근현대사강요』의 중국계 이주민 서술의 특징: 싱가포르 및 대만 역사교육과의 비교 분석」, 『동북아역사논총』 79호, 108~109쪽.

17 김지훈, 2018, 「현대 중국의 한국전쟁 인식 변화: 역사교과서의 서술 변화를 중심으로」, 『사림』 제64호, 311~312쪽. 그 밖에 김지훈, 2006, 「현대중국 역사교과서의 역사: 1949~2006년 중고등학교 교과서를 중심으로」, 『백산학보』 75; 김지훈, 2007, 「중국의 신교육과정과 역사과정표준 실험 교과서」, 『동북아역사논총』 17호 참고.

한 중국의 국정교과서 문제에 관심이 크고, 그에 따라 상당한 연구 성과가 축적되었다.[18] 그런데 중국의 역사교과서 국정화 정책은 9년 의무교육 과정을 넘어 고등교육 기관인 대학 교육에까지 미치고 있다. 중국 정부는 소위 '마공정(馬工程)'이라 부르는 '마르크스주의 이론 연구와 건설 공정(馬克思主義理論研究和建設工程)'을 통해 교재를 편찬하고 이를 대학 교육에 활용하고 있다.

중국의 대학교재는 "미국에 대항하여 북한을 원조했다"라는 '항미원조'의 관점에서 한국전쟁을 서술한다. 하지만 앞서 살펴봤듯이, 중국은 북한의 전쟁 도발에 부정적이거나 소극적인 태도를 개전 직전까지 유지하였고, 북한이 전황에서 불리한 상황에 직면했을 때 중공 내부에서는 북한을 지원하지 않는 불출병(不出兵) 의견이 우세했다. 이후 참전을 논의하는 과정에서도 중국 지도부는 출병과 불출병 사이에서 결정을 번복하며 흔들렸다. 결국 중국이 최종적으로 참전을 결정하면서 소위 '항미원조전쟁'이 시작되었지만, 중국 대학교재들은 정작 전쟁 개시에 대한 중국의 소극적이고 부정적인 입장, 초기 참전 논의에서 불출병 의견이 우세했다는 사실, 그리고 최종적인 참전 결정 과정에서의 우여곡절 등은 기술하지 않고 '항미원조전쟁'의 정당성과 성과만을 설명하는 불균형성을 드러낸다.

이하에서는 '마공정'에 의해 편찬된 주요 역사교재인 『중국근현대사강요(中國近現代史綱要)』(2021년판, 2023년판), 『중화인민공화국사(中華人民共和國史)』, 『중국혁명사(中國革命史)』, 『당대중국외교(當代中國外交)』, 『세계현대사(世界現代史)』(제2판, 하책)[19] 등에 서술된 '항미원조전쟁'에

---

18 특히 시진핑시대 국정화 교과서 문제와 역사 담론에 관해서는 권은주 외, 2021, 『중국 시진핑시대 교과서 국정화와 역사담론』, 동북아역사재단을 참고.

19 中國近現代史綱要編寫組 編, 2021, 『中國近現代史綱要』(2021年版), 北京: 高等教育出

관한 구체적인 내용과 설명의 특징을 살펴보고, 더 나아가 특정 정치적 맥락에서 한국전쟁을 해석하는 경향성에 대해서도 분석하고자 한다.

『중국근현대사강요』는 2021년과 2023년에 출간되었으며, 두 판본의 한국전쟁 관련 서술은 대체로 동일하나, 2023년판에는 일부 내용이 보강되었다. 우선 2021년판 『중국근현대사강요』의 한국전쟁 발발 및 중국의 인식과 대응에 관한 서술은 다음과 같다.

"1950년 6월 25일 조선내전이 발발했다. 미국은 자국의 세계 전략과 냉전 논리에 따라 무력 개입을 결정하고, 제7함대를 대만해협에 파견하여 중국 내정에 공개적으로 간섭했다. 8월 말부터 미군 비행기는 중국 영공을 부단히 침범하고, 중국 동북지역을 여러 차례 폭격하여 심각한 인명 피해와 재산 손실을 불러왔다. 이는 중국의 주권과 영토 완전성을 심각하게 훼손했을 뿐만 아니라, 신중국의 안전을 위협하고 통일 대업에 큰 장애를 초래했다. 중국공산당 중앙위원회는 국제·국내적 정세를 종합적으로 분석하고, 다양한 이익과 손실을 신중히 검토한 끝에 '조선 인민을 지원하고 대만 해방을 연기한다'라는 전략적 결정을 내렸다. 동시에 외교적으로는 미국의 대만 점령에 반대하는 투쟁을 전개하기로 하였다."[20]

版社; 中國近現代史綱要編寫組 編, 2023, 『中國近現代史綱要』(2023年版), 北京: 高等教育出版社; 中華人民共和國史編寫組 編, 2021, 『中華人民共和國史』, 北京: 高等教育出版社; 中國革命史編寫組 編, 2020, 『中國革命史』, 北京: 高等教育出版社; 當代中國外交編寫組 編, 2021, 『當代中國外交』, 北京: 高等教育出版社; 世界現代史編寫組 編, 2020, 『世界現代史』(第2版, 下冊), 北京: 高等教育出版社.

20 中國近現代史綱要編寫組 編, 2021, 『中國近現代史綱要』(2021年版), 北京: 高等教育出版社, 196쪽.

한국전쟁은 북한의 남침으로 시작되었지만,『중국근현대사강요』에서는 이를 명확히 서술하지 않고 있다. 반면에 미국의 참전으로 인해 대만해협과 중국 동북지역이 위기에 처하고, 중국의 주권이 심각하게 훼손되었으며, 그 결과 중국이 막대한 인적·물적 피해를 보았다는 점을 강조한다. 또한 중국이 미국의 '침략 정책'의 부당함을 폭로하고 이를 반대하는 외교적 활동을 펼쳤다는 사실도 기술하고 있다. 한편, 중국의 참전으로 전개된 '항미원조전쟁'의 시작, 내용, 결과 및 영향에 대한 서술은 다음과 같다.

"1950년 10월 초, 미군은 중국의 거듭된 경고를 무시하고 삼팔선을 넘어 전쟁을 중·조 국경까지 확산시켰다. 이러한 위급한 상황에서, 조선노동당과 조선 정부의 요청에 따라 중국공산당과 인민 정부는 중국인민지원군을 파병하기로 결정하면서 '항미원조, 보가위국'이라는 역사적인 결단을 내렸다. 펑더화이를 사령관 겸 정치위원으로 한 인민지원군이 조직되었고, 곧바로 압록강을 건너 전투에 나섰다. 중·조 연합군은 어려운 전투를 치르며 무장한 적을 물리치고, 미군의 불패 신화를 깨뜨려 1953년 7월 27일 침략자들을 휴전협정에 서명하도록 만들었다. … (중략) …
지원군 장병들은 강력하고 잔혹한 적과의 전투 속에서, 그리고 열악하고 혹독한 전장 환경에도 불구하고 용감히 싸웠다. 이들 중 30만 명 이상의 영웅과 공훈자가 탄생했으며, 약 6천 개의 공훈 집단이 만들어졌다. 적과 함께 폭탄을 안고 장렬히 산화한 양건쓰(楊根思), 가슴으로 총구를 막아 동료들에게 돌파구를 마련한 황지광(黃繼光), 불길 속에서도 미동도 없이 최후를 맞이한 치우샤오윈(邱少云), 얼음 강에 뛰어들어 조선 소년의 목숨을 구한 뤄성자오(羅盛敎) 등 이들은 목숨을 바쳐 감동적인 영웅 서사를 썼다. 그들의 희생은 조국 인민들로부터 '가장 사랑스러운 사람들'이라는 칭호를 받았다.

항미원조전쟁의 위대한 승리는 중국 인민이 일어나 세계 무대에서 동방의 강국으로 우뚝 섰음을 선언한 것이며, 중화민족의 위대한 부흥을 향해 나아가는 중요한 이정표가 되었다. 이 전쟁은 중국과 세계에 깊고 중대한 영향을 미쳤다. 이를 통해 신생 중국은 국제적으로 확고한 위치를 잡았고, 중국 인민은 진정한 자부심을 되찾았다. 또한, 신중국은 대국으로서의 지위를 확고히 하였으며, 국방과 군대의 현대화를 크게 촉진시켜 세계 평화와 인류 진보에 중요한 역할을 하게 되었다. … 이는 정의가 강권을 이기며, 평화와 발전이 거스를 수 없는 역사적 흐름임을 입증한 것이다."[21]

『중국근현대사강요』는 미군이 삼팔선을 넘어 북중 국경까지 진군한 위급한 상황에서 중국이 북한의 요청을 받아들여 중국군의 파병을 결정함으로써 '항미원조전쟁'이 시작됐다고 서술하고 있다. 특히 '중·조 연합군'이 전투를 통해 미군의 불패 신화를 깨트렸다고 강조하면서, 전장에서 중국군 병사와 관련된 '영웅 미담'을 상세히 소개하고 있다. 또한 '항미원조전쟁'은 중국이 승리한 전쟁으로서 정의가 강권에 승리했다는 관점을 보여 주고 있다.

『중국근현대사강요』의 2023년판본에서는 '항미원조, 보가위국'이라는 소제목을 추가하고, 2021년판본의 기존 서술을 다음과 같이 보강하였다.

---

21 中國近現代史綱要編寫組 編, 2021, 『中國近現代史綱要』(2021年版), 北京: 高等敎育出版社, 197~198쪽.

"1950년 10월 초, 미국은 중국 정부의 거듭된 경고를 무시하고 유엔 안전보장이사회를 조종하여 결의안을 통과시키고, 미군을 주축으로 영국, 프랑스 등 15개국의 소규모 부대가 참여한 '유엔군'을 조직하여 조선전쟁을 확대하였으며, 조선 남북 분계선인 북위 38도선(삼팔선)을 넘어 중조 국경까지 전쟁의 불길을 퍼뜨렸다. (중략)
10월 8일, 마오쩌둥은 명령을 내려 펑더화이를 사령관 겸 정치위원으로 하는 중국인민지원군을 조직했다. 19일, 지원군은 위풍당당하게 압록강을 건너며 정의로운 군대가 정의로운 행동을 시작하게 되었다."[22]

또한, 다음과 같이 2021년판본에는 아예 없었던 새로운 단락을 추가하기도 하였다.

"항미원조전쟁은 교전 쌍방의 전력 차이가 극히 큰 조건에서 치러진 현대전이었다. 당시 중국과 미국의 국력은 크게 차이가 났다. 이러한 어려운 상황 속에서, 중국인민지원군은 조선 군민과 긴밀히 협력하여 첫 전투인 양수동 전투에서부터 운산성 전투, 청천강 회전, 장진호 전투 등 연이은 5차례의 전투를 치렀다. 이후에도 깊이 있는 방어 진지를 구축하고, 여러 차례의 공세를 펼쳐 '교살전(絞殺戰)'을 분쇄하고 '세균전'에 맞서며, 상감령에서의 혈전을 통해 위대한 전쟁 업적을 창조했다."[23]

22　中國近現代史綱要編寫組 編, 2023, 『中國近現代史綱要』(2023年版), 北京: 高等教育出版社, 198쪽.

23　中國近現代史綱要編寫組 編, 2023, 『中國近現代史綱要』(2023年版), 北京: 高等教育出

"중국 인민은 중국인민지원군의 강력한 후원자였다. 전국 각지에서 대대적인 항미원조 운동이 펼쳐졌고, 수많은 중국 자녀들이 지원군에 자원하여 참전했다. 전국적으로 생산 증대, 절약 실천, 애국 생산 등의 운동이 시작되었으며, 사회 각계에서는 전투기 3,710대를 구매할 수 있는 금액에 해당하는 기부금을 모았다. 그중에서 유명한 예로는, 유극 배우인 창샹위(常香玉)가 자신의 극단이 순회공연을 통해 모은 자금으로 '향옥극사호(香玉劇社號)' 전투기 한 대를 기부한 사례가 있다. 이 모든 것이 전쟁의 승리를 위한 강력한 물질적 보장과 정신적 힘을 제공했다."[24]

『중화인민공화국사』는 '항미원조, 국가수호'라는 소제목 아래 한국전쟁을 서술하고 있는데, 기본적인 맥락은 동일하나 다른 '마공정' 교재와 비교되는 서술이 존재한다. 우선 중국의 참전에 관하여 당시 중국이 매우 어려운 상황 속에서 참전 결정을 내렸다는 사실을 강조한다.

"중국 정부는 불가피하게 항미원조 결정을 내리게 되었다. 당시 중국은 경제 회복이 막 시작된 상황으로, 물자는 극도로 부족하고 재정 상태는 매우 열악했다. 새로 해방된 지역에서는 토지개혁이 진행 중이었고, 인민 정권도 아직 완전히 안정되지 않은 상태였다. 경제적 상황을 잘 반영하는 공업과 농업의 총생산액을 비교하면, 1950년 미국의 총생산액은 2,800억 달러에 달했지만, 중국은 겨우 100억 달러에 불

版社, 198~199쪽.
[24] 中國近現代史綱要編寫組 編, 2023, 『中國近現代史綱要』(2023年版), 北京: 高等教育出版社, 199~200쪽.

과했다. 군사적으로도 인민해방군은 매우 낙후된 무기를 보유하고 있었으며, 해군과 공군은 아직 초기 단계에 머물러 있었다. 사실상 '좁쌀과 소총' 수준에 머물러 있던 중국에 비해, 미국은 원자폭탄을 포함한 첨단 무기와 현대화된 후방 지원 체계를 갖추고 있었다. 중국이 참전하게 된다면, 경제력과 군사력이 세계에서 가장 강력한 미국과 맞서 싸워야 하는 상황이었다. 이러한 전력 차이를 고려할 때, 참전이 승리로 이어질 수 있을지, 혹은 '불을 집으로 끌어들여' 국내 경제 건설이 좌초될 위험이 있는지를 신중히 검토할 필요가 있었다."[25]

『중화인민공화국사』는 중국군 참전의 불가피성을 강조한 후, 신정권이 직면한 재정·경제적 어려움과 미국에 비해 현격하게 뒤처지는 군사적 열세를 구체적으로 기술한다. 이를 통해 결국 중국의 참전 결정이 고뇌에 찬 결단이었다는 점을 부각하고 있다. 특히 중국군 파병 결정에 관한 비교적 상세한 서술이 주목된다.

"중국군 파병 여부에 대한 중공 중앙의 결정 과정은 파병을 고려하는 단계에서 잠정 연기하는 단계로, 그리고 최종적으로 파병을 결정하는 과정으로 진행되었다. 10월 2일, 마오쩌둥은 전날 스탈린의 전보에 대한 답신을 직접 작성했다. 답신에는 중국인민지원군 파병의 필요성, 초기 전략 구상, 그리고 참전 전망에 대한 평가가 담겨 있었다. 그러나 그날 오후에 열린 서기처 회의에서 파병 문제에 대해 의견이 일치하지 않았고, 작성된 전보는 보류되었다. 회의 후, 마오쩌둥은 소련 주중 대사 로친에게 서기처 회의의 의견을 스탈린에게 전달하도록 했다. 그 내용

---

[25] 中華人民共和國史編寫組 編, 2021, 『中華人民共和國史』, 北京: 高等教育出版社, 32쪽.

은, 지금 중국인민지원군을 파병하는 것은 매우 심각한 결과를 초래할 수 있으며, 중공 중앙 내 많은 동지들이 신중히 접근할 필요가 있다는 것이었다. 마오쩌둥은 즉시 저우언라이와 린뱌오를 소련으로 보내 스탈린과 직접 협의할 것을 요청했다. 10월 3일, 마오쩌둥은 김일성이 파견한 특사로부터 중국의 군사 지원을 요청하는 서신을 받았다. 4일과 5일, 중앙정치국은 확대회의를 열어 신중한 논의와 여러 차례의 득실 비교 끝에 마침내 '항미원조, 보가위국'의 결정을 내렸다."[26]

『중화인민공화국사』가 다른 '마공정' 교재와는 달리 참전 논의 단계에서 중공 지도부가 출병을 주저했으며 중공 내부의 의견이 일치되지 않았다는 사실을 기술한 점은 특이하다. 참전 문제에 관하여 "중공 중앙 내 많은 동지들이 신중히 접근할 필요가 있다"라는 서술은 출병에 반대하는 의견이 우세했음을 말하는 것이기도 하다. 다만 『중화인민공화국사』에는 저우언라이·린바오와 스탈린의 회담 이후 중국이 다시 불출병 결정을 내렸고 1950년 10월 13일 정치국 확대회의를 통해 최종적으로 참전을 결정했다는 내용을 서술하지 않은 한계가 존재한다.

『중화인민공화국사』도 중국의 참전은 "침략에 맞선 정의로운 전쟁"이며, 중국은 "도덕적으로 우위에 있다"라는 점을 강조한다. 또한 중국의 참전 이후 한국전쟁의 전개를 두 단계로 나누어 설명하고 있다. "첫 번째 단계는 1950년 10월부터 1951년 7월까지로, 이 기간은 중조 군대가 전략적 공세를 펼치고 조선 전선을 안정시키는 시기"였는데, "10월 25일 첫 번째 전투가 시작되어 12월 24일 두 번째 전투가 끝날 때까지 중조 군대는 조선의 삼팔선 이북 영토를 회복하는 데 기여"했고, "1951년 6월

26　中華人民共和國史編寫組 編, 2021, 『中華人民共和國史』, 北京: 高等教育出版社, 32쪽.

10일까지 중조 군대는 다섯 차례의 전투를 벌여 적군 23만여 명을 격파하고, 미군의 '최정예' 부대인 기병 제1사단과 해병 제1사단에 큰 타격을 주면서 전선을 삼팔선 부근으로 안정시켰다"라고 평가하였다. "두 번째 단계는 1951년 7월부터 1953년 7월까지로, 전투와 협상이 병행되는 시기"였다고 기술하면서, 중국군은 "전장과 중조 국경의 해안 방어 지역에서 세균 무기를 사용"한 미군에 대항했고, "상감령 방어전, 하계 반격전, 금성 전투를 포함한 매우 고된 전투를 치러 미군의 음모를 분쇄"했으며, "이 기간에 중조 군대는 적군 18만여 명을 격파했고, 결국 미국은 1953년 7월 27일 「조선정전협정」에 서명하게 되어 항미원조전쟁은 승리로 끝났다"라고 서술하였다.[27]

그 밖에 『중화인민공화국사』는 중국의 참전 기간 전개된 항미원조 운동에 관해서도 기술하고 있다. 항미원조 운동 전개 기간 참전 열기가 고조되는 가운데, "마오쩌둥의 장남 마오안잉(毛岸英)도 첫 번째 지원군과 함께 조선에 참전해 전사"했음을 특기하였다. 동시에 "수많은 철도 직원, 자동차 운전사, 의료진이 자원하여 조선에서 전시 지원과 운송 업무를 맡았으며, 동북지역에서만 60만 명 이상의 농민이 들것 부대, 운송 부대, 민공(民工) 부대에 참여"했으며, "1952년 5월 말까지 전국 각계각층의 인민이 기증한 총액은 5억 5,650만 위안에 달해 전투기 3,710대를 구매할 수 있는 금액이었다"라고 하였다.[28]

『중화인민공화국사』는 "양측이 한반도에 투입한 병력이 최대 300만 명"에 달했던 전쟁에서 중국군은 "36만 6천여 명"의 인명 손실과 "62억

27　中華人民共和國史編寫組 編, 2021, 『中華人民共和國史』, 北京: 高等敎育出版社, 33~34쪽.
28　中華人民共和國史編寫組 編, 2021, 『中華人民共和國史』, 北京: 高等敎育出版社, 34쪽.

5천만 위안의 경비 지출" 및 "560만 톤 이상의 전투 물자를 소모"하면서 "항미원조전쟁의 위대한 승리를 거두었다"라고 평가하면서, '전쟁 승리'의 의미를 다음과 같이 부여하고 있다.

"첫째, 미국 제국주의가 무적이라는 신화를 깨뜨렸고, 신중국의 국위와 군사적 위상을 드높였으며, 중국 인민의 민족적 자존심과 자부심을 크게 향상시켰다. … 둘째, 중국의 국제적 위상을 높이고 아시아와 세계의 평화를 지켰으며, 미국으로 하여금 중국의 아시아 및 세계 문제에서의 위치와 중요성을 재평가하게 만들었다. … 셋째, 중국 인민군의 정규화와 현대화 건설을 촉진하여, 중국인민지원군이 적과 우리 사이의 경제력과 군사 무기 장비의 차이가 매우 불균형한 상황에서도 현대 전쟁의 세례를 견뎌내게 했다. … 넷째, 양건쓰, 황지광, 치우샤오윈, 뤄성자오 등 30만 명 이상의 영웅과 공훈자들이 등장했고, 6천 개에 가까운 공훈 집단이 나타났다."[29]

『중국혁명사』도 "1950년 6월 25일, 조선내전이 발발했다"라고 서술하면서 북한의 남침으로 전쟁이 시작됐다는 사실은 숨기고 있으며, "남북한 통일은 조선반도 인민의 내정 문제"였음을 강조하고 있다. 『중국혁명사』는 다른 '마공정' 교재의 한국전쟁에 관한 서술의 기본적 맥락과 동일하게 관련 내용을 기술하고 있다. 미국은 "해군 제7함대를 대만해협에 파견하여 중국공산당과 중국 정부가 대만을 해방하려는 계획을 저지"하였고, "유엔 안전보장이사회를 조종해 미군을 주축으로 16개국 군대가 참

---

29 中華人民共和國史編寫組編, 2021, 『中華人民共和國史』, 北京: 高等教育出版社, 34~35쪽.

여하는 한국전쟁에 대한 무장 개입 군대인 '유엔군'을 구성"했다고 서술한다. 또한 "10월 7일, 미군은 중국 정부의 여러 차례 경고를 무시하고 개성 지역에서 삼팔선을 넘어 대대적으로 북진을 시작"했고, 동시에 "미국 전투기가 중국 동북 국경을 침입하여 폭격과 기총 소사를 가해 중국의 재산 손실과 인명 피해를 일으키며 전쟁의 불길이 신생 중화인민공화국의 영토로 번졌다"라고 지적한다.[30]

『중국혁명사』는 중국이 "항미원조, 보가위국이라는 중대한 결정을 내리고, 평화를 지키기 위한 역사적 임무를 용감하게 떠안기로 했다"라며 중국의 참전 결정을 다소 감성적으로 서술하고 있다. 중국의 참전 이후 전개된 전투와 관련해서도, "10월 25일 지원군은 출국 작전의 첫 전투를 개시하여 '유엔군'의 한반도 전체 점령 시도를 분쇄하고, 초기 단계에서 한국전쟁의 전세를 안정시켰다"라고 평가하였고, 1951년 7월 휴전 협상이 시작된 이후의 상황에 대해서는 "미국은 협상에서 조선 측이 양보하도록 압박하기 위해 전체 육군의 3분의 1, 공군의 5분의 1, 해군의 거의 절반을 전장에 투입했지만" 북중 연합군을 굴복시킬 수는 없었다고 강조하였다.[31]

또한 『중국혁명사』는 '항미원조전쟁'을 "평화를 수호하고 침략에 맞서는 정의로운 전쟁이었다"라고 규정하면서, 중국군이 "승리를 거둘 수 있던 근본적인 이유는 바로 이 위대한 항미원조 투쟁의 정당성에 있다"라고 역설하고 있다. 즉, 중국이 수행한 전쟁은 '정의로운 전쟁'이고, '승리한 전쟁'이며, 중국의 참전은 '정당하다'는 것이다.[32] 특히 『중국혁명사』는 유엔군 총사령관 클라크(Mark Wayne Clark)와 중국인민지원군 총사령원 펑더화

---

30 中國革命史編寫組 編, 2020, 『中國革命史』, 北京: 高等教育出版社, 300~301쪽.
31 中國革命史編寫組 編, 2020, 『中國革命史』, 北京: 高等教育出版社, 301~302쪽.
32 中國革命史編寫組 編, 2020, 『中國革命史』, 北京: 高等教育出版社, 302~303쪽.

이의 발언을 다음과 같이 인용하면서 비교의 극적 효과를 부각하고 있다.

"당시 '유엔군' 총사령관이었던 클라크는 자신이 미국 역사상 승리하지 못한 전쟁의 휴전협정에 서명한 첫 번째 사령관이라는 사실을 나중에 인정하였다."[33]

"이 전쟁은 서방 침략자들이 수백 년 동안 동양의 해안에 몇 개의 대포를 설치하는 것만으로 한 나라를 지배할 수 있었던 시대가 다시는 돌아오지 않을 것임을 웅변적으로 증명하였다."[34]

『당대중국외교』는 한국전쟁 기간에 펼쳐진 중국의 외교적 노력과 '대만 문제에 대한 미국의 간섭 반대'에 관하여 집중적으로 서술하고 있다. 먼저 한국전쟁 기간 중국이 전개한 외교적 노력에 관한 내용은 다음과 같다. 1950년 10월 10일, 중국 외교부는 "미국이 유엔의 이름을 도용해 전쟁을 벌이는 것을 강하게 비난하는 성명을 발표"하였고, 10월 2일에는 저우언라이가 인도의 주중 대사 파니카(Panikkar)를 만나 "만약 미군이 38선을 넘으면, 중국은 반드시 개입할 것이라는 경고" 메시지를 전달하였다. 또한 중국 외교부는 1950년 11월 11일 성명을 통해 "중국인민지원군이 출병하여 미국과 전투를 벌이는 것은 완전히 정당하다"라고 발표하였다.[35] 특히 한국전쟁 기간 유엔에서 펼쳐진 '외교 투쟁'에 관하여 『당대중국외교』는 다음과 같이 기술하고 있다.

33　中國革命史編寫組 編, 2020, 『中國革命史』, 北京: 高等教育出版社, 302쪽.
34　中國革命史編寫組 編, 2020, 『中國革命史』, 北京: 高等教育出版社, 303쪽.
35　當代中國外交編寫組 編, 2021, 『當代中國外交』, 北京: 高等教育出版社, 27쪽.

"1951년 1월 13일, 저우언라이는 중국에서 중국, 소련, 미국, 영국, 프랑스, 인도, 이집트 등 7개국 회의를 열어 협상을 통해 전쟁을 종결하자고 제안했다. … 1951년 1월 24일, 아시아와 아프리카의 12개 국가는 제5차 유엔총회에 7개국 회의를 소집하자는 제안을 제출했다. 그러나 미국은 1월 30일 유엔총회를 조종하여 '12국 제안'을 부결시키고, 2월 1일에는 중국을 '침략자'로 규탄하는 결의안을 통과시켰다. 이에 대해 저우언라이 외교부장은 2월 2일 성명을 발표하여, 미국이 조종한 이 불법적이고 효력 없는 결의안에 단호히 반대한다고 밝혔다. 하지만 5월 18일, 미국은 다시 유엔총회를 조종하여 중국과 조선민주주의인민공화국에 대한 금수 조치를 시행하는 결의안을 통과시켰다. 이 결의안은 회원국들이 중국에 무기, 탄약, 전쟁 물자, 원자력 재료, 석유, 전략적 가치를 지닌 운송 장비 및 무기, 탄약, 전쟁 물자의 제조에 유용한 물자의 금수 조치를 요구하는 내용이었다. 미국은 경제적 압박을 강화하여 중국을 굴복시키려 했다. 중국 외교부는 1951년 5월 22일 성명을 발표하여, 미국의 유엔헌장 훼손과 의도적인 침략전쟁 확대 행위를 단호히 반대한다고 밝혔다."[36]

『당대중국외교』는 "1951년 7월 10일부터 전쟁은 전투와 협상이 병행되는 새로운 단계로 접어들었다"라고 지적하면서 군사분계선, 휴전 준비와 감시, 협상 의제, 전쟁 포로 문제 등을 중심으로 진행된 휴전 협상을 서술하였고,[37] 결론적으로 중국의 한국전쟁 참전에 관하여 다음과 같은 의미를 부여하였다.

---

36 當代中國外交編寫組 編, 2021, 『當代中國外交』, 北京: 高等教育出版社, 28쪽.
37 當代中國外交編寫組 編, 2021, 『當代中國外交』, 北京: 高等教育出版社, 28~29쪽.

"중국의 항미원조는 미국의 조선반도 전체 점령 야망을 저지하고, 동아시아에서 미국의 침략 확장을 억제했으며, 중국의 국위와 군사적 위상을 높였고, 국가의 독립, 주권 및 존엄을 수호했으며, 중국의 국제적 지위를 향상시켰다. 동시에 아시아와 세계의 평화와 안전을 지키고, 중국의 경제 건설과 사회주의 개조를 위한 유리한 조건을 제공하였다."[38]

한편 『당대중국외교』는 "1950년 6월부터 미국 제7함대가 대만해협에 진입하여 군사적으로 대만 문제에 개입하였고, 중국 내정에 대한 간섭을 합법화하려는 시도를 했다"라고 지적하면서 "대만 문제는 중국의 국가 주권과 영토 완전성에 관한 중요한 사안으로, 중국 정부는 일련의 조치를 취해 미국의 대만 문제 간섭에 단호히 반대했다"라고 강조하였다.[39]

"1950년 8월, 저우언라이 총리 겸 외교부장은 유엔에 전보를 보내 미국의 대만에 대한 무력 침략을 고발하고, 유엔 안전보장이사회가 미국 침략자들을 제재하고 침략군을 철수시키도록 요구했다. … 중국 정부는 외교부 소련·동유럽 국장 우수취안(伍修權)을 특별 대표로 임명하여 유엔 회의에 참석하도록 결정했다. 1950년 11월 28일, 중화인민공화국 대사급 특별 대표 우수취안은 유엔 안보리 연설을 통해 미국의 중국 영토 대만에 대한 무력 침략의 죄악을 고발했다. … 대만은 중국 영토의 불가분의 일부이며, 미국이 무력으로 대만을 점령함으로써 미국 정부가 중국에 대해 공개적이고 직접적인 무력 침략을 자행한 것이다. 그는 또한 미국의 '대만 지위 미확정론'이나 '미국이

38　當代中國外交編寫組 編, 2021, 『當代中國外交』, 北京: 高等敎育出版社, 29쪽.
39　當代中國外交編寫組 編, 2021, 『當代中國外交』, 北京: 高等敎育出版社, 29쪽.

관할해야 한다' 혹은 '중립화' 등의 오류를 엄중히 반박하며, '미국의 진정한 의도는 맥아더가 말한 것처럼 대만을 미국 태평양 전선의 총 거점으로 삼아 블라디보스토크에서 싱가포르에 이르는 모든 아시아 항구를 통제하는 데 있다'라며, 대만을 미국의 '침몰하지 않는 항공모함'으로 만들려는 것이라고 날카롭게 지적했다."[40]

『세계현대사』(제2판, 하책)는 1945년 해방 이후 한반도 상황을 비교적 상세하게 기술하고 있다. 특히 1948년 8월 15일 남한 정부가 수립되어 이승만이 대통령에 취임한 것에 대해 "미국이 남부에서 독단적으로 행동한 결과 조선반도의 상황이 크게 변화"했다고 평가하면서, "미국이 남쪽에서 행동을 취한 이후 조선 북부도 인민 정권 수립을 시작했다"라고 서술한 점이 눈에 띈다.[41] 한국전쟁의 발발에 관해서는 "남북한 모두 통일국가를 세우기 위해 일련의 준비를 하였고, 전쟁이 임박한 상황에 놓였다. 1950년 봄부터 남북한은 '삼팔선' 근처에서 심각하게 대치하며 충돌과 갈등이 계속되었다"라고 기술하면서 한반도 내전 발발 가능성이 높았다는 점을 강조하였다.[42]

『세계현대사』(제2판, 하책)에서 확인되는 한국전쟁의 발발과 중국의 참전에 관한 내용은 기본적으로 다른 '마공정' 역사교재의 서술과 동일하며, "7월 18일부터 20일까지 대전 전투에서 조선인민군은 미군 제24사단에 큰 타격을 주었고 사단장 딘(William Frishe Dean)을 포로로 잡았다"라

---

40 當代中國外交編寫組 編, 2021, 『當代中國外交』, 北京: 高等教育出版社, 29~30쪽.
41 世界現代史編寫組 編, 2020, 『世界現代史』(第2版, 下冊), 北京: 高等教育出版社, 47쪽.
42 世界現代史編寫組 編, 2020, 『世界現代史』(第2版, 下冊), 北京: 高等教育出版社, 48쪽.

고 특기한 부분이 주목된다.[43] 해당 교재는 '항미원조전쟁'에 대하여 다음과 같은 의미를 부여하고 있다.

"조선전쟁은 세계 제1의 제국주의 강국인 미국의 '불패' 신화를 깨뜨렸으며, 조선민주주의인민공화국의 안전을 확고히 하였다. 이 전쟁은 중국 인민의 위대한 힘을 보여 주었고, 중국이 세계 강대국으로서의 지위를 더욱 확립하는 계기가 되었다."[44]

Ⅳ. 미중 패권 경쟁과 '항미원조전쟁'의 현재적 함의

1979년 미중 수교 이래 양국은 상호 협력 관계를 바탕으로 원만한 관계를 유지하였고, 특히 중국이 개혁개방 정책을 통해 고도의 경제적 성장을 이룩하는 동안 미중 경제의 상호 의존성은 강화되었다. 그런 상황에서 등장한 차이나와 아메리카를 합친 '차이메리카(Chimerica)'라는 표현은 미중 간 경제 상호 의존성이 깊어졌다는 커플링(coupling, 즉 동조화)을 상징적으로 의미하는 것이었다. 그런데 2008년 미국발 글로벌 경제위기 이후 2010년 중국의 GDP 경제 규모가 일본을 제치며 세계 2위로 올라서고, 중국의 경제성장이 미국의 패권을 위협할 정도로 커지면서 이후 미중 관계는 점차 디커플링(decoupling, 즉 탈동조화) 단계에 들어서기 시작하였다. 트럼프 1기 정부 시기에 불거진 '미중 무역전쟁'은 미중 패권 경쟁

---

43 世界現代史編寫組 編, 2020, 『世界現代史』(第2版, 下冊), 北京: 高等教育出版社, 48쪽.
44 世界現代史編寫組 編, 2020, 『世界現代史』(第2版, 下冊), 北京: 高等教育出版社, 49쪽.

과 양국의 디커플링을 보여 주는 대표적인 사례였다.[45]

    2017년 출범한 미국의 트럼프 행정부는 중국의 부상을 억제하기 위한 실질적인 행동에 나서기 시작하였다. 2018년 3월 트럼프 정부가 500억 달러 규모의 중국산 제품에 관세를 부과하고, 미국에 대한 중국의 투자 제한 등의 내용을 담은 행정명령을 발동하면서 미중 간 패권 경쟁과 디커플링이 본격화된 것이다.[46] 이렇게 촉발됐던 미중 패권 경쟁은 이후 코로나 팬데믹 시기를 거치면서 경제 문제를 넘어 군사와 안보, 이념과 체제의 영역을 아우르는 전방위적인 대결로 확산해 갔다. 트럼프 정부는 2017년 12월 국가안보전략보고서(NSS), 2018년 1월 국방전략보고서(NDS), 2018년 핵태세검토보고서(NPR), 2019년 회계연도 국방수권법(NDAA) 등을 통해 중국의 부상을 막으려는 전략적 목표와 입장을 명확히 하였고, 2019년 6월 인도-태평양 전략보고서(IPSR)에서는 중국을 보편적인 국제질서를 파괴하는 국가로 규정하면서 대립각을 더욱 날카롭게 세웠다.[47] 2021년 출범한 바이든 행정부에 들어서서도 중국에 대한 미국의 공세는 계속되었다. 바이든은 "미국의 번영, 안보, 민주주의 가치에 도전하는 가장 심각한 경쟁자"로 중국을 지목하였고, 2021년 3월에 발표된 바이든 정부의 '국가안보전략 중간지침(INSSG)'은 자유주의 국제질서에

---

45 주용식, 2021, 「바이든 시대의 대중국 통상무역전략: 미중패권경쟁의 정치 경제적 시각에서」, 『국제통상연구』 제26권 제1호, 45~46쪽.

46 2018년부터 2020년까지 미중 무역전쟁 전개 과정에 관해서는 다음을 참고. 「미국-중국 무역분쟁 주요일지」, 『연합뉴스』, 2020년 1월 16일(https://www.yna.co.kr/view/GYH20200116000100044?input=1363m, 검색일: 2024.12.20); 주용식, 2021, 「바이든 시대의 대중국 통상무역전략: 미중패권경쟁의 정치 경제적 시각에서」, 『국제통상연구』 제26권 제1호, 46쪽.

47 최재덕·안문석, 2021, 「공격적 현실주의 관점에서 본 미중패권경쟁 양상 연구」, 『인문사회 21』 제12권 3호, 2,982쪽.

지속적으로 도전할 수 있는 유일한 경쟁자이자 패권 도전자로 중국을 규정하였다.[48]

한편 중국의 시진핑 정권도 중화민족의 부흥과 '대국굴기(大國屈起)'를 주창하면서 미국과의 패권 경쟁에 나서고 있다. 2012년 11월 8일부터 14일까지 중국공산당 제18차 대회가 열렸고, 다음 날인 11월 15일 개최된 중국공산당 18기 제1차 중앙위원회 전체회의(중공 18기 제1차 중전회)에서 시진핑은 중국공산당 총서기로 선출되었다.[49] 그 직후인 11월 29일 시진핑은 중국공산당 정치국 상무위원 6명을 대동하고 중국역사박물관을 찾아 전시 중인 '부흥의 길'을 참관하면서 "중화민족의 위대한 부흥을 실현하는 것은 바로 중화민족의 근대 이래 가장 위대한 꿈이다"라고 언급했는데, 이것은 소위 '중국몽(中國夢)' 담론의 본격적인 등장과 출발을 알리는 신호탄이었다.[50] 특히 시진핑은 "중국공산당 창당 100주년에는 전면적인 소강(小康)사회 건설 목표가 반드시 실현될 것이며, 신중국 건국 100주년에는 부강하고 민주적이며 문명적이고 조화로운 사회주의 현대화 국가 건설 목표가 반드시 실현되어, 중화민족의 위대한 부흥의 꿈은 반드시 실현될 것이다"라고 역설하였다.[51] 이듬해인 2013년 3월에 개최

---

[48] 주용식, 2021, 「바이든 시대의 대중국 통상무역전략: 미중패권경쟁의 정치 경제적 시각에서」, 『국제통상연구』 제26권 제1호, 65쪽.

[49] 중공 18기 제1차 중전회에서는 중국공산당 중앙위원회 정치국 위원 25명과 정치국 상무위원회 위원 7명에 대한 선출도 진행되었다. 18기 정치국 위원 및 상무위원의 구성에 관해서는 다음을 참고. 이지용, 2012, 「중국공산당 제18차 전국대표대회 결과와 신지도부의 대내외 정책 방향 분석」, 『주요국제문제분석』(2012-37), 국립외교원 외교안보연구소, 4~5쪽.

[50] 이정남, 2018, 「시진핑(習近平)의 중국몽(中國夢): 팍스시니카(Pax-Sinica) 구상과 그 한계」, 『아세아연구』 제61권 4호, 166쪽.

[51] 「習近平總書記深情蘭述"中國夢"」, 『人民網』, 2012년 11월 30일(http://www.people.com.cn, 검색일: 2025.1.10). 중국공산당 창당 100주년이 되는 해는 2021년이며, 신중

된 제12기 제1차 전국인민대표대회 폐막 연설에서도 시진핑은 9차례나 '중국몽'을 언급하면서, "중화민족의 위대한 부흥이라는 중국몽의 실현은 국가 부강, 민족 진흥, 인민 행복이다"라는 점을 강조하였다.[52]

시진핑은 2017년 10월 18일부터 24일까지 개최된 제19차 중국공산당 전국대표대회를 통해 집권 2기를 시작했다. 제19차 당대회에서는 '시진핑 신시대 중국 특색의 사회주의 사상(習近平新時代中國特色社會主義思想)'이라는 표현이, 즉 '시진핑 사상'이 중국공산당 당장(黨章)에 삽입되었다. 이는 분명 시진핑의 권위와 권력을 더욱 공고히 할 수 있는 주요 기반이 마련된 것으로 간주할 수 있다.[53] 동시에 시진핑은 '신시대 중국 특색 사회주의'를 69회, '중화민족의 위대한 부흥'을 32회, '소강사회'를 17회 언급하면서, 2050년까지 미국을 제치고 세계 최강국을 실현하겠다는 '중국몽'의 원대한 목표와 포부를 제창하였다.[54]

시진핑은 집권 1기(2012~2016)와 집권 2기(2017~2021)를 통해 권력을 지속해서 강화시켜 나갔다. 2013년 3월에 개최된 제12기 전국인민대

국 건국 100주년이 되는 해는 2049년이다.

52 이정남, 2018, 「시진핑(習近平)의 중국몽(中國夢): 팍스시니카(Pax-Sinica) 구상과 그 한계」, 『아세아연구』 제61권 4호, 166쪽.

53 전성흥, 2018, 「시진핑 사상과 중국의 미래」, 성균중국연구소, 『시진핑 사상과 중국의 미래: 중국공산당 제19차 전국대표대회 분석』, 서울: 지식공작소, 10쪽. 그런데 시진핑이 전임 총서기보다 강력한 권위를 누리며 더 커다란 조종자(coordinator)로서의 권력을 행사하고 있지만, 여전히 제한적인 권력을 행사하고 있고 중국공산당의 집단지도체제 역시 유지되고 있다는 평가도 존재한다. 즉, 아직은 시진핑이 마오쩌둥이나 덩샤오핑과 같은 정도의 수준은 아니며 여전히 '동급자 중 일인자'라는 것이다. 조영남, 2018, 「엘리트 정치」, 성균중국연구소, 『시진핑 사상과 중국의 미래: 중국공산당 제19차 전국대표대회 분석』, 서울: 지식공작소, 88~89쪽.

54 홍건식, 2018, 「시진핑의 중국몽과 정체성 정치: 일대일로, AIIB 그리고 패권정체성」, 『국제정치논총』 제58집 1호, 100~101쪽.

표대회를 통해 후진타오(胡錦濤)의 후임으로서 중화인민공화국 주석 자리에 올랐던 시진핑은 2016년 중공 18기 6중전회에서 '핵심(core leader)' 지위를 부여받았고,[55] 2018년 3월 개최된 전국인민대표대회를 통해서는 헌법에 명시된 국가주석직 2연임 초과 금지 조항을 삭제하면서 장기 집권을 위한 법적 기틀을 마련하였다. 또한 이번 헌법 개정에서는 '시진핑 신시대 중국 특색의 사회주의 사상(시진핑 사상)'이 서문에 명기되었으며, 현행 「헌법」 제1조에 "중국공산당의 영도는 중국 특색 사회주의의 가장 본질적인 특징이다"라는 문구도 추가되었다.[56]

2022년 10월 중국공산당 제20차 대회를 통해 결정된 시진핑 3연임 확정과 시진핑 집권 3기의 시작은 '시진핑 신시대'의 특징을 더욱 명확하게 천명하였다. 시진핑 정부의 등장을 알렸던 2012년 중국공산당 제18차 전국대표대회에서 선언된 '신시대'는 2021년 〈3차 역사결의〉를 통해 공식적으로 인정되었고,[57] 이로써 시진핑은 총서기라는 제도 권위에 더해 위대한 지도자라는 개인 권위까지 획득하였다. 역사결의에 따르면 시진핑 집권기는 혁명기(1921~1948), 마오쩌둥 시기(1949~1976), 개

---

55 조영남, 2018, 「엘리트 정치」, 성균중국연구소, 『시진핑 사상과 중국의 미래: 중국공산당 제19차 전국대표대회 분석』, 서울: 지식공작소, 80쪽.

56 조영남, 2018, 「왜 시진핑은 국가 주석의 연임 제한 규정을 폐지하는가?」, 『EAI 논평』, 동아시아연구원; 2018년 3월 11일 중국 전국인민대표대회(전인대)에서 개헌안은 참석한 인민 대표 2,980명 가운데 2,964명이 표결에 참여해 찬성 2,958, 반대 2, 기권 3, 무효 1의 압도적인 표차(찬성 99.8%)로 통과되었다. 「'시황제' 된 시진핑 … 중국 임기제한 철폐 개헌 '99.8% 찬성' 통과」, 『한겨레신문』, 2018년 3월 18일(https://www.hani.co.kr/arti/international/china/835559.html?utm, 검색일: 2025.1.10).

57 이희옥, 2023, 「시진핑 3기 정부를 어떻게 볼 것인가?」, 이희옥·조영남, 『중국식 현대화와 시진핑 리더십: 중국공산당 제20차 전국대표대회 분석』, 서울: 책과함께, 13쪽. 〈3차 역사결의〉의 전문(全文)은 다음을 참고. 「中共中央關於黨的百年奮鬥重大成就和歷史經驗的決議 (全文)」(https://www.gov.cn/zhengce/2021-11/16/content_5651269.htm, 검색일: 2025.1.10).

혁기(1978~2011)와 병렬할 수 있는 독자적인 '신시기'인 것이다. 또한 '시진핑 신시기'에는 세 가지 주요한 사건이 있었는데, 첫째 공산당 창당 100주년이 있었고, 둘째 중국 특색 사회주의의 신시기에 진입했으며, 셋째 소강사회를 전면적으로 달성했다고 하였다.[58]

중국의 국력 신장과 시진핑의 권력 강화가 함께 확장되는 현상은 시진핑 집권기의 중요한 특징이다. 그런데 시진핑 정권은 미중 간 패권 경쟁이 가속화되고 있던 시점에서 과거의 역사 기억을, 즉 '항미원조전쟁'에서 중국이 미국과 맞서 싸웠던 '투쟁과 대결의 역사'를 소환시켜 활용하고 있다. 미중 패권 경쟁 상황에서 중국의 민족주의는 매우 강력하고 효율적인 무기이며, 그러한 민족주의 정서를 자극하고 배양시키는 가장 효율적인 방법 중 하나가 '항미원조전쟁'의 기억을 호출하는 것이기 때문이다.

중국 단둥(丹東)에 자리한 항미원조기념관이 5년간의 확장공사를 마치고 중국의 참전 70주년 기념일을 한 달 앞둔 2020년 9월 19일에 재개관했다. 2014년부터 확장공사를 이유로 휴관했던 항미원조기념관은 2019년 10월에 이미 완공되었지만, 이후 일부 단체 관람객의 입장만을 허용했을 뿐 일반인의 관람은 제한되어 있었는데, 중국 당국이 '항미원조전쟁' 70주년에 맞춰 2020년 9월 재개관식을 진행했던 것으로 보인다. 단둥시의 발표에 따르면, 새로 개관한 항미원조기념관의 전시관 면적은 2.3만 제곱미터로 기존보다 4배 커졌고, 2만여 점의 전쟁 관련 전시 유물과 3만여 점의 각종 관련 자료가 전시되어 있다.[59] 항미원조기념관은 중

---

58 조영남, 2023, 「시진핑, '일인지배'의 첫발을 내딛다!: 중국공산당 20차 전국대표대회 분석」, 『중국사회과학논총』 5권 1호, 9~10쪽.

59 「'북·중 접경' 中 단둥 항미원조기념관 재개관 기념식」, 『연합뉴스』, 2020년 9월

국 당국이 재편한 한국전쟁에 관한 공적 기억의 문화적 재현 공간이자 중국의 애국주의, 민족주의, 반미주의를 어우르는 장소로서 사회적 결속과 정치적 목적 달성을 위한 수단으로 활용된다.[60] 즉, 이 기념관은 국가가 의도한 공식적인 기억을 반영한 전시를 통해 국민 전체를 대상으로 애국심을 고취시키는 교육의 장으로 활용되고 있다.[61]

시진핑을 비롯한 중국 지도부는 '항미원조전쟁' 70주년을 맞아 활발한 정치적 행보를 펼치면서 뚜렷한 정치적 메시지를 전달하였다. 2020년 10월 19일, 시진핑은 정치국 상무위원을 대동하고 베이징의 인민혁명군사박물관에서 열린 '중국인민지원군 항미원조 작전 70주년 전시'를 참관했다. 전시회는 '항미원조전쟁'의 역사와 중국인민지원군의 주요 전투를 조명하며 북중 간의 우의를 강조하였고, 이 자리에서 시진핑은 "중국인민지원군이 정의의 기치를 높이 들고 조선 인민 및 군인들과 함께 싸워 항미원조전쟁에서 위대한 승리를 거뒀다"라면서 "이를 통해 세계 평화와 인류의 진보에 큰 공헌을 했다"라고 주장했다.[62]

2020년 10월 23일, 시진핑은 베이징의 인민대회당에서 열린 한국전쟁 참전 70주년 기념대회에도 참석하였다. 시진핑은 '중국인민지원군 항

19일(https://www.yna.co.kr/view/AKR20200919053000097?utm, 검색일: 2025.1.10); 「중, 1년전 확장공사 끝낸 항미원조기념관 지난 주말에 전격 개관」, 『자유아시아방송』, 2020년 9월 21일(https://www.rfa.org/korean/in_focus/ne-ch-09212020084222.html?utm, 검색일: 2025.1.10).

60 태지호·정헌주, 2014, 「중국의 항미원조기념관을 통해서 본 한국전쟁의 기억과 정치적 함의」, 『한국정치학회보』 제48집 제4호, 299쪽.

61 김정현, 20113, 「중국의 抗美援朝戰爭 기억과 기념: 항미원조기념관과 열사능원을 중심으로」, 『사림』 제46호, 550쪽.

62 「'항미원조' 앞세운 시진핑, 중국군 참전에 "정의의 승리"」, 『연합뉴스』, 2020년 10월 20일(https://www.yna.co.kr/view/AKR20201020084000083?utm, 검색일: 2025.1.10).

미원조 출국 작전 70주년 기념대회' 연설을 통해 한국전쟁을 미국의 침략에 맞서 신중국을 지켜 낸 '위대한 승리'로 규정하면서 '중화민족의 부흥'과 '중국몽'의 실현을 제창하였다. 시진핑은 중국인민지원군이 "위대한 애국주의 정신과 혁명적 영웅주의 정신을 발휘하며 북한 인민 및 군대와 함께 2년 9개월에 걸친 혹독한 전투를 치러 항미원조전쟁에서 위대한 승리를 거두었다"라고 하면서, "위대한 항미원조전쟁은 제국주의의 침략과 팽창을 막아 냈고, 신생 중국의 안전을 수호했으며, 중국 인민의 평화로운 삶을 지켜 냈고, 한반도 정세를 안정시키며 아시아와 세계 평화를 유지했다"라고 강조하였다. 또한 "서방 침략자들이 몇백 년 동안 동방의 해안가에 대포 몇 정만 설치하면 나라를 점령할 수 있었던 시대는 다시는 돌아오지 않을 것이다!"라고 선언하면서, "어떤 국가나 군대가 아무리 강력하더라도, 세계 발전의 흐름을 거슬러 자신의 힘을 믿고 약자를 억누르며 침략과 팽창을 시도한다면, 반드시 처참한 대가를 치르게 될 것이다!"라고 경고하였다. 그러면서 연설 말미에 "중화민족의 위대한 부흥이라는 중국의 꿈을 실현하기 위해 계속해서 용감히 전진"할 것을 선포하였다.[63]

중국의 이러한 행보는 '항미원조전쟁의 역사적 승리'를 기념하는 동시에 미중 패권 경쟁의 구도 속에서 중국의 입장을 강조하고 미국을 향해 경고 메시지를 전달하려는 정치적 의도로 해석된다. 또한 이는 '항미원조전쟁'을 소환함으로써 안으로는 중국 내부 결속을 강화하고, 밖으로는 미국과의 패권 경쟁에 대응하려는 강한 의지를 드러낸 것으로 평가할 수 있다.

63　習近平, 「在紀念中國人民志願軍抗美援朝出國作戰70週年大會上的講話(2020年10月23日)」. (https://www.gov.cn/gongbao/content/2020/content_5560286.htm?utm, 검색일: 2025.1.11); 「시진핑, 한국전쟁 참전 70주년 기념식 연설 "항미원조는 위대한 승리"」, 『한겨레』, 2020년 10월 23일 (https://www.hani.co.kr/arti/international/china/966998.html, 검색일: 2025.1.11).

중국 당국의 이러한 입장은 '항미원조전쟁'을 주제로 한 영화, 드라마, 다큐멘터리의 제작과 방영에도 영향을 미치고 있다. 중국에서 '항미원조전쟁' 70주년인 2020년은 '전쟁 기억의 재부흥기' 혹은 '항미원조 재소환 붐'이라고 명명할 수 있으며,[64] 2020~2021년까지 '항미원조전쟁'에 관한 영화 4편, 드라마 2편, 애니메이션 1편, 다큐멘터리 10편이 제작되었다.[65] 또한 시진핑 집권기에 해당하는 2016년부터 2022년까지 영화 8편, 드라마 3편, 애니메이션 2편 등 상당수의 관련 영상물이 쏟아졌다.[66] 특히 '항미원조' 참전 71주년, 중국공산당 창당 100주년, 신중국 건국 72주년을 위한 헌정 영화 〈장진호〉가 2021년 9월에 개봉한 이후, 중국 역대 흥행 1위인 〈전랑(戰狼) 2〉(2017)의 기록을 넘어서며 애국주의 주선율(主旋律)

---

[64] 김진공, 2022, 「중국의 한국전쟁 서사는 언제 정전(canon)이 되었는가?」, 『中國語文論譯叢刊』 第50輯, 46쪽; 한담, 2021, 「시진핑시대, '항미원조' 전쟁의 귀환과 문화 내셔널리즘」, 『中國人文科學』 第79輯, 419쪽.

[65] 2020년은 '항미원조' 참전 70주년, 2021년은 중국공산당 창당 100주년을 맞는 해이기도 하다. 한담, 2021, 「시진핑시대, '항미원조' 전쟁의 귀환과 문화 내셔널리즘」, 『中國人文科學』 第79輯, 421쪽. 특히 2020년 한 해 동안 상영된 '항미원조' 관련 영상물의 수가 압도적인데, 주요 작품으로 드라마는 〈전화의 용광로〉(13부작)와 〈압록강을 건너〉(40부작)가 연달아 방영되었고, 다큐멘터리는 〈기억의 힘: 항미원조〉(2부작), 〈평화를 위하여〉(6부작), 〈영웅의 아들딸〉(6부작), 〈영웅〉, 〈항미원조, 보가위국(抗美援朝, 保家衛國)〉 등이, 영화는 〈금강천(金剛川)〉 등이 제작되었다. 백지운, 2021, 「항미원조전쟁의 귀환, 그 위험과 가능성의 양날」, 『오늘의 문예비평』 122호, 83쪽.

[66] 영화: 〈나의전쟁(我的戰爭)〉(2016), 〈금강천(金剛川)〉(2020), 〈영웅중대(英雄連)〉(2020), 〈가장 사랑스러운 사람(最可愛的人)〉(2020, 넷무비), 〈장진호(長津湖)〉(2021), 〈압록강을건너서(跨過鴨綠江)〉(2021), 〈저격수(狙擊手)〉(2022), 〈수문교(長津湖之水門橋)〉(2022). 드라마: 〈38선(三八線)〉(2016, 48부작), 〈압록강을 건너서(跨過鴨綠江)〉(2020, 40부작), 〈전쟁의 용광로(戰火熔爐)〉(2020, 13부작). 애니메이션: 〈가장 사랑스러운 사람(最可愛的人)〉(2016), 〈가장 사랑스러운 사람(最可愛的人)〉(2020). 한담, 2022, 「중국인에게 한국전쟁은 어떻게 기억되어 왔는가?: 최근 '항미원조' 영화를 통해 본 중국의 한국전쟁 서사 방식과 문제점」, 『동북아역사리포트』 제17호, 4쪽.

영화의 대명사로 올라섰고,[67] 2022년에도 〈혈전저격령〉, 〈저격수〉, 〈장진호의 수문교〉 등의 영화가 연이어 흥행을 이어 갔다.[68] 이러한 '항미원조전쟁' 관련 영상물은 매체를 접하는 대중의 민족주의 감정을 자극하고 사회 전반에 애국주의 정서를 광범위하게 확산시킨다는 특징을 갖는다.

그런데 동일한 역사도 그 역사를 기억하는 주체나 혹은 주체가 처한 환경과 상황에 따라 다르게 '인식'될 수 있다.[69] '항미원조전쟁'도 마찬가지인데, 그런 측면에서 지난 70년간 '항미원조전쟁'의 기억과 서사는 미중 관계의 변화에 따라 중국 당국에 의해 철저하게 관리되었고, 국가의 공식적인 서사와 대중의 집단기억은 모호한 금기의 경계선 위를 서성거려야만 했던 사실에도 주목할 필요가 있다.[70]

돌이켜보면 냉전 시기 미중 관계가 항상 나빴던 것은 아니었다. 1970년대 미중 화해, 즉 데탕트가 펼쳐지면서 미중 관계가 개선되기 시작했고, 이는 1972년 닉슨(Richard Nixon)의 중국 방문과 마오쩌둥-닉슨 정상회담 성사, 그리고 1979년 미중 수교를 통한 관계 정상화로 이어졌다. 중국이 1978년 중공 11기 3중전회를 기점으로 개혁개방 노선을 공식화하면서 미중 간 협력과 밀착은 더욱 강화되었다. 중국은 시장경제 확대와

---

67 '주선율'이란 중국 사회의 특수성과 '사회주의 특색'을 포함하는 대중 문예 창작 형식으로, 주류 이데올로기, 국가 정책 선전, 주도적 문화가치의 체현, 역사와 현실을 반영한 창작물 등을 지칭한다. 한담, 2021, 「시진핑시대, '항미원조' 전쟁의 귀환과 문화 내셔널리즘」, 『中國人文科學』第79輯, 426쪽.
68 백지운, 2022, 「중국 '항미원조전쟁' 기억의 소환과 굴절: '인민전쟁' 개념을 중심으로」, 『역사비평』 140, 200쪽.
69 차정미, 2023, 「미중 전략경쟁과 중국의 역사적 비유: 치욕의 100년사와 항미원조전쟁」, 『국가전략』 제29권 2호, 71쪽.
70 백지운, 2022, 「중국 '항미원조전쟁' 기억의 소환과 굴절: '인민전쟁' 개념을 중심으로」, 『역사비평』 140, 193~194쪽.

외국자본 유치를 위해 미국과의 협력이 필요했고, 미국은 중국을 국제적 제도와 규범에 통합시켜 장기적으로는 글로벌 시장경제 편입과 정치적 자유화를 유도하고자 했기에 양국의 이해관계는 합치되었다. 1980년대 이후 미국 기업이 중국에 진출하면서 양국 간 무역이 빠르게 증가했고, 중국은 미국의 기술과 자본을 받아들여 산업화를 가속했다. 2001년 중국이 세계무역기구(WTO)에 가입하며 세계 경제에 깊이 통합되었고, 미국은 중국을 세계의 공장으로 활용하면서 미중 간 협력은 지속될 수 있었다.

결국 중국이 개혁개방정책을 추진한 이래 미국 중심의 세계자본주의 질서 안에서 눈부신 경제성장을 이룩하는 동안 중국 사회에서 '항미원조전쟁'은 잊힌 전쟁이 될 수밖에 없었고, 그에 따라 중국 당국은 전쟁의 '항미' 기억으로 불거질 수 있는 대중의 '반미' 정서를 극도로 경계해야만 했다.[71] 그러한 상황을 반영하듯 2000년대 초반 '항미원조전쟁'을 다룬 영화 〈북위 38선〉과 드라마 〈항미원조〉가 제작되었으나 끝내 방영이 무산되었다.[72] 특히 중국 CCTV가 1996년부터 5년 동안 제작하여 2001년 방영하고자 했던 드라마 〈항미원조〉의 경우, 2008년 '항미원조전쟁'에 참전했던 고위 장성들이 당국에 상영을 요청하기도 했다. 또한 2010년에는 중앙군사위원회도 같은 제안을 했고, 2011년 일부 고위 장성들이 국방부장에게 '항미원조전쟁 승리' 60주년인 2013년에는 방영할 것을 요청했지만, 결국 중국 당국은 "항미원조의 역사적 의미는 이미 퇴색했으며 중미 외교에 해롭다"라는 이유로 거부했다.[73]

---

71 한담, 2021, 「시진핑시대, '항미원조' 전쟁의 귀환과 문화 내셔널리즘」, 『中國人文科學』第79輯, 420쪽.

72 한담, 2018, 「탈혁명시대 중국 항미원조 기억 서사의 난처함: 영화 「나의 전쟁」을 둘러싼 논쟁을 중심으로」, 『中國現代文學』, 第87號, 60쪽.

73 김란, 2017, 「중국 영화와 드라마의 '항미원조' 기억과 재현」, 『역사비평』 봄호(제

대체로 시진핑 집권 이전 시기까지 중국은 미국과의 관계를 원만하게 유지·관리하려 노력했으며, '항미원조'에 대한 언급을 피하고 미국에 대한 비판도 자제하는 태도를 보였다. 이는 중국이 자국의 경제성장을 위해서는 미국과의 협력이 필요하다고 판단했기 때문이다. 미국도 마찬가지이다. 미국은 중국의 성장이 자국에 유리했기 때문에 중국과의 패권 경쟁에 적극적으로 나서지 않았다. 하지만 시진핑 집권 전후 시기 이래 중국이 미국에 버금가는 국력을 갖추게 되면서 미중 간 경쟁과 갈등이 심화하였고, 그러한 배경 속에서 중국 내부에서는 '항미원조전쟁'의 기억과 서사가 활발하게 강조·생산·유통되어 갔다. 그런 의미에서 오늘날 중국이 내세우는 '항미원조전쟁'의 기억과 서사는 다분히 정치적이고 의도적인 현재적 함의를 갖는다.

V. 맺음말

이 글은 중국의 한국전쟁 개입에 관한 역사적 전말, '항미원조전쟁'에 관한 중국의 공인된 서사와 그것이 반영된 대학 역사교재의 내용과 특징, 그리고 미중 관계의 전개와 미중 패권 경쟁 상황 속에서 '항미원조전쟁'이 갖는 현재적 함의 등을 검토하였다. 이를 위해 한국전쟁 참전에 대한 중공의 복잡한 입장과 당시 결정 과정에서의 내부 논쟁을 살펴보고, 한국전쟁의 역사적 사실이 중국의 대학 역사교재에 어떻게 반영되고 있는지를 분석했으며, '항미원조전쟁'의 기억과 서사가 미중 관계의 전개 및 현재 미중 패권 경쟁 속에서 어떻게 변용되었는지 고찰하였다.

118호), 역사비평사, 227~228쪽.

한국전쟁 발발 직전 중국은 전쟁 개시에 부정적이었으며, 중국의 전쟁 동의는 외부적 압박 속에서 이루어진 '강요받은 동의'에 가까웠다. 1950년 10월 북한이 패망 위기에 처하자, 중공 지도부 내부에서는 한국전쟁 개입에 신중해야 한다는 의견이 우세했으며, 이에 따라 중국은 참전 문제를 놓고 출병과 불출병 결정을 반복하면서 동요하였다. 최종적으로 출병을 결정한 후에도 미국과의 직접적인 대결을 최대한 회피하고자 하였다. 이러한 역사적 사실은 오늘날 중국이 '항미원조전쟁'을 '군사 강국 미국을 물리친 위대한 승리'로만 선전하는 것과 간극이 있음을 보여 준다.

　중국의 대학 역사교재는 '항미원조전쟁'을 "미국에 대항하여 조선을 도운 정의로운 전쟁"으로 규정하며, 중국의 국방과 주권을 지키기 위한 방어적이고 필연적인 행위로 서술하고 있다. 이렇듯 중국이 사용하는 '항미원조전쟁'이라는 용어 속에는 한국전쟁은 기본적으로 미중 간의 전쟁이었다는 인식이 깔려 있고, 이러한 중국 정부의 입장과 태도는 그대로 대학 역사교재의 내용, 서술, 편찬에도 반영되고 있다. 즉, 미국이 중국의 주권과 안보를 위협했고, 따라서 중국의 참전은 방어적 성격의 정당함을 가지며, 결국 '정의로운 전쟁'을 통해 최대 군사 강국 미국을 물리치며 최종적인 '승리'를 거두었다는 기본적인 서사 구조를 갖는다. 그러나 이러한 서술은 전쟁의 초기 과정, 곧 개전 동의와 중국군 참전 초기 중국 지도부의 소극적이고 부정적이며 흔들렸던 입장과 상황을 의도적으로 축소하거나 생략하고, 중국의 승리와 정당성만을 부각한다는 한계를 갖는다. 이는 중국 정부가 특정 목적에 부합하도록 한국전쟁에 대한 역사적 기억을 재구성한 결과로, '항미원조전쟁'에 대한 공인된 역사 서술을 통해 대중에게 특정한 기억을 심어 주고, 이를 통해 현대 중국의 사회적 통합과 중공 정권의 정당성을 공고히 하려는 의도로 해석할 수 있다.

　'항미원조전쟁'은 단순한 과거의 역사적 사건에 그치지 않고, 오늘날 중국의 현실 정치와 외교 전략에서 중요한 도구로 활용되고 있다. 중국 정부는 정치적 상황과 시대적 필요에 따라 '항미원조전쟁'의 서사와 기억을 조정하고 강조점을 변화시키며 재구성해 왔다. 특히 미중 간 갈등이 심화되는 시기 중국은 '항미원조전쟁의 승리'를 소환하여 민족적 자부심을 고취하고, 미국에 대한 정치적·이념적 저항의 상징으로 삼고 있다. 시진핑 집권 이후 이러한 경향은 더욱 뚜렷해졌으며, 이는 미중 패권 경쟁이 격화되는 현재의 국제정세와 밀접하게 연결되어 있다. 즉, 중국과 미국이 경쟁적인 협력 관계를 유지하는 시기, 중국은 '항미원조전쟁'에 관한 서사를 크게 강조하지 않지만, 미중 간의 갈등과 긴장이 고조되는 시기에는 '항미원조전쟁'의 집단기억을 대대적으로 홍보하고 활용한다. 이런 맥락에서 시진핑 집권 시기 '항미원조전쟁'에 대한 적극적인 강조와 활용은 중국 내 대중의 민족주의를 강화하는 동시에 국제사회에서 중국의 '정당한' 입지를 드러내는 데 기여하고 있다.

　결론적으로 '항미원조전쟁'은 현대 중국이 자국의 정체성과 국제적 지위를 정당화하고 강화하는 데 있어 중요한 역사적 자원으로 기능하고 있다. 이 글은 중국의 '항미원조전쟁' 역사 서술과 기억이 정치적 도구로 활용되는 방식과 내용을 드러내는 한편, 이러한 서술이 학습자와 대중에게 균형 잡힌 역사 인식을 제공하기보다 특정한 관점만을 주입하는 결과를 초래한다는 문제점을 지적하였다. 이러한 역사 교육 방식은 중국 학생과 대중에게 단일한 역사관을 심어 주는 데는 성공할 수 있지만, 국제 학계의 보편적인 역사 논의의 장에서 중국의 입장과 서술이 객관성과 설득력을 잃게 만드는 요인이 될 수 있다. 그런 측면에서 한국전쟁에 대한 기타 관련 국가의 기억과 서술을 비교하여 역사 인식의 다양성을 보다 다층적으로 탐구해야만 할 것이다.

참고문헌

-사료집

沈志華主編, 2003, 『朝鮮戰爭:俄國檔案館的解密文件』(上冊), 臺北: 中央研究院近代史研究所.

沈志華主編, 2015, 『俄羅斯解密檔案選編:中蘇關係』第二卷(1949.3.~1950.7), 上海: 東方出版中心.

沈志華主編, 2015, 『俄羅斯解密檔案選編:中蘇關係』第三卷(1950.8.~1951.8), 上海: 東方出版中心.

中共中央文獻研究室編, 1998, 『建國以來毛澤東文稿』第一冊, 北京: 中央文獻出版社.

中共中央文獻研究室編, 1999, 『毛澤東文集』第六卷, 北京: 人民出版社.

中共中央文獻研究室編, 2013, 『毛澤東年譜(1949-1976)』第一卷, 北京: 中央文獻出版社.

中聯部編, 「毛澤東第二次接見蘇共中央代表團談話記錄(1956.9.23)」, 『毛澤東接見外賓談話記錄彙編』第一冊, 中共中央聯絡部(북경대 한반도연구센터 내부 자료).

-단행본

동북아역사재단, 2021, 『중국 시진핑시대 교과서 국정화와 역사담론』, 동북아역사재단.

성균중국연구소, 『시진핑 사상과 중국의 미래: 중국공산당 제19차 전국대표대회 분석』, 서울: 지식공작소.

션즈화 저, 김동길 역, 2014, 『조선전쟁의 재탐구: 중국·소련·조선의 협력과 갈등』, 선인.

오병수, 2021, 『한중 역사교과서 대화: 근대의 서사와 이데올로기』, 동북아역사재단.

윤세병, 2018, 『중국 역사교과서의 서사구조와 이데올로기』, 경인문화사.

이희옥·조영남, 2023, 『중국식 현대화와 시진핑 리더십: 중국공산당 제20차 전국대표대회 분석』, 서울: 책과함께.

조영남, 2019, 『중국의 엘리트 정치: 마오쩌둥에서 시진핑까지』, 민음사.

沈志華, 2013, 『毛澤東, 斯大林與朝鮮戰爭』, 廣州: 廣東人民出版社.

當代中國外交編寫組 編, 2021, 『當代中國外交』, 北京: 高等教育出版社.

世界現代史編寫組 編, 2020, 『世界現代史』出版社(第2版, 下冊), 北京: 高等教育出版社.
中國近現代史綱要編寫組 編, 2021, 『中國近現代史綱要』(2021年版), 北京: 高等教育出版社.
中國近現代史綱要編寫組 編, 2023, 『中國近現代史綱要』(2023年版), 北京: 高等教育出版社.
中華人民共和國史編寫組 編, 2021, 『中華人民共和國史』, 北京: 高等教育出版社.
中國革命史編寫組 編, 2020, 『中國革命史』, 北京: 高等教育出版社.

- 논문

김동길, 2014, 「한국전쟁초기 중국군 조기파병을 둘러싼 스탈린, 모택동, 김일성의 동상이몽」, 『한국과 국제정치』 30권 2호.
김동길, 2016, 「중국의 한국전쟁 참전원인 연구: "국방선(國防線)"의 무혈확장」, 『韓國政治外交史論叢』 제37집 2호.
김동길, 2019, 「중국의 한국전쟁 개입 결정과 원인으로 본 중국의 북한 정책」, 『성균차이나브리프』 7권 4호.
김동길, 2020, 「개혁개방 이전 냉전시기(1949~1980), 중국의 한반도 정책 연구」, 『歷史學報』 제245輯.
김동길·박다정, 2015, 「중화인민공화국 건국 전후 및 한국전쟁 초기, 중국의 한국전쟁 과 참전에 대한 태도 변화와 배경」, 『역사학보』 제225집.
김란, 2017, 「중국 영화와 드라마의 '항미원조' 기억과 재현」, 『역사비평』 봄호(제118호), 역사비평사.
김은정, 2023, 「승리의 기억: 남·북·중이 한국전쟁을 기억하는 방식」, 『외국문학연구』 제89호.
김정현, 2013, 「중국의 抗美援朝戰爭 기억과 기념: 항미원조기념관과 열사능원을 중심으로」, 『사림』 제46호.
김종호, 2023, 「마공정(馬工程) 『중국근현대사강요』의 중국계 이주민 서술의 특징: 싱가포르 및 대만 역사교육과의 비교 분석」, 『동북아역사논총』 79호.
김지훈, 2006, 「현대중국 역사교과서의 역사: 1949~2006년 중고등학교 교과서를 중심으로」, 『백산학보』 75.
김지훈, 2007, 「중국의 신교육과정과 역사과정표준 실험 교과서」, 『동북아역사논총』 17호.
김지훈, 2018, 「현대 중국의 한국전쟁 인식 변화-역사교과서의 서술 변화를 중심으로」, 『사림』 제64호.
金震共, 2021, 「중국의 한국전쟁 서사는 언제 정전(canon)이 되었는가?」, 『中國語文論譯叢刊』 제50輯.

백지운, 2021, 「항미원조전쟁의 귀환, 그 위험과 가능성의 양날」, 『오늘의 문예비평』 122호.
백지운, 2022, 「중국 '항미원조전쟁' 기억의 소환과 굴절: '인민전쟁' 개념을 중심으로」, 『역사비평』 140.
오병수, 2016, 「국내 학계의 중국 역사교과서 연구 경향과 과제」, 『동북아역사논총』 53호.
우성민, 2020, 「중국 역사교과서의 개편과 자국사 및 세계사의 '현대' 서술」, 『역사와 교육』 제30집.
우성민, 2022, 「중국 정부의 '항미원조' 참전군 보훈 관련 보도 현황과 교과서 서술 검토」, 『역사와 교육』 제34집.
윤세병, 2019, 「중국의 역사교과서 논쟁과 국정화」, 『역사교육연구』 제33호.
이승희, 2014, 「전쟁의 정치적 변용: 50~60년대 '항미원조' 전쟁영화를 중심으로」, 『사이間SAI』 제17호.
조영남, 2018, 「왜 시진핑은 국가 주석의 연임 제한 규정을 폐지하는가?」, 『EAI 논평』, 동아시아연구원.
조영남, 2023, 「시진핑, '일인지배'의 첫발을 내딛다!: 중국공산당 20차 전국대표대회 분석」, 『중국사회과학논총』 5권 1호.
이정남, 2018, 「시진핑(習近平) 중국몽(中國夢): 팍스시니카(Pax-Sinica) 구상과 그 한계」, 『아세아연구』 제61권 4호.
이지용, 2012, 「중국공산당 제18차 전국대표대회 결과와 신지도부의 대내외 정책 방향 분석」, 『주요국제문제분석』 (2012-37), 국립외교원 외교안보연구소.
주용식, 2021, 「바이든 시대의 대중국 통상무역전략: 미중패권경쟁의 정치 경제적 시각에서」, 『국제통상연구』 제26권 제1호.
차정미, 2023, 「미중 전략경쟁과 중국의 역사적 비유: 치욕의 100년사와 항미원조전쟁」, 『국가전략』 제29권 2호.
최재덕·안문석, 2021, 「공격적 현실주의 관점에서 본 미중패권경쟁 양상 연구」, 『인문사회 21』 제12권 3호.
태지호·정헌주, 2014, 「중국의 항미원조기념관을 통해서 본 한국전쟁의 기억과 정치적 함의」, 『한국정치학회보』 제48집 제4호.
한담, 2018, 「탈혁명시대 중국 항미원조 기억 서사의 난처함: 영화 「나의 전쟁」을 둘러싼 논쟁을 중심으로」, 『中國現代文學』, 제87號.
한담, 2019, 「1958년 중국 '항미원조' 전쟁 기억의 정치성과 문화적 재현의 다층성」, 『中國文化研究』 제43輯.
한담, 2021, 「시진핑시대, '항미원조' 전쟁의 귀환과 문화 내셔널리즘」, 『中國人文科學』 제79輯.
한담, 2022, 「중국인에게 한국전쟁은 어떻게 기억되어 왔는가?: 최근 '항미원조' 영화를 통해 본 중국의 한국전쟁 서사 방식과 문제점」,『동북아역사리포트』제17호.
홍건식, 2018,「시진핑의 중국몽과 정체성 정치: 일대일로, AIIB 그리고 패권정체성」,『국제 정치논총』제58집 1호.
蘇維民, 2009,「楊尙昆談抗美援朝戰爭」,『百年潮』4.

제3부

중국사의 재구성, 세계사를 다시 쓰다

시진핑 신시대 중국 특색 사회주의 시기 중국 대학 역사교재의 변화
: 고등교육출판사 대학교재의 제2차 세계대전 서술을 중심으로

김지훈 | 아시아평화와역사연구소 연구위원

I. 머리말

1949년 10월 중화인민공화국이 수립된 이후 중국은 중국사와 더불어 세계사교육을 체계화하는 데 노력하였다. 1950년대부터 중국에서는 마르크스-레닌주의 역사관에 입각한 세계사 교재들이 편찬되기 시작했다.

중화인민공화국 초기 푸런대학(輔仁大學) 역사과를 졸업한 저우칭지(周慶基)는 1953년 상하이의 자유출판사에서 『신편세계사』 상하권을 집필하여 출판하였다.[1] 또한 고등교육출판사도 1950년대부터 세계사 교재를 출판하고 있었다. 1950년 2월 중국과 소련 사이에 중소우호동맹상호원조조약이 체결되고 중국이 한국전쟁에 참전하면서 중국은 대소일변도 정책을 시행하여 각 분야에서 소련을 모델로 삼았다. 중화인민공화국 초기 마르크스레닌주의에 입각한 세계사 교육과 세계사 인식이 형성되는

---

1 周慶基 編, 1954, 『新編世界史』 上下, 自由出版社.

과정에서도 소련 역사학자들의 세계사 연구와 관련 교재가 큰 영향을 미쳤다.

소련의 니키포로프(Nikiforov)는 1953년부터 1955년까지 베이징 마르크스-레닌학원(중공중앙당교)에서 강의한 세계사 강의안을 기초로 고등교육출판사에서 『세계통사강의』(1956)를 출판했다.[2] 1956년 중국런민대학 외교학과 세계통사교연실에서는 소련 학자 주코프의 『현대세계사』를 생활·독서·신지삼련서점(生活·讀書·新知三聯書店)에서 출판하였다.[3] 1959년 중국청년출판사(中國青年出版社)는 소련의 리플렌코프(Liplenkov)가 쓴 『현대세계사』를 번역하여 출판하기도 했다.[4]

특히 소련과학원에서 편찬한 『세계통사』는 중국의 세계사교육에 큰 영향을 미쳤다. 다만 1964년에 출판된 소련과학원의 『세계통사』는 흐루쇼프 집권 시기에 출판되었기 때문에 후에 중국에서는 이 교재가 수정주의의 영향으로 역사를 왜곡하고 개찬했으며, 영웅이 역사를 창조했다는 유심사관(唯心史觀)을 가지고 있고, 소련 중심의 대국주의 사관을 가지고 있다고 비판하기도 하였다.

1960년대에 중국은 베이징대학과 베이징사범대학에서 대학교 세계사 교재를 편찬하였다. 치쓰허(齊思和), 저우이량(周一良), 우위친(吳於廑) 등이 편찬한 『세계통사』는 상고(上古) 1책, 중고(中古) 2책, 근대 2책으로 1962년 인민출판사에서 출판되었다.[5] 이 책은 문화대혁명 시기인

---

2 弗·尼·尼基甫洛夫, 中共中央直屬高級黨校歷史教硏室飜譯組 譯, 1956, 『世界通史講義』下冊, 北京: 高等教育出版社.

3 組波克 等著, 1956, 『現代世界史』, 生活·讀書·新知三聯書店.

4 維·格·雷甫倫科夫, 王昜今 譯, 1959, 『現代世界史』, 中國青年出版社.

5 齊思和, 1962, 『世界通史(上古部分)』, 人民出版社 ; 周一良·吳於廑, 1962, 『世界通史(中古部分)』, 人民出版社 ; 周一良·吳於廑, 1962, 『世界通史(近代部分)』, 人民出版社.

1972년에 다시 출판되었다.

　　프롤레타리아 문화대혁명이 종결된 직후 시베이대학 역사과, 산시사범대학 역사과, 베이징사범학원, 산둥대학 역사과, 베이징사범대학 역사과 등이 공동으로 편찬한 『세계현대사』가 1977년 산둥사범학원에서 출판되었다.[6]

　　중국의 개혁개방 이후에는 세계사 관련 대학교재가 다수 출판되었다. 최근에는 대학교재로 고등교육출판사 등에서 '마르크스주의 이론 연구와 건설 공정 중점 교재'(이하 '마공정 중점 교재')를 출판하여 보급하고 있다.[7]

　　중국공산당 제18차 전국대표대회를 통해 시진핑 정부가 출범하면서 초중고등학교의 정치, 어문, 역사교과서를 중국 교육부 산하의 인민교육출판사에서 출판한 국가 통일 편찬 교재로 보급하고 있다. 중국의 대학에서 사용하는 역사교재도 고등교육출판사 등에서 '마공정 중점 교재'를 출판하여 보급하고 있다. 시진핑 정부의 역사 인식이 중국의 초중고등학교 교육에 어느 정도 영향을 미치고 있는가에 대해서는 연구가 진행되었으나[8] 대학교재에 어느 정도 반영되고 있는지에 대한 검토는 충분하지 않았다.

　　중국의 고등교육출판사는 그간 대학교재를 편찬해 왔으나 시진핑 정부에서 초중고와 대학교 역사교재를 국가 통일 편찬 교재로 전환하면서 그 위상이 더 높아졌다. 이 글에서는 중국의 '마공정 중점 교재'로 고등교육출판사와 인민교육출판사의 『세계현대사』 편사조(編寫組)에서 편찬한

6　世界現代史 編寫組, 1977, 『世界現代史』, 山東師範學院印刷廠.

7　중국대학 역사교육의 변화에 대해서는 다음의 글을 참고할 수 있다. 우성민, 2023, 「최근 중국 역사교과서의 국정화와 대학의 역사교육」, 『중국사연구』 146.

8　동북아역사재단 교과서연구센터 편, 2021, 『중국 시진핑시대 교과서 국정화와 역사담론』, 동북아역사재단.

『세계현대사(제2판)』[9]의 특징을 초보적으로 검토해 보고자 한다.

2020년에 출판된 『세계현대사(제2판)』의 제2차 세계대전 관련 서술을 2006년에 우위친과 치스룽(齊世榮)이 주편한 고등교육출판사의 『세계사 현대사편(世界史 現代史編)』[10] 등 이전에 출판된 세계사 교재와 비교하여 중국의 제2차 세계대전에 대한 인식 변화를 살펴보려 한다.[11]

II. 『세계현대사(제2판)』의 구성

2020년 고등교육출판사에서 출판한 『세계현대사(제2판)』 편찬에는 수석 전문가(首席專家)로 위페이(於沛), 황민싱(黃民興), 멍칭룽(孟慶龍), 주요 성원(主要成員)으로 왕아이윈(王愛雲), 루링링(盧玲玲), 위웨이민(餘偉民), 장종샹(張忠祥), 진하이(金海), 차오샤오원(曹小文) 등 9명이 참여했다.

9　『世界現代史』編寫組, 2020, 『世界現代史(第二版) 上冊』, 高等教育出版社·人民出版社, 2013년 1판, 2020년 2판.

10　吳於廑·齊世榮, 2006, 『世界史 現代史編』 上卷, 北京: 高等教育出版社, 1994년 1판, 2006년 15판.

11　고등교육출판사에서 2006년과 2020년에 출판한 세계사 교재는 기본적인 체제와 내용은 유사하지만 필자가 달라졌고, 특히 덩샤오핑시대와 시진핑시대의 사상적 변화를 파악할 수 있다. 고등교육출판사의 『세계시 현대사편』 초판이 출판된 시기에는 덩샤오핑이 살아 있었고 그의 철학과 세계관이 영향력을 행사하던 시기였다. 반면 2020년에 발간된 『세계현대사(제2판)』은 시진핑 신시대 중국 특색 사회주의 시기에 출판되었기 때문에 시진핑시대의 세계사 인식을 그 이전의 덩샤오핑 시기와 비교해 볼 수 있다.

표 1. 『세계현대사(제2판)』 편찬 참여자 소속과 전공

	성명	소속	전공
수석 전문가	위페이	중국사회과학원 세계역사연구소 연구원	러시아사, 박사 지도교수
	황민싱	시베이대학 중동연구소 소장	중동사, 박사 지도교수
	멍칭롱	중국사회과학원 세계역사연구소 연구원	미국사, 박사 지도교수
주요 성원	왕아이윈	광동해양대학 마르크스주의학원	중국근현대사
	루링링	시베이대학 역사학원	라틴아메리카사, 영국외교사
	위웨이민	화둥사범대학 역사과 교수	러시아사, 냉전사
	장종샹	상하이사범대학 인문학원 교수	서아시아, 아프리카사
	진하이	중국사회과학원 세계역사연구소 연구원	미국외교사
	차오샤오윈	서우두사범대학 역사학원 교수	중국근현대사, 역사 이론

고등교육출판사의 『세계현대사(제2판)』 편찬 참여자 구성을 보면, 러시아사는 위페이와 위웨이민, 미국사는 멍칭롱과 진하이, 중동사와 아프리카사는 황민싱과 장종샹, 라틴아메리카사는 루링링이 참여했고, 왕아이윈과 차오샤오윈이 중국근현대사 전공자로 참여하였다.

세계현대사를 집필하는 데 중국근현대사 전공자 2인도 참여하여 세계현대사와 중국근현대사의 연계를 중시한 것으로 보인다. 집필자 가운데 위페이, 멍칭롱, 진하이 등 중국사회과학원 세계역사연구소 연구원 3명이 참여하여 집필을 주도한 것으로 파악된다.

2020년 고등교육출판사에서 출판한 『세계현대사』 상권은 20세기 전반을 서술하고, 하권에서는 제2차 세계대전 이후 20세기 후반까지를 서술하고 있다. 2006년 고등교육출판사에서 출판한 『세계사 현대사편』도 상권에서 20세기 전반을 서술하고, 하권에서 20세기 후반을 서술하고 있다.

『세계사 현대사편』 상권과 『세계현대사』 상권의 제2차 세계대전 관련 목차는 〈표 2〉와 같다.

표 2. 『세계사 현대사편』 상권과 『세계현대사』 상권의 제2차 세계대전 관련 목차

2006년 고등교육출판사 출판 『세계사 현대사편』 상권	2020년 고등교육출판사 출판 『세계현대사』 상권
제8장. 세계 경제 위기와 그 영향 아래 주요 자본주의 국가 제1절. 1929~1933년 세계자본주의 경제 위기 제2절. 유럽전쟁 발원지의 형성 제3절. 아시아전쟁 발원지의 형성 제4절. 영국, 프랑스의 쇠락 제5절. 루스벨트의 "뉴딜"	제7장. 자본주의 세계 경제의 위기와 그 주요 영향 제1절. 1929~1933년 자본주의 세계 경제 위기 제2절. 미국 루스벨트 "뉴딜"과 영국·프랑스의 조정 제3절. 유럽전쟁 발원지의 형성 제4절. 아시아전쟁 발원지의 형성
제9장. 대전을 향하여 제1절. 이탈리아의 에티오피아 침략전쟁 제2절. 일본의 중국 침략전쟁의 전면 발발 제3절. 스페인 내전과 이탈리아, 독일의 무장간섭과 영국, 프랑스의 "불간섭" 정책 제4절. 독일의 오스트리아 병합과 뮌헨협정 제5절. 다가오는 대전	제8장. 각국 반파시즘투쟁과 다가오는 세계대전 제1절. 중화민족의 전국적 항전 개시 제2절. 스페인 내전 제3절. 광범한 반파시즘 통일전선의 건립 제4절. 독일의 오스트리아와 체코슬로바키아 합병 제5절. 영국, 프랑스, 소련 삼국 담판과 "독소 상호불가침조약"
제10장. 제2차 세계대전 제1절. 제2차 세계대전의 전면 개시 제2절. 전쟁의 확대와 국제 반파시즘연맹의 건립 제3절. 전쟁의 근본적 전환 제4절. 세계 반파시즘전쟁의 승리	제9장. 제2차 세계대전 제1절. 제2차 세계대전의 전면 발발 제2절. 세계 반파시즘전쟁의 전략적 전환 제3절. 세계 반파시즘전쟁의 승리

2006년 교재 『세계사 현대사편』과 2020년 교재 『세계현대사』 모두 3개 장을 할애하여 제2차 세계대전이 발발한 원인으로 1929년 세계 대공황과 이에 대한 각국의 대응을 살펴보고, 스페인 내전과 독일, 이탈리아, 일본 등 파시즘 세력의 대두와 주변 국가를 침략하는 과정, 제2차 세

계대전의 전개를 서술한다. 또 스탈린그라드 전투, 북아프리카 전투, 미드웨이 해전과 과달카날 전투 등을 전쟁의 전환점으로 파악하고, 마지막으로 세계 반파시즘전쟁의 승리를 서술하고 있다.

III. 제2차 세계대전 발발 원인

2020년 출판된 고등교육출판사의 『세계현대사』 상권은 20세기 전반의 세계사를 다루고 있다. '제1장. 20세기의 세계'에서는 20세기 초 과학기술의 진보와 사회 진보, 독점자본주의의 형성과 발전, 국제 노동운동의 발전과 레닌주의의 탄생, 아시아의 각성과 라틴아메리카의 사회 변혁을 다루고 있다. 제2장에서는 제1차 세계대전의 기원과 과정 및 결과, 베르사유체제와 워싱턴체제의 건립 과정과 국제연맹의 탄생을 서술하고 있다. 제3장에서는 러시아 10월 혁명의 승리와 소비에트 정권 건립, 10월 혁명의 역사적 필연성과 의의를 설명하고, 소비에트 러시아 정권 수립과 브레스트리토프스크조약, 외국의 무장간섭과 국내의 반혁명, 전시 공산주의 정책 등을 다루고 있다. 또 러시아 혁명의 영향을 받은 독일의 11월 혁명과 헝가리 소비에트 공화국, 코민테른의 건립과 세계 각국의 공산당 수립 및 중국의 신민주주의 혁명 등을 서술하고 있다.[12]

---

12   이 교재는 중국사와 세계사의 상호 관련성을 강조하는 경향을 보인다. 특히 근대 이후의 세계 역사와 중국사는 밀접한 연관성을 가지고 상호 영향을 미쳤다는 점에서, 러시아 혁명의 영향 아래 중국 신민주주의 혁명을 서술하고 있다. 1917년 러시아 혁명이 발발하고 3일 후에 상하이의 『민국일보』가 러시아 혁명이 승리했다는 소식을 보도했고, 『동방잡지』 등에서도 레닌의 생애와 소련의 대내외 정책을 소개했으며, 1919년 5·4운동 과정과 1920년 천두슈(陳獨秀), 리다자오(李大釗) 등이 중국의 선진 분자들과 공산주의 초기 조직을 만들었고, 1921년 7월 23일에 중국공산당이 정식 출범

제4장에서는 제1차 세계대전 후 영국의 상대적 쇠락과 프랑스의 재건, 독일 바이마르공화국과 이탈리아 파시즘 통치의 확립 과정, 미국의 경제 번영과 일본의 정치적 변화, 유럽의 제노바회의와 라팔로조약 체결, 독일의 배상금 문제, 유럽의 안전보장 문제와 로카르노조약 등을 다루고 있다.

제5장에서는 아시아, 아프리카, 라틴아메리카에서 일어난 민족해방운동의 발전을 서술하고, 20세기 전반 민족해방운동의 기본 특징으로 사회주의운동의 영향을 깊게 받았다는 점을 강조한다. 구체적으로는 인도의 사티아그라하운동에서 간디와 간디즘, 비폭력·비협력운동 등을 소개하고 있다. 튀르키예(터키) 혁명에서는 민족 혁명전쟁과 공화국 수립 과정, 케말주의와 부르주아계급 민주개혁 등을 설명하고 있다. 또한 한국의 3·1운동, 항일 유격전쟁과 베트남의 옌바이 봉기, 응에띤 소비에트운동을 소개한다.

한편『세계현대사』는 제2차 세계대전이 발발한 원인으로 1929년 세계 대공황과 이에 대한 각국의 대처를 설명하면서 미국의 뉴딜 정책 등을 소개하고 있다. 또한 유럽에서는 독일과 이탈리아 등의 파시즘 대두 과정을 설명하고 아시아에서는 일본 군부의 대두와 파시즘화에 대해 설명하

했다고 하였다. 이 교재는 세계사 교재이지만 중국공산당 창당 이후 노동운동 전개와 1924년 1월 제1차 국공합작과 1927년 4·12 정변과 난창 봉기, 추수 봉기, 징강산 근거지의 수립, 취추바이(瞿秋白)의 좌경맹동주의, 리리싼(李立三)의 좌경모험주의, 왕밍(王明)의 좌경교조주의의 착오가 출현했다는 점을 강조하고 있다. 왕밍의 좌경교조주의의 잘못으로 국민당의 제5차 포위 토벌을 방어하는 데 실패하여 장정을 하게 되었고, 1935년 1월 준이(遵義)회의에서 왕밍의 좌경교조주의를 끝내고 마오쩌둥을 대표로 하는 마르크스주의의 정확한 노선이 중공 중앙에서 영도적 지위를 확립하여 당과 홍군을 구했다고 서술한다.『世界現代史』編寫組, 2020,『世界現代史(第二版) 上冊』, 高等敎育出版社·人民出版社, 2013년 1판, 2020년 2판, 90~93쪽.

고 있다.[13]

'제7장. 자본주의 세계 경제의 위기와 그 주요 영향'에서는 1929년부터 1933년까지 자본주의 국가들에서 전례 없는 심각한 경제 위기가 발발했고, 경제뿐만 아니라 사회적 위기까지 초래했다고 하였다. 이러한 위기에 대처하기 위해 미국은 루스벨트 대통령이 '뉴딜' 정책을 추진했고, 영국은 파운드화의 금본위제를 없애고 보호관세 정책을 시행하였으며, 프랑스의 '인민전선' 정부는 경제에 대한 개입을 강화했다고 하였다. 한편 독일과 이탈리아, 일본은 파시스트 독재정권을 수립하고 대외 침략을 확대하여 유럽과 아시아의 전쟁 근원지가 되었다고 평가하였다.[14]

이 교재는 제1차 세계대전이 종결된 이후 미국을 비롯한 자본주의 경제가 안정적으로 발전하였고 공업생산과 농업생산이 모두 증가하면서 미국의 주식시장도 활황이었다고 설명한다. 이러한 분위기 속에서 미국의 사학자들은 '광란의 20년대'라고 했는데, 부자가 되는 것이 보편적인 소망이 되었으며, 투기가 각광받았고, 조직범죄와 향락 풍조가 성행하였다고 비판하고 있다. 특히 미국의 공업생산량이 국내외 수요를 초과하였으나 이 문제가 별다른 관심을 끌지 못했다고 하였다.[15]

대공황이 시작되면서 1929년부터 1932년까지 미국의 산업생산은 거의 절반으로 줄어들었고, 1913년 수준으로 경제가 후퇴했으며, 전국적으로 1,200만~1,300만 명의 실업자가 발생했고, 영국과 프랑스, 캐나다, 일

---

13 『世界現代史』編寫組, 2020, 『世界現代史(第二版) 上冊』, 高等教育出版社·人民出版社, 2013년 1판, 2020년 2판, 177~202쪽.

14 『世界現代史』編寫組, 2020, 『世界現代史(第二版) 上冊』, 高等教育出版社·人民出版社, 2013년 1판, 2020년 2판, 177쪽.

15 『世界現代史』編寫組, 2020, 『世界現代史(第二版) 上冊』, 高等教育出版社·人民出版社, 2013년 1판, 2020년 2판, 177쪽.

본, 독일, 오스트리아 등 주요 자본주의 국가들도 경제 위기에 빠졌다고 서술한다. 유럽의 주요 자본주의 국가들 가운데 특히 미국 투자에 대한 경제적 의존도가 높은 독일과 오스트리아가 가장 큰 피해를 보았다고 하였다.

경제공황으로 영국은 농업 및 대외 무역 수출에 심각한 피해를 입었으며 농산물 가격이 34% 하락했고, 국제수지가 역사상 처음으로 적자를 기록했으며, 파운드화의 금융 안정성도 심각한 영향을 받았다고 서술하였다.

또한 생산 감소의 규모와 영향의 범위, 기간, 높은 실업률은 모두 전례가 없었고, 자본주의 세계의 산업생산이 36% 감소하였으며, 세계 교역 전체가 3분의 2 수준으로 감소하는 등 심각한 위기를 초래했다고 하였다.[16]

『세계현대사』는 "자본주의 생산의 사회화와 생산수단의 사적 소유라는 기본 모순"[17]이 대공황의 근본 원인이고, 제1차 세계대전 이후 자본주의 세계 경제 질서의 비합리성과 전후 미국 경제 구조의 심각한 불균형도 대공황이 발생하는 데 영향을 미쳤다고 서술하였다. 그리고 경제 위기의 원인으로 다음의 네 가지 요인을 들고 있다.[18]

첫째, 제1차 세계대전 이후 자본주의 세계 경제에 심각한 불평등이 존재했다는 것이다. 미국은 제1차 세계대전 이후 전 세계 금의 절반을 차지

16　『世界現代史』編寫組, 2020, 『世界現代史(第二版) 上冊』, 高等教育出版社·人民出版社, 2013년 1판, 2020년 2판, 178쪽.

17　『世界現代史』編寫組, 2020, 『世界現代史(第二版) 上冊』, 高等教育出版社·人民出版社, 2013년 1판, 2020년 2판, 179쪽.

18　『世界現代史』編寫組, 2020, 『世界現代史(第二版) 上冊』, 高等教育出版社·人民出版社, 2013년 1판, 2020년 2판, 179쪽.

하는 등 세계 최대의 채권국이 되었는데, 유럽 국가들은 미국에 진 전쟁 부채를 상환하지 못하였고 미국으로부터 대규모 차관을 얻지 못하여 국내 생산 회복에 영향을 미쳐 수출이 감소하고 외환 부족 현상이 발생했다고 하였다. 이 때문에 유럽 국가들은 미국으로부터 상품 수입을 줄였고, 이로 인해 미국의 해외시장이 급격하게 위축되어 '과잉 생산'의 위기가 발생했다고 하였다.

둘째, 미국의 경제 구조도 심각한 불균형 상태였다는 것이다. 자동차, 전력, 가전기기 등 신흥산업은 빠르게 발전했지만 방직, 석탄, 조선 등의 산업은 장기간 침체되었고, 농산물 가격 하락으로 농업도 침체 상태였다는 것이다.

셋째, 사회적 부의 불공정한 분배도 경제 위기의 원인으로 보았다. 1920년부터 1929년까지 미국의 공업생산성은 55% 증가했으나 노동자의 임금은 2%만 인상되었고, 농업 노동자의 임금은 비농업 노동자 임금의 40%에도 미치지 못했다. 높은 생산성과 자본가의 높은 투자 능력에 비해 상대적으로 협소한 시장과 일반 대중의 낮은 구매력도 과잉 생산을 촉발한 요인이었다고 하였다.

넷째, 증권시장에 대한 규제가 충분하지 않았다는 것이다. 1920년대 미국 주식시장에는 심각한 투기가 있었고 정부의 대출 정책은 주식 거래를 더욱 활성화하였다. 미국의 많은 은행은 독립적으로 운영되었고 금융위기를 견딜 수 있는 충분한 여력이 없었기에 주가가 하락하자 주식을 대량으로 판매하였고 예금자들이 은행에서 돈을 대량 인출하면서 금융시장 전체가 붕괴되었다고 하였다.

IV. 세계 반파시즘전쟁과 중일전쟁(항일전쟁)

2020년에 출판된 교재 『세계현대사』에서는 1930년대 초 독일, 이탈리아, 일본에서 파시즘이 흥기하여 세계 규모의 전쟁을 일으켰고, 세계 각국의 인민들이 파시즘의 침략에 맞서 투쟁을 벌였다고 하였다. 1931년 9·18사변 이후 중국 인민들이 일본 제국주의에 반대하는 전쟁을 한 것은 일본 파시즘에 무장하여 대항한 첫 번째 사례였으며 세계 반파시즘전쟁의 시작이 되었다고 평가한다. 이 교재는 중국의 중일전쟁(항일전쟁)에 대해 다음과 같이 서술하고 있다.

> 중국의 항일전쟁은 세계 반파시즘전쟁의 시작이었다. 서방 국가들은 일본의 중국 침략에 대응해 유화 정책을 추구하여, 일본이 중국을 침략하는 전쟁을 계속 확대하도록 종용했다. 1931년 9·18사변이 시작되자 중국군과 민간인들은 일본의 침략에 영웅적이고 끈질기게 저항했다. 1937년 7·7사변을 시작으로 중국은 전국적인 항일전쟁을 시작했고, 중화민족은 적에 대한 한결같은 증오를 품고 단결하여 침략에 저항했으며, 항일민족통일전선을 건립하여 일본 파시즘에 큰 타격을 입혔고, 중국을 단기간에 멸망시키려는 일본 제국주의자들의 오만한 계획을 분쇄하고 대일 지구전의 광활한 전장을 열었다.[19]

중국은 1929년 세계 대공황 이후 유럽에서는 독일과 이탈리아, 아시아에서는 일본에서 파시즘 세력이 대두하여 침략전쟁을 일으켰다고 보고

---

19 『世界現代史』編寫組, 2020, 『世界現代史(第二版) 上冊』, 高等教育出版社·人民出版社, 2013년 1판, 2020년 2판, 203쪽.

있다. 중국은 중일전쟁(항일전쟁)을 전 세계 반파시즘전쟁인 제2차 세계대전의 일부분이라고 말한다. 일본의 파시스트 세력이 1931년 9·18사변을 일으켜 중국의 동북지역을 침략하였고, 중국은 이에 맞서 중일전쟁(항일전쟁)을 시작했기 때문에 중일전쟁(항일전쟁)이 세계 반파시즘전쟁의 시작이 되었다고 한다.

한편 1931년 9·18사변으로 일본이 중국을 침략하였을 때 서방 국가들은 일본의 중국 침략을 적극적으로 제지하지 않고 유화 정책을 취했기 때문에 일본이 계속해서 중국 침략을 확대했다고 하였다. 1937년 7·7사변으로 중국이 전국적인 중일전쟁(항일전쟁)을 시작했지만, 중국은 항일민족통일전선을 구축하고 지구전을 벌여 단기간에 중국과의 전쟁을 치르려 하던 일본의 계획을 무너뜨렸다고 평가한다.

『세계현대사』는 일본이 중국을 침략한 원인에 대하여, 이미 일본에서는 메이지시대부터 중국과 한국 등 아시아 국가들을 침략하려는 대륙 정책을 수립하고 있었다고 서술한다. 일본은 1894년 청일전쟁을 시작으로 중국 침략을 개시하였고, 제1차 세계대전 당시에도 중국 산둥성을 점령하기 위해 군대를 파견하였으며, 중국의 주권을 침해하는 '21개조 요구'를 하였다는 것이다.[20]

또한 이 교재에서는 일본이 중국 동북지역을 침략하기 위한 장기적인 계획을 이미 수립하고 있었다고 말한다. 구체적으로 1927년 6월부터 7월까지 일본의 다나카 기이치(田中義一) 내각(1927~1929)은 중국 침략 문제를 주로 논의한 동방회의(東方會議)를 개최했다고 하였다. 1931년 1월에 일본 '남만주철도회사'의 부사장 마쓰오카 요스케(松岡洋右)는 '만

---

20 『世界現代史』編寫組, 2020, 『世界現代史(第二版) 上冊』, 高等教育出版社·人民出版社, 2013년 1판, 2020년 2판, 178쪽.

주와 몽골'이 일본의 '생명선'이라고 공개적으로 선언했고, 6월에는 일본 육군성과 참모본부 회의에서 「만주 문제 해결 방책 대강」을 작성하였으며, 중국 동북 점령을 위한 무력 사용을 준비했다고 설명한다.[21]

1931년 일본 관동군이 일으킨 9·18사변에 대해서는 일본 관동군 참모 이타가키 세이시로(板垣征四郎) 등이 선양의 류탸오후(柳條湖) 철도를 폭파하고 중국 동북지역을 점령하였으며, 1932년 2월 동북 3성을 장악하였고, 3월 1일 만주국 괴뢰정권을 수립했다고 하였다. 또한 9·18사변으로 일본군이 동북지역을 침략한 것은 일본 파시스트 세력이 베르사유-워싱턴체제로 구축된 세계 질서를 무너뜨리고 동방전쟁의 근원지를 형성한 것이라 비판하고 있다.[22]

또한 이 교재에서는 1933년 3월 상순, 일본군이 러허(熱河)지역 전체를 점령하고 허베이성 일대로 침략을 확대하였으나, 장제스의 국민당 정부가 일본의 중국 침략에 저항하지 않아서 민족적 위기를 심화시켰다고 비판한다. 국민당 정부가 일본의 침략에 소극적인 태도를 보인 반면, 1931년 9월 22일 중국공산당 중앙은 만주성위원회에 유격전쟁을 할 것을 지시하고 우수한 간부들을 동북지방에 파견하였으며, 1933년에는 동북인민혁명군을 개편하였고, 1936년 2월에는 동북항일연합군을 창설하였다는 등 중국공산당이 중심이 된 항전을 강조하고 있다. 국민당 군대의 항전은 1·28사변 후 상하이의 쑹후항전(淞滬抗戰)에서 국민혁명군 제19로군이 일본군에 대항하여 항전하였다는 사실도 소개하고 있다.[23]

---

21 『世界現代史』編寫組, 2020, 『世界現代史(第二版) 上冊』, 高等教育出版社·人民出版社, 2013년 1판, 2020년 2판, 204쪽.

22 『世界現代史』編寫組, 2020, 『世界現代史(第二版) 上冊』, 高等教育出版社·人民出版社, 2013년 1판, 2020년 2판, 204쪽.

23 『世界現代史』編寫組, 2020, 『世界現代史(第二版) 上冊』, 高等教育出版社·人民出版

중국공산당이 1935년 「항일 구국을 위해 전체 동포에게 보내는 글」 (8·1선언)을 발표하여 내전을 중지하고 일치단결하여 항일할 것을 호소했다는 등 중국공산당의 항일 활동을 중심으로 서술을 이어 가고 있다.[24] 1936년 12월 장쉐량 등이 장제스를 감금하고 항일을 요구한 시안사변을 중국공산당이 평화적으로 해결하여 전국적인 항일민족통일전선이 정식으로 형성되었고, 중화민족이 단결하여 항전하는 길로 나아가도록 하였다고 중국공산당의 역할을 긍정적으로 평가하였다.

한편 『세계현대사』에서는 1931년 9·18사변 당시 소련과 각국 공산당이 일본의 중국 동북 침략을 반대하였지만, 국제연맹과 서구 열강들은 자국의 이익을 중시하여 일본의 중국 침략에 소극적이고 유화적인 태도를 보였기에 일본의 침략 확대를 막지 못했다고 비판한다.[25]

1932년 국제연맹에서 리턴조사단(Lytton Commission)을 중국 동북에 파견하여 진상을 조사했지만, 별다른 효과가 없었다는 점도 서술하고 있다.[26] 리턴조사단의 조사 결과, 동북은 중국의 일부이고 9·18사변은 일본이 사전 모의한 결과였으며 중국군이 일본군을 공격한 것이 아니라는 점과 만주국은 일본이 만든 괴뢰정권이라는 점을 지적하였지만, 효과적으로 일본의 침략을 억제하지는 못했다고 서술한다. 이 교재는 특히 리턴조사단의 보고서가 "만주는 일본의 생명선"이라는 일본의 주장을 수긍하

社, 2013년 1판, 2020년 2판, 204~205쪽.
[24] 『世界現代史』編寫組, 2020, 『世界現代史(第二版) 上冊』, 高等教育出版社·人民出版社, 2013년 1판, 2020년 2판, 205쪽.
[25] 『世界現代史』編寫組, 2020, 『世界現代史(第二版) 上冊』, 高等教育出版社·人民出版社, 2013년 1판, 2020년 2판, 205쪽.
[26] 『世界現代史』編寫組, 2020, 『世界現代史(第二版) 上冊』, 高等教育出版社·人民出版社, 2013년 1판, 2020년 2판, 205~206쪽.

고 원상회복할 필요가 없다는 등 일본에 유리한 주장을 하였다는 점을 비판하고 있다. 결국 일본이 중국을 침략하는데 국제연맹과 영국, 미국 등 열강이 유화 정책을 쓰면서 무기를 판매하고 차관을 제공하여 일본이 동북을 넘어서 러허 등 화북지역을 침략하는 것을 막지 못했다는 것이다.

『세계현대사』에서는 유럽과 마찬가지로 영국, 프랑스, 미국 등의 유화 정책이 파시즘 세력의 침략을 저지하지 못하여 제2차 세계대전을 촉발한 책임이 있다는 점을 지적하고 있다. 이러한 서방 국가들의 유화 정책으로 일본은 중국에 대한 전면적인 침략전쟁을 전개하는 동시에 중국을 점령한 후 북상하여 소련을 공격하거나, 남진하여 영국, 미국과 동남아 및 태평양 지역의 패권을 놓고 경쟁하기 위한 준비를 시작한 것이라고 비판한다.

반면에 이러한 상황 속에서도 중국은 항일전쟁을 전개하여 영국과 미국이 시행한 유화 정책의 부정적인 결과를 억제 및 소멸시켰고, 일본이 중국을 멸망시키려 한 전략목표의 첫 번째 단계를 좌절시켜 일본 파시스트의 침략전쟁이 아시아태평양 지역에 신속하게 확대되는 것을 억제하였다고 긍정적으로 평가하고 있다.[27]

또 『세계현대사』에서는 1937년 7월 7일 베이징 서남쪽 펑타이의 루거우차오(盧溝橋)에서 벌어진 일본군과 중국군의 군사 충돌이 우발적으로 일어난 사건이 아니라 일본 파시스트 세력이 세계 패권을 장악하려는 방침에 따라 일으킨 사건이라고 서술하였다. 또한 이 사건은 단순히 중국과 일본 사이의 충돌이 아니라, 독일과 일본, 이탈리아에서 파시스트 세력이 형성되면서 발생한 세계 인민들과의 모순이 세계의 주요 모순이 되

---

27 『世界現代史』編寫組, 2020, 『世界現代史(第二版) 上冊』, 高等教育出版社·人民出版社, 2013년 1판, 2020년 2판, 206쪽.

는 상황에서 일어난 일본의 중국 침략전쟁이고 제2차 세계대전의 시작이었다고 평가한다.[28]

이 7·7사변에 대해 중국은 일본의 침략을 규탄하고 국제연맹에 일본을 제재할 것을 요청했지만, 영국과 미국 등 서방 국가들은 자국 이익을 고려하여 일본이 침략국이고 중국이 피침략국이라는 사실을 명확하게 밝히지 않은 채 중국과 일본 쌍방의 적대 행위 중단과 평화적 원칙만을 강조했다고 하였다. 이로써 일본이 거리낌 없이 아시아태평양 지역에 대한 침략을 확대해 나가도록 조장했다는 측면을 비판한다.

2006년에 출판된 교재 『세계사 현대사편』에서는 주로 중국공산당의 핑싱관(平型關) 전투와 타이얼좡(臺兒莊) 전투 등 공산당 중심의 승리를 강조하고, 일본의 중국 침략 확대에 관해 서술하고 있다. 또 일본이 중화민국의 수도인 난징(南京)에서 30만 명을 학살했다는 점을 강조하고, 국민당의 항전에 대해서는 크게 강조하고 있지 않다.[29] 1937년 7·7사변으로 일본이 중국을 전면적으로 침략한 시기에도 영국과 미국은 유화 정책을 취했고, 국제연맹도 일본을 침략자로 명시하지 않는 등 소극적인 태도를 보였다고 비판하고 있다.

반면 중국공산당의 팔로군 115사단은 1937년 8월 산시성 핑싱관에서 일본군을 공격하여 승리하면서 '일본군에게는 이길 수 없다'라는 신화를 타파했고, 1938년 3~4월에는 타이얼좡 전투에서 승리했다고 하였다. 또한 중국공산당은 적의 후방에 전장을 형성하여 국민당군의 정면 전장

---

28 『世界現代史』編寫組, 2020, 『世界現代史(第二版) 上冊』, 高等教育出版社·人民出版社, 2013년 1판, 2020년 2판, 207쪽.

29 吳於廑·齊世榮, 2006, 『世界史 現代史編』上卷, 北京: 高等教育出版社, 1994년 1판, 2006년 15판, 307~309쪽.

과 서로 협력하였다고 긍정적으로 서술하고 있다.[30]

2020년 교재 『세계현대사』에서는 1937년 7·7사변 이후 중국의 항전에 대하여 1937년 8월 13일부터 11월 12일까지 3개월간 상하이에서 국민당군이 일본군에 저항한 쑹후 전투와 1938년의 우한(武漢) 전투를 소개하고 있다. 또 1937년 12월 13일 난징을 점령한 일본군이 민간인과 포로로 잡힌 군인 30만 명 이상을 학살한 난징대학살도 서술하고 있다. 중국공산당의 항전에 대해서는 핑싱관 전투와 타이얼좡 전투 등을 서술하고 있다.[31]

『세계현대사』는 중국공산당이 지도하는 팔로군과 신사군이 국민당군의 정면 전장과 협력하여 일본 점령 지역에 항일 근거지를 만들어 유격전쟁을 전개하였으며 일본군의 포위 토벌을 물리쳤다고 설명한다. 특히 중국의 항전으로 일본이 속전속결로 중국을 멸망시키려는 전략을 좌절시키고 일본군이 중국이 꾀한 지구전의 수렁에 빠지게 했다고 중국의 역할을 긍정적으로 서술하고 있다.[32]

2006년 교재 『세계사 현대사편』에서는 제2차 세계대전의 서막으로 1937년 7월 7일 베이징의 서남쪽 루거우차오에서 발생한 7·7사변을 들고 있으며, 미국과 영국, 프랑스 등이 일본의 중국 침략에 대해 소극적인 태도를 보인 점을 비판하고 있다. 반면 7·7사변이 발발한 이후인 1937년 8월 21일 중소 상호불가침조약을 체결하여 소련이 중국의 항전

---

30 吳於廑·齊世榮, 2006, 『世界史 現代史編』 上卷, 北京: 高等教育出版社, 1994년 1판, 2006년 15판, 309~312쪽.

31 『世界現代史』 編寫組, 2020, 『世界現代史(第二版) 上冊』, 高等教育出版社·人民出版社, 2013년 1판, 2020년 2판, 207쪽.

32 『世界現代史』 編寫組, 2020, 『世界現代史(第二版) 上冊』, 高等教育出版社·人民出版社, 2013년 1판, 2020년 2판, 208쪽.

을 정치적으로 지원하였을 뿐만 아니라 중국에 2억 5,000만 달러에 달하는 대규모 원조를 하였다는 점을 강조한다.[33]

이 교재는 이 시기에 소련이 일본을 견제하는 역할을 했다는 점도 지적하고 있다. 당시 일본은 소련군을 견제하기 위해 중국의 동북지역에 병력을 배치해야 했으므로 중국 침략에 모든 병력을 동원하지 못했기에 중국의 항전에 유리한 조건을 마련해 주었다고 긍정적으로 평가한다. 또한 중국이 대일 항전 과정에서 소련과 서로 도움을 주고받았다고 하였다. 1938년 7월 14일 일본군이 장고봉 사건(張鼓峰事件, 하산호 전투)을 일으켜 소련군을 공격했으나 실패하였고, 같은 해 8월 일본군은 도쿄에 급전을 보내 대전차 포탄을 지원해 달라고 요청하였으나 일본군의 탄약 생산분이 모두 중국 한커우 전투용으로 예정되어 있었기에 장고봉 사건을 위한 탄약 지원이 불가능했다는 것이다.[34]

또한 일본 관동군은 1939년 5월 11일 할힌골(노몬한)을 침략하여 3개월 동안 전투를 하였으나 패배하였고, 8월 30일 일본 대본영은 관동군에게 중국과의 전쟁을 위해 만주에서 소련과의 전투를 확전하지 말고 신속하게 종결하도록 지시했다고 하였다. 이러한 사실들은 이 시기에 중국과 소련 양국이 군사적으로 상호 지원을 한 것을 의미한다고 긍정적으로 평가하고 있다.[35]

『세계사 현대사편』에서는 1937년부터 1939년까지는 중국이 고군분

---

33 吳於廑·齊世榮, 2006, 『世界史 現代史編』 上卷, 北京: 高等教育出版社, 1994년 1판, 2006년 15판, 311쪽.

34 吳於廑·齊世榮, 2006, 『世界史 現代史編』 上卷, 北京: 高等教育出版社, 1994년 1판, 2006년 15판, 311쪽.

35 吳於廑·齊世榮, 2006, 『世界史 現代史編』 上卷, 北京: 高等教育出版社, 1994년 1판, 2006년 15판, 311~312쪽.

투하던 시기로, '항일전쟁'의 국제적 조건이 불리한 시기였지만 소련의 지원 속에서 일본군의 침략을 막아 이후 반파시즘 공동사업의 기초를 닦았다고 평가하였다.[36]

『세계현대사』도 중국의 항전이 국제사회의 지지를 받았다고 하면서 다음과 같이 서술하고 있다.

> 중국의 항전은 국제사회 진보 세력의 폭넓은 지지를 받았다. 소련은 중국에 물질적 지원을 제공한 것 외에도 자원 조종사를 파견하여 중국군과 함께 작전을 수행하였다. 중국의 항전은 일본군의 병력을 크게 소모시켰고, 일본의 오만함에 큰 타격을 입혔으며, 영국, 미국 등 서구 열강이 동아시아에서 추진하는 유화 정책을 억제하고, 세계 각국 인민들이 분연히 일어나 파시스트 침략에 저항하도록 이끌었다.[37]

이처럼 소련이 중국의 중일전쟁(항일전쟁)을 돕기 위해 물자를 제공하고 비행기 조종사를 파견하는 등 중국을 도왔다고 서술하였다. 또한 중국의 중일전쟁(항일전쟁)은 영국과 미국 등이 유화 정책을 실시하는 가운데서도 일본군의 힘을 소모시켰고 세계 각국이 파시스트의 침략에 저항하도록 했다고 긍정적으로 평가하였다.[38]

『세계사 현대사편』과 『세계현대사』는 중일전쟁(항일전쟁) 서술에서

36　吳於廑·齊世榮, 2006, 『世界史 現代史編』 上卷, 北京: 高等教育出版社, 1994년 1판, 2006년 15판, 312쪽.

37　『世界現代史』編寫組, 2020, 『世界現代史(第二版) 上冊』, 高等教育出版社·人民出版社, 2013년 1판, 2020년 2판, 208쪽.

38　『世界現代史』編寫組, 2020, 『世界現代史(第二版) 上冊』, 高等教育出版社·人民出版社, 2013년 1판, 2020년 2판, 208쪽.

차이를 보인다. 2006년에 출판된 『세계사 현대사편』 상권은 제8장 '극동 전쟁 발원지의 형성'에서 1931년 9·18사변부터 1936년까지 있었던 일본의 중국 침략을 서술하였고,[39] 제9장 '제2절. 일본의 중국 침략전쟁의 전면 발발'에서 1937년 7·7사변(루거우차오사변)부터 1939년까지의 항전을 서술하고 있다.[40] 이는 1931년 9·18사변부터 1936년까지 동북지역에서의 지역적 항전과 1937년 7·7사변부터 시작된 전면적 항전을 분리하여 서술한 것이라 할 수 있다.

반면 2020년에 출판된 『세계현대사』 상권은 제8장 '제1절. 중화민족의 전국적 항전 개시'에서 1931년 9·18사변부터 1937년 7·7사변과 1938년까지의 항전을 이어서 서술하여 항전의 연속성을 강조하고 있다. 이러한 서술 변화는 최근 중국에서 '8년 항전'이 아니라 '14년 항전'이라고 말하는 입장 변화와 관련된 것으로 보인다.

2005년 9월 3일 중국인민항일전쟁 승리기념일에 후진타오 중국공산당 총서기는 「항일전쟁 승리 60주년 대회 연설」을 통하여 중국 인민들이 수행한 항일전쟁은 전 세계 반파시즘전쟁의 중요한 부분이었으며 세계 반파시즘전쟁에서 중국은 동방의 주전장이었다고 강조하였다.[41] 이렇게 항일전쟁을 강조하는 주장은 시진핑 정부 시기에 더욱 강조되었다. 2014년 9월 3일 중국인민항일전쟁 승리기념일에 시진핑 중국공산당 총서기는 「중국 인민 항일전쟁과 세계 반파시즘전쟁 승리 69주년 기념 좌담회 연

---

39 吳於廑·齊世榮, 2006, 『世界史 現代史編』 上卷, 北京: 高等教育出版社, 1994년 1판, 2006년 15판, 282~285쪽.

40 吳於廑·齊世榮, 2006, 『世界史 現代史編』 上卷, 北京: 高等教育出版社, 1994년 1판, 2006년 15판, 307~312쪽.

41 胡錦濤, 2005.9.3, 「胡錦濤在紀念抗日戰爭勝利60周年大會上發表講話」, 『中華人民共和國中央人民政府』, https://www.gov.cn/ldhd/2005-09/04/content_28944.htm.

설」에서 1931년 발생한 9·18사변은 항일전쟁의 시작인 동시에 세계 반파시즘전쟁의 서막을 열었고, 1937년 베이징 루거우차오에서 발생한 7·7사변은 전 민족적 항전의 시작인 동시에 세계 반파시즘전쟁에서 동방의 주전장을 열었다[42]고 강조하였다.

이러한 "14년 항전론"과 "동방의 주전장" 논리는 시진핑 정부 집권 2기 이후 중국의 역사교육에도 반영되어 초중고등 교육 교재에 모두 반영되기 시작하였다.[43]

중국은 종래 1937년부터 1945년까지 '8년 항전'이라고 하였으나 최근 역사교육에서는 '14년 항전'이 강조되고 있다. 중국의 항일전쟁(중일전쟁)이 전 세계적 반파시즘전쟁인 제2차 세계대전의 일부였고 유럽 전장과 더불어 중국이 동방의 주전장이었다고 말한다. 중국은 이 전쟁에서 가장 긴 시간 동안 일본에 맞서 싸우면서 큰 피해를 입었지만 승리했다는 점을 강조하고 있다.

그러나 중국국민당과 중국공산당은 제1차 국공합작이 종결된 1927년부터 1937년 제2차 국공합작을 다시 시작하기까지 대립과 내전 상태에 있었다. 1931년 9·18사변으로 일본이 중국의 동북을 침략하고 있는 기간에도 중국국민당은 항전보다는 공산당을 토벌하는 데 치중하였다.

중국이 "동방의 주전장"이라고 하면서 중국이 중일전쟁에서 입은 피해와 항전을 강조하고 있지만, 일본이 전쟁에서 패배한 결정적인 원인은 중국 전선보다는 태평양 전선에서 패배했기 때문이었다.

42　習近平, 2014.9.3, 「在紀念中國人民抗日戰爭暨世界反法西斯戰爭勝利69周年座談會上的講話」, 『中國共産黨新聞網』, http://cpc.people.com.cn/n/2014/0904/c64094-25599907.html.

43　중국 중등 교재의 중일전쟁 서술 변화는 다음의 글을 참고할 수 있다. 김지훈, 2024, 「역사연구와 교육의 갈등과 통합-중국역사교과서의 중일전쟁 인식 변화를 중심으로-」

V. 제2차 세계대전 전개 과정

2020년에 출판된『세계현대사』의 '제9장. 제2차 세계대전'에서는 '제1절. 제2차 세계대전의 전면 발발'에서 1939년 독일의 폴란드 침공으로 제2차 세계대전이 발발한 과정과 나치 독일의 유럽 침략 과정을 서술하고 있다. 이 부분에서는 독일의 폴란드 침공과 바르샤바 함락 과정을 설명하고, 9월 17일 폴란드를 분할하기로 한 독일과의 비밀조약[44]에 따라 소련이 폴란드 안의 우크라이나인과 벨라루스인을 보호한다는 명목으로 폴란드 동부의 서우크라이나와 서벨라루스 지역을 점령했다고 서술하였다.[45]

이 교재는 독일이 폴란드를 점령한 후 소련은 발트해에서 흑해에 이르는 "동방 전선"을 건립하여 독일군의 소련 공격을 저지하려 했고, 이를 위해 핀란드에 영토 할양과 조차 등을 요구하였으나 회담이 결렬되자, 핀란드를 공격하여 변경의 핀란드 영토를 획득했고, 1940년 6월부터 8월

---

[44] 1939년 8월에 체결된 독소불가침조약에 대해『세계현대사』에서는 소련이 독일을 공동으로 견제하기 위해 영국, 프랑스와 3자 협상을 제안했으나 영국과 프랑스 양국의 성의가 부족했고 소련과 상호 평등한 협정을 체결할 의지가 없었기 때문에 협상이 실패했으며, 독일의 선제공격을 피하기 위해 소련이 독일과 불가침조약을 체결했다고 소련의 입장을 옹호하고 있다. 소련은 영국과 프랑스와의 협상이 교착상태에 있었고 동쪽에서는 일본이 소련군을 공격하고 서쪽에서는 독일이 오스트리아와 체코슬로바키아를 합병하는 등 두 전선에서 전투를 벌여야 하는 위기 상황에서 소련과 독일이 10년간 불가침조약을 체결했다고 하였다. 소련과 독일은 이 조약의 비밀의정서에서 폴란드와 발트해 연안 국가에 대한 세력 범위 설정에 관한 합의를 포함하고 있었기 때문에 세계 반파시즘투쟁에 부정적 영향을 미쳤고, 사회주의 국가 대외 정책의 기본 원칙에서 벗어난 것이라고 비판하였다.『世界現代史』編寫組, 2020,『世界現代史(第二版) 上冊』, 高等教育出版社·人民出版社, 2013년 1판, 2020년 2판, 222~225쪽.

[45] 『世界現代史』編寫組, 2020,『世界現代史(第二版) 上冊』, 高等教育出版社·人民出版社, 2013년 1판, 2020년 2판, 227쪽.

까지 에스토니아, 리투아니아, 라트비아와 루마니아의 베사라비아 등을 차례로 점령했다고 서술하고 있다.[46]

당시 영국과 프랑스는 폴란드를 제대로 지원하지 않았고, 독일군은 1940년 4월 9일 덴마크와 노르웨이를 공격하여 점령하였으며, 5월 10일에는 네덜란드, 벨기에, 룩셈부르크, 프랑스를 공격하여 승리를 거두었다고 하였으며, 영국과 프랑스군이 프랑스의 덩케르크에서 철수하는 과정을 설명하였다. 또한 독일군이 영국을 굴복시키기 위해 도버해협을 건너 무차별 폭격을 가했지만 결국 실패한 후에 독소전을 시작하였다고 서술하였다.[47] 이어서 소련-독일전쟁과 태평양전쟁의 발발 과정을 서술하고, 국제 반파시즘 동맹의 결성 상황을 다루고 있다.

'제2절. 세계 반파시즘전쟁의 전략적 전환점'에서는 1942년 후반부터 1943년까지 반파시즘 연합군이 치열한 저항 끝에 유럽, 아시아, 아프리카에서의 반파시즘전쟁에서 전략적 전환을 이룰 수 있었고, 특히 중국의 장기간에 걸친 항전으로 일본 육군의 주력을 중국 전선에 고정시켜 연합군의 작전을 지원했다고 서술하였다.

『세계현대사』는 연합군 승리의 전환점으로 소련의 스탈린그라드 전투를 비교적 자세하게 설명하고 있다. 1942년 6월 히틀러는 소련 남부의 산업 중심지이자 모스크바와 남부지역을 연결하는 전략적 요충지인 스탈린그라드(현재의 볼고그라드)를 공격하는 작전을 시작하였으나 소련군은 치열한 시가전을 벌였고, 반격을 위해 병력 110만 명, 탱크 1,500량, 항공

---

46 『世界現代史』編寫組, 2020, 『世界現代史(第二版) 上冊』, 高等敎育出版社·人民出版社, 2013년 1판, 2020년 2판, 228쪽.

47 『世界現代史』編寫組, 2020, 『世界現代史(第二版) 上冊』, 高等敎育出版社·人民出版社, 2013년 1판, 2020년 2판, 229쪽.

기 1,350대, 포병 15,000문 이상을 비밀리에 동원하여 독일군에 반격을 가해 독일군 14만 명을 섬멸하고 9만 명 이상의 포로를 잡아 200일 동안의 전투에서 승리를 거두었다고 설명한다.[48] 이 교재는 스탈린그라드 전투에서 소련이 독일에 승리하면서 제2차 세계대전의 중요한 전환점이 되었다고 강조하고 있다. 아울러 마오쩌둥도 스탈린그라드 전투가 소련-독일전쟁의 전환점일 뿐만 아니라 "제2차 세계대전의 전환점"[49]이라고 평가했다는 내용을 함께 소개하고 있다.

다음으로는 이탈리아와 독일의 북아프리카 침공에 대응하여 영국군이 북아프리카 전선에서 승리한 사실을 설명하고 있다. 1942년 5월 북아프리카 전선에서 독일 군인 에르빈 롬멜(Erwin Rommel)의 아프리카군단이 이집트에 주둔한 토브룩(Tobruk)의 영국군을 공격하여 승리하였고 엘 알라메인(El Alamein)으로 진격했으나 영국의 몽고메리(Montgomery) 장군이 롬멜의 아프리카군단을 격퇴하고 트리폴리(Tripoli)를 점령하여 엘 알라메인 전투에서 승리했다고 서술하였다. 이 교재는 엘 알라메인 전투에서 영국이 승리함으로써 북아프리카 전장의 전세가 역전되었다고 높이

---

48 『世界現代史』編寫組, 2020, 『世界現代史(第二版) 上冊』, 高等教育出版社·人民出版社, 2013년 1판, 2020년 2판, 234쪽.

49 마오쩌둥은 "이 전쟁은 소련-독일전쟁의 전환점이었을 뿐 아니라 심지어 이번 세계 반파시스트전쟁의 전환점이고 전체 인류 역사의 전환점이었다"라고 소련의 스탈린그라드 전투 승리를 높이 평가했다. 이 글은 원래 옌안(延安)에서 발간된 『해방일보(解放日報)』1942년 10월 12일 자에 게재된 사론이었다. 毛澤東, 1967, 「第二次世界大戰的 轉折點」(1942.10.12), 『毛澤東選集』 3卷, 北京: 人民出版社, 84쪽. 원래 『해방일보』에 게재된 제목은 「홍군의 위대한 승리」였으나 「제2차 세계대전의 전환점」으로 바뀌었고, 내용에서도 미국과 영국 등 연합국 관련 내용과 소련군이 초기에 패배했던 원인 등에 관한 내용이 삭제되거나 수정되어 『마오쩌둥 선집(毛澤東選集)』에 게재되었다. 「紅軍的偉大勝利」(1942.10.12), 毛澤東文獻資料研究會, 『毛澤東集』 第8卷, 蒼蒼社, 1983, 172쪽.

평가하고 있다.[50]

한편 태평양 전장에 대해서는 일본군의 기습 공격과 미군의 반격에 대해 비교적 자세히 서술하고 있다. 1941년 12월 일본이 하와이 진주만을 공격하자 미국은 제2차 세계대전에 참전하였다. 1942년 4월 미군이 도쿄와 요코하마 등 일본 도시를 폭격하자 일본 해군이 미드웨이를 공격하면서 미드웨이 해전이 벌어졌고, 일본군의 암호를 해독한 미 해군이 매복 공격을 하여 일본군의 항공모함 4척을 침몰시키고 항공기 330대를 파괴하는 승리를 거두었으며, 이어서 과달카날에서 일본 육군을 패퇴시켜 태평양전쟁의 전략적 전환점을 만들었다고 하였다.[51]

『세계현대사』는 제2차 세계대전에서 중국이 수행한 역할도 상세히 소개하고 있다. 우한(武漢)과 광저우(廣州)가 함락된 뒤에도 중국의 항일 전쟁은 계속되었고, 국민당을 주체로 하는 정면 전장과 공산당을 주체로 하는 적후 전장이 서로 지지하고 협조하여 중화민족의 지구적인 항전의 빛나는 장을 이루었다고 높이 평가하였다.[52]

1938년 겨울, 일본 대본영은 「전쟁 지도 방침」과 「중국사변에 대한 처리 방안」을 제정했는데, 그 주요 내용은 속결 전략 대신 지구전 전략을 사용하고 우한 주변, 구이난(桂南) 지역, 중티아오산(中條山) 지역에 중점을 두고 정면 전장 공격에 나선다는 것이었다고 하였다. 이후 일본군은 난창(南昌) 전투, 수이자오(隨棗) 전투, 제1차 창사(長沙) 전투, 자오이(棗

---

50 『世界現代史』編寫組, 2020, 『世界現代史(第二版) 上冊』, 高等教育出版社·人民出版社, 2013년 1판, 2020년 2판, 236쪽.

51 『世界現代史』編寫組, 2020, 『世界現代史(第二版) 上冊』, 高等教育出版社·人民出版社, 2013년 1판, 2020년 2판, 237~238쪽.

52 『世界現代史』編寫組, 2020, 『世界現代史(第二版) 上冊』, 高等教育出版社·人民出版社, 2013년 1판, 2020년 2판, 239쪽.

宜) 전투, 위난(豫南) 전투, 샹가오(上高) 전투, 제2차 창사 전투 등을 연속적으로 수행했다고 하였다.[53]

특히 1939년 제1차 창사 전투와 1941년 제2차 창사 전투 및 자오이 전투를 자세히 서술하고 있다.[54] 중국 전장에서 중국국민당이 중심이 된 정면 전장과 중국공산당의 적후 전장이 서로 협력하여 중화민족의 장기간 항전을 이끌었다고 서술하였다. 1939년 9월 17일부터 10월 8일까지 제9전구(第九戰區) 대리사령장관(代理司令長官) 슈에위에(薛嶽) 장군이 24만 병력으로 일본의 오카무라 야스지(岡村寧次)가 지휘한 제11군과 제1차 창사 전투를 벌였고, 1941년 9월 제2차 창사 전투에서는 12만 명의 일본군이 창사를 공격하여 함락시켰다고 하였다. 그러나 중국군은 일본군의 교통 보급로를 파괴하는 등 항전을 계속하였다는 점을 강조하였다.

일본군이 광저우를 함락시킨 후의 구이난 전투에 대해서도 비교적 자세하게 서술하고 있다.[55] 1939년 11월 일본군이 쿤룬관(昆侖關)을 공격하자, 중국 제5군 군단장 두위밍(杜聿明)의 지휘하에 12월 17일 일본군과 피비린내 나는 전투를 벌인 끝에 제5군이 쿤룬관을 모두 수복했다고 하였다. 특히 일본군 여단장 나카무라 마사오(中村正雄) 소장이 사살당했고, 여단 전체가 4,000여 명의 사상자를 냈다고 하였지만 중국군도 1만 1,000여 명이 부상당했고 5,600명 가까이 희생되는 등 큰 대가를 치렀다고 하여 중국군의 피해도 함께 서술하였다.

---

53 『世界現代史』編寫組, 2020, 『世界現代史(第二版) 上冊』, 高等教育出版社·人民出版社, 2013년 1판, 2020년 2판, 239쪽.

54 『世界現代史』編寫組, 2020, 『世界現代史(第二版) 上冊』, 高等教育出版社·人民出版社, 2013년 1판, 2020년 2판, 239쪽.

55 『世界現代史』編寫組, 2020, 『世界現代史(第二版) 上冊』, 高等教育出版社·人民出版社, 2013년 1판, 2020년 2판, 239쪽.

1941년 5월 일본군이 황하 이북의 산시성 남부와 허난성 북부에서 중티아오산 전투를 벌였고, 국민당군 제1전구 사령장관 웨이리황(衛立煌)은 약 18만 명의 병력으로 일본군 3개 사단과 전투를 벌였다고 소개하고 있다.[56]

또 『세계현대사』는 국제 반파시스트 동맹이 수립된 후 중국이 버마(미얀마)에 원정군을 파견하여 영국군을 도왔다고 서술하고 있다.[57] 1942년 3월 중국은 미얀마 원정을 위해 10만 명의 병력을 파견해 영국군 사령관 알렉산더를 비롯한 7,000여 명의 군인을 구출했지만 영국군의 협조 부족으로 전투에서 패배하고 중국 서남부의 소송선이 끊어졌으며 중국 원정군의 일부가 인도로 후퇴하고 대부분 윈난성으로 후퇴했다고 하였다.

1942년부터 1944년까지 중국의 정면 전쟁에서 '쓰촨(四川) 작전'과 1944년 '1호 작전(一號作戰)'을 통하여 대일 항전을 전개했다며 중국 전장과 태평양 전장의 연관성을 강조하고 있다.[58]

1943년 6월 일본군은 쓰촨을 공격할 계획을 세웠지만, 과달카날 전투에서 패배한 일본군은 중국 전선에서 교착상태를 유지할 수밖에 없었기에 쓰촨 공격 계획이 무산되었고 우한 주변에서 소규모 작전만 수행했다고 하였다.

1944년 4월부터 12월까지 일본은 15개 사단으로 중국에서 예상계회전(豫湘桂會戰)이라고 말하는 '1호 작전'을 감행하여 베이핑-우한(平漢), 광둥-한커우(粤漢), 후난-광시철로(湘桂鐵路)를 공격하였는데, 결과적으

---

56 『世界現代史』編寫組, 2020, 『世界現代史(第二版) 上冊』, 高等教育出版社·人民出版社, 2013년 1판, 2020년 2판, 239쪽.

57 『世界現代史』編寫組, 2020, 『世界現代史(第二版) 上冊』, 高等教育出版社·人民出版社, 2013년 1판, 2020년 2판, 239~240쪽.

58 『世界現代史』編寫組, 2020, 『世界現代史(第二版) 上冊』, 高等教育出版社·人民出版社, 2013년 1판, 2020년 2판, 240쪽.

로 일본군의 전선이 연장되었고 병력 부족으로 인해 태평양 전선으로 병력을 이동시킬 수 없게 되었다는 점을 강조하고 있다.[59]

또 이 교재에서는 중국공산당이 영도한 적 후방 전장에서 중국공산당과 팔로군이 벌인 항전과 일본군의 '삼광 작전(三光作戰)' 등을 다음과 같이 소개하고 있다.[60]

일본군은 공산당의 항일 근거지에 대한 가혹한 봉쇄와 분할, 소탕 작전을 전개하여, 모조리 태우고(燒光) 모조리 죽이고(殺光) 모조리 빼앗는(搶光) '삼광' 작전을 실행하였고, 이른바 '철벽합위(鐵壁合圍)', '치안 강화'를 실시해 무인 구역을 만들면서 압박했다는 점을 서술하였다. 이와 함께 중국공산당과 팔로군이 소탕 작전을 벌이던 아베 노리히데(阿部規秀) 중장을 허베이 라이위안 황토령 부근에서 사살하였다는 점과 팔로군의 병력이 3만 4,000명에서 1939년 말 27만여 명으로 증강되었다는 점을 강조하였다.

1940년 중국 전선에 대해서는 1940년 5월부터 6월까지 일본군이 자오이 전투를 일으켜 쓰촨으로 들어가는 관문인 이창(宜昌)을 공략하고, '101호 작전'을 실시하여 충칭(重慶) 등지에 100여 일 동안 고강도 무차별 폭격을 퍼부었으며, 윈난-베트남 철도와 윈난-미얀마 도로를 폐쇄하여 중국이 외국 원조를 획득하는 중요한 통로를 차단했다고 하였다. 또한 일본은 장제스 국민당 정부를 항복시키려 유인하는 평화 공작을 시행했다고 하였다.

---

59 『世界現代史』編寫組, 2020, 『世界現代史(第二版) 上冊』, 高等教育出版社·人民出版社, 2013년 1판, 2020년 2판, 240쪽.

60 『世界現代史』編寫組, 2020, 『世界現代史(第二版) 上冊』, 高等教育出版社·人民出版社, 2013년 1판, 2020년 2판, 240쪽.

1940년 중국국민당 정부가 일본군의 공격으로 고전하고 있던 상황에서 중국공산당이 이끄는 팔로군은 일본군에 대대적인 공세를 펼쳐서 타격을 주었다면서 백단대전(百團大戰)을 자세히 소개하고 있다.[61]

1940년 8월부터 1941년 1월까지 5개월 동안 팔로군 105개 연대 20만 명 이상의 병력이 백단대전을 벌여 12월 5일까지 3개월 반 동안 1,842회의 전투에서 4만 3,000명 이상의 일본군과 괴뢰군을 사살하고 부상을 입혔으며 2,993개의 일본군 거점과 철도와 도로 1,976km를 파괴했다고 하였다.[62] 이 교재는 백단대전이 제2차 세계대전 사상 적의 후방에서 실시한 최대 규모의 유격 전투로, 일본군에 타격을 주어 정면 전장의 중국 군대에 대한 일본군의 압력을 경감시켰다고 높이 평가하고 있다.

그러나 백단대전에서 큰 타격을 입은 일본군이 공산당의 항일 근거지에 대한 대대적인 공세를 펼쳐서 어려움을 겪었다고도 하였다.[63] 이러한 공세에 대응해 중국공산당은 '땅굴전', '지뢰전' 등 각종 전술로 일본군에 대항하여 항일 근거지를 지켰다고 하였다. 이러한 어려움을 거쳐 1943년 하반기부터는 일본군이 태평양 전선에서 미군의 공격을 받고 있었고 정면 전장에서 '1호 작전'을 추진하면서 적 후방 항일 근거지에 대한 압력이 완화되었다고 설명한다.[64]

이 교재에서는 1939년 9월부터 1944년 말까지 중국은 전면 전장과

---

61 『世界現代史』編寫組, 2020, 『世界現代史(第二版) 上冊』, 高等教育出版社·人民出版社, 2013년 1판, 2020년 2판, 241쪽.

62 『世界現代史』編寫組, 2020, 『世界現代史(第二版) 上冊』, 高等教育出版社·人民出版社, 2013년 1판, 2020년 2판, 241쪽.

63 『世界現代史』編寫組, 2020, 『世界現代史(第二版) 上冊』, 高等教育出版社·人民出版社, 2013년 1판, 2020년 2판, 241쪽.

64 『世界現代史』編寫組, 2020, 『世界現代史(第二版) 上冊』, 高等教育出版社·人民出版社, 2013년 1판, 2020년 2판, 241쪽.

적후 전장이 서로 협력하면서 극히 어려운 조건 아래서 장기간 일본 육군 주력에 대항하였으며, 태평양 전장과 유럽 전장에서 동맹국의 작전을 강력하게 지원했다고 높이 평가하고 있다.[65]

세계 각국의 반파시즘투쟁에 대해서는 소련이 독일군 후방에서 유격전쟁을 벌였고, 폴란드와 유고슬라비아, 그리스 등 유럽 각국의 저항투쟁을 소개하였으며, 아시아에서는 호찌민이 이끄는 인도차이나공산당과 필리핀공산당, 말레이공산당, 미얀마공산당의 항일투쟁을 서술하고 있다.[66]

2006년 고등교육출판사에서 출판한 『세계사 현대사편』 상권에서는 "조선 인민과 베트남 인민은 공산당의 영도 아래 어려운 조건 속에서도 불요불굴의 항일 무장투쟁을 전개하였다. 1945년 8월 조선인민혁명군이 소련군의 도움 아래 조선 북부를 해방했다"[67]라고 북한 김일성 관련 서술을 하였다. 그러나 2020년의 『세계현대사(제2판)』 상책에서는 베트남, 필리핀, 말레이시아, 미얀마, 인도네시아의 항일투쟁만을 소개하고 한국의 무장투쟁 부분은 삭제되었다. 한국의 항일 무장투쟁에 대해서는 1950년대에 출판된 고등교육출판사의 세계사 교재에도 서술되어 있었다. 1956년 고등교육출판사에서 번역하여 출판한 『세계통사강의』는 "조선에서는 일찍부터 유격전쟁을 전개하였다. 그 최초의 중심은 중국 동북 조선인 거주지역의 혁명 근거지에서 출현했다. 조선 인민의 영웅 김일성의 대오가 매우 큰 명성을 얻고 있었다. 조선과 중국의 유격대원들은

---

65 『世界現代史』編寫組, 2020, 『世界現代史(第二版) 上冊』, 高等教育出版社·人民出版社, 2013년 1판, 2020년 2판, 241쪽.

66 『世界現代史』編寫組, 2020, 『世界現代史(第二版) 上冊』, 高等教育出版社·人民出版社, 2013년 1판, 2020년 2판, 242쪽.

67 吳於廑·齊世榮, 2006, 『世界史 現代史編』上卷, 北京: 高等教育出版社, 1994년 1판, 2006년 15판, 383쪽.

나란히 함께 투쟁했다"⁶⁸라고 서술하고 있다. 또한 한국과 더불어 베트남과 미얀마, 인도네시아, 말레이시아 등 각국 공산주의자들이 주도한 투쟁도 소개하고 있다.

2006년 교재『세계사 현대사편』과 2020년 교재『세계현대사』는 카이로회담과 테헤란회담의 내용과 의미를 설명하고 있다.『세계사 현대사편』상권에서는 "일본이 빼앗은 중국 영토 만주, 대만, 팽호군도 등을 중국에 반환한다"⁶⁹라는 카이로선언의 내용을 소개하고, "조선의 자유 독립"을 규정했다는 내용도 서술하고 있다.

반면에『세계현대사』는 카이로선언의 "3국의 목적은 일본이 1914년 제1차 세계대전 개시 이후에 약탈 또는 점령한 태평양의 도서 일체와 만주, 대만 및 팽호군도 등 일본이 빼앗은 중국 영토를 중화민국에 반환하는 것이다"라는 내용을 인용하고 이에 덧붙여 현재 주변 국가들과 분쟁 중인 "댜오위다오(釣魚島, Pinnacle Islands, 魚釣島), 황웨이다오(黃尾嶼, Huangwei Island, 久場島), 츠웨이다오(赤尾嶼, Chiwei Island, 大正島), 난샤오다오(南小島, Nanxiao Island, 南小島), 베이샤오다오(北小島, Beixiao Island, 北小島), 다난샤오다오(Danan Xiaodao, 大南小島), 다베이샤오다오(Dabei Xiaodao, 大北小島)와 페이라오다오(Feilai Island, 飛瀨島) 등으로 구성된 중국 대만의 부속 도서와 댜오위 군도도 이 가운데 포함된다"⁷⁰라며 최근 대립이 심각해지고 있는 '해양 영토' 부분을 자세하게 서술하고 있다.

---

68   弗·尼·尼基甫洛夫, 中共中央直屬高級黨校歷史敎硏室飜譯組 譯, 1956,『世界通史講義』下冊, 北京: 高等敎育出版社, 232쪽.

69   吳於廑·齊世榮, 2006,『世界史 現代史編』上卷, 北京: 高等敎育出版社, 1994년 1판, 2006년 15판, 368쪽.

70 『世界現代史』編寫組, 2020,『世界現代史(第二版) 上冊』, 高等敎育出版社·人民出版社, 2013년 1판, 2020년 2판, 243쪽.

한편 『세계현대사』는 『세계사 현대사편』에 실려 있던 카이로선언 내용 가운데 "조선의 자유 독립" 부분을 언급하지 않고 있다.

VI. 제2차 세계대전 승리의 의의

2006년 출판 교재 『세계사 현대사편』은 제2차 세계대전이 인류 역사상 규모 면에서 공전의 전쟁으로, 60여 개 국가 전 세계 인구의 80%가 참여했고 전쟁의 불길이 유럽, 아시아, 아프리카, 대서양, 태평양과 지중해로 확산된 진정한 세계적인 전쟁이었다고 말한다. 결국 1945년 9월 2일 일본이 항복문서에 서명하여 제2차 세계대전은 반파시즘 국가의 승리로 종결되었고, 중화민족의 장기간의 항일투쟁도 완전하고 철저한 승리를 거두었다고 평가한다.[71]

2020년 출판 교재 『세계현대사(제2판)』는 제2차 세계대전 승리의 의의를 다음과 같이 자세하게 설명한다.

제2차 세계대전 동안 전쟁 역사상 가장 많은 군인과 민간인 사상자가 발생했는데, 이 가운데 소련인이 약 2,700만 명, 중국인 3,500만 명, 폴란드인 600만 명, 유고슬라비아인 170만 명, 독일인 650만 명, 일본인이 250만 명이었고, 물질적 손실은 4조 달러 이상이었다고 하였다.[72]

『세계사 현대사편』 상권에서는 제2차 세계대전의 피해로 "사망자 약

---

[71] 吳於廑·齊世榮, 2006, 『世界史 現代史編』 上卷, 北京: 高等教育出版社, 1994년 1판, 2006년 15판, 341쪽.

[72] 『世界現代史』 編寫組, 2020, 『世界現代史(第二版) 上冊』, 高等教育出版社·人民出版社, 2013년 1판, 2020년 2판, 249쪽.

6,000만 명, 물자 손실 4조 달러 이상"[73]이라고 한 것에 비해 『세계현대사』 상책에서는 각국의 인명 피해를 세분하여 소개했고, 특히 중국이 가장 많은 사상자를 냈다고 서술하고 있다. 최근 중국은 중일전쟁(항일전쟁)에서 3,500만 명의 중국 군인과 민간인 사상자가 있었고 직접적 경제 손실은 1,000억 달러, 간접적 경제 손실은 5,000억 달러였다고 말한다.[74]

중국이 제2차 세계대전에서 가장 큰 인적 손실을 입었다는 서술은 제2차 세계대전의 범위를 언제까지로 볼 것인가와 관계된다. 중국은 제2차 세계대전을 전 세계 반파시즘전쟁으로 보고 중일전쟁(항일전쟁)도 이 전쟁의 일환이었다고 말한다. 원래 중국은 중일전쟁(항일전쟁)에 대해 1931년 9·18사변으로 중국 동북지역(만주)에서 부분적인 항전을 하였고, 1937년 7·7사변으로 전면적인 항전을 하였다고 구분하여 서술하였다. 그러나 최근 중국은 1931년 9·18사변부터 1945년까지 '14년 항전'으로 범위를 확대하였다. 중일전쟁(항일전쟁)이 전 세계적 반파시즘전쟁의 일환이었기 때문에 제2차 세계대전에서 중국이 가장 큰 인적 희생을 치르면서 전쟁 승리에 공헌했다는 점을 강조하고 있다.

2006년 출판 교재 『세계사 현대사편』 상권에서는 세계 반파시즘전쟁 승리의 의의로 반파시즘전쟁이 국제 제국주의에 심각한 타격을 주어 독일, 일본, 이탈리아 제국주의 국가를 철저하게 패배시켰고 세계 1등 강국이었던 영국과 프랑스도 크게 쇠약해졌으며 비록 전쟁에서는 승리했지만 과거의 지위를 상실했다고 서술하였다. 이와 반대로 전후 동유럽과 아

---

[73] 吳於廑·齊世榮, 2006, 『世界史 現代史編』 上卷, 北京: 高等敎育出版社, 1994년 1판, 2006년 15판, 385쪽.

[74] 習近平, 「在紀念中國人民抗日戰爭暨世界反法西斯戰爭勝利69周年座談會上的講話」 (2014.9.3), 『中國共産黨新聞網』, http://cpc.people.com.cn/n/2014/0904/c64094-25599907-2.html.

시아에 일련의 인민민주주의 국가가 등장하여 사회주의가 일국의 범위를 넘어 확산되었다고 하였다. 그 가운데 특별히 중국 인민 혁명의 승리로 10월 사회주의 혁명의 성과를 발전시켰다는 점을 강조하고 있다.[75]

또한 반파시즘전쟁에 전 세계 인구의 대다수를 차지하는 식민지, 반식민지 인민들이 이 정의의 전쟁에 참가하면서 아시아, 아프리카, 라틴아메리카의 민족해방운동을 고양시켜 전후 식민지체제가 와해되고 각국이 독립하였다는 점을 높이 평가하였다. 2006년 출판 교재 『세계사 현대사편』은 제2차 세계대전에서 원자탄이 성공하여 이후 원자력의 평화적 이용 등 인류가 핵시대로 진입하였고, 독일이 V-2로켓으로 영국을 폭격하기는 했지만 현대 로켓기술을 발전시켰다고 평가한다. 결론적으로 이 교재에서는 제2차 세계대전의 승리는 시대를 나누는 중요한 역사적 사건으로 세계 역사의 발전에 깊은 영향을 주었으며 세계 역사를 새로운 단계로 진입시켰다고 평가했다.[76]

2020년 출판 교재 『세계현대사』는 제2차 세계대전의 승리는 반파시즘 동맹국들의 공동 승리였고, 중국은 전 세계 반파시즘 동맹의 4대 주요 국가 중 하나로 아시아에서 일본 파시즘에 대항하여 제2차 세계대전 승리에 중요한 공헌을 했다고 서술한다. 중국의 전장은 이 전쟁에서 가장 초기부터 오랫동안 지속된 반파시즘 전장으로, 단기간에 중국을 멸망시키려는 일본 파시스트의 계획을 무너뜨려 일본 육군 주력부대를 투입하게 만들었다고 하였다. 또한 중국 전장은 일본의 대외 침략을 억제하고

---

75 吳於廑·齊世榮, 2006, 『世界史 現代史編』 上卷, 北京: 高等敎育出版社, 1994년 1판, 2006년 15판, 385쪽.

76 吳於廑·齊世榮, 2006, 『世界史 現代史編』 上卷, 北京: 高等敎育出版社, 1994년 1판, 2006년 15판, 385~386쪽.

제한하는 역할을 하였다고 높이 평가하고 있다.

『세계현대사』에서는 중일전쟁(항일전쟁)으로 중국이 국제정치 무대의 변두리에서 중심으로 이동하였고, 전 세계 반파시즘 동맹의 수립과 새로운 국제질서 확립에 기여하였다고 평가한다. 또한 중국의 중일전쟁(항일전쟁)은 신중국 탄생의 토대를 마련했다고 하였다.

이 전쟁 동안 세계 인민은 사회제도와 이념의 차이를 넘어서 반파시즘 동맹을 맺어 전면적으로 협력하여 정의로운 전쟁을 수행하였고, 인류 문명을 구하고 세계 평화를 회복했으며 인류 사회의 진보를 촉진하는 등 인류 역사 발전에 큰 영향을 미쳤다고 서술하였다.

또한 제2차 세계대전은 전통적인 패권 중심지였던 유럽의 쇠퇴를 가속화하고 미국과 소련의 부상을 촉진하여 국제정치 지형이 구조적으로 변화했다고 하였다. 전쟁 말기에 유엔과 세계 경제기구가 창설되어 세계 평화를 유지하고 세계 각국의 정치, 경제적 교류와 협력을 증진하는 데 중요한 역할을 하였지만, 미국과 소련의 대립 구조 속에서 패권주의와 권력정치는 여전히 존재했다는 점을 지적하였다.

그리고 제2차 세계대전은 유라시아 국가들이 사회주의의 길로 나아갈 수 있는 여건을 조성했다고 서술하였다. 유라시아 각국의 공산당과 노동당은 자국의 인민들을 반파시즘투쟁에 참가하도록 영도하여 승리했으며, 광범한 인민들의 지지와 신뢰를 쌓은 소련은 반파시즘전쟁의 승리에 공헌하여 사회주의 제도의 위대함을 실감하게 했고, 세계 인구의 3분의 1이 사회주의의 길을 선택하고 사회주의를 탐구하였다고 평가하고 있다.[77]

---

77 『世界現代史』編寫組, 2020, 『世界現代史(第二版) 上冊』, 高等教育出版社·人民出版社, 2013년 1판, 2020년 2판, 250쪽.

한편 제2차 세계대전은 식민통치를 흔들고 식민체제의 붕괴를 가속하여 아시아, 아프리카, 라틴아메리카의 수많은 식민지, 반식민지 국가와 인민들이 민족해방투쟁을 벌였으며, 패권주의와 강권 정치를 반대하고 공정하고 합리적인 국제정치 경제 질서를 확립하는 데 중요한 세력이 되었다고 하였다.

마지막으로 제2차 세계대전은 군사적 필요로 인해 더욱 진보된 무기를 제조하게 하였고, 그 결과 로켓, 레이더, 핵과 컴퓨터 등 과학기술의 발전을 촉진하여 전후 인류의 삶을 바꾸었다고 하였다.[78]

VII. 맺음말

최근 중국의 세계사 교과서 서술은 세계사의 흐름 속에서 중국사가 중요한 공헌을 했다는 점을 강조하는 경향을 보인다. 20세기 세계사에서 중국이 어느 정도로 중요한 위치를 차지하면서 국제사회에 영향을 미치고 공헌하였는가를 부각하려 한다. 제2차 세계대전 관련 서술에서도 중국이 세계 반파시즘전쟁에서 차지한 위치와 공헌을 강조하여 제2차 세계대전 이후 중국의 국제적 위상 강화를 설명하려는 경향을 보이고 있다.

2020년에 출판된 고등교육출판사의 『세계현대사』 교재는 제2차 세계대전을 3장에 걸쳐서 서술하고 있다. 제2차 세계대전의 배경으로는 1929년 대공황 발생과 그 여파로 자본주의 세계 경제가 위기에 봉착하자 미국의 루스벨트는 뉴딜 정책을 시행하는 등 각국이 자국의 실정에 따라

---

[78] 『世界現代史』編寫組, 2020, 『世界現代史(第二版) 上冊』, 高等教育出版社·人民出版社, 2013년 1판, 2020년 2판, 251쪽.

대응하였고, 1930년대 대공황으로 어려움을 겪던 독일과 이탈리아, 일본에서 파시즘이 대두했음을 다루고 있다. 각국의 반파시즘투쟁에서는 가장 먼저 일본이 중국 동북을 침략한 1931년 9·18사변과 스페인 내전 등을 서술하고, 반파시즘 통일전선과 독일의 오스트리아, 체코슬로바키아 합병과 독소불가침조약 등을 서술하고 있다.

제2차 세계대전의 전개 과정에서는 독일과 일본 등의 침략과 스탈린그라드 전투, 북아프리카 전투, 미드웨이 해전, 과달카날 전투 등이 전쟁의 전환점이었다는 점을 언급하고 있다.

이 교재는 제2차 세계대전에서 중국이 차지하는 위상을 과거보다 더 강조하는 경향을 보인다. 이전의 세계사 교재들이 1931년 9·18사변과 1937년 7·7사변을 나누어 서술한 것과 달리, 2020년의 『세계현대사』에서는 9·18사변과 7·7사변을 함께 서술하여 중일전쟁(항일전쟁)이 제2차 세계대전의 시작이었다는 점을 강조한다. 이는 과거에는 1937년부터 1945년까지의 '8년 항전'이라고 서술하였지만, 시진핑 정부에서는 1931년 9·18사변부터 1945년까지의 '14년 항전'을 강조하는 것과 관련이 있다.

그러나 '14년 항전'은 대일 항전이라는 측면에서는 설득력이 있지만, 1927년부터 1937년까지 10년 동안 국민당과 공산당이 대립과 투쟁을 하고 있었기 때문에 일본이 중국을 침략한 시기에 대일 항전보다는 국공투쟁에 치중했다는 문제가 발생한다.

최근 중국은 중일전쟁(항일전쟁)이 전 세계 반파시즘전쟁의 일환이었고 중국이 '동방의 주전장'이었다는 점을 강조하고 있다. 이 전쟁에서 중국은 가장 긴 시간 동안 가장 많은 인구가 가장 넓은 전장에서 일본과 맞서 싸웠기 때문에 제2차 세계대전이라는 세계 반파시즘전쟁에서 중국 전장이 '동방의 주전장'이었다는 것이다. 그러나 일본 제국주의가 제2차 세계대전에서 패배하게 된 결정적인 원인은 태평양 전선에서 일본이 미국에 패배하고, 미국의 원자탄 투하와 소련군의 참전으로 무조건 항복을 한 것이기 때문에 중국이 동방의 주전장이었다는 주장은 설득력이 부족하다.

2020년 출간 교재 『세계현대사』는 2006년 출간 교재 『세계사 현대사편』에 수록되어 있던 조선의 항일 무장투쟁 부분을 더 자세하게 소개하고 있다. 고등교육출판사는 1950년대에 출판한 교재에서도 김일성을 중심으로 한 항일 무장투쟁을 소개하였는데, 2020년 출판 교재에서는 한국의 3·1운동과 항일투쟁을 비교적 자세하게 서술하고 있다.

또한 『세계현대사』는 카이로선언의 "일본이 1914년 제1차 세계대전 개시 이후에 약탈 또는 점령한 태평양의 도서 일체와 만주, 대만 및 팽호군도 등 일본이 빼앗은 중국 영토를 중화민국에 반환하라"라는 내용을 인용하고, 이에 덧붙여 현재 주변 국가들과 분쟁 중인 댜오위다오 등의 도서도 반환되어야 할 영토에 포함된다고 서술하여 현재 분쟁 중인 해양 영토가 자국의 소유라는 점을 강조하고 있다.

이처럼 2020년 고등교육출판사에서 출판한 세계사 교재는 시진핑 정부에서 강조하는 '14년 항전'과 '동방의 주전장'론, 댜오위다오 등 중국의 해양 영토 주권 문제 등을 반영하여 서술하고 있다. 이러한 서술은 중국 초중고등학교 교과서의 서술과 같은 흐름을 보이는 것이라고 할 수 있다.

참고문헌

- 교재

周慶基 編, 1954, 『新編世界史』 上下, 自由出版社.
弗·尼·尼基甫洛夫, 中共中央直屬高級黨校歷史教硏室飜譯組 譯, 1956, 『世界通史講義』 下冊, 北京, 高等教育出版社.
組波克 等著, 1956, 『現代世界史』, 生活·讀書·新知三聯書店.
維·格·雷甫倫科夫, 1959, 王易今 譯, 『現代世界史』, 中國靑年出版社.
齊思和, 1962, 『世界通史(上古部分)』, 人民出版社.
周一良·吳於廑, 1962, 『世界通史(中古部分)』, 人民出版社.
周一良·吳於廑, 1962, 『世界通史(近代部分)』, 人民出版社.
世界現代史 編寫組, 1977, 『世界現代史』, 山東師範學院印刷廠.
吳於廑·齊世榮, 2006, 『世界史 現代史編』 上卷, 北京, 高等教育出版社, 1994 1판, 2006 15판.

- 단행본

동북아역사재단 교과서연구센터 편, 2021, 『중국시진핑시대 교과서 국정화와 역사담론』, 동북아역사재단.

『世界現代史』 編寫組, 2020, 『世界現代史(第二版) 上冊』, 高等教育出版社·人民出版社, 2013 1판, 2020 2판.
毛澤東文獻資料硏究會, 1983, 『毛澤東集』 第8卷, 蒼蒼社.
『論中國共産黨歷史(內部資料)』, 北京, 中共黨史出版社, 2017.
『論中國共産黨歷史』, 北京, 中央文獻出版社, 2021.

- 논문

공봉진, 2021, 「중국 시진핑 법치사상의 형성과정에 관한 연구」, 『지역과정치』 4.
김지훈, 2020, 「난징대학살 기념관의 전시와 기억」, 『사림』 71.
김지훈, 2024, 「역사연구와 교육의 갈등과 통합-중국역사교과서의 중일전쟁 인식 변화를 중심으로-」,『사림』88.

우성민, 2023,「최근 중국 역사교과서의 국정화와 대학의 역사교육」,『중국사연구』146.

장세윤, 2023,「1930년대 후반 동북항일연군의 활동과 재만한인 - 동북항일연군의 한중 민족 연합적 성격 재론-」,『독립운동사연구』83.

毛澤東, 1967,「第二次世界大戰的轉折點」(1942.10.12),『毛澤東選集』3卷, 北京, 人民出版社.

- 인터넷자료

胡錦濤, 2005.9.3,「胡錦濤在紀念抗日戰爭勝利60周年大會上發表講話」,『中華人民共和國中央人民政府』, https://www.gov.cn/ldhd/2005-09/04/content_28944.htm.

習近平, 2014.9.3,「在紀念中國人民抗日戰爭暨世界反法西斯戰爭勝利69周年座談會上的講話」,『中國共産黨新聞網』, http://cpc.people.com.cn/n/2014/0904/c64094-25599907-2.html.

중국 '마공정' 역사교재에 담긴 세계 경제 발전의 재서술과 중국의 길
: '시장체제'에서 '신시대'로의 역사 재구성

이승아 | 한양대학교 강사

I. 머리말

국내 학계의 의무교육과정에 사용되는 중국의 역사교과서에 대한 관심은 중국 정부가 『역사과정표준』에 따라 검정제를 채택한 이래 꾸준히 이어져 왔다. 1949년 중화인민공화국이 수립한 이래 중국 의무교육과정의 교과서는 인민교육출판사에서 출판한 단일 교과서가 줄곧 사용되었으며, 개혁개방 이후 1990년대부터는 각 지역 여건에 적합한 다양한 교과서가 자율적으로 활용되었다. 그 후 2001년 중국 정부가 역사교과서에 검정제를 도입하면서, 김유리 등 일부 연구자들이 역사 교과의 표준이 되는 『역사과정표준』의 내용과 함의, 교과서 내용 등을 주목하기 시작했다.[1] 2017년 시진핑 정부가 역사교육을 포함한 핵심 의무교육과정에 국정교과서를 도입함에 따라 중국 교과서 정책에 대한 학계의 관심이 집중되고

---

1   김유리, 2001, 「중국 교육과정의 변천과 역사교육」, 『근대중국연구』 2; 김유리, 2004, 「역사교학대강에서 역사과정표준으로: 최근 중국의 역사교육과정 개혁」, 『역사교육』 96.

있다.² 특히 중국 의무교육과정 및 교과서 제도의 추이와 정책 변화, 역사 인식, 그리고 중국 자국과 세계 역사교과서에 관한 내용에 대해서는 이미 충분한 연구가 이루어져 왔다고 할 수 있다.³

그런데 최근 중국 정부가 의무교육과정이 아닌 대학 교육 현장에도 국가 편찬 교재의 활용을 강화하는 움직임을 보이고 있다. 2020년 중국 정부는 「전국 대·중·소학교 교재 건설 계획(2019~2022)」을 공포하고, 이어 2022년에 '대학교재 건설'을 구체화한 「신시대 마르크스주의 이론 연구와 건설 공정 교육부 중점 교재 건설 추진 방안」을 제정했다.⁴ 「전국 대·중·소학교 교재 건설 계획(2019~2022)」은 정부가 대학과정을 포함한 전 교육과정의 교재 건설을 총괄하고 관리할 제도를 수립할 것을 언급하였으며, 특히 '신시대 중국 특색 사회주의 시진핑 사상'을 교육과정과 교재에 포괄적으로 반영할 것을 요구하고 있다. 이런 맥락에서 중국 정부의 대학 교육 관리와 교재 편찬의 핵심 사업으로 교육 당국이 2004년 이래 장기간

---

2 동북아역사재단 교과서연구센터 편, 2021, 『중국 시진핑시대 교과서 국정화와 역사 담론』, 동북아역사재단; 김지훈, 2019, 「국가의지(國家意志)와 역사교과서의 정치화: 2018년 중국 중학교 역사교과서의 현대사 서술」, 『역사교육연구』 33; 우성민, 2020, 「『중외역사강요』 속의 중국식 글로벌 가치관 '인류운명공동체'의 서술과 시사점」, 『동북아역사논총』 70; 우성민, 2020, 「중국 역사교과서의 개편과 자국사 및 세계사의 '현대' 서술」, 『역사와 교육』 30; 조복현, 2017, 「中國의 現行 歷史科 課程標準 研究: 全日制義務教育歷史課程標準의 實驗稿와 修訂稿의 비교를 중심으로」, 『중국사연구』 110.

3 오병수, 2016, 「국내 학계의 중국 역사교과서 연구 경향과 과제」, 『동북아역사논총』 53; 오병수, 2020, 「시진핑시대 중국의 역사정책과 자국사의 재구성: 歷史 中外歷史綱要 과목의 개설 배경과 이데올로기」, 『역사교육』 156; 윤세병, 2013, 「21세기 중국의 세계사 교육」, 『역사교육』 126; 徐賜成·趙亞夫, 2019, 「歷史教科書與歷史觀教育—以近二十年歷史教科書改革實踐爲例」, 『內蒙古師範大學學報(教育科學版)』 32 등.

4 「1個規劃+4個管理辦法_我國首次係統規劃教材建設」, 『雲南教育』 1, 2020(2); 「教育部關於印發《新時代馬克思主義理論研究和建設工程教育部重點教材建設推進案》的通知」 (教材〔2022〕1 號, 2022.2.19).

추진 중인 '마르크스주의 이론 연구와 건설 공정'(이하 '마공정')과 그 일환인 '중점 교재 건설' 사업의 추이, 최근 사업 내용 등을 면밀히 살펴볼 필요가 있다.

'마공정'은 2002년 11월 '중국공산당 제16차 전국대표대회'에서 "경제와 사회 발전에서의 철학 및 사회과학의 역할"이 강조된 이후 추진된, 비교적 장기간 지속되어 온 국가사업이다. 2004년 1월 중국공산당 중앙위원회가 「철학 및 사회과학의 발전과 번영에 관한 의견」 5가지를 발표하면서 '마공정' 사업이 구체화되었고, 이어 4월에 '마공정' 실무회의가 열렸다. 이때 '마공정'의 주요 사업 중 하나로 "정치 경제, 과학적 사회 주의, 정치학, 사회학, 법학, 역사학, 저널리즘 및 문학, 철학 및 사회과학 교재" 건설 사업이 함께 출범하였다.

'마공정' 중점 교재 건설 사업의 주요 목적은 대학의 주요 철학과 사회과학의 분야에서 대표 교재를 출간하여 이를 활용하도록 권장하는 것으로, 철학과 사회과학, 정치 이론 등의 분야에 대한 150여 권의 기본 교재와 각 전공과목에 대한 40여 권의 교재 건설이 목표로 정해졌다.[5] 이후 대학에 "사상과 정치 이론"의 '필수과목'이 개설되었고, 2006년 9월부터 『마오쩌둥 사상과 중국 특색 사회주의 이론체계 개론』 등 4종의 교재가 전국 대학 현장에서 사용되기 시작했다.[6] 2011년 『마르크스주의 철학』, 『마르크스주의 정치 경제학 개론』, 『과학적 사회주의 개론』, 『정치학 개론』, 『법학 개론』, 『사회학 개론』, 『저널리즘 개론』, 『문학론』, 『역사 개

---

5 秦宣, 2012, 「馬克思主義理論研究和建設工程的回顧與展望」, 『中國高等教育』 18, 4~6쪽.

6 「馬克思主義理論研究和建設工程重點教材綜述」(2012.4.5)(https://www.gov.cn/jrzg/2012-04/05/content_2107028.htm, 來源 : 新華社).

론』 등 9종의 중점 교재가 출간되었고, 이후 2017년까지 56종의 교재가 출간되어 필수교양과 학부 및 대학원 수업에서 활용되고 있다. 현재 중국 정부는 2022년부터 5년간 200종의 교재 건설을 목표로 하고 있으며, 2023년 9월까지 출간된 마공정 교재는 모두 116종에 달한다.[7] 이 같은 중국 정부의 '마공정' 교재 건설 사업은 비교적 국내 학계의 관심이 적었던 주제로, 출간된 연구가 손에 꼽힌다.[8]

    이 연구는 최근 중국의 대학교재 활용에 관한 변화와 배경에 주목하면서도 '마공정' 초기 출판된 교재들 가운데 세계사 교재에 주목한다. 교과서에서 '세계사'를 어떻게 구성하고 또 중국 자신을 어떤 관계 속에 위치 짓는가의 문제는 자국사 서술 못지않게 중국 자신에 대한 시각과 인식을 투영한다. 특히 현재의 시간과 맞닿아 있는 세계사 서술은 더욱 그럴 수밖에 없을 것이다. 즉, 이 연구는 '마공정' 사업 초기에 출간된 『세계현대사』(2013, 하권)의 제2차 세계대전 이후 세계사 서술과 중국 자국에 대

---

[7] 「馬克思主義理論研究和建設工程重點教材編寫出版」(2011.1.3)(https://www.gov.cn/jrzg/2011-01/03/content_1777619.htm, 來源：新華社); 「已出版中宣部馬工程重點教材目錄」(2023.9.25)(http://www.moe.gov.cn/jyb_xxgk/xxgk/neirong/fenlei/kcjc/kcjc_gl/jcgl_mgcj/202309/t20230925_1082602.html, 來源：教育部); 「已出版教育部馬工程重點教材目錄」(2023.9.25)(http://www.moe.gov.cn/jyb_xxgk/xxgk/neirong/fenlei/kcjc/kcjc_gl/jcgl_mgcj/202309/t20230925_1082601.html, 來源：教育部); 「教育部關於印發《新時代馬克思主義理論研究和建設工程教育部重點教材建設推進案》的通知」（教材〔2022〕1 號, 2022.2.19)(http://www.moe.gov.cn/srcsite/A26/moe_714/202203/t20220308_605562.html, 來源：教育部).

[8] 구도영, 2023, 「중국 대학교 역사교재의 '조선시대 한중관계 및 문화' 서술과 인식」, 『동북아역사논총』 79; 권은주, 2021, 「중국 대학 역사교재의 고조선(한4군)과 임나일본부에 대한 서술 변화: 식민사학의 영향과 중화주의가 결합한 한국 고대사 상(像)」, 『동북아역사논총』 74; 김종호, 2023, 「마공정(馬工程)『중국근현대사강요』의 중국계 이주민 서술의 특징: 싱가포르 및 대만 역사교육과의 비교 분석」, 『동북아역사논총』 79; 이준성, 2023, 「중국 대학교재의 동아시아 고대사 서술과 인식: '문화 교류 및 전파'에 대한 분석을 중심으로」, 『동북아역사논총』 80.

한 역사 서술을 주요 분석의 대상으로 한다.

먼저 이 글에서는 마공정『세계현대사』(2013) 교재 성격을 설명하기 위해 과거 국가급 '중점 교재'이자 고등교육출판사에서 출판된『세계사 현대사편』을 비교본으로 삼아 분석한다.『세계사 현대사편』을 포함한 6권의『세계사』교재는 1990년대에 저술되어 국가교육위원회의 의뢰에 따라 대학교재로 출판된 교재이며, 최근 2023년에도 개정판이 출간된 것으로 확인되는 교재이다. 따라서 이 교재는 비교적 오래 그리고 널리 이용되고 또 공인된 세계사 교재로서 대표성을 갖는다고 볼 수 있다.[9] 이 연구에서는『세계사 현대사편』의 여러 판본 중에서도 현재 출간되고 있는 판본의 초판본이자 동시에 마공정 교재가 출간된 2013년과 가까운 2011년판『세계사 현대사편』(하권)을 비교 대상으로 살펴볼 것이다.

지난 2019년 중국 정부의 '교재 건설 계획'이 반포된 이후 '마공정' 교재의 수정판과『세계사 현대사편』(2011, 하권) 역시 개정판이 출간되었다. 2013년도『세계현대사』판본과 2020년『세계현대사』개정판의 비교는 최근 중국 시진핑 정부의 교과서 정책 변화와 그 시사점을 설명하는 데 좋은 자료가 될 것이다. 따라서 이 연구는『세계사 현대사편』(2011)과『세계현대사』(2013)의 비교에 이어, 마공정 교재『세계현대사』의 2013년 초판과 2020년 개정판의 서술 특징과 차이를 비교 분석해 보겠다. 이를 통해 세 개의 교재가 담고 있는 중국의 세계관과 그 특징을 비교하고, 특히 개정된『세계현대사』(2020)에서 확인되는 시진핑 정권의 대외관과 역사관 변화에 대해 비판적인 검토를 시도해 보는 것이 목적이다.

---

9   王小麗, 2013,「世界現代史教材分析及在教學中的處理—以高教版《世界史現代史編》爲例」,『河北北方學院學報(社會科學版)』28; 齊世榮, 2008,「世界史和世界現代史 - 古老的曆史學中兩個年輕的分支學科」,『社會科學戰線』; 齊世榮, 2002,「我國世界史學科的曆史回顧與前途展望」,『雲南大學學報(社會科學版)』1.

II. 마공정 교재 『세계현대사』의 특징과 세계사의 재구성

기존 대학교재인 『세계사 현대사편』(2011년 하권, 이하 『세계사(a)』로 약칭)과 '마공정' 교재인 『세계현대사』(2013년 하권, 이하 『세계사(b-1)』로 약칭)가 갖는 현대사 서술 방식의 차이와 특징은 이들 교재의 첫 장에서 뚜렷하게 드러난다. 『세계사(a)』는 '제1장' 도입에서 "양대 진영", "3종 국가"(저자는 사회주의 국가, 자본주의 국가, 개발도상국으로 분류함), "다극화"를 키워드로 설명한다. 즉, 『세계사(a)』는 세계대전 이후 다원화의 추세 속에서도 통일성을 갖는 세계가 형성되어 왔고, 각 지역과 국가의 "경제, 정치, 사회, 문화"가 긴밀하게 연결된 하나의 거대 세계, 즉 자본의 세계가 형성된 시기로 설명한다.[10]

예컨대 제2차 세계대전 기간 소련의 연합국 합류에 대해 사회주의가 이론적으로 "개방경제"에 속하고, 사회주의 국가는 "자본주의 세계에서 출현"했다고 직접 언급한다. 다시 말하면 사회주의 경제는 국제분업과 세계시장에서 자본주의 경제와 역사적으로 단절할 수 없고, 사회주의 국가의 경제 건설은 독립과 평등, 상호 이익에 기초하여 자본주의 국가와의 무역 발전, 선진 기술 도입, 외국 자본이 필요하다는 인식이 깔려 있다. 이로써 사회주의와 자본주의 경제는 "상호 대립하면서도 연결되어 있고, 서로 투쟁하면서도 의존하는 관계"로 정의된다.[11] 이런 관점에서 『세계사(a)』 전반에는 세계화의 추세와 경제 세계화의 구축 과정을 긍정적으로 바라보는 인상이 강하게 드러난다.

『세계사(a)』의 '제1장'에서는 '통일성'과 '다양성', '미국 중심의 세계

---

10 吳於廑·齊世榮 主編, 2011, 『世界史 現代史編 下卷』, 高等教育出版社 1쪽.

11 吳於廑·齊世榮 主編, 2011, 『世界史 現代史編 下卷』, 高等教育出版社, 2쪽.

자본주의'를 특징으로 하는 전후 세계 경제체제 형성을 개관하고 미국, 소련, 영국, 프랑스, 중국 등 '5대국'의 등장과 '얄타체제'[12] 형성, 국제기구 설립, 사상과 문화사조 등을 소개한다. 이때 내용은 이후 세계사를 이해하는 데 필수적인 브레턴우즈(Bretton Woods)체제나 얄타회담, 사회주의와 자본주의 진영의 대두, 유엔 창설 등에 대한 중립적인 정보 전달에 중점을 두고 있다. 예컨대 가트(GATT)와 국제부흥개발은행(IBRD), 국제통화기금(IMF) 등에 대해서도 설립 과정과 목적, 기능 등을 주로 설명하고 있다. 교재는 이들 기관이 주도하는 세계 경제 질서에 대해서 미국과 달러가 갖는 '특별한 지위'에 대한 우려를 지적하면서도, 초기 환율 및 경제 혼란의 완화, 세계 무역 촉진이란 관점에서는 긍정적으로 평가하고, 이후 세계화와 글로벌 경제의 구축으로 나아갔던 의의를 강조한다.[13]

또한 『세계사(a)』는 세계를 "양대 진영"과 "3종 국가"로 나누고, 여기에 다시 지역과 역사적인 경험에 따라 유형을 나누어 설명한다. '제1장'에서 소개한 세계 분류 방식은 곧 세계사를 서술하는 분류 기준으로, 이 교재의 목차 구성도 이를 따른다. 교재는 '제1장'과 '제2장'에서 전후 세계체제에 대한 소개와 냉전의 형성을 설명한 이후, '제3~5장'에 걸쳐 냉전기 사회주의와 자본주의 진영의 형성과 경제 발전, 제삼세계의 민족주

---

12 중국 교재에 등장하는 '얄타체제'란 제2차 세계대전 종전 직전에 미국과 소련 등 주요 승전국들의 협의를 통해 잇따라 채택한 선언문, 협정, 조약, 국제기구 등에 의해 구축된 전후 세계질서를 말한다. 그중에서 1945년 2월 얄타협정 이후 세계질서와 국제 형세의 총결로 보아 일반적으로 '얄타체제'라고 칭한다. 각 교재는 '얄타체제'를 미소 강대국의 협상과 타협의 산물로 분할된 세계 영토와 정치 경제 질서로 설명하고, 냉전이라는 양극체제로 나아갔음을 비판적으로 서술한다. 그러나 전후 강대국이 주도한 질서라는 비판적인 태도에도 불구하고, 얄타체제의 내용과 전개에 관해서는 교재마다 해석을 달리하고 있다. 이상의 얄타체제에 대한 설명은 각 교재의 첫 장을 참고할 수 있다.

13 吳於廑·齊世榮 主編, 2011, 『世界史 現代史編 下卷』, 高等教育出版社, 1~24쪽.

의 민주화운동과 독립에 관하여 서술하였다. 그리고 '제6장'에서는 양 진영의 분화와 제삼세계의 발전을 통해 점차 다원화되는 세계를 서술하고, '제8~10장'에서는 자본주의 선진국의 저성장 진입, 소련의 해체와 사회주의 국가들의 개혁, 개발도상국의 발전 과정을 소개한다. 그리고 마지막 '제11장'에서는 세계가 다원화와 협력, 경쟁, 그리고 변혁을 특징으로 하는 하나의 세계로 진보했던 과정을 비교적 중립적인 어조와 절제된 평가 방식으로 그리고 있다.

이상과 같이 『세계사(a)』는 전 세계를 정치 경제와 지역적 공통점을 들어 나누고, 냉전시대 양대 진영의 대립기와 붕괴, 다원적 세계로의 발전 과정을 시간에 따라 서술함으로써, 선진 자본주의 국가와 사회주의 국가, 개발도상국 사이 어느 일면에 치우치지 않도록 서술하고자 노력했음을 알 수 있다. 이 교재에서 중국은 개발도상국의 후발 주자이자 사회주의 진영에 속하였고, 그중에서도 아시아 지역 카테고리 내에서 서술되었다. 또한 서술 분량과 내용 역시 냉전의 종식과 사회주의 개혁을 다룬 '제9장'에서 중국이 독립된 절로 비교적 상세히 다뤄지고 있지만, 오늘날 중국의 경제 규모나 현존하는 사회주의 국가로서의 특성을 고려해 보았을 때 특별한 구성이라고 여겨지지 않는 수준이다.

이처럼 『세계사(a)』는 교재가 쓰인 1990년대 전후 중국이 갖고 있던 세계에 대한 인식, 세계화의 추구를 잘 반영한다. 이는 개혁개방 이후 중국 정부가 추구해 왔던 '사회주의 시장경제체제'에 대한 긍정적인 평가와 세계시장 개방으로부터 중국이 얻은 혜택에 근거했을 것이다. 또한 2000년대 전후 중국 내 세계사 연구 담론이나 학계가 내보였던 시각과도 큰 틀에서 일치하는 모습을 보여 준다.[14]

14　齊世榮, 2002, 「我國世界史學科的歷史回顧與前途展望」, 『雲南大學學報(社會科學版)』

한편, 2013년 '마공정' 교재인 『세계사(b-1)』은 첫 장(즉, '제11장')에서부터 세계를 바라보는 시각에서 이전 교재와는 확연한 온도 차이가 느껴진다. 교재의 도입부에는 전후 세계질서에 대한 비판적 시각이 선명하게 드러나는데, 예컨대 "얄타체제는 강대국 정치의 산물이었고, 비록 전후 대체로 안정적인 세계 기본 구도를 유지했지만, 많은 모순과 갈등의 근원"으로 이 때문에 세계가 "평화와 안녕"을 실현하지 못했다고 평가한다. 이는 앞서 사회주의와 자본주의 세계가 대립하면서도 서로 영향을 주고받았던 세계와는 확실히 다른 시각을 드러낸다.[15]

『세계사(b-1)』의 첫 장('제11장')은 얄타체제로 대표되는 국제질서와 냉전의 형성 과정에 대한 소개로 구성된다. '1절'의 '얄타체제'에 대한 서술은 『세계사(a)』의 '얄타체제'에 대한 설명과 전개 방식에서 유사성이 보이며 중복된 내용도 확인된다. 그러나 얄타체제에 대한 긍정적인 의의에 더하여 부정적인 영향을 5가지 항목으로 나누어 상술하였고, 이 체제가 강대국, 특히 미국과 소련의 투쟁과 타협 속에서 이루어졌음을 분명히 서술하였다. 또한 전후 경제 질서로 대표되는 국제통화기금, 국제부흥개발은행, 가트에 대한 소개에서도 미국과 영국의 국제통화 시스템을 둘러싼 갈등과 미국 달러와 연동된 국제통화 시스템, 이른바 '화이트 계획'에 대해 3페이지에 걸쳐 상술하였다. 국제금융 시스템과 국제무역 시스템에 대해서도 글로벌 경제 질서를 구축하고 경제 회복과 발전에 역할을 했음을 언급한 후 4가지 비판점을 들어 결코 우호적이지 않은 시각으로 설명한다. 이는 『세계사(a)』에서 가급적 평가를 절제했던 서술과는 분명한 차

1; 齊世榮, 2013, 「吳於廑先生與我國世界史學科的建立」, 『武漢大學學報(人文科學版)』 66.

15 『世界現代史』編寫組 編, 2013, 『世界現代史 下卷』, 高等教育出版社·人民出版社, 1쪽.

이를 보인다.[16]

『세계사(b-1)』의 체제 구성과 내용은 변화한 서술의 특징을 더욱 분명하게 보여 준다.

표 1. 『세계사(a)』 및 『세계사(b-1)』의 장별 제목과 소주제 구성

기존 교재 『세계사(a)』	마공정 교재 『세계사(b-1)』
제1장. 제2차 세계대전과 현대 세계 역사성의 거대 변화 1) 세계 경제, 2) 정치, 3) 사상 문화를 주제로 각 절 구성	제11장. 얄타체제와 냉전의 개시 1) 얄타체제, 2) 냉전을 주제로 각 절 구성
제2장. 전후 국제 관계와 양대 진영의 대립 구도 형성 1) 패전국 처리, 2) 미소 냉전의 흥기, 3) 양대 진영의 형성을 주제로 각 절 구성	제12장. 2차 세계대전 이후에서 50년대 중기까지의 사회주의 국가 1) 소련, 2) 동유럽, 3) 중화인민공화국, 4) 기타(몽골, 베트남, 북한, 쿠바) 지역으로 각 절 구성
제3장. 전후 초기 사회주의 국가 확립과 경제 건설 1) 소련, 2) 동유럽, 3) 아시아, 4) 소련과 사회주의 진영의 관계를 주제로 각 절 구성	제13장. 2차 세계대전 이후에서 50년대까지의 주요 자본주의 국가 1) 미국, 2) 유럽, 3) 일본 지역으로 각 절 구성
제4장. 전후 자본주의 국가의 불평등한 발전 1) 파시즘[일본, 독일, 이탈리아] 국가, 2) 북부와 서부 유럽, 3) 미국, 4) 전후 국가 독점 자본주의와 구미 경제 평가를 주제로 각 절 구성	제14장. 2차 세계대전 이후 민족해방운동과 제삼세계의 흥기 1) 아시아, 2) 아프리카, 3) 라틴아메리카, 4) 제삼세계를 주제로 각 절 구성
제5장. 아(亞), 비(非), 라(拉) 민족 민주운동의 신고조와 민족 독립 1) 아시아, 2) 아프리카, 3) 60년대 아(亞), 비(非), 라(拉) 및 태평양의 민족 독립을 주제로 각 절 구성	제15장. 냉전과 양극체제의 변화 1) 냉전의 변화, 2) 구미 진영, 3) 사회주의 진영, 4) 신냉전에서 양극체제의 종결을 주제로 각 절 구성

---

16 『世界現代史』編寫組 編, 2013, 『世界現代史 下卷』, 高等教育出版社·人民出版社, 1~27쪽.

제6장. 제삼세계의 굴기와 양대 진영의 분화 1) 제삼세계, 2) 국제 공산주의운동의 분기, 3) 미소와 동서 관계 완화, 4) 구미 모순과 진영 분화를 주제로 각 절 구성	제16장. 20세기 60~90년대의 주요 자본주의 국가 1) 미국, 2) 유럽, 3) 일본, 4) 환태평양지구를 주제로 각 절 구성
제7장. 세계 과학기술 혁명의 고조와 그 사회적 영향 1) 제3차 기술 혁명, 2) 사회 작용과 신산업 혁명, 3) 도전과 환경위기를 주제로 각 절 구성	제17장. 독립 후의 아(亞), 비(非), 라(拉)의 개발도상국 1) 아시아, 2) 아프리카, 3) 라틴아메리카, 4) 남북 대화와 남남 합작을 주제로 각 절 구성
제8장. 경제 번영에서 스태그플레이션에 빠진 자본주의 각국의 사회와 문화 1) 미국, 2) 서구, 3) 일본과 태평양지구, 4) 문화사조를 주제로 각 절 구성	제18장. 20세기 중후기 소련 동구 사회주의 국가의 발전과 좌절 1) 소련, 2) 동유럽, 3) 소련 해체와 동유럽 변화를 주제로 각 절 구성
제9장. 사회주의 국가의 정치 경제 개혁과 발전 변화 1) 소련 개혁과 해체, 2) 동유럽, 3) 중국을 주제로 각 절 구성	제19장. 사회주의 국가 개혁과 당대 사회주의 발전 1) 중국 사회주의 건설, 2) 개혁개방과 중국 특색 사회주의, 3) 사회주의 국가 개혁과 당대 사회주의 발전을 주제로 각 절 구성
제10장. 민족 독립 개발도상국들의 굴곡진 길 위에서의 전진 1) 아시아, 2) 중동, 3) 아프리카, 4) 라틴아메리카를 주제로 각 절 구성	제20장. 글로벌 경제와 세계 다원화의 발전 1) 글로벌 경제와 구역 경제, 2) 다원화, 3) 냉전 후 충돌, 평화, 협력을 주제로 각 절 구성
제11장. 양극에서 다원화, 협력, 경쟁과 변혁으로 향하는 세계 1) 미소 지위 변화, 2) 미, 일, 서구의 병립, 3) 남북 관계와 남남 합작, 4) 교체기 국제 관계를 주제로 각 절 구성	제21장. 20세기 하반기의 과학기술과 문화 1) 신과학기술 혁명, 2) 20세기 하반기 문화, 3) 신과학기술과 문화의 경제 발전 영향을 주제로 각 절 구성

〈표 1〉에서 『세계사(b-1)』의 구성은 크게 두 가지 특징이 두드러진다. 첫째로 1950년대와 1960~1990년대로 시기를 뚜렷하게 구분하였고, 연도 하한이 1980~1990년대에서 2000년대로 확장되었다. 또한 과거 미국과 소련 중심의 국제 관계 서술과 사건에서 1960년대 이후 국가들 사이 다원적인 국제 관계 형성에 관한 서술이 강화되었고, 특히 국제 무대

에서 중국의 주체적인 역할과 중국과 각 국가의 관련성에 관한 서술 비중이 증가했다.

둘째로 다음 장에서 자세히 살펴보겠지만, '중국' 자국의 역사 서술이 상당히 증가했다. 『세계사(b-1)』 '제12장'의 3절 '중화인민공화국의 성립과 사회주의 제도의 확립'에서 8페이지에 걸쳐 1950년대 중국에 관해 서술하였는데, 이는 기존 교재인 『세계사(a)』의 '제3장' 3절 '아시아 사회주의 국가의 경제 건설'에서 중국사를 2페이지로 약술한 것과 대조적이다. 무엇보다 『세계사(b-1)』은 독립된 하나의 장('제19장') 전체를 할애하여 중국 개혁개방과 '중국 특색 사회주의' 형성 과정을 상술하고, 중국 경험이 '당대' 세계 사회주의 국가 발전에 미친 영향을 설명하고 있다.

『세계사(b-1)』 '제20장'의 서술은 처음 '제11장'에서의 전후 세계시장체제에 대한 비판적 시각과 짝을 이루며 전체적인 서사 구조를 잘 드러낸다. 즉, 전후 얄타체제로부터 기인한 '양극화체제'가 1980년의 미소 양국 간 '신냉전'과 '신-데탕트'란 부침 끝에 종결된 후, 세계는 거대한 전환기에 접어들었다. 미소 양국이 이끌던 지난 세계는 1990년대 이후 더욱 뚜렷해진 세계 '다극화'와 대조되는 세계로 그려진다. 냉전 기간 '미소' 양국으로 대표되는 '패권주의'와 '패권정치'는 '갈등'과 불균형한 경제 발전, 빈부 격차 등으로 특징되며, 이와 대조되는 세계인 다극화 세계에서 중국은 중국 특색 사회주의를 건설함으로써 경제 세계화와 다극화, 곧 "평화와 번영, 안정"에 기여했다는 대결 구조를 형성하고 있다.[17]

이처럼 지난 교재에서 '세계사'는 전후 '얄타체제'로부터 글로벌 경제 발전과 통합으로 향한 여정으로 그려졌다면, 마공정의 세계사 교재에서

---

17 『世界現代史』編寫組 編, 2013, 『世界現代史 下卷』, 高等教育出版社·人民出版社, 304~329쪽.

는 '얄타체제'가 낳은 냉전의 틀 속에서, 선진국이 주도하는 자본주의 시장경제체제와 중국으로 대표되는 '제삼세계'의 대항, 그 승리 과정, 그리고 그로부터 구축한 '진정한' 다원적 글로벌 경제체제의 형성 과정을 그리고 있다.[18]

III. 냉전기 세계 경제화의 추세와 중국 현대화 경험의 재서술

1. 1950년대 초기 서술 변화와 '당대 사회주의' 형성

마공정 교재 『세계현대사』의 주편(主編)이자 중국사회과학원 세계사 연구소 소장 위페이(於沛)는 최근 "중국식 현대화는 우수한 중국 전통문화에 깊이 뿌리를 두고 있으며, 과학적 사회주의의 선진적 특성을 구현하고, 우수한 인류 문명의 모든 성과를 끌어들여 흡수하고, 인류 문명의 발전 방향을 대표하며, 새로운 인류 문명의 형태인 서구 현대화 모델과는 다른 새로운 그림"이라고 논했다. 또한 그는 시진핑의 말을 인용하며 과거 서양이 기준이 되었던 '보편'의 가치와 역사가 아닌, '공동'의 가치와 역사에 대해 설명한 바 있다.[19] 이 같은 위페이의 자국사 인식은 마공정 교재 『세계현대사』의 역사 서술 특징과도 상통한다. 즉, 마공정의 세계사 서술에서 중국은 사회주의 건설 경험과 모델을 제공하는 대표자이자, '공

---

18 중국이 '제삼세계'에 특별한 의미를 부여했던 것은 지난 세기부터 이어져 왔던 일이다. 일찍이 마오쩌둥은 미국에 대해, 그리고 때로는 소련에 대해 '반제국주의'를 내세워 '제삼세계'와 연대했고, 덩샤오핑은 중국을 영원한 '제삼세계'로 칭하며 '반패권주의' 입장을 내걸었다. 이원준, 2022, 「중국공산당 100년의 세계인식과 외교 노선 변천사 試論」, 『중국근현대사연구』 93.

19 於沛, 2023, 「中華民族對人類文明進步的歷史貢獻」, 『中國社會科學報』, 3~4쪽.

동'의 가치와 역사를 창조해 나갈 주체로 자리 매겨진다.

앞서 지적한 바와 같이 마공정 교재『세계사(b-1)』에서는 중국의 역할과 서술 비중이 대폭 증가하였으며, 과거 주목하지 않았던 1950년대 중화인민공화국의 경험이 강조되고 있음이 확인된다. 과거『세계사(a)』에서 1950년대 중국은 어디까지나 사회주의 진영의 일부로서 다뤄졌고 중국의 1950년대를 특별하게 서술하지 않는다. 중국이 경제 회복과 사회주의 개조를 거치며 일궈 낸 국가자본주의 경제와 합작사 조직의 우월성에 대해 긍정하고, 당시 1956년 '제8차 전국대표대회' 방침이 "창의적"이고 정확했다고 평가하지만, 이후 준비가 미흡했고 당시의 방침이 실현되지 못함으로써 결국 "곡절"을 겪었던 역사로 서술하는 정도였다.[20]

반면『세계사(b-1)』에서는 1950년대 중국에 대한 서술 분량이 증가했을 뿐 아니라, "전체 인류의 4분의 1을 차지"하는 중국의 변화 여정과 그 세계사적 의의를 적극적으로 해석한다. 이 교재의 도입부에서는 중화인민공화국 수립을 "동양 대국에서 제국주의와 그 하수인들의 힘을 쓸어 내고, 세계 식민지체제에 큰 타격"을 입힌 것으로 표현한다. 이로써 세계 평화와 민주주의와 사회주의 진영의 힘을 강화하고 "아시아, 아프리카 및 라틴아메리카의 억압받는 민족과 국가 해방투쟁에 강력한 자극과 격려를 제공"한 것으로 평가한다. 이는 중국이 사회주의 진영에 속하지만 동시에 억압받던 민족이자 자립을 이루어 낸 주체로서 같은 처지의 제삼세계 민족의 독립과 국가 건설에 기여했다는 논리이다. 이상과 같은 중국의 제삼세계에 대한 자기인식과 선진 모델 제공의 기여 논리는 마공정 세계사 교재 서술에서 일관되게 찾아볼 수 있다.[21]

---

20 吳於廑・齊世榮 主編, 2011,『世界史 現代史編 下卷』, 高等教育出版社, 68~70쪽.

21 『世界現代史』編寫組 編, 2013,『世界現代史 下卷』, 高等教育出版社・人民出版社,

또한 『세계사(b-1)』에서는 1950년대를 마르크스-레닌주의의 보편 진리에 중국의 실천적 경험을 결합하여, 중국이 '마르크스-마오쩌둥 사상'을 형성했던 시기이자 중국에 맞는 신민주주의와 사회주의 개혁 방향을 모색해 나갔던 과정으로 서술한다. 교재는 1957년까지 중국의 경제 회복과 '일오계획(一五计划)' 시행, 사회주의 개조 과정을 설명하고, 사회주의 개조 과정을 역사상 최초로 부르주아 계급을 평화적인 수단으로 억제했던 "국제 공산주의운동의 선구적인 움직임"이자 중국 공산주의자들의 "중요한 공헌"으로 평가한다. 이에 더하여 1950년대 '일오계획'의 초과 달성은 향후 중국의 사회주의 산업화의 기초를 마련하고, 후진적인 중국이 변화를 시작했던 시기로 재정의된다.[22]

『세계사(b-1)』은 1950년대 중국의 한국전쟁 참전과 반둥회의 참가 등 외교 방면의 성과에 대해서도 상세히 언급한다. 중국은 한국전쟁에서 미국으로부터 승리를 거둠으로써 "중국 인민 민족의 자긍심을 크게 일깨우고, 신중국의 국제 위상을 높였으며, '조선[북한]'의 독립을 지원하고, 동북아시아의 안정을 유지"하여 중국 사회주의 건설을 장기 지속할 수 있는 평화로운 환경을 확보한 것으로 평가하였다. 또한 반둥회의에서 중국이 제안한 "평화 공존 5대 원칙"이 반둥회의 10대 원칙에 반영된 사실을 통해 국제사회에서 중국의 지위와 영향력이 제고된 사실을 강조한다.[23]

『세계사(a)』에서는 1956년 사회주의 개조가 완성된 이후부터 개혁개방 이전 시기까지를 중국에 맞는 사회주의 건설을 탐색했던 '탐색기

43~44쪽.

22 『世界現代史』編寫組 編, 2013, 『世界現代史 下卷』, 高等教育出版社·人民出版社, 46~49쪽.

23 『世界現代史』編寫組 編, 2013, 『世界現代史 下卷』, 高等教育出版社·人民出版社, 49~50쪽.

(1956~1965년)'와 '문화대혁명기(1966~1976년)'로 나누어 설명한다. '탐색기'는 앞서 언급한 바와 같이 당의 지침은 타당했지만 잘못된 판단으로 "경제적 어려움"이 있었던 시기로 표현된다. '탐색기'의 문제 원인으로는 반우파 투쟁의 지나친 확대와 대약진의 실책, 소련의 계약 불이행, 자연재해 등이 지적되며, 대약진시대에 대해서는 "국가와 국민적 손실"이 있던 것으로 간략히 서술되었다.

다만, 대약진 이후 '조정기'에 대해 "현재 중국이 현대화를 위해 의존하는 물질적, 기술적 토대" 상당 부분이 구축된 시기로 높이 평가한 점이 눈에 띈다. 교재에 따르면 1960년 중앙정부는 "류사오치, 저우언라이, 천원, 덩샤오핑" 등으로 대표되는 당 지도부의 "올바른 정책과 조치"에 따라 대약진의 오류를 즉시 수정함으로써, 1962년부터 경제가 다시 활기를 되찾았고, 1966년까지 농업은 9.9%, 공업은 총생산의 90.1%가 성장했다고 하였다. 이상의 서술은 개혁개방 기간 덩샤오핑의 '4개 현대화' 정책과 발전 논리가 1964년 저우언라이의 '4개 현대화' 정책에서 비롯된 것으로 여겼던 당시 인식과도 관련될 것이다. 또한 이 같은 접근은 2010년대에 저술된 『세계사(b-1)』에서 1957년까지를 기본적인 사회주의체제를 확립했던 시기로서 강조했던 것과 비교되는 지점이다.[24]

『세계사(a)』에서 '문화대혁명'의 시대는 10년간 국민소득이 약 5천 위안 감소하고, 국민 생활 수준이 하락했으며, 국가 경제 전체가 붕괴 위기를 겪은 "심각한 재앙을 가져온 내란" 시기로, 그 직전 조정기의 현대화 추세와 단절되는 시기로 그려진다. 이는 대약진의 피해가 추상적으로 언급된 것과는 다소 대조적이다. 그럼에도 1976년까지 곡물과 원유 생산량은 1965년 대비 각기 1,835억 근과 7천만 톤의 증산을 달성하였고, 교통

---

24 吳於廑·齊世榮 主編, 2011, 『世界史 現代史編 下卷』, 高等教育出版社, 297~299쪽.

인프라 확충과 인공위성, 핵 개발 등 과학기술의 성과가 있었던 사실은 언급되었는데, 교재에서는 이상의 성과를 당 간부와 인민대중의 "저항과 노력의 결과"로 설명한다.[25]

한편, 『세계사(b-1)』은 1956년 이후 개혁개방에 이르는 중국의 사회주의 건설 과정을 오늘날 사회주의 국가의 대표적인 발전 사례로서 재구성한다. 이 마공정 교재는 별도의 '제19장'을 통해 1절에서는 중국의 사회주의 건설 탐색과 발전 과정(1956~1976년)을 그리고, 2절에서는 개혁개방 이후 '중국 특색 사회주의'가 발전해 온 과정을 상술한다. 마지막 3절에서는 베트남, 쿠바, 북한, 라오스 등 당대 사회주의 국가의 건설 과정과 성과를 소개하고, 그 밖에 전 세계 각 지역 공산당의 활동을 다룬다. 이상의 장절 구성은 21세기 중국으로 대표되는 소수 사회주의 국가들을 현재 국제사회의 한 축으로 두고, 이들이 지난 소련과 동유럽의 사회주의 국가와 다른 길을 걷고 있다는 점을 부각한다.

'제19장'의 중국사 서술 분기와 구성, 주요 사건의 전개는 대체로 지난 『세계사(a)』와 비슷하다. 그러나 1956년을 중국적 사회주의의 출발점으로 삼는 서술은 이후 개혁개방까지의 중국 역사를 중국이 장기간 사회주의체제를 확립해 갔던 과정으로 재구성하며, 이때의 경험과 발전이 개혁개방을 거쳐 '소강사회(小康社會)'에 이르는 현대화 과정의 기반이 되었음을 강조한다. 따라서 1956년 중국공산당 지도부가 소련의 모방에서 벗어나 "자신의 길"을 모색했던 과정이 3페이지에 걸쳐 상술되었다. 특히 마오쩌둥의 「논십대관계(論十大關係)」는 "중국 사회주의 건설에 대한 약간의 새로운 방침을 초보적으로 형성"한 것이자, "중국 지도층이 중국 사회주의 건설의 길에 대해 기본적인 사고의 방향을 점차 뚜렷하게" 형성해

---

25 吳於廑·齊世榮 主編, 2011, 『世界史 現代史編 下卷』, 高等教育出版社, 299~301쪽.

갔던 것으로 평가하였다.[26]

또한 1956년 '제8차 전국대표대회'와 1972년 마오쩌둥의 「인민 내부의 모순을 올바르게 처리하는 문제에 관하여」를 통해, 1956년 마오쩌둥 등 당 지도부가 당시 중국 사회의 주요 모순이 계급의 문제가 아닌 "선진화된 산업 건설에 대한 대중의 요구와 낙후한 현실 사이의 모순"이라고 "정확히 인식"하고 있었고, 당시 이 문제를 해결하기 위한 사회주의 건설 체제를 기본적으로 확립한 것으로 보았다. 그러나 "올바르고 순조로운" 출발에도 불구하고, '정풍운동(整風運動)'과 극소수 부르주아 우파를 대상으로 시작했던 '반우파 투쟁'이 무분별하게 확대되는 과정에서 중앙 지도부의 판단이 변질된 것으로 설명한다. 이 지도부의 이데올로기적 오류가 '대약진'과 '문화대혁명'의 심각한 문제를 불러왔던 원인으로 지목된다.[27]

『세계사(b-1)』의 '조정기' 서술은 '대약진'의 경제적 혼란을 반전시키고 "다음 단계의 발전을 위해 기초를 마련"한 것으로 평가하지만, 이 기간 지도부 내 좌파의 오류도 계속 발전해 나갔던 사실을 함께 지적함으로써 전후 시기의 연속성을 강조한다. 예컨대 당시 소련과 미국 모두와 갈등을 겪던 위기 상황에서 1962년 중국공산당은 '제8기 중앙위원회 제10차 전체회의(8기 10중전회)'에서 사회주의 사회 내부에 여전히 일정 범위 내 계급투쟁이 존재하며, 부르주아 계급이 사회주의 역사 단계에 존재할 것이라고 "단언"하게 된다. 이로써 사회주의 교육운동이 일찍부터 재개되었고, 이로부터 문화대혁명으로 이어졌던 역사 사실을 복원했다.[28] 즉, 이 교

---

26 『世界現代史』編寫組 編, 2013, 『世界現代史 下卷』, 高等教育出版社·人民出版社, 267쪽.

27 『世界現代史』編寫組 編, 2013, 『世界現代史 下卷』, 高等教育出版社·人民出版社, 267~269쪽.

28 『世界現代史』編寫組 編, 2013, 『世界現代史 下卷』, 高等教育出版社·人民出版社,

재에서 말하는 '조정기'는 이전 교재와는 달리 어디까지나 1956년 수립된 사회주의체제가 발전을 모색해 나가며 "곡절"을 겪던 탐색기로 해석된다.

　흥미로운 점은 1956년과 1957년 마오쩌둥이 제시한 정책 방향 자체는 옳았다는 관점으로 서술되었다는 것이다. 예컨대 모든 문제의 시작으로 여겨지는 '정풍운동'도 마오쩌둥이 처음 제시한 구호와 방법은 어디까지나 사회주의 건설을 위한 산업 현대화와 농업 기초를 구축하려는 목적으로 '팔대(八大)' 정신을 계승 발전한 것으로 강조되며, 이후 '좌경화' 과정에서 마오쩌둥과의 관련성은 전혀 언급되지 않는다.[29] 문화대혁명의 경우 『세계사(a)』에서는 마오쩌둥이 이를 시작하고 주도했던 사실을 반복적으로 언급하는 반면,[30] 『세계사(b-1)』에서는 마오쩌둥의 입장에서 잘못된 판단을 내렸던 배경과 아래로부터의 혁명을 일으켰던 이유를 자세히 설명한다. 또한 문화대혁명이 발생했던 배경으로 마오쩌둥 개인에게 과도한 권력이 집중된 결과, 당 지도부가 그의 잘못된 판단에 적절히 대처하지 못했던 구조적인 문제를 언급한 점도 눈에 띈다.[31]

　『세계사(b-1)』 역시 문화대혁명을 "어떤 의미에서도 혁명이나 사회 진보가 아닌, 단지 지도자가 잘못 시작하고, 반(反)혁명 집단에 이용당한" 내란이라고 비판적으로 결론 내린다.[32] 그러나 1956년 이래 22년간의 사

272~273쪽.

29　『世界現代史』編寫組 編, 2013, 『世界現代史 下卷』, 高等教育出版社·人民出版社, 269~270쪽.

30　문화대혁명의 10년의 혼란에 대해 서술한 2절의 거의 모든 문단에서 마오쩌둥이 언급된다. 吳於廑·齊世榮 主編, 2011, 『世界史 現代史編 下卷』, 高等教育出版社, 299~301쪽.

31　『世界現代史』編寫組 編, 2013, 『世界現代史 下卷』, 高等教育出版社·人民出版社, 273~275쪽.

32　『세계사(a)』의 경우 '제3절' 전체 8페이지 가운데 대약진과 문화대혁명이 각기 2페이

회주의 길의 탐색과 그 성과에 대해서는 다음 여섯 가지 관점에서 긍정적인 평가를 더하였다. 첫째, 여전히 빠른 경제 발전 속도를 유지하며, 독립적이고 비교적 완전한 공업 체계와 국민경제 체계를 기본적으로 구축했다. 둘째, 교통과 농업 건설과 발전을 통해 인민의 생활수준을 점진적으로 향상했다. 셋째, 교육 및 문화 등의 방면에서 발전과 성과가 있었다. 넷째, 과학기술 방면에서 발전과 성과가 있었다. 다섯째, 사상 도덕 등의 방면에서 발전과 성과가 있었다. 여섯째, 국제적 위상이 제고되어 아시아, 아프리카, 라틴아메리카 민족해방운동을 지원 및 원조하고, 개발도상국과 우호 관계를 맺어 1976년까지 111개국과 수교를 맺었다. 이 교재는 마오쩌둥으로 대표되는 공산당 지도부가, 중국 특색 사회주의의 근간을 이루는 제도들을 지속해서 모색해 갔고, 일련의 중요한 이론을 창조하여 개혁개방 발전의 토대를 마련한 것으로 재서술한다.[33]

2. 중국의 개혁개방 경험과 국제적 역할 재정의

『세계사(a)』는 1992년까지의 개혁개방 정책 전개 과정과 '중국 특색 사회주의 건설'에 관해서는 비교적 적극적인 해석과 평가를 더한 편이다. 즉, 이 교재 역시 당시 정부 방침과 정책 방향이 개혁개방과 세계시장경제에 대한 긍정적인 평가로 드러났음을 확인할 수 있다. 『세계사(a)』에서 개혁개방 시기는 크게 세 개 시기로 나누어 서술된다. 먼저 1978년

지로 구성되어, 주로 문화대혁명의 전개와 피해 내용이 서술되었다. 반면 『세계사(b-1)』에서는 19장의 '제1절'과 '제2절'이 각각 12페이지와 16페이지로 구성된 가운데 문화대혁명 서술은 2페이지에 못 미쳐 상대적으로 소략한 편이며, '사인방'을 사건 전개의 중심에 두고 서술한다. 또한 피해 상황에 대한 구체적인 언급이 거의 없다.

33 『世界現代史』編寫組 編, 2013, 『世界現代史 下卷』, 高等教育出版社·人民出版社, 275~277쪽.

12월 중국공산당 '제11기 중앙위원회 제3차 전체회의'(이하 '제11기 삼중전회') 이후 시기는 덩샤오핑의 지도체제가 구성되어 갔던 시기로, 교재는 이를 "중대한 역사적인 전환"이자 중국 사회주의의 새로운 발전기로 평가한다. 이때 '실사구시'의 실천론이 대두되고, 정치 노선이 계급투쟁에서 국가의 경제 건설로 전환되었던 것이 주요 내용으로 소개되었다.[34]

두 번째로 1982년 '제12차 전국대표대회' 이후 개혁개방으로 대변되는 시기로, 교재에서는 이때 공식화된 "중국 특색 사회주의 건설"이 "새로운 역사 시기 사회주의 현대화 건설 진행에 대한 지도 사상"이라고 평가한다. 이 시기의 가장 큰 특징으로는 농촌의 변화, 즉 농가 생산 책임제와 인민공사 해체, 통구통소(統購統銷) 폐지, 거래 자유화, 향진(鄉鎮) 기업의 약진이 소개되고 있다. 또한 1984년 '제12기 중앙위원회 제3차 전체회의'에서 중국 사회주의 경제가 "공유제에 기반한 계획이 있는 상품경제"로 정의됨으로써 기존의 계획경제와 상품경제 사이의 대립 관념이 해소되었고, 대외 개방 창구인 '경제특구' 건설과 외국 자본, 기술, 사업 등을 활용하는 새로운 사회주의 경제 발전이 실험되었음을 설명한다.[35]

마지막으로는 1992년 '제14차 전국대표대회' 이후 시기로, 1980년대 중후반의 경제 급성장과 베이징의 "반혁명 폭동"으로 표현된 정치적 혼란을 딛고, 장쩌민 정부가 덩샤오핑이 '남순강화(南巡講話)'에서 남긴 '개혁, 개방, 현대화' 전략을 계승하여 '사회주의 시장경제체제'의 수립을 제안했던 시기로 그려진다. 교재는 이를 "사회주의 경제 이론의 중대한 돌파구"이자 중국공산당의 위대한 창조이며, 마르크스주의의 주요 발전을 이룬 것으로 높이 평가한다. 또한 이상의 10년간 사회주의 생산력이 크

34　吳於廑·齊世榮 主編, 2011, 『世界史 現代史編 下卷』, 高等敎育出版社, 301~302쪽.
35　吳於廑·齊世榮 主編, 2011, 『世界史 現代史編 下卷』, 高等敎育出版社, 302~303쪽.

게 발전한 결과, 1990년에는 1978년 대비 국민총생산이 1.74배 증가했고, 11억 인민의 의식주 문제를 기본적으로 해결했다고 구체적으로 언급한다.[36]

반면, 2013년에 출간된 『세계사(b-1)』에서는 개혁개방 이후 시기를 ① 덩샤오핑의 '하나의 중심, 두 개의 기본점'[37]을 키워드로 한 "중국 특색 사회주의 제도의 형성기", ② 장쩌민의 '세 개의 대표'[38] 사상과 '과학적 발전관'[39]에 근거한 "중국 특색 사회주의 제도의 발전기", ③ 후진타오의 '소강사회'로 대표되는 "중국 특색 사회주의의 신국면" 시기로 나누어 설명한다. 이미 소개에서 보이듯이 마공정 교재에서는 『세계사(a)』에서는 눈에 잘 띄지 않는 특정 '키워드'를 중심으로 그 시기의 설명을 반복해 가는 경향을 엿볼 수 있다.

덩샤오핑 시대는 『세계사(a)』의 설명과 구성이 거의 유사하다. 다만 1989년 장쩌민이 총서기로 선출된 이후 덩샤오핑의 '하나의 중심, 두 개의 기본점'을 계승 발전하여 직전의 경제 문제와 "정치 혼란"에 대처해 갔다는 설명이나, 개혁개방이 '사회주의'인지 '자본주의'인지를 둘러싼 논쟁에 대한 덩샤오핑의 대답을 소개한 점이 눈에 띈다. 덩샤오핑은 사회주의와 자본주의의 본질적인 차이가 조금 더 계획적이거나 조금 더 시장적인 것의 문제가 아니며, 사회 주의의 본질은 "생산력을 해방하고 발전

---

36 吳於廑·齊世榮 主編, 2011, 『世界史 現代史編 下卷』, 高等教育出版社, 304쪽.
37 경제 건설이 중심, 즉 혁명이 아님. 4개 기본원칙(第一, 必須堅持社會主義道路; 第二, 必須堅持人民民主专政; 第三, 必須堅持中國共產黨的正確領導; 第四, 必須堅持馬列主義, 毛泽東思想)과 개혁개방.
38 항상 중국의 선진 사회 생산력의 발전 요구를 대표한다; 항상 중국의 선진 문화의 전진 방향을 대표한다; 항상 중국 인민 대부분의 근본 이익을 대표한다.
39 전면적이고 협조적이며 지속 가능한 발전관, 기본 방향에 대한 정의, 즉 소강사회.

시켜, 착취와 양극화를 소멸시키고, 궁극적으로 '공동부유(共同富裕)'를 달성하는 것"이라고 말했는데, 소개된 덩샤오핑의 언설에는 당시 정부가 강조했던 가치와 키워드들이 포함되어 있다.[40]

장쩌민 시대는 『세계사(b-1)』에서 역시 '사회주의 계획경제'에서 '사회주의 시장경제'로 전환했던 시기로 그려지고 있으며, 중국 경제가 고속 발전 과정에서도 "고성장 저인플레이션"의 "연착륙"에 성공했던 시기로 평가된다. 또한 2000년에 이르러 장쩌민이 '세 개의 대표' 사상을 제시함으로써 사회주의가 무엇이고 어떻게 건설하는가에 대한 답을 제공하였고, 교재는 이를 21세기에 개혁개방을 지속해 나가는 이론적 지침을 제공한 것으로 보았다.[41]

『세계사(b-1)』에서 처음으로 다뤄진 후진타오의 시대는 '소강사회'를 건설하고 '사회주의 현대화'를 가속해 나가는 새로운 발전 단계로 서술된다. 본문의 설명에 따르면 2003년 사스 등의 새로운 도전에 맞서 후진타오 지도부는 "전면적인 발전과 조화로운 발전, 지속 가능한 발전관" 및 "과학적인 발전관" 등을 제안하여, "전면적 소강사회 건설"의 새로운 실천을 추구해 갔다. 정부는 거시적 통제를 통해 맹목적인 투자와 건설을 반복하는 문제를 해결하고, 경제적 법적 수단을 통해 경제 발전의 불안정한 요소들을 억제하여 경제 성장을 안정적이면서도 상대적으로 빠르게 견인한 것으로 평가되었다. 또한 도시와 농촌, 지역 간 균형 발전 등의 문제에 대한 일련의 정책과 제도적 조치가 소개되었다. '제16기 중앙위원회

---

40 『世界現代史』編寫組 編, 2013, 『世界現代史 下卷』, 高等教育出版社·人民出版社, 282~284쪽.
41 『世界現代史』編寫組 編, 2013, 『世界現代史 下卷』, 高等教育出版社·人民出版社, 284~286쪽.

6차 전체회의'는 사회주의 현대화 건설을 위한 요구 사항으로 기존의 "부강, 민주, 문명"에 "조화(和諧)"를 추가하였고, 이로써 중국 특색 사회주의 구도를 "경제, 정치, 문화 건설의 삼위일체"에서 "경제, 정치, 문화, 사회 건설의 사위일체(四位一體)"로 발전시켰음을 긍정적으로 평가했다.[42]

이상의 중국 사회주의의 발전 경험은 2008년 미국발 국제 금융 위기 속에서도 중국이 성장을 유지하고, 2009년에는 향후 국가의 소프트파워를 강화하는 데 기여했던 스포츠와 과학기술, 환경, 보건, 의료, 금융, 세금 및 재정 등의 영역에서 새로운 돌파구를 마련한 것으로 연결된다. 중국 특색 사회주의 건설은 중국의 경제, 정치, 문화, 사회, 기타 영역 등에서의 제도 개혁과 그 성공적인 성과와 함께 중국 특색 사회주의 건설이 "중화민족의 위대한 부흥 실현의 길"로 표현되었다. 대외적으로 중국의 개혁개방은 세계의 다극화를 이끌고, 경제 세계화에 긍정적인 영향을 제공하여 세계에 더 넓은 시장과 협력 공간을 제공한 것으로 평가되었다. 특히 중국은 강대국의 '대국굴기(大國崛起)'를 대신하여 자력으로 내수를 확대해 발전 기반을 마련했고, 자기 잠재력을 활용하여 '부민강국(富民強國)'을 실현했다는 점을 높이 평가했다. 이 일련의 성공담이 곧 미국이나 자본주의 국가와 다른 경험과 길을 제공하는 근거가 되는 것이다.

마공정 교재는 '중국 특색 사회주의'가 세계 사회주의 발전에 활력과 중요한 경험을 제공하였고, 기타 사회주의 국가가 각자의 발전 경로를 모색하는 데 큰 격려와 경험을 제공할 것으로 서술했다. 또한 수억 인구의 중국이 절대 빈곤에서 벗어남으로써 개발도상국의 빈곤 퇴치와 번영, 안정적인 발전에 중요한 참고와 교훈을 제공한다고 평가한다. 따라서 교재

---

42 『世界現代史』編寫組 編, 2013, 『世界現代史 下卷』, 高等教育出版社・人民出版社, 288~289쪽.

는 '중국 특색 사회주의'가 "인류 문명사의 위대한 혁신이며, 사회 발전 법칙과 발전 경로에 대한 이해"에 크게 공헌했고, 향후 중국 인민이 더 큰 "부유와 문명의 길"로 나아가 세계 사회주의의 발전을 이끌 것이라고 결론 내린다.[43]

IV. 『세계현대사』의 개정: '개혁개방'을 넘어 '신시대'의 선언

2020년 1월 반포된 「전국 대·중·소학교 교재 건설 계획(2019~2022)」은 지난 교재 출판 등의 제도 건설에서 교육과정 전반에 관한 종합 계획의 미비함을 지적하고, 교재 관리제도 구축을 위한 교재 건설 전문기관 설립, 관리 책임 소재 등에 관한 방안을 담고 있다. 또한 여기에는 '신시대 중국 특색 사회주의'에 대한 시진핑 사상을 모든 교재 전반에 반영할 것이 명시되어 있다.[44] 이에 따라 마공정 교재 역시 중국 특색 사회주의의 이론과 제도, 문화 등의 내용이 반영된 개정판이 출간되기 시작했고, 이 글에서 주목한 마공정 교재 『세계현대사』도 2020년에 개정판이 출간되었다. 이 장에서는 바로 최근 개정된 2020년판 『세계현대사』(이하 『세계사(b-2)』로 약칭)의 개정 내용을 살펴봄으로써 최근 시진핑 정권이 추진하는 교재 개혁 방

---

43 『世界現代史』編寫組 編, 2013, 『世界現代史 下卷』, 高等教育出版社·人民出版社, 289~293쪽.

44 「1個規劃+4個管理辦法_我國首次係統規劃教材建設」, 『雲南教育』 1(2), 2020; 「描繪新時代教材建設藍圖-全國大中小學教材建設規劃(2019~2022年)」(2020.1.15)(http://www.moe.gov.cn/jyb_xwfb/xw_zt/moe_357/jyzt_2020n/2020_zt04/baodao/202004/t20200409_441835.html, 來源：教育部)); 「教育部關於印發《新時代馬克思主義理論研究和建設工程教育部重點教材建設推進案》的通知」(教材[2022]1 號, 2022.2.19)(http://www.moe.gov.cn/srcsite/A26/moe_714/202203/t20220308_605562.html, 來源：教育部).

향에 대한 구체적인 설명을 더해 보고자 한다.

먼저 두 판본의 목차 구성을 비교해 보면 『세계사(b-2)』에 제19장 3절 '중국 특색 사회주의 신시대로 진입'이 새롭게 추가되었음을 알 수 있다. 이 절이 바로 2012년 이후 시진핑 정권의 국정 운영 목적과 방향, 실천 방안, 그리고 약 5년간의 성과를 반영한 것이다.

2012년 '제18차 전국대표대회' 이래 시진핑 정권은 "중화민족의 위대한 부흥"이라는 중국몽(中國夢)과 중국 특색 사회주의 건설 목표로서 "두 개의 백 년"이란 기치를 내걸고, '신시대'의 꿈과 목표를 위해 "경제, 정치, 문화, 사회, 생태"의 '오위일체(五位一體)' 문명 건설 방안과 전면적 소강사회, 개혁개방 심화, 의법치국(依法治國), 당에 대한 엄격 관리(從嚴治黨) 등 '네 개의 전면'을 추진하고 있다.

3절에서는 이상의 내용과 함께 2013년부터 2018년까지 경제와 과학기술, 일대일로, 민주주의 및 법치, 문화 소프트파워, 생태 환경, 군대, 일국양제, 인류운명공동체 추진, 당 지도력 등의 방면에서 거둔 성과를 구체적인 통계를 통해 보여 준다. 이와 같은 성과는 시진핑의 '신시대 중국 특색 사회주의 사상'이 "마르크스주의 중국화의 최신 성과"로서 '제19차 전국대표대회'에서 "마르크스-레닌주의, 마오쩌둥 사상, 덩샤오핑 이론, 세 가지 대표의 중요 사상, 과학적 발전관"과 함께 당의 행동 지침으로 '중국공산당장정'에 오른 것에 정당성을 부여한다.[45] 이처럼 새로 덧붙여진 제19장 3절은 당대 역사 서술이라기보다 현재 중공의 국정 운영 방침과 정책을 선전하는 내용으로 구성되어 있다.

그 밖의 마공정 세계사의 개정은 주로 제19장 3절의 국가 정책 및 그

---

[45] 『世界現代史』編寫組 編, 2020, 『世界現代史 下卷』(第二版), 高等敎育出版社·人民出版社, 259~267쪽.

당위성과 연관되어, 현 정권의 세계 정세에 대한 시각 변화와 '중국 특색 사회주의' 또는 중국적 경험에 대한 강화된 인식이 드러난다.『세계사(b-2)』의 개정 내용을 모두 조사해 보면, 1990년대 이전 냉전 시기 서술에 대한 수정 빈도는 상대적으로 적고, 2000년대 이후 각국 경제와 정세의 추이에 대한 추가 설명과 중국현대사 부분에서의 서술 변화가 두드러진다. 이상의 교재 구성과 수정 정도를 고려하여 수정 내용은 크게 세 부분으로 나뉜다. 즉, 냉전기와 직후 분열기인 제11장~제15장, 20세기 중후반의 제16장~제18장, 중국적 사회주의 발전과 오늘날 세계를 다룬 제19장~제21장으로, 각 부분의 수정 내용은 다시 크게 세 가지 특징을 보인다.[46]

첫 번째로 냉전기의 수정 내용은 미국과 소련에 대한 부정적인 서술 증가와 기타 국가에 관한 서술 축약으로 요약된다. 제11장부터 제15장까지는 모두 14건의 유의미한 서술 수정이 확인되며, 사회주의 진영에 관한 제12장의 수정이 7건으로 가장 많고, 제14장 제삼세계의 서술 변화가 4건, 제15장 소련에 관한 서술 변화가 3건이었던 반면, 자본주의 진영에 관한 서술 변화는 없다. 이상의 내용은 〈표 2〉를 참고한다.

---

[46] 각 부분의 제목은 다음과 같다. 자세한 구성은 〈표 1〉의 목차 참고. ① 제11~15장: 제11장 얄타체제와 냉전의 개시, 제12장 2차 세계대전 이후에서 50년대 중기까지의 사회의 국가, 제13장 2차 세계대전 이후에서 50년대까지의 주요 자본주의 국가, 제14장 2차 세계대전 이후 민족해방운동과 제삼세계의 흥기, 제15장 냉전과 양극체제의 변화. ② 제16~18장: 제16장 20세기 60~90년대의 주요 자본주의 국가, 제17장 독립 후의 아(亞), 비(非), 라(拉)의 개발도상국, 제18장 20세기 중후기 소련 동구 사회주의 국가의 발전과 좌절. ③ 제19~21장: 제19장 사회주의 국가 개혁과 당대 사회주의 발전, 제20장 글로벌 경제와 세계 다원화의 발전, 제21장 20세기 하반기의 과학기술과 문화.

표 2. 『세계사(b-1)』 및 『세계사(b-2)』의 내용 수정 비교표(제11~15장)

장/절		『세계사(b-1)』 페이지(쪽)	『세계사(b-2)』 페이지(쪽)	『세계사(b-2)』 수정 사항
12	2	31~32	27~28	소련의 '사오계획' 내용 축약
		37	32~33	폴란드, 소련 모델 도입과 그로부터 발생한 문제 서술 추가
	3	43	38	중화인민공화국 건국 묘사 및 공동강령 내용 소개 추가
		44	39	중화인민공화국 성립 평가 변경 "중화인민공화국의 성립은 중국 인민이 일백 년간 국가 독립, 부강, 민주, 문명 발전의 길을 찾던 중 마침내 중국 국정에 맞는 혁명의 길, 현대화의 길을 찾아냈음을 나타낸다." → "중화인민공화국의 성립은 중국이 인민 민주 제도를 향한 위대한 도약을 실현하고, 중화민족의 발전은 이로부터 새로운 역사 기원을 열었다."
		46~47	41	1953년 9월 '과도기 총노선'에 대한 설명 변경, 소련과 레닌, 스탈린 등의 사회주의 건설 학습 사조에 대한 내용 삭제, 대신 마오쩌둥의 '과도기 총노선'에 대한 "상세하고 완전한" 설명 인용
	4	54	48	"조선전쟁(즉, 한국전쟁)"의 설명 문구 추가, 중국인 인적 물적 피해 숫자 삭제, 참전일 수정, 10월 25일 → 10월 19일 "이는 제2차 세계대전 종료 후, 첫 대규모의 국제적인 국지 전쟁이며, 또한 중화인민공화국이 성립된 후 중국 인민이 세계에서 가장 강대한 적과 함께 군사 대결을 진행하여 승리를 쟁취한 국가 보위 전쟁이었다."(추가)
		55	49	미국 물적 피해 수치 추가, "조선(북한)"에 관한 서술 삭제 "조선민주주의인민공화국의 안전을 견고히 하고, 조선 인민의 민족 자신감과 자긍심을 크게 강화하여 식민지 및 반식민지의 민족해방운동을 크게 고무시켰다."(삭제)
14	3	99	88	민족민주주의운동 고조, 라틴아메리카의 친미 독재 정권 몰락, 신흥 정권 출현에 대한 설명에서 1959년 1월 쿠바혁명에 관한 서술과 그 영향으로 라틴아메리카에 반미투쟁이 확대되었다는 평가 삭제 → 쿠바와 각 국가의 신흥 정권에 대해 단순 나열식 서술로 변경

		101	90	볼리비아 민족주의 혁명운동 서술 전 외국 자본과 군사독재 정권으로 인한 수탈 내용 추가
15		102	90	볼리비아 민족주의 혁명 정권 종결 후 미국 원조 및 군사독재 정권 수립에 관한 서술 삭제
		103	90~91	칠레 아옌데 정권의 성립 배경 서술 추가
	3	133	118	소련공산당 제20차 대표대회에 대한 평가, 사회주의 진영 분열, 서양에 소련과 기타 사회주의 국가 및 공산당 사이의 모순 공개, 서방에 반공주의를 조장, 국제공산주의 운동에 어려움을 증가시켰다는 서술 추가
		137	121	중국과 인도 분쟁 시 소련의 반중 태도 서술 추가
	4	142	123	소절 제목 축약, 1979년 12월 소련의 아프가니스탄 침공과 미국의 강경 대응 내용 추가

이 중 소련과 소련식 사회주의 모델에 대한 부정적인 평가나 영향에 관한 서술이 5건, 미국에 대한 부정적인 서술이 3건 증가했으며, 쿠바와 조선(즉, 북한) 등 기타 국가에 관한 서술 축약이 2건 확인된다. 나머지 수정 내용은 중국 자신의, 예컨대 중화인민공화국 성립과 정책에 관한 서술이 증가한 경우였다. 기타 국가로서는 유일하게 칠레 아옌데 정권에 관한 긍정적인 서술이 추가되었는데, 아옌데 정권은 쿠바와 함께 아메리카의 합법적인 사회주의 정권이자 미국과의 대립을 상징하는 의미가 있다. 이상의 냉전 시기 서술에 대한 수정은 반소(反蘇), 반미(反美) 경향을 보이긴 하지만, 그 정도가 개정 이전 『세계사(b-1)』과 큰 차이가 있었다고 보기는 어려울 것이다.

두 번째로 세계사 서술 상한이 2010년대로 확장되면서, 제16장부터 제18장까지 각 자본주의 진영과 제삼세계, 소련 및 동구 사회주의 각국에 대한 최근 정치, 경제 동향이 추가로 기술되었다. 자세한 수정 내용은 〈표 3〉과 같다.

표 3. 『세계사(b-1)』과 『세계사(b-2)』의 내용 수정 비교표(제16~18장)

장/절		『세계사 (b-1)』 페이지(쪽)	『세계사 (b-2)』 페이지(쪽)	『세계사(b-2)』 수정 사항
16	1	158	140~141	2000년부터 2007년까지 미국 경제 정책과 주요 현황 추가, 국제 금융 위기 발발, 미국이 그의 국제 최정상 지위를 옹호하는 외교 정책으로 9·11테러, 이라크전쟁 등 문제가 발생했고, 그 경제 충격으로 2010년대 미국의 빈곤과 빈부 격차 심화, 트럼프 정권으로 대표되는 보수화, 반세계화 경향이 확대되고 있음을 서술
	2	161/165/ 167/169	144-145/ 148/150/ 153	영국, 프랑스, 독일, 이탈리아의 2000년대 이후 자유시장경제 정책 추이와 문제, 정권 동향에 대해 간략히 서술 추가 북유럽에 대한 최근 동향은 서술하지 않음
	3	177	159	1990년대 이후 일본 경제 추이와 정권 동향 내용 추가, 1990년대 경제 침체 후 저성장 추세, 일본 경제 저성장의 주요 동력으로 대중(對中) 수출을 지목, 민족주의 정서 대두와 보수화 지적
	4	178	160	2000년 캐나다 퀘벡 독립 서술 추가
		181	163	호주의 친아시아적 정책은 경제 발전의 수단으로, 정치와 안보에서 미국과의 결별을 선언한 것이 아니라는 설명 추가
17	1	187~189	169~170	인도 및 파키스탄의 2000년대 경제 성장과 문제 서술 추가, 특히 파키스탄이 미국의 아프가니스탄전쟁에 협력하면서 테러의 위협이 10년간 지속되었던 사실과 다양한 경제 문제를 서술, 그러나 2015년 중국과 경제회랑(CPEC)을 출범하며 활성화, 1인당 GDP 1,450달러로 성장한 것으로 서술, 기타 남아시아 5개국의 2010년대 전후 1인당 GDP 수치 추가
		192	173	동남아시아 4개국의 2015년 기준 1인당 GDP 수치 추가
		196~197	177	2005년 이후 유가 변동과 중동 산유국의 2015년 1인당 GDP 등 서술 추가

2	203	183	21세기 이후 아프리카 성장세에 대한 설명 추가, 거시 경제 호전, 빠른 경제 성장, 부채 감소, 외환 보유율 증가 등을 나열, 2016년 경제 성장률이 급감했지만, 아프리카 국가 간 격차가 크다는 사실도 지적, 전체적으로는 아프리카는 여전히 세계에서 가장 낙후한 곳이라는 기존 서술 유지
	207	186	2009년 이후 남아프리카공화국의 발전 서술 증가, 2010년 이후 정부의 "신성장 정책"과 "2030 국가 발전 규획" 상술
	209	188~189	2013년 아프리카연합의 '2063 의정서', 정상회의 등의 내용 상술, 아프리카 지역의 통합과 자유무역협정 저지 등의 서술 추가, 그러나 아프리카 내부의 불균형한 경제 발전, 국가 간 협력 부재, 일부 국경분쟁으로 아프리카 지역 통합의 길이 아직 멀다는 기존 서술 유지
17	212~213	191	라틴아메리카 경제 성장 이전 배경에 대한 설명 추가
	213	192	1950~1980년대 라틴아메리카의 소비품 수입 대체가 공업 발전에 긍정적인 영향을 준 내용을 추가, "1968~1974년 연평균 10%대의 경제 성장을 달성하여 라틴아메리카 경제 성장의 기적을 창조"한 것으로 평가, 그 문제점에 대해서는 기존 서술 유지
3	214	192~193	"잃어버린 10년"이란 표현 삭제, '워싱턴 컨센서스'에 대한 서술 증가 1990년 존 윌리엄스가 '워싱턴 컨센서스' 기고, 라틴아메리카의 경제 개혁에 10가지 건의하여, "그들의 자유화, 사유화, 시장화, 국제화를 전력을 다해 끌어냄으로써, 이른바 '워싱턴 컨센서스'"가 형성됨
	216	194	라틴아메리카에서의 1960년대 군부 정권 수립 경향과 1980년대 민주 정권으로의 전환을 서술하며 구체적인 사건이나 설명이 증가함
	217	195	21세기 라틴아메리카의 공산당과 좌파 정당 대통령 당선과 정당 활약 서술 구체화
	218	196	2007년 에콰도르 코레아 대통령의 "21세기 사회주의" 정책 내용 추가

	224	201~202	1987년 페루의 가르시아 대통령, 개발도상국 그룹 창설을 발의 및 "남남 협의 및 협력 그룹(아시아, 아프리카, 라틴아메리카 15개국 그룹이라고도 함)" 성립 내용 서술
	225	203	2017년 '베이징 선언' 채택 내용 추가
18	1	228	205	브레즈네프 이후 시대 평가 추가 "브레즈네프 이후 안드로포프와 체르넨코가 소련공산당 중앙위원회 서기장이 되었고, 두 사람 모두 개혁을 통해 브레즈네프 시대가 남긴 수많은 사회경제적 문제를 해결하려고 노력했지만 모두 이를 달성하지 못했다."
	2	238	214	도입부 추가 "전후 소련의 경제체제 모델은 동유럽 국가들에 모방되어, 이들 국가는 경제에서 국유 경제 요소의 비율이 나날이 증가하고, 일반적으로 계획경제 제도를 채용하고, 중공업을 우선 발전시키고, 맹목적으로 높은 속도를 추구하며, 행정 명령으로 농업 집단화를 도입한다."
		245	220	1987년 체코슬로바키아 밀로시 야케시 공산당 총서기로 추대, 정치, 경제, 사회, 문화 개혁 가속화, "혁명적 의미가 큰 조치"로 서술 추가

〈표 3〉에서 2007년 미국발 금융 위기의 세계적 확산과 반세계화 등의 새로운 국제 문제가 두드러지게 서술되고 있음이 확인된다. 예컨대 제16장에서 자본주의 세계에 대해 미국발 금융 위기의 여파와 '트럼프 정권'으로 대표되는 정치 보수화 문제가 상술되었고, 실업과 복지 지출, 빈부 격차, 테러 등 반복되는 사회와 경제 위기의 인상이 강화되었다. 제삼세계에 관한 서술은 각국의 최근 경제 성장 추세를 나타내는 수치와 함께 아시아의 미국발 금융 위기와 테러의 위협을 비롯하여 아프리카의 불균형한 경제 성장과 국가 간의 국경분쟁 등의 문제가 지적되었다.

그 밖에 제삼세계의 정세 변화에 관한 서술도 눈에 띈다. 2013년 아프리카연합의 '2063 의정서'로 대표되는 지역 내 협력 강화 노력, 라틴아메리카의 '워싱턴 컨센서스'와의 결별과 21세기 공산당과 좌파 정당의 활약 등이 비교적 자세하게 소개되었다. 또한 2017년 12월 베이징에서 제1차 '남남 인권 포럼'이 개최되어 '베이징 선언'이 채택된 내용도 자세히 언급되어 있다. 교재는 "중국 인민은 광대한 개발도상국을 포함한 전 세계 인민과 같은 마음으로 협력하여, 협력을 통해 발전하고, 발전을 통해 인권을 촉진하며, 인류운명공동체를 공동으로 건설하기를 원한다"라는 시진핑의 발언을 싣고 있다. 또한 '베이징 선언'을 통해 "인권의 보편적 인정과 준수를 보장"하며, "인권 실현은 반드시 지역 및 국가적 맥락과 정치, 경제, 사회, 문화, 역사 및 종교적 배경을 고려해야 함"을 주장하고 있다.[47]

한편, 제18장의 소련으로 대표되는 구사회주의 국가에 관한 서술은 추가되거나 수정된 내용이 거의 없으며, 일부 소련 모델의 특징과 그 문제점에 대한 지적이 추가된 정도였다. 반면 제19장 4절에서 중국으로 대표되는 '당대 사회주의' 국가로 분류된 베트남, 쿠바, 조선(북한), 라오스 및 세계 공산당의 최근 동향과 중국과의 관계 등이 추가되었다. 이로써 『세계사(b-2)』의 현대 세계 서술은 21세기 미국으로 대표되는 '자본주의 세계'와 중국이 이끄는 '제삼세계 및 당대 사회주의 세계'의 대립적인 구도가 강화된 인상을 남긴다.

마지막으로, 『세계사(b-2)』에서 중국의 사회주의 건설 경험과 개혁개방 시기에 관한 서술 및 평가에 있어 〈표 4〉와 같은 큰 변화가 확인된다.

---

47 『世界現代史』編寫組 編, 2020, 『世界現代史 下卷』, 高等教育出版社·人民出版社, 203쪽.

표 4. 『세계사(b-1)』과 『세계사(b-2)』 제19장의 내용 수정 비교표

장/절		『세계사 (b-1)』 페이지(쪽)	『세계사 (b-2)』 페이지(쪽)	『세계사(b-2)』 수정 사항
19	1	268	241	마오쩌둥의 '백화제방 백가쟁명'에 대한 언설 삭제
		269~270	241~242	일부 문장 축약, 내용상 변경은 없음, 1957년 5월 이후 공산당에 대한 우파의 비판에 대해 구체적으로 상술
		275	247	3-1, 도입부 사회주의 건설 성과 추가 "1952년부터 1978년까지 공농업총생산 평균 8.2% 성장" "전국 사망률은 1949년 20%에서 1976년 7.25%로 감소했고, 기대수명은 1949년 35세에서 1975년 68.18세로 증가했다."
		276	248	1972, 닉슨 방중, '중미연합공보' 내용 추가
		277	249	마오쩌둥에 대한 평가 추가
	2	283	254	기업 및 시장제도 개혁 평가 삭제
		284	255	문구 수정: "개혁개방이 '사(社)'인지 '자(資)'인지 의문을 제기하며, 심지어…" → "개혁개방에 대한 믿음이 부족해졌고, 심지어…"
		285	256	기업 및 시장제도 개혁 내용 삭제, 덩샤오핑 이론 평가 추가 "국유 기업 개혁이 권력 이양과 이윤 창출, 정책 조정에서 메커니즘 전환, 제도 혁신 단계로 진입했다. 재정, 금융, 대외 무역, 유통, 사회보장 등의 개혁도 동시에 추진되어, 자원 배분에서 시장의 기초적인(基礎性) 역할을 크게 강화했다." 등의 내용 삭제 "덩샤오핑 이론은 중국 사회주의 건설과 사회주의 견고화 및 발전의 기본 문제를 명확하게 한 중국 특색 사회주의 이론체계의 '개편지작(開篇之作)'이다."
		286	257	대만 문제 서술 일부 삭제 "'평화 통일, 일국양제'라는 기본 방침 아래, 중국 본토와 대만 간의 장기 경색 국면이 끝나고, 양안의 사람 왕래 및 경제, 문화, 스포츠 등 각 분야의 교류가 활발하게 발전했다."(삭제)

19	2	287	258~259	2003년 10월 중공 중앙 '사회주의 시장경제체제 완비에 관한 약간의 문제에 관한 결정' 문건 내용 축약 "고분(股份) 제도를 공유제의 주요 실현 형식으로 한다. 재세, 금융, 대외 경제체제 개혁 등에 새로운 이론 관점을 제시하여, 생산력 발전을 속박하는 체제 장애를 근본적으로 제거하도록 노력한다."(삭제) "차등적 대우와 보호 및 압력의 원칙에 따라, 주로 경제 수단과 법률 수단을 이용하여, 경제 발전의 불안정하고 건강하지 못한 요소를 억제하고 약한 고리를 강화한다."(삭제) "서부 대개발을 계속 추진하고, 동북 노공업 기지를 진흥시키고, 중부 지구굴기를 촉진하는 등 전략 정책은 구역의 조화로운 발전 실현의 기초를 놓았다."(삭제)
		288	259	과학발전관 서술 추가
		288~289	259	일부 내용 축약 및 개혁개방의 평가 추가
	3			기존의 3절은 4절로 이동, '3절 중국 특색 사회주의 신시대로 진입'이란 새로운 절이 추가됨
	4	295 296/298~ 299/300	270 271/273~ 274/275	*4절 베트남 등 사회주의 국가의 개혁과 '당대 사회주의' 발전(기존 3절) 베트남, 쿠바, 조선(북한), 라오스 및 세계 공산당 각 서술 마지막 문단에 최근 현황 추가, 베트남과 쿠바의 중국 영향 서술

먼저 개혁개방 이전 시기에 대한 내용 수정은 마오쩌둥의 평가와 사회주의 건설 성과를 구체화한 정도로 요약할 수 있다. 제19장 1절에서 1975년까지의 농공업 총생산성장률, 사망률 감소, 기대수명 증가 등의 구체적인 수치가 사회주의 건설 성과로서 더해졌고, 마오쩌둥은 "위대한 마르크스주의자이자 프롤레타리아 혁명가, 전략가, 이론가"로서 그의 사상은 "중국혁명과 건설에 대한 정확한 이론적 원칙이자 경험의 총결"이며, "중국공산당의 집단 지혜의 결정체"라고 평하였다.[48]

---

[48] 『世界現代史』編寫組 編, 2020, 『世界現代史 下卷』, 高等教育出版社·人民出版社, 248~249쪽.

개혁개방 이후 중국 경험에 대해서는 〈표 4〉에서와 같이 기업과 사회주의 시장제도 개혁에 관한 내용이 대폭 삭제되고, 덩샤오핑과 개혁개방, 중국 특색 사회주의에 대한 평가가 추가된 점이 눈에 띈다. 기존의 '중국 특색 사회주의 건설의 성취와 그 영향'이 삭제되고, 개혁개방이 중국을 "고도로 중앙집중화된 계획경제체제에서 활기찬 사회주의 시장경제체제로", "폐쇄적이고 반(半)폐쇄적인 체제에서 전방위적인 개방"으로 바꾸었으며, "종합 국력이 크게 상승하고 인민 생활이 전체적으로 소강(小康) 수준에 도달한" 시기로 평가한다.⁴⁹

무엇보다 제20장 1절 '경제 세계화와 구역경제 일체화'는 내용 전반에 걸쳐 수정된 절이기에 주목해 볼 필요가 있다.

표 5 『세계사(b-1)』 및 『세계사(b-2)』 제20장의 내용 수정 비교표

장/절	『세계사(b-1)』 페이지(쪽)	『세계사(b-2)』 페이지(쪽)	『세계사(b-2)』 수정 사항
20 1			전반 재서술 * 삭제된 키워드 및 서술: 중국 특색 사회주의, 제삼세계시장경제 도입, 초국적 기업, 국제분업과 제삼세계, 우루과이 라운드, 외환시장 거래량, 다국적기업, 경제 세계화의 문제점, 자본주의 근본 모순 심화 등 * 추가된 키워드 및 서술: 보호주의, 고립주의, 포퓰리즘, 반세계화, 지역과 갈등, 테러, 사이버 보안, 전염병, 기후 변화 등 새로운 안보 및 위험 증가, 국제 금융 독점 자본주의의 세계화, 트럼프, 브렉시트, 금융 위기, "낙후한 글로벌 거버넌스"와 "불완전한 지역 거버넌스" ↔ 세계화 발전법칙, 중국의 부상과 역할, 세계 통일시장, 신흥 경제 형성, 양날의 검, 신기술 및 산업혁명, 국제분업 가속화, 글로벌 가치 사슬의 재편, 인류공동체 건설, 글로벌 거버넌스, 개방과 협력, 중국을 주체이자 리더로 부각 2008년 국제 금융 위기 이후 반세계화 보호주의 서술 추가

---

49 『世界現代史』編寫組 編, 2020, 『世界現代史 下卷』, 高等教育出版社·人民出版社, 259쪽.

20	2	314	289	미국 '선제공격' 비판 문장 삭제
		316~317	292	다극화 추세, 제삼세계 성장, 패권주의 억제, 다극화는 인류 역사의 큰 진전 등 마지막 문단 삭제
	3	322	296~298	아프리카의 테러 및 분쟁지 서술 추가, 말리 북부, 남수단, 소말리아 문제 서술, 테러 문제 서술, 테러의 원인과 역사, 피해, 국제 난민 문제 서술, 난민의 원인과 역사, 현황 추가
		325	301	새로운 국제경제 정치 질서 수립을 위해 전 세계, "특히 개발도상국 공동 행동 필요" 촉구 삭제
		329	304~306	마지막 문단 다극화의 평가 및 각국이 협력, 상생 모색 제안 내용 삭제 → 중국공산당 제18차 전국대표대회, 13차 5년 규획, 2017년 중국 경제 성장, 신시대, 인류운명공동체, 글로벌 거버넌스, 일대일로, 아시아 인프라 투자은행, 브릭스 국가와 교류 협력, 중국 제안, 반보호주의, 고립주의, 포퓰리즘, 반세계화, 제19차 전국대표대회를 주요 내용으로 추가하여 서술

『세계사(b-2)』의 제20장 1절에서는 제삼세계의 시장경제 도입, 국제분업, 다국적기업, 자본주의 근본 모순 등과 같은 다원화를 강조하는 서술과 평가가 대거 삭제되거나 축약되었고, 당시 지적한 경제 세계화의 문제점도 삭제되었다. 이를 대신하여 보호주의, 고립주의, 포퓰리즘, 반세계화, 지역과 갈등, 테러, 사이버 보안, 전염병, 기후 변화 등과 같은 새로운 문제들이 거론되었다. 이 세계화 과정에서 발생한 문제는 미국으로 대표되는 구(舊)세계 경제체제가 가져온 부정적인 결과들이다. 이 교재는 자본주의가 이끌었던 '세계화의 발전법칙'을 대신하여, '새로운 세계화의 길'을 제안한다. 이로써 중국의 부상과 세계 통일시장, 신흥 경제 형성, 인류공동체 건설, 글로벌 거버넌스 등을 키워드로 하는 중국의 공헌과 리더십에 관한 서술이 중국의 다원화 추구라는 기존의 지향점을 대체하고 있다.

같은 맥락에서 제20장 3절의 '중국과 제삼세계와의 공동 행동'이나 개별 국가들의 협력과 상생을 주장하는 내용은 인류운명공동체, 글로벌 거버넌스, 일대일로, 아시아 인프라 투자은행, 중국 제안 등의 내용으로 대체되었다. 또한 전쟁이 미치는 부정적인 영향에 관하여 미국의 '선제공격'에 대한 비판들이 삭제되었으며, 같은 맥락에서 앞선 제19장에서 대만 문제에 대해 "평화 통일, 일국양제"에 관한 서술이 삭제된 점도 주목할 필요가 있다.

마공정 세계사 교재의 새로운 관점은 제20장의 마지막을 장식한 2017년 '제19차 전국대표대회'의 시진핑 선언에서 요약적으로 잘 드러난다.

"세계는 극심한 불안정과 불확실성, 세계 경제 성장 동력 부족, 빈부 격차 심화, 지역 분쟁지대 문제의 부상, 테러, 사이버 보안, 전염병 및 기후 변화와 같은 비전통적인 안보 위협이 지속적으로 확산되는 등 인류는 많은 공동 과제에 직면해 있다. … 세계의 운명은 모든 민족의 손에 달려 있고 인류의 미래는 모든 민족의 선택에 달려 있다. 중국 인민은 모든 민족과 협력하여 인류운명공동체 건설을 촉진하고, 인류를 위해 더 나은 미래를 만들 준비가 되어 있다."

이처럼 새로 개편된 마공정 세계사 교재에서는 미국이 이끄는 세계와 대립적인 입장에서, 중국의 경제 및 사회 발전 경험과 역할을 강조하는 경향이 두드러진다. 또한 시진핑 신시대의 정책을 직접 소개하고 세계사의 전개와 중국 자국사 서술로부터 현 정책의 당위성을 연관 지음으로써, 중국 정부의 세계에 대한 인식 변화와 국가 발전의 지향점을 뚜렷하게 드러낸다.

V. 맺음말

중국 대학에서 활용하는 세계사 교재는 우리에게 현재 중국 정부의 지향과 정책 변화를 알려 주는 좋은 교보재가 된다. 국가가 나서서 편찬해 낸 '마공정' 교재 『세계현대사』는 물론이고, 1990년대에 서술된 『세계사 현대사편』(2011) 역시 당대의 역사적 인식이 반영되어 있음이 확인된다.[50] 이상의 『세계사 현대사편』(2011)과 '마공정' 교재 『세계현대사』 두 판본을 비교하여 얻은 결론은 〈표 6〉으로 정리할 수 있다.

표 6. 세 편의 세계사 대학교재의 세계 인식 비교

	『세계사(a)』	『세계사(b-1)』	『세계사(b-2)』
국가관	사회주의 시장경제체제	전면적 소강사회	신시대
세계관	세계화와 글로벌 경제	다원적 세계 및 글로벌 경제	새로운 세계의 정치 경제 질서
문제 인식	보호주의와 경쟁, 부패, 반사회주의 움직임	자본주의 진영의 패권주의	반세계화, 새로운 문제
가치 제안	자립, 협력, 상호 존중, 공존	제삼세계와의 협력 및 연대, 평화와 안정	글로벌 거버넌스와 리더십

먼저, 『세계사 현대사편』에서는 중국의 '사회주의 시장경제체제'에 대한 국가 차원의 지향이 드러나며, 큰 틀에서 오늘날 세계의 역사는 서로

---

50 예컨대 『세계사 현대사편』(2011)에서도 개혁개방과 함께 고속 성장기를 맞았던 당대의 경험이 투영되었고, 당시 역사학계에서 있었던 세계사 서술을 둘러싼 논쟁과 고민도 그 교재에 영향을 주었을 것이다. 중국의 세계사 서술을 둘러싼 논쟁은 다음을 참고. 조영헌, 2009, 「'文明崛起'와 '제3세계': 2000년 이후 중국 고등교육의 세계사 인식」, 『역사교육』 112.

다른 국가들이 동일한 세계 질서로 통합되어 가는 과정으로 그려진다. 즉, 과거 자본주의와 사회주의, 그리고 제삼세계로 나뉘었던 세계는 냉전 종식과 함께 점차 하나의 지구촌으로 나아갔고, 세계의 통합은 더욱 진전되어 갈 것으로 여겨졌다. 따라서 중국은 경제 세계화의 추세에 잘 적응하여 다른 국가들과 상호 존중 및 협력 속에서 자립하고 발전해 나가는 것을 주요 과제로 제안했다.

한편, '마공정' 중점 교재인 『세계현대사』 초판에는 당시 후진타오 정권이 추구했던 시대적 가치와 시각이 투영되었다. '제19장'에서 중국 사회주의 발전에 대한 서사는 중국의 주체성을 더욱 강조했고, 오늘날 국제사회의 주요 성원으로서 '당대 사회주의' 국가들의 존재와 역할을 부각하였다. '제20장'에서 서술된 현대 세계는 당시 정부가 추구했던 다원적인 세계관, 다원화된 글로벌 경제를 직접 설명하였다. 즉, 세계 역사는 필연적으로 다원화된 세계로 진전하는데, 이는 자본주의의 패권정치가 주도하는 '세계시장'이 아닌 다원화된 진정한 '세계시장'으로 이행될 것임을 시사한다. 따라서 중국 자신으로 대표되는 제삼세계가 서로 협력하고 연대함으로써 다원화의 이행에 공헌하고, 일부 국가의 패권주의에 맞서 세계시장과 국제질서의 안정을 지속해야 한다는 주장을 담고 있다.

반면 2020년에 개정된 '마공정' 교재 『세계현대사』는 시진핑 정부의 '신시대' 이념에 맞도록 수정된 판본으로, 직전의 『세계현대사』(2013)와도 차별되는 세계상을 담고 있다. 이에 따르면 '신시대'는 정확히 미국으로 대표되는 반세계화 및 보수주의 등의 문제로 인하여 세계 경제가 심각한 위기를 맞이했으며, 또한 과거 경험해 보지 못한 전염병, 기후 변화, 테러 등과 같은 국제적인 문제가 발생하고 있다. 따라서 중국의 리더십 아래 신흥 경제국들이 협력하여 세계 경제와 질서를 새롭게 형성하고, 세계의 공동 문제들을 해결해 나갈 것을 제안하고 있다. 이로써 개정된 『세계현대사』(2020)는 초판에서 강조했던 다원화, 상호 협력과 연대 등에 관한 주장이 삭제되고, 중국의 세계 경제와 협력에 대한 기여, 역할 등의 내용이 강조되었다. 또한 테러, 전쟁, 금융 위기 등 미국이 전 세계에 끼친 부정적인 영향에 관한 서술이 증가했다.

　이상과 같이 중국 대학의 세계사 교재 서사가 중국 정부의 정책과 현재 인식에 따라 실제로 변화해 갔음을 알 수 있다. 특히 마공정 교재『세계현대사』는 정부가 '마공정' 교재 건설 목표에서 밝힌 바와 같이 중국공산당의 사상과 정책적인 변화를 직접 반영하며, 현재 국가 정책의 당위성을 세계 정세와 세계사적 시각에서 설명한다. 따라서 향후 대학 역사교재를 비롯하여 중국 정부가 목표로 한 약 200종에 달하는 교과의 마공정 교재가 중국 사회와 대학에서 어떻게 활용되고, 또 얼마나 보편적으로 학습되는지 지켜볼 필요가 있다.

참고문헌

- 교재/단행본

吳於廑·齊世榮 主編, 2011, 『世界史 現代史編 下卷』, 高等教育出版社.
『世界現代史』編寫組 編, 2013, 『世界現代史 下卷』, 高等教育出版社·人民出版社.
『世界現代史』編寫組 編, 2020, 『世界現代史 下卷』(第二版), 高等教育出版社·人民出版社.
「1個規劃+4個管理辦法_我國首次係統規劃教材建設」, 『雲南教育』1(2), 2020.

- 논문

동북아역사재단 교과서연구센터 편, 2021, 『중국 시진핑시대 교과서 국정화와 역사담론』, 동북아역사재단.
구도영, 2023, 「중국 대학교 역사교재의 '조선시대 한중관계 및 문화' 서술과 인식」, 『동북아역사논총』79.
권은주, 2021, 「중국 대학 역사교재의 고조선(한4군)과 임나일본부에 대한 서술 변화: 식민사학의 영향과 중화주의가 결합한 한국고대사상(像)」, 『동북아역사논총』74.
김유리, 2001, 「중국 교육과정의 변천과 역사교육」, 『근대중국연구』2.
김유리, 2004, 「역사교학대강에서 역사과정표준으로: 최근 중국의 역사교육과정 개혁」, 『역사교육』96.
김종호, 2023, 「마공정(馬工程)『중국근현대사강요』의 중국계 이주민 서술의 특징: 싱가포르 및 대만 역사교육과의 비교 분석」, 『동북아역사논총』79.
김지훈, 2019, 「국가의지(國家意志)와 역사교과서의 정치화: 2018년 중국 중학교 역사교과서의 현대사 서술」, 『역사교육연구』33.
오병수, 2016, 「국내 학계의 중국 역사교과서 연구 경향과 과제」, 『동북아역사논총』53.
오병수, 2020, 「시진핑시대 중국의 역사정책과 자국사의 재구성: 『歷史 中外歷史綱要』과목의 개설 배경과 이데올로기」, 『역사교육』156.
우성민, 2020, 「『중외역사강요』속의 중국식 글로벌 가치관 '인류운명공동체'의 서술과 시사점」, 『동북아역사논총』70.
우성민, 2020, 「중국 역사교과서의 개편과 자국사 및 세계사의 '현대' 서술」, 『역사와 교육』30.

윤세병, 2013, 「21세기 중국의 세계사 교육」, 『역사교육』 126.
이원준, 2022, 「중국공산당 100년의 세계인식과 외교 노선 변천사 試論」, 『중국근현대사연구』 93.
이준성, 2023, 「중국 대학교재의 동아시아 고대사 서술과 인식: '문화 교류 및 전파'에 대한 분석을 중심으로」, 『동북아역사논총』 80.
조복현, 2017, 「中國의 現行 歷史科 課程標準 硏究: 全日制義務教育歷史課程標準의 實驗稿와 修訂稿의 비교를 중심으로」, 『중국사연구』 110.
조영헌, 2009, 「'文明崛起'와 '제3세계': 2000년 이후 중국 고등교육의 세계사 인식」, 『역사교육』 112.

徐賜成·趙亞夫, 2019, 「歷史教科書與歷史觀教育—以近二十年歷史教科書改革實踐爲例」, 『內蒙古師範大學學報(教育科學版)』 32.
王宏謀, 2014, 「"馬工程"教材體係建設的又一力作—《世界現代史》評介」, 『天水師範學院學報』 34.
王小麗, 2013, 「世界現代史教材分析及在教學中的處理—以高教版《世界史現代史編》爲例」, 『河北北方學院學報(社會科學版)』 28.
於沛, 2019, 「歷史科學與中國特色社會主義」, 『中國社會科學』.
於沛, 2023, 「中華民族對人類文明進步的歷史貢獻」, 『中國社會科學報』.
齊世榮, 2002, 「我國世界史學科的歷史回顧與前途展望」, 『雲南大學學報(社會科學版)』 1.
齊世榮, 2008, 「世界史和世界現代史 - 古老的歷史學中兩個年輕的分支學科」, 『社會科學戰線』.
齊世榮, 2013, 「吳於廑先生與我國世界史學科的建立」, 『武漢大學學報(人文科學版)』 66.
秦宣, 2012, 「馬克思主義理論研究和建設工程的回顧與展望」, 『中國高等教育』 18.Ⅰ. 머리말

-공문서, 신문 등 자료
「已出版中宣部馬工程重點教材目錄」(2023.9.25)(http://www.moe.gov.cn/jyb_xxgk/xxgk/neirong/fenlei/kcjc/kcjc_gl/jcgl_mgcj/202309/t20230925_1082602.html, 來源:教育部).
「已出版教育部馬工程重點教材目錄」(2023.9.25)(http://www.moe.gov.cn/jyb_xxgk/xxgk/neirong/fenlei/kcjc/kcjc_gl/jcgl_mgcj/202309/t20230925_1082601.html, 來源:教育部).
「教育部關於印發《新時代馬克思主義理論研究和建設工程教育部重點教材建設推進案》的通知」(教材〔2022〕1 號, 2022.2.19)(http://www.moe.gov.cn/srcsite/A26/moe_714/202203/t20220308_605562.html, 來源:教育部).
「馬克思主義理論研究和建設工程重點教材綜述」(2012.4.5)(https://www.gov.cn/jrzg/2012-04/05/content_2107028.htm, 來源:新華社).

「馬克思主義理論研究和建設工程重點教材編寫出版」(2011.1.3)(https://www.gov.cn/jrzg/2011-01/03/content_1777619.htm, 來源：新華社).

「描繪新時代教材建設藍圖-全國大中小學教材建設規劃(2019~2022年)」(2020.1.15)(http://www.moe.gov.cn/jyb_xwfb/xw_zt/moe_357/jyzt_2020n/2020_zt04/baodao/202004/t20200409_441835.html, 來源：教育部).

習近平,「在哲學社會科學工作座談會上的講話」,『人民日報』(2016.5.17).

李長春,「在馬克思主義理論研究和建設工程工作會議上的講話」,『人民日報』(2012.6.4).

발전도상국, 사회주의 대국, 반(反)패권
: '마공정' 『세계사』(2020)의 현대사 인식과 중국 형상

유용태 | 서울대학교 명예교수

I. 머리말

 오늘날 중국의 대학에서 '세계사'는 사학과 학생들에게는 필수과목으로, 역사를 전공하지 않는 학생들에게는 교양 선택과목으로 제공된다. 이를 위해 역사학계의 노력으로 여러 종류의 교재가 편찬되었고, 그중 대표적인 것이 고등교육출판사의 『세계사』(전 6권)와 인민출판사의 『세계통사』(전 6권)이다. 각기 1994년과 1997년에 출판되어 중판을 거듭하며 지금도 사용되고 있다. 전자는 인식 체계 면에서 소련모델을 극복하여 "중국 세계사 연구의 이정표"로 평가받았으며, 후자는 이 분야에서는 이례적으로 "전국 우수 판매 도서"(2001)와 "중국 문고"(2004)에 선정되었다.

 이런 상태에서 2013년 중국 정부의 결정에 따라 새로운 교재가 편찬되었으니, "마르크스주의 공정 세계사"가 그것이다. 당과 정부의 기획에 따라 진행된 "마르크스주의 이론 연구와 건설 공정"의 결과물 중 하나이며 2020년 수정되어 10년째 사용되고 있다.[1] 이 '마르크스주의 공정'(이

---

1 『世界現代史』編寫組, 2013/2020, 『世界現代史』(馬克斯主義理論研究和建設工程重點教

하 '마공정')은 2004년 4월 중공 중앙의 결정에 따라, 중국에서 발전된 마르크스주의의 최신 성과를 각 학과 체계의 건설과 교재 편찬에 관철하여 대학생의 사상정치교육을 강화하고자 추진되었다. 이윽고 단행된 중등 역사교과서의 국정화는 그 후속 조치이다. 따라서 "마공정 세계사"에는 "발전도상의 사회주의 대국"으로 자임하는 중국 국가권력의 관점이 상대적으로 더욱 강렬하게 투영될 가능성이 크다. 다른 어느 시대사보다 현대사에서 특히 그러할 터이니 "마공정 세계사"의 현대사 인식 체계를 검토하는 일은 필요하고 의미 있는 작업이 될 것이다.

"마공정 세계사"는 전체 시대를 고대사(선사~16세기), 근대사(17~19세기 말), 현대사(1900~)로 구분하고 교재도 이에 따라 나누어 펴냈다. 이 같은 3분법은 중등 교과서의 2분법(고대-근현대)과 다르고, 일반적인 사학과 교재의 4분법(고대-근대-현대-당대)과도 다르다. 같은 "마공정" 중국사 교재가 고대사와 근현대사(2007)로 나뉘어 편찬된 것과도 다르다. 그런데 무슨 이유에서인지 지금까지 『세계고대사』와 『세계현대사』만 출간되었을 뿐 근대사가 출간되지 않아 현대사 인식 체계를 검토하는 데 일정한 제약 요인이 될 수 있으나, 이는 오히려 중국 당국이 그만큼 현대사를 중시하고 있음을 방증하는 예이기도 하다. 중국에서는 신해혁명 직후 처음으로 "현대사"가 탄생했는데, 자국사에서든 세계사에서든 이처럼 현대사를 독립된 책으로 펴낸 것은 이례적이다. "세계현대사"는 1920년대 이래 "중국현대사"와 함께 대학 교과목으로 제공되었으나 극히 일부 대학에서 한시적으로만 제공되었을 뿐이다.[2] 그것은 인민공화국 시기인 1950년대

材) 上·下, 北京: 人民出版社/高等教育出版社.

2 중국과 일본을 포함하는 한자문화권의 "현대사"가 언제 어떻게 탄생하여 어떤 의미로 쓰였는가에 관해서는 유용태, 2020, 「'現代史'의 부産과 지체된 성장: 중국사의 '現代'

에 이르러 소련의 영향을 받아 비로소 제도화되었다.[3]

『세계현대사』 인식 체계의 주요 특징은 3종의 국가군(주요 자본주의 국가, 사회주의 국가, 발전도상국)을 세계사의 주체로 보고 그 상호작용을 중시함으로써, 유럽중심주의(현대사는 미국도 포함하는 구미중심주의)에서 벗어나는 동시에 중국사를 포함해 자국사-세계사의 이분체제를 넘어 통합적으로 파악한 것이다. 그동안 중국의 세계사는 곧 외국사였는데, 이 교재는 고대사와 현대사 모두 자국사를 포함하여 구성하였다. 현대 중국이 2종의 국가군(사회주의 국가, 발전도상국)에 동시에 속한다는 자기 인식에 기초한 결과라 할 수 있다.

이러한 인식 체계는 서사 구조에 그대로 반영되었다. 그 요지는 발전도상국의 흥기와 당면 과제, 사회주의 국가의 건설과 개혁을 통한 새로운 모색, 이들 두 국가군의 국제적 활동을 패권적 국제질서의 개혁에 초점을 두어 부각한 것이다. 어느 경우에도 "발전도상의 사회주의 대국"인 중국을 매개로 자국사-세계사를 상호 긴밀히 연관 지어 파악함으로써 중국의 세계사적 지위와 역할을 부각하려 하였다. 이는 개혁개방 이래 중국 역사학계가 노력해 온 "중국 특색의 마르크스주의 세계 통사"를 체계화하기 위한 작업이 상당 정도 구체화되고 있음을 보여 준다. 이를 '중국판 세계사'라 부르고자 한다.

이른바 "중국 특색의 마르크스주의 세계 통사"란 "중국의 관점과 사고"를 적용해 이론적 틀과 체계를 세움으로써 "중국의 특색과 기백 및 풍

는 언제 왜 탄생하여 오늘에 이르렀나?」, 『東洋史學硏究』 153집 참조.
3   1953년 모스크바대학 교과과정을 참고하여 세계현대사 과목을 개설한 후 1956년 그 교학 대강을 마련하였고, 1955~1957년 소련의 전문가가 와서 세계현대사 단기 집중 강의를 담당하였다. 張象, 2015, 「世界現代史學科發展述要」, 『歷史敎學』 16기.

모"를 갖춘 세계사를 말한다. 이 작업은 유럽과 소련 중심의 관점에서 벗어나는 것은 물론, 세계사 인식과 연구를 위한 "중국 특색의 이론 체계와 담론 체계"를 수립해야 비로소 성취될 수 있는 거대한 장기 프로젝트이다.[4] 차오샤오원(曹小文)에 따르면, 이런 논의와 성과를 종합하여 "신형 세계 통사"를 편찬하는 것이야말로 중국의 역사학이 "국제 역사학계에서 담론권(話語權)을 형성하는 것을 더욱 잘 추동하는 작업"이다.[5] 이처럼 중국 특색을 강조함에도 탈유럽 중심의 상호 연관된 다원적 전체사를 추구하는 점에서 최근 국내외에서 모색된 '새로운 세계사'의 취지와 상통하는 면도 담겨 있다.

이상의 몇 가지 특징과 '중국판 세계사'의 문제의식에 유의하여 이 글에서는 2020년에 출판된 "마공정" 『세계현대사』(이하 '20마공판'으로 약칭)의 인식 체계와 서사 구조를 분석하여 그 속에 담긴 당대 중국의 현대사 인식과 중국 형상을 드러내고자 한다. 이 교재는 현대사를 상반기(1900~1945)와 하반기(1945~)로 구분했는데, 이 글에서는 편의상 검토 범위를 주로 하반기에 한정하려 한다. 그 이유는 '중국판 세계사'로서 강조하고자 하는 중국의 세계사적 역할이 주로 중화인민공화국 시기에 부상했기에 그에 해당하는 시기로 논의 범위를 좁힌 것이다.

---

4 이와 같은 의미의 "중국 특색 세계사" 모색에 관한 논의는 吳於廑, 1990, 「世界歷史」, 『中國大百科全書: 外國史卷』, 中國大百科出版社; 李植枏, 1991, 「世界歷史與整體發展」, 『世界歷史』 2기; 於沛, 2006, 『世界史研究』, 福建人民出版社; 齊世榮, 2009, 「編寫一部簡明的世界史是時代的需要」, 『全球史評論』 제2집; 徐藍, 2010, 「關於世界現代史教材編寫的一些想法」, 『世界歷史』 4기; 曹小文, 2015, 『20世紀以來中國的世界通史編纂研究』, 中國社會科學出版社; Luo Xu, 2007, "Reconstructing World History in the People's Republic of China since the 1980s", *Journal of World History*, Vol. 18, No. 3 등 참조. 이들 필자 중 於沛, 徐藍, 曹小文은 '20마공판'의 집필과 수정에 참여하였다.

5 曹小文, 2015, 『20世紀以來中國的世界通史編纂研究』, 中國社會科學出版社, 341쪽.

아울러 그 의미를 좀 더 분명히 하기 위해 인민공화국 시기 중국인 저자에 의해 간행된 세계사 저작들과 비교해 볼 것이다.⁶ 특히 서두에 언급한 고등교육출판사본 『세계사』(전 6권, 1994, '94고교판'으로 약칭)와 인민출판사본 『세계통사』(전 6권, 1997, '97인민판'으로 약칭)가 비교 대상인데, 후자는 중국사와 세계사를 분리해 중국사를 배제하였으나, 전자는 양자를 통합하여 서술하였고, '20마공판'의 저본이라 할 정도로 흡사하다. 이들과의 비교는 '20마공판'의 주요 특징이 형성된 유래와 계보를 드러내는 데에도 유용할 것이다.

II. 인식 체계의 골격: '3종 주체' 상호작용의 다원적 전체사

'20마공판' 현대사 인식 체계의 골격은 3종 주체(주요 자본주의 국가, 사회주의 국가, 발전도상국)가 상호작용하는 다원적 전체사이다. 그에 따르면 현대사는 발전 속도와 변화의 깊이, 연계의 정도가 역사상 가장 큰 시대이다. 특히 "상호 연계와 의존이 날로 가속해 온 100여 년간의 현대사"라 하여 연계성의 강화를 강조하였다. 이는 "21세기에 세계사의 모순운동이 더욱 발전하고, 발전도상의 사회주의 대국 중국과 세계의 연계가 더욱 긴밀해짐에 따라 현실과 긴밀히 연관된 새로운 과목으로서 그 연구와

---

6   개혁개방 이전 판본으로는 소련판 『세계통사』를 모델로 삼아 편찬된 周一良·吳於廑 編, 1962, 『世界通史』 1~4권, 北京: 人民出版社('62인민판'으로 약칭), 개혁개방 이후 판본으로는 吳於廑·齊世榮 編, 1994, 『世界史』 1~6권, 北京: 高等教育出版社('94고교판'으로 약칭)와 崔連仲 等 編, 1997, 『世界通史』 1~6권, 北京: 人民出版社('97인민판'으로 약칭) 등이다. 이들은 모두 전국의 여러 유명 대학 교수들이 공동으로 집필한 것인 만큼 그 영향력이 컸다.

교육의 중요성이 갈수록 현저해지고 있다"('20마공판' 현대사 하책, 3쪽; 이하에서는 쪽수만 표기)라는 과목의 의미에서 재확인된다.

이는 '94고교판'의 현대사 인식을 계승하여 그 후 진전된 세계 경제의 지구화(글로벌화)를 반영해 재구성한 것이라 할 수 있다. '94고교판'은 "전체로서의 세계사"는 20세기에 이르러 세계의 경제·정치·문화 각 방면이 하나의 긴밀한 전체로 연계됨으로써 최종 형성되었다면서 "현대사란 곧 20세기사", "세계사란 곧 현대사"라 하였다.[7] 현대사는 그 '연계성'으로 인해 지구 범위에서 하나의 '전체성'을 갖게 되며, '전체로서의 세계사'란 다름 아닌 현대사에서 성립한다는 것이다. 이러한 글로벌 시각의 세계사 인식은 1979년 8월 중국의 세계현대사학회가 창립된 이래 우위친(吳於廑)의 제창과 치스룽(齊世榮), 리즈시에(李植枬) 등의 계승으로 모색되었고 1990년대부터 실제 저작으로 구체화되었다.[8]

중국의 세계사 교재가 1990년대 초부터 이처럼 연계성을 중시한 것은 구미 학계에서 기존의 세계사를 비판하면서 먼저 등장한 '새로운 세계사', 그 뒤를 이은 '지구사'와 상통하는 면이 있다. 이 둘은 혼용되기도 하지만 중첩되는 면을 가진 채 서로 경쟁하고 있다. 주요한 공통점은 (유럽) 중심주의 탈피, 자기 완결적 국민국가 사관 극복, 생태학적 관점 도입 등이다. 이 셋을 관통하는 관점이자 방법이 연관사이다. 매닝(Manning)은 세계사를 강대국 간의 주도권 쟁탈이 아니라 "글로벌 인류공동체 안의 연관

---

7 '94고교판' 現代編 上의 導言, 1쪽.

8 우위친(1913~1993)은 유럽중심주의와 소련판 『세계사』의 5단계 사회형태설을 비판하고 지구적 관점에 근거한 "중국 특색의 세계사"를 제창한 선구자이다. 미국 유학을 거쳐 우한대학 교수로 있던 우위친의 주장과 그 영향에 관해서는 Luo Xu, 2007, "Reconstructing World History in the People's Republic of China since the 1980s", Journal of World History, Vol. 18, No. 3, pp. 326-334 참조.

(connections) 스토리"라 정의하고, 경계를 가로지르는 활동과 시스템들의 연계를 드러내고 그 속에서 광범위한 패턴을 찾아내는 것이 역사가의 임무라 하였다. 차하순과 조지형이 상호 연관된 글로벌 네트워크를 드러내고자 한 것, 노스럽(Northrop)이 지구적 범위의 상호작용과 중장기적인 변화의 패턴을 파악하자고 한 것도 같은 취지에서다. 지구사학자들이 주장하는 트랜스, 인터(inter), 얽힘의 접근법도 크게 다르지 않다.[9]

그러나 이처럼 상호작용과 연관성을 강조하는 것만으로는 전체사에 도달할 수 없다. 첫째, '연결되는' 사실들보다 훨씬 더 많은 '연결되지 않은' 사실들을 외면하고, 공통성/유사성 못지않게 중요한 독자성/차이를 무시하기 때문이다. 차이의 존재를 발견하고 인과관계 속에서 이해하여 그대로 인정하는 태도를 기르는 것이야말로 세계사 학습의 요체 중 하나다. 둘째, 글로벌 연계가 통합과 유사성뿐만 아니라 갈등과 이질감도 부추겨 내셔널리즘과 지역주의를 조장하는 또 다른 면을 간과하기 때문이다. 이 두 가지 편향은 역사상을 왜곡하고 거대 자본의 글로벌화를 정당화하는 방향으로 이어질 가능성이 크다. 연관사를 비교사와 함께 추구해야 이러한 편향을 최소화할 수 있다.[10] 이 편향의 사상적 뿌리는 성장지

---

[9] Patrick Manning, 2003, *Navigating World History: Historians create Global Past*, New York: Palgrave Macmillan, pp. 1~7; 차하순, 2007, 「새로운 세계사의 조건」, 『서양사론』 92권; 조지형, 2010, 「유럽중심주의를 넘어 지구사로」, 조지형·김용우 편, 『지구사의 도전: 어떻게 유럽중심주의를 넘어설 것인가』, 서해문집; Douglas Northrop ed., 2012, *A Companion to World History*, Chichester: Willey-Blackwell, pp. 5~8; 박혜정, 2022, 『하나의 지구 복수의 지구사』, 연세대학교출판문화원, 1장. 그 외 각국에서 진행된 '새로운 세계사'에 관한 논의는 조지형·강선주 외, 2008, 『지구화시대의 새로운 세계사』, 혜안; 하네다 마사시, 2014, 『새로운 세계사: 지구시민을 위한 구상』, 선인; 編輯委員會, 2016, 「われわれが目指す世界史」, 秋田茂·永原陽子 외 편, 『世界史の世界史』, 東京: ミネルヴァ書房 참조.

[10] 유용태 외, 2010, 『함께 읽는 동아시아 근현대사』 1, 창비, 서장; 유용태, 2017, 『동아

상주의의 발전 사관이다. 유감스럽게도 세계사/지구사학자들은 대부분 발전 사관 자체에 대한 성찰에 취약하다. 드문 예이지만, 가령 매즐리쉬(Mazlish)는 일찍이 "제어되지 않는 경제 발전"을 추구하는 서구식 근대화의 지속 불가능성을 직시하고 이를 모델로 삼는 세계사에서 벗어날 것을 촉구하였다.[11]

중국의 '20마공판'도 이 두 가지 문제를 소홀히 한 채 상호작용과 연관성을 중시해 현대사 인식 체계를 세웠다. 우선 현대사의 기점을 종래의 러시아혁명(1917)보다 앞당겨 1900년으로 잡았다. 이는 '94고교판'과 '97인민판'의 선례를 따른 결과인데, '20마공판'은 다음과 같이 네 가지 근거를 제시하였다. ① 과학기술혁명으로 지구적 연계의 융합시대가 시작되고, ② 자본주의가 독점자본주의/제국주의 단계에 도달했으며, ③ 국제공산주의운동과 레닌주의로 사회주의가 현실화·제도화되었고, ④ 아시아·아프리카·라틴아메리카 민족해방운동이 흥기했다는 점을 꼽았다(1~2쪽). 이들 네 가지는 세계사 전반기(1900~1945, 상책)의 주요 주제로서 장절 구성의 핵심 사항이 된다. 이를 3종 주체와 관련지어 보면, ①과 ②는 "주요 자본주의 국가"에 의해, ③과 ④는 각각 "사회주의 국가"와 "발전도상국"에 의해 주도된 주제이다. 저자는 이 시기 세계사의 핵심 요지를 전쟁과 혁명을 큰 배경으로 하여 제국주의 모순이 파시즘 침략으로 이어지자 반파시즘 국제연대 투쟁으로 인류 문명을 구출하는 과정이

시아사를 보는 눈』, 서울대학교출판문화원; Douglas Northrop ed., 2012, *A Companion to World History*, Chichester: Willey-Blackwell, 서장; C. A. Bayly, 2018, *Remaking the Modern World 1900~2015: Global Connections and Comparisons*, Chichester: John Wiley & Sons Ltd.

11 Bruce Mazlish and Ralph Buultjens ed., 1993, *Conceptualizing Global History*, Boulder: Westview Press, p. 8.

라고 집약하였다.

　이들 네 가지는 제2차 세계대전 후의 역사에 다음과 같은 세 가지 심각한 영향을 미친 점에서 주목되었다. ① 사회주의 국가가 다수 출현해 자본주의의 일통천하를 타파하고 문명 진보를 촉진한 것, ② (반)식민지에서 독립한 발전도상국이 패권주의와 강권 정치에 반대하는 주요 역량이자 공정하고 합리적인 국제질서 건립의 주요 역량이 된 것, ③ 경제의 글로벌화로 세계적 연계성이 가속화되고 인류운명공동체 건설이 역사의 조류로 된 것 등이다(2쪽). 이들 세 가지는 세계사 하반기(1945~, 하책)의 주요 주제로서 장절 구성의 핵심 사항이 된다. 그중에서도 중국이 핵심 구성원으로 포함된 발전도상국의 출현 및 발전과 역할을 특히 중시하여 장절의 구성과 내용 서술에 반영하였다. 저자는 이 시기 세계사의 핵심 요지를 경제의 글로벌화와 세계 다극화 속에서 평화와 발전이 시대 조류가 되는 과정이라고 간추렸다. 바로 이 글로벌화, 다극화, 평화와 발전의 세 키워드를 가장 대규모로 뚜렷하게 체현한 구체적 사례가 '중국 특색 사회주의'('중특사') 건설이라는 것이다(7~8쪽).

　여기에서 이미 장절 구성으로 구체화되는 인식 체계가 상당 정도 드러난 셈인데, 그 특징은 유럽중심주의를 탈피하여 3종 국가군을 세계사의 주체로 파악한 것이다. 가령 현대사 하반기 10개 장은 3종 주체에 각각 2개 장씩 안배하고, 국제질서에 3개 장을 할애하여 그들 간의 상호 연계성을 중시하였으며, 과학기술에 1개 장을 할애하였다. 이처럼 주요 자본주의 국가 못지않게 발전도상국과 사회주의 국가를 상대적으로 중시한 점은 우리에게 익숙한 한미일 세계사 교재와 다른 이 책의 특징이다. 국제질서와 과학기술도 흔히 그렇듯이 제국·대국들 위주로 인식되고 서술되기 쉬운 주제이며 이 책에서도 어느 정도 그러하지만, 특히 국제질서의 서사는 이미 앞서 본대로 3종 주체의 관점이 살려진 결과 그런 편향이 상당 정도 해소되었다.

이러한 특징은 자본주의와 제국주의를 극복 대상으로 전제하는 "발전도상의 사회주의 대국 중국"의 자기 정체성이 반영된 결과라 하겠다. 구미 중심 혹은 소련 중심과 대비하여 '3종 주체론'이라 할 만하다. 그런데 이 3종 국가군이 뒤에서 검토할 마오쩌둥의 "3개 세계론"이 아니라 서방에서 통용된 "3개 세계론"의 구분법과 동일한 것은 역설적이다.

세계사의 3종 주체에 중국도 포함시켜 자국사-세계사의 이분체제를 벗어난 점도 주목된다. '중국판 세계사'를 모색해 온 선구자인 우위친은 1990년 종래 "세계사를 곧 외국사로 여겨 온" 잘못을 비판하고 중국사도 "인류 역사가 세계사로 발전하는 전체 과정의 한 구성 부분"이라고 하였다.[12] 개혁개방 이전에 나온 세계사 교재에서 중국사는 "세계사의 주요 구성 부분이지만 중국사라는 별도의 과목이 있으므로 포함하여 서술하지 않는다"라고 한 것과 크게 달라진 것이다.[13]

이런 문제의식과 관점에서 중국사를 포함하여 3종 국가군을 주체로 하는 '중국판 세계사'를 구성한 선구는 '94고교판'이며 '20마공판'은 이를 계승한 것으로 보인다. '94고교판'은 세계사 하반기(1945~)를 다음과 같이 11개 장으로 구성했다. "발전된 자본주의 국가" 2개 장, 사회주의 국가 2개 장, 제3세계/발전도상국 2+1/4개 장, 국제질서 3+3/4개 장, 과학기술 1개 장이다. 다만 발전도상국을 초기에는 "아시아·아프리카·라틴아메리카"('아·아·라아')라는 지리적 명칭으로 표기하고 "민족독립국가체제"라 부르기도 하였다. 중국사를 포함하지 않은 채 "3종 주체론"을

12　吳於廑,「總序」, '94고교판' 現代史編 上, 1쪽. 이 글은 앞의 「世界歷史」, 『中國大百科全書: 外國史卷』(1990)을 약간 증보한 것이다.

13　『簡明世界史』編寫組, 1979, 『簡明世界史』, 北京大學出版社, 편자 설명.

취한 효시는 '62인민판'이며, 소련판에서 따온 "주요 자본주의 국가"라는 용어도 거기서 처음 사용됐다.[14] '62인민판'은 그 "최대 특점이 소련과학원편 『세계통사』의 영향을 받은 것"이라 할 정도로 그것을 모범으로 삼아 편찬되었다.[15] 따라서 '3종 주체론'으로 유럽중심주의를 돌파하여 다원주의를 취한 것을 "중국 특색"의 표식이라 하더라도, 그러한 문제의식과 원형의 상당 부분은 소련판 『세계통사』에서 연유했다고 할 수 있다. 심지어 "마공정" 『세계고대사』(2020)는 여전히 스탈린의 '5단계 사회형태설'에 의거하였다.[16]

 '20마공판'은 그 이후 30여 년의 모색을 나름의 필요에 따라 종합하고 반영한 결과라 할 수 있다. 나름의 필요란, "인류 사회 발전의 과정과 법칙을 이해하고 중국 특색 사회주의 건설과 중화민족의 위대한 부흥을 실현한다"(1쪽)라는 과목 목표에서 드러난다. 이를 위해 책의 서론(導言)에서 세계사 후반기의 주요 내용을 간추리면서, "중국 특색 사회주의의 위대한 성취는 이미 사회주의의 지구적 생명력과 광명한 전도를 보여 줌"으로써 "세계 사회주의운동의 주류 방향이 되었고, 마르크스주의와 과학적 사회주의에 대한 세계 인민의 신뢰를 재건하였다"라고 '중특사'의 세계사적 의의를 강조하였다(7쪽).

---

14 '62인민판'에는 '현대사'가 없으며 '20마공판'의 현대사와 가장 가까운 시대사는 근대사 하편(1870년 파리코뮌~1917년 러시아 10월 혁명)이다. 전체 11개 장의 구성은 주요 자본주의 국가 3개 장, 사회주의운동과 러시아혁명 3.6개 장, 아시아 2개 장, 아프리카 1개 장, 라틴아메리카 1개 장, 1차 대전 0.4개 장으로 안배되었다. '아·아·라아'를 합치면 4개 장으로 가장 큰 비중을 차지한다.
15 曹小文, 2015, 『20世紀以來中國的世界通史編纂研究』, 中國社會科學出版社, 64쪽.
16 세계사의 발전 단계를 '씨족제 사회-노예점유제 사회-봉건제 사회' 등으로 명확히 구분하고, 그 과정에 대한 역사유물론적 이해를 요구하고 있다. 『世界古代史』 編寫組, 2020, 『世界古代史』(馬克斯主義理論硏究和建設工程重點敎材) 上, 北京: 人民出版社/高等敎育出版社, 導論.

3종 주체를 모두 "○○○ 국가"라 한 것은 그만큼 주권 국가와 그들의 상호 관계인 국제질서를 중시하는 중국 당국의 관점이 반영된 결과로 보인다. 3종 주체는 대륙 범위를 넘어서는 분포를 보이는 '국가군'이므로 개별 국가나 문명과 다르지만 '지역사'의 '지역'이 아니다. 이는 한국과 일본 및 구미 학계 일각에서 문화권이나 문명과 다른 방식으로 규정된 지역들의 상호작용을 중시하면서 지역사들의 상호 연관과 비교로 세계사를 구성하려는 지역사적 접근법과 다르다.[17] '국제질서'를 다룬 장(章)이 가장 많고, '세계 질서'가 아니라 '국제질서'라 한 점에도 유의할 필요가 있다. 중국 지도자들이 보기에 '세계 질서'란 패권 국가 미국이 주도권을 쥐고 있는 체제인 데 비해 '국제질서'란 주권 국가들의 상호 관계를 규율하는 체제인 것이다.[18]

이상에서 살펴본 것처럼 '20마공판'은 인식 체계와 서사 구조를 종합해 볼 때, 다음의 세 가지 특징을 보인다. ① 1900년을 현대사의 기점으로 본 것, ② 3종 주체를 안배하는 방식으로 소련/구미중심주의를 허물고 제3세계/발전도상국을 부각한 것, ③ 자국사-세계사 이분체제를 극복하고 양자를 통합 서술한 것 등이다. 이는 모두 '20마공판' 자체의 성취라기보다 '94고교판'을 저본으로 삼아 새로운 조건에서 보충한 것이라 할

---

17 지역사와 메가지역사의 상호 연관된 스토리로 세계사를 구성하려는 논의는 유용태, 2017, 『동아시아사를 보는 눈』, 서울대학교출판문화원; 메리 위스너-행크스, 2018, 류형식 옮김, 『케임브리지 세계사 콘사이스: 글로벌시대 새로운 세계사를 위하여』, 소와당; Paul A. Kramer, "Region in Global History", Douglas Northrop ed., 2012, *A Companion to World History*, Chichester: Willey-Blackwell, pp. 201~211; 羽田正 編, 2016, 『地域史と世界史』, 東京: ミネルヴァ書房; Nicholas Doumanis, 2020, "Region, Connectivity, and the Making of the Modern World: Some Recent Big-Picture Histories", *The Australian Journal of Politics & History* Vol. 66-1 참조.
18 정융녠, 2005, 승병철 옮김, 『21세기는 중국의 시대인가: 민족주의, 정체성, 그리고 국제관계』, 문화발전소, 262쪽.

수 있다. 결국 '94고교판'을 계승한 '20마공판'의 새로운 서사 구조는 제3세계/발전도상국과 사회주의 국가의 세계사적 역할을 상대적으로 강조하는 특징을 보였다. 그 중심에는 양쪽 모두에 속하는 중국이 자리하고 있다.

III. 제3세계/발전도상국의 흥기와 세계사적 역할: 국제질서 개혁의 주체

제3세계/발전도상국의 역할을 강조하는 관점과 서사 구조는 앞서 말한 대로 '94고교판', 좀 더 거슬러 올라가면 '62인민판' 이래 '중국판 세계사'가 추구해 온 것이다. 가령 『간명세계사(簡明世界史)』(1979)가 "유럽중심주의를 타파하고 세계, 특히 제3세계 각국 인민의 본래 역사의 모습을 회복"하는 데 중점을 두었다고 한 데서 이를 알 수 있다.[19]

'20마공판'은 이를 계승하면서도 한 가지 극히 중요한 새로운 점을 선보였다. 중국의 관점을 단지 '사실 서사' 차원에서 투영하던 단계를 넘어서 '개념 서사'로 심화함으로써 역사를 인식하고 서사하는 프레임으로 끌어올린 점이다. 이는 최근 중국의 세계사/지구사학계의 동향과 호응하는 현상이다. 장웨이웨이(張偉偉)가 지구사의 용어, 개념, 이론 등이 모두 구미 중심적 관점에서 유래하였기에 불가피하게 시공간적으로 계급적/인종적으로 제한적일 수밖에 없다고 지적하면서 동과 서의 지혜는 물론 북

---

19 『簡明世界史』編寫組, 1979, 『簡明世界史』, 편자 설명. 이는 1945~1960년 무려 60개국이 식민통치를 벗어나 독립한 것과 짝을 이루어 유럽이 급격히 쇠퇴한 사정을 반영한다.

과 남의 지혜까지 아울러 약소국과 지배당하는 측의 관점을 살려야 한다고 주장한 것이 그런 예이다. 그래야 서양화된 "지구사를 지구화"할 수 있다는 것이다.[20]

중국식 '개념서사'를 온전히 파악하기 위해서는 제3세계/발전도상국이라는 용어의 역사를 간략히 검토할 필요가 있다. 이 용어는 이전의 '중간지대'를 계승한 것으로, 마오쩌둥과 덩샤오핑을 비롯한 중국 지도자의 세계 인식과 전략을 담고 있다. 마오는 1946~1947년 미국과 소련 사이에는 광대한 중간지대가 존재하며, 거기에는 중국도 포함하는 자본주의·반(半)식민지 국가가 있는데 미소는 이 중간지대를 자기 세력권으로 확보하기 위해 경쟁할 뿐 직접 서로 전면전을 행하지 않는다고 하였다. 마오가 보기에 당시 세계 인구의 4분의 1을 차지하는 중국의 향배가 미소의 중간지대 쟁탈에서 극히 중요했다.[21]

그 후 마오는 이를 바탕으로 3개세계론을 정립하였다. 그는 1963년부터 중간지대를 '발전국가=서방선진국'과 '저발전국가=아시아·아프리카·라틴아메리카('아·아·라아')'로 구분하더니 1974년 2월 전자를 제2세계, 후자를 제3세계라 하고 미소 초강대국을 제1세계라 불렀다. 3개세계론은 중소 분쟁이 심화됨에 따라 미국과 소련의 패권에 동시에 대응하기 위한 전략적 사고의 소산이다. 따라서 그것은 1950년대 서방에서 먼저 제기된 3개세계론과 중대한 차이가 있다. 서구인의 제1세계는 미국을 위시한 자본주의 진영이고 제2세계는 소련을 위시한 사회주의 진영이

20　Weiwei Zhang, "The World from China", Douglas Northrop ed., 2012, *A Companion to World History*, Chichester: Willey-Blackwell, pp. 415~416.

21　중간지대론에 관해서는 이병한, 2019, 『붉은 아시아: 1945~1991 동아시아 냉전의 재인식』, 서해문집, 제5장; 이원준, 2019, 「'中間地帶論'과 '一邊倒' 노선의 연속성 −건국 전후 시기 毛澤東의 세계 인식을 중심으로」, 『東洋史學硏究』 148집.

어서다. 이런 차이가 생긴 연원은 미·소를 분리하지 않고 한 부류로 묶어 그 나머지 세계와 구분한 중간지대론에 있다.[22] 중국 지도자의 이러한 세계관을 세계사 인식과 서사에 담아내고 나아가 이를 '프레임화'하는 것이야말로 '중국판 세계사'의 불가결한 요점일 터이다.

이와 달리 '발전도상국'은 주로 경제적 측면에 초점을 둔 용어로, 중국에서는 UN 가입(1971)과 중미 국교 정상화(1972) 직후부터 쓰였다. 당시 덩샤오핑은 "제3세계 발전도상국"이라고 혼용하였는데, 둘 다 지리적으로는 '아·아·라아'의 피압박민족을 지칭하기 때문이다. 가령 그가 중국은 "사회주의 국가인 동시에 발전도상국"이지만 "UN 안보리 상임이사국이라는 점에서 명실상부한 대국이다. 중국의 이 한 표는 명실상부하게 제3세계 발전도상국에 속하는 것"이라 한 것을 보라.[23] 이제 '대국 중국'은 "제3세계 발전도상국"의 대표라는 자기 인식을 분명히 한 것이다. 탈냉전기에 들어와서는 해당 국가들의 경제 발전이 당면 과제로 중시됨에 따라 '발전도상국'이란 용어가 더 선호되었다.

최근에는 이들 국가군이 "글로벌 사우스"라는 용어로 표현되면서 미중 전략경쟁의 국제정치에서 새삼 주목받고 있다. 그런 만큼 세계사의 인식과 서사에서 제3세계/발전도상국은 구미 중심의 일원적 세계사를 넘어 다원적 세계사를 구성하는 중대한 주체의 하나로서 자리매김할 이유가 있다. 소련 붕괴 이후에도 자본주의 모순의 피해자로서의 약소국과 빈국의 문제가 여전하다는 것을 근거로 들어 제3세계적 관점은 여전히 유

---

22 유용태, 2023.12, 「중간지대에서 제3극으로: 한국전쟁 정전후 중국의 자기인식과 대외정책」, 『동북아역사포커스』 7호.

23 「在聯合國大會第六屆特別會議上的發言」(1974.4), 『鄧小平文集』 下, 北京: 人民出版社, 2014, 355면; 「革命和建設都要走自己的路」(1984.10), 『鄧小平文選』 제3권, 北京: 人民出版社, 1993, 94면.

효하다고 보는 견해, 근대화의 세계적 위계 속에서 최하층에 처해 있는 제3세계는 지구사의 구성에서 극히 중요하다는 견해가 주목된다.[24] 덩샤오핑은 심지어 "중국은 장래 부강해져도 영원히 제3세계에 속한다"라고 공언하기까지 하였다.[25]

이제 '20마공판'이 세계사의 3종주체 중 하나인 제3세계 / 발전도상국의 역할을 어떻게 다루었는지 살펴보자. 이를 위해 '20마공판'은 '제5장. (2차 대전 이전) 아·아·라아 민족해방운동의 발전', '제14장. 2차 대전 이후 민족해방운동과 제3세계의 흥기', '제17장. 독립 후의 아·아·라아 발전도상국' 등의 장을 두었다. 여기서 주목되는 것은 먼저 마오쩌둥과 덩샤오핑에 의해 만들어진 개념어를 제시해 '사실 서사'의 프레임으로 삼은 점이다. 이는 "중국 특색의 세계사"가 갖추어야 할 핵심 요소인 "중국의 담론권" 제고에 속하는 작업이다. 필자가 편의상 '담론권'으로 번역한 "話語權"의 사전적 의미는 자신의 용어로 타자를 지배하는 권리와 자신의 견해를 표현할 권리라는 두 가지인데, 여기서는 전자의 의미가 강하다. 그것은 권리(right)가 아니라 권력(power)에 해당한다.

'20마공판'에서 시도된 중국식 '개념 서사'의 첫 사례는 "제3세계"로, '제4장. 제3세계의 흥기'에서 마오쩌둥과 덩샤오핑의 어록을 인용해 그 유래를 설명한 것이다. 제3세계는 실제로는 반둥회의, 비동맹운동, 77국 집단의 성립을 거쳐 형성되고 발전하였으며, 개념상으로는 마오쩌둥과 덩샤오핑의 세계관에 의해 정립된 것으로 보아 다음과 같이 설명하였다.

---

24 임현진, 1993, 『제3세계 연구: 종속, 발전, 민주화』, 서울대학교출판부; Ralph Buultjens, 1993, "Global History and the Third World", Bruce Mazlish and Ralph Buultjens ed., 앞의 책.

25 「維護世界平和搞好國內建設」(1984.5), 『鄧小平文選』제3권, 57면.

그에 따르면 제국주의 식민체제가 붕괴하자 아·아·라아 민족독립국가가 탄생하였고, 그들은 육지 면적과 인구수 양면에서 전체의 70% 이상을 차지하며 독립된 국제 역량으로 중요한 역할을 담당하였다고 하였다. 이어서,

> 중국의 영도자 마오쩌둥은 이들 신생 역량의 중요한 역할을 극히 중시하고 제3세계론을 제시하였다. … 마오가 1974년 2월 '미소는 제1세계이고 유럽·일본·호주·캐나다는 제2세계이며 우리는 제3세계다'라고 제시한 3개세계구분론은 당시 객관적 실제에 부합하여 국제사회에서 신속히 인정받았다. 그 후 이 용어는 국제 관계 속에서 광범하게 사용되었다. … 중국과 기타 발전도상국은 똑같이 제3세계에 속한다는 마오의 논단은 발전도상국의 친구라는 태도를 밝힌 것이다. 제3세계론은 패권주의를 고립시키고 중국과 제3세계 각국의 단결, 우호, 합작을 강화하는 중요한 의의가 있다(92~93쪽).

라고 한 다음, 그 직후 덩샤오핑이 유엔총회 연설(1974년 4월)에서 마오쩌둥의 제3세계론을 좀 더 가다듬어 국제사회에 알린 사실도 그 어록을 인용하여 추가하였다. 이 연설에서 덩샤오핑은 "제3세계 발전도상국"의 이름으로 "불평등하고 착취적인 국제 경제 질서의 개혁"을 촉구하면서 중국이 그들의 지지자이자 대변자로서 경제적 해방을 실현하기 위해 분투할 것이라 선언하였다.[26] 이렇게 표명된 중국 지도자의 세계관을 세계사 인식과 서사의 틀로 삼아 프레임화한 것은 전에 없던 변화다. '94고교

---

26 「在聯合國大會第六屆特別會議上的發言」(1974.4), 『鄧小平文集』 下卷, 北京: 人民出版社, 2014, 345~351쪽.

판'은 이 주제를 개념의 설명 없이 '사실 서사'만으로 채웠고 '97인민판'은 크게 다른 맥락에서 서술하였다.[27]

중국식 '개념 서사'의 두 번째 사례는 "남북 대화"와 "남남 합작"으로, '제17장. 독립 후의 아·아·라아 발전도상국'을 다루면서 덩샤오핑의 어록에 근거해 그 개념을 설명한 것이다. 그에 따르면 발전도상국의 공통된 4대 기본 과제는 '공업화 실현', '국가 통치제도 완비', '독립 자주의 다원 외교', '남북 대화와 남남 합작'이다. 이를 개별 국가들이 실현하기는 쉽지 않은 만큼 남북 대화와 남남 합작은 4대 과제의 하나일 뿐만 아니라, 공업화와 독립 자주 외교라는 다른 두 과제를 실행하는 집단적 추동력이라는 점에서 극히 중요하다. 2차 세계대전 후 독립한 발전도상국은 "여전히 불평등한 지위와 발전 국가의 착취와 지배를 받는 위치에 있어 평등한 국제 지위를 쟁취하고 불합리한 국제질서를 개혁하려면 발전도상국의 단결을 강화해야 한다"(196쪽)라고 보기 때문이다.

이렇게 중대한 의미를 갖는 남북 대화와 남남 합작의 유래는 모두 덩샤오핑의 세계관으로 설명되었다. 덩샤오핑은 1984년 현재 세계의 가장 돌출한 문제는 평화 문제와 발전 문제인데, 후자는 곧 남북 문제라고 하면서,

> 선진국은 갈수록 부유해지고 발전도상국은 갈수록 빈곤해진다. 남북 문제를 해결하지 못하면 세계 경제의 발전에 장애를 초래할 수 있다. 이를 해결하려면 당연히 남북 대화에 의거해야 하며 우리는 남북 대

---

[27] '97인민판'에 따르면, "제3세계"라는 용어는 1952년 알프레드 소비(Alfred Sauvy)에 의해 프랑스혁명 시기의 제3신분에 해당하는 의미로 처음 쓰였다. 1973년 9월 제4회 비동맹회의가 자신을 "제3세계"라고 자처한 정치선언을 채택한 후 '광범하게' 쓰였고, 마오쩌둥과 덩샤오핑은 이를 '더욱 널리' 쓰이게 했다고 했을 뿐이다. '97인민판' 當代卷, 299~301쪽.

화를 주장한다(197쪽).

라고 하였다. 그런 다음, 발전도상국과 주요 자본주의 국가를 지칭하는 선진국(원문은 "發展國家") 간의 남북 격차 문제를 해결하기 위해 반둥회의와 비동맹회의를 발판으로 남방 주체가 형성되어 남북 대화를 요구하며 유엔의 지지를 받아 실제 대화를 진행하고 일부 성과를 거두는 과정을 서술하였다. 그에 따르면, 남북 대화의 서막은 1964년 유엔무역개발회의이며, 거기서 성립된 77국 집단이 발전도상국의 경제 권익을 쟁취하기 위한 첫 국제기구다.

남남 합작에 대해서도 동일한 서사 전략이 구사되었다. 1984년과 1988년 덩샤오핑의 관련 어록을 인용하여 다음과 같이 설명하였다. 발전도상국들이 앞에 말한 주요 과제를 해결하기 위해서는

> 남북 대화에만 의존해서는 안 되고 제3세계 국가 간의 합작을 강화해야 한다. 제3세계 국가들의 상호 교류, 상호 학습, 상호 합작, 즉 남남 합작은 많은 문제를 해결할 수 있고 그 전망은 매우 밝다. … 역사가 증명하는 대로 부유한 국가들은 갈수록 인색해지고 있으니, 결국 우리 스스로의 힘으로 빈곤에서 벗어나 발전해야 한다(200쪽).

라고 했다는 것이다. 이어서 남남 합작의 주체가 형성되고 실제 합작이 진행되는 과정을 서술하였다. 그에 따르면 반둥회의와 비동맹운동이 새로운 경제 질서 건립의 필요성을 제기해 사상 기초를 마련하고 77국 집단이 앞장서 유엔을 통해 남남 전체 합작을 추동하는 기구로서 큰 역할을 담당하였다고 하였다. 그와 동시에 남남 지역 합작 기구(석유수출국기구, 아세안, 중남미공동시장, 아프리카통일기구와 그 발전체인 아프리카연맹 등)도

건립되어 각 지역과 분야별 합작을 추진하였다.

　세 번째 사례는 앞의 두 경우만큼 직접적으로 기술한 것은 아니지만, "인류운명공동체"를 꼽을 수 있다. 인류운명공동체 건설론은 2015년 이래 시진핑이 강조해 온 새로운 세계관을 표현한 용어인데, 오늘날 인류는 갈수록 상호 긴밀하게 연계되어 "네 속에 내가 있고 내 속에 네가 있는 운명공동체"의 시대에 살고 있음을 자각하고 이를 건립하자는 것이다. '20마공판'은 시진핑의 2018년 어록을 인용해 현대를 인류운명이 그렇게 서로 연결된 "세계적 전체사 시대", 곧 "세계사 시대"라 하였다(9~10쪽). 이는 인류운명공동체를 현대사 인식의 프레임으로 끌어올림으로써 중국 대학생을 넘어 세계 각국이 중국을 따라서 인류운명공동체 건설에 나서야 한다는 메시지를 담고 있다.

　이처럼 '20마공판'이 중국 지도자의 어록에 의거해 관련 사실을 서술하는 프레임으로 삼은 개념 서사는 '94고교판'과 '97인민판' 등 이전 판본에는 없던 시도이다. 거기서는 모두 관련 사실을 비중있게 다루었으나 사실 서사로 일관하였을 뿐이다.

　중국식 '개념 서사'를 앞세운 것과 짝을 이루어 남북 대화와 남남 합작에서 중국이 주도적인 역할을 담당했다고 강조한 것은 당연한 귀결이다. 그에 따르면, "최대의 발전도상국이자 유일한 유엔 안보리 상임이사국인 중국은 줄곧 이들 문제에 큰 관심을 갖고 국제 경제 구질서의 개혁과 남북 대화 강화를 주장해 왔다." 이어서 1974년 이래 2009년까지 여러 차례 남북 대화에 참석해 "발전도상국의 합리적 요구를 지지하고 중국의 입장과 주장을 제시한" 사실을 구체적으로 서술한 다음, 이는 "세계의 발전 사업에 대한 중국의 중대한 책임과 국제 경제 질서에 대한 전략적 사고를 체현한 것"이라고 의미를 부여하였다(199~200쪽). 남남 합작에서도 중국은 "창도자의 하나"로서 "평등·호리(互利, 상호 이익)와 공동 발전 등의 원칙에 따라 남남 합작에 적극 참여한 결과, 중국과 발전도상국의 합작은 이미 다원화·기제화(機制化) 국면을 형성하였다"라고 하였다. 그리하여 중국은 평등·호리의 무역을 크게 발전시킨 것 외에 수많은 제3세계 국가들에 경제 기술 원조를 제공하고 최저발전국의 채무를 면제하였다고 하였다(203쪽).

그 밖에 중국은 각종 회의를 주관하여 국제적 의제 설정에서도 주도적 역할을 담당한 것으로 강조하였다. 가령 1984년 26국 대표가 베이징에서 첫 남남 합작 회의를 개최한 이래 1991년 "남방 국가 환경과 발전 장관회의"와 2017년 최초의 "남남 인권 논단" 등을 베이징에서 개최하고 각각 '베이징 선언'을 채택한 사실을 다루었다. 특히 70여 국가/국제기구 대표 300여 명이 참석한 "인권 논단"에서 시진핑 주석이 치사를 통해 "중국 인민은 세계 각국 인민과 한마음으로 협력해 합작으로 발전을 촉진하고 발전으로 인권을 촉진하여 공동으로 인류운명공동체를 건립하자"라고 하였음을 강조하였다. '베이징 선언'은 인권의 보편성을 인정하고 준수하되 "인권 실현에는 지역/국가의 서로 다른 상황과 정치 경제·문화 역사적 배경의 차이를 고려해야 함을 명확히 하였다"라고 서술하였다(202~203쪽).

이상과 같이 발전도상국의 역사를 그들의 국제적 역할에 초점을 두어 파악한 결과, 그들 내부의 차이와 갈등, 과제와 해결 노력에 대해서는 홀시하는 편향을 보였다. 특히 '94고교판'에 있던 "남조선의 (경제 발전과) 민주주의운동", 라틴아메리카의 "정치 민주화 추세", 아프리카의 "일당제에서 다당제로의 민주주의 물결" 등의 항목과 해당 내용을 삭제한 것은 시진핑체제의 성격을 반영하는 주목되는 변화의 하나이다.[28]

---

28 '94고교판' 現代史編 下, 451~452쪽, 476~477쪽, 486~487쪽.

IV. 사회주의 국가의 개혁과 교훈: '중국 특색 사회주의'의 세계사적 의미

오늘날 중국은 발전도상국인 동시에 초급 단계의 사회주의 대국이라는 이중적 정체성을 갖고 있다. 이를 '20마공판'은 "발전도상의 사회주의 대국 중국"이라 하였다(3쪽).[29] 그런 만큼 이 책이 사회주의 제도의 건설과 개혁을 중심에 두고 세계사를 인식하고 서사한 것은 자연스럽다. 이는 1950~1970년대 이래 중국의 전통이기도 하였다. 문제는 바로 그 원조인 소련이 개혁을 추진하다가 급격히 붕괴한 이후의 사정을 어떻게 이해하고 반영할 것인가이다. 이 주제에 대해서도 중국의 역할을 강조하고 있는데, 개혁개방을 통해 정립된 '중특사'야말로 세계 사회주의의 역사를 반성하고 미래를 전망하는 새로운 모델이 된다는 자부심으로 귀착된다.

사회주의의 역사와 현실에 대한 인식은 다음과 같은 장의 구성에 나타나 있다. 세계사 전반기에 '제3장. 러시아 10월 사회주의 혁명', '제6장. 소련 사회주의의 개조와 건설'이 있고, 그 후반기에 '제12장. 1950년대 사회주의 국가', '제18장. 20세기 중후기 소련·동유럽 사회주의 국가의 발전과 좌절', '제19장. (현존) 사회주의 국가의 개혁과 당대 사회주의의 발전'이 이어진다. 1945년 이전을 다룬 두 장은 소련에 관한 것이고, 그 후를 다룬 제12장은 소련-동유럽-중국-몽골·베트남·북한·쿠바 등의 네 절로 나누었다. 이는 "주요 자본주의 국가"를 다룬 장을 미국-서유럽-일본의 절로 나눈 것과 짝을 이룬다. 제18~19장은 사회주의 국가들의 개혁을 다루었는데 18장은 소련·동유럽 등 실패로 끝난 나라의 개혁을,

---

29 '사회주의 국가'와 '대국'을 분리해 3중의 정체성으로 보는 견해도 있다. 뉴쿤, 2015, 박대훈 옮김, 『냉전과 신중국 외교의 형성』, 한국문화사, 436쪽.

19장은 현존 사회주의 국가들의 개혁개방을 다루었다. 후자는 사실상 중국의 사례를 다루기 위한 것이며(3/4), 단지 그 끝에 베트남·북한·라오스·쿠바 등의 사례가 사족처럼(1/4) 추가된 정도이다. '94고교판'이 이들 두 부류의 개혁을 모두 하나의 장에 담았던 것에 비해 현존 사회주의 국가의 개혁을 그만큼 더 중시한 것이다.

소련·동유럽의 사회주의는 좌절과 실패로 끝났음에도 그 출발점인 러시아 10월 혁명의 역사적 의의는 여전히 종전대로 인정하였다. "인류 역사상 처음으로 무산 계급 독재의 사회주의 국가를 건립하여 사회주의를 이상·운동에서 현실의 사회제도로 변화시켰다. … 세계 각국 무산 계급 혁명과 (반)식민지 민족해방운동에 중대한 영향을 불러일으켰으며 인류 사회의 진보를 극히 크게 추동한 점에서 인류 역사의 신기원을 열었다"라고 하였다(상권 64쪽). 그런 만큼 소련을 모델로 하여 출범한 중화인민공화국의 성립에 대해서도 "세계 인구의 4분의 1을 차지하는 동방 대국에서 제국주의와 그 대리인 세력을 소탕하고 세계 식민체제를 심각하게 타격하여 '아·아·라아' 피압박 민족·인민의 해방투쟁을 고무·추동하고" "사회주의 진영의 역량을 전에 없이 강대하게 만든" 점에서 "세계사적 의의를 지닌다"라고 하였다(하권, 25쪽).

그 위에서 소련·동유럽 사회주의 국가들은 개혁개방에 실패하여 사회주의 제도의 붕괴로 이어졌으나, 중국과 베트남 등은 개혁개방을 계속하면서 사회주의 제도를 유지 발전시키고 있다고 대비하면서 그 원인을 강조하였다. 무엇이 개혁개방의 성패를 가르는 관건이라는 것인지 저자의 논지를 따라가 보자.

개혁 과정은 1950~1970년대(흐루쇼프/브레즈네프 시기)와 1980년대(고르바초프 시기)의 두 시기로 나누어 설명하였다. 그에 따르면, 우선 소련은 1950년대부터 물질적 이익과 시장 조절 요소를 부분적으로 도입하는 경제 개혁을 추진하여 일정한 성과를 거두었으나 흐루쇼프도, 브레즈네프도 곧바로 이 신정책을 중단하였다. 그 결과 소련 모델의 "고도 집중 경제체제를 근본적으로 개혁하지 못해" 1970년대에 국가-기업-개인 간의 모순이 심화하고 경제 효율이 하강하는 추세를 보였다. 이렇게 정책을 쉽사리 뒤집은 것은 민주집중제와 집체영도의 원칙을 무시하고 중앙집권을 강화하는 속에 영도자가 독단했기 때문이다. 특히 흐루쇼프는 '15년 안에 미국을 따라잡고' '20년 안에 공산주의 사회를 건설한다'라는 구호에서 보듯 조급증에 빠졌고, 브레즈네프는 그 반대로 '소련은 이미 발달한 사회주의 국가다'라는 "발달사회주의론"에 고무되어 자만한 결과 개혁 기회를 놓쳤다. 이에 비해 고르바초프는 민주화·공개화·다원화를 골자로 하는 정치 개혁을 먼저 추진하면서 마르크스-레닌주의와 공산당의 영도라는 원칙을 포기한 결과, 정치세력의 분열과 정국 불안, 이어서 연방의 붕괴를 자초하였다. 동유럽 각국은 유고·헝가리를 필두로 1950년대부터 자국의 현실에서 출발해 계획경제와 시장 조절을 결합한 발전 경로를 모색하여 일정한 성과를 거두었으나 역시 고도로 집중된 소련 모델을 탈피하지 못하는 속에 고르바초프의 "신사고"에 영향을 받아 정국 불안과 당내 모순이 심화하여 결국 사회주의 제도의 붕괴에 이르렀다.

 그렇다면 무엇이 실패의 원인이라는 것인가? 소련 해체 원인에 대한 설명에 그 답이 들어 있다. 그에 따르면, 소련 해체는 "역사-현실적 요인, 내부-외부 요인, 개관-주관 요인 등 다양한 요인이 장기간 종합된 결과"이지만, 관건적 요인은 "지도 사상의 착오"로 영도자와 공산당 스스로 사회주의의 방향을 이탈하고 포기한 것이다. 마르크스-레닌주의 지도 사상과 공산당 영도 원칙을 포기해 사상적, 조직적 무기를 해제한 것이 당과 국가의 붕괴를 자초한 직접적 원인이라는 것이다. 이어서 세 가지 요인을 더 들었는데, 고도로 집중된 경제체제의 경직화로 가치법칙과 시장 기제를 배척한 채 미국과 대외 확장적 군비경쟁을 추진함으로써 과학기술혁명의 진전을 방해하고 인민의 생활개선 요구에 부응하지 못한 것, 정치체제의 경직화로 사회주의 민주 법제와 당내 민주의 진전을 저해함으로써 공산당이 인민대중의 신뢰를 상실한 것, 미국 등 서방 국가의 "평화 연변" 전략으로 자유·인권 등 자산계급 이데올로기와 생활 방식이 침투해 특히 청년 세대에 큰 영향을 준 것 등이다. 이상 네 가지는 동유럽 개혁의 실패 요인이기도 한데, 고르바초프의 신사고 정책의 영향으로 동유럽이 급격히 무너지면서 각국에 도미노 효과를 일으켰다는 것이다(227~233쪽).

이와 관련해 이전 판본과 달리 "소련·동유럽 급변의 교훈"이라는 항목을 신설해 특별히 강조한 점이 눈에 띈다. 그에 따르면, 소련·동유럽의 급변은 "국제 공산주의운동과 사회주의 발전에 중대한 좌절을 안기고 심각한 교훈을 남겨" "사회주의에 대한 반성을 촉진하였다." 소련의 개혁도, 동유럽의 개혁도 모두 자국 현실에서 벗어났기에 사회 모순을 해결하지 못했는데, 이는 지도 사상의 착오 때문이라며 그 연원을 다음과 같이 지적하였다.

> 과학적 사회주의를 견지하고 발전시키려면 마르크스주의를 자국 실제와 결합해 시대 조건과 자국 사정에 맞는 사회주의 건설 경로를 탐색해야 한다. 마르크스주의는 사회주의 혁명과 건설의 지도 사상이지만 결코 경직된 교조나 종극적 진리가 아니라 발전하는 학설이다. … 사회주의 건설의 어떤 경로나 모델도 특정한 역사와 국정하에서 형성된 것이어서 형세의 발전에 따라 부단히 개혁해 발전시킴으로써 사회주의의 우월성을 발휘해야 한다(235쪽).

그래야 비로소 "체제의 폐단을 극복하고 민생 개혁과 인민 중심의 발전 사상을 견지할 수 있다"라면서 소련·동유럽의 경험은 이 점을 일깨우는 교훈을 주었다는 것이다. 중국의 개혁개방은 이른바 "4항 기본 원칙" 견지를 통해 이러한 착오를 범하지 않아서 '중특사'의 길을 성공적으로 개척하는 중이라는 것이다.

그렇다면 소련·동유럽의 개혁이 실패한 것과 달리 중국을 필두로 하는 현존 사회주의 국가의 개혁개방은 왜 성과를 거두고 있다는 것인가? 소련·동유럽 개혁의 '교훈'과 짝을 이루어 중국 "사회주의 건설 탐색의 성과와 교훈"이란 항목을 설정해 전에 없이 '교훈'을 강조하였다. 그에 따르면, 경제 문화적으로 낙후한 중국은 서방 국가의 봉쇄로 소련의 방법을 배워 계획경제를 실행할 수밖에 없었는데, 1956~1978년 경제와 과학기술 방면의 상당한 성과를 거두고 유엔 안보리 상임이사국이 되는 등 국제 지위를 제고했다고 하였다.[30] 동시에 대약진운동과 문화대혁명의 좌경 착오와 좌절을 겪으면서 "사회주의란 무엇이고 어떻게 건설해야 하는가의 핵심 문제를 직시하는 심각한 교훈을 얻었다"라고 하였다(247~249쪽). 그러나 좌경 착오가 왜 일어났는지에 대한 아무런 설명도 없이 마오쩌둥 사상은 마르크스주의를 중국 실정에 맞게 발전시킨 정확한 이론 원칙이라고 찬양하고 있어 사실상 '교훈'에 이르기 어렵게 되었다.

그 후 중국이 추진한 개혁개방에 대해서는 1989년, 2002년, 2012년을 전후하여 네 시기로 나누고 그 주요한 성취를 상당한 분량으로 서술하였다. 중공 12대(1982)부터 19대(2017)까지 당 영도자의 보고를 근거로 삼으면서 필요에 따라 그 원문을 직접 인용하고 있어, 실제 성취보다 '선

---

[30] 1952~1978년 연평균 8.2%의 농공업생산 증가율을 기록하여 "인류 4분의 1의 기본 생활 수요를 만족시킴으로써 하나의 기적으로 세계의 공인을 받았다"라며, 그 밖에 과학기술 방면의 성과를 특히 강조했는데, 학질 치료제(靑蒿素) 발명으로 노벨 생리의학상 수상, 원수폭 실험과 인공위성 발사, 반도체와 자동차 등 현대 과학기술 연구의 발전 등에 관해 관련 과학자의 이름을 다수 나열하기까지 하였다.

전'을 앞세우는 당사(黨史)를 방불케 한다. 중국사도 아닌 세계사에서 이렇게까지 해야 하는 절박한 이유가 있는지 모르겠지만 이해하기 어렵다. 특히 서언에서 '중특사'는 "사회주의의 전통에서 현대로의 성공적 전환을 실현하여 세계 사회주의운동의 주류 방향이 되었고 과학적 사회주의에 대한 세계 인민의 신뢰를 재조했다"(7쪽)라고 한 것과 짝을 이루어 19장에서 그 세계사적 의미를 다음과 같이 다시 강조하였다.

> 이상의 사실들이 웅변적으로 말해 주듯이 중국 특색 사회주의 경로는 중화민족의 위대한 부흥을 위한 필수 경로인 동시에 인류 문명 역사상의 위대한 창거이며, 사회주의 제도의 우월성을 찬란하게 보여 주어 세계 사회주의 발전에 중요한 경험을 축적하였다. 중국 특색 사회주의는 세계현대사 발전 중의 기적을 창조하고 발전도상국의 현대화 경로를 개척하여 세계에서 스스로 독립성을 유지 발전시키려는 국가·민족에게 완전히 새로운 선택을 가능케 하였다(268쪽).

여기서 특히 주목해야 할 대목은 중특사가 발전도상국들의 현대화 경로를 개척했다고 자부한 점이다. 앞에서는 중국 스스로 사회주의 대국인 동시에 제3세계/발전도상국의 정체성을 갖고 있음을 확인했거니와 이제 그 수준을 훌쩍 넘어 중국과 중특사는 그들의 국가 건설과 발전의 모델로 격상되었다. 냉전 시기 사회주의 국가에 건설의 모범이 된 소련 모델보다도 더 광범한 세계사적 의미를 지닌다는 것이다.

이 서사를 1990년대 이래로 모색해 온 '중국판 세계사'의 문맥에서 음미해 보면 '중특사'의 의미는 더욱 커진다. 이 책은 서언에서 "중특사의 위대한 성취는 이미 사회주의의 장구한 생명력과 광명한 전도를 보여 주었다"라고 한 다음, "사회주의가 아무리 곤란과 곡절을 거치더라도 부단히 발전하고 성숙한다"라는 "역사의 주된 흐름(主線)을 파악해야 한다"라고 했다(상책, 7쪽, 9쪽). 그에 앞서 '94고교판'은 "주요 사회주의 국가가 노동생산성 면에서 자본주의 선진국을 앞지르게 될 때, 세계 인민은 사회주의 제도의 우월성을 인정하여 자본주의를 포기하고 사회주의를 선택할 것이다"라고 했다.[31] 이들을 서로 연결해 보면, '중특사'는 장차 발전도상국은 물론 자본주의 선진국에도 수용될 것이라는 기대가 '중국판 세계사'의 밑바탕에 깔려 있음을 알 수 있다.

이어서 기타 발전도상국 중 현존 사회주의 국가의 개혁과 "당대 사회주의의 발전"을 다루었다. "당대 사회주의"는 소련·동유럽 붕괴로 정지되지 않고 "각성과 반성을 거쳐 더 굿센 발걸음을 내딛고 있다"라면서, 베트남·쿠바·북한·라오스 등의 사례를 서술하였다. 이들 네 나라는 "사회주의 제도와 공산당의 영도"를 견지하며 "자국 특색 사회주의 발전을 추구하고 있다"라고 하였다(268쪽). 유감스럽게도 각국 사례에 대한 서사는 주로 당 문건에 의존해 성과를 앞세우는 긍정 일변도로 돼 버렸다. 이는 앞서 본 소련·동유럽의 개혁에 대해 일정한 성과와 중대한 착오를 동시에 드러낸 서사와 현저히 다르다. 그 밖에 비사회주의 국가(남미와 아프리카 각국 등의 발전도상국, 서유럽과 미·일, 옛 사회주의권)의 공산당과 사회주의 세력이 소련·동유럽 붕괴 후 어떻게 새로운 활로를 모색하기 위해 노력하고 있는지를 다루었다. 이는 '94고교판'과 '97인민판'에는 없던 시도이다.

소련·동유럽과 중국 등의 사회주의 건설 과정의 개혁과 그 시행착오를 다루면서 두 차례나 교훈을 강조했음에도 결국 '국가 정권'의 논리를 넘어서지 못한 것으로 보인다. 마르크스-레닌주의 지도 사상과 공산당의

---

31 '94고교판' 現代史編 下, 5~6쪽.

영도 지위를 견지하는 속에 생산력 발전을 도모해야 한다는 것이 이른바 '교훈'의 거의 전부이기 때문이다. "갈수록 많은 사람이 사회주의가 자본주의를 대체하는 것은 장기적인 곡절의 과정임을 인식하고 있다"(7쪽)라는 결과론적 진단에 그칠 뿐, 생산력이 미숙한 조건에서 추진된 사회주의 혁명 자체의 태생적 한계와 "이론적 단층"에 대한 자각이라는 원인론적 진단은 보이지 않는다. 이 자각이 확고해야 비로소 사회주의에 이르는 과도기인 '신민주주의'를 장기간 유지할 수 있게 된다.[32]

이상의 서사가 남기는 하나의 중대한 의문은 '사회주의(제도)'란 무엇인가 하는 것이다. 적어도 그 여부를 가르는 최소 공통분모가 제시되지 않았기 때문이다. 우선 오늘날 중국에는 계급과 노동 착취가 부활하여 빈부 격차가 자본주의 국가보다 더 큼에도 왜 이를 사회주의라 하는지 알 수 없다. 서방에서는 이를 '국가자본주의', '중국 특색 자본주의'라 칭하는데, 중국의 역사적 경험 속에서 파악하면 '신민주주의'에 해당한다. 그와 동류의 "당대 사회주의 국가"에 라오스인민공화국(1975~)을 포함하여 이를 "사회주의를 향한 과도기의 초기" 국가라 한 것도(274쪽) 마찬가지다. 게다가 구미와 일본은 물론 남미와 아프리카 각국 공산당/사회당의 각종 "사회주의"가 "세계 사회주의의 역량을 확대하고 있다"라고 하였다(275~277쪽). 간판을 내걸기만 하면 모두 사회주의가 되는 것일까?[33]

---

[32] 20세기 사회주의 혁명의 태생적 한계와 "이론적 단층"(마르크스의 이론과 20세기 실제 간의 단층)을 직시한 연구로 유용태, 2002, 「중국 역사교과서의 현대사 인식과 국가주의」, 『歷史敎育』 84집; 유용태, 2006, 「20세기 중국혁명의 이해: 신민주주의론을 재음미하며」, 『환호 속의 경종』, 휴머니스트, 91~99쪽; 謝宏, 2015, 「我觀"理論斷層": 兼評"社會主義"的再定義」, 『黨的文獻』 2기 참조.

[33] 덩샤오핑은 "사회주의의 본질은 생산력을 해방하고 발전시켜 착취와 양극 분화를 소멸하고 최종적으로 공동 부유에 도달하는 것"이라 하였다. 이에 대한 해설에 따르면 사회주의의 기치를 내걸든 아니든 "양극 분화를 소멸하고 공동 부유를 실현하는 데 유

사회주의 국가들의 개혁 과정을 다루면서 민족문제와 민족주의에 관한 종전의 서사를 삭제한 점도 주목되는 변화다. '94고교판'은 고르바초프의 개혁이 소련 해체로 이어지는 과정을 다루면서 "민족분리운동의 흥기"라는 항목을 설정하여 두 페이지 가깝게 상술하였다.[34] 유고·체코·불가리아 등의 개혁 과정에서도 민족 모순이 심화하는 속에 "단일민족국가 건립을 목표로 내세운 민족주의 정당"이 출현하여 정치세력의 분열과 정국 불안을 조성하다가 결국 민족별 공화국의 분리 독립으로 이어졌음을 서술한 바 있다.[35] 그런데 '20마공판'은 이 항목을 삭제하고 체코·불가리아 등의 개별 사실도 삭제한 채 유고에 대해서만 극히 소략하고 모호하게 언급했을 뿐이다(233쪽). 발전도상국의 민주화에 대한 서사를 삭제한 것과 짝을 이루는 역사 인식의 후퇴이다.

V. 반(反)패권: 평등·공정의 국제질서를 향하여

반패권은 세계사의 3종 주체 중 둘인 발전도상국과 사회주의 국가가 주요 자본주의 국가 중심의 국제질서 속에서 실행해야 할 핵심 과제로 중시되었다. 이는 주로 국제질서를 다룬 장에서 다뤘으며, 반패권의 두 주체인 발전도상국과 사회주의 국가의 활동을 서술하는 장에도 분산적으로

리한 조치는 모두 사회주의적 조치"이다. 이 기준에서 보면 빈부격차가 적고 사회보장이 잘된 유럽 선진국이 중국보다 더 사회주의에 가깝다. 韓運川, 2008, 「社會主義再定義」, 『科學社會主義』 5기; 於維力, 2021, 「關於科學社會主義基本原則的研究述評」, 『當代世界與社會主義』 1기.

34 '94고교판' 現代史編 下, 390~392쪽.
35 '94고교판' 現代史編 下, 404·418·422쪽.

언급되었다. 그 중심에 중국이 있고, 반패권은 사실상 1970년 이후 중국 외교의 핵심 원칙에 속한다.[36]

중국 대외 전략의 핵심 원칙은 인민공화국 건립 이래 1960년대 중반까지 "반제국주의"로, 그 주요 타깃은 2차 대전을 거쳐 초강대국이 된 미국(미일 동맹)이었고 연소반미의 외교로 구체화되었다. 그 후 소련이 대외 확장을 추진해 중국 안보를 위협하면서 미국과 세계 패권을 다투게 됨에 따라 1964년 무렵 중국 외교는 반소반미로 바뀌었고, 1972년 미일과의 국교 정상화를 계기로 연미반소로 전환되었다. 중국의 반패권 전략은 소련의 군사적 위협이 절정에 달한 1969년부터 추구되어 1972년 미일과의 국교 정상화 공동성명에서 처음으로 공식화되었으며 그 주요 타깃은 소련이었다. 물론 미국 패권에 대한 경계도 여전하여 미소 두 초대국의 패권을 가리켜 "양패(兩覇)"라 하였다.

중국은 1972년 미일과의 국교 정상화 과정에서 먼저 미일에 아시아·태평양 지역에서 패권을 추구하지도, 패권을 추구하는 제3국과 함께하지도 말 것을 요구했고, 협상을 거쳐 중-미일 쌍방이 그렇게 한다고 공동성명에 명문화하였다.[37] 이는 우선 중소 분쟁이 심화하는 속에 브레즈네프가 제한주권론을 앞세워 사회주의 형제국들의 내정에 간섭하며 주권을 침해하고 중소 국경 충돌도 불사하는 소련 패권주의에 대한 대응이었다. 동시에 그 직전 미국이 베트남전쟁의 패배를 자인하고 아시아에 대한 개

---

36 김동성, 1988, 『중공대외정책론』, 법문사, 제4~7장; 김옥준, 2002, 「떵샤오핑(鄧小平)의 반패권주의 외교」, 『대한정치학회보』 10집 1호; 정재호, 2019, 「개혁기 중국의 대외관계」, 서울대학교중국연구소편, 『개혁중국: 변화와 지속』, 한울 참조.

37 김동성, 1988, 『중공대외정책론』, 법문사, 85~86쪽; 헨리 키신저, 2012, 『헨리 키신저의 중국 이야기』, 민음사, 제9장; 陶文釗, 1999, 『中美關係史, 1949~1972』, 上海人民出版社, 제8장; 石井明 外 編, 2003, 『記錄と考證: 日中國交正常化·日中平和友好條約締結交涉』, 東京: 岩波書店, 163~168쪽.

입 정책을 포기한다고 발표한 닉슨독트린을 이어받아 이제 미국은 이 지역에서 패권을 추구하지 말라는 요구도 담겨 있었다. 곧이어 일본과의 국교 정상화 과정에서도 일본이 미일 동맹을 근거로 소련과 연대하여 중국을 위협할 수 있다고 보아 위와 똑같이 반패권을 명문화하였다. 이듬해 중국은 중공 10전대회(1973)에서 반패권주의를 공식적인 대외 정책으로 채택하고 중국공산당의 규약(1973)과 헌법(1975)에도 이를 명시하였다.

여기서 우리는 동서양이 서로 다른 의미로 이해하는 '패권(주의)'의 개념을 살펴볼 필요가 있다. 서양에서 '헤게모니(hegemony)'는 강제에 의한 '지배(domination)'와 달리 동의에 기초한 지도로서, 국제 관계에서 우월한 힘을 가진 강국이 보편적인 이해를 대변하는 것처럼 보임으로써 다른 국가들의 동의에 기초해 그들에게 자신의 규칙과 요구를 관철하는 것을 뜻한다.[38] 한자로는 이를 '패권'이라 번역하지만, 원래 '패권(覇權)'은 대외 관계에서 힘/폭력으로 상대방을 강제하여 자신의 요구에 복종하게 만드는 것이며, 중·일 모두 '패권'을 이런 의미로 쓴다. 이는 왕도와 패도를 대비하는 고전적 이분법을 연상시킨다. 패권주의(hegemonism)란 동·서방 각기 그러한 대외 정책의 이념과 실행을 말한다. 공동성명에 "반패권"을 명문화하자는 중국 측 요구에 미국이 별 이견 없이 동의한 데 비해 일본이 집요하게 이의를 제기한 것은 이와 같은 패권 개념의 차이와도 무관하지 않은 듯하다.

그런데 흥미롭게도 신중국은 레닌의 이론에 따라 패권주의를 자본 제

---

38 로버트 보콕, 1991, 이향순 옮김, 『그람시 헤게모니의 사회이론』, 학문과 사상사, 제1장; 지오바니 아리기 외, 2008, 최홍주 옮김, 『체계론으로 보는 세계사』, 모티브북, 53~60쪽.

국주의의 정치 경제적 산물로 이해하였다.[39] 1964년부터 미 제국주의를 패권주의라 한 것은 물론, 그 후 1970년대 말까지의 소련을 "사회 제국주의"이자 패권주의라고 비난한 것도 이런 의미에서다. 중국의 당초 요구와 달리 중-미일 쌍방이 모두 패권을 추구하지 않는다고 타협한 것, 곧 '중국도' 패권을 추구하지 않는다고 한 것은 패권주의를 이처럼 근대 이래의 현상으로 한정한 결과 역사상 중국은 패권을 추구한 적이 없다고 보았기 때문일 터이다. '20마공판'은 당연히 패권(주의)을 이러한 의미로 써서 세계사의 국제 관계를 인식하고 서사하였다. 그러니까 처음부터 중국은 이 혐의에서 벗어나 있을 뿐만 아니라 발전도상국과 사회주의 국가를 주체이자 주력으로 하는 반패권주의 정책과 운동에서 중심적 역할을 담당하는 것으로 돼 있다.

이제 '20마공판'의 (반)패권주의에 대한 서사를 검토해 보자. '제11장 얄타체제와 냉전의 개시', '제15장. 냉전과 양극체제의 변화', '제20장. 경제 글로벌화와 세계 다극화의 발전'이라는 3개 장에 걸쳐 반패권을 강조했다. 먼저 '94고교판'과 비교해 볼 때 중대한 차이가 드러난다. '94고교판'에서는 "서방 대국의 경제 패권주의"라는 소절과 "경제 패권주의는 신식민주의의 표현이다"라는 항목을 두어 서방 대국들의 다국적기업 등의 경제 패권을 폭넓게 기술하였으나 '20마공판'은 이를 삭제하고 미소 두 초대국으로, 이윽고 미국 하나로 집중하는 변화를 보였다.[40] 미중 간의 전략적 경쟁이 투영된 시진핑시대의 서사라 하겠다.

---

39 셰이셴은 여기서 한 걸음 나아가 제국주의 식민체제가 무너진 후에도 "국제 독점 자본주의 세력"이 존재하는 한 이들은 계속 패권주의를 추구한다고 보았다. 셰이셴, 1995, 정재남 옮김, 『신중국의 외교이론과 원칙』, 아세아문화사, 120~123쪽.
40 '94고교판', 現代史 下卷, 512~513쪽.

'20마공판'은 냉전 초기부터 미소 두 초강대국이 경쟁적으로 패권을 추구하는 속에 얄타체제를 수립한 것으로 보았다. 미소의 모순·투쟁과 타협 속에 성립한 얄타체제 속에서 미국은 세계 경찰로 각국에 군사기지를 설치하고 소련은 미국 패권을 견제하면서 사회주의 진영 안에서 대국 쇼비니즘(chauvinism)의 착오를 범했음을 지적하였다. 비록 소련에 대해서는 "대국 쇼비니즘"이란 용어로 표현했지만 실제로는 패권주의와 다르지 않은 의미로 쓰였다. 얄타체제는 반파시즘의 진보성과 동시에 "대국들의 패권 쟁탈과 강권 정치"를 수반하였고, "중간 지대의 발전도상국들"은 불평등하고 종속적인 지위에 처했으며 특히 "중국의 동북(만주)은 소련의 세력 범위로 되었다"라고 하였기 때문이다(1~5쪽). 정치 군사적 방면을 넘어 미국은 국제 경제 질서 면에서도 브레턴우즈체제 형성을 주도하여 국제통화기금(IMF)과 세계은행에서 부결권을 가짐으로써 발전도상국의 대표권과 발언권을 극히 취약하게 만들었고, 관세무역협정하의 세계 무역은 미국 주도하의 서방세계 무역으로서 소련과 중국 등 사회주의 국가에 대한 운송 금지와 무역 제한을 실행하였음을 지적하였다(12쪽).

이렇게 미소 패권주의를 수반한 얄타체제 속의 진영 대립은 크게 두 가지 요인으로 인해 점차 분화되어 양극 구도로 변화한 것으로 파악하였다. 유럽의 경제 회복과 공동시장 형성, 이를 바탕으로 하는 드골과 브란트의 독립 자주 외교, 일본의 경제 회복과 미일안보조약 개정으로 미국 패권이 약화되고 자본주의 진영이 분화되었다고 하였다. 주목되는 점은 "소련이 사회주의 진영 내의 공산당/국가와의 관계에서 항상 아버지 당(親黨)을 자처하며 대국 쇼비니즘과 민족 이기주의를 추진해 난폭하게 간섭함으로써 사회주의 진영의 분열을 초래"하였으며(116쪽), 그 때문에 중소 관계는 급속히 분열로 이어졌고 1961년 소련이 공산당 22차 전대에서 자신의 관점을 수용하지 않는 중공 등을 비판한 것을 계기로 "사회주의 진영의 단결과 통일은 이미 유명무실해졌다"라고 강조한 것이다(122쪽). 두 진영 모두 1960년대 중반을 지나면서 '진영'으로서의 의미를 상실하고 미소의 패권 추구만 돌출된 양극 구도로 바뀌었다는 것이다.

미소 양극 구도는 1991년 소련 붕괴를 계기로 종식되어 경제의 글로벌화와 세계 다극화가 심화하였으나 그 속에서도 미국의 "패권주의와 강권 정치"는 여전히 지속하는 것으로 파악하였다(279쪽). 이 경향은 특히 트럼프 시기에 더욱 강화되었다면서 기후협정 탈퇴, 환태평양동반자협정 탈퇴, 보호무역주의에 의거한 무역협정 개정 요구 등을 꼽고, 이를 "역(逆)글로벌화" 정책이라 지적하였다(282~283쪽). 이런 상황에서 이라크 전쟁 이후 "미국 패권주의에 반대하는 세력은 증대하여 미국은 전에 없이 고립되고" 있으며 "반미주의가 인종과 정치적 배경을 넘어 광범하게 전파되었다"라고 하였다(300쪽).

이와 대비하여 발전도상국과 중국이 반패권주의 세력으로서 담당한 역할이 강조되었다. 우선 발전도상국이 "패권주의와 강권 정치에 반대하는 투쟁에서 담당한 주력군 역할"은 세계 다극화를 촉진하는 주체라며 그 이유를 다음과 같이 설명하였다.

> 광대한 발전도상국은 모두 식민통치와 약탈을 당했으며 일부 국가는 정치상 독립을 취득한 후에도 여전히 선진국에 종속된 지위에 놓여 있어 선진국과 국제 독점 자본의 약탈과 착취를 당하고 있으며, 초강대국의 확장, 침투, 통제의 대상이어서 쉽게 침해를 받는다. 따라서 그들은 독립을 공고히 하고 발전을 가속화하며 낡은 국제질서를 개혁하며, 제국주의와 패권주의를 반대하여 세계 평화를 지키는 역사적 임무에 직면해 있다. 바로 이러한 공통점이 발전도상국을 하나로 긴밀히 연결해 준다(300~301쪽).

발전도상국들은 독립 후에도 선진국, 곧 주요 자본주의 국가에 경제적으로 종속되어 약탈과 착취를 당하고 있기에 그에 맞서 국제질서를 개혁해야 하는 임무를 공유하고 있다는 것이다. 이러한 인식 속에 제3세계 정체성이 여전히 살아 있음을 확인할 수 있다.

이어서 발전도상국의 굴기가 서방 주도의 국제정치 경제 질서를 동요시키고 있다면서 남북 협상과 남남 협력의 사례를 다시 강조하였다(301쪽). 그중 눈길을 끄는 것은 신해양법 제정 투쟁이다. 종래 국제법상 연해국의 배타적경제수역은 12해리였는데, 이는 초대국의 항해 자유 범위를 극대화하기 위해 연안국의 권리를 침해한 것이라며 200해리로 늘릴 것을 요구하였고 유엔이 1982년 이를 수용한 신해양법 공약을 통과시켰다(202쪽).

초대국의 패권을 보장하는 이 같은 불공정한 국제질서 개혁의 주체인 발전도상국 중에서도 유엔 안보리 상임이사국인 중국의 역할이 더욱 강조되었다. "평화적으로 굴기한 중국은 글로벌화의 가장 굳건한 창도자이자 수호자의 하나"일 뿐만 아니라 "냉전 종식 후 세계 다극화 추세의 가장 중요한 요인"이며 "인류운명공동체 건설 및 세계 거버넌스 개혁에서 중요한 공헌을 하였다"라는 것이다(279쪽). 냉전 시기에 중국이 유엔을 사실상 미국 패권을 위한 장치라고 비난했던 것과 대조적으로 탈냉전 시기 발전도상국의 남북 대화와 남남 합작에 관한 서사에서는 유엔의 역할을 적극 평가한 것도(199쪽) 중국의 국제 지위 변화와 관련해 흥미롭다.

나아가 중국은 "일초다강(一超多强)"(미+EU·중·일·러)의 다극 중 1극으로서 "책임지는 대국 이미지", "대국의 풍모와 도량"을 펼쳐 보인 것으로 강조되었다. 그 근거로 북핵 문제를 비롯한 지역 충돌의 공정한 해결을 위한 노력과 두 차례 금융 위기를 거치면서 보여 준 세계 경제 회복과 발전을 위한 노력을 꼽았다. 그 결과 드디어 "국제 무대에서 중심을 향해 나아가는 중국은 지금 막 인류 사회 발전을 인솔(引領)하는 역할을 발휘하고 있다"라면서 인류운명공동체 건설을 추동하자는 시진핑의 어록을 11행이나 직접 인용하였다(300쪽, 302~306쪽).

VI. 맺음말

이상에서 확인된 '20마공판' 세계현대사 인식과 서사의 주요 특징은 다음과 같다. 인식체계 면에서는 3종 국가군을 세계사의 주체로 보고 그 상호작용에 주목하는 동시에 중국을 포함시켜 자국사-세계사의 이분체제를 넘어서 통합적으로 파악한 것, 내용 서사 면에서는 제3세계 발전도상국의 단결과 반패권 정책, 소련·동유럽 붕괴 이후 사회주의의 새로운 모색과 중국 특색 사회주의의 세계사적 의미(발전도상국 현대화와 세계 사회주의의 새로운 모델)를 강조한 것이다.

이로써 중국 자신이 인식한 중국 형상이 분명히 제시되었으니, 사회주의 대국인 동시에 발전도상국으로서 초강대국 미국을 위시한 주요 자본주의 국가 중심의 패권적 국제질서를 개혁하여 민주화하는 주역이라는 것이다. 따라서 "세계 강대국으로서의 정체성이 사회주의의 구원자나 발전도상국의 모델과 같은 정체성을 대체하기 시작했다"라는 견해는 일면적인 이해라 하겠다.[41] 차라리 "불완전한 세계 대국"과 발전도상국 등의 복수의 정체성이 갈등하면서 뒤섞여 있는 상태라는 견해가 실상에 가

---

[41] 김재철, 2007, 『중국의 외교전략과 국제질서』, 폴리테이아, 43쪽. 사회주의 국가 정체성은 사회주의의 개념을 어떻게 정의하느냐에 따라 유지된다고 볼 수도, 사실상 포기된 것으로 볼 수도 있다.

갑다.⁴² 다만 발전도상국 정체성을 유지함으로써 대국의 책임을 회피하면서 서방 중심의 국제질서를 개혁하려 한다고 본 것은 도구주의적 이해로 보인다. 발전도상국 정체성의 원형인 제3세계 정체성, 곧 반(半)식민지에서 장기간의 반제투쟁(항일, 항미)을 통해 건립하고 지켜 낸 국가라는 자기 인식의 역사적 맥락을 간과하였기 때문이다. "100년 굴욕"을 떨쳐내고 대국 지위를 회복한 중국으로서는 덩샤오핑의 말대로 이 정체성을 앞으로도 상당 기간 포기하기 어려울 것이다.⁴³

이와 같은 특징은 개혁개방 이래 중국 역사학계가 지속해온 이른바 '중국특색의 세계사'를 체계화하기 위한 노력의 성과를 이어받은 것이다. 그 위에서 '20마공판'이 새롭게 시도한 것은 중국 주요 지도자의 세계관에 따른 개념어를 사실서사의 프레임으로 만들어 사용한 점이다. "중간지대"와 "제3세계"(마오), "남북대화"와 "남남합작", "본국특색사회주의"(이상 덩샤오핑) 등이 그런 예이고, "인류운명공동체"(시진핑)도 거의 그 수준으로 중시되었다. "중국의 특색과 풍모를 갖춘 세계사" 구성이 사실적 서사 차원을 넘어 개념적 서사 차원으로 심화한 것이다. "국제사무에서 중국의 담론권과 발언권"을 증대하려는(300면) 국가의지와 짝을 이루어 세계사 인식과 서사에서도 그리하려는 시도라 할 수 있다. 이런 점에서 '20마공판'의 현대사 인식은 '세계의 중국'과 함께 부분적으로 '중국의 세

42　데이비드 샴보, 2013, 박영준·홍승현 옮김,『중국, 세계로 가다: 불완전한 강대국』, 아산정책연구원, 62~84쪽.

43　"중국은 장래 부강해져도 여전히 제3세계에 속한다." "중국이 유엔 안보리 상임이사국으로서 갖는 한 표는 제3세계의 것이며 명실상부하게 제3세계 발전도상국에 속하는 것이다." "우리 같은 제3세계 발전도상국들은 민족 자존심이 없으면 국가가 존립할 수 없다.",「維護世界平和搞好國內建設」(1984.5);「革命和建設都要走自己的路」(1984.10);「結束嚴峻的中美關係要由美國採取主動」(1989.10),『鄧小平文選』제3권, 北京: 人民出版社, 1993, 57·94·332쪽.

계'를 추구하려는 의지를 드러낸 예이다.

그런 의지가 과도하게 투영된 나머지 현직 지도자(시진핑)의 어록을 인용하여 중국 특색 사회주의의 세계사적 의의를 당의 선전책자를 방불할 정도로 과도하게 기술하는 무리수를 두기도 하였다. 그와 함께 '94고교판' 이래 유지해 온 민족자결(사회주의 국가)과 민주화(발전도상국)에 관한 서사를 삭제한 것은 시진핑시대의 중대한 퇴행이다. 이 점에서 '20마공판' 세계사는 사실상 중국사의 확대판이라 할 수 있다. 국가 주도 프로젝트로 편찬된 교재의 한계라 하겠다.

그렇더라도 자국사도 포함하는 '3종 주체'의 상호 연관성을 강조한 인식 체계는 자국의 역할을 사실/개념의 양면에서 중시한 서사와 더불어 유럽 중심의 세계사를 넘어 '새로운 세계사'로 나아가자는 국내외 학계의 오래된 과제와 통하는 면이 있다. 그 속에는 메이지 시기 일본에서 형성되어 근현대 동아시아 각국에 공유된 '일본판 세계사'를 벗어나는 의미도 담겨 있다. 기실 다원주의적 역사상을 향한 일 보 전진이라 할 만하다. 세계 인구의 4분의 3과 유엔 회원국 수의 4분의 3을 차지하는 제3세계 발전도상국을 세계사의 한 주체로 중시한 것은 마땅하다. 사회주의 국가군을 또 하나의 주체로 포함시켜 주요 자본주의 국가와의 상호작용(전쟁·충돌과 경쟁, 착취와 억압, 협력과 상호 영향 및 학습)을 드러내려 한 점도 소련 붕괴 이전 시기에 한해서는 적절하다.

그러나 이처럼 비유럽을 중시하는 것만으로는 큰 의미를 갖기 어렵다. '새로운 세계사' 구성에 도달하려면 근대성을 곧 유럽 근대성으로 간주한 채 이를 사실 파악과 평가의 기준으로 삼는 가치관 자체를 혁신하지 않으면 안 된다. 그러려면 근대성 실현의 원동력인 자본주의와 성장지상주의의 발전 사관에서 벗어나야 한다.[44] 이와 달리 '20마공판'은 소련 붕괴 이후 "사회주의에 대한 각성과 반성"을 거쳤음을 강조하면서도 '중특사'가 생산력 발전 면에서 자본주의보다 우월하다는 것을 증명하는 것을 핵심 임무로 삼고 있다고 하여 여전히 성장지상주의의 발전 사관에 머물러 있다. 여기에 자본주의를 넘어서는 새로운 비전이 담겨 있다고 할 수 있을까.

더구나 성장지상주의의 발전 사관은 국가의 정치 안정을 우선함으로써 민족과 계급의 해방운동을 억압하거나 외면하는 것으로 이어질 수 있다. '94고교판'에 있던 발전도상국들의 민주주의운동과 옛 사회주의 국가 안의 민족자결운동에 관한 내용을 '20마공판'에서 삭제한 것이 그런 예이다. 착취와 억압의 주체를 초강대국/패권국을 포함한 "주요 자본주의 국가"에 한정하는 편향을 보인 것이니, 이는 결코 작은 문제가 아니다. 그리고 "사회주의의 생명력"이 여전하다고 강조하고 있는데, 그것은 빈곤과 병립할 수 없는 동시에 정치적 억압과도 병립할 수 없다. '국가' 자체의 양면성(해방 기능과 억압 기능)에 유의하여 인민에게 국가란 무엇인가를 따져 묻는 자세가 긴요한 까닭이다. 지구사가 자본의 글로벌화를 대변하여 계급 간, 젠더 간, 국가 간, 인종 간, 남북 간의 양극화를 교류와 네트워크 속에 녹여버려 역사적으로 정당화해 주는 것을 경계해야 하는 것도 같은 이치다.

요컨대 이 교재에 드러난 '중국판 세계사'는 지구화시대에 조응하는 '새로운 세계사'의 면모를 포함하면서도 자국사의 논리를 지나치게 강조함으로써 '자국사의 확장'이 되어버린 면도 담고 있다. 이에 대해 세계사

---

44 유용태, 2017, 『동아시아사를 보는 눈』, 서울대학교출판문화원, 종장 "동아시아에서 유라시아사로, 다시 세계사로".

의 인식과 서사는 국민 정체성 형성을 우선하는 자국사의 그것과 달라야 한다고 지적할 수 있다.[45] 그러나 이 잣대를 중국에 들이대는 것만으로 의미를 갖기는 어렵다. 세계사가 자국사의 확장으로 된 예는 중국뿐만 아니라 20세기 '일본판 세계사'를 비롯하여 영국·미국 등의 강대국에서도 쉽게 찾아볼 수 있기 때문이다.[46] 그럼에도 지금 '중국판 세계사'는 역사상 전에 없이 다원화된 21세기를 배경으로 기존의 세계사를 비판하고 나선 만큼, 그에 걸맞게 중국이 담당한 역할을 실사구시적으로 자리매김하되, 새로운 '(중국) 중심주의'를 어떻게 제어할 것인가는 비켜 갈 수 없는 질문이다. 이 질문을 외면하는 '중국판 세계사'는 국내용에 머물 수밖에 없을 터이다.

---

[45] 중국에서는 중화민족주의를 강화하기 위해 그와 논리적으로 충돌하는 글로벌 히스토리를 활용하고 있다거나, 국사와 세계사의 시각이 서로 모순되지 않는다고 생각하는 학자들이 많아지고 있다는 지적이 그런 예이다. 최덕규, 2016, 「글로벌 히스토리의 수용과 변용: 중국, 러시아, 한국 사례에 대한 비교연구」, 『세계역사와 문화연구』 40호; 도미니크 작센마이어, 2021, 「세계사의 진화」, 데이비드 크리스천 편, 류충기 옮김, 『세계사의 탄생』(케임브리지 세계사 1), 소와당, 130~133쪽.

[46] 오가와 유키시(小川幸司)에 따르면 얼마 전까지 '일본판 세계사'는 사실상 "내셔널리즘을 고취하는 자국사로 돼 버렸다." 그에 앞서 영국과 미국은 세계 제국으로서 자국의 논리와 규범 및 지향을 세계사에 투영하는 모범을 보였다. 어느 경우든 단지 과거의 일로 치부할 수는 없을 듯하다. 21세기 '미국판 세계사'의 다수가 여전히 구미 중심주의를 유지하는 것을 보라. 小川幸司, 2021, 「"私たち"の世界史へ」, 『岩波講座 世界歴史 1: 世界史とは何か』, 東京: 岩波書店, 37~44쪽; 박혜정, 2018, 「유럽중심주의 극복과 전지구적 연계성 사이에서: 미국 대학용 세계사 교과서 7종의 인도양, 산업혁명, 제국주의 내용 분석」, 『역사교육논집』 68-3.

참고문헌

- 자료

『簡明世界史』編寫組, 1979, 『簡明世界史』 1~4권, 北京大學出版社.
『鄧小平文選』 제3권, 1993, 北京: 人民出版社.
『鄧小平文集』 下, 2014, 北京: 人民出版社.
『世界古代史』編寫組, 2020, 『世界古代史』(馬克斯主義理論研究和建設工程重點敎材) 上·下, 北京: 人民出版社/高等教育出版社.
『世界現代史』編寫組, 2020, 『世界現代史』(馬克斯主義理論研究和建設工程重點敎材) 上·下, 北京: 人民出版社/高等教育出版社.
吳於廑·齊世榮 編, 1994/2004, 『世界史』 1~6권, 北京: 高等教育出版社.
周一良·吳於廑 編, 1962/1972, 『世界通史』 1~4권, 北京: 人民出版社.
崔連仲 等 編, 1997/2017, 『世界通史』 1~6권, 北京: 人民出版社.

- 단행본

김재철, 2007, 『중국의 외교전략과 국제질서』, 폴리테이아.
김재철, 2017, 『중국과 세계: 국제주의, 민족주의, 외교정책』, 한울.
김동성, 1988, 『중공대외정책론』, 법문사.
뉴권, 2015, 박대훈 옮김, 『냉전과 신중국 외교의 형성』, 한국문화사.
동북아역사재단 교과서연구센터 편, 2021, 『중국 시진핑시대 교과서 국정화와 역사담론』, 동북아역사재단.
데이비드 샴보, 2013, 박영준·홍승현 옮김, 『중국, 세계로 가다: 불완전한 강대국』, 아산정책연구원.
데이비드 크리스천 편, 2021, 류충기 옮김, 『세계사의 탄생』(케임브리지 세계사 1), 소와당.
로버트 보콕, 1991, 이향순 옮김, 『그람시 헤게모니의 사회이론』, 학문과 사상사.
메리 위스너-행크스, 2018, 류형식 옮김, 『케임브리지 세계사 콘사이스: 글로벌시대 새로운 세계사를 위하여』, 소와당.
박혜정, 2022, 『하나의 지구 복수의 지구사』, 연세대학교출판문화원.
셰이셴, 1995, 정재남 옮김, 『신중국의 외교이론과 원칙』, 아세아문화사.

유용태, 2017, 『동아시아사를 보는 눈』, 서울대학교출판문화원.
유용태 외, 2010, 『함께 읽는 동아시아 근현대사』 1권, 창비.
이병한, 2019, 『붉은 아시아: 1945~1991 동아시아 냉전의 재인식』, 서해문집.
정융녠, 2005, 승병철 옮김, 『21세기는 중국의 시대인가: 민족주의, 정체성, 그리고 국제관계』, 문화발전소.
조지형·강선주 외, 2008, 『지구화시대의 새로운 세계사』, 혜안.
지오바니 아리기 외, 2008, 최흥주 옮김, 『체계론으로 보는 세계사』, 모티브북.
파멜라 카일 크로슬리, 2010, 강선주 옮김, 『글로벌 히스토리란 무엇인가』, 휴머니스트.
하네다 마사시, 2014, 『새로운 세계사: 지구시민을 위한 구상』, 선인.
헨리 키신저, 2012, 『헨리 키신저의 중국 이야기』, 민음사.

陶文釗, 1999, 『中美關係史, 1949~1972』, 上海人民出版社.
於沛, 2006, 『世界史研究』, 福建人民出版社.
曹小文, 2015, 『20世紀以來中國的世界通史編纂研究』, 中國社會科學出版社.
石井明 外 編, 2003, 『記錄と考證: 日中國交正常化·日中平和友好條約締結交涉』, 東京: 岩波書店.

羽田正 編, 2016, 『地域史と世界史』, 東京: ミネルヴァ書房.
羽田正 編, 2017, 『グローバル・ヒストリーの可能性』, 東京: 山川出版社.
張一平, 2012, 『全球史導論』, 北京: 人民出版社.
秋田茂·永原陽子 외 編, 2016, 『世界史の世界史』, 東京: ミネルヴァ書房.

Bruce Mazlish and Ralph Buultjens ed., 1993, Conceptualizing Global History, Boulder: Westview Press.
Christopher A. Bayly, 2005, The Birth of the Modern World 1780~1914: Global Connections and Comparisons, Malder: Blackwell Publishing Ltd.
Christopher A. Bayly, 2018, Remaking the Modern World 1900~2015: Global Connections and Comparisons, Chichester: John Wiley & Sons Ltd.
Patrick Manning, 2003, Navigating World History: Historians create Global Past, New York: Palgrave Macmillan.
Douglas Northrop ed., 2012, A Companion to World History, Chichester: Willey-Blackwell.

- 논문

김옥준, 2002, 「떵샤오핑(鄧小平)의 반패권주의 외교」, 『대한정치학회보』10집 1호.
박혜정, 2018, 「유럽중심주의 극복과 전지구적 연계성 사이에서: 미국 대학용 세계사 교과서 7종의 인도양, 산업혁명, 제국주의 내용 분석」, 『역사교육논집』68-3.
오병수, 2020, 「시진핑시대 중국의 역사정책과 자국사의 재구성」, 『歷史教育』156집.
유용태, 2002, 「中國 歷史敎科書의 現代史 認識과 國家主義」, 『歷史教育』84집.
유용태, 2006, 「20세기 중국혁명의 이해: 신민주주의론을 재음미하며」, 『환호 속의 경종』, 휴머니스트.
유용태, 2020, 「'現代史'의 早産과 지체된 성장: 중국사의 '現代'는 언제 왜 탄생하여 오늘에 이르렀나?」, 『東洋史學研究』153집.
유용태, 2022, 「동아시아사와 세계사, 왜 무엇을 가르치나?: '농업 패싱'의 교류사를 묻는다」, 『歷史敎育』164집.
유용태, 2023, 「중간지대에서 제3극으로: 한국전쟁 정전 후 중국의 자기인식과 대외정책」, 『동북아역사포커스』7호.
이원준, 2019, 「'中間地帶論'과 '一邊倒' 노선의 연속성: 건국 전후 시기 毛澤東의 세계 인식을 중심으로」, 『東洋史學研究』148집.
정재호, 2019, 「개혁기 중국의 대외관계」, 서울대중국연구소 편, 『개혁중국: 변화와 지속』, 한울.
조지형, 2010, 「유럽중심주의를 넘어 지구사로」, 조지형·김용우 편, 『지구사의 도전: 어떻게 유럽중심주의를 넘어설 것인가』, 서해문집.
차하순, 2007, 「새로운 세계사의 조건」, 『서양사론』92권.
최덕규, 2016, 「글로벌 히스토리의 수용과 변용: 중국, 러시아, 한국 사례에 대한 비교연구」, 『세계역사와 문화연구』40호.

謝宏, 2015, 「我觀"理論斷層": 兼評"社會主義"的再定義」, 『黨的文獻』2기.
徐藍, 2010, 「關於世界現代史教材編寫的一些想法」, 『世界歷史』4기.
吳於廑, 1990, 「世界歷史」, 『中國大百科全書: 外國史卷』, 中國大百科出版社.
於維力, 2021, 「關於科學社會主義基本原則的研究述評」, 『當代世界與社會主義』1기.
李植枏, 1991, 「世界歷史與整體發展」, 『世界歷史』2기.
齊世榮, 2009, 「編寫一部簡明的世界史是時代的需要」, 『全球史評論』제2집.
張象, 2015, 「世界現代史學科發展述要」, 『歷史教學』16기.
韓運川, 2008, 「社會主義再定義」, 『科學社會主義』5기.

西山曉義, 2021, 「世界史のなかで變動する地域と生活世界」, 『岩波講座 世界歷史 1: 世界史とは何か』, 東京: 岩波書店.

小川幸司, 2021, 「'私たち'の世界史へ」, 『岩波講座 世界歴史 1: 世界史とは何か』, 東京: 岩波書店.

編輯委員會, 2016, 「われわれが目指する世界史」, 秋田茂・永原陽子 외 편, 『世界史の世界史』, ミネルヴァ書房.

Nicholas Doumanis, 2020, "Region, Connectivity, and the Making of the Modern World: Some Recent Big-Picture Histories", The Australian Journal of Politics & History Vol. 66-1.

Luo Xu, 2007, "Reconstructing World History in the People's Republic of China since the 1980s", Journal of World History, Vol. 18, No. 3.

Ralph Buultjens, 1993, "Global History and the Third World", Bruce Mazlish and Ralph Buultjens ed., Conceptualizing Global History, Boulder: Westview Press.

Weiwei Zhang, 2012, "The World from China", Douglas Northrop ed., A Companion to World History, Chichester: Willey-Blackwell.

부록
민족 정책과 언어교육

중화인민공화국의 소수민족 교육 정책 변천
: 신장위구르자치구를 사례로

구소영 | 경북대학교 강사

I. 머리말

중국은 한족과 55개의 소수민족으로 구성된 다민족 국가다. 2020년 기준, 중국 소수민족 인구는 전체 인구 약 14억 가운데 1억 2천여 만 명으로 전체 인구의 8.9%를 차지하고 있다. 중국 소수민족 인구의 대부분은 중국 남서·서북·북부·동북의 변경지역에 집중적으로 거주하고 있으며, 중국 국토 면적의 64%를 차지하고 있다. 중국 소수민족은 변경지대의 지역적 특수성과 이들 지역에 매장되어 있는 풍부한 천연자원 때문에 중국 정부로부터 많은 관심을 받아 왔다.

중국의 55개 소수민족은 스탈린의 민족 정의에 근거해, 곧 다른 민족과 구별되는 독자적인 언어, 문화, 풍속·습관, 공통의 민족 정체성을 가짐으로써 '민족'으로 승인되었다. 중국 민족 정책의 근간은 민족자치이다. 이는 국가로부터 이탈하지 않는 것을 전제로, 각각의 소수민족이 자민족의 전통과 문화를 유지하고 발전시키는 가운데 공동의 번영을 도모하는 것을 목표로 한다. 이는 현재 '중화민족 다원일체(多元一體)'론이라는 민족 이념으로 표현되고 있다.

'중화민족 다원일체'론은 마오쩌둥시대의 통일적 다민족 국가론과 1989년 페이샤오퉁(費孝通)이 제안한 '중화민족 다원일체격국론'(中華民族多元一體格局論)이 결합한 것으로, 민족의 '다원'성을 인정하는 동시에 '일체'화를 강조하고 있다. 여기에서 말하는 '다원'이란 중화민족은 단일 민족이 아니라 56개의 다양한 민족으로 구성된 공동체라는 것을 의미하며, '일체'는 56개의 민족이 오랜 역사 발전 과정을 거치며 하나의 '중화민족'으로 일체화되어 왔음을 강조한다. 따라서 '중화민족 다원일체'론은 중국에서 다양한 소수민족의 존재를 인정하는 동시에 중국이라는 하나의 통일된 국가를 유지하기 위해서는 한족을 포함하여 56개의 민족이 일체된 하나의 중국 민족, 곧 '중화민족'이 되어야 한다는 점을 천명하는 개념이다. 이는 당시 중국의 실정이 반영된 이론으로, 소련의 해체와 동유럽 사회주의 국가들의 독립, 미국의 인종 갈등 등 문화 다원주의로 초래된 혼란한 국제 정세 속에서 여러 민족으로 구성된 중국이 민족의 이탈 없이 통일된 하나의 국가를 유지할 수 있는가 하는 물음에 대한 해답을 모색하는 과정에서 고안된 이론으로 이해할 수 있다.

중국의 소수민족 문제는 중국의 국가 통일과 사회 안정에 중요한 의미를 지니기에 '중화민족 다원일체'론은 중국의 정치 안정, 사회 통합, 민족 정책, 그리고 학교 교육에도 곧 반영되었다. 그에 따라 현재 중국의 소수민족 교육은 다원일체화 교육을 전제로 하고 있다. 다원일체화 교육은 1990년대 중반 중국의 민족 교육학자인 텅씽(滕星)이 제기한 것이다. 그 핵심은 중국의 소수민족에게 자민족문화를 교육하는 동시에 주체 민족인 한족의 문화도 교육하자는 것, 나아가 한족에게도 한족 문화를 교육하는 동시에 소수민족의 문화도 함께 교육하자는 것이다. 이는 각 민족 간 상호 존중과 평등, 우호에 기초해 공동 발전을 촉진하고, 이를 통해 종국에는 '중화민족 대가정'을 실현한다는 것이다. 다시 말해서 한족을 포함해

56개 민족이 각각 자기 민족의 문화와 전통을 학습하고 이해하는 동시에 다른 민족의 문화와 전통도 함께 학습하고 이해함으로써 공생의 토대를 만들고 그 위에서 새로운 중화민족문화를 만들어 내자는 것이다.

이는 1949년 중화인민공화국이 건립된 이후 중국 정부가 지금까지 줄곧 표방해 온 민족 이념과 궤를 같이한다. 중국은 56개 각 민족의 다양성을 법과 제도적으로 보호하는 한편, 56개 민족을 '중화민족'이라는 하나의 민족으로 통일하고자 했다. 이에 따라 중국의 소수민족 교육도 건국 초기부터 국민 통합을 달성하기 위한 '국민 교육'의 성격 그리고 각 민족의 문화와 전통을 유지·발전시키고 각 민족의 정체성을 각성시키는 것을 내용으로 하는 '민족 교육'의 성격을 동시에 지니고 있었다. 다시 말해, 민족 문제에 대한 중국 당국의 대응은 줄곧 '다원'과 '일체'라는, 어떤 의미에서 보면 상호 모순적인 두 방향으로 움직여 왔다. 따라서 국가 통합을 위한 정치적·경제적 의무와 다양한 민족·문화적 배경을 지닌 공동체의 다원적 현실(실제) 사이의 균형을 어떻게 맞출 것인가, '다원'과 '일체', '국민 교육'과 '민족 교육'을 어떻게 양립시킬 것인가 하는 문제는 중국 소수민족 교육이 직면해 온 난제이자 특색이라 할 수 있다.

시진핑 정권이 들어선 이후 중국 소수민족 교육은 '다원'보다는 '일체'에 중점을 두고, 소수민족에 대한 우대 정책에서 국가의 '국민화'를 위한 '통합 교육(동화 교육)'으로 그 방향이 급격히 바뀌고 있다.

이 글에서는 중화인민공화국 건립 이후부터 현재의 시진핑 정권에 이르기까지 중국 소수민족 교육 정책이 어떻게 변화해 왔는지 신장위구르자치구를 중심으로 살펴본다. 중국의 소수민족 교육 정책은 소수민족 지역의 정치적·경제적 상황과 긴밀하게 연계되어 있는 만큼, 단순히 교육 정책 차원에서만 논의되어서는 안 되며 중국의 민족 정책, 나아가 그 민족 정책에 영향을 미치는 중국의 정치, 경제, 사회 등 각 부문의 주요 현안에 대한 이해가 함께 이루어져야 한다. 또한 소수민족 교육 정책의 실태에도 유의하여 중화인민공화국 건립 이후 현재까지 중국 소수민족 교육 정책의 변천을 신장위구르자치구를 중심으로 살펴본다.

II. 개혁개방 이전의 신장 소수민족 교육 정책

1. 초기 다원주의 단계(1949~1957년)

1949년 중화인민공화국 수립 이후 중국공산당은 소위 신민주주의 방침 아래 민족 평등과 민족 단결의 원칙을 견지하며 중국공산당의 민족 정책을 수립하는 데 주력하였다. 소수민족의 독립과 분리를 부정하는 가운데, 현지 소수민족 구성원과 한인(漢人)의 통합에 주력하며 당의 통치 정당성을 확보하고자 노력하였다. 표면적으로 한인의 민족주의, 곧 '대한족주의(大漢族主義)'에 대한 반대를 제창하며 과거 군벌이나 국민당 정권과의 차별을 강조하였다. 또 비록 신장 지역의 실제 정치권력은 중국공산당 조직에 의해 장악되었지만, 1949년 12월에 새로 출범한 신장성 인민 정부 요직에 현지 무슬림을 임명[1]함으로써 민족 단결을 가시화하였고, 이를 통해 신장 사회의 안정을 도모하였다.

이러한 민족 정책은 소수민족 교육 정책에도 반영되어 기존의 교육체제나 정책을 당 주도의 새로운 교육체제와 정책으로 대체하고자 하였다. '신중국' 수립 전 신장에는 전 지역에 걸쳐 근대적인 학교 교육과 신장 남

---

[1] 신장성 인민 정부 주석 자리에 국민당 정권 시절 신장성 정부 주석을 지낸 부르한을 유임시켰으며, 부주석 자리에는 옛 동투르키스탄공화국 간부였던 사이프딘을 임명하였다. 그 외에도 여러 현지 무슬림이 정부 요직에 기용되었다.

부를 중심으로 한 종교 교육이 병존해 있었다. 신장 인민 정부는 일단 기존의 교육체제를 계승한 뒤, 국민당 시절에 편찬된 교과서 사용을 금지하거나 역사·지리 수업의 내용을 바꾸는 등 국민당 시절의 구(舊)교육제도와 이슬람 종교 단체에서 운영하는 종교학교, 초등학교에서 이루어진 종교 수업을 점차 폐지하는 정책을 시행했다. 그리고 이를 중국공산당이 주도하는 교육 정책으로 대체함으로써 신장에서의 당의 통치 권위를 강화하고자 했다.

그래서 각 학교에 정치 과목을 개설하고, 건국 직후 발발한 한국전쟁에 중국이 참전함에 따라 '항미원조(抗美援朝)'의 선전 캠페인을 전개하는 동시에 애국주의 교육운동을 추진했다. 전쟁에 참전한 병사들이 신장의 초·중학교를 순회하며 체험 강연을 진행하는 활동이 대대적으로 전개되었다.[2] 이를 통해 신생 정권은 신장 소수민족 사람들에게 잠재되어 있는 범튀르크주의나 민족주의 사상을 비판하고, 중국 내지와는 다른 역사·문화적 배경을 지닌 소수민족 사람들에게 국가(또는 중국공산당)에 대한 일체감을 고취함으로써 '국민 통합'의 목표를 촉진하는 결과를 기대하였을 것이다.

그러나 당시 애국주의 교육운동과 병행하여 실시된 종교 수업 금지 및 종교학교 폐지 등의 급격한 교육 정책은 신장의 소수민족 사람들에게 종교가 지니는 의미를 고려할 때 오히려 새 정부에 대한 반감을 초래하여 신장 사회에 큰 혼란을 불러올 수 있는 아주 민감한 문제였다. 실제로 건국 초기 신장교육청은 종교 수업이나 종교학교에 대해 현상 유지책을 제시하기도 하였지만, 신생 정권은 이를 엄격히 단속하는 급진적 정책을 시

2　リズワン・アブリミティ, 2008,「中華人民共和國成立後の新疆における學校教育の再編: 1950年を中心に」,『内陸アジア史研究』23, 120~123쪽.

행하였다. 하지만 곧 위구르 사회 내 종교 지도자와 학부모들의 강력한 저항에 부딪히게 되면서, 결국 당국은 다시 현상 유지의 온건 정책으로 선회하였다.³ 이로써 건국 초기 신장의 기존 교육체제를 '국민 교육'을 위한 새로운 교육체제로 급격히 개조하고자 했던 중국공산당의 시도는 일단 좌절되었다.

이후 신장 인민 정부는 신장의 교육 현실을 고려하여 점진적으로 개혁을 추진해 나갔다. 건국 초기 여러 유형의 학교와 학제가 공존한 가운데 신장 인민 정부는 1950년 「신장의 교육개혁에 관한 지시(關於目前新疆教育改革的指示)」를 발표했다. 이 지시에서는 신장의 "모든 중학교와 사범학교는 외족어(外族語) 선택과목을 마련할 것, 즉 위구르반은 한어 또는 러시아어를 개설하고, 한어반은 러시아어 또는 위구르어를 개설"하도록 했다.⁴

건국 초기 신장에는 위구르족을 비롯해 카자흐족, 키르기스족, 몽골족, 시버족, 러시아인, 타지크족, 우즈베크족, 만주족 등 다양한 민족이 거주했다. 이들은 각각 튀르크어 계통의 위구르어, 카자흐어, 우즈베크어, 몽골어, 러시아어, 시버어 등 다양한 언어를 사용하고 있었다. 또 위구르, 카자흐, 키르기스, 몽골, 시버, 러시아 등의 민족은 자체적으로 통용하는 전통 문자를 가지고 있었으며, 그 밖에 타지크족과 우즈베크족 대부분은 위구르어를, 러시아인은 러시아어를, 한족은 한문을 사용하고 있었다.

또 당시 신장에는 최고 학부인 신장민족학원 외에 공립학교와 회립(會立)⁵학교로 21개 중등학교(학생 수 8,559명)와 1,629개 초등학교

3　リズワン・アブリミティ, 2008, 「中華人民共和國成立後の新疆における學校教育の再編: 1950年を中心に」, 『內陸アジア史研究』 23, 124쪽.
4　新疆省人民政府, 1950, 「関於目前新疆教育改革的指示」, 3~5쪽.
5　회립학교란 1930년대에 설립된 '위구르문화촉진회'가 설립한 학교로, 주로 신장 남부 농촌 지역의 교육을 담당하였다.

(283,845명)가 있었다. 공립학교의 교사와 학생 중 위구르어 등 튀르크계 언어를 사용하는 인원이 전체의 80% 이상을 차지하고 있었으며, 신장 남부를 중심으로 하는 회립학교에서는 모두 위구르어로 수업하고 있었다. 여기에 '삼구혁명(三口革命)'의 배경이 된 이리·타르바가타이·알타이 등 신장 서북부지역은 역사적으로 소련의 영향을 강하게 받아 당시 이 지역에서는 소련을 모델로 한 독자적인 학교 교육 시스템을 갖추고 있었다.[6]

따라서 1950년 교육개혁을 위한 지시에서는 이러한 신장의 교육 실정을 고려하여 다양한 소수민족 언어와 문자를 존중해 민족 언어로 학교 교육을 수행하도록 했다. 동시에 국가 교육을 위해 민족학교[7]에 한어 과목을 선택과목으로 개설하여 교육하도록 하였다.

이는 중앙정부의 소수민족 교육 방침으로 보장되었다. 1951년 9월 베이징에서 개최된 제1회 전국민족 교육회의에서 교육부는 중화인민공화국 소수민족 교육 방침과 소수민족 교육 발전을 위한 조치를 내놓았다. 이 회의에서는 민족 교육은 소수민족 간부 양성을 주된 임무로 하고, 소수민족 지역에서 애국주의 정치사상 교육운동을 시행하여 각 민족 구성원이 조국의 관념과 중국공산당 정부를 지지하는 것을 확인한 뒤에, 그

---

6 이진영·장혜련, 2010, 「신장위구르자치구의 이중 언어교육 정책과 그 사회적 영향」, 『한국동북아논총』 56, 110쪽; リズワン・アブリミティ, 2008, 「中華人民共和國成立後の新疆における學校教育の再編: 1950年を中心に」, 『内陸アジア史研究』 23, 117~118쪽.

7 현재 신장에는 초등교육의 수업에서 사용하는 언어에 따라 세 종류의 학교, 즉 '민족학교', '한족학교', '민한합교(民漢合校)'가 있다. 민족학교는 위구르어 외에 카자흐어, 몽골어, 시버어, 키르기스어 등 4개 민족 언어를 교수 언어로 하는 학교이다. 민족학교는 원칙적으로 초등학교 단계에서부터 각 민족을 학생으로 하고 각각의 민족 언어를 교수 언어로 한다. 한족학교는 한어 표준어(푸퉁화)를 교학 언어로 사용하는 학교를 가리킨다. 민한합교는 동일한 학교 내에서 위구르어를 교학 언어로 하는 '민족반'과 푸퉁화를 수업용 언어로 하는 '한족반'을 모두 갖춘 학교를 말한다.

시책으로 "일정 범위 내에서 통용 문자를 가지고 있는 몽골족, 조선족, 티베트족, 위구르족, 카자흐 등의 민족은 초·중학교의 각 교과 수업을 반드시 해당 민족 언어와 문자를 사용하여 교수하는 반면, 문자가 없거나 미비한 민족은 문자 창제와 개혁에 착수하는 한편, 자원의 원칙에 근거하여 한어 또는 해당 민족이 관용하는 다른 민족 언어를 사용하여 수업을 실시"하도록 하였다.[8]

이처럼 건국 초기 소수민족의 교육에서 한어교육은 그 비중도 크지 않았고, 또 그것을 각 민족의 의사에 맡김으로써 민족 언어의 우위를 보장했다. 물론 신장에 이미 한어보다 발달한 민족 언어로 이루어지는 교육시스템이 갖추어져 있었고, 교과서 개발과 출판, 교사 충원 등 한어에 의한 일률적인 국가 교육을 시행하기 어려운 현실적 어려움에 따른 조치이기도 하였지만, 민족 언어교육을 장려함으로써 소수민족 교육을 안정적으로 관리하여 소수민족을 중국에 통합하는 데 중점을 둔 중국공산당의 소수민족 교육 방침을 엿볼 수 있다.

건국 초기에 비한족을 소수민족으로 하여 중국에 통합하는 데 중점을 두는 교육 노선이 확립된 가운데, 민족 교육과 관련된 각종 기관 설립, 입학 연령 제한 완화, 입학시험 합격선 완화, 민족 언어로 답안을 작성하는 것을 허용하는 등 소수민족에 대한 교육상의 특별 조치도 마련되었다.[9]

한편, 중국은 건국 초부터 국내의 모든 소수민족에게 일정한 영역과 자치권을 부여하는 동시에 소수민족의 분리·독립을 금지하는 '민족 구역 자치제도'를 시행하였다. 1952년 8월 중앙 인민 정부는 「민족 구역 자

---

8   岡本雅享, 2008, 『中國の少數民族敎育と言語政策(增補改訂版)』, 社會評論社, 89쪽; 王鐵志, 1998, 「新中國民族敎育政策的形成與發展(上)」, 『民族敎育硏究』 2, 5쪽.
9   岡本雅享, 2008, 『中國の少數民族敎育と言語政策(增補改訂版)』, 社會評論社, 90쪽.

치 실시 요강(民族區域自治實施綱要)」(이하「요강」)을 제정하여 민족 구역 자치의 기본 방침을 수립하였다.「요강」에 따라, "각 민족자치구의 자치 기관은 해당 자치구 내에서 통용되는 민족 문자를 직권 행사의 주요 수단으로 사용"(제15조)하고, "각 민족 고유의 언어와 문자를 채택하여 각 민족의 문화교육 사업을 발전"(제16조)시킬 수 있었다. 또 "각 민족자치구의 자치기관이 자치구 내 모든 민족이 평등의 권리를 향유할 수 있고, 각 민족 인민이 그 언어·문자와 풍속·습관, 종교·신앙을 존중"받을 권리를 보장하도록 했다.[10]

건국 초기 민족 구역 자치제도의 시행으로 소수민족에게 일정한 영역과 자치권이 제도적으로 마련됨에 따라 소수민족 교육도 그 제도적 틀 내에서 운용되었다. 비록 이때의 소수민족 교육은 어디까지나 제도적 범위 내에서만 확립되었고, 민족 교육의 내용 면에서는 각 지역의 특수한 상황에 맞춰 구체적으로 마련되지 못한 획일적인 성격이 강했지만, 그럼에도 중국 정부는 각 민족 고유의 언어에 기초한 교육 내용과 각 민족의 교육 실태에 따른 유연하고 온건한 소수민족 교육 정책을 시행하였다.

그러나 이러한 소수민족 교육 정책은 1950년대 중반 중국공산당이 신민주주의 방침을 폐기하고 급진적인 사회주의 개조에 나섬에 따라 중대한 변화를 맞게 되었다. 1955년 7월 마오쩌둥의「농업 합작화 문제에 관한 보고」이후 그해 10월에 갓 출범한 신장위구르자치구는 농업을 비롯한 주요 산업의 집단화체제로의 개혁에 박차를 가해야 했다. 그 결과 자치구 출범 후 반년이 채 되지 않은 1956년 3월에 이미 전국 집단화 조

---

10 「中華人民共和國民族區域自治實施綱要」(1952.8.9), 中共中央文獻研究室編, 1992,『建國以來重要文獻選編』第三冊, 中央文獻出版社, 82~83쪽.

직률에 버금가는 추세로 집단화가 이루어지고 있었다.[11]

이러한 급격한 정치·경제적 변화는 신장 소수민족 교육 정책에도 직접적인 영향을 끼쳐, 1956년 7월 신장위구르자치구 제2회 중등교육회의에서는 민족학교에서 한어교육을 강화하는 문제를 논의하기에 이르렀다. 그에 따라 민족학교에서 한어교육을 실시하는 연령이 초등학교 단계로 낮아지고, 초·중·고 학교별 한어교육의 구체적인 목표가 수치로 제시되는 등[12] 소수민족 교육 정책의 중대 변화를 예고하였다.

2. 급진적 '민족융합론' 단계(1958~1977년)

1958년 중국에서는 마오쩌둥의 급진적인 사회경제 발전 전략에 따라 대약진운동(大躍進運動)과 인민공사화(人民公社化)운동이 전개되었다. 계급투쟁이 모든 요소의 우위에 있는 가운데, 공산주의 사회로의 이행 사업이 전국적으로 급속히 진행되자 신장에서도 인민공사화운동이 강행되었다. 기존의 민족향(民族鄕) 등 일반 향(鄕)과 진(鎭)이 철폐되고, 합작사보다 규모가 훨씬 큰 인민공사가 들어섰다. 이때 농경 지역에서는 1958년 10월까지 5,836개의 농업 생산 합작사가 562개의 인민공사로 합병되었으며, 이듬해 4월까지는 목축 지역에서도 재산의 공유가 이루어지는 등[13] 신장 자치구 내 농경 및 목축업 지대가 완전히 새롭게 재편되었다. 신장 북부의 일부 목축 지역은 사실상 그때까지 토지개혁조차 이루

---

11 熊倉潤, 2022, 『新疆ウイグル自治區: 中國共産黨支配の70年』, 中央公論新社, 55~56쪽.

12 リズワン・アブリミティ, 2009, 「中華人民共和國成立後の新疆における「民族學校」の漢語教育をめぐる一考察」, 『アジア・アフリカ言語文化研究』 78, 57쪽.

13 제임스 A. 밀워드, 2007, 김찬영·이광태 옮김, 『신장의 역사: 유라시아의 교차로』, 사계절, 366쪽.

어지지 않고 유목민 고유의 사회구조와 경제체제를 유지하고 있는 곳도 있었다.[14] 그런 곳에서 재산의 공유화와 같은 급진적인 집단화운동이 전개된 것이다.

그러나 인민공사화운동은 신장의 농촌이나 목축 지역의 생산·생활 방식에 부합하지 않는 중국 내지(한족) 중심의 획일적인 캠페인이었다. 목축 지역의 소수민족들은 생산을 높인다는 이유로 가축을 방목하기보다는 사료를 먹여야 했고, 가축과 목축민이 한 지역에 정착하게 되면서 유목민의 정주화가 이루어지게 되었다. 또 그들은 드넓은 초원에 재래식 용광로를 만들어 강철 생산 작업에도 종사해야 했다. 결국 급진적인 집단화 정책으로 인해 목축 지역의 소수민족들은 이동 중심의 분산적인 유목 고유의 생산 방식과 생활 방식을 포기하고 목축에서 농업과 산업 노동자로 일해야 했다. 이는 궁극적으로 주변의 신장을 중심의 중국 내지와 다수 민족인 한족과 더욱 긴밀하게 연결하려는 것이었다.

또 유목 고유의 씨족사회를 해체시키고 당의 통제가 그것을 대체함으로써 가까운 장래에 '민족 융합' 목표에도 이르게 할 것이었다. 당시 왕언마오(王恩茂)는 1960년 2월 "인민공사 설립의 결과로 소수민족들이 더욱 긴밀하게 접촉하고 협조하게 되면서 최종적으로는 모든 민족의 완전한 혼합으로 이어질 더 큰 동맹이 생길 것이고, 이것이 신장에서 사회주의의 안정적인 발전과 공산주의 건설에 엄청나게 광범위한 중요성을 가질 것이라고 말할 만한 이유가 생겼다"라고 했다.[15] 즉, 비록 대약진운동 기간

---

14   제임스 A. 밀워드, 2007, 김찬영·이광태 옮김, 『신장의 역사: 유라시아의 교차로』, 사계절, 368~369쪽.

15   제임스 A. 밀워드, 2007, 김찬영·이광태 옮김, 『신장의 역사: 유라시아의 교차로』, 사계절, 370쪽.

에 중국공산당이 추진한 강력한 동화주의적 정책은 대약진운동의 실패로 좌절되었지만, 대약진과 인민공사화의 정치·경제적 목표는 민족 정책 등 비경제적 목표에까지 영향을 미칠 수 있었다.

이 시기에 중국공산당이 추진한 강력한 동화주의 정책에 대해 비판의 목소리를 제기한 신장 소수민족 출신 간부들도 있었다. 하지만 1957년 중반 반우파(反右派) 투쟁 이후 당의 정책에 대해 비판적 의견을 제기하는 사람들은 모두 "지방 민족주의"로 낙인찍혀 숙청되거나 노동 개조 캠프로 추방되었다. 당시 "지방 민족주의"로 비판을 받은 내용을 살펴보면 다음과 같다. ① "위구르족의 낙후된 면을 인정하지 않고 중앙에서 시행하는 '낙후된 사람들을 구제한다'라는 방침을 거스르며 위구르족에게는 선진적인 면도 많은데 왜 낙후된 면만 살펴야 하는가", "낙후된 면은 위구르족 사회 전체를 나타내는 것이 아니다.", ② "타도된 봉건 착취 계급 분자와 반혁명 분자에게 가서 자신의 민족주의적 관점에 걸맞은 자료를 수집하여 신장 분국에의 조사는 잘못되었고 현지의 농노제는 없었다는 등 봉건 통치 계급을 옹호하고 무산 계급의 입장에 반하는 발언을 하였다.", ③ "신장과 조국의 역사를 왜곡하며 좌종당(左宗棠)이 출병할 때까지 신장은 독립국가였으며 이후 중국 판도에 들어갔다는 반동적인 주장을 폈다." 그 외에 동투르키스탄공화국(카슈가르, 1933)을 찬양했다는 것 등이었다.[16] 열거된 "죄상"은 거의 모두 마오쩌둥시대 계급투쟁의 필터가 덧씌워져 있음을 알 수 있다.

이처럼 반우파 투쟁과 대약진운동 시기 "지방 민족주의"에 대한 비판이 혹독하게 진행되는 가운데 언어와 민족의 융합이 제창되었고, 신문과 잡지에는 "조국 언어의 통일", "한어에 다가가기" 등의 슬로건이 쏟아졌다.

---

16 岡本雅享, 2008, 『中國の少數民族敎育と言語政策(增補改訂版)』, 社會評論社, 91쪽.

그래서 이전 시기 민족 언어와 문자의 사용을 장려한 방침은 철저히 부정되고 각 민족의 의사소통 수단으로 한어를 차용할 것을 강조했다. 대약진운동 기간 사회주의 건설을 목표로 한 강력한 동화주의 정책이 시행되었으며, 이에 따라 신장과 중국 내지의 관계가 이전보다 훨씬 긴밀해졌다. 동시에 신장 내 한족 인구가 급증하면서 이러한 경향은 더욱 강화되었다.

이때 신장 내 한족 인구의 급증은 크게 두 가지 원인에서 비롯되었다. 첫째, 대약진운동 기간 중국 내지 농촌에서 발생한 심각한 기근을 피하려고 신장에 들어온 한족 인구의 대량 유입이다. 주지하듯이, 대약진운동은 국가의 고도성장 계획의 전제가 된 식량 생산의 목표치가 무모할 정도로 높게 책정되어 발전 목표의 객관성을 상실하게 되었고, 그로 인해 전국 농촌에서 대기근으로 인한 '비정상적' 사망 사건이 대규모로 발생하였다. 대약진의 비극은 신장도 비껴가지 못했다. 공식 통계 자료가 완전히 공개되지 않았기에 신장 대약진운동의 전모가 완전히 밝혀진 것은 아니지만, 일부 연구에 따르면 대약진운동 기간에 식량 부족으로 인한 아사 사건은 신장 곳곳에서 발생했다.[17] 이에 중국 내지 농촌의 심각한 기근을 피해 많은 한족이 신장으로 들어왔다. 한 통계 자료에 따르면, 1959년부터 1961년 말까지 약 89만 명의 내지 인구가 신장으로 이주했다고 한다. 둘째, 당시 '변경 지원 청년' 캠페인으로 불리는 국책 사업 실시로 30만 명 이상의 한족 출신 내지 청년들이 신장으로 들어오게 되었다.[18]

대약진 시기 이러한 경향은 민족 융합을 촉진함으로써 사회주의 발전

---

17 朱培民, 2000, 『20世紀新疆史研究』, 新疆人民出版社, 292~295쪽; 레비야 카디르도 그의 자서전에서 당시 아이들이 '병단(兵團)' 군인들이 옮기다가 흘린 밀알을 줍기 위해 양동이를 들고 길거리로 나선 모습 등을 묘사하기도 했다. 레비야 카디르·알렉산드라 카벨리우스, 2009, 이덕임 옮김, 『하늘을 흔드는 사람』, 열음사, 66~67쪽.

18 熊倉潤, 2022, 『新疆ウイグル自治區: 中國共産黨支配の70年』, 中央公論新社, 64쪽.

을 입증하기 위한 것이었다. 이에 많은 민족학교를 한어학교와 합병하고 그 교수 언어를 한어로 대체하는 정책이 시행되었다. 1960년 8월 신장교육청은 「민족중학교에서 한어교육 사업 개선 및 향상에 관한 통지」를 발표하고, 소수민족 학생은 초·중등학교 단계부터 한어교육을 받고 대학에 진학해서도 한어로 수강하고 졸업 후에는 통역 없이 한어를 사용할 수 있도록 한어 구사 능력을 향상시키도록 했다. 이에 신장 전역의 민족학교에서는 초등학교 3학년부터 한어 과목을 개설하여 소수민족 학생들의 한어교육을 강화하였다.[19]

민족 융합에 중점을 둔 신장의 소수민족 교육은 대약진운동 기간 노골화된 중소 관계의 대립으로 한층 더 강화되었다. 1957년부터 틀어지기 시작한 중소 관계는 1962년 소위 '이타(伊塔) 사건'[20]을 계기로 악화 일로를 걷게 되었다. 특히 신장은 소련과 국경을 맞대고 있고, 역사적으로 오랫동안 정치, 경제, 문화 등 거의 모든 방면에서 소련의 영향을 많이 받고 있었기에 중소 관계의 대립은 소수민족 교육에도 직접적인 영향을 미쳤다.

한 예로 1958년 중국공산당은 국가 정책으로 소수민족의 문자 개혁을 단행하였다. 즉, 위구르어, 카자흐어 등 민족어 표기를 전통적인 아라

---

19 「新疆維吾爾自治區教育廳關於改進提高民族中學漢語教學工作的通知」(1960.8.25).

20 '이타 사건'이란 1962년 4월 중순부터 5월 말까지 중소 변경지역에 위치한 이리·카자흐 자치주의 주민 약 75,000명이 국경을 넘어 소련령 중앙아시아 지역으로 도피한 사건과 1962년 5월 중순 이닝에서 소련 국경 방면으로 가는 버스표가 매진되자 분노한 자치주 주민들이 자치주 정부 청사를 습격하고 다수의 간부를 폭행한, 중국 측에 의해 '5·29반혁명 폭란'으로 명명된 사건 모두를 총칭하는 말이다. '이타'는 사건의 무대가 된 이리, 타르바가타이 두 지역의 한어 이름에서 유래한다. 1962년 '이타 사건'에 관해서는 Sheng Mao, 2018, "More Than a Famine: Mass Exodus of 1962 in Northwest Xinjiang", The China Review, vol. 18, no. 2; Charles Kraus, 2019, "Laying Blame for Flight and Fight: Sino-Soviet Relations and the "Yi-Ta" Incident in Xinjiang, 1962", The China Quarterly, 238 등 참조.

비아 문자 표기 방식에서 한어 병음을 기준으로 로마자로 표기하는 문자 개혁을 추진했다. 그런데 원래 이 문자 개혁은 소련의 언어 정책에 따라 키릴 문자로 그 표기법을 개정하려던 것이었다. 하지만 중소 관계 대립으로 당초의 계획을 변경하여 로마자의 '신문자'로 문자 개혁을 추진하게 된 것이었다. 이 문자 개혁은 1964년 국무원의 비준을 거쳐 정식 승인되었고, 문화대혁명의 종식으로 민족 정책이 복원될 때까지 신장의 학교 교육에 반영되었다.[21]

이처럼 1950년대 말부터 1960년대에 걸쳐 신장에서는 건국 초에 법적으로 보장된 소수민족 언어의 우위성이 크게 흔들리며 민족 교육 커리큘럼에서도 한어교육이 민족 언어를 대체하게 되었다. 이렇게 되자 1960년대 이후 신장에서는 한어학교에 취학하는 소수민족 학생이 늘어나면서 소위 '민고한(民考漢)' 인원이 증가하게 되었다. '민고한'이란 소수민족 학생이 초·중등 교육과정을 한어로 수학하고 한어로 대학 입시를 치르는 것을 가리킨다. 구체적인 통계 자료는 없지만, 이 시기에 학교를 다닌 사람들의 증언에 따르면, 1950년대 중·후기만 해도 소수에 불과했던 '민고한'이 1960년대 중반부터 1970년대 초반까지 계속 증가했다고 한다.[22]

대약진 시기 약화된 신장 소수민족 교육은 1966년부터 1976년까지 지속된 문화대혁명으로 인해 더 큰 타격을 입게 되었다. 이 기간 신장에서는 "소련 수정주의자"라는 낙인찍기가 성행하였고, 소련령 중앙아시아와 관련이 있는 실로 많은 사람이 "소련과 내통한다"라는 명목으로 박해

21　リズワン・アブリミティ, 2009, 「中華人民共和國成立後の新疆における「民族學校」の漢語教育をめぐる一考察」, 『アジア・アフリカ言語文化研究』 78, 61쪽; 熊倉潤, 2022, 『新疆ウイグル自治區: 中國共産黨支配の70年』, 中央公論新社, 84쪽.

22　希日娜依 買蘇提·大谷順子, 2011, 「新疆ウイグル自治區の特有群體「民考漢」-ウルムチ市のウイグル人を事例として-」, 『中國21』, 285쪽.

를 당했다. 또 '사구타파(四舊打破, 구풍속·구사상·구습관·구문화 타파)'의 구호 아래, 옛 지주, 종교 가문, 지식인 등이 비판받고 조리돌림을 당했으며 많은 종교 시설과 문화재가 파괴되었다. 문화대혁명의 혼란 속에 소수민족 교육 정책은 전반적으로 제대로 실행되지 못했다. 민족 정책을 시행하는 부서가 폐지되고 각 민족 언어로 된 교재의 편찬이나 번역 같은 민족 교육 관련 사업도 중단되었다.[23] 또 많은 민족학교가 문을 닫게 되어 도시의 소수민족 학생들은 선택의 여지 없이 한어학교에 다니며 한어로 수업을 받아야 했다.[24]

문화대혁명의 혼란은 1976년 마오쩌둥의 사망과 '사인방(四人幇)'의 체포로 종결되었다. 이후 1978년 12월 '역사적 전환'이라고 불리는 중국공산당의 '제11기 중앙위원회 제3차 전체회의'(이하 '11기 3중 전회')가 개최되고 개혁개방 정책이 채택되었다. 이에 따라 문화대혁명 시기 계급투쟁 만능주의 아래 부정되었던 민족 정책들이 점차 부활하게 되었다.

III. 개혁개방 이후의 신장 소수민족 교육 정책

1. 제2차 다원주의 단계(1978~1991년)

문화대혁명이 종결되자 중국 전역에서 오래 지속된 정치적 혼란은 종식을 고하게 되었다. 그에 따라 그동안 계급투쟁으로 비판받았던 사람들의 명예 회복이 본격적으로 진행되는 가운데, 1978년 '11기 3중 전회'에

---

23 王鐵志, 1998, 「新中國民族教育政策的形成與發展(上)」, 『民族教育研究』 2, 8쪽.
24 藤山正二郎, 2010, 「ウイグル民族アイデンティティと民考漢の将来」, 『福岡県立大學人間社會學部紀要』 18, 2쪽.

서 개혁·개방 방침이 채택되며 경제 상황도 서서히 개선되었다. 신장위구르자치구에서도 이러한 정책 조정과 경제 재건이 이루어졌지만, 시대 전환은 때때로 무장 폭동의 혼란 속에서 출발하였다.

문화대혁명 기간 중 신장 자치구 제1서기로서 신장의 정치투쟁을 이끌었던 사이프딘이 비판을 받고 실각되었다. 그 후 아이러니하게도 한족 출신의 왕펑(汪鋒)이 그 자리를 대신하였다. 왕펑 체제하에서 사이프딘에 대한 비판이 진행되는 가운데 마오쩌둥시대 계급투쟁 만능주의로 박해를 받은 피해자들에 대한 명예 회복이 추진되었다. 여기에는 '신중국' 초기 민족 통합을 강력하게 주장하며 현지 소수민족을 억압했던 한인들도 다수 포함되었다.[25]

한편, 급격한 정책 전환에 따라 신장 소수민족 사회 내에서 그동안 쌓여 있던 각종 모순과 불만이 터져 나왔다. 이는 한족 정권의 통치라는 민족 문제로 표출되기 시작했고, 시위, 폭동, 심지어 무장 폭동으로까지 발전하며 신장 사회에 불안을 가져왔다. 이에 중국공산당은 티베트, 신장 등 소수민족자치구에서 일하는 한족 간부를 내지로 전근시키는 소위 '한족 간부 전출론'을 채택하는 등 개혁개방 이후 당의 정책 전환에 따른 민족 문제 전반을 논의하기 시작했다.

1981년 여름 중국공산당 중앙서기처에서 신장 문제에 대한 토론회가 열렸다. 여기에서는 반우파 투쟁, 문화대혁명 등 마오쩌둥시대 계급투쟁 만능주의로 부정된 각종 민족 정책을 성찰하고 민족 관계를 개선하기 위한 여러 문제들이 논의되었다. 구체적으로 신장 안정의 필요성, 민족 단결의 강화, 한족과 소수민족 간 그리고 각 소수민족 간부 간 상호 이해와 상

---

25 熊倉潤, 2022, 『新疆ウイグル自治區: 中國共産黨支配の70年』, 中央公論新社, 89~93쪽.

호 존중의 필요성, 소수민족 간부 양성과 발탁 문제, 민족 구역 자치제도 강화 등 민족 관계에 관한 전반적인 문제를 논의하였다.[26]

그 결과, 신장의 소수민족 교육 정책은 정치 안정과 민족 단결이라는 장기적 목표 아래 소수민족의 정체성을 강화하는 방향으로 조정되었다. 이에 따라 이전에 추진되었던 위구르어와 카자흐어 등의 로마자 표기 정책이 중단되고 전통적인 아랍문자 표기법이 다시 도입되었다. 또한, 각지에서 모스크와 종교학교가 재건되는 등 신장 소수민족 구성원의 민심을 달래기 위한 민족 정책 조정이 이루어졌다.

이 시기 소수민족 교육 정책은 민족 정책과 마찬가지로 그동안의 억압적 성격을 바꾸고 소수민족의 자치를 법률로써 보장하는 방향으로 발전하게 되었다. 1982년에 공포·시행된 「헌법」에서는 소수민족의 평등 및 소수민족 언어·문자로 교육받을 권리 등 소수민족의 자치권을 보장하였으며, 이는 1984년에 제정된 「민족구역자치법」에 의해 더욱 구체화되었다. 민족 구역 자치제도는 중국의 가장 기본적인 민족 정책으로, 「민족구역자치법」이 마련되면서 민족 구역 자치가 법률로써 제도화되었다. 이 법 제36조와 제37조에서는 민족 교육에 관해, 제10조와 제49조에서는 소수민족의 언어·문자에 관해 기술하고 있다. 그에 따르면, 민족자치지방의 자치기관은 민족 교육을 자주적으로 발전시키고, 각종 학교를 설립하여 9년의 의무교육을 보장해야 하며, 조건에 따라서 대학 교육을 발전시키고 소수민족 전문가를 양성하도록 했다. 또 각 자치 구역과 민족의 차이를 바탕으로 각 소수민족자치 지구가 학교 운용 및 교육 사업의 추

---

26 「中共中央關於轉發《中央書記處討論新疆工作問題的紀要》的通知」, 中共中央文獻研究室·中共新疆維吾爾自治區委員會編, 2010, 『新疆工作文獻選編(1949~2010)』, 中央文獻出版社, 248~251쪽.

진에 있어 넓은 범위의 자치권을 가진다는 것을 승인했다. 또한 소수민족 문자로 된 교과서를 채택하고 소수민족 언어를 사용하여 수업하도록 함으로써 소수민족이 민족의 언어·문자를 사용하여 교육받을 권리를 보장하였다. 인구가 적고 교통이 불편한 소수민족 지역에 대해서는 기숙학교를 설립하거나 재정 지원을 통해 교육평등권을 보장하도록 했다. 한편, 각 민족과 각 지역 간 교류를 촉진하고 국가 전체의 발전을 위해 한어와 한자의 보급도 확대하도록 했다.[27]

이처럼 「민족구역자치법」은 각 민족의 언어교육에서부터 유목민의 생활 터전인 초원의 보호에 이르기까지 민족자치권과 관련해 상당히 세밀하게 규정하였고, 이는 소수민족문화의 부활과 그에 기초한 민족 정체성을 강화하는 데 큰 동력이 되었다.

1) '민한겸통(民漢兼通)' 방침의 제기

1980년대 신장의 민족 교육 재건에서 특히 눈에 띄는 점은 '민한겸통(民漢兼通)'이라는 이념의 제기와 그에 따른 '이중 언어'교육의 실시였다. '민한겸통'이란 자민족 언어와 한어를 모두 할 수 있다는 의미로, 이는 당시 신장위구르자치구 인민 정부 부주석직에 있던 바다이(巴岱)가 제안한 것으로 알려졌다.[28] 바다이는 1982년 자치구 당위원회에 「민족학교의 한어 교학을 강화하는 것에 대한 건의(對加強民族學校漢語教學的建議)」(이하 「건의」)를 제안했다. 「건의」에서 바다이는 먼저 민족학교에서 실시된 한

---

27 『中華人民共和國民族區域自治法』(1984), 吳宗金 編著, 1998, 西村幸次郎 譯, 『中國民族法概論』, 成文堂, 289~299쪽.

28 巴岱, 1984, 「在新疆首屆少數民族古籍工作會議上的講話」, 國家民委古籍整理研究室 編, 『新中國民族古籍工作』, 民族出版社.

어교육이 기대만큼의 성과를 거두지 못한 각종 원인을 분석했다. 특히 그는 그때까지의 한어교육이 신장 소수민족 상황에 적합하지 않은, 민족학교에서 한어 학습과 자민족 언어와의 관계를 제대로 인식하지 못한 데서 비롯되었다고 보고, 이를 근본적으로 개선하기 위한 방안으로 '민한겸통'을 제시했다.

그가 제안한 '민한겸통'의 요점은 다음과 같다. ① 자치구의 실정을 고려하여 '민한겸통'이라는 이념을 민족학교의 한어교육 기본 방침으로 한다. 이 목표를 실현하기 위해 조건이 갖춰진 학교에서는 10년 이내에 한어의 기초를 익히는 목표를 마련한다. ② 장기적으로 계획하고 1985년까지 현(縣)·진(鎭) 이상의 민족 초·중학교에서, 그리고 현·진 이하의 전일제 초·중학교에서는 한어 과목을 개설하고 초등학교 4학년부터 한어 학습을 시작한다. ③ 1983년부터 사범대학을 비롯해 대학에 한어 교원 양성 과정을 마련하여 전문적으로 한어교육 연수를 실시한다. ④ 교육지도요령과 교재에 관해서는 현행 지도요령을 적절히 수정하고 교재와 참고서를 편찬한다. 신장교육출판사에 한어 교재 편집실을 설치하여 편집을 담당하도록 한다. ⑤ 한어의 위상을 높이기 위해 교과 중 한어를 주요 과목으로 하고 점차 진학 때 수험 과목 중 하나로 한다. ⑥ 대학 등 고등교육기관에서도 한어교육에 계속 힘쓴다. ⑦ 한어학교에 수학하고 있는 소수민족 학생들을 위해 자민족 언어 과목을 개설한다. 요컨대 「건의」에서 제안된 '민한겸통' 이념은 민족학교에서의 한어교육을 촉진하고, 이를 통해 최종적으로는 자민족 언어를 기초로 하는 동시에 한어를 할 수 있는 차세대 민족 인재를 양성하는 것을 목표로 하였다.

이후 1984년 신장위구르자치구 교육청은 바다이의 제안에 기초해 새로운 한어교육의 기본 방침을 정하였다. 그 요점은 다음과 같다. ① 한어교육에 대한 인식을 높이고 그 지도에 힘쓴다. 민족학교에서 한어교육을 주요 과목의 하나로 개설하고 학교 교육 중에 가장 중요한 교학의 일환으로 삼는다. 한어교육에 대한 어떠한 경시도 바로잡아야 한다. ② 민족학교에서는 '민한겸통'을 한어교육의 기본 방침으로 한다. ③ 이 목표를 달성하기 위해 현행 지도요령을 적절히 수정하고 … 1987년까지 모든 민족 초등학교에 한어 과목을 개설한다. ④ 한어 교원 양성을 위해 적절한 조치를 취하고, 질 높은 한어교육 교재를 편찬·출판한다. ⑤ 엄격한 시험제도를 실시하여 1982년부터 한어를 대학 등 고등교육기관의 수험 과목 중 하나로 하고, 한어 과목의 성적을 진학과 유급 기준의 하나로 한다. ⑥ 한어학교에서 교육받고 있는 소수민족 학생들을 위해 자민족 언어 과목을 개설한다.[29]

신장위구르자치구 교육청이 새로 정한 한어교육 방침은 바다이의 제안에서 크게 벗어나지 않지만 미묘한 차이점이 발견된다. 특히, 신 한어교육 방침의 ⑤와 같이, 한어 성적을 소수민족의 대학 입시에 적극 반영하도록 함으로써 소수민족 교육의 중점이 한어교육을 강화하고 한어 교과의 지위를 향상시키는 데 방점이 찍혀 있음을 알 수 있다. 이는 민족 언어와 한어교육을 균형 있게 촉진하고자 한 바다이의 '민한겸통' 제안과는 다소 차이가 있다. 바다이의 제안에서 교육청의 신 방침이 결정되기까지 구체적으로 어떤 정책 논의 과정이 있었는지 현재로서는 파악할 수 없지만, 신장 소수민족 교육의 중점이 한어교육을 촉진하는 데 초점이 맞춰져 있음을 알 수 있다.

1984년 자치구 교육청의 신 한어교육 방침에 근거하여 구체적으로 다음과 같은 시책이 행해졌다. ① 각 지구·주·시·현의 교육 부문에 민족

---

29 巴岱, 1984,「在新疆首屆少數民族古籍工作會議上的講話」, 國家民委古籍整理硏究室 編,『新中國民族古籍工作』, 民族出版社, 3~6쪽.

학교 한어교육 담당 부서를 설치했다. ② 민족학교에서 한어 수업을 주요 과목의 하나로 하고, 1984년부터 2년에 걸쳐 초·중·고등학교 한어 교재를 편집해 지도요령을 편성했다. 한어교육의 시작을 초등학교 4학년에서 3학년으로 낮추었다. ③ 한어 교사를 증원했다. ④ 새로운 한어교육의 지도요령이 편성되어, 고등학교 졸업 때까지 2,500~3,000자의 한자와 4,500~5,000자의 숙어를 습득하여 한어 중학교의 2학년 수준에 도달하도록 했다. 나아가 대학 진학 후에 한어로 수학이 가능하도록 하는 것이 목표로 제시되었다. 그리고 이를 위해 민족학교의 한어 수업 시간이 주 4시간에서 5시간으로 늘어났다.

그러나 신장의 새로운 한어교육 정책은 당국이 기대한 목표에 도달하지 못했다. 1992년 말과 1993년 초에 신장 전역 39개 민족 초·중학교에 재적 중인 388여 명의 학생을 대상으로 실시한 한어 모의고사 결과, '민한겸통' 지도요령의 기준에 도달한 학생은 전체의 5%에 불과했다고 한다.[30] 즉, 자치구 교육 당국이 소수민족의 한어 능력을 증진하기 위해 재정적·인적으로 상당한 노력을 기울였음에도 불구하고 당국이 책정한 수준에 이르지 못했던 것이다. 여기에는 다양한 원인이 있겠지만, 민족학교의 실정을 충분히 고려하지 않은 목표 설정이나 커리큘럼 실시 등에서 비롯되었을 것으로 본다.[31]

2) 이중 언어교육의 실시

'민한겸통'에 기초한 신장 소수민족의 한어교육 강화 방안이 신장 정

---

30 王振本·梁偉, 1997, 「新疆少數民族雙語教學存在問題的剖析」, 『語言與翻譯』 3, 54쪽.
31 リズワン·アブリミティ, 2009, 「中華人民共和國成立後の新疆における「民族學校」の漢語教育をめぐる一考察」, 『アジア·アフリカ言語文化研究』 78, 72쪽.

부의 기대에 미치지 못하자 당국은 새로운 방법을 모색하기 시작했다. 이 과정에서 등장한 것이 '이중 언어' 교육이다. 신장 당국은 1987년부터 1992년까지 1, 2단계로 나누어서 우루무치시 소재 유치원과 초등학교 1·2학년을 대상으로 한어 학습에 대한 실험을 진행했다. 이 연구 과제의 제목은 "신장 소수민족 아동의 이중 언어 학습 연구"였다. 실험 결과, 실험반 아동들의 한어 능력이 일반 아동들보다 월등히 높고, 한어 학습이 자민족 언어에 미치는 부정적인 영향도 보이지 않는다는 결론이 도출되었다. 이에 당국은 1992년 민족 교육의 질과 소수민족 학생의 동부 및 연해지역 대학 진학률을 높인다는 목표를 내세워, 이과 과목은 한어로, 문과 과목은 민족어로 교육하는 '이중 언어 실험반'을 시도했다.[32] 이것이 신장에서 한어를 교수용 언어로 하는 이중 언어교육의 시작이었다.

이중 언어교육이란 민족어와 한어를 모두 사용하여 교육한다는 의미로, 사실 중화인민공화국 수립 이후 신장위구르자치구에서 실시된 소수민족 교육은 넓은 의미에서 이중 언어교육이라고 할 수 있다. 하지만 1992년 이전까지 중국 정부는 '이중 언어교육'이라는 용어를 사용하지 않고 '소수민족의 한어교육'이라는 표현을 사용하였다. 더 정확하게는 1992년의 '이중 언어 실험반' 운영 이후 이중 언어교육이라는 용어를 공식적으로 사용하기 시작하였다. 요컨대, '이중 언어 실험반'의 시도는 신장 소수민족 교육에서 한어를 하나의 과목으로 학습하는 '이중 언어 교학'에서 이제는 한어를 교수용 언어로 하는 '이중 언어교육'으로 전환하는 중요한 계기가 되었다.

---

32 アナトラ・グリジャナティ, 2015, 『中國の少數民族教育政策とその實態: 新疆ウイグル自治區における雙語教育』, 三元社, 60~61·97쪽; 이진영·장혜련, 2010, 「신장위구르자치구의 이중 언어교육 정책과 그 사회적 영향」, 『한국동북아논총』 56.

이후 '이중 언어 실험반'은 양적으로 계속 확대되었다. 1998년에는 6개 실험반 총 179명 중 약 80%의 학생이 전국통일시험(입시)에 합격했고, 그중 54명이 내지 대학에 합격하며 한어로 수학한 성과가 보고되자 '이중 언어 실험반'에 들어가기를 희망하는 소수민족 학생 수가 급증했다.[33] 지역에 따라서는 고등학교의 모든 반을 '이중 언어 실험반'으로 구성하는 학교도 등장했다. 이렇게 해서 '이중 언어 실험반'은 신장 자치구의 가장 대표적인 이중 언어교육 정책으로 자리 잡게 되었다.

1992년부터 시행된 신장의 이중 언어교육 정책은 2000년부터 본격적으로 시행된 '서부 대개발' 정책에 의해 더욱 강화되었고, 급기야 신장의 고등교육기관에서는 교수용 언어를 한어로 일원화하는 데까지 이르렀다. 이어 중국 정부는 「국가통용언어문자법(國家通用語言文字法)」을 제정하고 2001년부터 모든 교육기관에서는 반드시 한어로 교육하도록 했다.[34] 이는 같은 해 개정된 「민족구역자치법」에도 그대로 반영되어, 모든 소수민족 지역에서는 초등학교 저학년 때부터 한어로 교육을 시작하고 점차 그 사용 범위를 확대해 나가도록 했다. 이로써 그 이전까지 자발적 참여나 권장의 차원에서 제기된 이중 언어교육은 이제 모든 민족학교에서 의무적으로 시행해야 하는 단계로 이행하게 되었다.[35]

---

33 アナトラ・グリジャナティ, 2015, 『中國の少數民族教育政策とその實態: 新疆ウイグル自治區における雙語教育』, 三元社, 99~100쪽.

34 「中華人民共和國國家通用語言文字法」(2000.10.31), https://www.gov.cn/ziliao/flfg/2005-08/31/content_27920.htm.

35 김영구, 2015, 「중국 소수민족 이중 언어교육 정책의 지향에 대한 연구: 서부대개발 이후 신장위구르자치구의 상황 변화에 대한 분석을 중심으로」, 『현대중국연구』 17, 8~9쪽.

2. 다원주의에서 '민족 동화'로(1992년~현재)

앞서 살펴본 바와 같이, 1978년 개혁개방 방침 채택 이후 소수민족 교육 정책은 법률로 그 자치권이 보장되고 민족 정체성이 강화되는 방향으로 나아갔음에도 불구하고 왜 이중 언어교육을 통한 한어교육은 이전보다 더 강화되는 방향으로 발전하게 되었는가? 이를 이해하려면 개혁개방 이후 신장 소수민족자치구에 나타난 사회경제적 변화와 그에 따른 신장 소수민족 구성원들의 인식 변화를 살펴볼 필요가 있다.

1980년대 중국공산당은 티베트, 신장 등 소수민족 지역에서 비한족들의 불만이 터져 나오고 그에 따라 분리주의 경향이 나타나자 이에 대한 억압과 통제를 강화하는 한편, 민족주의적 분리주의를 해소하는 방안으로 경제개발주의 전략을 중시하기 시작했다. 하지만 경제개발주의 전략은 당국의 기대와 달리 신장 소수민족 구성원과 한족 간 민족 갈등을 해소하기는커녕 민족 문제를 더욱 복잡하게 만들었다.

마오쩌둥시대의 사회주의 계획경제체제는 1984년 인민공사의 해체로 종말을 고하였다. 이후 비국가 부문과 개별 경영 부문이 등장하며 경제 자유화가 이루어졌다. 이는 이전 시기의 사회주의 고용체제를 변화시켰고 신장 소수민족 구성원들에게 부정적인 영향을 미쳤다. 게다가 시장의 확대로 새로운 기회를 찾아 중국 내지에서 신장으로 이주한 한족 인구가 늘어나면서 자치구 내 노동력 시장의 인구 통계적 압력을 가중시켰다.

마오쩌둥시대의 고용체제는 크게 ① 지방의 당과 국가기관, 문화교육기관, 의료 시설 등 정부와 공공 서비스 부문, ② 중앙정부 소유의 대규모 기업과 지방정부 소유의 중소기업, ③ 농업과 목축업에 종사하는 인민공사 등 세 부문으로 구성되어 있었다. 이들은 소득 수준은 낮을지라도 계획경제체제 아래서 취업이 보장되었다. 이는 민족 간 경쟁을 완화시켰다. 그러나 경제 자유화 이후 지역의 고용체제는 ②와 ③이 사라져 버렸고,

그나마 ①은 소수민족 구성원의 고용체제에서 영향을 적게 받았다. 개혁개방 초기 소수민족 우대 정책이 강화되며 국가기관 및 기타 공공 서비스 부문의 고용은 그나마 유지되었던 것이다.[36]

이후 ②의 지방정부 소유의 중소기업은 중국 내지의 사업가에게 매각되었고, 그들은 지역의 민족 정서를 배려하기보다 경제적 효율성을 더 중시하였다. 이에 공장을 쇼핑센터로 바꾸어 내지 상인들로 가득 채우거나, 공장을 운영하더라도 기존의 소수민족 노동자 대신 언어 장벽도 없고 종교적 관행이나 문화적 관습에 차이가 없는 내지 출신의 한족 이주 노동자를 고용하는 경향이 뚜렷하게 나타났다. 즉, 경제 자유화로 새로운 유형의 회사들이 나타남에 따라 최소한 한어와 민족 언어 모두를 구사하는 이중 언어 사용자를 고용하는 추세가 강하게 나타났다. 이는 취업 시장에서 위구르어 등 민족 언어 사용자들이 설 공간을 더욱 축소시켰다.[37]

요컨대, 마오쩌둥시대 사회주의 계획경제체제에서 개혁개방체제로 전환되며 출현한 경제 자유화는 시장 역학에 따라 민족 정체성을 보호하고 존중하기보다 효율성을 중시하게 되었다. 그에 따라 신장위구르자치구에서도 이제 더 이상 민족성만으로는 취업 보장의 혜택을 누릴 수 없게 되었다. 이렇게 1990년대 시장경제체제로의 전환 이후 신장 소수민족 구성원들의 노동 시장 환경이 급격하게 변화하는 가운데 소수민족과 한족 간 경제 격차가 확대되기 시작했다.

이에 반해 개혁개방 시기 고등교육을 받은 신장 소수민족 학생들의

---

36 Yan Sun, 2020, From Empire to Nation State: Ethnic Politics in China, Cambridge University Press, p. 238.

37 Yan Sun, 2020, From Empire to Nation State: Ethnic Politics in China, Cambridge University Press, pp. 239~240.

수는 급격히 늘어났다. 1980년과 2005년 사이 25년 동안 대학에 등록된 소수민족 학생의 총수는 11.7배 증가했다. 이는 정부의 대학 입학에서의 민족 우대 정책에 따른 것이었다. 게다가 이들 소수민족 대학 졸업자들은 고용 안정과 시장 경쟁으로부터 보호해 줄 수 있는 국가기관이나 공공 부문에 취업하기를 선호하였다. 그러나 국가기관이나 공공 부문이 그들을 수용할 수 있을 정도의 일자리를 매년 창출할 수는 없었다. 게다가 2003년에 공무원 채용에 있어 소수민족 우대 혜택을 받을 수 있는 할당제도가 폐지되고 시험을 통한 공개경쟁체제로 전환됨에 따라 소수민족 졸업생이 이 부문에 취업하기는 더욱 어려워졌다.[38] 요컨대, 개혁개방 이후 고등교육의 확대와 민족 우대 정책에 의해 양성된 소수민족 구성원들의 취업에 대한 기대와 새로운 시장경제의 현실 사이 간극은 계속 확대되고 있었다.

그런데 그 대응책으로 중국 정부는 시장경제의 현실에 적합한 민족학교의 학업 수준 및 기술을 향상하는 교육 정책을 시행하기보다는 이중 언어교육을 강화하는 정책을 채택했다. 이에 신장의 소수민족 구성원들도 현실적이고 구체적인 이익을 추구하는 수단으로서 한어교육을 인식하게 되었다. 다음의 일화는 이러한 면을 잘 보여 준다. 투루판에서 포도를 재배하던 위구르족 농민이 포도 판로를 확충하고자 중국 내지로 가서 사업을 시작했다. 그러나 언어 문제로 인해 오히려 큰 손해를 입게 되었다. 이후 그 농민은 고향에 돌아오자마자 민족학교에 재학 중이던 아들을 곧장 한어학교로 전학시켰다고 한다.[39]

---

38 Yan Sun, 2020, From Empire to Nation State: Ethnic Politics in China, Cambridge University Press.

39 リズワン・アブリミティ, 2009, 「中華人民共和國成立後の新疆における「民族學校」の漢

요컨대, 개혁개방 이후 소수민족 교육 정책은 민족 정책의 재건에 따라 소수민족의 고등교육이 확대되고 대학 입학 및 취업에서 민족 우대의 특권을 누릴 수 있었지만, 사회주의 계획경제체제의 붕괴와 시장경제체제의 확대로 인한 신장 자치구의 사회경제적 변화라는 현실과 부조화를 이루게 되었다. 그리고 그에 대한 정부의 대응으로서 소수민족 교육에서 한어를 교수 언어로 하는 이중 언어교육이 급격히 강화되었다.

1) '신장반(新疆班)'의 설치

중국 정부는 이중 언어교육 정책의 일환으로 신장 소수민족 학생이 한인 거주 지역에서 고등학교 교육을 받도록 하는, 소위 '신장반(新疆班)' 설립 정책을 추진했다. 1999년 9월 국무원은 「소수민족 지역의 인재 육성 업무를 가속화한다」라는 통지를 각 교육 부문에 배포하고, 내지 지역에 '신장반'이라 불리는 '내지신장고중반(內地新疆高中班)'을 설치하도록 했다. 이는 1984년부터 시행된 '내지티베트반(內地西藏班)' 프로그램을 신장에 도입한 것이었다.[40]

2000년 9월에 베이징, 상하이, 난징, 항저우, 광저우 등 경제 발전을 이룬 동부 연안의 12개 도시에 소재한 13개 고등학교에 '신장반'이 설치되었다.[41] '신장반' 설립 목표에 대해 중국 교육부는 "국가의 통일을 확고히 유지하고 대중과 긴밀하게 연계하며 강력한 혁명 자질과 일정한 업

語教育をめぐる一考察」,『アジア・アフリカ言語文化研究』78, 74쪽.

40 馬戎, 2016,「漢語的功能轉型, 語言學習與內地辦學」, 馬戎,『內地辦學的運行機制與社會效果: 內地西藏班, 新疆班專題研究』, 社會科學文獻出版社, 1쪽.

41 「教育部關於印發《關於內地有關城市開辦新疆高中班的實施意見》的通知」(2000.1.24), 中共中央文獻研究室・中共新疆維吾爾自治區委員會 編, 2010,『新疆工作文獻選編(1949-2010)』, 中央文獻出版社, 452~453쪽.

무 능력을 갖춘 소수민족 인재를 육성하기 위해서이다. 이 정책은 신장의 경제 발전과 사회 진보를 촉진하고, 각 민족 간의 통합과 응집력을 강화하며, 국가의 안전과 국경의 안보를 공고히 하는 데 중대한 의의를 지닌다."[42]라고 설명했다. '신장반'의 정치적 목표가 강조된 점이 눈에 띈다.

2000년 6월 중국 교육부는 「신장반 관리 방법」을 발표하고 이 프로그램의 지침과 내규를 수립했다. 그에 따르면, "신장반은 국가의 교육 방침과 민족 정책을 전면 관철하고, 중국공산당의 지도를 지지하고 조국과 사회주의를 사랑하며, 조국의 통일을 수호하고 민족 단결을 고수하며, 사회주의 현대화 건설 사업에 헌신할 고등학교 졸업생"을 양성하는 것임을 분명히 했다. 특히, 제10조에서는 신장반이 설치된 학교에서는 사회주의 학교 운영 방향을 견지하고 정치사상과 도덕 인성 교육을 중시하여, "마르크스-레닌주의, 마오쩌둥 사상, 덩샤오핑 이론과 당의 민족 문제 이론을 지침으로 할 것"을 강조하였다. "정치 수업은 필요에 따라 교학을 조직하는 것 외에 중국공산당을 옹호하고 사회주의 조국을 사랑하며 조국의 통일을 수호하기 위한 애국주의 교육을 강화하는 데 주의해야 한다. 나아가 한족은 소수민족을 떠날 수 없고, 소수민족은 한족을 떠날 수 없으며 소수민족끼리도 서로 떨어질 수 없는 민족 단결 교육을 강화하는 데 각별히 유의할 것"을 거듭 강조했다.[43]

이처럼 '신장반' 정책에 명시된 목표는 강력한 기숙학교 교육을 통해 신장을 발전시키고, 민족 통합과 국가 통일을 달성하기 위해 민족 엘리트

---

42 「教育部關於印發《關於內地有關城市開辦新疆高中班的實施意見》的通知」(2000.1.24), 中共中央文獻研究室·中共新疆維吾爾自治區委員會 編, 2010, 『新疆工作文獻選編(1949-2010)』, 中央文獻出版社, 452~453쪽.

43 「內地新疆高中班管理辦法」(2000.6.5), http://www.moe.gov.cn/s78/A09/mzs_left/moe_752/tnull_1009.html.

를 양성하는 것이었다. 이를 위해 위구르족 등 신장의 소수민족 젊은이들에게 중국에 대한 애국심, 민족 단결의 감정과 중국공산당의 가치관을 확고히 심어 주고, 중국공산당의 이상을 촉진하기 위해 신장위구르자치구와 격리된 공간을 만든다고 하는 정치적 목표를 분명히 했다.[44]

'신장반'에 입학[45]한 학생들은 입학 이후 1년 동안 한어와 영어 등을 중점적으로 보충 학습하는 예과 1년을 이수한 뒤 3년 동안 고등학교 수업을 받는다. 다시 말해, '신장반'은 고등학교에서 4년간 취학하는 커리큘럼이다. '신장반' 학생들은 모두 기숙사 생활을 하고, 학비, 식비, 의료비, 생활비, 그리고 1년에 한 번 집에 가는 데 드는 교통비 등을 모두 자치구 인민 정부로부터 지원받는다. '신장반'이 설치된 학교에는 이슬람식 할랄을 제공하는 식당을 운영해 소수민족 학생들의 학교생활을 돕도록 했다. '신장반'을 졸업한 후에는 전국대학입시에 참여하고 합격하면 내지의 고등교육기관에서 공부할 수 있었으며 대학에 진학하지 못한 학생은 신장으로 돌아가야 했다.

'신장반' 프로그램은 신장의 많은 소수민족의 호응을 이끌어 냈다. 이는 '신장반'에 등록하는 소수민족 학생 수의 증가에서 확인할 수 있다. 2000년부터 2018년까지 '신장반'에 등록한 학생 수는 1,000명에서

---

[44] Timothy Grose, 2019, Negotiating Inseparability in China: The Xinjiang Class and the Dynamics of Uyghur Identity, HongKong University Press, p. 49.

[45] '신장반'은 신장 소수민족 농민과 유목민 자녀가 전체의 80% 이상을, 그리고 한족 농민과 유목민의 자녀가 약 10%를 차지하도록 했다. 입학 조건은 중학교 졸업 예정자로 품행이 바르고 학업 성적이 우수하며 한어 성적이 양호하고 민족어 수준도 비교적 높아야 했다. 또 신체 건강하고 질병이 없어야 하며 국가의 필요에 복종해야 했다. 입학 방법은 교육부의 '신장반' 모집 계획에 따라 전 자치구를 대상으로 한 시험에 응시한 학생 중에서 선발하여 입학시켰다. Timothy Grose, 2019, Negotiating Inseparability in China: The Xinjiang Class and the Dynamics of Uyghur Identity, HongKong University Press, p. 49.

9,880명으로 증가했으며, '신장반'을 설치한 내지의 학교 수도 12개에서 93개로 늘어났다. 이 프로그램이 많은 신장 소수민족의 지지를 얻은 데에는 여러 가지 원인이 있을 것이다. 그중 가장 먼저 들 수 있는 것은 '신장반' 등록에 따른 각종 경제적 혜택으로, 소수민족 부모들은 아이들을 '신장반'에 등록시켜 학비, 교재, 각종 준비물 등 교육비 부담을 덜 수 있었다. 또, 학교 시설과 각종 교육 설비, 교원 자질 등에서 자치구 내 학교와는 비교할 수 없는 양질의 교육을 받을 수 있다는 점 역시 신장의 소수민족에게는 매력적인 옵션이었다. 그래서 많은 소수민족 학생과 그 가족들은 '신장반'을 중국의 유명 대학에 입학하고 졸업 후에는 더 안정적인 일자리를 찾을 수 있는 최고의 기회로 여겼다.[46]

'신장반' 학생들의 수업 일정이나 학교생활은 매우 엄격하게 관리되었다. 그래서 한 졸업생은 이곳에서의 생활을 '감옥'에 비유하기도 했다. 교실과 학교에서는 중국 표준어만 사용해야 했고, 고대 중국 문학도 학습해야 했다. 춘절이나 중추절 등 중국의 전통 명절에 한족 학생들은 가족들과 시간을 보냈으나, '신장반' 학생들은 학교에 머물며 종이 공예, 춘련(春聯) 만들기, 만두 빚기 등 한족의 전통문화 체험 활동에 참여해야 했다. 청명절에는 중국공산당 혁명가들의 묘소를 참배하기 위해 '열사 공원'을 방문해야 했다. 이러한 활동은 민족 간 통합을 돈독히 하고 위구르 학생에 대한 당국과 학교의 배려로 높이 평가되었다.[47]

그러나 다른 한편으로 이는 위구르 학생들의 언어, 관습, 문화를 제한

---

[46] Timothy Grose, 2019, Negotiating Inseparability in China: The Xinjiang Class and the Dynamics of Uyghur Identity, HongKong University Press, pp. 24~27.

[47] Timothy Grose, 2019, Negotiating Inseparability in China: The Xinjiang Class and the Dynamics of Uyghur Identity, HongKong University Press, p. 38.

하여 위구르족의 민족 정체성과 그 문화 생태 환경을 약화시킴으로써 위구르족 학생들을 한족 중심 문화에 더 잘 동화되도록 하는 시도로 볼 수 있다. 그렇기에 '신장반' 경험은 누군가에게는 위구르인과 한인의 경계를 더욱 선명하게 하여 오히려 위구르인의 민족 정체성을 재인식하는 계기가 되었으며, 위구르인의 민족 정체성을 유지하고 강화하는 활동에 나서게 하기도 하였다.

2) 서부 대개발 전략과 신장 소수민족 교육

중국 정부가 한어를 기본으로 하는 이중 언어교육을 강화하고 중국 내지에 '신장반'을 설립하여 한족 문화 규범에 익숙한 신장 소수민족 젊은이를 육성한 데는 이 시기 신장에서 본격적으로 시작된 서부 대개발 정책이 중요한 영향을 미쳤다. 서부 대개발이란 신장을 비롯해 쓰촨, 깐수, 윈난 등 중국의 서부 일대를 중점적으로 개발하는 국가 전략으로, 1999년 11월 중앙경제공작회의에서 공식적으로 제기되어 그 이듬해 3월 전국인민대표대회를 통과한 뒤 2001년부터 본격적으로 시작되었다. 서부 대개발 전략은 중앙정부가 주도하는 시장 시스템의 이식과 내지의 한족 자본에 의한 대규모 개발을 축으로 하여 신장 자치구 전역에 걸쳐 대규모 한족 이민이 이루어져 한어 사용 영역이 이전과는 비교할 수 없을 정도로 확대됨을 의미했다. 따라서 신장의 서부 대개발 전략의 성공을 위해 소수민족에 대한 이중 언어교육이 대대적으로 추진되었다.[48]

그러나 다른 한편으로 이 정책들은 신장위구르자치구에서 발생하는

---

48 김영구, 2015, 「중국 소수민족 이중 언어교육 정책의 지향에 대한 연구: 서부대개발 이후 신장위구르자치구의 상황 변화에 대한 분석을 중심으로」, 『현대중국연구』 17, 9~11쪽.

민족 문제를 민족 정책의 틀 내에서 논의하는 데 그치지 않고, 국가 안보 및 국가 통합 문제와 연관 지어 생각하는 중국 당·정 지도부의 인식 변화에 따른 결과로도 볼 수 있다. 특히, 1997년 2월 5일 우루무치에서 발생한 버스 폭발 사건('굴자 사건')으로 많은 무고한 시민이 희생됨에 따라 무분별한 폭파 사건이 여론의 주목을 받게 되었다. 그런 가운데 2001년 9·11 사건 이후 미국을 중심으로 서방 세계에서 '반테러'가 고조되자, 그 이전까지의 '신장 분리주의 세력과의 전쟁'은 이제 '테러와의 전쟁'이 되면서 국제적으로 승인되기에 이르렀다. 이렇게 되자 1990년대 이후 신장에서 일어난 각종 습격 사건이나 폭파 사건은 '테러 사건'이 일어나게 된 배경이나 '테러리스트'가 탄생하게 된 구조적 요인에 대한 깊은 논의 없이 모두 일괄적으로 '테러 사건'으로 명명되었다.[49] 이처럼 1990년대 후반 신장 정세가 불안정해지자 장쩌민 정권은 국가 통일 유지, 민족 단결 강화를 어느 때보다 강하게 의식하게 되었고, 그에 따라 소수민족 교육도 개혁의 대상이 되었다. '신장반'의 설립과 확대는 바로 이러한 배경에서 취해진 정책으로 이해할 수 있다.

이러한 신장의 소수민족 교육 방침은 후진타오 정권에서도 그대로 계승되었다. 한어의 사용 범위는 더욱 확대되어 2000년대 전반에는 신장대학을 비롯한 주요 대학의 수업 언어가 일부 과목을 제외하고 기본적으로 한어로 전환되었다. 2004년 3월에 신장위구르자치구 당위원회와 인민정부는「이중 언어교육 공작을 대폭 추진하는 것에 관한 결정」을 발표하고, 신장의 모든 학교의 수업 언어를 한어로 하도록 했으며 민족어는 일

49　熊倉潤, 2022, 『新疆ウイグル自治區: 中國共產黨支配の70年』, 中央公論新社, 125~146쪽.

부 과목으로 하여 교육하는 방침을 수립하였다.⁵⁰ 신장 북부의 도시에서는 2010년까지, 그 외 지역에서는 2016년까지 모든 과목의 수업 언어를 한어로 하는 계획도 제시되었다. 이에 신장의 모든 학교 교사의 한어 능력을 평가하고 한어 능력이 부족한 교사는 전직 또는 퇴직시키는 조치도 취해졌다.

중국 정부는 신장에 대한 서부 대개발 정책을 추진하면서 내륙과 연해 지역 간 경제 격차를 줄이고 빈곤을 극복하는 것을 대의명분으로 내세웠다. 그 이념적 배경에는 선부론(先富論)이 자리 잡고 있었다. 즉, 먼저 발전한 지역이 낙후된 지역을 지원하고 최종적으로는 모두가 부유해지는 '공동 부유'를 실현한다는 논리였다. 실제로 서부 대개발이 진행됨에 따라 인프라 건설이 활발하게 진행되는 등 신장의 경제는 양적으로 크게 성장하였다. 그와 동시에 신장 자치구 사람들의 생활 수준도 일정 향상되었다.

그러나 신장의 소수민족 사람들 사이에서는 신장 개발에 따른 이익이 실제로 얼마나 환원되고 있는가에 대한 의문이 제기되었다. 신장의 소수민족 간부가 신장의 경제 정책을 결정하는 과정에 참여하기 어렵기 때문에 신장에서 창출된 경제적 이익이 중앙정부와 동부 연해 지역에 들어가는 구조가 고착되고 그에 따라 한족과 소수민족 간 경제적 격차가 확대되는 인상이 팽배해졌다. 그것은 신장 자치구의 당·정부 기관의 지도자든, 주요 기업의 대표든 대부분이 한인이었기 때문이기도 하고, 실생활에서도 신장의 현지 무슬림 노동자들은 한인에게 종속되어 있는 듯한 느낌을 강하게 받게 되었다. 이러한 신장의 서부 대개발에 따른 누적된 모순은 마침내 2009년 7월 우루무치에서 폭발하였다.

---

50 「新疆維吾爾自治區黨委·人民政府關於大力推進"雙語"教學工作的決定」(2004.3).

IV. 시진핑 정권의 신장 소수민족 교육 정책

1. 2009년 우루무치 사건과 제1기 시진핑 정권 출범 초기의 민족 문제

중국의 민족 문제가 국제적인 관심을 받게 된 것은 2008년과 2009년에 각각 티베트와 신장에서 발생한 민족 문제 때문이었다. 2008년 3월에 티베트 자치구 라싸시에서 티베트 전통을 지키고자 하는 승려와 한족과 소수민족 간 경제 격차에 불만을 품은 민중들이 시위에 나서면서 대규모 '티베트 소요 사태'로 발전했다. 당시 중국이 2008년 8월 베이징 올림픽을 앞두고 있었기에 이 사건은 단번에 국제적 이슈가 되었다. 또한 이듬해인 2009년 7월 신장위구르자치구 우루무치에서도 대규모 '민족 소요'가 발생했다.[51] 중국 정부 측에 의해 '7·5 사건'으로 표기되는 이 사건은 7월 5일 위구르족에 의한 소란과 7월 7일에 발생한 한족에 의한 보복성 소란을 합쳐 종합적으로 이해할 필요가 있다. 사실상 이 사건은 신장위구르자치구에서 민족 간 대립이 더욱 첨예화되고 있음을 의미했다.[52]

우루무치 사건이 발생한 이후 중국공산당 중앙과 국무원은 이러한 민족 소요의 재발을 방지하기 위해 '민족 단결'을 촉진하는 정책을 추진하였다. 2009년 12월 신장위구르자치구는 중앙정부의 「민족 단결 선전교육을 적극적으로 전개하는 것에 관한 의견」을 바탕으로 민족 단결 교육 조례를 제정하였다. 이 조례에서는 '민족 단결' 교육을 학교 교육과정에

---

51 중국 정부 측의 발표에 따르면 이 사건은 사망자 197명, 부상자 1,721명의 대규모 인명 피해를 가져왔다.

52 우루무치 사건은 6월 26일 광둥성의 한 장난감 공장에서 일어난 위구르족과 한족 노동자 간 충돌에서 비롯되었다. 이 충돌로 위구르인으로 추정되는 2명이 목숨을 잃자, 이에 대한 항의로 7월 5일 우루무치시에서 대규모 위구르족 시위가 일어났고, 그 과정에서 한족 피해자가 발생하자 7월 7일 한족이 곤봉과 쇠 파이프 등을 들고 모스크와 위구르인 상점 등을 불태우며 보복적 의미를 지닌 대규모 소란을 일으켰다.

적극 도입하고, 특히 유치원 등 취학 전 아동에 대해서도 아동의 특성에 맞춰 '민족 단결' 교육을 실시하도록 규정했다. 조례에서 밝힌 '민족 단결' 교육의 내용은 마르크스주의 국가관과 민족관에 관한 교육에서부터 중국 공산당의 민족 이론과 민족 정책에 관한 교육, 그리고 '국가 의식', '중화민족 의식', '애국주의', '집단주의', '조국과 중화민족' 정체성에 대한 교육 등이 포함되었다.[53]

그 밖에 중국공산당은 신장위구르자치구 당위원회 서기를 왕러텐(王樂天)에서 온건파로 알려진 장춘셴(張春賢)으로 교체하였고, 건국 이래 처음으로 중앙 신장공작회의를 개최하기도 하였다. 이러한 조치들로 인해 2009년 우루무치 사건 이후 신장의 민족 정책이 한층 유연해질 것으로 기대되었다. 그런 가운데 시진핑 정권이 출범하였다.

2012년 가을 시진핑이 총서기에 취임하자 신장의 소수민족 정책에 이목이 쏠렸다. 왜냐하면 시진핑의 아버지 시중쉰(習仲勳)은 중화인민공화국 건국 직후 신장을 포함한 서북 일대의 통치를 맡은 인물로, 1950년대 전반 왕전의 급진 정책을 비판하며 신장 무슬림에 대해 온건하고 점진적인 정책을 취할 것을 주장한 인물이었기 때문이다. 그리하여 일부에서는 시진핑의 가정 배경을 고려하여 신장에 대한 중국의 민족 정책에 변화가 있으리라 기대하기도 했다.

그러나 신장의 민족 정책에는 큰 변화가 없었다. 오히려 새 정권은 신장의 사회질서와 '민족 단결'을 위협하는 데 대해 단호하게 대응할 것을 분명히 했다. 시진핑 정권은 '중화민족의 위대한 부흥'과 '부강한 중국'이라는 '중국의 꿈(중국몽)'을 실현하겠다는 국가 목표를 내걸고 출범했다. 이 목표를 이루려면 사회 안정과 민족 통합은 필수 불가결한 조건이었다. 하

---

53 「新疆維吾爾組織去民族團結教育條例」(2009.12.29).

지만 자치구의 실제 상황은 그러한 조건을 충족시키기는커녕 오히려 자치구 안팎에서 민족 문제와 관련된 폭력 사건이 더욱 빈번하게 발생했다.

2013년부터 2014년 7월까지 제1기 시진핑 정권 출범 2년 동안 발생한 대표적인 위구르 문제를 정리하면 다음과 같다.[54] ① 2013년 4월 23일 카슈가르 지구 바진현에서 경찰과 향진 간부 등 15명 사망, ② 2013년 6월 26일 투르판 지구 누란현에서 24명 사망, ③ 2013년 10월 28일 베이징 톈안먼 차량 돌진으로 사망 2명, 부상 40명, ④ 2013년 11월 16일 카슈가르 지구 바진현에서 경찰관 2명 사망, ⑤ 2013년 12월 15일 카슈가르 지구 슈부현에서 경찰관 2명 사망, ⑥ 2014년 3월 1일 윈난성 쿤밍역에서 31명 사망, 143명 부상, ⑦ 2014년 4월 30일 우루무치 남역에서 1명 사망, 79명 부상, ⑧ 2014년 5월 22일 우루무치 시내의 아침시장에서 39명 사망, 94명 부상, ⑨ 2014년 6월 21일 경찰관 3명 부상, ⑩ 2014년 7월 28일 사차현에서 37명 사망.

이들 사건 가운데 특히 2014년 4월 30일 우루무치 남역에서 발생한 사건(⑦)은 시진핑 정권에 큰 충격을 주었다. 2014년 4월 27일부터 30일까지 시진핑은 주석 취임 후 처음으로 신장위구르자치구를 방문했다. 방문 중에 군대도 방문하며 '테러와의 전쟁'에 만반의 준비를 할 것을 강조한 가운데 방문 마지막 날에 대규모 사건이 발생한 것이었다. 이는 시진핑과 정권의 안위를 심각하게 위협하는 행위였을 뿐만 아니라 정권이 실제로는 '테러'에 대해 충분히 대비하지 않았다는 인식을 줄 수 있었다. 그렇기에 민족 문제와 관련된 폭력 사건에 대한 정권의 위기의식은 극도로 높아졌다.

54　郭永良, 2016, 『全民反恐的戰略構建(以反恐參與權爲中心)』, 中國法制出版社, 85~88쪽.

사건 직후인 2014년 5월 23일 시진핑은 공안부를 통해 「신장을 주전장으로 하는 폭력 테러 활동을 단속하는 특별 행동」 지침을 내리고 강력하게 대응할 것을 촉구했다. 또 5월 28일과 29일에 제2차 중앙신장공작회의를 개최하고 "민족 단결은 각 민족 인민의 생명선"으로 '민족 단결'을 해치는 활동을 '테러'로 규정하는 등 '테러'와의 전쟁을 천명하며 사회질서의 안정을 정권의 최우선 정책으로 삼겠다는 방침을 제시했다.[55] 민족 소란이 발생한 지역의 지도자들에게 강도 높은 인사 조치를 단행함으로써 사회 안정에 대한 강한 의지를 드러내기도 했다.

시진핑 정권 초기의 민족 정책은 민족 간 차이를 인정하고 각 민족 간 상호 이해를 통해 민족 문제를 해결하는 기존의 민족 정책을 계승하는 듯했다. 그러나 국가 안보와 사회질서의 안정을 강조하는 가운데 '민족 대단결'의 기치를 내걸고 모든 소수민족에게 '중화민족공동체 의식'을 강화하여 '중국의 꿈'을 실현하는 데 기여할 것을 촉구함으로써 민족 정책의 향후 방향에 대한 논의를 촉발시켰다.

2. 민족 정책을 둘러싼 논쟁: '현상유지파' vs '개혁파'

중국 민족 정책을 둘러싼 개혁 논의는 2009년부터 중국 내 학자들 사이에서 논쟁의 형식으로 이루어지고 있었다.[56] 민족 정책 개혁 논쟁은 2008년 라싸의 티베트 소요와 2009년 7월 우루무치 사건으로 촉발되었

55　김영구, 2019, 「시진핑 집권 이후 중국의 신장 위구르사회에 대한 강경 정책의 심화 과정: '거극단화'의 달성을 목표로 한 종교정책의 추이를 중심으로」, 『중국연구』 78, 161~162쪽.

56　이에 대해서는 Taotao Zhao·Sow Keat Tok, 2021, "From Academic Discourse to Political Decisions? The Case of the Xinjiang Ethnic Unity Education Textbook Reform", The China Quarterly, vol 245; 星野昌裕, 2017, 「習近平政権期における民族問題と政策論争」, 『問題と研究』 46, 1~22쪽 등 참조.

으며, 구체적으로는 민족 통합 교육 교과서 편찬을 둘러싸고 두드러지게 나타나기 시작했다.

    2008년 12월 중국 교육부와 국무원 산하 국가민족위원회는 전국의 초·중·고등학교 학생을 대상으로 하는 민족 통합 교육 교과서를 집필하기 시작했다. 중앙민족대학 교수인 진빙가오(金炳鎬)가 국가민족위원회 고문 자격으로 교과서의 편집국장을 맡았다. 2009년에 4종의 교과서가 집필되었고, 그해 말까지 중국의 모든 초·중·고등학교 교육과정에 도입될 예정이었다.

    그런데 2009년 7월 우루무치 사건 이후 신장위구르자치구 사회과학원의 지광난(戢廣南)과 마핀옌(馬品彦) 두 학자가 이 교과서에 이의를 제기했다. 그들은 교과서의 내용이 소수민족 지역에서 민족 분리를 조장할 수 있다고 주장했다. 이에 대해 교육부는 교과서 편집장인 진빙가오에게 수정을 건의하였으나 진빙가오는 이를 거절했다. 이후 이 교과서는 개정 없이 각 민족 언어로 번역되어 9월 신장 자치구에 배포되었다.

    지광난과 마핀옌은 2010년 초에 다시 「교육부의 민족 통합 교육 교과서의 편파성과 부적절성 문제는 시정되어야 한다」라는 제목의 글을 '내부 참조 문서'로 신장중앙영도소조에 제출했다. 신장중앙영도소조는 교육부보다 더 높은 권한을 가진 의사결정 기구이다. 문서의 내용은 기존의 교과서가 민족적 차이를 지나치게 강조해 학생들의 민족 분열 정서를 심화시킬 우려가 있으므로 민족 공동의 유대감이나 소속감을 강조하는 교과서를 다시 집필해야 한다고 주장했다. 이번에는 이들의 제안이 받아들여졌다. 신장중앙영도소조는 2010년 7월에 신장 자치구에서 민족 통합 교육 교과서 사용을 일시 중단하고 교과서를 다시 수정하도록 했다. 그 결과, 2010년 말에 초등학생을 위한 『신장민족단결(新疆民族團結)』과 중학생을 위한 『신장민족단결편(新疆民族團結篇)』이 신장교육출판사에서 출판되었고, 2012년 말에는 고등학생을 위한 『중화민족대단결(中華民族大團結)』이 출판되었다.

중국 민족 문제에 관한 두 교과서의 논점은 뚜렷한 차이가 있었다. 기존 국정교과서는 민족 간의 문화적·사회적·언어적·종교적 차이를 강조한 반면, 새로 출판된 교과서는 민족을 정의하지 않고 민족 차이에 대한 논의를 피했다. 또 국정교과서는 민족 문제가 중국의 근본적인 문제임을 인정하고, 소수민족 지역의 발전을 가속함으로써 이 문제를 해결할 수 있다고 하여 현행 민족 정책의 기조를 유지한 반면, 새 교과서는 민족 문제에 대한 광범한 논의를 피하는 대신 애국심과 국가 통합의 중요성을 강조하였다. 전자는 현행 민족 정책의 기조를 유지할 것을 강조하여 '현상유지파'로 불리고, 후자는 기존 민족 정책에 대한 개혁을 주장하여 '개혁파'로 불린다.

신장의 교과서 논쟁에서 지광난 등의 '개혁파'가 진빙가오 등의 '현상유지파'와의 경쟁에서 우위를 차지할 수 있었던 데는 교육부보다 더 높은 권위를 지닌 의사결정 기구와의 제도적·인적 관계 맺기, 즉 '꽌시(關係)'라는 중국 특유의 문화를 중요한 경쟁 자산으로 삼은 '개혁파'의 노력이 큰 역할을 했다. 하지만 무엇보다 2009년 7월 우루무치 사건 이후 신장의 민족 문제와 관련해 중국공산당의 중점이 국가 안보와 사회질서의 안정, 그리고 민족 통합에 맞춰졌다고 하는 시대적 상황이 결정적 작용을 했다.[57]

신장 교과서를 둘러싸고 벌어진 중국의 민족 정책 개혁 논쟁은 이번

57　Taotao Zhao·Sow Keat Tok, 2021, "From Academic Discourse to Political Decisions? The Case of the Xinjiang Ethnic Unity Education Textbook Reform", The China Quarterly, vol 245.

에는 후안강(胡鞍鋼)과 후롄허(胡聯合) 두 학자에 의해 촉발되었다. 후안강은 중국 당·정부의 씽크탱크로 설립된 칭화대 국정연구원의 원장을 맡고 있으며, 후롄허는 후안강의 칭화대 동료다. 이 두 인물은 2007년 베이징대학 사회학과 교수인 마룽(馬戎)이 제안한 중국 민족 정책의 "용광로" 아이디어[58]를 수용하여 2011년에 「제2대 민족 정책」이라는 제목의 논문을 발표했다. 여기서 그들은 기존의 중국 민족 정책에 대한 근본적인 개혁을 공개적으로 제안했다. "민족 문제는 국가의 통일과 인민의 단결, 그리고 국가 안보의 근본적인 문제다. 이를 위해 민족 간의 '교왕·교류·교융(交往·交流·交融)'의 발전 추세에 순응하고, 국제적 성공 경험과 실패의 교훈을 잘 흡수하여 거울로 삼고, 그로부터 민족 정책을 제1대에서 제2대로 전환시켜야 한다. 정치, 경제, 문화, 사회 등 각 방면에서 국내 각 민족의 '교융일체(交融一體)'를 촉진하고, 족군 의식과 56개 민족 관념은 끊임없이 약화시키는 대신 중화민족 의식과 그 정체성을 강화해야 한다. 그리하여 중화민족의 공동 번영과 발전을 촉진하고 중화민족 대가정을 이루어 나가며 중화민족의 위대한 부흥을 실현해야 한다"라고 주장했다.[59]

후안강이 제안한 제2대 민족 정책의 핵심 개념은 56개 민족이 서로 융화되어 민족적 차별성이 없어지는 상태로 이행하여 궁극적으로는 소수

---

58 마룽은 이전부터 소수민족에게 부여된 '민족(民族, nation)'이라는 용어를 폐지하고 '족군(族群, ethnic group)'으로 대체할 것을 제안했다. 그는 또 "중국은 수천 년에 걸쳐 민족 관계를 문화적으로 해결하는 전통을 가져왔지만, 근대에 들어서면서 구미와 소련의 영향을 받아 민족 소수자를 정치 집단으로 취급하기 시작했다. 이제는 전통으로 돌아가 정치적 방향에서 문화적 방향으로 바꾸어 국민의식을 강화하고 민족의식을 희석시킬 필요가 있다"라고 주장한 바 있다. 馬戎, 2004,「理解民族關係的新思路-少數族群問題的"去政治化"」,『北京大學學報(哲學社會科學版)』41-6, 122~133쪽.

59 胡鞍鋼·胡聯合, 2011,「第二代民族政策: 促進民族交融一體和繁榮一體」,『新疆師範大學學報(哲學社會科學版)』32-5.

민족이 소수민족으로서의 정체성을 버리고 대신 상위의 '중화민족'이라는 새로운 정체성을 만들어 나가야 한다는 것이다. 따라서 이를 위해 '민족'이라는 호칭 대신 '족군'이라는 용어를 사용할 것, 소수민족에 대한 지역 자치권을 비롯해 각종 제도적 혜택과 경제 지원을 중단할 것, 소수민족이 다른 민족과 혼거(또는 잡거)하도록 하여 민족 간 차별을 조장하는 각종 제도적 장치를 철폐할 것, 최종적으로는 현행 중국 민족 정책의 근간인 민족 구역 자치제도를 폐지함으로써 '중화민족의 일체화'와 '중화민족의 위대한 부흥'에 이를 것을 주장했다.[60]

후안강 등의 논문으로 촉발된 중국 민족 정책에 대한 개혁 논쟁은 학술계에 머무르지 않고 정치계로 확대되었다. 특히, 전 중국공산당 중앙 통일전선공작부 부부장을 역임하고 전국정치협상회의 민족·종교위원회 주임인 주웨이췬(朱維群)과 국무원 산하 민족사무위원회 간에 열띤 논쟁이 벌어졌다. 이를 통해 민족 정책의 입안과 실행에 관여하는 인사나 정부 기관 사이에서도 민족 정책의 개혁을 둘러싼 논쟁이 존재함을 알 수 있다.

2014년 12월 주웨이췬은 쓰촨성 작가협회 주석이자 티베트인 작가 아라이(阿來)와 민족 정책에 관해 대화를 나누었다. 대화 내용은 2015년 5월 31일 언론 매체인 『봉황망(鳳凰網)』을 통해 공개되었다. 대화의 핵심은 주웨이췬이 민족 정책을 재검토할 필요성을 제기했다는 점이다. 그는 1949년 건국 이후 민족 구역 자치제도 및 그와 관련된 민족 정책이 많은 성과를 거두었다고 인정했다. 하지만 반세기가 지나면서 국내외 정세 및 민족의식에 큰 변화가 생겼고, 정치·경제 분야에서 대규모 개혁이 진행

---

60 김영구, 2014, 「제2대민족 정책 논쟁 연구: 국가주의의 틀에 갇힌 공론의 장」, 『현대중국연구』 15-2, 152쪽.

되고 있음을 고려하면 민족 정책을 개선할 시기가 도래했다고 보았다.[61] 즉, 그는 특정 역사 단계에서는 민족의 차이를 강조하고 소수민족에게 우대 정책을 펼칠 필요가 있지만, 중국의 현 단계에서는 오히려 민족의 차이가 지나치게 강조되다 보니 민족 간의 사소한 마찰조차 모두 심각한 민족 문제로 인식되는 위험성을 내포하고 있다고 지적했다. 소수민족 교육에 대해서도 소수민족의 진학과 취업에 대한 우대 정책을 반대하는 것은 아니지만, 시장경제의 경쟁이 진전되는 상황에서 소수민족에 대해서만 특별 우대 정책을 계속 시행하는 것은 장기적으로 볼 때 소수민족 전체의 발전에 불리하다는 견해를 피력했다.[62]

한편, 주웨이췬과 아라이의 대화에 대하여 국가민족사무위원회 산하의 『중국민족보(中國民族報)』는 7차례에 걸쳐 반박 글을 게재하고 현행 민족 정책을 유지해야 한다고 주장했다.[63] 『중국민족보』는 반론을 제기하며 「중앙민족공작회의 정신에 대한 재학습」이라는 부제를 사용하였다. 여기에서 말하는 중앙민족공작회의란 2014년 9월 28일부터 29일까지 개최된 제4차 중앙민족공작회의를 가리킨다. 시진핑 정권이 들어선

---

61 「朱維群阿來對話: 過分強調民族差異不利國家認同形成」, 『鳳凰網』(2015.5.31).

62 「朱維群阿來對話: 過分強調民族差異不利國家認同形成」, 『鳳凰網』(2015.5.31).

63 特約評論員 明浩, 「強調多樣性有何"過分"? 對於中央民族工作會議精神的再學習(一)」, 『中國民族報』1, 2015.6.9.; 特約評論員 明浩, 「"國家認同", 最關鍵的什麼?對於中央民族工作會議精神的再學習(二)」, 『中國民族報』2, 2015.6.12.; 特約評論員 明浩, 「民族"交融"是個雙向過程 對於中央民族工作會議精神的再學習(三)」, 『中國民族報』2, 2015.6.16.; 特約評論員 明浩, 「照顧還是權利? 對於中央民族工作會議精神的再學習(四)」, 『中國民族報』2, 2015.6.19.; 特約評論員 明浩, 「辨證看待身分證上的"民族" 對於中央民族工作會議精神的再學習(五)」, 『中國民族報』2, 2015.6.23.; 特約評論員 明浩, 「"民族"與"區域", 相互離不開 對於中央民族工作會議精神的再學習(六)」, 『中國民族報』2, 2015.6.26.; 特約評論員 明浩, 「也談"反思" 對於中央民族工作會議精神的再學習(七)」, 『中國民族報』2, 2015.6.30.

뒤 처음 열린 이 회의에서 시진핑은 "중국공산당의 민족 이론과 민족 정책은 건국 이후 정확하며, 이러한 민족 정책과 민족 구역 자치 정책은 계속해서 굳건히 견지해 나갈 필요가 있다"[64]라고 했다. 즉, 『중국민족보』는 민족 정책에 대한 개혁을 제기하는 주웨이췬에 대해 기존의 민족 정책을 옹호해야 한다는 당과 정부의 가장 권위 있는 정론을 제시하며 현행 민족 정책의 유지를 천명했다.

주웨이췬과 국가민족사무위원회 모두 민족 정책의 입안과 실행에 직접 관여하는 주체들이라는 점에서 둘 사이의 논쟁은 중국의 민족 정책이 향후 어떤 방향으로 나아갈 것인가, 즉 건국 초에 마련된 현행 민족 정책의 근간인 민족 구역 자치제도를 유지할 것인가, 그렇지 않으면 개혁의 대상이 될 것인가를 결정해야 하는 정치적 기로에 놓여 있음을 알 수 있다. 다만, 최근 민족 정책과 관련해 시진핑 정권이 행한 여러 조치를 살펴봤을 때 '제2대 민족 정책'을 제안한 '개혁파'의 위상이 점점 더 강화되고 있는 것으로 보인다.

최근 시진핑 정권이 취한 여러 조치를 살펴보자. 첫 번째로 조직 재편을 들 수 있다. 2000년에 신장 관련 업무를 강화하기 위해 중앙신장공작협조소조가 설립되었다. 이 조직의 수장은 설립 초기부터 저우융캉(周永康)으로 대표되는 중앙정법위원회 서기가 겸임했다. 그런데 2012년 제1기 시진핑 정권이 출범했을 때 이 조직의 수장은 중앙정법위원회 서기가 아닌 전국정치협상회의 주석이 맡게 되었다. 또 중앙신장공작협조소조의 판공실을 중앙정법위원회에서 국가민족사무위원회에 둠으로써 시진핑 정권의 신장 정책이 다소 유연해질 것이라 기대되었다.

그러나 실제로는 그렇게 되지 않았다. 제2기 시진핑 정권에서 중앙신

---

64 「習近平在第二次新疆工作座談會上發表重要講話」(2014.5.29).

장공작협조소조의 수장은 중앙정치국 상무위원 겸 전국정치협상회의 주석인 왕양(汪洋)이 맡았으나 그 판공실 주임은 중앙통일전선공작부 부부장인 스쥔(侍俊)이 담당하였다. 스쥔은 중앙정법위원회 부비서장과 공안부 부부장을 역임한 인물로, 신장과는 특별히 인연이 없는 사람이었다. 그런 그가 중앙신장공작협조소조 판공실 주임을 맡게 된 데에는 공안 등을 주관한 공안부 부부장의 경력이 크게 작용하였을 것이다.

두 번째로 중국의 민족 정책과 종교 정책을 총괄하는 국가민족사무위원회와 국가종교사무국이 2018년 3월 당과 국가의 기구 개혁 일환으로 국무원 산하에서 중국공산당 중앙통일전선공작부 산하로 바뀐 점이다. 이러한 조직 재편은 곧 민족 문제와 관련된 모든 업무가 중국공산당의 집중적이고 통일적인 지도하에 놓이게 됨을 의미했다. 사실 종교 영역에서는 이미 2015년에 '종교의 중국화' 정책이 제안된 바 있었다.[65] 2016년 4월에는 전국종교공작회의에서 '종교의 중국화'라는 슬로건이 내걸렸다. '종교의 중국화'란 이슬람교를 예로 들자면, 이슬람 신앙과 습속은 존중받아야 하지만 동시에 이슬람의 이름으로 행정, 사법, 교육 등 국가 기능을 저해하는 것은 법으로 금지되어야 한다는 점, 다시 말해 종교 활동은 반드시 중국이 정한 법률의 범위 내에서만 해야 한다는 것이다.

세 번째는 신장위구르자치구 공산당 위원회 서기의 인사이다. 2016년 8월에 그동안 티베트 자치구 당위원회 서기를 맡고 있던 천취안궈(陳全國)

---

[65] 2015년 5월 18일부터 20일까지 열린 중앙통일전선공작회의에서 시진핑은 종교가 사회주의 사회에 적응하도록 적극 지도해야 하며, 이를 위해 '네 가지 필수' 요소를 언급했다. 즉, ① 중국화 방향을 견지할 것, ② 종교 사업의 법치화 수준을 향상시킬 것, ③ 종교의 사회적 영향의 시비를 가릴 것, ④ 종교 인사의 역할을 중시할 것 등이다. 「習近平: 鞏固發展最廣泛的愛國統一戰線 爲實現中國夢提供廣泛力量支持」(2015.5.21), http://cpc.people.com.cn/n/2015/0521/c64094-27032339.html.

가 신장위구르자치구 당위원회 서기로 전임되었다. 천취안궈는 2011년부터 2016년까지 티베트 자치구 당위원회 서기로 있는 동안 파출소와 감시카메라 설치를 대폭 늘리고, 간부·당원들을 티베트인의 '친척'이라며 티베트 자치구 농촌과 사원 곳곳에 배치하여 티베트인들을 감시하는 정책을 시행한 것으로 악명 높은 인물이다. 실제로 천취안궈는 부임하자마자 티베트 자치구에서의 경험을 살려, 수백 미터 간격으로 파출소를 설치하고 감시카메라 설치도 크게 늘렸다. 2017년 4월 1일에 「신장위구르자치구 탈과격화 조례」가 시행되어 스마트폰에 스파이웨어 앱 설치가 의무화되었다. 이로써 당국은 소수민족 사람들의 통신 기록까지 세밀하게 들여다볼 수 있게 되었다. 티베트의 '친척제도'도 도입되어 한족 공무원이 '친척' 자격으로 현지 무슬림 가정에 배치되었다. 이는 민족 단결 이념을 현지 무슬림 주민들에게 전파하는 것을 목적으로 하고 있었다.[66] 또 최근 국제적으로 이슈가 된 '직업기술교육훈련센터'를 추진하기도 하였다.

이처럼 제2기 시진핑 정권의 신장 통치는 강경 노선으로의 전환이 더욱 뚜렷하게 나타났고 민족 정책의 방향은 제2대 민족 정책의 수립을 제창하는 '개혁파'의 생각으로 나아가고 있음을 알 수 있다.

3. '중화민족공동체 의식'의 주조와 신장 소수민족 교육

그렇다면 시진핑의 '신시대 민족 정책'이 신장 소수민족 교육에는 어떤 영향을 미치고 있는지 살펴보자. 2020년 9월 제3차 중앙신장공작좌담회에서 시진핑은 '중화민족공동체 의식'을 확고히 하여 민족 단결을 강화할 것을 촉구하였다. 사실 '중화민족공동체 의식'의 확립은 2014년 제

---

[66] 熊倉潤, 2022, 『新疆ウイグル自治區: 中國共産黨支配の70年』, 中央公論新社, 187~190쪽.

2차 중앙민족공작회의에서 이미 사용되었고, 2017년에는 당 규약에도 담겨 시진핑 정권의 국가 목표인 '중국의 꿈'을 실현하는 중요한 수단으로 간주되었다. 그런데 이번 회의에서는 이를 당의 민족 정책의 핵심으로 한다는 점을 명확하게 드러냈다. 즉, 중화민족공동체 의식을 확고히 확립하는 것을 새로운 시대 당의 민족 공작의 주축으로 하여 각 민족이 위대한 조국, 중화민족, 중화문화, 중국공산당, 중국 특색 사회주의에 대한 고도의 공통 인식을 고착시키도록 촉구하고, 중화민족공동체 건설을 부단히 추진해야 한다며 향후 당의 민족 공작은 '중화민족공동체 의식'을 확립하는 것이라고 선명하게 밝히고 있다.[67]

이 회의에서 시진핑은 '중화민족공동체 의식'의 확립을 신장 간부 교육, 청소년 교육, 사회 교육 등 교육에 접목할 것을 강조하였다. 중국공산당 중앙은 2013년 말에 '사회주의 핵심 가치관'을 육성하고 실천하는 데 있어서도 교육의 역할을 특히 중시하였다. 그래서 사회주의 핵심 가치관의 육성, 애국주의와 집단주의, 민족 단결을 강화하기 위해 초·중·고등학교의 도덕교육과 대학교의 사상·정치교육을 심화할 것, 그리고 이를 초·중·고·대학교의 교육과정 체계와 교재 체계에 접목하도록 했다.[68]

그에 따라 당국은 중국의 교육 발전을 위한 중장기 계획을 세웠다. 2019년 2월 중국공산당 중앙위원회와 국무원은 「중국 교육 현대화 2035」라는 교육 발전 계획을 발표하였다.[69] 계획에는 2035년까지 중국

---

67 「習近平在第三次中央新疆工作座談會上發表重要講話」(2020.9.26), https://www.gov.cn/xinwen/2020-09/26/content_5547383.htm.

68 「關於培育和踐行社會主義核心價值觀的意見」, https://www.gov.cn/zhengce/2013-12/23/content_5407875.htm.

69 「中共中央·國務院印發《中國教育現代化2035》」(2019.2.23), http://www.gov.cn/zhengce/2019-02/23/content_5367987.htm.

의 교육개혁 및 발전에 필요한 전략적 과제와 실행 과정, 보장 방안 등이 제시되어 있다. 여기에서 제시된 10대 전략적 과제 중 눈에 띄는 점은 '시진핑 신시대 중국 특색 사회주의 사상'(이하 '시진핑 사상')에 대한 철저한 연구와 학습, 그리고 이를 국가 교육과정에 접목하는 것이었다.[70] 이에 국가교재위원회는 「시진핑 신시대 중국 특색 사회주의 사상 진입 교육과정 교재 지도 강요(習近平新時代中國特色社會主義思想進課程教材指導綱要)」를 마련하여 '시진핑 사상'을 초·중·고·대학교와 대학원에 이르는 전 교육과정 및 모든 교과 과목의 교재에 포함시키는 지침을 발표하였다.[71]

지침을 발표한 국가교재위원회는 2017년 7월에 공식 출범된 기구이지만 그 이전부터 이미 활동하고 있었을 것으로 보고 있다. 국가교재위원회는 초·중·고·대학교의 교재 관리를 목표로 하는 국무원 직속 기관이다. 이 기관은 초·중·고·대학의 도덕교육, 사상·정치, 대학 철학 및 사회과학, 어문, 역사, 지리, 수학, 과학, 체육·예술, 외국어 학과 등 10개의 전문가위원회로 구성되어 초·중·고·대학의 모든 교과를 대상으로 하고 있다. 또 국가 교육과정의 교과서뿐만 아니라 지방 교육과정의 교재도 관리 대상으로 삼고 있다.[72] 이처럼 국가교재위원회의 출범과 그 주요 활동에서 국가가 초등학교부터 대학교에 이르기까지 교육 전반을 직접 통제하고자 하는 강력한 의지를 읽을 수 있다.

이후 중국 교육부는 초·중등학교 교재의 검정 세부 기준을 개발하고

---

70 「中共中央·國務院印發《中國教育現代化2035》」(2019.2.23), http://www.gov.cn/zhengce/2019-02/23/content_5367987.htm.

71 「國家教材委員會關於印發《習近平新時代中國特色社會主義思想進課程教材指南》的通知」(2021.7.21), https://www.gov.cn/zhengce/zhengceku/2021-08/25/content_5633152.htm.

72 윤세병, 2019, 「중국의 역사교과서 논쟁과 국정화」, 『역사교육연구』 33, 26~28쪽.

『도덕과 법치』,『어문』,『역사』등 이데올로기의 영향을 비교적 강하게 받는 세 교과의 교재에 전면 적용하도록 했다. 그래서 초·중등학교의 사상정치 과목인『도덕과 법치』교재와 대학의 사상정치이론 교재를 통일적으로 편찬하고, 일반 고등학교의 세 교과 통편교재와 14개 교과 비통편교재의 심의 공작을 완료하도록 했다. 소수민족 교육과 관련해서는 '중화민족공동체 의식'을 확고히 할 것, 민족 지역과 전국 다른 지역의 교육 수준 격차를 줄이고 민족 단결을 강화하는 교육에 유의할 것을 강조하였다.[73]

또 2019년 말에 교육부는 「초·중·고교 교재 관리 방법(中小學教材管理辦法)」[74]을 발표하고 초·중·고등학교의 교과서 체제를 개혁할 필요성을 피력하고,『도덕과 법치』,『어문』,『역사』, 이데올로기의 영향을 비교적 강하게 받는 교재, 그리고 국가 주권, 안보, 민족, 종교 등의 내용을 포함하는 교재는 국가가 일괄 집필·심의하여 사용하도록 했다. 그 외에 교재 관리 체계와 교과서 집필 기준, 교과서 집필진의 조건 등도 구체적으로 규정하였다. 특히, 교재 집필진에 대해서는 소속 단위 당 조직의 심사와 승인을 거치도록 하였으며, 중국공산당의 지도를 지지하고 중국 특색 사회주의에 공감하며 "올바른 국가관, 역사관, 종교관"을 갖추고 있어야 한다고 밝혔다. 지방에서 편찬된 교재는 심의 전에 반드시 성급 당위원회 선전부문의 1차 심의를 거치도록 했다.

뒤이어 초·중·고등학교의 소수민족 언어 교재에 대한 관리 방안도 발표되었다.[75] 「초·중·고교 소수민족 문자 교재 관리 방법(中小學少數民

---

73 「教育部2019年工作要點」, http://www.moe.gov.cn/jyb_xwfb/gzdt_gzdt/s5987/201902/t20190222_370722.html.

74 「教育部關於印發《中小學教材管理辦法》的通知」(2019.12.16), http://www.moe.gov.cn/srcsite/A26/moe_714/202001/t20200107_414578.html#01.

75 「教育部關於印發《中小學少數民族文字教材管理辦法》的通知」(2021.8.30), http://

族文字教材管理辦法)」에 따르면, 소수민족 언어 교재 편찬의 총괄, 지도, 관리, 감독을 모두 국가 교육 행정부가 주관하여 통일적으로 기획하고, 소수민족 어문 교재 및 기타 교과의 번역 교재에 대한 심사 또한 통일적으로 조직하도록 했다. 소수민족 언어 교재의 집필에 있어서는 '시진핑 사상'을 지도로 애국주의와 집단주의, 전통적인 중화문화를 유기적으로 융합하여 국가 의식을 함양하고 민족 단결을 심화시키도록 했다. 특히 소수민족 언어 교재에 '중화민족공동체 의식'을 융합하는 것에 중점을 두고, 중화민족의 공통 역사를 구현한 전형적인 역사 인물과 역사 이야기를 발굴하여, 소수민족 학생들이 "올바른 국가관, 역사관, 문화관 및 종교관"을 확고히 수립하고, "위대한 조국·중화민족·중화문화·중국공산당·중국 특색 사회주의에 대한 공감대"를 계속해서 증진시키는 교육을 하도록 했다.

소수민족 언어 교재의 개정 역시 중앙의 교육 공작 및 민족 공작에 관한 정책 결정이나 통편 어문 교재의 개정 주기에 따라 즉각 수정된다는 점을 적시함으로써 국가의 교재 편찬 및 관리 주기에 따라 통일적으로 관리되게 되었다. 그에 따라 2012년부터 국가가 통일적으로 편찬한 『도덕과 법치』, 『어문』, 『역사』 교재를 소수민족 지역에서도 점차적으로 사용하도록 권고하였다. 그 결과 신장 자치구는 국가 통용어 통편교재를 2017년 가을 학기부터 사용함으로써 신장 공립학교에 등록된 모든 소수민족 학생의 82.8%가 국가 통용어로 교육받게 되었다.

그 밖에 동북 3성이나 간쑤, 칭하이, 내몽골 등에서는 2020년 가을 학기부터 사용하도록 했다. 이에 대해 내몽골 자치구에서는 중국 정부의 국가 통용어 통편교재의 전면 사용을 반대하는 대규모 시위가 일어나 학생

---

www.moe.gov.cn/srcsite/A26/moe_714/202110/t20211015_572561.html.

들이 등교를 거부하고 학부모들이 교육청을 항의 방문하기도 하였다. 이 이슈는 중국 국내뿐만 아니라 전 세계 언론을 통해서 제3기 시진핑 정권의 소수민족 정책에 대한 논평으로 이어지며 민족 교육 문제에서 사회 문제로까지 확산되었다.[76]

그런데 내몽골 자치구보다 먼저 이 정책을 시행한 신장에서는 이러한 시위 소식을 접할 수 없었다. 여기에는 앞서 언급했듯이, 2016년에 티베트에서 신장으로 자리를 옮긴 천취안궈의 '공포 정치'가 큰 영향을 미친 것으로 보인다. 천취안궈가 신장위구르자치구의 당 서기로 부임한 이후 신장 지역에서는 소위 '양면인(兩面人)' 척결 캠페인이 대대적으로 벌어졌다. '양면인'이란 일반적으로 공산당의 간부이면서 당에 대해 절대 충성심을 가지지 않고 당에 숨어 부패를 저지르고 사적인 욕심을 채우는 부패 간부를 지칭하는 용어로 쓰인다. '양면인' 척결 캠페인은 뇌물 수수 등 부정부패를 저지른 간부에 대해 엄중한 처벌을 내리는 시진핑 정부의 반부패 캠페인과 맥을 같이한다. 그러나 신장의 캠페인에서 눈에 띄는 점은 당에 절대 충성을 하지 않는 간부를 가리키는 것으로, 즉, 정권에 대한 충성심에 의문이 가는 간부는 '양면인'의 대상이 될 수 있다는 점이다. 문제는 '충성심'에 대한 정의가 모호하기에 정권의 정책을 충실히 따르지 않거나 다른 의견을 가지는 사람도 '양면인'으로 분류될 수 있다는 것이다.

2017년 5월 5일 신장위구르자치구 교육청 청장 샤타르 샤우트(Shatar Shawut)가 뇌물 수수 혐의로 구금, 체포되는 일이 발생했다. 그리고 이 일에 연루되었다 하여 자치구 교육청 부청장 아림장 메티밍(Alimjan

---

[76] 2020년 9월에 내몽골 자치구에서는 소수민족 학교에서 국가 통용어 통편교재를 전면 사용하는 데 반대하는 대규모 시위가 일어나 민족 교육 문제에서 사회 문제로 확산되기도 하였다.

Maitiming), 신장교육출판사 사장 압둘라자크 샤임(Abdurezhak Shayim) 도 함께 실각되었다. 당국은 샤타르 샤우트가 막대한 금액의 뇌물을 수수하였을 뿐만 아니라 오랫동안 민족 분열 및 테러 활동을 해 왔다고 체포의 배경을 설명했다. 그에 따르면, 2003년부터 2009년까지 이들은 민족 분열, 폭력, 테러, 종교 극단주의를 조장하는 수많은 글을 교과서 내용에 포함시켰다. 검토 결과, 총 84개의 글이 신장 초중등 교육과정의 교재에 담겼다. 이 교재는 신장 전역에 2,500만 부 이상 인쇄되어 배포되었고 239만 명의 위구르 학생들과 교육자들이 사용하여 "심각한 폐해"를 낳았다는 것이다. 요컨대, 신장위구르자치구 민족 초·중·고등학교에서 사용하는 교과서를 발행하는 책임자인 이 3인은 그 권한을 남용하여 신장의 초·중등학교에서 "민족 분리주의"와 "테러" 사상을 조장함으로써 민족 분열 활동을 하였다는 것이다.[77]

문제가 된 교과서는 원래 공산당 체제의 틀 안에서 당국에 의해 출판이 허용된 것이었다. 그런데 이제 중화민족의 공동체 의식을 강화해야 하는 시점에서 위구르인의 민족문화와 역사 인물을 소개하거나 위구르인으로서 아이들에게 자부심을 줄 수 있는 내용이 포함되어 있는 교과서는 강력한 처벌의 대상이 되었던 것이다. 보도에 따르면, 샤타르 샤우트는 사형 집행유예 2년, 정치 권리 종신 박탈, 개인 재산 전액 몰수 판결을 받았다고 한다.[78]

소수민족 지역에서 국가 통용어 통편교재를 사용한 이후 이에 대한

---

[77] 「新疆維吾爾自治區第32場涉疆問題新聞發佈會實錄」(2021.4.6), https://www.ts.cn/xwzx/fbh/202108/t20210826_5791797.shtml.

[78] 「新疆維吾爾自治區第32場涉疆問題新聞發佈會實錄」(2021.4.6), https://www.ts.cn/xwzx/fbh/202108/t20210826_5791797.shtml.

소수민족 지역 내 반응과 개선책에 대한 다양한 의견이 나오고 있다. 그 중 가장 큰 문제로 지적되는 것은 역시 언어 문제다. 소수민족 지역의 교사와 학생 모두 국가 통용어 구사 능력이 떨어지다 보니 국가 통용어 통편교재를 활용하여 교수·학습하는 데 적지 않은 어려움을 토로하고 있다. 또 통편교재가 소수민족의 민족적 특성이나 지역 특성을 반영한 사례가 부족하다 보니 오히려 소수민족 학생들의 학업 성취도가 저하되어, 소수민족 지역에 적합한 교육 자원을 개발해야 한다는 의견도 제기되고 있다. 그 밖에도 소수민족 언어 교재와 국가 통용어 통편교재 사이에 오랫동안 존재한 질적 차이의 간격이 좁혀지지 않는다는 반응도 있다. 그에 따르면 민족 언어 교재의 질적 수준이 낮고 시대정신의 변화나 새로운 교육 이념을 제때 반영하지 못해 오히려 민족 교육의 질적 향상을 저해한다는 것이다.

그런데 이러한 의견이 민족 언어 교재의 질적 제고를 위한 지원 확대와 같은 실질적인 개선책으로 나아가기보다는, 오히려 소수민족 지역에서 국가 통용어 교재 사용을 더욱 확대하여야 한다는 결론에 이르고 있다. 그리고 이는 소수민족 언어 교재의 편찬 및 관리에 대한 국가 통제를 강화하고자 하는 국가의 정책 시행을 정당화하는 근거가 되기도 한다.

2018년 국가주석 임기 제한을 철폐하여 시진핑 주석의 장기 집권 포문을 연 개헌 이후, 신장의 소수민족 교육은 소수민족 언어 교재의 입지가 크게 줄어드는 가운데 소수민족 고유의 언어와 문화를 표상시킬 수 있는 공간도 크게 축소되고 있다. 이는 신장의 소수민족 교육제도에서 위구르어 등 민족 언어의 소외 또는 주변화로 이어지고 있으며, 궁극적으로 소수민족의 민족 정체성 유지와 보존에도 악영향을 미칠 것이다.

V. 맺음말

이 글에서는 중화인민공화국 건립부터 현재까지 중국 소수민족 교육 정책의 변천 과정을 신장위구르자치구를 중심으로 살펴보았다. 중국은 민족 문제에 있어 '다원'과 '일체'라는 상호 모순적인 목표를 동시에 표방해 왔다. 이는 소수민족 교육 정책에도 그대로 반영되어, 중화인민공화국 수립 이후 중국은 줄곧 각 민족 간의 차이를 인정하고 상호 존중하는 가운데 민족문화를 발전시켜 나간다고 하는 "민족 교육"과 민족 단결 및 국가 통합을 위한, 국가의 '국민화'를 위한 "국민 교육"이라는 어찌 보면 양립 불가능한 두 목표를 동시에 추구해 왔다.

특히, 개혁개방 이후 중국은 경제 개발과 정치적 통합의 목적을 달성하기 위해 신장 소수민족 구성원들을 위한 여러 가지 특혜 정책을 펼쳤다. 하지만 아이러니하게도 이러한 정책들은 소수민족 구성원들을 더욱 불리하게 만드는 새로운 시장경제체제의 현실과 부조화를 일으켰다. 이러한 부조화를 해소하기 위해 중국 당국은 한어교육을 강화하는 방침을 채택하지만, 신장 소수민족 구성원들의 의사가 제대로 반영되어 있지 않은 한어교육의 강화는 오히려 소수민족 구성원들의 불만을 더욱 키웠다. 그뿐만 아니라, 언어의 동화는 곧 문화의 동화로 이어지고, 이는 또 민족 정체성을 크게 약화시킬 것이라는 우려를 확대시키고 있다. 따라서 급진주의와 폭력이 가장 큰 위협이 되지 않는 소수민족 지역에서는 지역의 의사결정에 더 많은 재량권을 부여함으로써 제도적 긴장을 완화할 필요가 있다.

그러나 이 글에서 살펴본 바와 같이 신장 소수민족 교육 정책을 둘러싼 민족자치권의 강화와 중앙집권화의 강화라는 양립하기 어려운 두 목표의 방향은 점점 후자 쪽으로 기울어지고 있다. 2013년 시진핑 정권은

'중화민족의 위대한 부흥'과 '부강한 중국'이라는 '중국의 꿈'을 실현하겠다는 국가 목표를 내걸고 출범했다. 이 목표를 이루기 위해서는 사회 안정과 민족 단결은 필수 불가결한 조건이었다. 시진핑 2기 정권의 출범을 앞둔 2017년 10월 19차 당 대회에서 시진핑은 중화민족공동체 의식을 확립(鑄牢)하여 민족 단결을 강화하도록 하였다. 이에 소수민족 교육 정책을 대대적으로 개혁하고 새로운 정책의 시행을 강력하게 밀어붙이고 있다.

이 과정에서 한편으로는 민족 단결과 시대의 변화에 따라 신장의 소수민족 사람들에 대한 한어교육을 강화하고 국가 통용어로 된 통편교재를 사용하여 애국주의와 집단주의, 사회주의를 중시하는 교육을 하고 있다. 이를 통해 궁극적으로는 "정확한 국가관, 역사관, 민족관, 문화관, 종교관"을 수립하여 "조국, 중화민족, 중화문화, 중국공산당, 중국 특색 사회주의"에 대한 유대 의식을 높여 '주변' '소수민족'의 '중앙' '주류 민족'으로의 응집력을 강화하고 있다. 요컨대, 중국 국가에 대한 귀속 의식이 희박한 신장 소수민족 사람들을 한어로 말하고 중국에 대한 애국심과 중국공산당에 대한 충성심을 가진 '중화민족'으로 만드는 민족 교육을 추진하고 있다.

그러나 한편으로는, 심지어 중국 당국의 이전 민족 정책 기조에 근거하여 편찬되고 승인·출판·배포된 교재였음에도 이제는 소수민족의 고유문화와 역사를 담은 교재를 편찬하였다고 하여 그 책임자를 "민족 분열주의" 사상을 조장하여 '중화민족공동체 의식' 강화를 저해하고 '탈중국화' 활동을 하였다는 이유로 중형에 처하는 사례가 계속해서 나오고 있다. 결국 이는 소수민족 사람들에게 정권에 대한 절대복종을 요구하는 것이다.

지금까지 중국 소수민족 정책과 소수민족 교육은 중국 국내외적으로 급변하는 사회에 적응하는 가운데, 중앙(한족)과 신장(소수민족) 간의 길항 관계 속에서 발전해 왔다. 최근 시진핑 정권은 신장의 소수민족 구성원들에게 '중화민족공동체 의식'을 주조하는 교육 정책을 강력하게 추동하고 있다. 특히, 위구르어 등 민족 언어의 주변화를 통해, 민족문화적 다양성을 강조하던 다원적 접근에서 중국 국가(중심) 또는 한족 문화에의 동화와 통합을 촉진하는 통합주의적 접근으로의 전환을 통해, 통일적이고 동질적인 국가 문화와 정체성을 강력하게 추구하고 있다. 이러한 동화적 접근 방법은 과연 거푸집에 쇳물을 넣어 주조하듯이 신장 소수민족 사람들의 마음속에 '중화민족공동체 의식'을 단단하게 심어 낼 수 있을까?

참고문헌

-단행본

제임스 A. 밀워드, 2007, 김찬영·이광태 옮김, 『신장의 역사: 유라시아의 교차로』, 사계절.
레비야 카디르·알렉산드라 카벨리우스, 2009, 이덕임 옮김, 『하늘을 흔드는 사람』, 열음사.

『建國以來毛澤東文稿』第一冊, 中央文獻出版社, 1996.
中共中央文獻研究室編, 1992, 『建國以來重要文獻選編』第三冊, 中央文獻出版社.
中共中央統戰部, 1991, 『民族問題文獻彙緝』, 中共中央黨校出版社.
鄧力群, 『鄧力群自述(1915~1974), 人民出版社.
『當代中國』叢書編輯委員會, 1993, 『當代中國的民族工作(下)』, 當代中國出版社.
中共中央文獻研究室·中共新疆維吾爾自治區委員會編, 2010, 『新疆工作文獻選編 (1949~2010)』, 中央文獻出版社.
朱培民, 2000, 『20世紀新疆史研究』, 新疆人民出版社.
王鐵志, 1998, 「新中國民族教育政策的形成與發展(上)」, 『民族教育研究』2.
國家民委古籍整理研究室編, 1984, 『新中國民族古籍工作』, 民族出版社.
馬戎, 2016, 『內地辦學的運行機制與社會效果: 內地西藏班, 新疆班專題研究』, 社會科學文獻出版社.
吳宗金 編著, 1984, 『中華人民共和國民族區域自治法』, 西村幸次郎 譯, 1998, 『中國民族法概論』, 成文堂.
熊倉潤, 2022, 『新疆ウイグル自治區 - 中國共產黨支配の70年』, 中央公論新社.
アナトラ·グリジャナティ, 2015, 『中國の少數民族教育政策とその實態: 新疆ウイグル自治區における雙語教育』, 三元社.

James Leibold·Chen Yangbin, 2014, Minority Education in China: Balancing Unity and Diversity in an Era of Critical Pluralism, Hong Kong University Press.
Timothy Grose, 2019, Negotiating Inseparability in China: The Xinjiang Class and the Dynamics of Uyghur Identity, Hong Kong University Press.
Gardner Bovingdon, 2004, Autonomy in Xinjiang: Han Nationalist Imperatives and Uyghur

Discontent, East-West Center Washington.
Yan Sun, 2020, From Empire to Nation State: Ethnic Politics in China, Cambridge University Press.

- 논문

공봉진·김창경, 2020, 「시진핑시대 중국 교육 정책에 관한 연구」, 『동북아문화연구』 65.
공봉진, 2015, 「시진핑시대의 중국민족 정책 연구」, 『동북아문화연구』 43.
김정호, 2008, 「중국의 소수민족 교육과 다문화교육: 중국 초등사회과의 다문화교육 내용 탐색」, 『사회과 교육』 47.
김영구, 2014, 「제2대민족 정책 논쟁 연구: 국가주의의 틀에 갇힌 공론의 장」, 『현대중국연구』 15-2.
김영구, 2019, 「시진핑 집권 이후 중국의 신장 위구르사회에 대한 강경 정책의 심화 과정: '거극단화'의 달성을 목표로 한 종교정책의 추이를 중심으로」, 『중국연구』 78.
안치영, 2018, 「중국공산당 19차 당 대회 보고와 시진핑(習近平) 신시대 중국 특색 사회주의 사상」, 『동향과 전망』 102.
이남주, 2018, 「개혁개방 "신시대"와 시진핑(習近平)사상」, 『동향과 전망』 103.
이진영·장혜련, 2010, 「신장위구르자치구의 이중 언어교육 정책과 그 사회적 영향」, 『한국동북아논총』 56.
윤세병, 2019, 「중국의 역사교과서 논쟁과 국정화」, 『역사교육연구』 33.

「朱維群阿來對話: 過分強調民族差異不利國家認同形成」, 『鳳凰網』(2015.5.31).
特約評論員 明浩, 「強調多樣性有何 "過分"? 對於中央民族工作會議精神的再學習(一)」, 『中國民族報』 1, 2015.6.9.
胡鞍鋼·胡聯合, 「第二代民族政策: 促進民族交融一體和繁榮一體」, 『中國高校人文社會科學信息網』.
王振本·梁偉, 1997, 「新疆少數民族雙語教學存在問題的剖析」, 『語言與翻譯』 3.
馬戎, 2004, 「理解民族關係的新思路-少數族群問題的 "去政治化"」, 『北京大學學報(哲學社會科學版)』 41-6.

岡本雅享, 2008, 『中國の少數民族教育と言語政策(增補改訂版)』, 社會評論社. 熊倉潤, 2022, 「習近平の中國: ヤヌス像のアナトミー(5) "鑄造者" 習近平: 中華民族共同體意識を鑄造する民族政策」, 『東亞』 656.
リズワン·アブリミティ, 2008, 「中華人民共和國成立後の新疆における學校教育の再編: 1950~1959年を中心に」, 『內陸アジア史研究』 23.

リズワン・アブリミティ, 2009,「中華人民共和國成立後の新疆における「民族學校」の漢語教育をめぐる一考察」,『アジア・アフリカ言語文化研究』78.

希日娜依 買蘇提・大谷順子,「新疆ウイグル自治區の特有群體「民考漢」-ウルムチ市のウイグル人を事例として-」,『中國21』.

藤山正二郎, 2010,「ウイグル民族アイデンティティと民考漢の将来」,『福岡県立大學人間社會學部紀要』18.

星野昌裕, 2017,「習近平政權期における民族問題と政策論争」,『問題と研究』46.

リズワン・アブリミティ, 2008,「中華人民共和國成立後の新疆における學校教育の再編: 1950~年を中心に」,『内陸アジア史研究』23.

リズワン・アブリミティ, 2009,「中華人民共和國成立後の新疆における「民族學校」の漢語教育をめぐる一考察」,『アジア・アフリカ言語文化研究』78.

Taotao Zhao・Sow Keat Tok, 2021, "From Academic Discourse to Political Decisions? The Case of the Xinjiang Ethnic Unity Education Textbook Reform", The China Quarterly, vol 245.

Sheng Mao, 2018, "More Than a Famine: Mass Exodus of 1962 in Northwest Xinjiang", The China Review, vol. 18, no. 2.

Charles Kraus, 2019, "Laying Blame for Flight and Fight: Sino-Soviet Relations and the "Yi-Ta" Incident in Xinjiang, 1962", The China Quarterly, 238.

- 인터넷자료

「中共中央・國務院印發《中國教育現代化2035》」(2019.2.23), http://www.gov.cn/zhengce/2019-02/23/content_5367987.htm.

「教育部2019年工作要點」, http://www.moe.gov.cn/jyb_xwfb/gzdt_gzdt/s5987/201902/t20190222_370722.html.

중국의 언어교육 정책과 대학어문(大學語文)

홍영미 | 경희대학교 강사

I. 머리말

2019년, 건국 70주년을 맞이하여 중국공산당 중앙과 국무원(國務院)은 「신시대 학교 사상정치이론 과목 혁신 심화에 관한 약간의 의견(關於深化新時代學校思想政治理論課改革創新的若干意見)」을 발표하였다.[1] 이 의견은 2018년 1월에 중국 교육부가 공포한 「고등학교 사상정치과정 표준(普通高中思想政治課程標準)」에 관한 것이다. 이 과정 표준은 학생들에게 마르크스주의 이론을 효과적으로 교육하고 중국 특색 사회주의의 원대한 이상을 확고하게 수립하도록 설계되었다. 이를 통해 학생들이 스스로 사회주의의 핵심 가치관을 인지하고 중화민족의 우수한 전통문화를 창의적

---

1 사상정치를 정치사상으로 오역하는 경우가 종종 있으나, 둘은 다른 개념이다. 정치사상은 정치적 실천에 기초하여 형성된, 특정 사회 주체의 이익을 반영하는 관념형태이다. 반면, 사상정치는 정치사상의 지도하에 이루어지는 사회 주체의 정치적 실천이다. 즉 국가가 요구하는 사상, 품덕 등에 부합하는 학생을 계획적·조직적으로 배양하는 실천활동인 것이다. 劉傳春, 2003, 「政治思想與思想政治辨析」, 『學校黨建與思想教育』, 4, 湖北長江報刊傳媒有限公司 참고.

으로 발전시킬 수 있도록 하는 것을 목표로 한다. 이 문건은 "각 고등교육 기관이 '시진핑 신시대 중국 특색 사회주의 사상', 공산당사(黨史), 중화인민공화국사(國史), 개혁개방사(改革開放史), 사회주의 발전사, 헌법·법률, 중화 우수 전통문화 등을 중심으로 과정(課程) 모듈을 설정하고, 일련의 선택형 필수과정을 개설"하라고 요구하고 있다. 국가에서 통일적으로 개설한 초·중·고등교육기관의 사상정치 과목 교재는 모두 국가교재위원회가 통일적으로 편찬·심사하여 통용하고 있으며, 필요에 따라 마르크스주의 중국화에 관한 최신 성과, 중국 특색 사회주의를 견지하고 발전시킨 최신 경험, 마르크스주의 이론학 연구 성과 등을 교재 중에 녹여 낼 수 있다고 규정되어 있다. 이 가운데 고등교육기관은 "강한 정치성, 깊은 감성, 새로운 사유, 넓은 시야, 엄격한 자율성, 바른 인격을 지닌 사상정치 과목 교사 대오(隊伍)를 건설"해야 하는 사명을 지니고 있기에 대학 사상정치교육의 중요성이 전문에 걸쳐 강조되고 있다.[2]

특히 언어는 대학 사상정치교육 이론을 전달하고 관련 지식을 설명하기 위한 수단이므로 사상정치교육의 실효성을 제고할 수 있다는 점에서 그 중요성이 강조되어 왔다. 사상정치교육에서 대학어문을 강조하는 논리 구조는 유물론에 기초한 미셸 푸코(Michel Foucault)의 담론 전략과 흡사하다. 담론을 통해 마르크스주의와 중국 특색 사회주의에 관한 지식을 생산하며, 동시에 그 지식을 통해 권력을 생산함으로써 이데올로기에 순응적인 객체를 만들어 낼 수 있다는 논리다. 대학어문을 통해 담론 주체로 성장한 대학생은 시대적 관심사에 적극적으로 대응하며, 담론 객체가

---

[2] 中華人民共和國中央人民政府, 2019, 「中共中央辦公廳國務院辦公廳印發《關於深化新時代學校思想政治理論課改革創新的若干意見》(新華社北京2019年8月14日電)」, 『國務院公報』 24.

마주한 문제의 본질을 분석하고 선배로서의 경험을 전달하여 올바른 가치관을 주입해야 한다는 것이다. 언어는 정치적 선전을 강화하는 수단이자 담론 객체의 창조력을 제고하는 수단이기도 하다. 담론 주체는 풍부한 감정 표현을 사용해 담론 객체와 효과적으로 소통함으로써 그들이 주동적으로 주류 가치관을 받아들이도록 영향력을 행사해야 하므로 언어 활용 능력은 무엇보다 중요하다는 주장이다.³ 이와 같은 전략은 고등교육기관 내에서 교사–학생이나 선배–후배 사이에 적용될 뿐 아니라, 고등교육기관–초·중등교육기관 사이와 초·중등교육기관 내의 교사–학생 사이로 확대될 수 있다. 나아가 대학어문 교재에 수록되는 글들을 통해서도 학교라는 제도권 안에서 이데올로기에 순응하는 학생을 양성할 수 있으므로 비판적으로 검토할 필요가 있다.

이상의 문제의식에 기초하여 이 글에서는 언어가 사상정치교육의 도구로 활용되기까지 중국의 언어 정책 변천 과정을 두 단계로 나누어 살펴보고자 한다. 첫 번째 단계에서는 효율적인 사상 통일을 위한 언어·문자 통일 과정을 보통화 보급을 중심으로 검토할 것이다. 중국이 강력하게 언어·문자 통일을 추진하기 시작한 분기점으로 여겨지는 국가 통용 언어·문자 정책(國家通用語言文字政策)에 관한 선행 연구들은 크게 세 가지 부류로 나눌 수 있다. 1) 교육 정책의 하나로 파악하여 접근한 연구, 2) 소수민족 정책과의 관련성을 분석한 연구, 3) 정책의 경향이나 시기별 변화를 추적한 연구이다.⁴ 이 글에서는 기존 연구 성과에 기초하여 1949년 이후

---

3 段然, 2023, 「高校思政教育語言體系分析」, 『中學政治教學參考』 25, 85~86쪽.
4 교육 정책의 하나로 접근한 연구로는 王均 主編, 1995, 『當代中國的文字改革』, 當代中國出版社; 金星華 主編, 2005, 『中國民族語文工作』, 民族出版社; 楊秀華, 2007, 「事業開創時期的對外漢語教育政策與課程設置研究」, 『長江大學學報(社會科學版)』 30(5); 張雨蘭, 2008, 「中國視角下的語言政策和語言規劃」, 『文學語言學研究』 37; 楊秀華,

중국 정부가 추진해 온 통일적 언어 보급 및 문자 개혁 정책의 변천을 분석할 것이다.

두 번째 단계에서는 언어와 문자의 통일을 전제로 하는 대학어문 과목이 사상정치교육에 어떻게 응용되고 있는지 검토하고자 한다. 대학어문을 사상정치교육과 연결 짓는 다양한 시각이 존재하지만,[5] 이 글에서는 보통화의 '모국어' 지위 확립의 연장선에서 대학어문 과목을 파악하고, 중화민족의 공동체 의식을 강화하기 위한 수단적 성격에 초점을 맞춰 분

2012, 「深化時期的對外漢語教育政策與課程設置研究」, 『長江大學學報(社會科學版)』 35(6); 임형재·김효신, 2015, 「중국의 이중 언어 정책의 변화와 민족학교 중국어 교수의 도입」, 『국제어문』 65 등이 있다. 소수민족 정책과의 관련성을 분석한 연구로는 陳章太·謝俊英, 2009, 「語言文字工作穩步發展的60年」, 『語言文字應用』 4; 이종열·범령령, 2009, 「다문화 시대의 언어정책: 중국의 소수민족어문정책을 중심으로」, 『한국정책연구』 9(3); 周慶生, 2014, 「國家民族結構與語言政策問題」, 『語言政策與規劃研究』 1(2); 강휘원, 2016, 「중국의 소수언어정책: 정책 의도와 현실의 괴리」, 『국가정책연구』 30(4); 김나래, 2016, 「다문화 사회의 언어정책: 중국의 소수민족 언어정책을 중심으로」, 『한중미래연구』 7 등이 있다. 한편, 정책 경향이나 변천사를 추적한 연구로는 趙傑, 2011, 「雙魚政策平行落實的歷時梳理與共時創新」, 『北方民族大學學報(哲學社會科學版)』 3; 李玉明, 2013, 「中國語言生活的時代特徵」, 『中國語文』 4; 周明朗, 2018, 「中國語言教育政策百年演變及思考」, 『語言戰略研究』 5; 馬永全, 2019, 「新中國70年來通用語言文字教育政策變遷」, 『河北師範大學學報(教育科學版)』 2; 정준호, 2020, 「중국 통용언어·문자정책 변천과정의 특징에 관한 연구」, 『현대중국연구』 22(3); 민경만·김주아, 2022, 「신중국의 언어정책에 대한 고찰」, 『중국학연구』 100; 韓一·金炫兌, 2023, 「1949年以來中國語言政策下方言的記錄與繼承: 一四川方言為例」, 『中國學』 83 등이 있다.

5 선행 연구로는 대학어문과 사상정치교육 결합의 의의에 관한 연구로 張雪莉, 2007, 「重視發揮《大學語文》的思想政治教育功能」, 『思想理論教育導刊』 7; 趙季秋, 2015, 「談《大學語文》課程對高校思想政治教育的影響」, 『語文建設』 3; 黃小玉·王鵬輝, 2021, 「大學語文課程思政教學模式建構」, 『中國高等教育』 19 등이 있으며, 대학어문을 사상정치교육에 활용하는 방법에 관한 연구로 蘇解姣, 2012, 「《大學語文》課程思想政治教育功能研究初探」, 『現代語文教育研究版』 12; 趙雁, 2016, 「"中國夢"語境下提高《大學語文》課程思想政治教育實踐性的探究」, 『德育課堂』 8; 麗比努爾·色提尼亞孜·張曉燕, 2019, 「《大學語文》中開展課程思想政治教育的探析」, 『當代教育實踐與教學研究』 21 등이 있다.

석하고자 한다. 국내의 중국 사상정치교육에 관한 연구에서도 대학어문과의 연관성에 대한 체계적인 분석은 거의 없었기 때문에, 중국의 애국주의 교육에 관하여 한국 학계에 새로운 질문을 던진다는 점에서도 의의가 있겠죠.[6]

II. 언어교육 정책의 변천: 보통화 보급 과정

1. 국가 통용 언어·문자 정책 실시 이전

중화인민공화국이 수립되기 전부터 실시되어 온 통일적 언어의 보급과 문자 개혁을 위한 일련의 조치들은 국가 구성원들의 인적·영역적 결속 강화를 목적으로 한다. 1949년부터 1958년까지 중국의 민족 정책은 다문화주의에 기초하여 각 민족의 정체성 보장과 민족자치의 강화를 추진하였기에 언어·문자 정책 역시 포용적 성격을 갖게 되었다.[7] 이에 따라 1949년 전까지 초등학교에서 사용되던 '국어'나 중학교에서 사용되던 '국문'과 같은 과목명이 폐지되었다.[8] 또 1949년 9월 29일에 개최된 제1기(屆) 전체회의 중국인민정치협상회의를 통과한 「공동강령(共同綱領)」 제6장 민족 정책 제53조는 "각 소수민족은 그 언어·문자를 발전시킬 자

---

6 한국 학계에서 중국 사상정치교육을 정책 각도에서 분석한 연구로는 리문철·안병삼, 2021, 「중국 고등학교 개정 사상정치 교육과정 연구」, 『재외한인연구』 54가 있다. 대학교 사상정치 과정에 포함된 역사 관련 교재에 대한 분석으로는 동북아역사재단에서 기획한 연구 성과들을 참고할 수 있다.

7 박정수, 2013, 「민족주의와 다문화: 중국식 다문화주의 '다원일체문화론'의 비판적 고찰」, 『한국정치학회보』 47(2).

8 中央教育科學研究所, 2009, 「曆數新中國60周年教育關鍵詞」, 『教育情報參考』 11, 25쪽.

유를 갖는다"라고 규정하였다.⁹ 1952년 8월 8일, 중앙인민정부위원회 제 18차 회의에서 비준된「중화인민공화국 민족 구역 자치 실시 강요(中華人民共和國民族區域自治實施綱要)」제16조의 "각 민족자치구 자치기관은 각 민족 자신의 언어·문자를 채택함으로써 각 민족의 문화교육 사업을 발전시켜야 한다"라는 규정을 통해서도 이 시기의 다문화주의적 언어교육 정책 기조를 파악할 수 있다.¹⁰ 임시 헌법의 성격을 지닌「공동강령」에 기초하여 1954년에 반포된「중화인민공화국헌법(中華人民共和國憲法)」역시 제4조, 제121조, 제139조 조항에서 각각 민족 평등 원칙을 바탕으로 하는 언어·문자 사용의 자유를 명문화하였다.¹¹

제4조 "각 민족은 자신의 언어·문자를 사용하고 발전시킬 자유를 갖는다."
제121조 "민족자치지방의 자치기관은 직무를 집행할 때, 해당 민족자치지방 자치조례 규정에 따라 현지에서 통용되는 한 종류 혹은 여러 종류의 언어·문자를 사용한다."
제139조 "각 민족의 공민은 자기 민족의 언어·문자로 소송을 진행할 권리를 갖는다."

한편, 1952년 2월 5일에 개최된 '중국문자개혁연구위원회(中國文字改

---

9   全國人大常委會辦公廳 編, 2015,『人民代表大會制度重要文獻選編』1, 中國民主法制出版社, 75쪽.
10 全國人大常委會辦公廳 編, 2015,『人民代表大會制度重要文獻選編』1, 中國民主法制出版社, 118쪽.
11 全國人大常委會辦公廳 編, 2015,『人民代表大會制度重要文獻選編』1, 中國民主法制出版社, 180쪽.

革研究委員會)' 성립대회에서 궈모뤄(郭沫若)는 "인민들이 경제적·정치적으로 해방되고 있으므로 문화 학습이 간절히 필요하다. 따라서 도구로서의 문자 문제 해결이 시급하다. 국가 건설에 있어서도 문자는 반드시 개혁이 필요하다. 농민과 노동자의 문화 수준 제고를 위하여 문자 장애는 반드시 없애야 한다"라고 강조했다. 이 위원회의 주된 임무는 한어(漢語) 병음화(拼音化) 방안과 한자 간소화 방안을 제정하는 것이었다. 교육부 직속 기구로 성립된 이 위원회는 1954년에 이르러 국무원 직속 기구인 '중국문자개혁위원회'(이하 '문개위'로 약칭)로 바뀌었다. 문자 개혁이 연구의 영역에 국한되지 않고 정치적으로 다루어야 할 문제로 변화되었음을 의미한다고 볼 수 있다.[12]

1955년, 문개위는 「한자간화방안(漢字簡化方案)」과 「한어병음방안」의 제정 외에 한족의 공통언어로 여겨지는 보통화(普通話) 교육에 관한 연구와 보급 업무까지 도맡게 되었다.[13] 여기서 보통화란, 원·명·청대 수백 년 동안 정치·경제·문화의 중심지였던 북경(베이징)에서 보편적으로 사용되어 온 말을 가리킨다. 그해 10월에 열린 전국문자개혁회의에서 교육부 부장 장시뤄(張奚若)는 궈모뤄와 같은 입장을 표명하였다. 그는 제1차 5개년 계획이 실시되면서 경제 건설과 문화교육 발전이 빠르게 전개되고 있다는 점과 전국 범위의 징병제도가 실시되고 있다는 점 등에 근거하여, 전체 인구의 90%를 차지하는 한족의 언어를 '규범화'하는 것은 사회주의 국가 건설과 그 발전을 위하여 중차대한 문제임을 재확인하였다.[14] 그가

---

12 陳永舜 編, 1986, 『漢字改革史綱』, 吉林師範學院, 120·126쪽.

13 陳永舜 編, 1986, 『漢字改革史綱』, 吉林師範學院, 127쪽.

14 「大力推廣以北京語音為標準音的普通話(1955年10月在全國文字改革會議上的報告)」, 2005, 『推廣普通話文件資料彙編』, 中國經濟出版社, 1~2쪽. 궈모뤄와 장시뤄는 모두 1956년 1월 28일 개최된 국무원 전체회의 제23차 회의에서 중국문자개혁위원회 내

제시한 보통화 보급 절차 7단계는 다음과 같다.

1) 교원을 훈련시킨다. 교육부는 1955년 가을 학기부터 전국 소학교의 어문 교사가 보통화 교학을 담당할 수 있도록 훈련시키기로 결정하였다. 가까운 미래에 교육부는 각 성(省)·시(市)에 중학교와 사범학교 어문 교사를 대상으로 하는 베이징 억양 훈련반을 개설할 것이고, 베이징에는 베이징 억양 연구반을 개설하여 핵심 인재를 배양한 후 각지에 파견함으로써 보급 공작을 촉진할 계획이다. 1956년에 졸업할 예정인 고등사범학교 중국 어문 계열 학생 중 보통화 훈련을 받지 않은 자는 졸업 전에 반드시 보충 학습을 해야 한다.
2) 베이징 억양 강좌를 라디오 프로그램으로 제작한다. 각 성·시 행정부와 라디오 방송국이 합작하여 베이징 억양 강좌를 방송한다면 소학교와 중학교 어문 교사의 예습과 복습을 돕고 다른 과목 교사와 일반인의 보통화 학습에 도움을 줄 수 있다. 중앙 인민라디오 방송국의 러시아어 강습반을 벤치마킹하여 청중을 조직하고 체계적으로 교학을 진행해야 한다.
3) 관련 서적과 교구를 제작한다. 보통화 자전(字典)이나 사전(詞彙) 등을 재빨리 편집하여 학습자들이 자습에 이용할 수 있도록 하고, 수업 보조 교재로 읽을거리나 레코드 등과 같은 교구도 즉시 제작해야 한다.
4) 수업을 시작한다. 1956년 가을 학기부터 초등학교 1학년 어문 수

에 성립된 '중앙보통화보급공작위원회(中央推廣普通話工作委員會)'의 부주임으로 임명되었다.

업과 중학교 1학년 한어 수업에서 베이징 억양을 가르친다. 다른 학년도 어문이나 문학 수업에서 낭독 연습과 결합하여 보충 학습의 기회를 제공해야 한다.

5) 중점적으로 시험(試驗)하고 경험을 총괄한다. 일부 학교를 베이징 억양 교육 중점 학교로 선정하여 교수법을 시험하고 경험을 총괄하여 우수한 교수법을 전국에 소개하고 보급한다.

6) 장려 방법을 정한다. 보통화 보급에 뚜렷한 성과를 낸 자, 보통화를 학습하여 우수한 성적을 거둔 자는 방법을 정하여 각기 장려한다.

7) 광범위한 선전을 실시한다. 신문사, 잡지사, 출판사, 방송국이 선전 원고를 기획하여 사투리 억양 차이가 조국 건설에 왜 방해가 되는지와 베이징 억양 보급의 의의를 명확히 설명하고, 체계적이고 알기 쉽게 보통화 지식을 소개할 것이다. 요컨대, 선전을 통해 대중이 보통화 보급의 중요성을 깨달을 수 있도록 한다.[15]

장시뤄의 보고서가 전국문자개혁회의에서 결의되자마자 교육부는 곧 「초·중학교와 각급 사범학교에서의 보통화 강력 보급에 관한 지시(關於在中小學和各級師範學校大力推廣普通話的指示)」를 내려 그의 방안을 실행하기 위한 구체적인 방침들을 전달하였다.[16]

1956년에 이르러 「한자간화방안초안」과 「중국어병음방안초안」이 연이어 제정·공포되면서 문자 개혁에 속도가 붙었다. 이후 두 방안

---

15 「大力推廣以北京語音爲標準音的普通話(1955年10月在全國文字改革會議上的報告)」, 2005, 『推廣普通話文件資料彙編』, 中國經濟出版社, 8~9쪽. 역자가 원문을 요약 정리하여 의역하였음을 밝힌다.

16 「關於在中小學和各級師範學校大力推廣普通話的指示(1955.11.17教育部發佈)」, 2005, 『推廣普通話文件資料彙編』, 中國經濟出版社, 14~19쪽.

은 1959년까지 수정을 거듭하며 보통화 보급을 보조하였다.[17] 국무원은 1956년 2월에「보통화 보급에 관한 지시(關於推廣普通話的指示)」를 발표하여 보통화 보급 공작은 국무원 산하 '중앙보통화보급공작위원회'에서 통일적으로 지도하되, 문개위, 교육부와 고등교육부, 문화부, 중국사회과학원 어언연구소와 협업하겠다고 밝히고 역할 분담을 분명히 하였다.[18]

표 1. 보통화 보급 공작 담당 기관과 역할

기관명	담당 역할
중앙보통화보급공작위원회	전체 보통화 보급 공작의 통일적 지도
중국문자개혁위원회	전체 공작의 계획·지도(領導)·검사 작업
교육부와 고등교육부	각급 정규·비정규 학교의 보통화 수업 지도 보통화 교원 훈련과 보통화 교재 공급
문화부	출판물의 언어 규범화 작업 보통화와 관련된 출판 및 레코드·영화 등 생산
중국사회과학원 어언연구소	보통화 억양·어휘·어법의 규범에 관한 연구와 선전

이 문건에서 국무원은 "1956년 가을 학기부터 소수민족지구를 제외한 전국의 초등학교와 중등교육기관의 어문 과목에서 일률적으로 보통화를 가르치기 시작한다"라고 예외적 상황을 인정하였으나, "각 소수민족 학교에서의 한어 수업은 응당 보통화를 표준으로 삼아야 하며, 소수민족지구 라디오 방송국의 한어 방송도 가능한 한 보통화를 사용해야 한다. 각 자치구 인민위원회는 수요에 따라 보통화 보급 공작위원회를 설립함

17　陳永舜 編, 1986,『漢字改革史綱』, 吉林師範學院, 138~139쪽, 143~144쪽.
18　「關於推廣普通話的指示(1956.02.06國務院發佈)」, 2005,『推廣普通話文件資料彙編』, 中國經濟出版社, 23~24쪽.

으로써 자치구 내에서 한어를 사용하는 인민들을 상대로 보통화 보급 공작을 통일적으로 지도할 수 있다"라고 규정하였다.[19] 요컨대, 이 시기 보통화는 한어의 표준이 된 동시에 중화민족의 공용어로 보급될 준비를 마쳤다. 그러나 1958년부터 마오쩌둥의 주도로 추진된 대약진운동(大躍進運動)과 뒤이어 1967년부터 시작된 문화대혁명(文化大革命)으로 중국의 언어교육 정책은 장기간 정상적으로 추진되지 못하였다.

암흑기를 지나 1982년 12월에 개최된 제5기 전국인민대표대회 제5차 회의에서 개정된 헌법 제19조는 "국가는 사회주의 교육 사업을 발전시키고, 전국 인민의 과학·문화 수준을 제고한다. … 국가는 전국에 통용되는 보통화를 널리 보급한다"라고 규정함으로써 헌법상으로는 최초로 보통화 보급을 국가의 주된 임무로 천명하였다.[20] 또 1984년 5월에 제정된 「민족구역자치법(民族區域自治法)」 제37조에서 소수민족을 대상으로 이중 언어교육을 시행할 것을 규정하여 초등학교 고학년 또는 중학교 과정에서 한어교육과정을 개설하고 전국에서 통용되는 보통화를 보급하도록 하였다.[21] 1986년 4월, 제6기 전국인민대표대회 제4차 대회를 통과하고, 그해 공포·실행된 「중화인민공화국 의무교육법」 제6조 역시 학교는 마땅히 전국 통용의 보통화를 보급하고 사용해야 하며, 소수민족 학생을 주로 모집하는 학교는 이중 언어교육을 시행할 수 있다고 규정하였다.[22]

---

19 「關於推廣普通話的指示(1956.02.06國務院發佈)」, 2005, 『推廣普通話文件資料彙編』, 中國經濟出版社, 21·24쪽.

20 「中華人民共和國憲法(1982年)」, 國家法律法規數據庫, https://flk.npc.gov.cn(검색일: 2023.12.12).

21 「中華人民共和國民族區域自治法(1984年)」, 國家法律法規數據庫, https://flk.npc.gov.cn(검색일: 2023.12.12).

22 「中華人民共和國義務教育法(1986年)」, 國家法律法規數據庫, https://flk.npc.gov.cn(검색일: 2023.12.12).

1995년 3월에 제정된 「교육법」 제12조에서도 소수민족의 이중 언어교육을 허용함으로써 국가 차원에서 표준어 및 공용어로서의 보통화를 보급하기 시작하였다.[23] 이 과정에서 보통화 교육은 초등학교와 중학교 교육제도를 통해 반드시 시행되어야 하는 '의무'로 변화하였다. 반면, 소수민족 언어의 보호는 '자유'의 영역으로 남겨졌다.

조직과 업무 분장에 있어서, 1985년 12월에 국무원은 문개위를 '국가 언어·문자업무위원회'(이하 '언문위'로 약칭)로 개편하였다. 언문위는 보통화와 한자 관련 업무의 방침 및 정책 수립, 중장기 언어·문자 계획 수립, 언어·문자의 규범 및 표준 제정, 보통화의 보급 업무와 교사 양성 업무에 대한 지도 등을 담당하였다. 한편, 소수민족의 언어·문자 업무는 '국가민족사무위원회'에서 담당하게 되었다. 1994년 12월, 중국 당국은 언문위를 국가교육위원회가 관리하는 국가국(國家局) 소속으로 전환함으로써 언어 정책의 중요성에 대한 정부의 인식을 드러냈다. 1998년의 정부 조직 개편에서는 국가교육위원회가 교육부로 전환됨에 따라 언문위도 교육부 소속이 되었다.[24]

2. 국가 통용 언어·문자 정책 실시 이후

2000년 10월 중국은 「국가통용언어·문자법」을 제정한 취지를 국가 통용 언어·문자의 규범화와 표준화 그리고 건전한 발전을 추구하는 동시에, 각 민족과 지역 사이의 경제·문화적 교류를 촉진하기 위해서라고 표

---

23 「中華人民共和國教育法(1995年)」, 國家法律法規數據庫, https://flk.npc.gov.cn(검색일: 2023.12.12).

24 정준호, 2020, 「중국 통용언어문자정책 변천과정의 특징에 관한 연구」, 『현대중국연구』 22(3), 281~283쪽.

명하였다. 현재 중국에서 시행하고 있는 「국가통용언어·문자법」에서 정의하는 '통용 언어·문자'는 제1장 제2조와 제3조에 따르면 보통화와 규범 한자를 지칭한다. 제2장에서는 국가기관, 학교 및 기타 교육기관, 방송 등에서는 국가 통용 언어·문자를 사용해야 한다고 규정하였으나, 제8조에서 소수민족의 언어·문자 사용은 「헌법」과 「민족구역자치법」 등의 법규에 따라 고유 언어와 문자를 사용할 권리를 보장하고 있다.[25] 교육부가 2006년에 반포한 「전일제 소수민족 초·중등학교 한어과정 표준 시행(全日制民族中小學漢語課程標準試行)」도 한어는 모국어가 한어가 아닌 소수민족 학생의 '제2 언어(第二語言)'라고 성질을 규정하고 있다.[26] 그렇다면 소수민족의 언어·문자에 대한 포용적 태도에는 변함이 없는 것일까?

중국은 '민족 구성 유형'에서 언어적 소수자를 포함한다. 소수민족의 규모가 한족과 비교하여 상대적으로 작거나 대수롭지 않게 인식되기 때문에 이들은 지리·사회적으로 소외되어 있을 뿐 아니라, 언어적으로도 통제 대상이 된다.[27] 2002년 중국 정부는 「민족 교육의 개혁을 심화하고 발전을 가속화하는 것에 관한 결정(關於深化改革加快發展民族教育的決定)」을 발표하면서 이중 언어교육에 관한 내용을 구체화하였다.

"소수민족어를 사용하여 수업을 받는 것과 한어교육의 관계를 올바르게 처리하여 소수민족 초·중등학교의 이중 언어교육 작업을 분배

---

[25] 中國教育部, https://www.gov.cn/ziliao/flfg/2005-08/31/content_27920.htm(검색일: 2023.11.11).

[26] 漢語課程標準制定組 編, 2014, 『民族中小學漢語課程標準(義務教育)解讀』, 人民教育出版社 참고.

[27] Richard D. Lambert, 2004, "A scaffolding for language policy", Bernard Spolsky, Language Policy: Key Topics in Sociolinguistics, Cambridge University Press, pp. 58~59.

한다. 소수민족 초·중등학교에 이중 언어교육과정 체계를 점진적으로 만들고, 여건이 되는 지역에서는 외국어 과목도 개설하도록 한다. 이중 언어교육 교재 건설을 현지의 교육 발전 계획에 포함해 중점적으로 보장해야 한다. 새로운 「전일제 소수민족 초·중등학교 한어 교학 대강(全日制民族中小學漢語敎學大綱)」에 따라 소수민족 학생이 사용하기 적합한 한어 교재를 편찬해야 한다. 적극적으로 한어 수업 환경을 만들어서 소수민족어를 사용해 수업을 받는 소수민족 초·중등학교가 초등학교 1학년부터 점차 한어 수업을 개설하도록 해야 한다. 국가는 이중 언어교육에 관한 연구와 교재 개발, 그리고 출판을 중점적으로 지원한다."[28]

「국가통용언어·문자법」의 제정과 보급은 중국이 언어와 문자의 규범화를 넘어 법제화를 달성했다는 점에서 의미가 남다르다. 맥퍼슨(MacPherson)은 이 같은 이중 언어교육 법제화의 논리를 신자유주의적 언어관에 기초한 것으로 파악한다. 그에 따르면, 이중 언어교육의 법제화는 소수민족의 언어를 민족이라는 집단 정체성을 구성하는 고유의 문화로 보지 않고 소수민족 개인의 '자유' 의사에 따라 '선택'되는 영역으로 만들어 학습할 수도 있고, 학습하지 않을 수도 있는 대상으로 규정한다. 「국가통용언어·문자법」은 모든 인간이 시장경제 원칙에 따라 의사를 결정한다는 전제하에, 소수민족을 사회적·경제적 이익 추구에 어떤 언어가 더 유리한가를 따져서 자신이 사용할 언어를 결정하는 존재로 규정한다. 따라서 이 '자유'의 결과에 대한 책임 역시 전적으로 소수민족 학생이 부

---

28 https://www.gov.cn/gongbao/content/2002/content_61658.htm(검색일: 2023.11.11).

담해야 하는 것이다.[29]

「국가통용언어·문자법」과 같은 시기인 2001년에 개정된 「민족구역자치법」도 표면적으로는 각 소수민족의 역사와 문화의 독자성을 보호하고, 그들의 문화적 정체성을 구성하는 언어·종교·풍습의 자유를 폭넓게 인정해 주는 것처럼 보이지만, 사실 각 소수민족이 역사적으로 거주해 온 지역적 연고조차도 인정하지 않으려는 태도를 드러낸다. 중공은 「민족구역자치법」 제2조에서 "각 민족의 자치지방은 모두 중화인민공화국과 분리될 수 없는 일부분"이라고 못을 박고, 제3조에서 "민족자치지방의 자치기관은 민주집중제의 원칙을 실행한다"라고 규정해 놓았다. 민주집중제란 민주제에 근거하여 고도의 집중 영도체제를 실행한다는 중국공산당의 조직 원칙이다. 즉, 제15조에서 규정한 바와 같이 "각 민족자치지방의 인민 정부는 모두 국무원의 통일적 영도하의 국가행정기관으로서 국무원에 복종"해야 한다.[30] 민족 구역의 자치 권한은 '민주'보다 '집중'이 필요하다는 중앙의 판단에 따라 언제든 무력화될 수 있는 소지를 내포하는 것으로 볼 수 있다.[31] 특히 '민주 집중'의 대전제하에, 국가와 상급 인민 정부는 민족자치지방이 빈곤 상태에서 벗어나 소강(小康)을 실현하도록 돕는다는 명분으로 대량의 교사, 의사, 과학기술자와 경영관리인 등을 파견하여 민족자치지방으로 이주시킬 수 있는 근거를 제69조와 제70조에 마련해 놓

---

29 Seonaigh Macpherson, 2012, "From neo-liberal ideology to critical sustainability theory for language policy studies in the PRC", *China's Assimilationist Language Policy: The Impact on Indigenous/Minority Literacy and Social Harmony*, Routledge, pp. 192~193.

30 「中華人民共和國民族區域自治法(2001修正)」,『北大法寶』(2018.2.11).

31 Maria Lundberg, 2009, "Regional National Autonomy and Minority Language Rights in the PRC", *International Journal on Minority and Group Rights16(3)*, Brill, pp. 399~422. 민주와 집중의 개념에 대해서는 何益忠, 2012, 「民主集中制之"集中"考辨」,『理論學刊』3; 何益忠, 2014, 「民主集中制之"民主"辨正」,『理論學刊』4를 참고.

왔다. 이는 민족자치지방 내의 보통화 통용 범위를 대폭 확장함으로써 소수민족 언어에서 지역적 연고를 해체하려는 의도로 파악된다. 전 중국의 영토를 여러 민족의 잡거 상태로 만들어 어떤 경우에도 특정 민족의 지역적 연고권을 인정하지 않고, 나아가 소수민족의 독립 희망을 불식시키겠다는 정치적 의도를 분명히 한 것이다.[32]

2011년 10월, 중국공산당 제17기 6중전회에서 통과된 「중공 중앙이 문화체제 개혁 심화를 통해 사회주의 문화의 대발전·대번영을 추진하는 것에 관한 약간의 중대한 문제의 결정(中共中央關於深化文化體制改革推動社會主義文化大發展大繁榮若干重大問題的決定)」은 훨씬 노골적으로 중공의 정치적 입장을 드러내고 있다. 이 결정으로 "국가 통용 언어·문자의 강력한 보급과 규범적 사용"이라는 지도 사상이 제시되자,[33] 같은 해 12월 중공 중앙과 국무원이 발표한 「중국 농촌 빈곤 구제 개발 강요(中國農村扶貧開發綱要)」는 농민을 빈곤으로부터 구제하는 것과 국가 통용 언어·문자를 전면적으로 보급하는 것을 연계하기 시작했다. 도시와 농촌, 발전 지역과 낙후 지역, 한족 생활권과 소수민족지구 사이에 국가 통용 언어·문자의 보급 상황이 큰 차이를 보인다는 것이다.[34] 이러한 관점에서 교육부는 2016년 12월에 「국가 언어·문자 사업 '13·5' 발전 계획(國家語言文字事業"十三五"發展規劃)」을 발표하였다. 이 계획은 「국가통용언어·문자법」에 근거하여 「국

---

[32] 김영구, 2015, 「중국 소수민족 언어의 위상 하락과 주변화의 추이: 법제적 분석을 통해 본 시진핑 시기의 억압적 소수민족 언어정책의 주요 이슈」, 『현대중국연구』 16(2), 22~24쪽.

[33] 「中共中央關於深化文化體制改革推動社會主義文化大發展大繁榮若干重大問題的決定」, 『人民日報』(2011.10.26).

[34] 「中國農村扶貧開發綱要(2011~2020年)」, 中華人民共和國中央人民政府, www.gov.cn(검색일: 2023.12.12).

가 중장기 교육 사업 개혁과 발전 계획 강요(國家中長期教育事業改革和發展規劃綱要2010~2020年)」나 「국가 중장기 언어·문자 사업 개혁과 발전 계획 강요(國家中長期語言文字事業改革和發展規劃綱要2012~2020年)」와 같은 중장기 계획을 실현하기 위하여 2016년부터 2020년까지 추진된 13번째 5개년 계획 언어·문자 정책이 추구해야 할 발전 목표, 주요 임무, 중요 사업 등을 규정하고 있다. 계획의 요지는 언어·문자 정책을 국가의 경제사회 발전 계획과 연계하여 전면적으로 추진한다는 것인데, 특히 빈곤 구제 사업과 연계하여 농촌과 소수민족 지역에서 국가 통용 언어·문자 보급의 난관을 돌파해야 한다는 주장이다.[35]

21세기 들어 처음으로 마련된 언어·문자에 대한 중장기 계획인 「국가 중장기 언어·문자 사업 개혁과 발전 계획 강요」는 중국이 국내 및 국제사회 변화에 따라 마련한 언어·문자 사업의 지향점을 보여 준다. 이 계획은 국가 언어·문자 사업의 총체적 목표를 다음과 같이 설명한다.

"2020년까지 보통화를 기본적으로 전국에 보급하고, 한자 사용의 규범화 정도를 더욱 높이며, 한어 병음이 그 역할을 더 잘 해내도록 한다. 언어·문자 규범화 기준은 기본적으로 사회적 수요를 충족시키고, 정보화 수준도 더욱 향상시킨다. 언어·문자의 사회관리와 서비스 능력을 전면적으로 끌어올리고, 사회관리 서비스 시스템을 기본적으로 완성한다. 각 민족의 언어·문자에 대한 과학적 보호를 강화한다. 언어·문자의 전승과 중화민족의 우수한 문화를 선양하는 역할을 더욱 강화한다. 국가 언어의 실력을 뚜렷하게 강화하고, 국민 언어능력

---

35 「教育部國家語委關於印發《國家語言文字事業十三五發展規劃》的通知」(2016), 中華人民共和國中央人民政府, www.gov.cn (검색일: 2023.12.12).

을 분명하게 향상시키며, 사회·언어·생활이 조화롭게 발전되도록 한다."[36]

교육부는 상술한 목표를 달성하기 위한 임무를 1) 국가 통용 언어·문자의 강력한 보급과 확산, 2) 언어·문자 규범화·표준화·정보화 건설 추진, 3) 언어·문자 사용에 대한 감독·검사·서비스 강화, 4) 국민의 언어·문자 사용 능력 제고, 5) 각 민족의 언어·문자에 대한 과학적 보호, 6) 중화의 우수한 문화를 발양·전파, 7) 언어·문자의 법제적 건설 강화 등으로 나누어 제시하는 한편, 각 임무를 이행하기 위한 구체적인 방안도 제시하였다. 이 가운데 '국가 통용 언어·문자의 강력한 보급과 확산' 임무에 따르면, 2015년까지 보통화를 거의 모든 도시에 보급하고, 농촌에는 교사와 학생, 청장년 인력을 중심으로 보급하며, 2020년까지 보통화를 전 사회에 보급하여 전국적으로 언어 소통에 대체로 장애가 없도록 한다는 목표를 제시하고 있다. 특히 소수민족지구는 2020년까지 국가 통용 언어·문자 교학에서 요구하는 수준의 소수민족 이중 언어 교사를 양성해야 하며, 이들은 의무교육과정에 있는 소수민족 학생들이 국가 통용 언어·문자를 능숙하게 장악할 수 있도록 교육해야 한다.[37]

이상을 통해 「국가 중장기 언어·문자 사업 개혁과 발전 계획 강요」의 특징을 세 가지로 정리해 볼 수 있다. 우선, 국가 통용 언어·문자와 국가 경제·사회 발전을 전면적으로 연계하고 있다는 점에서 특징적이다.

---

36 「教育部國家語委關於印發《國家中長期語言文字事業改革和發展規劃綱要》(2012~2020年)」, 中華人民共和國教育部, www.moe.gov.cn(검색일: 2023.11.20).

37 「教育部國家語委關於印發《國家中長期語言文字事業改革和發展規劃綱要》(2012~2020年)」, 中華人民共和國教育部, www.moe.gov.cn(검색일: 2023.11.20).

2017년 3월, 언문위는 '13·5' 발전 계획을 실현하기 위해서는 우선 국가 통용 언어·문자가 보급되고 난제 해결 사업이 실시되어야 한다고 주장하며 다음과 같은 전제 조건을 제시하였다. 첫째, 정부 주도를 견지하며 각급 정부 및 사회 각 방면 간의 협력체제를 추진한다. 둘째, 해당 지역의 기본적 요인과 조건을 종합하여 문제의 핵심인 경제 취약 지역과 사회집단을 도출하고 문제의 핵심에 역량을 집중한다. 셋째, 지역적 차이와 도농 격차를 종합적으로 고려하여 각 상황에 부합하는 구체적 방안을 수립한다. 넷째, 장기적 시각에서 언어·문자 정책의 추진 기반을 구축하며, 관리 능력을 제고하고, 국가 통용 언어·문자의 보급 업무를 지속적으로 추진한다.[38] 요컨대, 각 지역 간 격차와 도농 격차, 그리고 경제 취약 지역과 사회집단의 난제를 해결하기 위하여 정부 주도하에 국가 통용 언어·문자의 강력한 보급이 불가피하다는 것이다.

다음으로, 국가 통용 언어·문자를 실제 경제·사회생활과 불가분의 관계로 설정한 반면, 소수민족의 언어·문자는 과학적으로 보호해야 할 대상, 즉 실생활과 유리된 학문적이고 부차적인 것으로 취급함으로써 결과적으로 더욱 힘을 잃게 만들었다는 점에서 특징적이다.

마지막으로, 2020년까지 전국의 보통화 보급률이 평균 80% 이상에 도달하게 한다는 구체적인 목표치와 기한 설정도 전에는 볼 수 없던 적극적인 동원 방식이다. 2021년 국무원은 "여전히 국가 통용 언어·문자의 균형적이고 충분한 보급이 이루어지지 않았으며, 언어·문자 정보기술의 혁신도 아직 정보화, 특히 인공지능 발전에 대한 요구에 적응하지 못하고 있다"라는 인식하에, 2025년까지 보통화의 전국 보급률을 85%로 끌어

---

38 정준호, 2020, 「중국 통용언어문자정책 변천과정의 특징에 관한 연구」, 『현대중국연구』 22(3), 290~291쪽.

올린다는 목표를 새롭게 제시하였다.[39]

III. 대학어문과정의 변천과 특징

국무원 판공청(辦公廳)은 2021년에 반포한 「신시대 언어·문자 공작의 전면적 강화에 관한 의견(關於全面加強新時代語言文字工作的意見)」에서 "언어·문자 사업은 기초적, 전면적, 사회적, 그리고 전 국민적 특성을 갖기에 국민 소양의 제고 및 전면적 발전, 역사 문화 전승 및 경제사회 발전, 국가 통일 및 민족 단결에 관계되는 국가 종합 실력의 중요한 버팀목이자 당과 국가 공작의 대국(大局)에서 중요한 지위와 역할을 갖고 있다"라고 강조하였다.[40] 2022년 중공 제20차 전국대표대회에서 언문위가 제기한 「고등교육기관이 고급 국가 통용 언어·문자 보급에 봉사하는 것에 관한 약간의 의견(關於加強高等學校服務國家通用語言文字高質量推廣普及的若干意見)」 역시 대학생의 언어·문자 응용 능력 제고를 강조하였다. 이에 따르면 "하나의 능력과 두 가지 의식"이 대학의 인재 양성 방안뿐 아니라 졸업 요건에도 포함될 예정인데, 곧 "언어·문자 응용 능력", "국가 통용 언어·문자의 자각적 규범화 사용 의식", "우수한 중화 언어문화의 자각적 전승 및 선양 의식"이다.[41] 국가 통용 언어·문자 공작의 적극적 추진으로 보통

---

39 정준호, 2020, 「중국 통용언어문자정책 변천과정의 특징에 관한 연구」, 『현대중국연구』 22(3), 290~291쪽.

40 「國務院辦公廳《關於全面強化新時代語言文字工作的意見(2021)》」, 中華人民共和國中央人民政府, www.gov.cn(검색일: 2023.12.12).

41 「國家語委關於加強高等學校服務國家通用語言文字高質量推廣普及的若干意見」, 中華人民共和國中央人民政府, www.gov.cn(검색일: 2023.12.12).

화의 자각적 규범화 의식을 함양시키는 동시에 언어·문자 사업의 유기적인 부분으로서 대학어문과 같은 언어문화 관련 과정(課程)의 중시를 통해 '애국주의 교육'을 실시하려는 움직임으로 판단된다.

대학어문의 역사를 추적해 보면 그 출발점은 신문화운동 시기까지 거슬러 올라간다. 신해혁명 이후 갑작스러운 사회변혁에 따라 중국 대학 교육의 근대화 움직임도 가속화되었다. 고등교육기관은 서구식 분과제(分科制)를 채택하였고 교육과정 편제에서도 경사자집(經史子集)으로 분류되는 고전의 강독을 탈피하였다. 지식체계의 개방으로 실용적이고 기능적인 학과들이 새롭게 출현하면서 학문 분류는 점점 다양하게 변해 갔다.[42] 그런데 이러한 변화는 학생들의 문학적·문화적 지식의 약화를 유발하기도 했기에, 당시 대다수 대학은 국문 수업을 개설하였다.[43]

1922년 민국 정부는 새로운 학제인 「임술학제(壬戌學制)」를 공포하였고, 백화문운동(白話文運動)을 추진할 필요에서 '국문' 과목을 '국어'로 개정하였고, 교재에서도 문언문(文言文)을 사용하지 않아 언어와 문자의 교학을 통일시켰다. 명칭만 개정되었을 뿐 '국어' 과목은 습자(習字), 언어, 독해, 작문을 포함하였다.[44] 이후 명칭이 통일되지 않는 혼선이 있었지만, 대학교에서는 국문으로 불리고 있었다. 이 단계에 이르러 대학어문은 고등교육기관의 중요한 일부분으로 인식되기 시작했으며, 과정의 목적도 계몽이나 과거(科擧) 준비 등 전통적 패턴에서 벗어나 백화문, 곧 보통화에 적응하기 위한 방향으로 바뀌었다. 1948년 화베이 인민 정부 교육부 교과서 편집·심사위원회가 '국어'를 일률적으로 '어문'으로 개정하면서

---

42 田正平, 2013, 『中國教育通史:中華民國卷(上)』, 北京師範大學出版社, 47쪽.
43 潘懋元·劉海峰, 2007, 『中國近代教育史資料彙編:高等教育』, 上海教育出版社, 391쪽.
44 喩本伐·熊賢君, 2005, 『中國教育發展史』, 華中師範大學出版社, 508쪽.

대학교에서 불리던 국문이라는 명칭도 '대학어문'으로 변하였다.⁴⁵

중화인민공화국 수립 이후, 대학어문은 국가적 정치환경의 영향을 받아 교육과정으로서의 중요도가 시기마다 조금씩 달라졌다. 수립 초기만 하더라도 각 고등교육기관이 대학어문을 개설하였으나, 1952년부터 소련식 교육 방식이 채택되면서 대학어문의 중요성은 점차 약해졌다. 1978년에 이르러서야 난징 일대의 일부 대학에서 먼저 대학어문을 회복시켰고, 뒤이어 전국의 고등교육기관이 잇따라 대학어문과정을 개설하였다.⁴⁶ 처음부터 다시 과정을 설계하고 교재를 편집해야 했을 뿐 아니라 문화대혁명 시기 정체를 겪으며 청년 세대의 문화적·언어적 소양과 표현 능력도 저하된 상태였기 때문에, 대학어문이 일순간에 전과 같은 수준으로 회복되어 경제 건설, 체제 개혁, 전통문화의 회귀 등에 대한 국가적 의지에 부응하기는 어려웠던 것으로 보인다.⁴⁷

대학어문의 교육 취지에 분명한 변화가 나타난 것은 1990년대였다. 중공 중앙과 국무원이 1999년 6월에 공포한 「교육개혁의 심화와 소양 교육의 전면적 추진에 관한 결정(關於深化教育改革全面推進素質教育的決定)」은 소양 교육을 통해 "중국 특색 사회주의 교육체제를 구축함으로써 과학기술로 나라를 흥성하게 하는 전략을 시행하기 위하여 견실한 인재와 지식의 기초를 다져야 한다"라고 요구하였다.⁴⁸ 1998년 4월, 교육부가 반포한 「대학생 문화 소양 교육 강화에 관한 약간의 의견(關於加強大學生文化素質教育的若干意見)」에 따르면, 문화 소양 교육은 "주로 대학생을 대

45　徐中玉口述·張英記錄, 「徐中玉: 大學語文三十年」, 『南方週末』(2007.5.24).

46　徐中玉口述·張英記錄, 「徐中玉: 大學語文三十年」, 『南方週末』(2007.5.24).

47　喬芳 等編, 2020, 『大學語文: 人文思考與寫作實踐』, 江蘇大學出版社, 3쪽.

48　「關於深化教育改革全面推進素質教育的決定」, 中華人民共和國中央人民政府, www.gov.cn(검색일: 2023.12.12).

상으로 문학·역사·철학·예술 등 인문사회과학 방면의 교육을 강화하는 것인 동시에, 문과 대학생을 대상으로 자연과학 방면의 교육을 강화하여 이로써 전체 대학생의 문화적 품위, 심미적 정서, 인문적·과학적 소양을 제고하는 것이다."[49] 이처럼 중국의 고등교육기관이 점차 공리적이고 실용적인 학문의 발전을 추구하면서 대학어문은 고등교육기관의 인재 양성 체계 내에서 점차 주변화되어 갔다.

교육부는 2006년에 반포한 「국가 '11·5' 시기 문화 발전 계획 강요(國家"十一五"時期文化發展規劃綱要)」에서 "고등교육기관이 전체 대학생을 대상으로 하는 어문 수업을 개설할 수 있는 조건이 마련되어야 한다"라고 주장하였으나,[50] 대학어문의 실질적 지위는 하락세를 보였다. 2007년 교육부는 "대학어문과정의 개혁과 건설"을 주문하였고, 이에 착수된 대학어문과정 개편에서 어문의 인문적 성격보다 도구적 성격이 중시되기 시작하였다. 즉, 대학생의 문화적 소양, 특히 사상·도덕적 소양 교육도 아울러 돌보는 다중 책임이 요구되었다. 21세기에 대학어문이 기사회생할 수 있었던 계기는 아이러니하게도 시대의 흐름에 역행하는 시진핑 '신시대'의 도구적 사명을 교육부로부터 부여받았기 때문이다. 2014년 교육부는 「중화 우수 전통문화 교육 개선 지도 강요(完善中華優秀傳統文化教育指導綱要)」를 발표하여 다음과 같이 주장하였다.

"중국 고대 사상 문화의 중요한 전적(典籍)을 심화 학습하고, 중화 우

---

49 「關於加強大學生文化素質教育的若干意見」, 中華人民共和國教育部, www.moe.gov.cn(검색일: 2023.11.20).

50 「國家"十一五"時期文化發展規劃綱要」, 中華人民共和國教育部, www.moe.gov.cn(검색일: 2023.11.20).

수 전통문화의 정수를 이해하며, 학생의 문화 주체 의식과 문화 창조 의식을 강화해야 한다. 중화 우수 전통문화는 중국 특색 사회주의가 뿌리내리고 있는 비옥한 토양이라는 핵심을 파악하고, 중화 우수 전통문화의 현재적 가치를 변증법적으로 다루며, 중화 우수 전통문화와 중국화된 마르크스주의·사회주의 핵심 가치관의 관계를 정확히 파악해야 한다. 학생이 인격 수양을 완벽하게 하고, 국가의 운명에 관심을 가지며, 개인적 이상과 국가적 이상, 개인의 가치와 국가의 발전을 자각적으로 결합하고, 중화민족의 위대한 부흥인 '중국몽(中國夢)'의 실현을 위하여 부지런히 분투한다는 이상과 신념을 확고히 하도록 인도해야 한다."[51]

2017년에 중공 중앙과 국무원 판공청이 반포한 「중화 우수 전통문화 전승·발전 공정에 관한 의견(關於實施中華優秀傳統文化傳承發展工程的意見)」에도 "고등교육기관이 중화 우수 전통문화 필수과목을 개설하도록 촉진하며, 철학·사회과학 및 관련 학과 전공 과정에 중화 우수 전통문화 내용을 추가해야 한다"라는 점이 명확히 서술되어 있다.[52] 이에 따르면, 대학어문은 국가 통용 언어·문자 교육의 고급 과정으로서 학생이 중화 우수 전통문화의 미덕·이념·가치와 정신을 함양하도록 돕는 도구적 성격을 갖고 있다. 따라서 학생의 보통화 능력 상승, 민족문화 자신감 형성, 훌륭한 인품과 덕성 함양, 건강한 인격 형성 등 다방면에서 '신시대'의 요

---

51 「完善中華優秀傳統文化教育指導綱要」, 中華人民共和國教育部, www.moe.gov.cn(검색일: 2023.11.20).

52 「關於實施中華優秀傳統文化傳承發展工程的意見」, 中華人民共和國中央人民政府, www.gov.cn(검색일: 2023.12.12).

구에 부응하는 긍정적인 작용을 일으킬 수 있다고 기대하는 것이다.

특히 2018년에 교육부가 밝힌「중화경전통독공정 실시 방안(中華經典通讀工程實施方案)」은 어문교육이 중화 우수 전통문화와 혁명 문화, 그리고 사회주의 선진 문화의 전승과 발전에 대단히 중요하다고 강조하고 있다. 중화경전통독공정은 경전을 통독, 필사, 설명하는 등의 활동을 통해 중화 경전 문화의 함의와 현실적 의의를 발굴 및 해석해 냄으로써 대중, 그중에서도 청소년들이 운문문학 등 경전에 가까워질 수 있도록 하고, 더 넓고 깊게 중화사상을 이해하며 중국 특색 사회주의 사상을 관철할 수 있도록 한다는 국가사업이다. 이 공정은 2025년까지 대중이 상술한 "하나의 능력과 두 가지 의식"을 강화하도록 한다는 구체적인 목표를 수립하고 있으며, 목표 달성을 위한 교육부의 중점적 임무로 경전 통독 과정과 교재 체계의 구축을 제시하였다. 특히 대학교에서 전체 학생을 대상으로 대학어문 과목을 개설할 것을 명시하였다.[53] 이후 대학어문은 학생들의 듣기, 읽기, 쓰기, 말하기 등 보통화의 응용 능력을 높이는 것 외에도 학생들이 중화민족의 우수한 전통문화를 인지하고, 애국 정서를 배양하며, 전통문화 관련 소양을 제고할 수 있도록 인도하는 공공 기초과목(公共基礎課)으로 거듭났다. 공공 기초과목인 대학어문은 전공과목보다 유연하게 다양한 학문과 결합할 수 있기에 광범한 사상정치공작을 전개하기 위하여 필수 불가결한 것이었다.

교육부는 중화경전통독의 근본적인 임무는 '입덕수인(立德樹人)'과 사회주의 핵심 가치관의 배양이라고 주장한다. 입덕수인이란 '덕'을 갖춘 인재를 배양한다는 의미다. 여기서 말하는 '덕'이란 어떤 의미인가? 그 의

---

53 「教育部國家語委關於印發《中華經典通讀工程實施方案》的通知」(2018.09.25), 中華人民共和國中央人民政府, www.gov.cn(검색일: 2024.1.29).

미를 파악하기 위하여 2020년에 공개된 「고등교육기관 과정으로서의 사상정치건설 지도 요강(高等學校課程思政建設指導綱要)」을 참고할 수 있다. 이에 따르면 사상정치교육의 본질 역시 '덕'을 기르는 것이기 때문이다. 이원준은 중국과 같은 일당 독재체제의 사회에서 '덕'은 고정불변의 것이 아니라 정치적 필요에 따라 얼마든지 변형할 수 있는 개념이라고 지적하였다. 즉, 사상정치교육을 통하여 길러내려는 '덕'은 단순히 훌륭한 인격이나 인성이 아니라 때로는 전통문화에 대한 자부심이 될 수 있고, 때로는 중국공산당의 역사, 중화인민공화국의 역사, 사회주의 발전사 등에 대한 소위 '올바른' 이해일 수도 있는 것이다.[54] 대학어문은 다양한 전공을 공부하는 다수의 학생에게 내러티브를 통해 거부감 없이 사상정치교육을 전개할 수 있다는 점에서 '입덕수인'에 효과적인 수단으로 여겨진다.

나아가 대학생들이 중화민족의 우수한 전통문화에 근거하여 '문화적 자신감(文化自信)'을 강화하도록 인도하는 역할도 대학어문에 요구된다. 직접적으로는 아름다운 조국의 강산을 묘사한 문장을 읽히거나, 고대 중국이 역사·문화·경제·천문 등 여러 분야에서 달성한 눈부신 성과들을 소개하는 등의 방법을 통해 학생들이 조국의 역사·문화와 민족에 대하여 전방위적으로 자부심을 느끼게 해야 한다는 것이다. 중국 정부는 국가와 민족이 역사를 발전시키는 과정에서 창조한 모든 정신적·문화적 지혜의 집결체를 고전으로 파악하면서, 그것을 읽고 해석함으로써 전통과 현대, 선현과 후손 사이의 소통 경로가 구축된다면 '문화적 자신감'을 높일 수 있다고 보았다. 고전에 대한 이 같은 이해는 1949년 이전에도 존재했다. 대학 교육이 근대화된 이래 대학어문의 주된 역할은 고전의 교학이었으며, 서로 다른 교육 편제와 이념 속에서도 고전을 전달체로 삼아 애국주

---

54 이원준, 「중국 역사교육과 '입덕수인(立德樹人)'」, 『인천일보』(2020.11.18).

의 고취 역할을 담당해 왔다.⁵⁵

한편, 중국공산당은 중국 특색 사회주의의 문화적 성과에 대해서도 '자신감'을 가져야 한다는 일종의 사명을 대학생들에게 강요하고 있다. 공산당의 영도하에 달성한 혁명의 역사와 중화인민공화국의 발전사 역시 5천 년 이상 면면히 이어져 내려온 중화문명에 기초한 것이기 때문이다. 이 주장대로라면, 우수한 전통문화를 지닌 중화민족은 앞으로도 역사의 발전을 선도할 수 있다는 자신감을 가져야만 한다. 이 자신감은 공간적으로 중국에 국한되지 않는다. 대학어문은 중국과 다른 국가의 전통문화를 비교·분석함으로써 대학생들이 다양한 경로와 측면에서 우수한 민족문화를 파악하고, 나아가 '인류운명공동체'를 선도할 자신감을 가질 수 있도록 도와야 한다.⁵⁶

중국 정부는 대학어문이 궁극적으로 애국주의라는 가치에 봉사해야 한다고 주장한다. 2023년 10월 24일, 제14기 전국인민대표대회 제6차 회의를 통과하고 2024년 1월 1일부터 시행되기 시작한 「중화인민공화국 애국주의 교육법(中華人民共和國愛國主義教育法)」에 따르면, 애국주의 교육의 주요 내용은 다음과 같다.

1. 마르크스-레닌주의, 마오쩌둥 사상, 덩샤오핑 이론, '세 가지 대표' 중요 사상, 과학발전관, 시진핑 신시대 중국 특색 사회주의 사상
2. 중국공산당사, 신중국사, 개혁개방사, 사회주의 발전사, 중화민족 발전사
3. 중국 특색 사회주의 제도, 중국공산당이 이끈 인민 단결·분투의 중

---

55 毛麗, 2020, 『大學語文教學與傳統文化研究』, 北京工業大學出版社, 5~7쪽.
56 喬守春, 2023, 「大學語文課程思政建設探析」, 『漢字文化』 10, 35쪽.

대한 성취

4. 중화 우수 전통문화, 혁명 문화, 사회주의 선진 문화
5. 국기, 국가, 국휘(國徽) 등 국가 상징과 표지(標誌)
6. 조국의 아름다운 강산과 역사 문화유산
7. 헌법과 법률, 국가 통일과 민족 단결, 국가 안전과 국방 등 방면에 대한 의식과 관념
8. 영웅, 열사, 선진 모범 인물의 사적 및 제현된 민족정신, 시대정신
9. 기타 애국주의 정신이 풍부한 내용[57]

애국주의 교육의 내용이 되는 각종 사상·이론 또는 제도에 관련된 글을 소개하거나, 애국주의 정서가 충만한 다양한 형식의 고전 문학작품, 예컨대 굴원(屈原)의 「이소(離騷)」, 악비(岳飛)의 「만강홍(滿江紅)」, 범중엄(範仲淹)의 「악양루기(岳陽樓記)」, 량치차오(梁啟超)의 「소년중국설(少年中國說)」 등을 함께 읽거나, 중국공산당이 주도한 역사를 기술한 4사(四史: 중국공산당사, 신중국사, 개혁개방사, 사회주의 발전사)를 가르치는 활동 등을 통해 애국주의 정신을 함양한 대학생을 양성하는 것은 이제 법이 규정하는 대학어문의 주요 임무가 되었다. 애국주의 정신은 중국 특색 사회주의의 새로운 장을 펼쳐 나갈 후계자가 반드시 갖추어야 하는 자격 조건이기에, 대학어문의 사상정치 건설에 있어서도 핵심 가치일 수밖에 없는 것이다.

---

[57] 「중화인민공화국 애국주의교육법(中華人民共和國愛國主義教育法)」, 中華人民共和國中央人民政府, www.gov.cn(검색일: 2024.1.15). '세 가지 대표' 중요 사상("三個代表"重要思想)이란, 중국공산당은 언제나 중국의 선진 생산력 발전 요구를 대표하고, 중국 선진 문화의 전진 방향을 대표하며, 중국 최대 인민의 근본적 이익을 대표한다는 사상으로, 마르크스-레닌주의, 마오쩌둥 사상, 덩샤오핑 이론과 함께 중공이 반드시 장기적으로 견지해야 하는 지도 사상이자 행동 지침이다.

Ⅳ. 맺음말

근대적 민족국가가 수립된 이후, 중국은 국가적 위기 상황을 강조하며 여러 차례 민족의식을 강화하고 애국주의를 고양하기 위한 여러 정책을 시행해 왔다. 현재 중국공산당이 전면적으로 실시하고 있는 '애국주의 교육'에 대한 강조는 1990년대 초 장쩌민의 주도로 시작되어 확대 발전한 것이다. 1994년 8월, 공산당 중앙이 반포한 「애국주의 교육 실시 강요(愛國主義敎育實施綱要)」에 따르면, 애국주의 교육의 주요 내용은 전통과 역사, 국정(國情)과 공산당 업적, 민족 단결과 국가 통합, '사회주의 정신문명'의 중요성에 대한 강조이다.[58] 이러한 내용을 학생들에게 전달하고 이해시키며 나아가 주입(灌水)하기 위한 주요 매개체로서 언어와 어문은 매우 중요한 위상을 점유하고 있다.

이상에 주목하여 이 글에서는 중국의 언어교육 정책 및 대학어문의 변천사와 특징을 언어가 사상정치교육의 도구로 활용되기까지의 과정을 중심으로 살펴보았다. 첫 번째 단계에서는 효율적인 사상 통일을 위한 언어·문자 통일 과정을 보통화 보급을 중심으로 검토하였다. 현재 중국 정부는 소수민족 지역의 청장년 노동력을 대상으로 직업 기능과 보통화 능력의 동시 배양을 위한 훈련을 계획하고 있다. 이 계획은 사회주의 물질문명과 정신문명 건설에 실질적 기여를 추구하는 「국가통용언어·문자법」의 목적성을 고스란히 드러낸다. 표면적으로는 소수민족이 고유 언어·문자를 사용할 수 있도록 자유를 보장하고 있지만, 실제로는 시장경쟁력 강화, 지역 격차 축소, 교육 수준 향상 등의 이유로 그들이 자발적 혹은 선택의 여

---

[58] 「愛國主義敎育實施綱要(1994.8.23)」, 中國中共黨史學會 編, 2019, 『中國共產黨歷史係列詞典』, 中共黨史出版社.

지 없이 고유 언어와 문자를 포기하고 보통화의 사용 능력을 향상하도록 압력을 행사하는 기만성을 보이는 것이다.

두 번째 단계에서는 언어와 문자의 통일을 전제로 하는 대학어문과정이 사상정치에 어떻게 이용되고 있는지 검토하였다. 고등교육기관에서 실용적인 학문을 추구하는 경향이 강해지면서 점차 주변화되던 대학어문은 국가 통용 언어·문자 응용 능력을 향상하기 위한 수단으로서, 나아가 중화 우수 전통문화의 전승과 그에 따른 '문화적 자신감'을 강화하기 위한 수단으로서 주목받았다. 중국 정부는 대학어문이 국가 통용 언어·문자의 권위적 지위를 수호하는 데 유용할 뿐 아니라, 고등교육기관에서 사상정치과정이 실시될 수 있는 전제 조건으로도 기능한다고 파악하였다. 대학어문을 공통으로 이수함으로써 더 많은 학생이 핵심 소양을 양성할 수 있다는 표면적인 이유 외에도 '입덕수인' 배양이라는 중국공산당의 궁극적 교육 목표를 달성하는 데에도 대학어문은 주요한 역할을 담당할 것으로 기대된다.

2024년부터 본격적으로 시행되기 시작한 「애국주의 교육법」은 보통화의 보급 및 이용 확대와 대학어문과정 확립을 통해 중국 정부가 도달하려는 최종 목적지를 노골적으로 보여 준다. 애국의 주체는 한족을 중심으로 하는 다원일체 중화민족이기에 「애국주의 교육법」에서 다민족 국가의 다양성은 찾아보기 어렵다. 그 안에는 통일된 언어와 문자를 사용하는 중화민족의 전통문화와 공산당의 정치적 업적에 대한 자부심과 중국 특색 사회주의에 대한 신념만이 가득 차 있다. 학생들은 근대 국민국가의 산물인 중화민족이 어떻게 5천 년 넘게 이어진 공통의 '전통문화'를 갖게 되었는지에 대한 의문을 남겨 놓은 채로, 애국하기 위해서는 일치단결하여 국가 통용 언어와 문자를 사용해야 하며, 한족의 전통에 '문화적 자신감'을 가져야 한다고 학습한다. 교육과정 속에서 학생들은 중국의 애국주의란 중국공산당과 국가를 사랑하는 것이고, 애국정신이 있다면 중국 특색 사회주의를 끝까지 관철해야 한다고 강요받는다. 언어와 어문은 '애국'이라는 근대 이래의 보편적인 가치 속에 중국의 사회주의는 특별하다는 신념을 녹여 넣을 수 있는 도구이자, 중화민족이라는 집단의 우월함과 집단이익을 강조하기 위한 수단으로서 앞으로도 막중한 책임을 지게 될 것으로 보인다.

참고문헌

-단행본

陳永舜 編, 1986, 『漢字改革史綱』, 吉林師範學院.

王均 主編, 1995, 『當代中國的文字改革』, 當代中國出版社.

Bernard Spolsky, 2004, Language Policy: Key Topics in Sociolinguistics, Cambridge University Press.

金星華 主編, 2005, 『中國民族語文工作』, 民族出版社.

喻本伐·熊賢君, 2005, 『中國敎育發展史』, 華中師範大學出版社.

潘懋元·劉海峰, 2007, 『中國近代敎育史資料彙編: 高等敎育』, 上海敎育出版社.

田正平, 2013, 『中國敎育通史: 中華民國卷(上)』, 北京師範大學出版社.

漢語課程標準制定組 編, 2014, 『民族中小學漢語課程標準(義務敎育)解讀』, 人民敎育出版社.

全國人大常委會辦公廳 編, 2015, 『人民代表大會制度重要文獻選編』 1, 中國民主法制出版社.

中國中共黨史學會 編, 2019, 『中國共産黨歷史系列詞典』, 中共黨史出版社.

毛麗, 2020, 『大學語文敎學與傳統文化研究』, 北京工業大學出版社.

-논문

강휘원, 2016, 「중국의 소수언어정책: 정책 의도와 현실의 괴리」, 『국가정책연구』 30(4).

김나래, 2016, 「다문화 사회의 언어정책: 중국의 소수민족 언어정책을 중심으로」, 『한중미래연구』 7.

김영구, 2015, 「중국 소수민족 언어의 위상 하락과 주변화의 추이: 법제적 분석을 통해 본 시진핑 시기의 억압적 소수민족 언어정책의 주요 이슈」, 『현대중국연구』 16(2).

리문철·안병삼, 2021, 「중국 고등학교 개정 사상정치 교육과정 연구」, 『재외한인연구』 54.

민경만·김주아, 2022, 「신중국의 언어정책에 대한 고찰」, 『중국학연구』 100.

박정수, 2013, 「민족주의와 다문화: 중국식 다문화주의 '다원일체문화론'의 비판적 고찰」, 『한국정치학회보』 47(2).

이종열·범령령, 2009, 「다문화 시대의 언어정책: 중국의 소수민족어문정책을 중심으로」, 『한국정책연구』 9(3).
임형재·김효신, 2015, 「중국의 이중 언어 정책의 변화와 민족학교 중국어 교수의 도입」, 『국제어문』 65.
정준호, 2020, 「중국 통용언어·문자정책 변천과정의 특징에 관한 연구」, 『현대중국연구』 22(3).

喬守春, 2023, 「大學語文課程思政建設探析」, 『漢字文化』 10.
段然, 2023, 「高校思政教育語言體係分析」, 『中學政治教學參考』 25.
麗比努爾 色提尼亞孜·張曉燕, 2019, 「《大學語文》中開展課程思想政治教育的探析」, 『當代教育實踐與教學研究』 21.
劉傳春, 2003, 「政治思想與思想政治辨析」, 『學校黨建與思想教育』 4, 湖北長江報刊傳媒有限公司.
李玉明, 2013, 「中國語言生活的時代特徵」, 『中國語文』 4.
馬永全, 2019, 「新中國70年來通用語言文字教育政策變遷」, 『河北師範大學學報(教育科學版)』 2.
蘇解姣, 2012, 「《大學語文》課程思想政治教育功能研究初探」, 『現代語文教育研究版』 12.
楊秀華, 2007, 「事業開創時期的對外漢語教育政策與課程設置研究」, 『長江大學學報(社會科學版)』 30(5).
楊秀華, 2012, 「深化時期的對外漢語教育政策與課程設置研究」, 『長江大學學報(社會科學版)』 35(6).
張雪莉, 2007, 「重視發揮《大學語文》的思想政治教育功能」, 『思想理論教育導刊』.
張雨蘭, 2008, 「中國視角下的語言政策和語言規劃」, 『文學語言學研究』 3.
趙傑, 2011, 「雙魚政策平行落實的歷時梳理與共時創新」, 『北方民族大學學報(哲學社會科學版)』 3.
趙季秋, 2015, 「談《大學語文》課程對高校思想政治教育的影響」, 『語文建設』 3.
趙雁, 2016, 「"中國夢"語境下提高《大學語文》課程思想政治教育實踐性的探究」, 『德育課堂』 8.
周慶生, 2014, 「國家民族結構與語言政策問題」, 『語言政策與規劃研究』 1(2).
周明朗, 2018, 「中國語言教育政策百年演變及思考」, 『語言戰略研究』 5.
中央教育科學研究所, 2009, 「曆數新中國60周年教育關鍵詞」, 『教育情報參考』 11.
陳章太·謝俊英, 2009, 「語言文字工作穩步發展的60年」, 『語言文字應用』 4.
韓一·金炫兌, 2023, 「1949年以來中國語言政策下方言的記錄與繼承: 一四川方言為例」, 『中國學』 83.

黃小玉・王鵬輝, 2021, 「大學語文課程思政教學模式建構」, 『中國高等教育』19.

Maria Lundberg, 2009, "Regional National Autonomy and Minority Language Rights in the PRC", International Journal on Minority and Group Rights 16(3).
Seonaigh Macpherson, 2013, "From neo-liberal ideology to critical sustainability theory for language policy studies in the PRC", China's Assimilationist Language Policy: The Impact on Indigenous/Minority Literacy and Social Harmony, Routledge.

- 공문서, 신문 등 자료

이원준, 「중국 역사교육과 '입덕수인(立德樹人)'」, 『인천일보』(2020.11.18).
「大力推廣以北京語音為標準音的普通話(1955年10月全國文字改革會議上的報告)」, 2005, 『推廣普通話文件資料彙編』, 中國經濟出版社.
「關於在中小學和各級師範學校大力推廣普通話的指示(1955.11.17.教育部發佈)」, 2005, 『推廣普通話文件資料彙編』, 中國經濟出版社.
「關於推廣普通話的指示(1956.2.06.國務院發佈)」, 2005, 『推廣普通話文件資料彙編』, 中國經濟出版社.
「中華人民共和國憲法(1982年)」, 國家法律法規數據庫 https://flk.npc.gov.cn(검색일: 2023.12.12).
「中華人民共和國民族區域自治法(1984年)」, 國家法律法規數據庫 https://flk.npc.gov.cn(검색일: 2023.12.12).
「中華人民共和國義務教育法(1986年)」, 國家法律法規數據庫 https://flk.npc.gov.cn(검색일: 2023.12.12).
「中華人民共和國教育法(1995年)」, 國家法律法規數據庫 https://flk.npc.gov.cn(검색일: 2023. 12.12).
徐中玉口述・張英記錄, 「徐中玉: 大學語文三十年」, 『南方週末』(2007.5.24).

- 인터넷자료

「關於加強大學生文化素質教育的若干意見」(1998.4.10), 中華人民共和國教育部 www.moe.gov.cn(검색일: 2023.11.20).
「中華人民共和國民族區域自治法(2001修正)」, 『北大法寶』(2018.2.11).
「國家"十一五"時期文化發展規劃綱要」(2006.9.13), 中華人民共和國教育部 www.moe.gov.cn(검색일: 2023.11.20).
「中國農村扶貧開發綱要(2011~2020年)」, 中華人民共和國中央人民政府 www.gov.cn(검색일: 2023.12.12).

「中共中央關於深化文化體制改革推動社會主義文化大發展大繁榮若干重大問題的決定」, 『人民日報』(2011.10.26).
「教育部國家語委關於印發《國家中長期語言文字事業改革和發展規劃綱要》(2012~2020年)」, 中華人民共和國教育部 www.moe.gov.cn(검색일: 2023.11.20).
「教育部國家語委關於印發《國家語言文字事業十三五發展規劃》的通知」(2016.8.25), 中華人民共和國中央人民政府 www.gov.cn(검색일: 2023.12.12).
「教育部國家語委關於印發《中華經典通讀工程實施方案》的通知」(2018.9.25), 中華人民共和國中央人民政府 www.gov.cn(검색일: 2024.1.29).
中華人民共和國中央人民政府, 2019, 「中共中央辦公廳國務院辦公廳印發《關於深化新時代學校思想政治理論課改革創新的若干意見》」, 『國務院公報』24.
「國務院辦公廳《關於全面強化新時代語言文字工作的意見》」(2021.11.30), 中華人民共和國中央人民政府 www.gov.cn(검색일: 2023.12.12).
「國家語委關於加強高等學校服務國家通用語言文字高質量推廣普及的若干意見」(2022.11.23), 中華人民共和國中央人民政府www.gov.cn(검색일: 2023.12.12).
「中華人民共和國愛國主義教育法」(2024.1.1), 中華人民共和國中央人民政府 www.gov.cn(검색일: 2024.1.15).
「關於實施中華優秀傳統文化傳承發展工程的意見」(2017.1.25), 中華人民共和國中央人民政府www.gov.cn(검색일: 2023.12.12).

찾아보기

14년 항전론 400
211공정 10, 41, 55
3개 대표 중요 사상 개론 59
4사(四史) 8, 10, 13, 14, 61, 70, 78, 134, 165, 175, 205
4사(四史)편찬 공정 165
7·7사변 396
9·18사변 390
985공정 10, 41, 55

ㄱ

간명세계사 274, 479
감시만어(感時漫語) 223
개혁개방 9, 16, 24~26, 40, 54, 59, 161, 231, 234, 236, 239, 242, 246, 359, 369, 381, 421, 428, 435~437, 440~442, 445, 446, 455, 456, 469, 476, 504, 518, 530, 531, 538~541, 568
개혁개방사 8, 10, 60, 61, 69, 70, 78, 175, 576, 601, 602
경장지역 320, 321
계급사회 108, 156
고구려 16, 215, 223, 226, 227, 230, 231, 234~238, 240~244, 252, 273~276, 279, 283
고등교육 10, 13, 30, 40, 52~55, 59, 344

고등교육 대중화 10, 54
고등교육출판사 379
고등학교 7, 47, 49~51, 69, 73, 105, 125, 133, 164, 199, 237, 238, 251, 254, 264, 267, 536, 542~544, 553, 575
고조선(한4군) 15, 16, 216, 217, 230, 231, 233
공공 필수과목 10, 61, 62, 78
공산주의 48, 243, 337, 385, 410, 431, 435, 525
공식주의 144
공자진(龔自珍) 64
과목 필수과정 44
관평 139
광명일보 61
교류사 302, 314, 319
교양교육 57, 62, 75
교양필수과정 10, 61, 78
교육 강대국 건설 55
교육대혁명 53
교육방침 11, 40, 45, 79, 521, 522, 543, 547
교재 건설 7, 44~47, 51, 77, 78, 255, 422~425, 445, 461, 588
교재 데이터 센터 45
교재 연구기지 45, 46
교재 조사 통계 7, 10, 39, 40, 44, 254
교조주의 144

국가 교재 건설 중점 연구기지 7, 44~47, 51, 77, 78
국가 문제 58
국가 정체성 11, 14, 29, 49, 57, 73, 171~175, 188, 198, 199, 207
국가교재위원회(國家教材委員会) 7, 10, 39, 46, 47, 176, 256, 562, 576
국가급 13, 71, 238, 425
국가급 계획 교재 47
국무원 30, 45, 53, 54, 57, 60, 256, 529, 542, 549, 553, 556, 559, 561, 562, 575, 581, 584, 586, 589, 590, 593, 594, 596, 598
국민 교육 94, 517, 520, 568
국민 통합 29, 31, 57, 517, 519
국사 19, 60, 68, 70, 72, 78, 181, 230, 302, 327
국사 교양과목 68~70, 78
국정교과서 7, 40, 47, 164, 239, 245, 252, 267, 289, 343, 421, 554
국정화 6~8, 10, 14, 16, 17, 29, 30, 39~41, 43, 78, 133, 164, 172, 175, 176, 182, 207, 231, 245, 251~254, 290, 292, 343, 344, 468
궈모뤄 137, 138, 140, 144~146, 581
금속활자 314, 319

ㄴ

나카 미치요(那珂通世) 219
낙랑군 16, 216, 220, 231, 234, 237, 239, 241, 242, 274
노예사회 13, 143~146, 155, 234
농노 147, 157, 158

농민 13, 139, 148~152, 157, 160, 162, 184, 191, 289, 295, 352, 541, 581, 590
농민기의 13, 148~150, 152, 156, 158, 159, 164
농민전쟁 13, 149, 151, 152, 159, 160, 162, 259, 260, 316
니키포로프 380

ㄷ

다민족 국가 12, 16, 47, 76, 85, 101, 111, 112, 114, 115, 117, 119, 120, 164, 231, 243, 244, 271, 316, 322, 515, 516, 604
다원일체화 교육 516
다원주의 26, 477, 505, 516, 518, 530, 538
다이카 개신(大化改新) 238, 240, 279
단군조선 16, 216, 220, 223, 239
당 중앙 9, 40, 45, 51
당대 사회주의 431, 433, 437, 453, 455, 460, 488, 494, 495
당사(黨史) 10, 60, 69, 70, 78, 134, 175, 493
당사(黨史)교육 58
당의 건설 58
대공황 387
대약진 436, 438, 526, 529
대약진운동(大躍進運動) 492, 524~528, 585
대학 개혁 정책 41, 55
대학 교육 모델 9, 40
대학 역사 10, 61~64, 66~72, 74, 75, 77~79, 134, 165
대학 자치 56
대학 제도 41

대학어문 27, 28, 576~579, 595~604
대학의 선택 필수과정 개설 50
덩광밍 138, 141
덩샤오난 141
덩샤오핑 436, 441~443, 456, 480~485, 504
덩샤오핑 이론 59, 446, 454, 543, 601
도요토미 히데요시 221, 299~301, 306, 308, 319~321
독립성 56, 493
동방의 주전장 400
동방회의 391
동북공정 17, 19, 43, 215, 231, 239, 242, 243, 253, 303, 327
동북사강(東北史綱) 226, 229
동북통사(東北痛史) 227
동북항일연합군 392
동아사-역사 이전부터 20세기 말까지 239
동아시아 사회의 발전 18, 256, 261, 266, 268, 270, 271, 275, 277, 279
동아시아사 72, 230, 233, 303, 304
동화주의 26, 526, 527
등자룡 301, 308, 309, 321, 322

ㄹ

루거우차오 394
루딩이 145
뤄신 141
뤄전위 144
류푸장 141
리턴조사단(Lytton Commission) 393
린뤼시 139
린화궈 141

ㅁ

마공정 8, 9, 13, 14, 17, 20, 23, 24, 30, 46, 70, 71, 79, 134, 165, 171, 172, 175, 179, 182, 204, 205, 207, 254, 255, 257, 282, 283, 344, 349, 351, 353, 358, 381, 423~425, 429, 430, 432~434, 437, 442, 444~446, 458~461, 467, 468, 470, 477
마르크스-레닌학원 58, 59, 380
마르크스주의 8, 13, 14, 46, 58, 59, 64, 67, 74, 77, 136, 176, 181, 292, 294, 423, 446, 467, 469, 550, 575, 576, 598
마르크스주의 이론 연구와 건설 공정 중점교재(马克思主义理论研究和建设工程重点教材) 46, 79, 254, 381
마르크스주의 중국화 42, 79, 178, 446, 576
마르크스주의적 사회발전단계 13, 142, 144, 152~156, 160, 161, 164
마민(馬敏) 교수 46, 176
마오쩌둥 26, 53, 178, 182, 337~341, 348, 350~352, 363, 368, 403, 423, 435, 437~440, 446, 448, 454, 455, 476, 480, 482, 483, 516, 523, 524, 526, 530, 585
마오쩌둥 사상 59, 178, 435, 446, 543, 601
만력 연간 조선 원조전쟁 296, 297
만선사 224
만선사관(滿鮮史觀) 218, 242
만선역사지리조사부(滿鮮歷史地理調査部) 218
만주원류고(滿洲源流考) 227
문과 무용론 53
문명사회 156
문명의 출동과 융합 256, 262, 266, 267
문화공정 215

문화대혁명 54, 145, 380, 436, 438, 530, 531, 585, 596
문화 교류와 전파 51, 264, 265
미국 52~54, 57, 62, 66, 183, 342, 353~355, 357, 358, 369, 384, 388, 389, 394, 395, 398, 426, 427, 429~431, 438, 448~450, 457, 488, 491, 497, 499~502, 507
민고한(民考漢) 529
민족 교육 27, 46, 517, 529, 530, 533, 565, 568
민족 구역 자치제도 522, 532, 556
민족 대가정 243
민족 동화 27, 538
민족 융합 26, 102, 267
민족 정책 9, 26, 89, 90, 117, 119, 123, 515~518, 526, 529~532, 541, 543, 546, 550, 552, 554~561, 569, 579
민족 정체성 198, 515, 533, 538, 540, 545, 546, 567, 568
민족구역자치법 532, 533, 538, 585, 587, 589
민족문제 72, 496
민족자치 187, 515, 579
민한겸통(民漢兼通) 533~536

ㅂ

반도적 성격론 219
반둥회의 435, 482, 485
반파시즘전쟁 414
백가쟁명 109, 145, 454
백단대전(百團大戰) 408
백제 223, 224, 233~235, 238~241, 245, 273~277, 279, 281
번국관(藩國觀) 216
베이징 선언 452, 453, 487
베이징대학 7, 19, 45, 55, 60, 71, 135, 138, 140, 145, 292, 294, 304, 315~318, 327, 380, 555
베이징대학출판사 140, 274
변방 민족 72
변증법적 유물주의와 역사적 유물주의 59
변증유물주의 162
병자호란 306, 310, 311
보통고등학교 52
보통고중역사과정표준(普通高中歷史課程標準) 164, 176, 252
보통화 26, 27, 577~579, 581~587, 590~593, 595, 598, 599, 603, 604
봉건 경제 151, 160
봉건사회 13, 114, 118, 133, 143~147, 155, 256, 260, 277, 305
봉건영주 157
봉건영주 소유제 147, 152, 156, 157
분리주의 539, 547, 566
분열 세력 72

ㅅ

사상이론 44, 51, 176
사상정치 10, 39, 42, 44, 58~60, 69, 70, 94, 104, 563, 576, 602
사상정치이론 10, 11, 40, 41, 46, 48, 49, 59, 60, 70, 73, 75, 78, 79, 99, 121, 563, 575
사이관(四夷觀) 216
사회 경제 160, 261, 269
사회주의 6, 8, 10, 11, 22~26, 40, 42, 44,

45, 48, 49, 53, 57~62, 65, 69, 70, 74, 75, 78, 79, 91, 94, 98, 181, 182, 231, 243, 256, 263, 265, 302, 357, 361~363, 413, 414, 422, 423, 426, 428, 430~435, 437~449, 453~456, 459, 460, 467~469, 471, 474~477, 479~481, 488~497, 499~501, 503, 505, 506, 516, 523, 527, 539, 540, 542, 543, 561, 562, 569, 576, 581, 585, 590, 596, 598~603

사회주의 건설자 48, 49

사회주의 발전사 8, 10, 60, 61, 69, 70, 78, 134, 175, 576, 600~602

사회주의 시장경제체제 23, 26, 428, 441, 455, 459

사회주의 정신문명 건설 61

사회주의 핵심 가치관 48, 61, 74, 561, 598, 599

사회진화론 219

삼광 작전(三光作戰) 407

상웨 144

샤오쉰정 138, 141

서부 대개발 455, 538, 546, 548

서양 대학의 종속물 55, 56, 59

서주봉건설 139

세계 일류대학 건설 41

세계 지식체계의 중심 56

세계고대사 7, 17, 18, 46, 49, 79, 105, 117, 119, 120, 125, 134, 175, 254, 255, 257, 260~262, 266, 268, 273~277, 279, 282, 468, 477

세계상고중고사 258, 261

세계역사 7, 238

세계중고사 19, 259, 261, 274, 293, 303, 314, 322, 327, 328

세계통사 233~236, 257, 274, 380, 467, 471, 477

세계혁명운동사 58

세계현대사 20, 21~25, 46, 79, 134, 175, 257, 344, 358, 381~386, 388, 390, 391, 393, 394, 396, 398, 399, 401, 402, 404, 406, 409~417, 424~426, 433, 445, 459~461, 468, 469, 470, 493, 503

소강사회

소련 25, 52, 340, 341, 350, 355, 357, 379, 380, 384, 397, 401~403, 427, 430, 431, 448, 449, 453, 470, 476, 478, 480, 481, 488~494, 496, 497, 501, 503, 505, 506, 529

소련형 9, 40, 53

소수민족 6, 16, 26, 27, 89, 94, 97, 115, 121, 184, 234, 235, 243, 267, 274, 515~519, 521~524, 526, 528~534, 537~550, 553, 554, 557, 560, 563~565, 567~570, 577, 584~588, 590~592, 603

소수민족 교육 26, 27, 516~518, 521~524, 528~530, 532, 535, 537, 538, 542, 546, 547, 557, 560, 563, 567~569

송융중(宋永忠) 10, 61, 62, 68, 69, 78, 134

쇼토쿠 태자 279

수정본 13, 137, 140, 141, 153~155, 163, 164

쉬다링 138, 141

시라토리 구라키치(白鳥庫吉) 218, 219

시민 정체성 49, 73

시안사변 393

시장경제 369, 440, 443, 450, 457, 541, 557, 588

시진핑 사상 362, 363, 422, 445, 562, 564

시진핑 신시대 중국 특색 사회주의 사상 11, 40, 42, 45, 79, 362, 363, 562, 601
시진핑 정권 21, 26, 27, 175, 361, 364, 425, 445, 446, 517, 549~552, 557, 558, 560, 561, 565, 568, 570
식민사학 16, 215~217, 222, 223, 225, 226, 230~233, 236, 241~243, 292, 305
신라 223~225, 227, 231, 232, 234, 235, 238~243, 245, 269, 273, 275~279, 281
신시대 8, 10, 11, 22~24, 40, 42, 45, 48, 49, 60, 67, 68, 74, 78, 79, 91, 92, 98, 105, 120, 122, 181, 231, 255, 362, 363, 422, 445, 446, 455, 457~460, 560, 562, 575, 576, 594, 597, 598, 601
신시대 학교 사상정치론 10, 60, 78, 575
신앙 48, 523, 559
신장·티베트 분리 세력 72
신장반(新疆班) 542~547
신장위구르자치구 26, 518, 523, 524, 531, 533~535, 537, 540, 544, 546, 547, 549~551, 553, 559, 560, 565, 566, 568
신중국 14~16, 20, 40, 52, 55, 56, 58, 178, 180, 181, 184, 185, 187, 199, 337, 361, 367, 414, 518, 531
신중국사 8, 10, 60, 61, 65, 69, 70, 134, 175, 601, 602
신편세계사 379
신편중국통사 160, 163
쌍만계획(雙萬計劃) 71
쑤저우 138, 139, 145
쑨샹민(孫祥民) 259, 261, 274
쑨쥐민 150
쉬란(徐藍) 47
쓰마훙타오 139

ㅇ

아옌데 정권 449
애국심 49, 69, 365, 543, 554, 569
애국주의 21, 28, 29, 48, 64, 68, 74, 231, 243, 253, 282, 365, 366, 368, 521, 543, 550, 561, 564, 569, 579, 595, 601~604
애국주의 교육운동 519
야노 진이치(矢野仁一) 224
야마토국(大和國家) 236, 238, 279, 280
야요이시대 280,
얄타체제 427, 429, 430, 432, 433, 499, 500
양면인(兩面人) 척결 캠페인 565
양보정책 139, 151, 158~160, 162
양보정책론 148~152, 156
양쥔(楊君) 239~242, 245
어문 교과서 39, 10
언어교육 9, 26~28, 522, 533, 536~539, 541, 542, 546, 547, 579, 580, 585~588, 603
여불위 148
역사 허무주의 66, 253, 265, 282
역사교과서 5~7, 9, 14, 16, 17, 29, 42~44, 47, 48, 133, 29, 42~44, 47, 48, 133, 164, 172, 188, 193, 200, 204, 216, 231~233, 237, 238, 243, 245, 251, 252, 264, 289~292, 302, 303, 321, 328, 329, 344, 381, 421, 422, 468
역사교육과정표준 48~51
역사유물주의 67, 150, 152, 162
역사적 중국 244
영토주의 역사관 47, 231
오광 149
왕샤오츄 141

왕쟈찬 136
왕젠 138, 141
왕중뤄 144
왕진신(王晋新) 258, 278
왕톈유 141
우루무치 사건 549, 550, 552~554
우룽찡 138, 140, 141, 145
우위친(吳于廑) 47, 233, 380, 382, 472, 476
우쭝궈 141, 138
우한대학 47, 71
워싱턴 컨센서스 451, 453
원계조정(院系調整) 53
위구르어 520, 521, 528, 532, 540, 567, 570
위진봉건론 144
위페이(于沛) 382, 383, 433
유물주의 59, 144, 231
유심사관(唯心史觀) 380
이나바 이와키치(稻葉岩吉) 218, 219, 224
이순신 301, 302, 307~310, 321, 322, 328
이시영(李始榮) 223
이중 언어교육 27, 536~539, 541, 542, 546, 585~588
인류운명공동체 29, 123, 446, 453, 457, 458, 475, 486, 487, 502~504, 601
인류운명공동체론 253, 263
인민공사화(人民公社化) 524, 526
인민교육출판사 7, 45, 47, 289, 292, 343, 381, 382, 421
인민일보 139
인민출판사 7, 45, 47, 289, 292, 343, 381, 382, 421
일대일로(一帶一路) 18, 47, 253, 260, 263, 282, 446, 457, 458
일체12, 23, 30, 100, 218, 410, 417, 517, 568
임나가라 240, 242
임나일본부 15, 217, 223~225, 227, 230, 233, 236, 239, 280, 292
임나일본부설 16, 216, 218, 220, 227, 232, 235, 236, 276, 280
임진왜란 19, 20, 297~302, 306, 309~311, 314, 317~319, 321, 322, 327, 328
임진위국전쟁 309, 321

ㅈ

자주권 41
자주성 56
잔즈칭(詹子慶) 238
장나이허(張乃和) 239, 240, 242, 245
장량 148
장쩌민(江澤民) 54, 55, 441~443, 547, 603
장찬시 135, 147, 148, 150
장판 141
장하이펑(張海鵬) 47, 237
저우송룬(周頌伦) 258, 280
저우이량(周一良) 160, 233, 234, 380
저우이핑 136
저우칭지(周慶基) 379
적대세력 65
전국고등교육기관 문과 교재 편선 계획 회의 135
전국봉건설 139
전국인민대표대회 41, 61, 221, 362, 363, 546, 585, 601
전국인민정치협상회 61, 68
전문 싱크탱크 46
정암속집(定庵續集) 64, 65

정전제 147, 148, 152, 157, 158
정한론(征韓論) 216, 221
제18차 전국대표대회 363, 381, 446, 457,
제8차 전국대표대회 53, 434, 438
제국주의 154, 173, 178, 179, 182, 187, 202, 205, 206, 323, 353, 359, 366, 390, 412, 416, 434, 474, 476, 483, 489, 497, 499, 501
제삼세계 24, 25, 427, 428, 430, 431, 433, 434, 447, 449, 452, 453, 456~460
젠보잔 13, 19, 135~145, 149~152, 155, 160, 162, 163, 292, 294, 302, 316, 327
조공책봉 17, 239, 242~245
조선(朝鮮) 221, 305
조선고적조사보고(朝鮮古蹟調査報告) 222
조선사 편찬 사업 218
조선사 · 만주사 224, 225
조선인민혁명군 409
조선통감부(朝鮮統監府) 224
종번관계 19, 239, 240, 323, 324, 328
주샤오허우 161, 315
주코프 380
주환 254, 255, 257, 258, 261, 266, 268, 273, 275, 277, 279, 282
중고등학교 10, 14, 17, 42, 43, 49~51, 61, 66, 69, 73, 74, 77, 78, 133, 160, 163, 165, 289~291, 310, 328, 329
중공 중앙선전부 편사부 46, 79
중국 개혁개방사 60
중국 교과서 9, 290, 421
중국 교육 현대화 11, 79, 561
중국 교육부 7~11, 39, 40, 43~48, 51, 52, 58, 70, 78, 79, 98, 105, 125, 236, 254, 255, 343, 381, 542, 543, 553, 563, 575

중국 문명 57, 106, 107, 267, 271
중국 민족문화 56
중국 사회과학원 67
중국 인문시조(人文始祖) 244
중국 중심의 팽창주의 11, 42, 79
중국 특색 사회주의 8, 10, 11, 22, 23, 25, 40, 42, 45, 48, 49, 58, 60, 78, 79, 94, 122, 181, 231, 243, 256, 263, 265, 362~364, 422, 423, 431, 432, 437, 440~442, 444~447, 454~456, 475, 477, 493, 505, 561~564, 569, 575, 576, 596, 598, 599, 601, 602, 604, 605
중국고대사 11, 13, 14, 19, 46, 71, 76, 79, 105, 106, 108~115, 117, 119, 120, 125, 137, 138, 143, 152, 153, 155, 161, 236, 238, 283, 293, 315~317, 328
중국고대사교정 161
중국공산당 7, 9, 10, 14, 30, 40, 44, 48, 53, 57, 58, 60, 61, 75, 77, 78, 88, 93, 94, 177, 179~182, 207, 345, 362, 363, 367, 381, 392, 399, 423, 437, 441, 457, 518, 519, 521, 531, 545, 556, 559, 561, 564, 569, 575, 590
중국근현대사 46, 50, 60, 73, 78, 79, 175, 383
중국근현대사강요(中國近現代史綱要) 7, 10, 14, 20, 49, 59, 61, 62, 64, 66, 70, 71, 73~75, 78, 173, 179, 181, 202, 205~207, 344, 345, 347
중국몽 8, 21, 29, 31, 48, 61, 88, 253, 263, 361, 362, 366, 446, 550, 598
중국민족사 46, 76, 283
중국사강요 7, 13, 14, 19, 105~115, 119, 120, 125, 135~137, 139~142, 144, 145,

147, 150, 155, 161~163, 165, 292, 294, 309, 310, 317, 318, 322, 327
중국사고 137, 138, 146
중국사학사 136, 257
중국사회과학 67, 383, 433, 584
중국사회사논전 144
중국의 꿈(중국몽) 366, 550, 522, 561, 569
중국인민항일전쟁 승리기념일 399
중국통사강요 138
중국혁명사 20, 59, 60, 65, 78, 344, 353, 354
중국현대혁명사 58
중앙선전부 8, 10, 46, 60, 78, 79, 135, 145
중앙판공청 60, 78
중외역사강요(中外歷史綱要) 7, 47, 51, 164, 238, 252, 267
중일전쟁 391
중점 대학
중학교 7, 47, 69, 133, 164, 200, 201, 238, 289, 519, 520, 522, 536, 579, 582, 583, 585, 586
중화문명 18, 30, 48, 72, 106, 107, 243, 244, 267, 270~272, 281, 313
중화문명론 17, 243, 244
중화문명사 46, 79, 257
중화민족 다원일체(多元一體)론 515
중화민족 대가정 15, 114, 188, 207, 516, 555
중화민족 스타일 11, 42, 79
중화민족공동체 의식 12, 27, 86, 88~102, 104, 105, 108, 110, 116, 118, 120~124, 243, 267, 553, 560, 563, 564, 569, 570
중화민족공동체 의식론 243
중화민족의 다원일체 72

중화민족의 우수한 전통문화 48, 575, 599, 600
중화민족의 위대한 부흥 8, 21, 29, 48, 62, 64, 88, 91, 93, 104, 122, 123, 263, 347, 361, 362, 366, 446, 477, 490, 550, 555, 556, 569, 598
중화인민공화국 고등교육법 41
중화주의 16, 21, 216, 218, 231, 242, 243
증정본 13, 136, 137, 140, 141, 152~164
지도 사상 48, 49, 67, 441, 490, 491, 494, 590
지방 민족주의 526
지휘권 10, 56
진승 149, 159
진위푸(金毓黻) 226~229, 231, 235, 243

ㅊ

차세대의 역사 인식 42
천보다 150
천쑤전 141
천하관(天下觀) 216
철학사회과학 63, 64, 67, 72, 77, 79
첸칭화 138, 141
추이롄중(崔連仲) 233, 234
치번위 139, 152
치샤 150
치스룽(齊世榮) 47, 238, 382, 472
치쓰허(齊思和) 380

ㅋ

카이로선언 410

ㅌ

타율성론 219
탈중국화 10, 72, 569
테러 450, 452, 456~458, 460, 461, 547, 551, 552, 566
톈안먼(天安門) 사태 54
톈위칭 138, 141
토지 매매 148, 152, 158
토지 사유제 148, 152, 156
통식교육(通識教育) 56, 57, 62, 266
통용언어문자정책 586, 593, 594
통일문제 72
통일적 다민족 국가론 16, 47, 231, 243, 516
통편교재(統編教材) 11, 40, 42, 47, 79, 563~565, 567, 569
통합 교육(동화 교육) 517, 553

ㅍ

판원란(范文瀾) 144, 145, 231
팔로군 396
푸스녠(傅斯年) 226, 227, 231
푸젠인민출판사 161, 293
핑싱관(平型關) 전투 395

ㅎ

하버드대학 55
하상주단대공정 161
학술 권위 56
학술 자유 56
학술의 주체성 56
한국고대사상(像) 16, 217, 220, 221, 230, 236, 242
한국전쟁 15, 20, 21, 335, 336, 339, 342~345, 349, 351, 353~356, 358, 365, 366, 370, 371, 373, 379, 435, 448, 519
한반도 16, 18, 216, 218, 220, 225, 230~232, 235, 236, 239~243, 245, 258, 268, 269, 272~276, 279~281, 305, 307, 313, 314, 335, 337, 342, 352, 354, 358, 366
한어 26, 520~522, 528, 529, 533~537, 546, 548, 581, 583, 584, 588, 591
한중 수교 42
할힌골 397
항미원조전쟁 15, 20, 21, 297, 335, 336, 342~344, 346~348, 352, 354, 359, 364~372
항일전쟁 14, 15, 22, 74, 75, 178~180, 184~187, 663, 690, 391, 394, 398~400, 404, 412, 414, 416
허원가오 134
허즈취안 144
허진 141
현대수정주의 154
홍기 139
화중사범대 역사학과 46
황옌페이(黃炎培) 221~224, 226, 242
회립학교 521
후계자 48, 49, 181, 602
후진타오 363, 399, 442, 443, 460, 547
휴양생식 150, 151
히틀러 402

동북아역사재단 연구총서 147

중국 시진핑시대
국가 편찬 대학교재의 역사교육

초판 1쇄 발행 2024년 12월 30일

지은이	권은주, 우성민, 조용준, 이유표, 김종호, 이준성, 구도영
	한상준, 김지훈, 이승아, 유용태, 구소영, 홍영미
펴낸이	박지향
펴낸곳	동북아역사재단
등 록	제312-2004-050호(2004년 10월 18일)
주 소	서울시 서대문구 통일로 81 NH농협생명빌딩
전 화	02-2012-6065
홈페이지	www.nahf.or.kr
제작·인쇄	청아출판사

ISBN   979-11-7161-164-5 93910

- 이 책은 저작권법에 의해 보호를 받는 저작물이므로 어떤 형태나 어떤 방법으로도 무단전재와 무단복제를 금합니다.
- 책값은 뒤표지에 있습니다. 잘못된 책은 바꾸어 드립니다.